Hermenéutica

Entendiendo
la Palabra de Dios

Hermenéutica

Entendiendo
la Palabra de Dios

**Un acercamiento práctico
a la lectura, interpretación
y aplicación de la Biblia**

J. Scott Duvall
J. Daniel Hays

Traducción de Pedro Luis Gómez Flores

editorial clie

EDITORIAL CLIE
C/ Ferrocarril, 8
08232 VILADECAVALLS (Barcelona) ESPAÑA
E-mail: libros@clie.es
Internet: http://www.clie.es

HERMENÉUTICA: ENTENDIENDO LA PALABRA DE DIOS
J. Scott Duvall & J. Daniel Hays

Publicado originalmente en inglés con el título *Grasping God's Word*

Director de la colección: Dr. Matt Williams

Traducción:
Pedro Luis Gómez Flores

Equipo editorial (revisión y corrección):
Anabel Fernández Ortiz

Diseño de cubiertas: Ismael López Medel

ISBN: 978-84-8267-545-9

Impreso en USA
Printed in USA

Clasifíquese:
02 HERMENÉUTICA
CTC: 01-02-0073-18
Referencia: 224675

A nuestras esposas, Judy Duvall y Donna Hays.
Nuestra exposición del Cantar de los Cantares
(capítulo 22) resume nuestro amor por vosotras.

COLECCIÓN TEOLÓGICA CONTEMPORÁNEA
Libros Publicados

Estudios bíblicos
Michael J. Wilkins & J.P. Moreland (editores), *Jesús bajo sospecha*, vol. 4, 2003.

F.F. Bruce, *Comentario de la Epístola a los Gálatas*, vol. 7, 2004.

Peter H. Davids, *La Primera Epístola de Pedro*, vol. 10, 2004.

Gordon Fee, *Comentario de la Epístola a los Filipenses*, vol. 18, 2004.

Murray J. Harris, *3 preguntas clave sobre Jesús*, vol. 14, 2005.

Leon Morris, *El Evangelio de Juan, 2 volúmenes*, vols. 11 y 12, 2005.

Robert H. Mounce, *Comentario al Libro del Apocalipsis*, vol. 21, 2005.

Robert H. Stein, *Jesús, el Mesías: Un estudio de la vida de Cristo*, vol. 17, 2006.

Estudios teológicos
Richard Bauckham, *Dios Crucificado: Monoteísmo y Cristología en el Nuevo Testamento*, vol. 6, 2003.

G.E. Ladd, *Teología del Nuevo Testamento*, vol. 2, 2002.

Leon Morris, *Jesús es el Cristo: Estudios sobre la teología joánica*, vol. 5, 2003.

N.T. Wright, *El verdadero pensamiento de Pablo*, vol. 1, 2002.

Clark H. Pinnock, *Revelación bíblica: el fundamento de la teología cristiana*, vol. 8, 2004.

Estudios ministeriales
Bonnidell Clouse & Robert G. Clouse, eds., *Mujeres en el ministerio. Cuatro puntos de vista*, vol. 15, 2005.

Michael Green & Alister McGrath, *¿Cómo llegar a ellos? Defendamos y comuniquemos la fe cristiana a los no creyentes*, vol. 3, 2003.

Wayne. A. Grudem, ed., *¿Son vigentes los dones milagrosos? Cuatro puntos de vista*, vol. 9, 2004.

J. Matthew Pinson, ed., *La Seguridad de la Salvación. Cuatro puntos de vista*, vol. 16, 2006.

John Piper, *¡Alégrense las Naciones!: La Supremacía de Dios y las Misiones*, vol. 22, 2006.

Dallas Willard, *Renueva tu Corazón: Sé como Cristo*, vol. 13, 2004.

Gregory J. Ogden, *Discipulado que transforma: el modelo de Jesús*, vol. 19, 2006.

Gregory J. Ogden, *Manual del discipulado: creciendo y ayudando a otros a crecer*, vol. 20, 2006.

Bill Hybels, Stuart Briscoe y Haddon Robinson, *Predicando a personas del s. XXI*, vol. 23, 2006.

Índice

Presentación de la
Colección Teológica Contemporánea

Cualquier estudiante de la Biblia sabe que hoy en día la literatura cristiana evangélica en lengua castellana aún tiene muchos huecos que cubrir. En consecuencia, los creyentes españoles muchas veces no cuentan con las herramientas necesarias para tratar el texto bíblico, para conocer el contexto teológico de la Biblia, y para reflexionar sobre cómo aplicar todo lo anterior en el transcurrir de la vida cristiana.

Esta convicción fue el principio de un sueño: la "Colección Teológica Contemporánea." Necesitamos más y mejores libros para formar a nuestros estudiantes y pastores para su ministerio. Y no solo en el campo bíblico y teológico, sino también en el práctico - si es que se puede distinguir entre lo teológico y lo práctico -, pues nuestra experiencia nos dice que por práctica que sea una teología, no aportará ningún beneficio a la Iglesia si no es una teología correcta.

Sería magnífico contar con el tiempo y los expertos necesarios para escribir libros sobre las áreas que aún faltan por cubrir. Pero como éste no es un proyecto viable por el momento, hemos decidido traducir una serie de libros escritos originalmente en inglés.

Queremos destacar que además de trabajar en la traducción de estos libros, en muchos de ellos hemos añadido preguntas de estudio al final de cada capítulo para ayudar a que tanto alumnos como profesores de seminarios bíblicos, como el público en general, descubran cuáles son las enseñanzas básicas, puedan estudiar de manera más profunda, y puedan reflexionar de forma actual y relevante sobre las aplicaciones de los temas tratados. También hemos añadido en la mayoría de los libros una bibliografía en castellano, para facilitar la tarea de un estudio más profundo del tema en cuestión.

En esta "Colección Teológica Contemporánea," el lector encontrará una variedad de autores y tradiciones evangélicos de reconocida trayectoria. Algunos de ellos ya son conocidos en el mundo de habla hispana (como F.F. Bruce, G.E. Ladd y L.L. Morris). Otros no tanto, ya que aún no han sido traducidos a nuestra lengua (como N.T. Wright y R. Bauckham); no obstante, son mundialmente conocidos por su experiencia y conocimiento.

Todos los autores elegidos son de una seriedad rigurosa y tratan los diferentes temas de forma profunda y comprometida. Así, todos los libros son el reflejo de los objetivos que esta colección se ha propuesto:

1. Traducir y publicar buena literatura evangélica para pastores, profesores y estudiantes de la Biblia.
2. Publicar libros especializados en las áreas donde hay una mayor escasez.

La "Colección Teológica Contemporánea" es una serie de estudios bíblicos y teológicos dirigida a pastores, líderes de iglesia, profesores y estudiantes de seminarios e institutos bíblicos, y creyentes en general, interesados en el estudio serio de la Biblia. La colección se dividirá en tres áreas:

Estudios bíblicos
Estudios teológicos
Estudios ministeriales

Esperamos que estos libros sean una aportación muy positiva para el mundo de habla hispana, tal como lo han sido para el mundo anglófono y que, como consecuencia, los cristianos – bien formados en Biblia y en Teología – impactemos al mundo con el fin de que Dios, y solo Dios, reciba toda la gloria.

Queremos expresar nuestro agradecimiento a los que han hecho que esta colección sea una realidad, a través de sus donativos y oraciones. "Tu Padre... te recompensará".

DR. MATTHEW C. WILLIAMS
Editor de la Colección Teológica Contemporánea
Profesor en IBSTE (Barcelona) y Talbot School of Theology
(Los Angeles, CA., EEUU)

Lista de títulos

A continuación presentamos los títulos de los libros que publicaremos, DM, en los próximos tres años, y la temática de las publicaciones donde queda pendiente asignar un libro de texto. Es posible que haya algún cambio, según las obras que publiquen otras editoriales, y según también las necesidades de los pastores y de los estudiantes de la Biblia. Pero el lector puede estar seguro de que vamos a continuar en esta línea, interesándonos por libros evangélicos serios y de peso.

Estudios bíblicos

Nuevo Testamento

D.A. Carson, Douglas J. Moo, Leon Morris, *Una introducción al Nuevo Testamento* [An Introduction to the New Testament, rev. ed., Grand Rapids, Zondervan, 2005]. Se trata de un libro de texto imprescindible para los estudiantes de la Biblia, que recoge el trasfondo, la historia, la canonicidad, la autoría, la estructura literaria y la fecha de todos los libros del Nuevo Testamento. También incluye un bosquejo de todos los documentos neotestamentarios, junto con su contribución teológica al Canon de las Escrituras. Gracias a ello, el lector podrá entender e interpretar los libros del Nuevo Testamento a partir de una acertada contextualización histórica.

Jesús

Murray J. Harris, *3 Preguntas clave sobre Jesús.* (Colección Teológica Contemporánea, vol. 14, 2005). ¿Existió Jesús? ¿Resucitó Jesús de los muertos? ¿Es Jesús Dios? Jesús es uno de los personajes más intrigantes de la Historia. Pero, ¿es verdad lo que se dice de Él? *3 preguntas clave sobre Jesús* se adentra en las evidencias históricas y bíblicas que prueban que la fe cristiana auténtica no es un invento ni una locura. Jesús no es un invento, ni fue un loco. ¡Descubre su verdadera identidad!

Robert H. Stein, *Jesús, el Mesías: Un estudio de la vida de Cristo.* (Colección Teológica Contemporánea, vol. 17, 2006). Hoy en día hay muchos escritores que están adaptando el personaje y la historia de Jesús a las demandas de la era en la que vivimos. Este libro establece un diálogo con esos escritores, presentando al Jesús bíblico. Además, nos ofrece un estudio tanto de las enseñanzas como de los acontecimientos importantes de la vida de Jesús. Stein enseña Nuevo Testamento en

Bethel Theological Seminary, St. Paul, Minnesota, EE.UU. Es autor de varios libros sobre Jesús, y ha tratado el tema de las parábolas y el problema sinóptico, entre otros.

Michael J. Wilkins & J.P. Moreland (editores), *Jesús bajo sospecha*. (Colección Teológica Contemporánea, vol. 4, 2003). Una defensa de la historicidad de Jesús, realizada por una serie de expertos evangélicos en respuesta a "El Seminario de Jesús," un grupo que declara que el Nuevo Testamento no es fiable y que Jesús fue tan solo un ser humano normal.

Juan

Leon Morris, *El Evangelio según San Juan*. (Colección Teológica Contemporánea, vols. 11 y 12, 2005) Los comentarios de esta serie, *New International Commentary on the New Testament*, están considerados en el mundo anglófono como unos de los comentarios más serios y recomendables. Analizan el texto de forma detallada, deteniéndose a considerar temas contextuales y exegéticos, y el sentido general del texto.

Romanos

Douglas J. Moo, *Comentario de la Epístola a los Romanos* [*Commentary on Romans*, New International Commentary on the New Testament; Grand Rapids, MI: Wm. B. Eerdmans Publishers, 1996]. Moo es profesor de Nuevo Testamento en Wheaton College. Los comentarios de esta serie, *New International Commentary on the New Testament*, están considerados en el mundo anglófono como unos de los comentarios más serios y recomendables. Analizan el texto de forma detallada, deteniéndose a considerar temas contextuales y exegéticos, y el sentido general del texto.

Gálatas

F.F. Bruce, *Comentario de la Epístola a los Gálatas*, (Colección Teológica Contemporánea, vol. 7, 2004).

Filipenses

Gordon Fee, *Comentario de la Epístola a los Filipenses*. (Colección Teológica Contemporánea, vol. 18, 2004) Los comentarios de esta serie, *New International Commentary on the New Testament*, están considerados en el mundo anglófono como unos de los comentarios más serios y recomendables. Analizan el texto de forma detallada, deteniéndose a considerar temas contextuales y exegéticos, y el sentido general del texto.

Pastorales

Gordon Fee, *Comentario de las Epístolas a 1ª y 2ª Timoteo, y Tito.* El comentario de Fee sobre 1ª y 2ª a Timoteo y sobre Tito está escrito de una forma accesible, pero a la vez profunda, pensando tanto en pastores y estudiantes de seminario como en un público más general. Empieza con un capítulo introductorio que trata las cuestiones de la autoría, el contexto y los temas de las epístolas, y luego ya se adentra en el comentario propiamente dicho, que incluye notas a pie de página para profundizar en los detalles textuales que necesitan mayor explicación.

Primera de Pedro

Peter H. Davids, *La Primera Epístola de Pedro.* (Colección Teológica Contemporánea, vol. 10, 2004). Los comentarios de esta serie, *New International Commentary on the New Testament*, están considerados en el mundo anglófono como unos de los comentarios más serios y recomendables. Analizan el texto de forma detallada, deteniéndose a considerar temas contextuales y exegéticos, y el sentido general del texto. Davids enseña Nuevo Testamento en Regent College, Vancouver, Canadá.

Apocalipsis

Robert H. Mounce, *Comentario al Libro de Apocalipsis.* (Colección Teológica Contemporánea, vol. 21, 2007). Los comentarios de esta serie, *New International Commentary on the New Testament*, están considerados en el mundo anglófono como unos de los comentarios más serios y recomendables. Analizan el texto de forma detallada, deteniéndose a considerar temas contextuales y exegéticos, y el sentido general del texto. Mounce es presidente emérito de Whitworth College, Spokane, Washington, EE.UU., y en la actualidad es pastor de Christ Community Church en Walnut Creek, California.

Estudios teológicos

Cristología

Richard Bauckham, *Dios Crucificado: Monoteísmo y Cristología en el Nuevo Testamento* (Colección Teológica Contemporánea, vol. 6, 2003).

Bauckham, profesor de Nuevo Testamento en St. Mary's College de la Universidad de St. Andrews, Escocia, conocido por sus estudios sobre el contexto de los Hechos, por su exégesis del Apocalipsis, de 2ª de Pedro y de Santiago, explica en esta obra la información contextual necesaria para comprender la cosmovisión monoteísta judía, demostrando que la idea de Jesús como Dios era perfectamente reconciliable con tal visión.

Teología del Nuevo Testamento

G.E. Ladd, *Teología del Nuevo Testamento*, Terrassa. (Colección Teológica Contemporánea, vol. 2, 2002). Ladd era profesor de Nuevo Testamento y Teología en Fuller Theological Seminary (EE.UU.); es conocido en el mundo de habla hispana por sus libros *Creo en la resurrección de Jesús, Crítica del Nuevo Testamento, Evangelio del Reino* y *Apocalipsis de Juan: Un comentario*. Presenta en esta obra una teología completa y erudita de todo el Nuevo Testamento.

Teología joánica

Leon Morris, *Jesús es el Cristo: Estudios sobre la teología joánica*. (Colección Teológica Contemporánea, vol. 5, 2003). Morris es muy conocido por los muchos comentarios que ha escrito, pero sobre todo por el comentario de Juan de la serie *New International Commentary of the New Testament*. Morris también es el autor de *Creo en la Revelación, Las cartas a los Tesalonicenses, El Apocalipsis, ¿Por qué murió Jesús?*, y *El salario del pecado*.

Teología paulina

N.T. Wright, *El verdadero pensamiento de Pablo*. (Colección Teológica Contemporánea, vol. 1, 2002). Una respuesta a aquellos que dicen que Pablo comenzó una religión diferente a la de Jesús. Se trata de una excelente introducción a la teología paulina y a la "nueva perspectiva" del estudio paulino, que propone que Pablo luchó contra el exclusivismo judío y no tanto contra el legalismo.

Teología Sistemática

Millard Erickson, *Teología sistemática* [*Christian Theology*, 2nd edition, Grand Rapids: Baker, 1998]. Durante quince años esta teología sistemática de Millard Erickson ha sido utilizada en muchos lugares como una introducción muy completa. Ahora se ha revisado este clásico teniendo en cuenta los cambios teológicos, igual que los muchos cambios intelectuales, políticos, económicos y sociales.

Teología Sistemática: Revelación/Inspiración

Clark H. Pinnock, *Revelación bíblica*: el fundamento de la teología cristiana, Prefacio de J.I. Packer. (Colección Teológica Contemporánea, vol. 8, 2004). Aunque conocemos los cambios teológicos de Pinnock en estos últimos años, este libro, de una etapa anterior, es una defensa evangélica de la infalibilidad y veracidad de las Escrituras.

Estudios ministeriales

Apologética/Evangelización

Michael Green & Alister McGrath, *¿Cómo llegar a ellos? Defendamos y comuniquemos la fe cristiana a los no creyentes*. (Colección Teológica Contemporánea, vol. 3, 2003). Esta obra explora la Evangelización y la Apologética en el mundo postmoderno en el que nos ha tocado vivir, escrito por expertos en Evangelización y Teología.

Discipulado

Gregory J. Ogden, *Discipulado que transforma: el modelo de Jesús.* (Colección Teológica Contemporánea, vol. 19, 2006). Si en nuestra iglesia no hay crecimiento, quizá no sea porque no nos preocupemos de las personas nuevas, sino porque no estamos discipulando a nuestros miembros de forma eficaz. Muchas veces nuestras iglesias no tienen un plan coherente de discipulado y los líderes creen que les faltan los recursos para animar a sus miembros a ser verdaderos seguidores de Cristo. Greg Ogden habla de la necesidad del discipulado en las iglesias locales y recupera el modelo de Jesús: lograr un cambio de vida invirtiendo en la madurez de grupos pequeños para poder llegar a todos. La forma en la que Ogden trata este tema es bíblica, práctica e increíblemente eficaz; ya se ha usado con mucho éxito en cientos de iglesias.

Gregory J. Ogden, *Manual del discipulado: creciendo y ayudando a otros a crecer.* (Colección Teológica Contemporánea, vol. 20, 2006) Cuando Jesús discipuló a sus seguidores lo hizo compartiendo su vida con ellos. Este manual es una herramienta diseñada para ayudarte a seguir el modelo de Jesús. Te ayudará a profundizar en la fe cristiana y la de los otros creyentes que se unan a ti en este peregrinaje hacia la madurez en Cristo. Jesús tuvo la suficiente visión como para empezar por lo básico. Se limitó a discipular a unos pocos, pero eso no limitó el alcance de sus enseñanzas. El *Manual del discipulado* está diseñado para ayudarte a influir en otros de la forma en que Jesús lo hizo: invirtiendo en unos pocos.

Dones/Pneumatología

Wayne. A. Grudem, ed., *¿Son vigentes los dones milagrosos? Cuatro puntos de vista.* (Colección Teológica Contemporánea, vol. 9, 2004). Este libro pertenece a una serie que se dedica a exponer las diferentes posiciones que hay sobre diversos temas. Esta obra nos ofrece los argumentos de la perspectiva cesacionista, abierta pero cautelosa, la de la Tercera Ola, y la del movimiento carismático; cada una de ellas acompañadas de los comentarios y la crítica de las perspectivas opuestas.

Hermenéutica/Interpretación

J. Scott Duvall & J. Daniel Hays, *Hermenéutica: Entendiendo la Palabra de Dios* [*Grasping God's Word*, rev. ed., Grand Rapids: Zondervan, 2005]. ¿Cómo leer la Biblia? ¿Cómo interpretarla? ¿Cómo aplicarla? Este libro salva las distancias entre los acercamientos que son demasiado simples y los que son demasiado técnicos. Empieza recogiendo los principios generales de interpretación y, luego, aplica esos principios a los diferentes géneros y contextos para que el lector pueda entender el texto bíblico y aplicarlo a su situación.

La Homosexualidad

Thomas E. Schmidt, *La homosexualidad: compasión y claridad en el debate.* Escribiendo desde una perspectiva cristiana evangélica y con una profunda empatía, Schmidt trata el debate actual sobre la homosexualidad: La definición bíblica de la homosexualidad; Lo que la Biblia dice sobre la homosexualidad; ¿Se puede nacer con orientación homosexual?; Las recientes reconstrucciones pro-gay de la Historia y de la Biblia; Los efectos sobre la salud del comportamiento homosexual. Debido a toda la investigación que el autor ha realizado y a todos los argumentos que presenta, este libro es la respuesta cristiana actual más convincente y completa que existe en cuanto al tema de la homosexualidad.

Misiones

John Piper, *¡Alégrense las naciones!: La Supremacía de Dios en las misiones*. (Colección Teológica Contemporánea, vol. 22, 2007). Usando textos del Antiguo y del Nuevo Testamento, Piper demuestra que la *adoración* es el fin último de la Iglesia, y que una adoración correcta nos lleva a la acción misionera. Según él, la *oración* es el combustible de la obra misionera porque se centra en una relación con Dios y no tanto en las necesidades del mundo. También habla del *sufrimiento* que se ha de pagar en el mundo de las misiones. No se olvida de tratar el debate sobre si Jesús es el *único camino* a la Salvación.

Mujeres en la Iglesia

Bonnidell Clouse & Robert G. Clouse, eds., *Mujeres en el ministerio. Cuatro puntos de vista*. (Colección Teológica Contemporánea, vol. 15, 2005). Este libro pertenece a una serie que se dedica a exponer las diferentes posiciones que hay sobre diversos temas. Esta obra nos ofrece los argumentos de la perspectiva tradicionalista, la que aboga en pro del liderazgo masculino, en pro del ministerio plural, y la de la aproximación igualitaria; todas ellas acompañadas de los comentarios y la crítica de las perspectivas opuestas.

Predicación

Bill Hybels, Stuart Briscoe, Haddon Robinson *Predicando a personas del s. XXI* [Mastering Contemporary Preaching, Multnomah Publications, 1990]. Éste es un libro muy útil para cualquier persona con ministerio. Su lectura le ayudará a entender el hecho en sí de la predicación, las tentaciones a las que el predicador se tiene que enfrentar, y cómo resistirlas. Le ayudará a conocer mejor a las personas para quienes predica semana tras semana, y a ver cuáles son sus necesidades. Este libro está escrito en lenguaje claro y cita ejemplos reales de las experiencias de estos tres grandes predicadores: Bill Hybels es pastor de Willow Creek Community Church, Stuart Briscoe es pastor de Elmbrook Church, y Haddon Robinson es presidente del Denver Seminary y autor de *La predicación bíblica*.

Soteriología

J. Matthew Pinson, ed., *La Seguridad de la Salvación. Cuatro puntos de vista*. (Colección Teológica Contemporánea, vol. 16, 2006). ¿Puede alguien perder la salvación? ¿Cómo presentan las Escrituras la compleja interacción entre la Gracia y el Libre albedrío? Este libro pertenece a una serie que se dedica a exponer las diferentes posiciones que hay sobre diversos temas. En él encontraremos los argumentos de la perspectiva del calvinismo clásico, la del calvinismo moderado, la del arminianismo reformado, y la del arminianismo wesleyano; todas ellas acompañadas de los comentarios y la crítica de las posiciones opuestas.

Vida cristiana

Dallas Willard, *Renueva tu corazón: Sé como Cristo*. (Colección Teológica Contemporánea, vol. 13, 2004). No "nacemos de nuevo" para seguir siendo como antes. Pero: ¿Cuántas veces, al mirar a nuestro alrededor, nos decepcionamos al ver la poca madurez espiritual de muchos creyentes? Tenemos una buena noticia: es posible crecer espiritualmente, deshacerse de hábitos pecaminosos, y parecerse cada vez más a Cristo. Este *bestseller* nos cuenta cómo transformar nuestro corazón, para que cada elemento de nuestro ser esté en armonía con el reino de Dios.

Prólogo

Este es un libro fantástico y fácil de utilizar dirigido a lectores serios que deseen adentrarse en el mundo de la Biblia a fin de entenderlo mejor y vivir fielmente en el mundo de hoy. J. Scott Duvall y J. Daniel Hays han escogido un título muy adecuado: *Grasping God's Word* (*Entendiendo la Palabra de Dios*). Las metáforas que nos ofrece el verbo «grasp» son muy útiles cuando se trata de considerar con detenimiento las implicaciones de la interpretación bíblica. Tanto al emprender la tarea de por vida que supone la comprensión de las Escrituras, como al acometer la labor más limitada de estudiar esta obra, puede ser útil tener en mente cuatro de los sentidos de este término.

En primer lugar, el verbo «grasp» puede significar «arrebatar con avidez», con lo cual denota una acción violenta. ¡Este no es el sentido que quieren dar a este término los autores de esta obra! No obstante, sí es lo que piensan muchos de los llamados lectores «posmodernos» acerca del proceso de la interpretación. En nuestra época desencantada y descreída, muchos no creen ya que los textos tengan realmente un «sentido» concreto. La interpretación es más como una lucha de poder en la que el lector impone a la fuerza su voluntad sobre el texto: esto es lo que significa para mí. En opinión de muchos lectores contemporáneos, no nos es posible situarnos más allá de nuestra propia época y condición hasta el punto de establecer un significado «objetivo». Para tales lectores de la posmodernidad, no existen interpretaciones «correctas».

En *Entendiendo la Palabra de Dios* los autores hacen hincapié en la importancia de los pequeños detalles de los textos bíblicos así como en su diseño general. Duvall y Hays son conscientes, sin embargo, del escepticismo actual. Saben bien que el lector y analista no es un dispositivo impersonal que desarrolla su tarea de manera mecánica, sino una persona con una identidad, historia y trasfondo cultural específicos, todo lo cual afecta y condiciona la propia comprensión. Los lectores no son entes incorpóreos, que flotan sobre las creaciones literarias; no, al igual que los propios escritores, también ellos están sólidamente arraigados a situaciones históricas concretas (que nuestros autores llaman «pueblos»).

No hacer violencia a los textos es una tarea difícil y complicada, puesto que fácilmente les imponemos nuestras propias ideas y prejuicios. Por ello, los autores hacen una llamada a sus lectores, por un lado a emprender un análisis serio, y por otro a ser honestos respecto a su trasfondo y situación. Los lectores han de estar dispuestos a que el texto cuestione sus valores y convicciones. Si no lo están, los tales entenderán erróneamente la Biblia, torcerán sus palabras para que digan lo que ellos quieren. Este libro trata de cómo evitar esta forma violenta de «comprensión».

En segundo lugar, *Entendiendo la Palabra de Dios* trata acerca de otro de los sentidos del término «grasp», a saber, «entender». Podemos decir que comprendemos una idea, relato o poema cuando somos capaces de dar el sentido correcto a las palabras en su contexto. Solo podemos decir que hemos entendido bien un texto cuando nuestra interpretación hace que tanto las *partes* como el *todo* tengan sentido. Entender, o comprender algo es reconocer lo que el autor está diciendo y llevando a cabo en el texto que ha escrito. Este libro capacita a los lectores serios para conseguir precisamente esto.

Lo que es especialmente valioso es la atención que los autores conceden tanto a «las partes» como al «todo» de la Biblia. Duvall y Hays se ocupan tanto de las palabras y frases del Texto Sagrado como de sus párrafos y libros. ¿Por qué? Porque entienden correctamente que solo se puede entender el todo en vista de las partes, y las partes en vista del todo. De modo que, para entender el texto bíblico no hemos de basarnos únicamente en los estudios de palabras y los versículos de apoyo. Con las palabras y versículos se forman frases y párrafos que, una vez unidos, sirven a su vez para construir una serie de estructuras de mayor entidad. Por ello, en este libro, se pueden encontrar capítulos que tratan de los estudios de palabras (las partes), y también otros que explican cómo leer las distintas clases de «todos» (p. ej., diferentes tipos de literatura) que forman la Biblia. De hecho, los autores dedican acertadamente casi la mitad del libro a los desafíos prácticos que suponen la interpretación y aplicación de las distintas clases de textos bíblicos.

En tercer lugar, a este libro puede aplicársele también el sentido literal que tiene el término «grasp» de «asir con las manos», por su acercamiento especialmente práctico y experimental. Ésta es una obra para personas dispuestas a trabajar con ejemplos concretos y a realizar deberes prácticos. Los lectores recibirán el equipamiento, las herramientas y la formación para «trazar correctamente la palabra de verdad» (2 Tim 2:15). Al viajero contemporáneo que quiere recorrer el mundo de la Biblia se le suministra todo cuanto necesita para emprender dicho viaje, junto con las instrucciones para que pueda regresar de nuevo (¡la aplicación!).

En cuarto lugar, a este libro se aplica también el sentido que tiene el término «grasp» de aprehender con firmeza, en este caso la Palabra de Dios. No es suficiente entender la Palabra de Dios de un modo meramente intelectual. No, hemos de apropiárnosla de un modo práctico, utilizarla en nuestra vida. ¿Qué utilización hay que dar a las Escrituras? Una respuesta importante la encontramos en sus propias páginas: la Escritura ha de «enseñar, reprender, corregir e instruir en justicia» (2 Tim 3:16). No solo hemos de entenderla, sino también aferrarnos a ella y obedecerla. En las Escrituras encontramos las palabras de vida eterna, aquellas palabras, que una vez comprendidas por el lector le capacitan para aferrarse por la fe a Jesucristo, la Palabra viva de Dios. Por supuesto, comprender las Escrituras, o aferrarse a Jesucristo por la fe, son solo metáforas. La verdad del asunto es que cuando nos asimos del mensaje del amor de Dios a favor nuestro, este mensaje —o, más bien, Dios mismo— nos toma a nosotros. Éste es el verdadero propósito de la interpretación bíblica: conocer como somos conocidos.

En último análisis, *Entendiendo la Palabra de Dios* es un asunto de vida o muerte. Siendo como somos pecadores necesitados, hemos de renunciar a nuestro bagaje cultural que tantas veces nos hunde bajo su peso y asirnos firmemente de las palabras de la Escritura que nos imparten la vida. Solo por medio de la Escritura llegamos a conocer, y ser conocidos, por Aquel que es el camino, la verdad, y la vida.

KEVIN J. VANHOOZER

Reconocimientos

Estamos particularmente en deuda con un grupo de maestros que han recorrido los caminos de la interpretación bíblica antes que nosotros y que de algún modo han influenciado nuestro pensamiento: Howard Hendricks, Elliot Johnson, Roy Zuck, Gordon Fee, Grant Osborne, D. A. Carson, Craig Blomberg, Kevin Vanhoozer, and Jack Kuhatschek. Reconocemos que en esta obra no desarrollamos algunas de las cuestiones académicas y teóricas fundamentales del método hermenéutico. Para que conozca las bases teóricas de esta obra esencialmente práctica dirigiremos al lector al libro de Vanhoozer, *Is There a Meaning in This Text?*

Deseamos agradecer a nuestros colegas de la Ouachita Baptist University su ayuda en la prueba sobre el terreno del libro. Estamos especialmente agradecidos a Preben Vang, Randy Richards, y Dennis Tucker, por haber leído algunos de los capítulos y ofrecernos sus valiosas sugerencias. ¡Qué bendición supone enseñar y servir junto a personas de su calidad espiritual!

Estamos también agradecidos a nuestros amigos de Zondervan; Jack Kuhatschek ha representado una genuina inspiración desde el mismo comienzo del proyecto. Su pasión por animar a las personas a tener un encuentro con la Palabra de Dios es contagiosa. Hemos contraído una profunda deuda con Verlyn Verbrugge por su pericia en la interpretación bíblica y su aguda percepción de los detalles. Gracias también a Jack Kragt por su amistad y ánimo durante el transcurso del proyecto.

Damos igualmente las gracias a los muchos estudiantes, amigos, y parientes que nos han ofrecido sus sugerencias y ayudado en distintos tipos de corrección. Estamos especialmente agradecidos a Daryl White, Sam Myrick, Brad Johnson, Ellis Leagans, Jim Hays, Tracey Knight, Jason Hentschel, y Julie Bradley.

Por último, queremos expresar nuestro profundo reconocimiento a nuestras esposas, Judy Duvall y Donna Hays, y a nuestros hijos, Ashley, Amy y Meagan Duvall, y a J. D. Hays, por perseverar con nosotros hasta el fin del proyecto.

Prefacio a la segunda edición

La entusiasta recepción que desde su publicación en el año 2001 tuvieron tanto *Grasping God's Word* (*Entendiendo la Palabra de Dios*) como su Cuaderno de Ejercicios, nos ha sido de mucho ánimo. Nos ha complacido comprobar que estas obras comenzaban a llenar el vacío existente por lo que respecta a guías populares para entender la Biblia y textos hermenéuticos de nivel universitario. Nuestro propósito en la primera edición era ayudar a los lectores serios (especialmente a los alumnos de las universidades y seminarios) a leer, interpretar y aplicar la Biblia. Este propósito no ha cambiado, ni tampoco hemos alterado nuestra idea esencial de ofrecer un acercamiento práctico con el que guiar a los estudiantes a una lectura cuidadosa y seria de la Biblia, junto con algunas reflexiones para interpretar los diferentes tipos de literatura que encontramos en la Biblia. No obstante, sí han cambiado suficientes cosas como para justificar una segunda edición.

A la segunda edición se incorpora una actualización de las bibliografías y recursos, con una revisión de los capítulos que desarrollan el tema de los estudios de palabras (Capítulo 8), la traducción bíblica (Capítulo 9), los niveles de significado (Capítulo 11), y la profecía (Capítulo 21), la revisión de algunos ejercicios, y la añadidura de un apéndice que trata los temas de la Inspiración y la Canonicidad. Nos complace el hecho de que muchos hayan sacado partido del libro en el pasado, y pedimos a Dios que utilice esta nueva edición para bendecirte con un andar más profundo con Él.

J. Scott Duvall
J. Daniel Hays
Ouachita Baptist University
Arkadelphia, Arkansas

Prefacio a la primera edición

Si estás interesado en estudiar y aplicar el texto bíblico, *Entendiendo la Palabra de Dios* puede ser precisamente el libro que necesitas. Celebramos tu compromiso con la Biblia y agradecemos tu disposición a invertir algunos minutos para indagar acerca de nuestro libro.

¿Cómo surgió la idea?

Los cristianos evangélicos tenemos la convicción de que la Biblia es importante. Sin embargo, y a pesar de tales afirmaciones, el analfabetismo bíblico parece ser muy común en nuestros círculos.[1] En la Universidad Bautista de Ouachita, donde los dos somos profesores, los cursos de estudio del Antiguo y Nuevo Testamento han sido obligatorios para todos los estudiantes (hasta hace muy poco). A lo largo de los años, estos cursos han aportado a los estudiantes una saludable dosis de trasfondo histórico y contenido teológico junto con un hermoso toque de acercamiento devocional. No obstante, lo que comenzó a preocuparnos era lo que nuestros estudiantes *no* estaban recibiendo. ¿Les estaban ayudando estos cursos a entender con suficiente claridad el trascendental relato de la Biblia de modo que fueran capaces de vivir para Cristo en medio de una cultura hostil? Nos preguntábamos también si estábamos enseñando a nuestros estudiantes a leer por sí mismos el texto bíblico. ¿Cómo se acercarían a la Biblia después de la clase?

Decidimos, por tanto, hacer un cambio. Ahora, en lugar de los cursos de estudio del Antiguo y Nuevo Testamento, los obligatorios son el de Estudio de la Biblia e Interpretación Bíblica. En Estudio de la Biblia reco-

---

1 Véase el artículo de Gary Burge, «The Greatest Story Never Read», Christianity Today 43 (9 de agosto 1999): 45–49.

rremos el texto bíblico de Génesis a Apocalipsis con la esperanza de ayudar a los estudiantes a ver la imagen general y a entender el modo en que las Escrituras responden a las preguntas esenciales de la vida. En el curso de Interpretación Bíblica, enseñamos a los estudiantes a leer, interpretar y aplicar la Biblia por sí mismos. Siguiendo la idea del antiguo adagio, intentamos enseñar a pescar a nuestros estudiantes en lugar de darles meramente algún pescado para que coman. La idea de escribir *Entendiendo la Palabra de Dios* surgió de este cambio en la estrategia pedagógica a fin de equipar a los estudiantes para la vida y el ministerio, y este libro es en la actualidad el texto que se sigue en el curso de Interpretación Bíblica.

¿Por qué hemos titulado nuestra obra "Entendiendo la Palabra de Dios"?

Escribimos desde una posición claramente evangélica y el título completo expresa este hecho: *Entendiendo la Palabra de Dios: Un acercamiento práctico a la lectura, interpretación, y aplicación de la Biblia.* Nuestro presupuesto fundamental es que la Biblia es la inspirada y autoritativa Palabra de Dios (ver 2 Tim 3:16–17).

Este libro subraya la importancia de la comprensión de la Biblia. Con esto no estamos proponiendo que la Biblia sea únicamente un objeto a analizar o escudriñar. Por el contrario, nuestro acercamiento pone de relieve la necesidad de una lectura cuidadosa y una sabia interpretación, que culmina con un compromiso a aplicar lo que hemos aprendido (Jn 14:21). Una persona que verdaderamente se aferra a la Palabra de Dios descubrirá por su parte que esta palabra se aferra a ella.

Nuestro acercamiento es también práctico. Mediante una abundante utilización de ejemplos bíblicos y deberes prácticos esperamos introducir a los estudiantes al meollo de la interpretación bíblica al tiempo que les guiamos en este proceso. Los estudiantes han de hacerse a la idea de que, en el proceso de cavar y ahondar en la Palabra de Dios, van a «ensuciarse las manos».

¿Qué clase de libro es "Entendiendo la Palabra de Dios"?

La mayoría de los libros que tratan la interpretación de la Biblia caen dentro de dos categorías. Existen muchas guías de divulgación para entender la Biblia (p. ej., las obras de Howard C. y William D. Hendricks, *Living by the Book*; Rick Warren, *Personal Bible Study Methods*). En el otro extremo encontramos algunos textos hermenéuticos excelentes de nivel universitario (p. ej., las obras de Walter Kaiser Jr. y Moisés Silva, *Biblical Hermeneutics*; William Klein, Craig Blomberg, y Robert Hubbard, *Introduction to Biblical Interpretation*; Grant Osborne, *The Hermeneutical Spiral*). Sin embargo, entre estos extremos no hay mucho donde escoger. Tenemos la esperanza de que nuestro libro ayude a salvar este vacío.

Entendiendo la Palabra de Dios pretende ayudar a los creyentes serios (en especial a los estudiantes universitarios y seminaristas del ciclo inicial) en su aprendizaje de la lectura, interpretación y aplicación de la Biblia. Hemos escrito este libro para nuestros estudiantes, más que como un medio de diálogo con nuestros colegas en el campo docente y de investigación. Aunque esta obra nunca ha pretendido ser un manual exhaustivo de hermenéutica bíblica, en su alcance va bastante más allá de las cuestiones introductorias del tema. Hemos procurado ofrecer a nuestros estudiantes unas explicaciones redactadas en lenguaje sencillo, pero bien informadas por lo mejor de la erudición bíblica evangélica.

Este libro tiene tres elementos esenciales:

1. Se da una seria atención a la lectura cuidadosa de la Biblia. Una buena parte del sabor práctico aparece a lo largo de los primeros capítulos en los que se echan los cimientos de una lectura inteligente. Esta sección se puede parecer mucho al acercamiento del estudio inductivo de la Biblia fomentado por Robert Traina y Howard Hendricks.
2. Se tratan algunos asuntos hermenéuticos de carácter general a los que ha de hacer frente cualquier intérprete de la Biblia (p. ej., las concepciones previas, el papel del Espíritu Santo).
3. Se ofrecen directrices para interpretar y aplicar todos los géneros literarios más importantes tanto en el Antiguo Testamento como en el Nuevo.

¿Cómo se organiza el libro?

Entendiendo la Palabra de Dios se organiza según un criterio más pedagógico que lógico. Una organización de carácter lógico comenzaría con la teoría antes de pasar a la práctica. Sin embargo, este planteamiento es aburrido para los estudiantes que pierden interés antes de llegar a las cuestiones interesantes. Hemos organizado el libro de un modo que motive a aprender a los estudiantes. Por tanto, en general, comenzamos con la práctica, pasamos a la teoría y, después, regresamos a la práctica. En nuestra enseñanza hemos descubierto que una vez que los estudiantes han invertido cierto tiempo en el proceso de leer cuidadosamente las Escrituras, éstos comienzan a hacerse algunas preguntas de orden más teórico. Nos sentimos extraordinariamente animados por la recepción tan positiva que ha tenido la disposición pedagógica del libro entre nuestros estudiantes. El libro se divide en cinco unidades:

Más práctica	Parte 1: Cómo leer el libro: Herramientas esenciales
Más teórica	Parte 2: Los contextos: Entonces y ahora Parte 3: Significado y aplicación
Teórica y práctica	Parte 4: El recorrido interpretativo: Nuevo Testamento Parte 5: El recorrido interpretativo: Antiguo Testamento

Cada capítulo comienza con una llamativa introducción antes de pasar a una seria, pero sencilla (no técnica) exposición del tema. Después de la conclusión, ofrecemos varias tareas para ayudar a los estudiantes a llevar a cabo lo que hemos tratado. Aquí, por ejemplo, tenemos unos ejemplos del contenido de los capítulos que tratan de «Los contextos: Entonces y ahora; estudios de Palabras» y «El recorrido interpretativo: Antiguo Testamento; los Profetas».

Contextos: Entonces y ahora; Estudios de palabras	El recorrido interpretativo: Antiguo Testamento; Los Profetas
Introducción	Introducción
Falacias comunes en el estudio de palabras	La naturaleza de la literatura profética del Antiguo Testamento
Escoge las palabras cuidadosamente	El contexto histórico-cultural y teológico
Determina lo que podría significar la palabra	El mensaje profético esencial
Decide el sentido de la palabra en el contexto	Interpretación y aplicación
El estudio de una palabra: «presentar» en Romanos 12:1	Problemas especiales: los pasajes predictivos
Conclusión	Conclusión
Deberes	Deberes

En dos apéndices ofrecemos una exposición acerca de la Inspiración y la Canonicidad y las directrices para redactar artículos exegéticos.

Cuaderno de ejercicios

Existe también un *Cuaderno de ejercicios* para el estudiante que acompaña a este libro de texto. Este cuaderno de ejercicios está diseñado principalmente para facilitar la finalización de las tareas por parte de los estudiantes y la recogida de los deberes por parte del profesor (i.e., tiene hojas recortables). Este libro de texto puede utilizarse sin el cuaderno de ejercicios, sin embargo en tal caso, el estudiante (o el profesor) tendrá que fotocopiar los deberes a fin de poder hacerlos y entregarlos. En ocasiones, las instrucciones de este libro de texto para los deberes aluden a la necesidad de fotocopiar. Al utilizar el cuaderno de ejercicios se elimina el paso de las fotocopias puesto que las hojas del cuaderno de ejercicios se pueden arrancar. Si estás utilizando el cuaderno de ejercicios, sigue las instrucciones que allí se dan e ignora las que encuentres en este libro de texto. Creemos que tanto maestros como estudiantes considerarán conveniente el cuaderno de ejercicios y por nuestra parte recomendamos su utilización.

Abreviaturas empleadas

- NASB (New American Standard Bible)
- NET (New English Translation)
- NRSV (New Revised Standard Version),
- NIV (New International Version),
- NLT (New Living Translation)
- GNB (GOOD NEWS BIBLE)
- KJV (King James Version),
- NJV (New Jewish Version)
- AT (Antiguo Testamento)
- NT (Nuevo Testamento)

PARTE 1

Cómo leer el libro: herramientas esenciales

El capítulo 1 de *Entendiendo la Palabra de Dios* nos introduce en el proceso de leer, interpretar, y aplicar la Biblia, un proceso al que a menudo nos referimos como «recorrido interpretativo». Este recorrido comienza con una lectura cuidadosa, que es el medio para determinar lo que el texto bíblico significó en su contexto original (su pueblo). Sin embargo, antes de que podamos aplicar este significado a nuestras vidas (nuestro pueblo), hemos de medir la anchura del río que nos separa del mundo del texto. Una vez que hayamos cruzado el río, podremos aplicar el significado de la Biblia de un modo que sea relevante y seguro.

En el capítulo 2 aprenderemos a leer de un modo más perspicaz e inteligente. La lectura superficial ha de ser abandonada para dejar lugar a una lectura seria. Te enseñaremos a notar las secciones más pequeñas del texto y a buscar cosas como palabras que se repiten, contrastes, enumeraciones, figuras retóricas y aquellos verbos, nombres y conjunciones que son importantes. Aquí aprenderemos a leer cuidadosamente cada oración gramatical. En los capítulos 3–4 pasaremos de este ámbito de las oraciones gramaticales a las unidades de texto más largas y más complejas, a saber, los párrafos y los discursos. Aprenderemos a detectar cosas como diálogos, preguntas y respuestas, el tono, las conexiones entre los distintos episodios, y los cambios de relatos. Estas cosas son importantes si realmente queremos escuchar lo que Dios está diciendo por medio de su Palabra.

En estos primeros cuatro capítulos de *Entendiendo la Palabra de Dios* adquirirás experiencia en el proceso de la interpretación bíblica por medio de un buen número de ejercicios prácticos. La teoría puede esperar unos cuantos capítulos mientras aprendemos a leer cuidadosamente y de manera inteligente. Esta forma de lectura se convierte en el fundamento para la comprensión del sentido de la Biblia y su aplicación a nuestra vida.

1
El recorrido interpretativo

Introducción
Lo esencial del recorrido
Un ejemplo: Josué 1:1–9
El recorrido y Entendiendo la Palabra de Dios
Deberes

Introducción

En las montañas de Etiopía un anciano sorbe café mientras utiliza unos viejos y ajados anteojos, para leer una vez más el relato de David y Goliat en su gastada Biblia en lengua amharica. Una mujer de mediana edad se desplaza por Buenos Aires en un autobús metropolitano mientras lee y reflexiona acerca del Salmo 1. Un joven ejecutivo coreano, de vuelta a Seúl tras un viaje de negocios en Singapur, vuela sobre el mar de nubes a más de diez mil metros de altitud, y mientras tanto lee y medita las palabras del apóstol Pablo en Romanos 5. Y en California, en un dormitorio de San Diego, una joven universitaria da un último sorbo a otra Coca Cola y dirige de nuevo la vista a la pantalla de su portátil para acabar la lectura del relato de Marcos en el que Jesús calma milagrosamente una tempestad en el mar de Galilea.

Por todo el mundo hay personas que disfrutan con la lectura de la Biblia (y lo han hecho durante miles de años). ¿Por qué? La gente lee la Biblia porque es un libro fascinante, lleno de relatos apasionantes y de desafiantes exhortaciones. La leen porque es un libro esencial, que trata de los asuntos trascendentales de la vida: Dios, la vida eterna, la muerte, el amor, el pecado, la moral... La leen porque creen que en la Biblia Dios les habla por medio de la palabra escrita. La Biblia nos anima, eleva nuestro espíritu, nos consuela, nos guía, nos censura, nos edifica, nos da esperanza, y nos acerca al Dios vivo. Si bien algunas partes de la Biblia son fáciles de entender, otras no lo son. Sin embargo, la mayoría de los cristianos, desean entender todo lo que dice la Palabra de Dios, no solo las secciones fáciles. Muchos de nosotros deseamos profundizar en este libro. Queremos ver más cosas del texto bíblico y entenderlo mejor. Queremos también estar seguros de que lo entendemos correctamente. Es decir, queremos tener la confianza de que podemos extraer el verdadero sentido de un texto concreto y que no estamos meramente desarrollando una interpretación arbitraria, extravagante o incorrecta. Este libro ha sido concebido para tales personas.

El proceso de interpretación y comprensión de la Biblia es como emprender un viaje. El recorrido comienza con una lectura concienzuda y cuidadosa del texto. A partir de esta lectura concienzuda podremos determinar el sentido del pasaje en el contexto bíblico, es decir, lo que significó para los receptores bíblicos.

No obstante, a menudo, cuando intentamos aplicar este significado directamente a nuestra vida, surgen ciertos problemas. Estamos separados de los receptores bíblicos por cultura, costumbres, idioma, situación, y una enorme extensión de tiempo. Estas diferencias forman una barrera, un río que nos separa del texto y que muchas veces nos impide comprender el significado del texto para nosotros.

Y, por si esto fuera poco, en el Antiguo Testamento el río se ensancha añadiendo otra barrera fundamental para la interpretación que nos separa de los receptores. Entre los receptores bíblicos del Antiguo Testamento y los lectores cristianos de nuestros días hay un cambio de pacto. Como creyentes del Nuevo Testamento estamos bajo el Nuevo Pacto, y nos acercamos a Dios mediante el sacrificio de Cristo. Sin embargo, el pueblo del Antiguo Testamento estaba bajo el Antiguo Pacto y, para ellos, la Ley era algo central. En otras palabras, la situación teológica de los dos grupos es distinta. Entre nosotros y los receptores del Antiguo Testamento existe una barrera porque estamos bajo pactos distintos.

Por tanto, el río que media entre el texto del Antiguo Testamento y nosotros no consiste únicamente en cuestiones de cultura, idioma, situación y tiempo, sino también en asuntos teológicos relativos a los pactos. Tenemos mucho más en común con los receptores del Nuevo Testamento; sin embargo, aun en el Nuevo Testamento, las diferencias de cultura, idioma, y las situaciones específicas pueden presentar una barrera colosal a nuestro deseo de entender el significado del texto. Muchas veces el río es demasiado profundo y ancho para permitir que lo vadeemos.

Por ello, con frecuencia el cristiano de hoy tiene muchas dudas acerca de cómo interpretar una buena parte de la Biblia. ¿Cómo hemos de entender Levítico 19:19, donde se prohíbe el uso de prendas confeccionadas con dos tipos de material? ¿Significa acaso que los cristianos obedientes han de utilizar únicamente ropa completamente elaborada con algodón? En Jueces 6:37 Gedeón utiliza un vellón para confirmar lo que Dios le había dicho. ¿Significa esto que también nosotros hemos de servirnos de vellones cuando buscamos la guía de Dios?

Los pasajes del Nuevo Testamento no siempre son mucho más claros. Por ejemplo, en Mateo 14:29 Pedro anda sobre las aguas. ¿Significa esto acaso que también nosotros hemos de intentar hacer lo mismo en obediencia a Cristo? En caso negativo, ¿qué significa de hecho este episodio y cómo podemos hoy aplicarlo a nuestras vidas? Aunque no podamos andar sobre las aguas, ¿cómo podemos cruzar el río que nos separa del texto?

Cualquier deseo de interpretar y aplicar la Biblia comporta un intento de cruzar el río. Aunque en nuestros días muchos cristianos no son conscientes de cuál es su método de interpretación, frecuentemente emplean un acercamiento que podríamos llamar intuitivo o que parece correcto. Si el texto parece susceptible de aplicarse directamente, intentan hacerlo de este modo. Si no, adoptan entonces un acercamiento espiritualizador al significado, es decir, un acercamiento que bordea la alegorización del texto bíblico (que muestra poca o ninguna sensibilidad al contexto bíblico). O bien se encogen de hombros y pasan a otro pasaje, ignorando por completo el significado del texto.

Tales acercamientos nunca nos proporcionarán un aterrizaje seguro al otro lado del río. Quienes utilizan el acercamiento intuitivo vadean el río a ciegas, esperando que la profundidad del agua no pase de la rodilla. En ocasiones tienen suerte y van a dar en un banco de arena, sin embargo con frecuencia se encuentran con aguas profundas y acaban chorreando, en algún lugar de la ribera, río abajo. Por su parte, aquellos que espiritualizan el texto intentan cruzar el río de un salto, pero acaban también mojados y río abajo con sus compañeros intuitivos. La actitud indiferente o ignorante ante un pasaje equivale a permanecer a un lado del río y contentarse sencillamente con echar un vistazo a la otra orilla sin ni siquiera hacer el intento de cruzar.

Muchos cristianos admiten que se sienten incómodos con tales acercamientos, reconociendo que se trata de metodologías en cierto modo chapuceras y muy subjetivas, no obstante siguen utilizándolas porque son las únicas que conocen. Pero, ¿cómo pasamos del mundo de los receptores bíblicos al de nuestros días? Este libro explica cómo cruzar el río en cuestión e introducirnos en nuestro mundo de hoy. Necesitamos un modo de acercarnos a la Biblia que sea eficaz y legítimo, y que no se fundamente estrictamente en la intuición o los sentimientos. Necesitamos un acercamiento hermenéutico que encuentre el significado dentro del propio texto, pero que al mismo tiempo sea también capaz de cruzar el vacío y nos permita llegar a las situaciones que vive el cristiano de hoy. Necesitamos igualmente un acercamiento coherente, que pueda utilizarse con cualquier pasaje. Tal enfoque ha de eliminar el hábito de saltarse los textos y de recorrer la Biblia en busca de pasajes que puedan aplicarse con facilidad. Un acercamiento coherente ha de permitirnos profundizar en cualquier pasaje utilizando un método con que podamos determinar el significado del texto en cuestión para nosotros hoy. Necesitamos un acercamiento que no nos deje varados a orillas del río de la interpretación y que tampoco nos deje a merced de su corriente que nos arrastraría río abajo. Necesitamos una forma de estudiar la Biblia que nos permita cruzar el río con legitimidad y precisión. Nuestra meta en este libro es acompañarte en el recorrido que supone cruzar el río, llevándote desde el texto y el mundo de los receptores bíblicos a una comprensión y aplicación válida del texto para los cristianos del siglo XXI.

Lo esencial del viaje

Tengamos en cuenta que nuestra meta es entender el significado que Dios quiso darle al texto. Nuestra tarea no es crear significados a partir del texto; sino más bien, procurar encontrar el significado que éste quiere expresar. No obstante, hay que reconocer que no podemos aplicar sin más a nuestra situación el sentido que las palabras bíblicas tuvieron para la audiencia original puesto que existe un río que separa ambas realidades (cultura, tiempo, situación, pacto, etc.). Seguir los pasos del recorrido interpretativo nos proporciona un procedimiento que nos permite hacernos con el significado para la audiencia original y cruzar el río para establecer lo que sería un significado legítimo para nosotros hoy.

Este recorrido funciona sobre la premisa de que la Biblia es un registro en el que Dios se nos revela y nos da a conocer su voluntad. Nuestra actitud hacia la Biblia es de reverencia y la consideramos como un libro sagrado porque es la Palabra de Dios y porque Dios se revela a sí mismo por medio de él. Muchos textos de la Biblia son expresiones específicas y concretas de realidades o principios teológicos universales o más amplios.[1] Si bien es cierto que los detalles de un pasaje en particular se aplican únicamente a la particular situación de los receptores bíblicos, los principios teológicos que se revelan en el texto son aplicables al pueblo de Dios de todos los tiempos. El principio teológico tiene, por tanto, un significado y una aplicación tanto para los receptores bíblicos originales como para los cristianos de nuestros días.

Puesto que los principios teológicos tienen sentido y aplicación para ambos receptores, se convierten en una especie de puente que salva el río de las diferencias. En lugar de intentar vadear el río a ciegas, o de arrojarnos a él en un intento de cruzarlo de un solo salto, o de quedarnos mirando a la otra ribera sin atrevernos a pasar, podemos cruzar el río con seguridad por el puente que nos proporciona el principio teológico. La construcción de este puente de los principios será uno de los pasos críticos en nuestro recorrido interpretativo.

Por tanto, nuestro recorrido comienza con una cuidadosa lectura del texto. Nuestra meta final es entender el significado del texto de modo que éste cambie nuestra vida. Es un apasionante periplo, pero exige un trabajo serio y riguroso. No existen los atajos fáciles.

El recorrido interpretativo esencial comporta cuatro pasos:

Paso 1: Comprender el texto en el «pueblo» de los receptores

Pregunta: ¿Qué significó el texto para los receptores bíblicos?

La primera parte del Paso 1 es leer cuidadosamente el texto y analizarlo. En este primer paso, hemos de intentar ver todos los detalles posibles del texto. Se trata de mirar, y remirar, analizando todo lo analizable. Escudriñar la Gramática y examinar todas las palabras importantes. Hay que estudiar también los contextos histórico y literario. ¿Cómo se relaciona el pasaje en cuestión con lo que precede y lo que sigue?

Una vez terminado este estudio, conviene sintetizar el significado que tuvo el pasaje para los receptores bíblicos en una o dos frases. Es decir, pon por escrito lo que el pasaje significó para los receptores originales.

---

[1] Al decir que el texto es la expresión concreta de un principio universal, tanto la terminología como el propio concepto proceden de la obra de John Goldingay, Models for Interpretation of Scripture (Grand Rapids: Eerdmans, 1995), 92.

Utiliza verbos en pasado y habla de los destinatarios bíblicos. Por ejemplo:

– En Josué 1 Dios ordenó a los israeli-
tas que ...
– Pablo exhortó a los efesios a ...
– Jesús animó a sus discípulos a ...

Sé específico en tus afirmaciones. No generalices ni intentes todavía desarro-llar principios teológicos.

Paso 2: *Medir la anchura del río que hay que cruzar*

Pregunta: ¿Cuáles son las diferencias entre los receptores bíblicos y nosotros?

Como se ha dicho anteriormente, el cristiano de hoy está separado de los receptores bíblicos por diferencias de cultura, idioma, situación, tiempo y, a menudo, del pacto vigente en su época. Tales diferencias for-man un río que no nos permite pasar directamente del significado de las palabras en su contexto a lo que éstas significan en el nuestro. La anchu-ra del río varía, no obstante, de pasaje en pasaje. En ocasiones, es ex-traordinariamente extensa y requiere la construcción de un puente largo e importante para poder cruzarla. Sin embargo, otras veces, se trata de un pequeño riachue-lo sobre el que po-demos saltar con fa-cilidad. Obviamente es importante co-nocer con preci-sión la anchura del río antes de iniciar la construcción de un puente de prin-cipios.

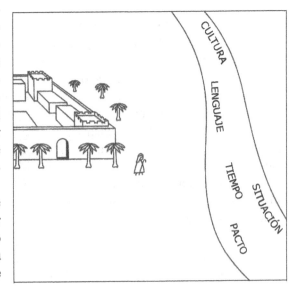

En el Paso 2 se trata de considerar detenidamente el río para determinar su anchura en el pasaje concreto que estás estudiando. En este paso se buscan las *diferencias* importantes entre nuestra situación y la de los receptores bíblicos. Si estamos estudiando un pasaje del Antiguo Testamento, hemos de asegurarnos también de identificar aquellas diferencias teológicas importantes que surgen como resultado de la vida y obra de Jesucristo.

Además, ya sea que nos encontremos en el Antiguo o en el Nuevo Testamento, hemos de intentar identificar cualquier aspecto que haga que la situación del pasaje en cuestión sea única. Por ejemplo, en Josué 1:1–9, el pueblo de Israel se está preparando para entrar en la Tierra Prometida. Moisés acaba de morir y a Josué se le ha nombrado para que ocupe su lugar. En este pasaje Dios le habla a Josué para animarle a que sea fuerte y fiel en la inminente conquista de la tierra. ¿Cuáles son las diferencias? Nosotros no vamos a entrar en la tierra prometida o a conquistarla. No somos los nuevos dirigentes de la nación de Israel. Tampoco estamos bajo el antiguo pacto.

Paso 3: Cruzar el puente de los principios

Pregunta: ¿Cuál es el principio teológico que subyace en este texto?

Este es quizá el paso más desafiante. En él buscamos el principio o principios teológicos que se reflejan en el significado del texto que hemos identificado en el Paso 1. Hemos de recordar que este principio teo-

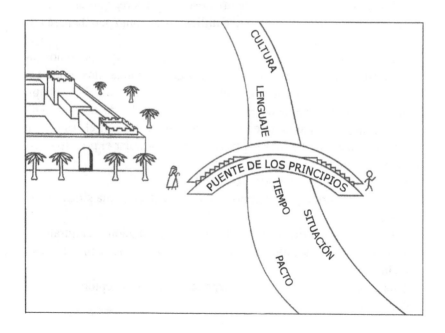

lógico es parte del significado. Tu tarea no es crear el significado sino descubrir el que el autor quiso darle. Dios habla de manera específica a cada uno de los receptores bíblicos y, mediante estos mismos textos, está al mismo tiempo ofreciendo enseñanzas teológicas universales a su pueblo de todos los tiempos.

Para determinar cuál es el principio teológico que se aplica, hemos de recordar en primer lugar las diferencias que identificamos en el Paso 2. A continuación, hemos de intentar determinar cualquier similitud entre la situación de los receptores bíblicos y la nuestra. Por ejemplo, consideremos de nuevo Josué 1:1-9. Por supuesto, es importante recordar las diferencias que establecimos en el Paso 2. Sin embargo, a continuación hemos de observar las similitudes entre la situación bíblica y la nuestra: Nosotros somos también pueblo de Dios, sujetos a una relación pactada (Nuevo Pacto); aunque no somos dirigentes de Israel, no obstante muchos de nosotros estamos en posiciones de liderazgo en la Iglesia; no estamos conquistando la Tierra Prometida, pero sí deseamos obedecer la voluntad de Dios y llevar a cabo lo que Él nos ha mandado.

Después de examinar las diferencias e identificar las similitudes, hemos de regresar al significado para los receptores bíblicos que se describe en el Paso 1 e intentar establecer el principio teológico más amplio que se refleja en el texto pero que, a su vez, tiene también relación con las similitudes que existen entre nosotros y los receptores bíblicos. Este será el principio teológico que utilizaremos como puente para cruzar el río de las barreras.

Además, durante este paso hemos de entrar en lo que podemos llamar la espiral de las partes-todo. Se trata de reflexionar una y otra vez entre el texto y las enseñanzas del resto de la Escritura. El principio teológico que derivemos de este proceso no solo ha de estar presente en el pasaje, sino que también ha de ser congruente con el resto de la Escritura. Podemos resumir los criterios para formular el principio teológico mediante los puntos siguientes:

– El principio ha de estar reflejado en el texto.
– Ha de ser un principio intemporal y no vinculado a una situación específica.
– No puede ser un principio supeditado a consideraciones culturales.
– El principio en cuestión ha de armonizar con la enseñanza del resto de la Escritura.
– Dicho principio debe ser pertinente tanto a los receptores bíblicos como a los contemporáneos.

Para la expresión escrita del principio teológico utilizaremos una o dos frases y nos serviremos de verbos en tiempo presente.

Paso 4: Comprender el texto en nuestro «pueblo»

Pregunta: ¿Cómo deberían aplicar los cristianos de nuestros días el principio teológico a sus vidas?

En el Paso 4 aplicamos el principio teológico a la situación específica de los cristianos individuales en la iglesia de hoy. No podemos dejar el significado del texto atascado en un principio teológico abstracto. Hemos de tratar ahora la cuestión de cómo responder a este principio en nuestro contexto. ¿Cómo se aplica esta verdad a las situaciones reales de nuestros días?

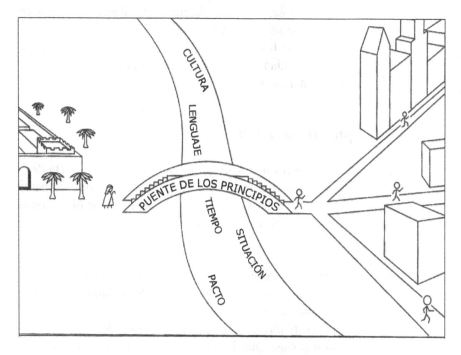

Aunque, por regla general, de cada pasaje solo surgirán algunos principios teológicos relevantes para todos los cristianos de nuestros días (a menudo solo habrá uno), existirán sin embargo numerosas posibilidades de aplicación. Esto se debe a que los cristianos de hoy se encuentran en muchas situaciones específicas distintas. Cada uno de nosotros entenderá y aplicará el mismo principio teológico aunque de maneras ligeramente distintas, dependiendo de cuál sea nuestra situación del momento y la realidad concreta de nuestra relación con Dios. En nuestra ilustración, hemos intentado mostrar las distintas aplicaciones posibles representando a distintos individuos que transitan por calles distintas. (El paso de la aplicación se explicará con mucho más detalle en el capítulo 13.)

De modo que, el recorrido interpretativo como un todo tiene este aspecto:

Paso 1: Entender el texto en el pueblo de los receptores bíblicos. ¿Qué significó el texto para la audiencia original?

Paso 2: Medir la anchura del río a cruzar. ¿Cuáles son las diferencias entre los receptores bíblicos y nosotros?

Paso 3: Cruzar el puente de los principios. ¿Cuál es el principio teológico que subyace en este texto?

Paso 4: Entender el texto en nuestro pueblo. ¿Cómo deberían aplicar los cristianos de nuestros días el principio teológico en cuestión a sus vidas?

Un ejemplo: Josué 1:1–9

Hemos ya mencionado varias veces el pasaje de Josué 1:1–9. Ha llegado el momento de hacer el recorrido formal que va desde este pasaje del Antiguo Testamento hasta la vida normal de nuestros días a fin de ilustrar cómo funciona el recorrido interpretativo.

El pasaje dice:

Sucedió después de la muerte de Moisés, siervo del Señor, que el Señor habló a Josué, hijo de Nun, y ayudante de Moisés, diciendo: Mi siervo Moisés ha muerto; ahora pues, levántate, cruza este Jordán, tú y todo este pueblo, a la tierra que yo les doy a los hijos de Israel. Todo lugar que pise la planta de vuestro pie os he dado, tal como dije a Moisés. Desde el desierto y este Líbano hasta el gran río, el río Eufrates, toda la tierra de los heteos hasta el mar Grande que está hacia la puesta del sol, será vuestro territorio. Nadie te podrá hacer frente en todos los días de tu vida. Así como estuve con Moisés, estaré contigo; no te dejaré ni te abandonaré. Sé fuerte y valiente, porque tú darás a este pueblo posesión de la tierra que juré a sus padres que les daría. Solamente sé fuerte y muy valiente; cuídate de cumplir toda la ley que Moisés mi siervo te mandó; no te desvíes de ella ni a la derecha ni a la izquierda, para que tengas éxito dondequiera que vayas. Este libro de la ley no se apartará de tu boca, sino que meditarás en él día y noche, para que cuides de hacer todo lo que en él está escrito; porque entonces harás prosperar tu camino y tendrás éxito. ¿No te lo he ordenado yo? ¡Sé fuerte y valiente! No temas ni te acobardes, porque el Señor tu Dios estará contigo dondequiera que vayas.

Paso 1: ¿Qué significó el texto para los receptores bíblicos?

El Señor ordenó a Josué, el nuevo dirigente de Israel, que sacara fuerzas y valentía de la presencia capacitadora de Dios, que fuera obediente a la ley de Moisés, y que meditara en ella para que tuviera éxito en la conquista de la tierra prometida.

Paso 2: ¿Cuáles son las diferencias entre los receptores bíblicos y nosotros?

No somos los dirigentes de la nación de Israel (aunque puede que algunos de nosotros tengamos algún tipo de liderazgo en la Iglesia). No estamos iniciando la conquista de Canaán, la Tierra Prometida. Ni tampoco estamos bajo el antiguo pacto de la ley.

Paso 3: ¿Cuál es el principio teológico que se expresa en este texto?

Para ser efectivos en nuestro servicio a Dios y tener éxito en la tarea a la que nos ha llamado, hemos de fortalecernos y cobrar valor en su presencia. También hemos de obedecer la Palabra de Dios, y meditar en ella sin cesar.

Paso 4: ¿Cómo deberían aplicar los cristianos de hoy este principio teológico en sus vidas?

Existen muchas aplicaciones posibles. A continuación, sugerimos algunas de ellas:

• Invierte más tiempo en la meditación de la Palabra de Dios escuchando música cristiana mientras conduces.

• Si Dios te llama a un nuevo e inquietante ministerio, como por ejemplo dar clases de escuela dominical a los adolescentes, busca fortaleza y ánimo en su presencia capacitadora. Sé obediente y mantén tu atención en las Escrituras.

• Si estás en una posición de liderazgo en la Iglesia, sé consciente y consecuente con el hecho de que el éxito en el liderazgo cristiano requiere la fortaleza y el valor que emanan de la presencia de Dios.

El recorrido de la interpretación y *Entendiendo la Palabra de Dios*

El concepto del recorrido interpretativo es, de hecho, esencial en la estructura de este libro. En la Sección 1 aprendemos a observar y a leer con atención. Comenzamos con las porciones de texto más pequeñas y más sencillas (Capítulo 2) y pasamos después a las más largas y complejas (capítulos 3 y 4). En la Sección 2 hablaremos de los contextos, tanto el de los receptores originales del texto, como el de los lectores modernos. En el capítulo 5 investigaremos la cuestión del entendimiento previo (i.e., nuestro contexto). A continuación, en los capítulos 6 y 7, exploraremos los contextos cultural/histórico y literario. Aprenderemos también a realizar estudios de palabras dentro de estos contextos (Capítulo 8), y seguiremos con una perspectiva general acerca de las traducciones de la Biblia y una reseña del desarrollo hasta nuestras Biblias actuales (Capítulo 9). Todos estos capítulos nos aportan lo necesario para establecernos con firmeza en el Paso 1.

La Sección 3 se centra en impartir la teoría necesaria a fin de identificar el principio teológico universal que subyace tras el texto y, con él, construir el puente, a fin de cruzar el río de las diferencias y entender el significado del texto de un modo que transforme nuestras vidas en el mundo de hoy. El Capítulo 10 trata acerca del significado y de quién lo controla (¿el autor o el lector?). El Capítulo 11 profundiza en algunos asuntos relacionados con los principios teológicos y el concepto de significado. ¿Existen niveles más profundos de significado? ¿Cuántos significados tiene un pasaje, uno o varios? En el capítulo 12 se considerará el papel que tiene en este proceso de la interpretación el Espíritu Santo. El centro de atención del capítulo 13 es el paso 4 (la aplicación) y en él recibiremos ayuda para pasar del mero conocimiento mental a la clase de conducta que transforma nuestra vida. En otras palabras, en el capítulo 1 hemos introducido las líneas generales del recorrido interpretativo y tanto en el resto de la Sección 1 como en las Secciones 2 y 3 se ampliará este concepto y se describirán con mayor detalle algunos asuntos relativos a la interpretación que irán surgiendo sobre la marcha.

En la Sección 4 nos centraremos en cómo realizar el recorrido interpretativo dentro del Nuevo Testamento. En esta sección dejaremos las consideraciones de orden teórico de la Sección 3 y pasaremos a la práctica de la interpretación y aplicación del Nuevo Testamento. Aprenderemos a recorrer el trayecto interpretativo con pasajes de distintos tipos o géneros de la literatura del Nuevo Testamento. Los Capítulos 14–17 desarrollan respectivamente, la cartas del Nuevo Testamento, los Evangelios, el libro de los Hechos, y el de Apocalipsis. Estos capítulos integran todo lo aprendido en las Secciones 1–3 y nos enseñan a aplicar al Nuevo Testamento las técnicas que acabamos de adquirir.

Por último, en la Sección 5 se presentan algunos de los desafíos y oportunidades específicas de interpretar y aplicar el Antiguo Testamento. En primer lugar, en la Introducción, se refinan los pasos del recorrido para adaptarlos con más precisión a la situación del Antiguo Testamento. A continuación, igual que en la Sección 4, aprenderemos a realizar el recorrido interpretativo con pasajes de distintos géneros veterotestamentarios. En los Capítulos 18–22 utilizaremos las herramientas adquiridas a fin de comprender pasajes de toda la gama de literatura del Antiguo Testamento: narrativa, ley, poesía, literatura profética y literatura sapiencial.

¿Estás preparado para avanzar hacia la apasionante esfera de la interpretación y la aplicación? Tienes por delante una gran cantidad de interesantes pasajes bíblicos con los que trabajar. ¡Hazlo concienzudamente! Las recompensas lo merecen.

Deberes

Deber 1-1
Describe los cuatro pasos del recorrido interpretativo.

Deber 1-2
¿Cuáles son las directrices para el desarrollo de los principios teológicos?

Deber 1-3
¿Cuáles son las diferencias que determinan la anchura del río a cruzar?

2
Cómo leer el libro:
Las oraciones gramaticales

Introducción

Si alguien te invitara a cenar, ¿cuáles serían tus expectativas con respecto a la comida? ¿Qué clase de comida esperarías encontrar? Personalmente, me contento con facilidad. Me encantaría, por ejemplo, que me sirvieran un buen bistec con patatas y guarnición y unos panecillos calientes y alguna verdura. Rozaría la perfección si además le añades una tarta de manzana o un pastel de moras. Pero no soy tiquismiquis. También me encantan las hamburguesas, la pizza, los espagueti, la lasaña, las costillas y cualquier guiso o estofado.

¿Y a ti? ¿Qué te gustaría que te sirvieran si te invitaran a comer? ¿Cómo reaccionarías en el caso de que no se cumpliera ninguna de tus expectativas? Por ejemplo, ¿qué sucedería si te presentaras en casa de unos amigos y te sirvieran una deliciosa papilla para bebés bien blandita? Hay algunas papillas realmente sabrosas —puré de guisantes y ciruelas hervidas—, platos realmente exquisitos... si eres un bebé de seis meses. No obstante, puesto que no lo eres, esperas algo con más sustancia, algo a lo que poder hincarle el diente. El hecho de que te sirvieran comida infantil representaría una verdadera frustración (¡quizá incluso pondría un poco a prueba tu amistad!).

Con el estudio de la Biblia sucede algo muy parecido. Sumergirnos en la Palabra de Dios se parece bastante a sentarse a comer. Al hacerlo esperamos encontrar algo nutritivo, sólido y apropiado a nuestro nivel de madurez. Queremos encontrar la verdadera comida. Pero muchas veces solo conseguimos llegar a la comida infantil: ¡Suaves y cremosas papillas para niños! El problema no está en la Palabra de Dios, que está llena de alimento sólido, sino más bien en nosotros y nuestra incapacidad de extraerlo y ¡disfrutarlo!. De hecho, algunos cristianos se han acostumbrado tanto a la comida infantil que ya no desean alimentos más sólidos. ¿Y tú? ¿Anhelas ahondar en la Palabra de Dios? ¿Tienes el deseo de participar de una dieta más sólida? Nuestra meta en este libro es ayudarte a «comer bien».

De modo que, ¡manos a la obra!

Si pasas directamente de la lectura inicial de un pasaje a su aplicación, seguirás estando condicionado por tu entendimiento anterior del texto en cuestión. Rara vez verás en él algo nuevo y apasionante, y la Biblia se convertirá para ti en un libro aburrido. Cualquier enseñanza o predicación que impartas tenderá también a ser previsible y aburrida, o bien optarás por hablar de algo que no sea la Escritura. La Biblia, no obstante, es la Palabra de Dios, y no tiene nada de aburrida. Sencillamente hemos de aprender a leerla con más discernimiento y perspicacia.

Cuando abandonamos el hábito de una lectura superficial y pasamos a leer el texto con seriedad, éste comienza a abrirse ante nosotros brindándonos sus tesoros inagotables. Los yacimientos de oro bíblico no tienen fin. Pero hemos de cavar con diligencia. No podemos entrar en la mina como el que va de paseo, escarbar un poco como el que no quiere la cosa, y pretender que ya tenemos todo lo que ésta nos ofrece. No obstante ¡este es exactamente el modo en que muchos cristianos leen la Biblia! No es de extrañar que se sientan desilusionados con su estudio personal de la Palabra de Dios. No es de extrañar que su predicación y su enseñanza sean superficiales.

Si deseas extraer verdadero oro de la Biblia —si quieres sacar de la Palabra de Dios un poco de la verdadera «carne» que el Señor ha puesto para que nos nutramos de ella— has de poner un esfuerzo y dedicación considerables en la tarea. Es necesario trabajar, ¡y mucho! Y eres tú, el lector, quien ha de decidir si te conformas con una «papilla» superficial que solo requiere una lectura casual o si deseas acceder al «alimento sólido» que solo se obtiene por medio de una lectura seria.

Lectura seria y cartas de amor

¿Qué es una lectura seria? Piensa en el siguiente episodio acerca de un lector «serio».

Cómo leer una carta de amor

Un joven acaba de recibir su primera carta de amor. Es posible que la lea tres o cuatro veces, pero está simplemente comenzando. Para leerla todo lo correctamente que le gustaría necesitaría varios diccionarios y trabajar a fondo con algunos expertos en etimología y filología.

No obstante, se apañará sin ellos.

Ponderará con minuciosidad cada aspecto del significado de cada palabra y cada coma. Las primeras palabras que ella ha puesto son «Querido John». ¿Cuál es, —se pregunta— el significado exacto de tales palabras? ¿Se contuvo acaso por timidez y lo que realmente hubiera querido decir es «queridísimo»? ¿Acaso «Estimado» hubiera sonado demasiado formal?

¿O, acaso para ella, la expresión «querido» no significaba nada en especial y la utilizaría para dirigirse a cualquier amigo? En este punto aparece en su rostro una expresión de preocupación. Pero esta desaparece tan pronto como comienza a reflexionar acerca de la primera frase. ¡No hay duda de que ella no hubiera escrito tales palabras a cualquiera!

Y así va abriéndose camino a lo largo de la carta, suspendido felizmente de una nube en un momento, y hecho un miserable mar de dudas al cabo de unos segundos. En su mente han surgido cientos de preguntas. Se sabe cada fragmento de memoria. De hecho, durante las semanas siguientes a la recepción de la carta no hace otra cosa que dar vueltas mentalmente a todas y cada una de las palabras.[2]

Este joven enamorado es un buen lector porque analiza todos los detalles del texto, hasta los más nimios. Una de las facultades más necesarias en la lectura de la Biblia es la capacidad de ver los detalles. La ma-

---

[2] Esta famosa anécdota apareció por primera vez en 1940 en el New York Times como parte de un anuncio publicitario del libro de Mortimer J. Adler *How to Read a Book* (Nueva York: Simon and Schuster, 1940). Lo cita Robert Traina en su obra, *Methodical Bible Study: A New Approach to Hermeneutics* (Wilmore, Ky.: Asbury Theological Seminary, 1952), 97–98.

yoría de nosotros la leemos con demasiada rapidez, y nos saltamos los detalles del texto. Sin embargo, el significado del texto bíblico está entretejido en los detalles de cada frase. El primer paso que hemos de dar para la comprensión de las Escrituras es observar todos los detalles que podamos. Nuestra intención ha de ser la de ver todos los pormenores posibles del texto. En esta etapa preliminar del análisis, hemos de intentar abstenernos de interpretar o aplicar el texto. Tales pasos son importantes, pero hemos de darlos más adelante, después del de la observación. Nuestra primera preocupación ha de ser leer seriamente, notar todos los detalles que podamos, analizar el texto con la misma minuciosidad con que Sherlock Holmes observaría la escena del crimen.

Pero, ¿cómo desarrollamos la capacidad de observar la Biblia? Para ello hemos de leer el texto una y otra vez, reparando en los detalles del texto. Hemos de buscar varios rasgos esenciales que nos ayudarán a iniciarnos en esta etapa de observación. Tales características son la repetición de palabras, los contrastes, los listados, causas y efectos, figuras retóricas, conjunciones, verbos, y pronombres. No obstante, esta enumeración solo representa algunas de las cosas en las que hemos de fijarnos. La observación implica también examinar cuidadosamente los detalles del texto.

Hay que tener en cuenta que todavía no estamos planteándonos la pregunta, «¿qué significa el texto? sino, sencillamente, «¿qué es lo que dice?» Aún no hemos comenzado a explorar las implicaciones de nuestras observaciones. Por otra parte, conviene no limitar nuestras consideraciones a lo que se ha dado en llamar reflexiones profundas o aspectos de gran trascendencia. Durante el paso de la observación, la idea es verlo todo, no dejar ningún detalle como irrelevante. Más adelante abordaremos el problema de revisar los detalles a fin de determinar el significado.

Otra cosa que hemos de tener en mente al comenzar es que leer e interpretar es una combinación de analizar fragmentos tanto breves como extensos del texto. Hemos de entender los elementos pequeños del texto (palabras, expresiones, oraciones gramaticales) para poder entender las porciones más extensas (párrafos, capítulos, relatos). No obstante, las unidades más extensas aportan también un contexto trascendental para la comprensión de las unidades reducidas. De modo que, este proceso requiere un poco de ambas cosas: una lectura general que nos dará una perspectiva global y un análisis de las partes que ponga de relieve los detalles realmente importantes.

En el Capítulo 1, el recorrido interpretativo, trataba de la idea general (el todo). Los próximos capítulos centrarán su atención en leer y observar las partes pequeñas. Este capítulo subraya la importancia de una lectura seria de las pequeñas unidades del texto, generalmente las oraciones gramaticales. En el Capítulo 3 pasaremos a considerar los párrafos y en el 4 entraremos en la lectura de unidades formadas por múltiples párrafos (discursos).

¡Trabaja en serio! ¡Cava con profundidad! ¡La fiesta te espera!

Qué buscar en las frases

1. Palabras repetidas

Hemos de buscar aquellas palabras que se repiten. En primer lugar, hemos de fijarnos en cualquier palabra que se repita dentro de la frase que estamos estudiando. A continuación, hemos de estudiar las frases que circundan el texto que estamos leyendo y buscar las repeticiones que contiene el pasaje más extenso.

Mira, por ejemplo, en 1 Juan 2:15–17:

> No améis al mundo ni las cosas que están en el mundo. Si alguno ama al mundo, el amor del Padre no está en él. Porque todo lo que hay en el mundo, la pasión de la carne, la pasión de los ojos y la arrogancia de la vida, no proviene del Padre, sino del mundo. Y el mundo pasa, y también sus pasiones, pero el que hace la voluntad de Dios permanece para siempre.

¿Cuál es la palabra que se repite en la primera frase? ¿Aparece también esta palabra («mundo») en la frase siguiente? ¿Cuántas veces aparece en este pasaje el término «mundo»? ¿Está en todas las frases? ¿Va siempre acompañada del artículo determinado «el», como en «el mundo»? ¿Has observado también la repetición de la palabra «amor»? ¿Cuántas veces aparece «amor»? La mera observación de la repetición de algunas palabras nos da una primera indicación del tema del pasaje. Tiene algo que ver con el mundo, en concreto, con amar al mundo.

Vayamos a otro pasaje. Lee cuidadosamente 2 Corintios 1:3–7:

> Bendito sea el Dios y Padre de nuestro Señor Jesucristo, Padre de misericordias y Dios de toda consolación, el cual nos consuela en

toda tribulación nuestra, para que nosotros podamos consolar a los que están en cualquier aflicción con el consuelo con que nosotros mismos somos consolados por Dios. Porque así como los sufrimientos de Cristo son nuestros en abundancia, así también abunda nuestro consuelo por medio de Cristo. Pero si somos atribulados, es para vuestro consuelo y salvación; o si somos consolados, es para vuestro consuelo, que obra al soportar las mismas aflicciones que nosotros también sufrimos. Y nuestra esperanza respecto de vosotros está firmemente establecida, sabiendo que como sois copartícipes de los sufrimientos, así también lo sois de la consolación.

Lee de nuevo la primera oración gramatical. ¿Cuántas veces aparece el término «consolación» o algún derivado? ¡Cuatro veces! ¡En una frase! En tu mente han de encenderse las alarmas. Has visto lo evidente: Este pasaje tiene algo que ver con la consolación. ¿Hay algo más? Sigamos analizando el resto del pasaje. ¿Cuántas veces vuelve a aparecer la palabra «consolación» o alguno de sus derivados? ¿Está en cada oración gramatical? ¿Se utiliza siempre con el mismo sentido? ¿Cuándo se utiliza la forma verbal y cuándo el sustantivo? ¿Qué complementos se usan con esta palabra y cuáles son las diferencias? («toda consolación», «el consuelo», «nuestro consuelo», «vuestro consuelo»)? ¿Quién está siendo consolado? ¿Quién consuela? ¿Por otra parte, qué se dice acerca del «sufrimiento«? ¿Qué versículos mencionan este término? ¿Cuántas veces aparece en cualquiera de sus formas? ¿Quién está sufriendo? ¿Existe alguna conexión entre sufrimiento y consuelo?

Fíjate en la repetición de las palabras en algunos otros pasajes. Observa, por ejemplo, el número de veces que se repiten las palabras que se indican en las secciones siguientes:

Juan 15:1–10 (buscar la palabra «permanecer»)

Mateo 6:1–18 (buscar la palabra «padre»)

1 Corintios 15:50-54 (buscar la palabra «corruptible» e «incorruptible»)

2. Contrastes

Busca aquellos elementos, ideas, o personas que se contrastan entre sí. Para ver un ejemplo de contraste, considera Proverbios 14:31:

El que oprime al pobre afrenta a su Hacedor, pero el que se apiada del necesitado le honra.

En este pasaje se contrastan dos tipos distintos de personas; la diferencia se centra en el modo en que tales personas tratan a los pobres y en cómo esta conducta hacia los pobres refleja su actitud hacia Dios. Uno de ellos oprime a los pobres, un acto que expresa desprecio hacia Dios, su Creador; el otro es bondadoso para con los pobres. Su manera de proceder con los necesitados honra a Dios.

¿Qué se contrasta en Proverbios 15:1?

La suave respuesta aparta el furor, mas la palabra hiriente hace subir la ira.

Los autores del Nuevo Testamento utilizan también contrastes con frecuencia. Lee Romanos 6:23 e identifica los dos contrastes que se presentan:

Porque la paga del pecado es muerte, pero la dádiva de Dios es vida eterna en Cristo Jesús Señor nuestro.

¿Qué es lo que se contrasta en Efesios 5:8?

Porque antes erais tinieblas, pero ahora sois luz en el Señor; andad como hijos de luz.

Juan utiliza asimismo el contraste luz/oscuridad, y lo desarrolla en varios versículos en 1 Juan 1:5–7:

Y éste es el mensaje que hemos oído de Él y que os anunciamos: Dios es luz, y en Él no hay tiniebla alguna. Si decimos que tenemos comunión con Él, pero andamos en tinieblas, mentimos y no practicamos la verdad; mas si andamos en la luz, como Él está en la luz, tenemos comunión los unos con los otros, y la sangre de Jesús su Hijo nos limpia de todo pecado.

¿Cuál es el contraste fundamental de este pasaje? «Luz» y «tinieblas». ¿Podemos ser más específicos respecto a la naturaleza del contraste? Sí. Observa que el contraste se divide en dos partes: (1) la naturaleza de Dios (luz y no tinieblas), y (2) nuestra forma de andar (en luz o en tinieblas).

3. Comparaciones

Los contrastes se centran en las diferencias; las comparaciones en las similitudes. Busca elementos, ideas, o personas que se comparen entre sí.

Proverbios 25:26 nos proporciona un buen ejemplo del Antiguo Testamento:

Como manantial hollado y pozo contaminado es el justo que cede ante el impío.

¿En qué sentido es un hombre justo que cede ante el impío como un manantial hollado o un pozo contaminado? Igual que el manantial o el pozo, el hombre fue en otro tiempo limpio, puro y útil; ahora sin embargo está contaminado y es inútil para el servicio.

En Santiago 3:3–6 se compara a la lengua con tres cosas diferentes. ¿Cuáles son?

Ahora bien, si ponemos el freno en la boca de los caballos para que nos obedezcan, dirigimos también todo su cuerpo. Mirad también las naves; aunque son tan grandes e impulsadas por fuertes vientos, son, sin embargo, dirigidas mediante un *timón* muy pequeño por donde la voluntad del piloto quiere. Así también la lengua es un miembro pequeño y, sin embargo, se jacta de grandes cosas. Mirad, ¡qué gran bosque se incendia con tan pequeño fuego! Y la lengua es un fuego, un mundo de iniquidad. La lengua está puesta entre nuestros miembros, la cual contamina todo el cuerpo, es encendida por el infierno e inflama el curso de nuestra vida.[3]

Por último, en Isaías 40:31 se establece una maravillosa comparación, según la cual la renovación de las fuerzas que se produce en aquellos que ponen la esperanza en el Señor se compara al vuelo de las águilas:

Pero los que esperan en el Señor renovarán sus fuerzas; se remontarán con alas como las águilas, correrán y no se cansarán, caminarán y no se fatigarán.

---

[3] Observa que en todos los versículos que se citan de la Escritura, la letra cursiva no procede del original. Todos los términos así resaltados lo han sido por nosotros para señalar alguna característica particular del texto bíblico.

Un buen estudio de la Biblia puede hacer que tú también vueles como las águilas. Así que sigue leyendo.

4. Listados

Siempre que encuentres enumeraciones de más de dos cosas, puedes identificarlas como un listado. En tal caso, escribe la lista y analiza su significado. ¿Existe algún orden en los diferentes elementos? ¿Están agrupados de algún modo? Por ejemplo, ¿que tres cosas se enumeran en 1 Juan 2:16?

> Porque todo lo que hay en el mundo, la pasión de la carne, la pasión de los ojos y la arrogancia de la vida, no proviene del Padre, sino del mundo.

¿Qué es lo que se detalla en Gálatas 5:22–23?

> Pero el fruto del Espíritu es amor, gozo, paz, paciencia, benignidad, bondad, fidelidad, mansedumbre, dominio propio.

¿Y en Gálatas 5:19–21?

> Ahora bien, las obras de la carne son evidentes, las cuales son: inmoralidad, impureza, sensualidad, idolatría, hechicería, enemistades, pleitos, celos, enojos, rivalidades, disensiones, sectarismos, envidias, borracheras, orgías y cosas semejantes.

5. Causa y efecto

Muchas veces los autores bíblicos mencionan una causa para, a continuación, consignar su efecto. Antes hemos considerado Proverbios 15:1 y hemos notado que en este versículo aparecía un contraste. Pero en este texto encontramos también dos relaciones de causa y efecto. Fíjate de nuevo en este versículo:

> La suave respuesta aparta el furor, mas la palabra hiriente hace subir la ira.

La primera causa es «la suave respuesta». ¿Cuál es el efecto de esta causa? Tal tipo de respuesta «aparta el furor». La segunda causa es «la palabra hiriente». ¿Y qué es lo que provoca? Como todos sabemos por experiencia, «hace subir la ira».

Demos también otra ojeada a Romanos 6:23:

Porque la paga del pecado es la muerte, pero el don de Dios es vida eterna en Cristo Jesús nuestro Señor.

En este pasaje «el pecado» es la causa y «la muerte» el efecto. Lee, asimismo Romanos 12:2:

Y no os adaptéis a este mundo, sino transformaos mediante la renovación de vuestra mente, para que verifiquéis cuál es la voluntad de Dios: lo que es bueno, aceptable y perfecto.

¿Cuál es la causa? Nuestra transformación mediante la renovación de nuestra mente. ¿Cuál es el efecto asociado? La capacidad de discernir la voluntad de Dios.

¿Cuál es la causa y cuál el efecto en Juan 3:16? ¿Existe en este texto más de una serie de relaciones de causa y efecto?

Porque de tal manera amó Dios al mundo, que dio a su Hijo unigénito, para que todo aquel que cree en Él, no se pierda, mas tenga vida eterna.

Determina la causa y el efecto en cada uno de los siguientes pasajes:

Cantaré al Señor, porque me ha colmado de bienes. (Sal 13:6)

Si habéis, pues, resucitado con Cristo, buscad las cosas de arriba, donde está Cristo sentado a la diestra de Dios. (Col 3:1)

Como puedes ver, las relaciones de causa y efecto desempeñan un papel extraordinariamente importante en la Biblia. Está siempre alerta con respecto a ellas.

6. Figuras retóricas

Las figuras retóricas son imágenes en que las palabras se usan con un sentido distinto del normal y literal. Por ejemplo, piensa en la imagen de la lámpara que encontramos en el Salmo 119:105:

Lámpara es a mis pies tu palabra
y lumbrera a mi camino.

La Palabra de Dios no es una «lámpara» literal que nos alumbra en un sendero oscuro. Se trata más bien, de una lámpara figurativa que nos permite ver con claridad el camino que hemos de seguir en la vida (pies/camino). Obsérvese que tanto el término «lámpara» como el binomio «pies/camino» son figuras retóricas.

Al analizar los textos bíblicos, es importante identificar siempre cualquier figura literaria que aparezca. Intenta visualizar la figura en cuestión. Hazte la pregunta: «¿Cuál es la imagen que el autor trata de transmitir con esta metáfora?» Considera, por ejemplo, Isaías 40:31 de nuevo:

Pero los que esperan en el Señor renovarán sus fuerzas; se remontarán con alas como las águilas, correrán y no se cansarán, caminarán y no se fatigarán.

Remontarse con las alas como las águilas es una figura retórica. ¿Te imaginas la escena: te estás elevando hacia el firmamento... flotando ingrávido/a en una corriente de aire tibio... mientras te deslizas suavemente sin mover las alas?

Las figuras retóricas son poderosas formas literarias puesto que plasman imágenes con las que podemos relacionarnos emocionalmente. Pueden ser imágenes de bendición, como las del águila en Isaías 40, pero pueden ser asimismo imágenes de juicio o de indignación. Visualiza por ejemplo, la imagen de Mateo 23:27 y describe tu reacción emocional ante esta imagen:

¡Ay de vosotros, escribas y fariseos, hipócritas!, porque sois semejantes a sepulcros blanqueados, que por fuera lucen hermosos, pero por dentro están llenos de huesos de muertos y de toda inmundicia.

La Biblia está llena de figuras retóricas. Aparecen tanto en el Antiguo Testamento como en el Nuevo. Lee los siguientes pasajes. Después de leerlos, identifica la metáfora en cuestión. A continuación detente y analiza la imagen por un momento. Intenta visualizar la imagen; ¿qué es lo que ves?

El Señor es mi roca,
mi fortaleza y mi libertador. (Sal 18:2)

Yo planté, Apolos regó, pero es Dios quien ha dado el crecimiento. (1 Cor 3:6)

¡Jerusalén, Jerusalén, la que mata a los profetas y apedrea a los que le son enviados! ¡Cuántas veces quise juntar a tus hijos, como la gallina a sus pollitos debajo de sus alas, y no quisiste! (Lucas 13:34)

Todos nosotros nos descarriamos como ovejas, nos apartamos cada cual por su camino; pero el Señor hizo que cayera sobre Él la iniquidad de todos nosotros. (Is. 53:6)

7. Conjunciones

Si nos imaginamos el texto bíblico como una casa de ladrillos, las conjunciones representan entonces el mortero que une entre sí los ladrillos (las expresiones y oraciones gramaticales). Un aspecto crucial de la lectura minuciosa es la observación e identificación de todas las conjunciones («y», «pero», «por tanto», «puesto que», «porque», etc.). Tendemos a ignorarlas, ¡pero es un grave error! Sin el mortero los ladrillos se desploman y forman un caos desastroso. Por ello es muy importante tomar siempre nota de las conjunciones e identificar su propósito o función. Es decir, intentar determinar qué es lo que conecta tal conjunción.

Por ejemplo, ante la conjunción «pero», puedes sospechar la presencia de alguna forma de contraste. Observa el texto e identifica las cosas que se contrastan por medio de esta conjunción. Recuerda Romanos 6:23:

Porque la paga del pecado es la muerte, pero el don de Dios es vida eterna en Cristo Jesús nuestro Señor.

La conjunción «pero» indica un contraste entre la paga del pecado (la muerte) y el don de Dios (vida eterna).

La conjunción «por tanto» o «así que» presenta, por regla general, cierto tipo de conclusión basada en argumentos o razones anteriores. Cuando te encuentres con un «por tanto», lee de nuevo el texto anterior y determina cuál es el la razón que le da sentido. En ocasiones, tal razón es fácil de encontrar, y muchas veces se ve con claridad en el versículo anterior. No obstante, otras veces la razón es más difícil de encontrar. En estos casos, la conjunción puede aludir al argumento más extenso de varios capítulos anteriores.

Romanos 12:1 es un buen ejemplo de un antecedente difícil de encontrar:

Por consiguiente, hermanos, os ruego por las misericordias de Dios que presentéis vuestros cuerpos como sacrificio vivo y santo, aceptable a Dios, que es vuestro culto racional.

La expresión «por consiguiente», con la que se inicia Romanos 12, conecta este versículo con los once capítulos anteriores. Durante once capítulos Pablo ha estado exponiendo verdades teológicas: el hecho maravilloso de nuestra salvación por Gracia, por medio de la fe. En el capítulo 12 el apóstol pasa a desarrollar el tema de la conducta. ¿Cómo deberíamos actuar o comportarnos? Con la conjunción «por consiguiente» de 12:1 Pablo conecta el hecho de quiénes somos con lo que hemos de hacer. La conducta que se describe en Romanos 12 (y en capítulos posteriores) debería ser una consecuencia directa de la Gracia de Dios en nuestras vidas (de lo cual se ha hablado en los capítulos 1–11).

En Hebreos 12:1 encontramos un «por tanto» más fácil de conectar:

Por tanto, puesto que tenemos en derredor nuestro tan gran nube de testigos, despojémonos también de todo peso y del pecado que tan fácilmente nos envuelve, y corramos con paciencia la carrera que tenemos por delante.

La razón de este «por tanto» la encontramos fácilmente en el capítulo anterior, Hebreos 11. Es fácil de descubrir porque el propio autor la identifica en 12:1 al decir «puesto que tenemos en derredor nuestro tan gran nube de testigos». La única nube de testigos a que se alude en el contexto son los hombres y mujeres de fe que se mencionan en el capítulo 11.

El antecedente del «por tanto» de Colosenses 3:12 no es, sin embargo, tan obvio:

Por tanto, como escogidos de Dios, santos y amados, revestíos de tierna compasión, bondad, humildad, mansedumbre y paciencia;

¿A qué idea expresada anteriormente se refiere este «por tanto«? Lee los once versículos anteriores y busca la razón que subyace tras el versículo 12. En los versículos anteriores Pablo les dice a los colosenses que se vistan del nuevo ser (ver en especial el versículo 10). Puesto que se han vestido del «nuevo hombre», tienen también, «por tanto», que ataviarse con nuevas virtudes: compasión, bondad, etcétera.

Otras conjunciones son también importantes. Fijémonos, por ejemplo, en 2 Timoteo 1:7–8:

Porque no nos ha dado Dios espíritu de cobardía, sino de poder, de amor y de dominio propio. Por tanto, no te avergüences del testimonio de nuestro Señor, ni de mí, prisionero suyo, sino participa conmigo en las aflicciones por el Evangelio, según el poder de Dios,

Observa las conjunciones del versículo 7 («porque», «sino», «y») y las del versículo 8 («por tanto», «ni», «sino»). ¿Qué dos cosas se contrastan por medio de la conjunción «sino» del versículo 7? ¿Qué tipo de relación establece el «por tanto» de la siguiente oración gramatical entre el versículo 8 y el 7? Por otra parte, ¿qué es lo que contrasta la conjunción «sino» del versículo 8?

¿Qué significación tiene la conjunción «sino» que encontramos en Génesis 6:8? Observa el contraste que se presenta en los dos versículos anteriores:

Y le pesó al Señor haber hecho al hombre en la tierra, y sintió tristeza en su corazón. Y el Señor dijo: Borraré de la faz de la tierra al hombre que he creado, desde el hombre hasta el ganado, los reptiles y las aves del cielo, porque me pesa haberlos hecho. Mas Noé halló Gracia ante los ojos del Señor (Gen 6:6–8).

8. Los verbos: dónde se expresa la acción

La importancia de los verbos radica en que éstos comunican la acción de la frase. En nuestra observación del texto, hemos de poner especial atención en identificar la acción del verbo. ¿Qué clase de verbo se utiliza? ¿Está en tiempo pasado, presente, o futuro (fui, voy, iré)? ¿Expresa quizá una idea progresiva; es decir, una acción continua (me dirigía, me dirijo, me dirigiré)? ¿Es un imperativo (¡Id!)?

¡Hemos de poner una especial atención en identificar los verbos en imperativo! Con frecuencia expresan mandamientos que Dios nos dirige. Observa, por ejemplo, la lista de verbos en imperativo que aparece en Efesios 4:2–3:

Con toda humildad y mansedumbre, con paciencia, soportándoos unos a otros en amor, esforzándoos por preservar la unidad del Espíritu en el vínculo de la paz.

Otra importante distinción que hemos de buscar en los verbos es la voz en que están (activa o pasiva). Los verbos activos son aquellos en los que el sujeto está realizando la acción (Juan golpea la pelota). Por el contrario, en los verbos en voz pasiva el sujeto es el receptor de la acción (Juan es golpeado por la pelota). Esta distinción es especialmente importante en las cartas de Pablo, porque con frecuencia establece la distinción entre lo que nosotros hacemos y lo que Dios ha hecho a nuestro favor. Los verbos en voz pasiva a menudo ponen de relieve las cosas que Dios ha hecho por nosotros.

Distingue y observa el sentido de los siguientes verbos en voz activa y pasiva:

Si habéis, pues, sido resucitados [voz pasiva] con Cristo, buscad [¡activa!] las cosas de arriba, donde está Cristo sentado a la diestra de Dios. (Col 3:1)

En él fuimos también escogidos, [pasiva] habiendo sido predestinados [pasiva] según el propósito de aquel que obra [activa] todas las cosas conforme al consejo de su voluntad (Ef 1:11).

Los verbos en voz pasiva tienen también su importancia en el Antiguo Testamento. Observa Génesis 12:3:

Todos los pueblos de la Tierra
en ti serán benditos [pasiva, y futuro].

9. Pronombres

También hemos de poner especial atención en identificar los pronombres junto con su antecedente (¿a quién o a qué se refiere?). ¿A quién, por ejemplo, aluden los pronombres «nuestro» y «nos» de Efesios 1:3?

Bendito sea el Dios y Padre de nuestro Señor Jesucristo, que nos ha bendecido con toda bendición espiritual en los lugares celestiales en Cristo.

Identifica todos los pronombres que aparecen en el texto siguiente (Fil 1:27–30)

Solamente comportaos de una manera digna del evangelio de Cristo, de modo que ya sea que vaya a veros, o que permanezca ausente, pueda oír que vosotros estáis firmes en un mismo espíritu, luchando unánimes por la fe del evangelio; de ninguna manera amedrentados por vuestros adversarios, lo cual es señal de perdición para ellos, pero de salvación para vosotros, y esto, de Dios. Porque a vosotros se os ha concedido por amor de Cristo, no solo creer en Él, sino también sufrir por Él, sufriendo el mismo conflicto que visteis en mí, y que ahora oís que está en mí.

Ejemplo: Romanos 12:1–2

Hasta ahora hemos venido observando ciertos rasgos individuales importantes que aparecen en el texto bíblico. Intentemos ahora unificar todo esto y aplicarlo a un pasaje en concreto, Romanos 12:1–2. Hemos hecho numerosas observaciones, aunque sin ser ni mucho menos exhaustivos. Lee nuestras observaciones. Piensa en otras observaciones que hubieran podido hacerse.

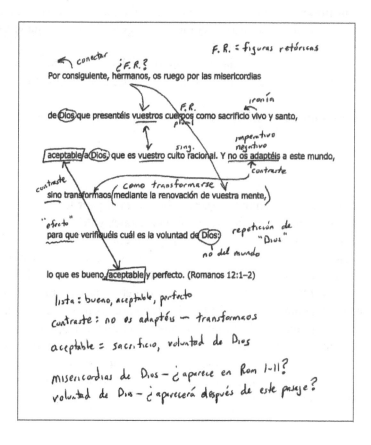

Repaso

Recordemos rápidamente lo que hemos aprendido en este capítulo.

* **Repetición de palabras**: buscar palabras y expresiones que se repiten.
* **Contrastes**: Buscar ideas, personas, y/o elementos que se contrastan entre sí.
* **Comparaciones**: Buscar ideas, personas, y/o elementos que se comparen entre sí. Buscar también similitudes.
* **Enumeraciones**: Observar cuando en el texto se mencionan más de dos elementos juntos.
* **Causa y efecto**: Puede que de una sola causa mencionada en el texto se derive más de un efecto.
* **Figuras retóricas**: Buscar expresiones que transmiten una imagen, utilizando las palabras en un sentido distinto del literal.
* **Conjunciones**: Presta atención a las palabras que sirven para conectar distintas unidades, como «y», «pero», «puesto que». Observa las ideas que conectan.
* **Verbos**: Toma nota de los tiempos verbales (pasado, presente, o futuro); de la voz (activa o pasiva); busca también los imperativos.
* **Pronombres**: Identifica el antecedente de cada pronombre.

Conclusión

El primer paso que hemos de dar al abordar cualquier texto bíblico es la anotación del mayor número de observaciones y detalles. La idea es profundizar al máximo y advertir el mayor número de aspectos. La lista anterior está lejos de ser exhaustiva y se ofrece como una mera ayuda para comenzar. Al iniciar el estudio de un texto, observa el mayor número posible de detalles. Invierte tiempo en el pasaje. En cada frase de la Biblia hay un gran número de pormenores que están esperando a ser descubiertos. Analiza minuciosamente el texto. ¡Léelo una y otra vez! Analízalo. Escribe tus observaciones. Léelo de nuevo. Observa un poco más. Escribe un poco más. ¿Qué observaciones has pasado por alto? Aún quedan algunas que descubrir. ¡No lo dejes todavía! ¡Sigue profundizando!

Deberes

Deber 2-1

Encuentra un mínimo de treinta observaciones en Hechos 1:8. Haz una lista en una hoja de papel. Evita en esta etapa las interpretaciones o aplicaciones. Es decir, limítate a las observaciones. Por ejemplo, una observación sería notar que el pasaje comienza con la conjunción «pero». Esta conjunción conecta esta frase con la anterior estableciendo un contraste. Por el contrario, si quisieras observar que el Espíritu Santo nos capacita para el evangelismo, esta nota caería en la categoría de la interpretación o la aplicación. No entres todavía en estas fases. Limita tus treinta observaciones a los detalles y no a la interpretación de los detalles. ¡Hazlo concienzudamente! ¡Profundiza en el texto! Lee el pasaje una y otra vez. No des por concluido tu trabajo hasta no haber encontrado al menos treinta observaciones. Intenta encontrar más de treinta. ¡Feliz exploración!

Pero recibiréis poder cuando el Espíritu Santo venga sobre vosotros;

y me seréis testigos en Jerusalén,

en toda Judea y Samaria,

y hasta los confines de la tierra.

Deber 2-2

Fotocopia esta página del texto de 1 Juan 1:5–7 y haz el mayor número posible de observaciones acerca de este pasaje. Sigue el formato presentado en el ejemplo de Romanos 12:1–2. Profundiza en el texto. Piensa con detenimiento. Invierte tiempo en este ejercicio. Marca el texto con un montón de observaciones. Lee el pasaje una y otra vez. Analízalo de nuevo. ¡Observa! ¡Observa! ¡Observa!

Y este es el mensaje que hemos oído de Él y que os anunciamos:

Dios es luz, y en Él no hay tiniebla alguna.

Si decimos que tenemos comunión con Él,

pero andamos en tinieblas, mentimos y no practicamos la verdad;

mas si andamos en la luz, como Él está en la luz,

tenemos comunión los unos con los otros,

y la sangre de Jesús su Hijo nos limpia de todo pecado.

Deber 2-3

Fotocopia esta página con el texto de Deuteronomio 6:4–6 y haz el mayor número posible de observaciones acerca de este pasaje. Sigue el formato que se presenta en el ejemplo de Romanos 12:1–2.

Escucha, oh Israel, el Señor es nuestro Dios, el Señor uno es.

Amarás al Señor tu Dios con todo tu corazón,

con toda tu alma y con toda tu fuerza.

Y estas palabras que yo te mando hoy, estarán sobre tu corazón;

Deber 2-4
Fotocopia esta página con el texto de 1 Timoteo 6:17–19 y haz el mayor número posible de observaciones acerca de este pasaje. Sigue el formato que se presenta en el ejemplo de Romanos 12:1–2.

A los ricos en este mundo,

enséñales que no sean altaneros

ni pongan su esperanza en la incertidumbre de las riquezas,

sino en Dios, el cual nos da abundantemente todas las cosas

para que las disfrutemos.

Enséñales que hagan bien, que sean ricos en buenas obras,

generosos y prontos a compartir,

acumulando para sí el tesoro de un buen fundamento para el futuro,

para que puedan echar mano de lo que en verdad es vida.

Deber 2-5

Fotocopia esta página con el texto de Mateo 28:18–20 y haz el mayor número posible de observaciones acerca de este pasaje. Sigue el formato que se presenta en el ejemplo de Romanos 12:1–2.

Y acercándose Jesús, les habló, diciendo:

Toda autoridad me ha sido dada en el cielo y en la tierra.

Id, pues, y haced discípulos de todas las naciones,

bautizándolos en el nombre del Padre y del Hijo y del Espíritu Santo,

enseñándoles a guardar todo lo que os he mandado;

y he aquí, yo estoy con vosotros todos los días, hasta el fin del mundo.

3
Cómo leer el libro: Los párrafos

Introducción

En el capítulo 2 hemos aprendido a hacer observaciones en el nivel de las oraciones gramaticales. En este capítulo seguiremos desarrollando nuestras capacidades para hacer observaciones, pero ahora cambiaremos el enfoque de nuestras investigaciones y pasaremos del análisis de las oraciones al examen de los párrafos. ¡Sigue buscando! ¡Sigue observando! ¡Sigue profundizando en la Palabra de Dios!

Pero primero, escuchemos un relato...

El arte de la observación: aprender a ver

Aprender a ver los detalles es una capacidad que no desarrollamos de manera natural, sino por medio de la práctica. El relato siguiente es un clásico acerca de la iniciación de un estudiante en el arte de la observación.

El estudiante, el pez y Agassiz[4]

Por el estudiante

Hace más de quince años entré al laboratorio del profesor Agassiz, y le dije que me había inscrito en la facultad de ciencia como estudiante de Historia natural. Él me hizo algunas preguntas respecto al objeto de mi visita, el modo en que me proponía usar el conocimiento que pudiera adquirir y finalmente, si quería estudiar alguna rama especial. A esto último respondí que, si bien quería estar bien fundamentado en todos los departamentos de la Zoología, quería dedicarme a los insectos.

«¿Cuándo desea comenzar?» me preguntó.

«Ahora», le contesté.

Esta respuesta pareció agradarle, y con un enérgico «muy bien», tomó de la estantería un enorme frasco de especímenes conservados en alcohol amarillo.

«Observe este pez», dijo, «y fíjese en él; le llamamos haemulon; dentro de un rato le preguntaré lo que ha visto».

Con estas palabras me dejó. A los diez minutos ya había visto todo lo que podía verse de aquel pez, y comencé a buscar al profesor, que había salido del museo; cuando volví, después de haberme entretenido observando los extraños animales del departamento superior, el pez que me había encomendado el profesor se había secado completamente. Eché algo de líquido sobre el pez como para resucitarle de su desmayo, y miré con ansiedad esperando el regreso de un aspecto viscoso normal. Pasado este pequeño incidente, no tenía otra cosa que hacer que volver a mirar con detenimiento a mi mudo compañero. Pasó media hora, una hora, y otra; el pez comenzaba a parecerme repulsivo. Le di una vuelta por un lado y por el otro; observé sus facciones: espantosas; desde atrás, por debajo, por arriba, por los lados... igual de espantoso. Estaba desesperado; un poco antes de la hora habitual concluí que era tiempo de comer; de modo que, con un alivio infinito, devolví el pez cuidadosamente a su frasco, y durante una hora fui libre.

A mi regreso, me enteré de que el profesor Agassiz había estado en el museo, pero había salido de nuevo y no regresaría hasta varias horas más tarde. Lentamente volví a sacar de su frasco aquel pez

---

[4] Jean Louis Rodolphe Agassiz (1807-1873) fue un famoso científico del siglo XIX que enseñó en Harvard durante muchos años.

horrible, y con un sentimiento de desesperación comencé de nuevo a observarlo. No podía utilizar ningún cristal de aumento; me estaba prohibido el uso de cualquier clase de instrumento. Allí estaba yo con mis dos manos, mi dos ojos, y el pez; parecía una exploración de lo más limitada. Le introduje los dedos en la boca para comprobar lo afilados que tenía los dientes. Comencé a contar distintas hileras de escamas hasta que me convencí de que era un ejercicio absurdo. Por fin se me ocurrió una idea agradable: iba a hacer un dibujo del pez; y ahora con sorpresa comencé a descubrir nuevas características de aquella criatura. Precisamente entonces regresó el profesor.

«Muy bien», dijo, «el lápiz es uno de los mejores ojos. También me alegro de observar, que mantienes la humedad del espécimen y la botella bien tapada.

Con estas alentadoras palabras añadió, «Bien, ¿cómo es?»

Escuchó con atención mi breve intento de describir la estructura de las partes cuyos nombres me eran todavía desconocidos: branquias distribuidas en hileras, labios carnosos, ojos sin párpados; la línea lateral, las aletas espinosas y la cola bifurcada. Cuando terminé, se quedó aguardando como si esperara más, y entonces, con aire de frustración:

«No te has concentrado demasiado —siguió diciendo más solemnemente— no has reparado en uno de los rasgos más evidentes del animal, que está claramente ante ti. Observa de nuevo; ¡observa de nuevo!» y se marchó dejándome perplejo.

Me sentía desazonado. ¿Tenía que seguir escrutando aquel miserable pez? Sin embargo, ahora me entregué a la tarea con amor propio, y pronto comencé a descubrir cosas nuevas, una tras otra, hasta que entendí lo justo que había sido el profesor en su crítica. La tarde pasó con rapidez, y cuando hacia el final el profesor inquirió «¿Lo ves ya?»

«No», le contesté. «Estoy seguro de que no, pero lo que sí veo ahora es lo poco que veía antes».

«Esto está muy bien», dijo él, «pero ahora no quiero hablar de ello; guarda el pez y vete a casa; quizá tendrás una respuesta mejor por la mañana. Hablaremos antes de que mires el pez».

Estas palabras fueron desconcertantes; no solo tenía que estar pensando en el pez toda la noche, sin poder ver el objeto de mi estudio, planteándome qué puede ser este rasgo desconocido pero muy visible, sino que también, sin poder repasar mis nuevos descubrimientos, he de dar una exacta explicación de ellos al día siguiente.

El cordial saludo del profesor a la mañana siguiente fue reconfortante; aquel hombre parecía estar tan anheloso como yo de que yo viera por mí mismo lo que veía él.

«¿Quiere quizá decir», le pregunté, «que el pez tiene lados simétricos con órganos emparejados?»

Su completamente satisfecho, «¡por supuesto, por supuesto!» compensó las horas en vela de la noche anterior. Después de dejar que hablara felizmente y con gran entusiasmo —por supuesto, lo hacía sobre la importancia de este punto— me aventuré a preguntarle qué tenía que hacer a continuación.

«¡Observa un poco más tu pez!» dijo, y me abandonó de nuevo a mis propios recursos. Al cabo de poco más de una hora regresó y escuchó mi nuevo catálogo.

«¡Esto está bien, esto está bien!» repitió, «no obstante no es todo; sigue observando». Y durante tres largos días, puso aquel pez delante de mis ojos, impidiéndome mirar ninguna otra cosa, o utilizar ninguna ayuda artificial. «Busca, busca, busca», fue su reiterado encargo.

Aquella fue la mejor lección de entomología que he tenido jamás (una lección cuya influencia se ha extendido a los detalles de todos mis estudios posteriores); un legado que el profesor me ha dejado a mí, igual que a muchos otros, de un valor inestimable, algo que no podía comprar y que me acompañará el resto de mi vida.[5]

¿Ves similitudes entre estudiar la Palabra de Dios y el estudio del pez en esta anécdota? Lee la Biblia cuidadosamente. Busca los elementos de que hemos hablado en el Capítulo 2. Busca también otros detalles. ¡Observa! Busca un poco más. Observa un poco más. Mira de nuevo. Hazle preguntas al texto. Mira de nuevo. Observa más. ¡Profundiza! Toma notas. Marca las observaciones que veas. Lee de nuevo el pasaje. Busca otros detalles. ¡Hay más! ¡Sigue profundizando! ¿Entiendes lo que quiero decir?

Vamos a avanzar y a aprender más acerca de las cosas que hemos de buscar en los párrafos.

---

[5] «Appendix», *American Poems* (Houghton, Osgood & Co., 1880). Howard Hendricks ha utilizado esta excelente ilustración acerca de lo que significa la observación en su clase del *Dallas Theological Seminary* durante muchos años.

Qué buscar en los párrafos

1. Generales y específicas

En ocasiones el autor introducirá una idea con una afirmación general, es decir, dando una perspectiva general o un resumen de la idea principal. A continuación el autor completará esta afirmación general con los detalles de la idea. Muchas veces estos pormenores aportan los detalles de apoyo que hacen cierta la idea general o la explican de un modo más completo. Por ejemplo, yo puedo hacer una afirmación de carácter general y decir, «me gustan los postres». Puedo a continuación explicar esto de un modo más completo con detalles específicos, «me gusta la tarta de manzana, el pastel de fresa, el helado de chocolate, y el pastel de queso». Con ello he hecho un movimiento de lo general a lo específico.

Aunque los autores bíblicos no mencionan el helado de chocolate, muchas veces sí utilizan el recurso literario de lo general a lo específico para comunicarse con nosotros. Por ejemplo, en Gálatas 5:16 Pablo hace una afirmación de carácter general:

Digo, pues: Andad por el Espíritu, y no cumpliréis el deseo de la naturaleza pecaminosa.

Tanto «vivir por el Espíritu» como «satisfacer los deseos de la naturaleza pecaminosa» son afirmaciones de carácter general. Son generalizaciones amplias. Como lectores deseamos conocer más detalles o especificaciones acerca de cada una de estas cosas. Pablo satisface nuestro interés y nos ofrece los detalles de lo que significa satisfacer los deseos de la naturaleza pecaminosa en 5:19–21a:

Ahora bien, las obras de la carne son evidentes, las cuales son: inmoralidad, impureza, sensualidad, idolatría, hechicería, enemistades, pleitos, celos, enojos, rivalidades, disensiones, sectarismos, envidias, borracheras, orgías y cosas semejantes.

A continuación, en 5:22-23, el apóstol pasa a enumerar los detalles de lo que significa «vivir por el Espíritu»:

Mas el fruto del Espíritu es amor, gozo, paz, paciencia, benignidad, bondad, fidelidad, mansedumbre, dominio propio.

En Romanos 12 tenemos también un pasaje donde se pasa de lo general a lo específico. Pablo hace su afirmación general en el versículo 1:

Por consiguiente, hermanos, os ruego por las misericordias de Dios que presentéis vuestros cuerpos como sacrificio vivo y santo, aceptable a Dios, que es vuestro culto racional.

Los detalles comienzan unos cuantos versículos más adelante en 12:9 y continúan hasta el capítulo 15. A continuación se cita Romanos 12:9-13 como una serie de ejemplos de esta característica. Obsérvese la naturaleza específica de las exhortaciones:

El amor sea sin hipocresía; aborreciendo lo malo, aplicándoos a lo bueno. Sed afectuosos unos con otros con amor fraternal; con honra, daos preferencia unos a otros; no seáis perezosos en lo que requiere diligencia; fervientes en espíritu, sirviendo al Señor, gozándoos en la esperanza, perseverando en el sufrimiento, dedicados a la oración, contribuyendo para las necesidades de los santos, practicando la hospitalidad.

Hay que tener también en cuenta que, frecuentemente, los autores invierten el orden y van de lo específico a lo general. El autor enumerará primero los detalles (me gusta la tarta de manzana, el pastel de fresa, el helado de chocolate, y el pastel de queso) y a continuación recapitulará la idea principal con una afirmación de carácter general que resume el punto central (me gustan los postres).

Un buen ejemplo de esto es la famosa exposición acerca del amor que encontramos en 1 Corintios 13. Los versículos 1-12 nos presentan los detalles:

Si yo hablara lenguas humanas y angélicas, pero no tengo amor, he llegado a ser como metal que resuena o címbalo que retiñe... El amor es paciente, es bondadoso; el amor no tiene envidia; el amor no es jactancioso, no es arrogante; no se porta indecorosamente; no busca lo suyo, no se irrita....

A continuación, en el versículo 13 el autor recapitula la exposición con una afirmación de carácter general que resume la idea principal:

Y ahora permanecen la fe, la esperanza y el amor, estos tres; pero el mayor de ellos es el amor.

2. Preguntas y respuestas

Ocasionalmente algún autor puede plantear una pregunta retórica para, a continuación, dar la respuesta a su propia pregunta. Pablo lo hace varias veces en Romanos. Por ejemplo, en Romanos 6:1 pregunta:

¿Qué diremos, entonces? ¿Continuaremos en pecado para que la Gracia abunde?

Acto seguido el propio apóstol da respuesta a su pregunta en el versículo 2:

¡De ningún modo! Nosotros, que hemos muerto al pecado, ¿cómo viviremos aún en él?

En los versículos que siguen, Pablo continúa desarrollando la respuesta de su pregunta introductoria de 6:1. Utiliza también este formato de pregunta/respuesta en otros muchos lugares de Romanos (3:1, 5, 9, 27–31; 4:1, 9; 6:15; 7:1, 7, 13; 8:31–35; 11:1, 7, 11).

La utilización de esta técnica no se limita a las cartas de Pablo. Marcos utiliza este mismo formato de pregunta/respuesta en varios lugares como telón de fondo para su relato de Jesús. Por ejemplo, en Marcos 2:1–3:6 encontramos cinco episodios que giran alrededor de una pregunta y una respuesta. Las cinco preguntas son:

1. «¿Quién puede perdonar pecados sino solo Dios?» (2:7)
2. «¿Por qué come con recaudadores de impuestos y pecadores?» (2:16)
3. «¿Por qué ayunan los discípulos de Juan y los discípulos de los fariseos, pero tus discípulos no ayunan?» (2:18)
4. «¿Por qué hacen lo que no es lícito en el día de reposo?» (2:24)
5. «¿Es lícito en el día de reposo hacer bien o hacer mal, salvar una vida o matar?» (3:4)

Las primeras cuatro preguntas las suscitan los oponentes de Jesús. Los fariseos y otros están desafiando la conducta de Jesús y sus discípulos en materia religiosa. En los versículos que siguen a cada una de las preguntas, Jesús responde a sus interpelaciones con una clara justificación de sus acciones.

1. «Pues para que sepáis que el Hijo del Hombre tiene autoridad en la tierra para perdonar pecados (dijo* al paralítico): A ti te digo: Levántate, toma tu camilla y vete a tu casa». (2:10)
2. «no he venido a llamar a justos, sino a pecadores». (2:17b)
3. «¿Acaso pueden ayunar los acompañantes del novio mientras el novio está con ellos?» (2:19)
4. «¿Nunca habéis leído lo que David hizo cuando tuvo necesidad... el Hijo del Hombre es Señor aun del día de reposo». (2:25, 28)

No obstante, la quinta pregunta, la plantea Jesús y la dirige a los fariseos. La respuesta a su pregunta es obvia: lo lícito es «hacer bien», como hace Jesús al sanar la mano seca del hombre y no «hacer el mal» y «matar» como están planeando hacer los fariseos con Jesús (3:6). Sin embargo, aunque Jesús ha respondido a sus preguntas, ellos no consiguen responder a la suya.

Obsérvese que Marcos equilibra este episodio de las cinco preguntas que aparece al inicio de su libro consignando otro episodio de cinco preguntas al final de su libro (11:27-12:40). Los oponentes son los mismos en cada episodio. Por otra parte, en cada uno de los episodios los adversarios plantean las cuatro primeras preguntas y Jesús la última.

3. Diálogo

Los diálogos, por supuesto, coinciden parcialmente con el rasgo de la pregunta/respuesta que acabamos de comentar. Las cuatro preguntas que encontramos en Marcos 2:15–3:6 forman parte de un diálogo constante entre Jesús y los fariseos. A primera vista el diálogo puede parecernos un rasgo demasiado obvio como para ocuparnos de él. Sin duda, en narrativa los diálogos explícitos se utilizan frecuentemente y son fáciles de descubrir. Pero es importante que no nos limitemos simplemente a leer los diálogos. Observar el hecho en sí de que se está produciendo un diálogo y plantear ciertas preguntas acerca de este hecho es también de gran importancia. ¿Quiénes son los interlocutores? ¿Quién está hablando a quién? ¿Cuál es el escenario? ¿Hay otras personas presentes? En caso afirmativo, ¿están escuchando? ¿Participan del diálogo? ¿Es el diálogo en cuestión una discusión? ¿Un debate? ¿Una conferencia? ¿Se trata de cháchara distendida? ¿Cuál es el tema del diálogo?

Puede ser útil servirse de un código de colores para marcar los diálogos (asignar un color específico a cada interlocutor y colorear la conversación según este criterio).

Los relatos de la Biblia contienen una multitud de diálogos maravillosos. Recuerda por ejemplo la conversación de Jesús con la mujer samaritana en el pozo de Sicar que se detalla en Juan 4. Otro diálogo famoso es el que se produce entre Pedro y Jesús en Juan 13:6–10, donde éstos tratan la cuestión de si Jesús le ha de lavar o no los pies a Pedro. Sin duda, una de las conversaciones más insólitas que encontramos en la Biblia es la que tiene lugar en Números 22 entre Balaam y su asno.

Sin embargo, algunos diálogos no son tan fáciles de descubrir. No obstante, estos diálogos menos obvios son muchas veces de considerable importancia para establecer el significado del pasaje. El libro de Habacuc, por ejemplo, es principalmente un diálogo entre Dios y el profeta. En 1:1–4 Habacuc le pregunta a Dios por qué permite que la injusticia continúe en Judá sin hacer nada para impedirla. En 1:5–11 Dios responde con la promesa de enviar a los babilonios a Judá y destruir a la nación. En 1:12–2:1 Habacuc plantea ciertas objeciones a Dios porque este tipo de solución no es precisamente lo que Habacuc tenía en mente. No obstante, Dios responde a su objeción en 2:2–20 afirmando que la invasión es inevitable. Una vez hemos reconocido el formato de diálogo del libro de Habacuc, su mensaje se hace muy claro.

4. Declaraciones de propósito

Es importante identificar siempre las declaraciones de propósito. Se trata de expresiones u oraciones gramaticales que describen la razón, resultado, o consecuencia de una determinada acción. Frecuentemente vienen introducidas por conjunciones finales como por ejemplo, «para que», y «de modo que», no obstante tales declaraciones de propósito también pueden introducirse con un simple infinitivo. Los siguientes ejemplos ilustran la utilización de declaraciones de propósito.

Porque somos hechura suya, creados en Cristo Jesús *para* hacer buenas obras, las cuales Dios preparó de antemano para que anduviéramos en ellas.. (Ef 2:10)

Porque de tal manera amó Dios al mundo *que* dio a su Hijo Unigénito. (Juan 3:16)

No me elegisteis vosotros a mí, sino que yo os escogí a vosotros y os he puesto *para* vayáis y llevéis fruto, y para que vuestro fruto permanezca. (Juan 15:16)

Escucha, pues, oh Israel, y cuida de hacerlo, para que te vaya bien y te multipliques en gran manera, en una tierra que mana leche y miel, tal como el Señor, el Dios de tus padres, te ha prometido. (Dt 6:3)

En mi corazón he guardado tu palabra *para* no pecar contra ti. (Sal 119:11)

5. Medios (por los que se consigue algo)

Cuando se describe una acción, resultado, o propósito, es importante buscar el medio por el que se produce tal acción, resultado, o propósito. ¿Cómo se lleva a cabo la acción o resultado en cuestión? ¿Cómo se consigue el propósito? Lee por ejemplo, la segunda mitad de Romanos 8:13:

... pero si por el Espíritu hacéis morir las obras de la carne, viviréis.

El medio por el que se hacen morir las obras de la carne es el Espíritu. Considera también por un momento el Salmo 119:9:

¿Cómo puede el joven guardar puro su camino?
Guardando tu palabra.

El propósito o acción deseada es que el joven se mantenga puro en su camino. ¿Cuál es el medio? Una vida de acuerdo con la Palabra de Dios.

6. Cláusulas condicionales

Otro aspecto importante en la lectura de los párrafos es identificar todas las cláusulas condicionales. Se trata de cláusulas que presentan las condiciones por las que tendrá lugar cierta acción, consecuencia, realidad, o resultado. Por regla general el aspecto condicional vendrá introducido por la conjunción condicional «si». En ocasiones la acción o consecuencia resultante será introducida por la conjunción «entonces», sin embargo con frecuencia tal acción o consecuencia no viene marcada por palabras introductorias específicas. Siempre que encontremos una cláusula condicional, es importante determinar exactamente cuál es la acción condicional necesaria (suele ser introducida por la partícula *si*) y cuál es el resultado o consecuencia (suele ser introducida por la conjunción *entonces*).

Identifica la cláusula condicional y su resultado o consecuencia en los textos siguientes:

Si decimos que tenemos comunión con Él, pero andamos en tinieblas, mentimos y no practicamos la verdad; (1 Jn 1:6)

Condición: Si decimos que tenemos comunión con Él, pero andamos en tinieblas.

Resultado o consecuencia: mentimos y no practicamos la verdad.

De modo que si alguno está en Cristo, nueva criatura es; las cosas viejas pasaron; he aquí, son hechas nuevas. (2 Cor 5:17).

Condición: De modo que si alguno está en Cristo

Resultado o consecuencia: nueva criatura es; las cosas viejas pasaron; he aquí, son hechas nuevas.

Y sucederá que si obedeces diligentemente al Señor tu Dios, cuidando de cumplir todos sus mandamientos que yo te mando hoy, el Señor tu Dios te pondrá en alto sobre todas las naciones de la tierra. (Dt 28:1)

Condición: si obedeces diligentemente al Señor tu Dios, cuidando de cumplir todos sus mandamientos que yo te mando hoy.

Resultado o consecuencia: el Señor tu Dios te pondrá en alto sobre todas las naciones de la tierra.

7. *Acciones/roles de las personas y acciones/roles de Dios*

En los pasajes bíblicos se alude con frecuencia a las acciones de las personas y también a las de Dios. Identifícalas y márcalas por separado. Hazte preguntas como: ¿Qué es lo que hace Dios (detalla también si se trata del Padre, el Hijo, o el Espíritu Santo) en este pasaje? ¿Qué es lo que hacen las personas en este pasaje? A continuación, pregúntate si hay alguna conexión entre lo que hace Dios y lo que hacen las personas.

Lee, por ejemplo, Efesios 5:1–2:

Sed, pues, imitadores de Dios como hijos amados; y andad en amor, así como también Cristo os amó y se dio a sí mismo por nosotros, ofrenda y sacrificio a Dios, como fragante aroma.

¿Cuáles son las acciones o roles que desempeñan las personas en este pasaje? Se nos dice que seamos imitadores de Dios igual que lo son los hijos. Se nos dice también que vivamos una vida de amor como lo hizo Cristo. ¿Cuál es el papel de Cristo o de Dios en este pasaje? El papel de Cristo fue el de ofrecerse a Dios por nosotros; el de Dios es el de ser objeto de imitación.

Asimismo, hemos de poner especial atención cuando se hace referencia a Dios en términos relacionales (padre, marido, rey). Por ejemplo, en Mateo 5:43–6:34 hay catorce referencias a Dios como «Padre» (5:45, 48; 6:1, 4, 6, 8, 9, 14, 15, 18, 26, 32). Por medio de la reiterada utilización del término «Padre» en este pasaje (del Sermón del Monte) Jesús está, sin duda, intentando transmitir una idea de la relación con Dios como Padre (tanto suyo como nuestro).

8. Términos que expresan emociones

La Biblia no es un libro dedicado a la información técnica y abstracta. Trata más bien de relaciones y principalmente de aquellas que se dan entre Dios y las personas. Las emociones desempeñan un importante papel en las relaciones personales. Esto es algo que frecuentemente se pasa por alto en la interpretación bíblica. Como parte de la minuciosa lectura que hemos recomendado, en nuestra observación del texto hemos de poner especial atención en descubrir aquellas palabras y expresiones que tengan matices emocionales, es decir, palabras que transmitan sentimientos y emociones. También hemos de subrayar especialmente palabras como «padre», «madre», «hija», «hijo», y términos por el estilo que por regla general tienen también connotaciones emocionales subyacentes.

Lee Gálatas 4:12–16 y observa las connotaciones emocionales de las expresiones y palabras resaltadas en cursiva:

Os ruego, hermanos, haceos como yo, pues yo también me he hecho como vosotros. Ningún agravio me habéis hecho; pero sabéis que fue por causa de una enfermedad física que os anuncié el evangelio la primera vez; y lo que para vosotros fue una prueba en mi condición física, no despreciasteis ni rechazasteis, sino que me recibisteis como un ángel de Dios, como a Cristo Jesús mismo. ¿Dónde está, pues, aquel sentido de bendición que tuvisteis? Pues testigo soy en favor vuestro de que de ser posible, os hubierais sacado los ojos y me los hubierais dado. ¿Me he vuelto, por tanto, vuestro enemigo al deciros la verdad?

¿Te das cuenta de que el término «rogar» transmite emociones mucho más intensas que «pedir»? Pablo parece haber escogido deliberadamente términos vivamente emotivos para expresarse en este pasaje (y a lo largo de toda la carta a los Gálatas). ¿Cuáles son los sentimientos que Pablo expresa aquí? ¿Por qué saca a colación su pasada relación, recordando a los gálatas la calurosa acogida que éstos le habían brindado? ¿Qué grado de intensidad notas en la expresión «os hubierais sacado los ojos y me los hubierais dado«? Asimismo, ¿qué connotaciones conlleva el término «enemigo»? En el Antiguo Testamento se utiliza la terminología emotiva incluso con más frecuencia que en el Nuevo. En Jeremías 3:19-20, Dios abre y derrama su corazón movido por la rebeldía y perversión de su pueblo:

> Yo había dicho: «¡Cómo quisiera ponerte entre mis hijos, y darte una tierra deseable, la más hermosa heredad de las naciones!» Y decía: «Padre mío me llamaréis, y no os apartaréis de seguirme». Ciertamente, como una mujer se aparta pérfidamente de su amado, así habéis obrado pérfidamente conmigo, oh casa de Israel, declara el Señor.

Observa las dos emotivas analogías que utiliza Dios. Israel es como el hijo que ha rechazado y hecho trizas la relación con su padre, y también como una esposa que ha engañado a su marido siéndole infiel con otros hombres. Estas dos relaciones (padre/hijo y marido/esposa) son sin duda las dos relaciones con mayor carga emocional que experimentan las personas. Tales relaciones pueden ser fuente de inmenso gozo y también de un dolor devastador. En Jeremías 3 Dios quiere que su pueblo sepa que, con su rechazo, le han causado gran dolor emocional.

9. Tono

Hemos de intentar identificar el tono del pasaje que queremos estudiar. A menudo, esto estará estrechamente relacionado con la identificación de los términos con connotaciones emotivas (ver el apartado anterior). No obstante, una vez que hayamos observado cualquier término con carga emotiva, hemos de seguir adelante y determinar cuál es el tono general del pasaje. ¿Es un tono de irritación? ¿De reprimenda? ¿De pesadumbre? ¿O se trata de un tono formal de explicación?

Por ejemplo, contrasta el tono de Colosenses 3:1–4 con el de Gálatas 3:1–4:

> Si habéis, pues, resucitado con Cristo, buscad las cosas de arriba, donde está Cristo sentado a la diestra de Dios. Poned la mira en las cosas de arriba, no en las de la tierra. Porque habéis muerto, y vues-

tra vida está escondida con Cristo en Dios. Cuando Cristo, nuestra vida, sea manifestado, entonces vosotros también seréis manifestados con Él en gloria (Col 3:1–4).

¡Oh, gálatas insensatos! ¿Quién os ha fascinado a vosotros, ante cuyos ojos Jesucristo fue presentado públicamente como crucificado? Esto es lo único que quiero averiguar de vosotros: ¿recibisteis el Espíritu por las obras de la ley, o por el oír con fe? ¿Tan insensatos sois? Habiendo comenzado por el Espíritu, ¿vais a terminar ahora por la carne? ¿Habéis padecido tantas cosas en vano? ¡Si es que en realidad fue en vano! (Gal 3:1–4).

En Colosenses 3:1–4 Pablo utiliza un tono calmado, el que se usa para desarrollar una explicación. No recurre a términos fuertemente emotivos. Sin embargo, en Gálatas 3:1–4, el tono del apóstol es bastante distinto. En este pasaje está censurando o reprendiendo a sus receptores. Parece incluso que esté un poco furioso, o desilusionado al menos, con los gálatas, o ambas cosas. El tono que utiliza se convierte en una parte del mensaje. Por ello, es importante observar los matices de la tonalidad de los pasajes que estudiamos.

¿Cuál es el tono de las palabras de Jesús en Mateo 23:33–35? ¿Habla con calma, amabilidad, y ternura?

¡Serpientes! ¡Camada de víboras! ¿Cómo escaparéis del juicio del infierno? Por tanto, mirad, yo os envío profetas, sabios y escribas: de ellos, a unos los mataréis y crucificaréis, y a otros los azotaréis en vuestras sinagogas y los perseguiréis de ciudad en ciudad, para que recaiga sobre vosotros la culpa de toda la sangre justa derramada sobre la tierra, desde la sangre del justo Abel hasta la sangre de Zacarías, hijo de Berequías, a quien asesinasteis entre el templo y el altar.

Observa también el tono de desesperación y pesimismo que impregna las palabras de Lamentaciones 3:1–6:

Yo soy el hombre que ha visto la aflicción bajo la vara de su furor. Él me ha llevado y me ha hecho andar en tinieblas y no en luz. Ciertamente contra mí ha vuelto y revuelto su mano todo el día. Ha hecho que se consuman mi carne y mi piel, ha quebrado mis huesos. Me ha sitiado y rodeado de amargura y de fatiga. En lugares tenebrosos me ha hecho morar, como los que han muerto hace tiempo.

Repaso

Presentamos aquí un rápido repaso de los elementos que hemos de buscar durante la observación de que hemos hablado en los capítulos 2 y 3:

- **Repetición de palabras**: Buscar aquellas palabras y expresiones que se repiten.
- **Contrastes**: Buscar las ideas, personas, y/o elementos que se contrastan entre sí. Buscar las diferencias.
- **Comparaciones**: Buscar las ideas, personas, y/o elementos que se comparan entre sí. Buscar también las similitudes.
- **Enumeraciones o listas**: Siempre que en el texto se mencionen más de dos elementos, identifícalos como una lista.
- **Causa y efecto**: Buscar relaciones de causa y efecto.
- **Figuras retóricas**: Identifica aquellas expresiones que transmiten una imagen, utilizando palabras en un sentido distinto del literal.
- **Conjunciones**: Toma nota de los términos o expresiones que unen bloques de texto, como «y», «pero», «puesto que». Observa lo que están conectando.
- **Verbos**: Nota si el tiempo verbal es pasado, presente, o futuro; si la voz es activa o pasiva; y cosas por el estilo.
- **Pronombres**: Identifica el antecedente de cada pronombre.
- **Preguntas y respuestas**: Observa si el texto se presenta en formato de pregunta y respuesta.
- **Diálogo**: Constata si el texto incluye algún diálogo. Identifica quién es el que está hablando y a quién.
- **Medios**: Toma nota cuando una frase indique que algo se ha hecho por medio de alguien/algo (responde a la pregunta «¿cómo?»). Por regla general, en este caso, puedes insertar la expresión «por medio de» en la frase.
- **Declaraciones de propósito/resultado**: Son cláusulas de «medio», más específicas; con frecuencia expresan el porqué de algo. El propósito y el resultado son cosas muy parecidas y en ocasiones indistinguibles. En una declaración de propósito, por regla general puedes insertar la expresión «para que». En una cláusula de resultado, normalmente encaja la locución «de modo que».
- **De lo general a lo específico y de lo específico a lo general**: Busca aquellas afirmaciones generales que van seguidas de ejemplos

o aplicaciones específicas de lo general. Busca también afirmaciones específicas que se resumen en una general.

* **Cláusulas condicionales**: Existen cláusulas que presentan la condición por la que se producirá cierta acción o consecuencia. Muchas veces estas afirmaciones se sirven del patrón «si... entonces» (aunque en castellano el «entonces» es, a menudo, elíptico [se sobreentiende pero no aparece explícitamente]).
* **Acciones/roles de Dios**: Identifica aquellas acciones o roles que el texto atribuye a Dios.
* **Acciones/roles de las personas**: Identifica aquellas acciones o roles que el texto atribuye a las personas o las anima a realizar o a asumir.
* **Términos con carga emotiva**: ¿Utiliza el pasaje objeto de estudio términos con carga emotiva, como palabras que expresan relaciones de parentesco (padre, hijo) o términos como «suplicar»?
* **Tono del pasaje**: ¿Cuál es el tono general del pasaje: feliz, triste, alentador, etcétera?

Conclusión

En los capítulos 2 y 3 hemos sugerido un buen número de elementos a buscar mientras leemos la Biblia. Hemos propuesto también que al leer las Escrituras lo hagamos del mismo modo minucioso que lo haría un joven enamorado cuando lee una carta de su amada. También hemos sugerido que se analice el texto una y otra vez en busca de más detalles y conexiones, del mismo modo que el estudiante de Agassiz observó su haemulon.

Según H. Hendricks, «Un bolígrafo es una palanca mental». Es importante que marques estas observaciones o que tomes nota de ellas. Hemos de desarrollar nuestro propio estilo de consignar observaciones que sean comprensibles y fáciles de leer. Por ejemplo, puedes marcar las «causas» con una «C» grande y trazar una línea de conexión con el «efecto», que podrías marcar con (¿no lo adivinas?) con una gran «E». Plantéate la utilización de anotaciones similares para otros rasgos que tú observes. Intenta fotocopiar y ampliar el texto que estás estudiando. Trabaja con la fotocopia para no destrozar por completo tu Biblia. A continuación consigna todas las observaciones que puedas encontrar en la fotocopia, tanto en el texto como en los márgenes. Antes hemos dado algunos ejemplos que puedes utilizar, pero si quieres puedes desarrollar tu propio estilo. Ten en cuenta que todavía no estamos intentando interpretar el texto. La fase de la interpretación llegará más adelante. Esta primera fase —y crucial, por cierto— es la de observar o ver. La pregunta que nos planteamos en este punto es simplemente, «¿Qué dice el texto?» De modo que, por ahora, quédate en esta fase. Intenta ver todo lo que puedas. Más adelante avanzaremos hacia la fase de la interpretación (¿Qué significa el texto?) y a la de la aplicación (¿Qué voy a hacer con respecto al texto?

Deberes

Deber 3-1

Intenta hacer observaciones acerca de Filipenses 2:1–4. Anota el mayor número posible de observaciones sobre este pasaje. Escribe entre el texto y en los márgenes.

Por tanto, si hay algún estímulo en Cristo,

si hay algún consuelo de amor,

si hay alguna comunión del Espíritu,

si algún afecto y compasión,

haced completo mi gozo, siendo del mismo sentir,

conservando el mismo amor, unidos en espíritu,

dedicados a un mismo propósito.

Nada hagáis nada por egoísmo o por vanagloria, sino que con actitud humilde

cada uno de vosotros considere al otro como más importante que a sí mismo,

no buscando cada uno sus propios intereses,

sino más bien los intereses de los demás.

Deber 3-2

Consigna el mayor número posible de observaciones de 1 Corintios 1:18–25. ¡Profundiza en el texto! Esfuérzate en pensar. Marca el texto con un montón de observaciones. ¡Lee el pasaje una y otra vez! ¡Observa! ¡Observa! ¡Observa!

Porque la palabra de la cruz es necedad para los que se pierden,

pero para nosotros los salvos es poder de Dios.

Porque está escrito: Destruiré la sabiduría de los sabios,

y el entendimiento de los inteligentes desecharé.

¿Dónde está el sabio? ¿Dónde el escriba?

¿Dónde el polemista de este siglo?

¿No ha hecho Dios que la sabiduría de este mundo sea necedad?

Porque ya que en la sabiduría de Dios

el mundo no conoció a Dios por medio de su propia sabiduría,

agradó a Dios, mediante la necedad de la predicación, salvar a los que creen.

Porque en verdad los judíos piden señales y los griegos buscan sabiduría;

pero nosotros predicamos a Cristo crucificado,

piedra de tropiezo para los judíos, y necedad para los gentiles;

mas para los llamados, tanto judíos como griegos,

Cristo es poder de Dios y sabiduría de Dios.

Porque la necedad de Dios es más sabia que los hombres,

y la debilidad de Dios es más fuerte que los hombres.

Deber 3-3
Fotocopia Colosenses 3:1–4 y anota en la hoja el mayor número posible de observaciones. ¡Profundiza en el texto! Esfuérzate en pensar. Invierte tiempo en este texto. Marca el texto con un montón de observaciones. ¡Lee el pasaje una y otra vez! ¡Mira de nuevo! ¡Observa! ¡Observa! ¡Observa!

Si habéis, pues, resucitado con Cristo,

buscad las cosas de arriba,

donde está Cristo sentado a la diestra de Dios.

Poned la mira en las cosas de arriba, no en las de la tierra.

Porque habéis muerto,

y vuestra vida está escondida con Cristo en Dios.

Cuando Cristo, nuestra vida, sea manifestado,

entonces vosotros también seréis manifestados con Él en gloria.

Deber 3-4
Fotocopia el Salmo 1:1–3 y haz el mayor número de observaciones que puedas. ¡Profundiza en el texto! Esfuérzate en pensar. Invierte tiempo en este texto. Marca el texto con un montón de observaciones. ¡Lee el pasaje una y otra vez! ¡Mira de nuevo! ¡Observa! ¡Observa! ¡Observa!

¡Cuán bienaventurado es el hombre que no anda en el consejo de los impíos,

ni se detiene en el camino de los pecadores,

ni se sienta en la silla de los escarnecedores,

sino que en la ley del Señor está su deleite,

y en su ley medita de día y de noche!

Será como árbol firmemente plantado junto a corrientes de agua,

que da su fruto a su tiempo,

y su hoja no se marchita;

en todo lo que hace, prospera.

Deber 3-5
Fotocopia Mateo 6:25–34 y haz el mayor número posible de observaciones. ¡Profundiza en el texto! Esfuérzate en pensar. Invierte tiempo en este texto. Marca el texto con un montón de observaciones. ¡Lee el pasaje una y otra vez! ¡Mira de nuevo! ¡Observa! ¡Observa! ¡Observa!

Por eso os digo, no os preocupéis por vuestra vida,

qué comeréis o qué beberéis; ni por vuestro cuerpo, qué vestiréis.

¿No es la vida más que el alimento y el cuerpo más que la ropa?

Mirad las aves del cielo, que no siembran, ni siegan, ni recogen en graneros,

y sin embargo, vuestro Padre celestial las alimenta.

¿No sois vosotros de mucho más valor que ellas?

¿Y quién de vosotros, por ansioso que esté, puede añadir una hora al curso de su vida?

Y por la ropa, ¿por qué os preocupáis?

Observad cómo crecen los lirios del campo; no trabajan, ni hilan;

pero os digo que ni Salomón en toda su gloria se vistió como uno de éstos.

Y si Dios viste así la hierba del campo, que hoy es y mañana es echada al horno,

¿no hará mucho más por vosotros, hombres de poca fe?

Por tanto, no os preocupéis, diciendo:

«¿Qué comeremos?» o «¿qué beberemos?» o «¿con qué nos vestiremos?»

Porque los gentiles buscan ansiosamente todas estas cosas;

que vuestro Padre celestial sabe que necesitáis todas estas cosas.

Pero buscad primero su reino y su justicia,

y todas estas cosas os serán añadidas.

Por tanto, no os preocupéis por el día de mañana;

porque el día de mañana se cuidará de sí mismo.

Bástenle a cada día sus propios problemas.

4
Cómo leer el libro: Discursos

Introducción

¡Por supuesto, a estas alturas, vas en camino de convertirte en un experto en la lectura y observación de la Biblia! Hemos hablado acerca de cómo leer frases y párrafos. Hemos propuesto distintos elementos que buscar durante nuestra lectura. Te hemos animado a buscar, buscar, y buscar un poco más. A estas alturas confiamos en que hayas dedicado algún tiempo a realizar una lectura y análisis serios de la Palabra de Dios. ¡Sigue trabajando en ello! ¡Persiste! Lo mejor está por venir.

Este capítulo se centra en los discursos. Utilizaremos el término discurso para aludir a aquellas unidades relacionadas del texto más largas que los párrafos.[6] Hubiéramos podido utilizar otros términos (relato, perícopa, episodio, unidad de pensamiento, capítulo), pero nos gusta la fluidez del término discurso. Un discurso puede ser un episodio más breve dentro de un relato (David y Goliat), o puede ser también el propio relato completo (la historia de David). Dos párrafos relacionados

---

[6] El término «discurso» se utiliza de un modo similar dentro del campo de la lingüística. Ver, por ejemplo, la obra de Robert E. Longacre, *The Grammar of Discourse* (Nueva York y Londres: Plenum, 1983). Longacre utiliza cuatro tipos diferentes de discursos: narrativos, hortativos, expositivos y de procedimiento. En las unidades 4 y 5 donde trataremos los distintos tipos de discursos que encontramos en la Biblia utilizaremos la expresión «género literario».

de una de las cartas de Pablo pueden ser un discurso. No pretendemos ser muy estrictos acerca de la terminología o las definiciones que utilizamos. Nuestra meta en este capítulo es ayudarte a abordar unidades más extensas del texto bíblico.

La Biblia no es una colección de frases cortas y sin relación, ni de párrafos inconexos, sino más bien un relato. Los temas están entretejidos a lo largo del texto, de párrafo en párrafo. Un buen número de indicadores y conexiones vinculan entre sí estos párrafos. Si bien es muy importante que iniciemos nuestro estudio con los pequeños detalles en las oraciones gramaticales, es también imperativo que avancemos hacia los párrafos y que, a continuación, pasemos al ámbito de los discursos. El mensaje de Dios no se limita a las pequeñas unidades del texto. Una buena parte del mensaje de la Biblia se aloja en las unidades más extensas del texto. El descubrimiento de este mensaje requiere que hagamos observaciones en el ámbito de los discursos. ¿Cómo vemos u observamos las grandes porciones del texto?

La respuesta no es complicada. Todo lo que hemos aprendido en los capítulos 2 y 3 acerca de frases y párrafos se aplica también a los discursos. La repetición de palabras, las cláusulas de causa y efecto, desarrollos de lo general a lo específico, conjunciones, etcétera; todas estas cosas son aplicables al estudio de los discursos. La disciplina esencial que se ha desarrollado en los capítulos 2 y 3 basada en una observación intensiva y específica es exactamente la técnica necesaria para abordar unidades más extensas del texto. No obstante, en este capítulo se añadirán algunos elementos más a nuestra lista de cosas que buscar (elementos que son más específicos para la lectura en el nivel de los discursos). También ilustraremos estos rasgos con algunos intrigantes pasajes.

Pero primero... consideremos otra lección de observación de la mano del maestro de este arte, Sherlock Holmes.

Lecciones de Sherlock Holmes

Una noche —era el 20 de marzo de 1888— me encontraba de regreso a casa después de visitar a un paciente (en este tiempo había vuelto a la práctica civil), cuando llegué a Baker Street. Al franquear el portal que tan bien recordaba, y que en mi mente siempre estará asociado con mi noviazgo, y con los oscuros incidentes del Estudio Escarlata, me asaltó un intenso deseo de ver de nuevo a Holmes, y de saber en qué estaba empleando sus extraordinarias facultades. Sus habitaciones estaban bien iluminadas y, al mirar hacia ellas, vi su figura alta y delgada que pasaba dos veces por delante del ventanal. Andaba por la habitación, con rapidez y apresuramiento, con la cabeza hundida sobre el pecho y las manos hacia atrás. A mí, que conocía cada uno de sus hábitos y ademanes, su actitud y aspecto me lo dijeron todo acerca de lo que estaba sucediendo: sin duda, Holmes estaba de nuevo en acción. Había resucitado de los sueños inducidos por los fármacos y estaba absorto en la atmósfera de algún nuevo problema. Hice sonar el timbre y Holmes se asomó por la ventana de aquella habitación que antes había sido, en parte, la mía.

Sus ademanes no fueron efusivos. Rara vez lo eran; pero se alegró, creo, de verme. Sin hablar apenas, pero con mirada cariñosa, me señaló con un vaivén de la mano un sillón, me echó su caja de cigarros, me indicó una garrafa de licor y un recipiente de agua de seltz que había en un rincón. Luego se colocó en pie delante del fuego, y me pasó revista con su característica manera introspectiva.—Le sienta bien el matrimonio, dijo a modo de comentario. Me está pareciendo, Watson, que ha engordado usted siete libras y media desde la última vez que le vi. Siete, le contesté. Pues, la verdad, yo habría dicho que un poquitín más. Yo creo, Watson, que un poquitín más. Y, por lo que veo, otra vez ejerciendo la Medicina. No me había dicho usted que tenía el propósito de volver a su trabajo.—Pero ¿cómo lo sabe usted?—Lo estoy viendo; lo deduzco. Del mismo modo que sé que últimamente ha cogido usted mucho frío, y que tiene a su servicio una asistenta torpe y descuidada. Mi querido Holmes —le dije—, esto es demasiado. De haber vivido usted hace unos cuantos siglos, con seguridad que habría acabado en la hoguera. Es cierto que el jueves pasado tuve que hacer una excursión al campo y que regresé a mi casa todo sucio; pero como no es ésta la ropa que llevaba no puedo imaginarme de dónde saca usted esa deducción. En cuanto a Mary, sí que es una muchacha incorregible, y por eso mi mujer le ha dado ya el aviso de despido; pero tampoco sobre ese detalle consigo imaginarme de qué manera llega usted a razonarlo. Sherlock Holmes se rió por lo bajo y se frotó las manos, largas y nerviosas. Es la cosa más sencilla —dijo—. La vista me dice que en la parte interior de su zapato izquierdo, precisamente en el punto en que se proyecta la claridad del fuego de la chimenea, está el cuero marcado por seis cortes casi paralelos. Es evidente que han sido producidos por alguien que ha rascado sin ningún cuidado el borde de la suela todo alrededor para arrancar el barro seco. Eso me dio pie para mi doble deducción de que había salido usted con mal tiempo y de que tiene un ejemplar de doméstica londinense que rasca las botas con verdadera mala saña. En lo referente al ejercicio de la Medicina, cuando entra un caballero en mis habitaciones oliendo a cloroformo, y veo en uno de los costados de su sombrero de copa un bulto saliente que me indica dónde ha escondido su estetoscopio, tendría yo que ser muy torpe para no dictaminar que se trata de un miembro en activo de la profesión médica. No pude por menos que reírme de la facilidad con que explicaba el proceso de sus deducciones, y le dije:—Siempre que le oigo aportar sus razones, me parece todo tan ridículamente sencillo que yo mismo podría haberlo hecho con facilidad, aunque, en cada uno de los casos, me quedo desconcertado hasta que me explica todo el proceso que ha seguido. Y, sin embargo, creo que tengo tan buenos ojos como usted.—Así es, en efecto —me contestó, encendiendo un cigarrillo y dejándose caer en un sillón—. Usted ve, pero no se fija.[7]

Qué buscar en los discursos

1. Conexión entre párrafos y episodios

Después de leer con atención y observar minuciosamente las oraciones gramaticales y los párrafos, es importante preguntarnos de qué manera el párrafo (en las cartas) o el episodio (en las narraciones) que estamos estudiando se relaciona con los párrafos o episodios que les preceden y siguen, y se conectan con ellos.

Hasta aquí, nos hemos centrado en la relación entre expresiones, cláusulas, y oraciones gramaticales. Hemos analizado las relaciones de causa y efecto, los desarrollos de lo general a lo específico, las cláusulas condicionales con sus diferentes efectos, y otras características relacionales dentro de las oraciones gramaticales y entre ellas. Estos mismos rasgos conectan también con frecuencia los párrafos y los episodios.

Busca tales conexiones. Busca las palabras o temas que se repiten. Busca las conexiones lógicas como las de causa y efecto. Hemos de poner especial atención en observar las conjunciones que unen los pá-

---

[7] Sir Arthur Conan Doyle, «A Scandal in Bohemia», en *The Original Illustrated Sherlock Holmes* (Secaucus, N.J.: Castle, s.f.), 11–12.

rrafos. En los episodios de una narración hay que prestar atención a la secuencia temporal de cada uno de los episodios. Y recuerda: sigue buscando y profundizando, leyendo y buscando de nuevo y, haz lo que quieras, pero no te pares después de dar un breve vistazo al texto. Sumérgete en el pasaje. Busca estas conexiones. Son cruciales por lo que al significado se refiere.

Ejemplo: Marcos 8:22–26
Vamos a analizar un episodio que encontramos en Marcos 8:22–26 para intentar determinar algunas conexiones entre éste y los episodios anteriores (8:14-21) y los que le siguen (8:27–30).
Leamos, primero Marcos 8:22–26:

Llegaron a Betsaida, y le trajeron un ciego y le rogaron que lo tocara. Tomando de la mano al ciego, lo sacó fuera de la aldea; y después de escupir en sus ojos y de poner las manos sobre él, le preguntó: ¿Ves algo? Y levantando la vista, dijo: Veo a los hombres, pero los veo como árboles que caminan. Entonces Jesús puso otra vez las manos sobre sus ojos, y él miró fijamente y fue restaurado; y lo veía todo con claridad. Y lo envió a su casa diciendo: Ni aun en la aldea entres.

Si lo consideramos de modo aislado, éste es un pasaje extraño. ¿Por qué al principio Jesús sana al hombre de un modo parcial? ¿Acaso es incapaz de curar totalmente al ciego de una sola vez? ¿Por qué le pregunta Jesús si ve algo? ¿Acaso no lo sabe? ¿O es que no está seguro de sus capacidades para sanar? Al principio el hombre no ve nada; después puede ver parcialmente, pero no con claridad. Finalmente, Jesús le capacita para ver de un modo completo. ¿Significa algo todo esto? Miremos en los episodios circundantes y busquemos algunas conexiones. Quizá las conexiones nos ayuden a entender este desconcertante pasaje.
El episodio anterior es Marcos 8:14–21:

Y se habían olvidado de tomar panes; y no tenían consigo en la barca sino solo un pan. Y Él les encargaba diciendo: ¡Tened cuidado! Guardaos de la levadura de los fariseos y de la levadura de Herodes. Y ellos discutían entre sí que no tenían panes. Dándose cuenta Jesús, les dijo: ¿Por qué discutís que no tenéis pan? ¿Aún no comprendéis ni entendéis? ¿Tenéis el corazón endurecido? TENIENDO OJOS, ¿NO

VEIS? Y TENIENDO OIDOS, ¿NO OIS? ¿No recordáis cuando partí los cinco panes entre los cinco mil? ¿Cuántas cestas llenas de pedazos recogisteis? Y ellos le dijeron: Doce. Y cuando partí los siete panes entre los cuatro mil, ¿cuántas canastas llenas de los pedazos recogisteis? Y ellos le dijeron: Siete. Y les dijo: ¿Aún no entendéis?

El episodio siguiente es Marcos 8:27–30:

Salió Jesús con sus discípulos a las aldeas de Cesarea de Filipo; y en el camino preguntó a sus discípulos, diciéndoles: ¿Quién dicen los hombres que soy yo? Y le respondieron, diciendo: Unos, Juan el Bautista; y otros Elías; pero otros, uno de los profetas. Él les preguntó de nuevo: Pero vosotros, ¿quién decís que soy yo? Respondiendo Pedro, le dijo: Tú eres el Cristo. Y Él les advirtió severamente que no hablaran de Él a nadie.

Busquemos ahora las conexiones entre estos tres episodios. Considera las siguientes observaciones:

1. Los tres los episodios son básicamente diálogos.
2. En cada uno de los episodios Jesús plantea una pregunta.
3. En el primer episodio (8:14-21) Jesús dialoga con sus discípulos, y también lo hace en el tercero (8:27-30). El episodio intermedio (8:22-26) es distinto: En este incidente Jesús dialoga con un hombre ciego. En otras palabras, el diálogo entre Jesús y el ciego se sitúa entre dos diálogos del Señor con los discípulos. ¿Acaso se propone alguna comparación o contraste?
4. En el episodio intermedio (8:22-26) se menciona dos veces «la aldea» (8:23, 26). En el tercer episodio se habla de «aldeas» (8:27).
5. Jesús termina el episodio del ciego (8:22-26) prohibiéndole que regrese a la aldea. En el tercer episodio (8:27-30) Jesús concluye también con una prohibición; en este caso dirigida a los discípulos para que no hablaran de Él.
6. En el episodio intermedio (8:22-26) la terminología gira en torno a palabras relacionadas con el sentido de la vista. Observa la repetición siguiente:
   • el ciego (v. 23)
   • después de escupir en los ojos del ciego (v. 23)
   • ves algo (v. 23)

- levantando la vista (v. 24)
- veo a los hombres (v. 24)
- los veo como árboles (v. 24)
- Jesús puso las manos sobre sus ojos (v. 25)
- y él miró fijamente (v. 25)
- su vista fue restaurada (v. 25)
- y lo veía todo con claridad (v. 25)

7. A juzgar por la preponderancia de términos relacionadas con el sentido de la vista en el episodio del ciego, es interesante notar algunos términos parecidos que se utilizan en referencia con los discípulos en el primer episodio (8:14–21):
- ¿Aún no comprendéis («veis» en la versión inglesa. N. del T.) ni entendéis? (v. 17)
- ¿Teniendo ojos no veis? (v. 18)

Esta repetición de palabras relacionadas con el sentido de la vista que se produce en los dos primeros episodios es, sin duda, una importante conexión entre ambos.

8. Observa que en el episodio del ciego esta terminología se utiliza de un modo literal (haciendo referencia al sentido físico de la vista). No obstante, en el primer episodio, estas palabras se utilizan en sentido figurado, y hacen referencia a la facultad de la comprensión. Jesús deja esto especialmente claro cuando afirma, «¿aún no véis [los autores trabajan con el texto de una versión en inglés que usa este verbo. N. del T.] o entendéis?» Jesús reitera este matiz al final de este episodio con la insistente pregunta, «aún no entendéis?» (8:21).

9. La afirmación de Pedro en 8:29, «Tú eres el Cristo», indica que Pedro entendía ahora quién era Jesús, aunque puede que los demás todavía no tuvieran luz acerca de esta cuestión. En esencia, se constata que ahora ve claramente.

Conclusión acerca de la conexión. En el primer episodio Jesús plantea algunas preguntas a sus discípulos y se da cuenta de que realmente no entienden quien es Él. Su visión es solo parcial. No obstante, cuando llegamos al tercer episodio, éstos ven claramente, y le reconocen como el Cristo.[8] El relato intermedio, el episodio del ciego, es una ilustración

---

[8] Algunos eruditos sostienen que los discípulos no entienden estas cosas con toda claridad hasta después de la resurrección. No obstante, es posible que este punto de vista lleve el concepto de «ver» más allá de su utilización literaria en este pasaje. Para

del proceso que están experimentando los discípulos. No es tanto el relato acerca de una sanidad de Jesús, sino más bien respecto a un hombre. En un principio solo ve parcialmente, como los discípulos. Después, igual que los discípulos, ve con toda claridad. De modo que, el episodio del ciego representa en realidad una interrupción en el desarrollo de una sección que explica la concepción de Jesús que tenían los discípulos. El incidente del ciego ilustra con un suceso cotidiano lo que estaba sucediendo en las vidas de los discípulos.

Ejemplo: Colosenses 1:3–8 y 1:9–14
En el capítulo 3 estudiamos Colosenses 1:3–8, haciendo un buen número de observaciones dentro del párrafo. Observemos ahora el párrafo siguiente (1:9-14) y veamos si podemos encontrar algunas conexiones entre ambos. Repetimos a continuación Colosenses 1:3–8:

Damos gracias a Dios, el Padre de nuestro Señor Jesucristo, orando siempre por vosotros, al oír de vuestra fe en Cristo Jesús y del amor que tenéis por todos los santos, a causa de la esperanza reservada para vosotros en los cielos, de la cual oísteis antes en la palabra de verdad, el Evangelio, que ha llegado hasta vosotros; así como en todo el mundo está dando fruto constantemente y creciendo, así lo ha estado haciendo también en vosotros, desde el día que oísteis y comprendisteis la Gracia de Dios en verdad; tal como lo aprendisteis de Epafras, nuestro amado consiervo, quien es fiel servidor de Cristo de parte nuestra, el cual también nos informó acerca de vuestro amor en el Espíritu.

En la sección siguiente, Colosenses 1:9–14, Pablo afirma lo siguiente:

Por esta razón, también nosotros, desde el día que lo supimos, no hemos cesado de orar por vosotros y de rogar que seáis llenos del conocimiento de su voluntad en toda sabiduría y comprensión espiritual, para que andéis como es digno del Señor, agradándole en todo, dando fruto en toda buena obra y creciendo en el conocimiento de Dios; fortalecidos con todo poder según la potencia de su gloria, para obtener toda perseverancia y paciencia, con gozo dando

---

los discípulos, la confesión de Pedro de que Jesús era el Cristo representa un paso gigantesco hacia adelante y es central dentro de la estructura del libro. Evidentemente, Pedro ve mejor aún después de la resurrección, no obstante esto no desmerece la gran claridad de la afirmación: «Tú eres el Cristo».

gracias al Padre que nos ha capacitado para compartir la herencia de los santos en luz. Porque Él nos libró del dominio de las tinieblas y nos trasladó al reino de su Hijo amado, en quien tenemos redención: el perdón de los pecados.

1. En ambos párrafos Pablo menciona que había oído hablar de la conversión de los colosenses (1:4; 1:9).
2. En ambos párrafos Pablo y Timoteo están orando por los colosenses (1:3; 1:9).
3. En el primer párrafo, Pablo y Timoteo dan gracias a Dios por la fe y amor de los colosenses (1:4). En el segundo, piden a Dios que les llene del conocimiento de su voluntad (1:9). Por tanto, en el primer párrafo encontramos la causa para la oración, mientras que en el segundo tenemos el contenido de la oración.
4. En el primer párrafo Pablo y Timoteo dan gracias a Dios (1:3), sin embargo, en el segundo quieren que sean los colosenses quienes lo hagan (1:12).
5. En el primer párrafo se presenta el Evangelio produciendo fruto y creciendo (1:6). Con este lenguaje metafórico se alude a la extensión del Evangelio. El fruto es la nueva iglesia de Colosas. En el segundo párrafo (1:10), Pablo utiliza la misma metáfora (fruto y crecimiento) aunque con referentes distintos. Aquí son los colosenses aquellos que producen el fruto y crecen. Su fruto es «toda buena obra» y su crecimiento lo es en «el conocimiento de Dios».

Conclusión acerca de la conexión: en el primer párrafo, Pablo y Timoteo han oído hablar de la fe salvífica inicial de los colosenses y de su amor, y dan gracias a Dios por estas cosas. No obstante, no se detienen en una mera expresión de gratitud a Dios por los nuevos convertidos. En el segundo párrafo siguen orando por ellos, para que avancen hacia la madurez, sean llenos del conocimiento de la voluntad de Dios, hagan buenas obras, y crezcan constantemente en el conocimiento de Dios.

2. Cambios de relato: divisiones y ejes fundamentales

En nuestra lectura de las unidades de texto más extensas, hemos de buscar puntos en que el relato parece dar un nuevo giro. En las cartas esto toma la forma de una división importante. El autor introduce un cambio de temas, que frecuentemente consiste en pasar de una exposición de carácter doctrinal a otra eminentemente práctica. Es importante que observemos tales cambios. También en la narrativa encontramos este tipo de cambios, aunque normalmente se realizan por medio de episodios que actúan como pivotes. Por regla general, los cambios de dirección en el relato vienen señalados por la inserción de un episodio más importante de lo normal. Busquemos un ejemplo de cada una de estas cosas.

En los tres primeros capítulos de la carta de Pablo a los Efesios, el apóstol presenta una explicación doctrinal de la nueva vida en Cristo y de las implicaciones que tiene esta nueva vida, especialmente por lo que hace a la unidad de judíos y gentiles que participan igualmente de ella. No obstante, al llegar a Efesios 4:1, se establece una división importante, puesto que Pablo comienza ahora a presentar exhortaciones prácticas respecto al modo en que los efesios han de aplicar en la vida diaria la doctrina expuesta en los capítulos 1–3. Así, mientras que los capítulos 1–3 tratan principalmente de doctrina, los capítulos 4–6 centran su atención en la vida práctica.

Una forma de descubrir esta clase de divisiones es observar minuciosamente los cambios en los verbos. En Efesios 1–3 Pablo utiliza un gran número de verbos de naturaleza «explicativa» o «descriptiva». En estos primeros capítulos apenas si aparecen imperativos. Por ejemplo:

- que nos ha bendecido (1:3)
- nos dio a conocer el misterio de su voluntad (1:9)
- estabais muertos en vuestros delitos y pecados (2:1)
- nos dio vida (2:5)
- por Gracia habéis sido salvos (2:5)
- Dios nos resucitó (2:6)
- Él es nuestra paz (2:14)
- a saber, que los gentiles son coherederos y miembros del mismo cuerpo participando igualmente de la promesa en Cristo Jesús mediante el Evangelio (3:6)

No obstante, a partir de Efesios 4:1, hay un dominio de los verbos en imperativo:

- Sed humildes (4:2)
- esforzándoos por preservar la unidad del Espíritu en el vínculo de la paz (4:3)
- no andéis como andan los gentiles (4:17)
- hablad verdad cada cual con su prójimo (4:25)

* no deis oportunidad al diablo (4:27)
* sed bondadosos y compasivos los unos para con los otros (4:32)
* sed imitadores de Dios (5:1)
* sed llenos del Espíritu (5:18)
* maridos, amad a vuestras esposas (5:25)
* vestíos con toda la armadura de Dios (6:11)

Este cambio verbal indica la división más importante del libro. En un sentido general, las dos mitades se conectan entre sí en una relación de causa y efecto. La causa se explica en los capítulos 1–3 (lo que Cristo ha hecho por nosotros y sus implicaciones), mientras que el efecto se presenta en los capítulos 4–6 (vivir de un modo digno de Cristo y de todo lo que ha hecho a favor nuestro). Entre Romanos 1–11 (doctrina) y 12–16 (aplicación práctica) se establece una división similar.

Por regla general, en pasajes de naturaleza narrativa estos cambios se presentan por medio de un nuevo episodio. El episodio en cuestión funciona como un eje, puesto que el relato pivota sobre él y adopta un nuevo giro. En 2º Samuel tenemos un buen ejemplo de esta clase de cambio. En la primera mitad de 2º Samuel se desarrolla el relato de la subida de David al poder. Todo parece sonreírle. Vence en la guerra civil y sucede a Saúl como rey (capítulos 1–5). Conquista Jerusalén, lleva el arca a su nueva capital, y recibe un pacto por parte de Dios (capítulos 5–7). Vence en todas las batallas, derrotando a los filisteos, moabitas, arameos, edomitas y amonitas (capítulos 8–10). Tanto para David como para la nación que gobierna, la vida va viento en popa.

Sin embargo, en la segunda mitad del libro, las cosas son increíblemente diferentes. Los acontecimientos que se consignan en esta parte son casi todos de carácter negativo. Amnón, el hijo mayor de David, viola a su media hermana Tamar, lo cual lleva a Absalón, (hermano de Tamar), a asesinar a Amnón (Capítulo 13). A continuación, Absalón, un hijo muy especial para David, conspira contra él, provocando una sangrienta guerra civil. David es forzado a abandonar Jerusalén. Finalmente Absalón es derrotado y muerto, pero David sigue desconsolado (capítulos 14–19). Acto seguido se produce otro alzamiento (Capítulo 20). David termina su vida como rey luchando de nuevo contra los filisteos (Capítulo 21). En contraste con sus anteriores derrotas de los filisteos (y su victoria personal sobre Goliat), David queda ahora exhausto en la batalla y ha de ser rescatado por sus tropas; en esta ocasión (2 Sam 21:15-22), son otros los héroes que matan a los gigantes.

La diferencia entre la primera y la segunda mitad de 2° Samuel es muy sorprendente. El David fuerte, victorioso y confiado de la primera mitad del libro se contrasta marcadamente con el hombre débil e indeciso que encontramos en la segunda. ¿Qué es lo que sucede entre ambas partes? ¿Qué es lo que produce este cambio? ¿Cuál es el episodio que sirve de pivote y qué es lo que sucede para producirlo? El acontecimiento en cuestión se consigna en 2° Samuel 11-12. David peca al acostarse con Betsabé y ordenar después el asesinato de su marido Urías. Antes de este episodio, David pasa por la vida como el amado y respetado héroe nacional; después de este suceso, su buena reputación comienza a desvanecerse. Para entender 2° Samuel es crucial que veamos este pivote y que observemos el papel central que desempeña en el cambio de dirección del relato.

3. Intercambio

El intercambio es un recurso literario, que se utiliza principalmente en narrativa, y que implica el contraste o comparación de dos relatos al mismo tiempo como parte del desarrollo general de una historia. Por regla general, la narración va de un relato a otro, a menudo para contrastar distintas cuestiones.

Los primeros capítulos de 1° Samuel exhiben esta característica. En los primeros capítulos el relato desarrolla la situación de dos familias distintas. Elí, el obeso y perezoso sacerdote, y Ofni y Finees, sus dos hijos decadentes y desobedientes, contrastan con la devota Ana y con Samuel, su hijo piadoso y obediente. Los dos relatos se van desarrollando al mismo tiempo, y la narración pasa constantemente del uno al otro. En la lectura de este género de literatura narrativa, hemos de buscar este tipo de intercambio entre relatos distintos. Una vez hayamos identificado este rasgo hemos de buscar el propósito que persigue. ¿Por qué emplea el autor este recurso literario en la narración de su relato? En 1° Samuel el intercambio en cuestión se utiliza para poner de relieve el intenso contraste entre Samuel y el corrupto sacerdocio que va a sustituir.

Lucas utiliza también este recurso en los capítulos intermedios de Hechos para presentar la transición de Pedro a Pablo como personaje central del relato. Pedro lo es en los siete primeros capítulos. A Pablo (como Saulo) se le introduce en Hechos 7:58; 8:1-3. Pedro recibe de nuevo protagonismo en 8:14-25. Pablo (como Saulo) es el centro de atención en 9:1-30 (su conversión), sin embargo, Pedro tiene un importante encuentro con Cornelio en 10:1-11:18. Pablo regresa brevemente a un primer plano en 11:19–30 y, a continuación, en 12:1–19, se consigna la milagrosa liberación de la cárcel de Pedro y su partida de Jerusalén. En el capítulo 13, Pablo adquiere de nuevo el protagonismo, y sigue como personaje central del relato durante los siguientes quince capítulos.

Pero, ¿cuál es el propósito de este intercambio en el libro de los Hechos? ¿Qué intenta decirnos Lucas con este constante cambio de protagonista? Es evidente que no está contrastando a un personaje positivo con otro negativo, como en el caso de 1º Samuel, porque tanto Pedro como Pablo son personalidades ejemplares del libro de los Hechos. De hecho, Lucas parece estar más bien subrayando las similitudes existentes entre los dos. Pablo lleva a cabo los mismos milagros que Pedro y predica con el mismo poder que él. Lucas utiliza el recurso del intercambio para demostrar que, como apóstol, Pablo exhibe igual poder (y autoridad) que Pedro y para mostrar que el mensaje de Cristo, que comenzó con los judíos se extiende con éxito entre los gentiles.

4. Quiasmo

El quiasmo es una fascinante figura literaria que rara vez se utiliza en castellano, pero que los autores bíblicos adoptan con frecuencia especialmente en el Antiguo Testamento. En el quiasmo se consignan una serie de elementos, ideas, o acontecimientos estructurados de tal manera que el primero de ellos establece un paralelismo con el último, el segundo con el penúltimo, y así sucesivamente. A continuación ilustramos esta figura mediante un ejemplo muy elemental:

Esta mañana me he levantado, me he vestido y he ido al pueblo en coche. He trabajado todo el día, he regresado a casa, me he puesto el pijama, y me he ido a la cama.

Para analizar el quiasmo hemos de hacer una lista de los acontecimientos y buscar paralelos. Enumeraremos el primer elemento como «a» y su paralelo correspondiente como «a'». Los paralelos del breve relato anterior se reflejarían como sigue:

a Esta mañana me he levantado
    b me he vestido
        c he ido al pueblo en coche
            d he trabajado todo el día
        c' he regresado a casa
    b' me he puesto el pijama
a' me he ido a la cama

El primer elemento, «esta mañana me he levantado» lo hemos identificado como «a», y establece un paralelo con el último acontecimiento, «me he ido a la cama», identificado como «a'». De igual modo, el segundo elemento, «me he vestido» es análogo a «me he puesto el pijama» y así sucesivamente. Observa que el elemento intermedio («he trabajado todo el día») no tiene ningún paralelo. En las estructuras quiásmicas es frecuente que, cuando el elemento intermedio no tiene paralelo, funcione como idea principal o punto focal del quiasmo. El acento del absurdo ejemplo anterior estaría en el hecho de que el narrador ha estado trabajando todo el día. Muchas veces, sin embargo, los quiasmos no tienen elemento intermedio.

El quiasmo puede ser sencillo y breve. Consideremos, por ejemplo, el Salmo 76:1:

Dios es conocido en Judá;
grande es su nombre en Israel.

¿Localizas el quiasmo de este versículo? Los paralelos son estos:

a En Judá
   b Dios es conocido
   b' grande es su nombre
a' en Israel

En ocasiones, los quiasmos son largos y complejos.[9] Pueden ser sutiles y difíciles de descubrir. Muchas veces hay discrepancias entre los eruditos respecto a si un supuesto quiasmo estuvo en la mente del autor o si la estructura en cuestión es mera imaginación del lector. Lee el siguiente relato de Génesis 11:1–9 y reflexiona acerca de lo convincente o no de la estructura quiásmica que se sugiere.

Toda la tierra hablaba la misma lengua y las mismas palabras. Y aconteció que, según iban hacia Oriente, hallaron una llanura en la tierra de Sinar, y se establecieron allí. Y se dijeron unos a otros: Vamos, fabriquemos ladrillos y cozámoslos bien. Y usaron ladrillo en lugar de piedra, y asfalto en lugar de mezcla. Y dijeron: Vamos, edi-

---

[9] Para una amplia exposición del quiasmo y otras estructuras literaria del Antiguo Testamento ver la obra de David A. Dorsey, *The Literary Structure of the Old Testament: A Commentary on Genesis-Malachi* (Grand Rapids: Baker, 1999).

fiquémonos una ciudad y una torre cuya cúspide llegue hasta los cielos, y hagámonos un nombre famoso, para que no seamos dispersados sobre la faz de toda la Tierra. Y el Señor descendió para ver la ciudad y la torre que habían edificado los hijos de los hombres. Y dijo el Señor: He aquí, son un solo pueblo y todos ellos tienen la misma lengua. Y esto es lo que han comenzado a hacer, y ahora nada de lo que se propongan hacer les será imposible. Vamos, bajemos y allí confundamos su lengua, para que nadie entienda el lenguaje del otro. Así los dispersó el Señor desde allí sobre la faz de toda la Tierra, y dejaron de edificar la ciudad. Por eso, fue llamada Babel, porque allí confundió el Señor la lengua de toda la Tierra; y de allí los dispersó el Señor sobre la faz de toda la Tierra.

Lee todo el texto y busca las palabras que se repiten. Busca también ideas que se equiparan o se contrastan. Observa si el fin del episodio es análogo a su comienzo. A continuación, compara los elementos paralelos y observa si el orden en que están expresados permitiría una estructura quiásmica. Fíjate también si hay un centro y una idea central vinculada que puedan subrayarse. Algunos eruditos han propuesto la siguiente estructura quiásmica para este pasaje:

a toda la Tierra (11:1)
   b hablaba la misma lengua (11:1)
      c Sinar, y se establecieron allí (11:2)
         d Vamos, fabriquemos ladrillos (11:3)
            e Vamos, edifiquémonos (11:4)
               f una ciudad y una torre (11:4)
                  g Y EL SEÑOR descendió (11:5)
               f.' para ver la ciudad y la torre (11:5)
            e' que los hombres habían edificado (11:5)
         d' Vamos bajemos, y allí confundamos su lengua (11:7)
      c' Babel —porque allí (11:9)
   b' el Señor confundió la lengua (11:9)
a' de toda la Tierra (11:9)

Las pruebas de que Génesis 11:1-9 se ha escrito con un formato quiásmico son bastante convincentes.[10] En la segunda mitad encontramos

---

[10] Esta particular estructura quiásmica se presenta y comenta en la obra de Allen P. Ross, *Creation and Blessing: A Guide to the Study and Exposition of the-*

seis palabras o conceptos específicos que establecen paralelos con palabras o conceptos de la primera mitad. Observa que el quiasmo se centra en la frase del versículo 5, «Pero el SEÑOR descendió». Este es el acontecimiento central del relato y el punto focal del quiasmo.

Conclusión

Para interpretar y entender la Biblia correctamente, primero hemos de leerla con cuidado, observando todos los detalles. Nuestra observación ha de dirigirse a las oraciones gramaticales, los párrafos, y los discursos. En los capítulos 2 y 3 se han enumerado algunas características que han de ser objeto de búsqueda (relaciones de causa y efecto, repeticiones, relaciones de lo general a lo específico, etcétera). En el capítulo 4 hemos añadido otras cuatro características a buscar en nuestra lectura en el ámbito de los discursos: las conexiones entre párrafos y episodios, los cambios de relato (interrupciones importantes y pivotes), intercambios y quiasmos. Esta enumeración está lejos de ser exhaustiva. El propósito de este listado de características es iniciarte a la lectura meticulosa. Hemos presentado algunas de las principales características literarias que hemos de buscar. Sin embargo, como seguramente estás descubriendo, leer cuidadosamente —observar el texto de cerca— implica buscar todos los detalles y plantear al texto un buen número de preguntas.

Ten en cuenta que estamos todavía en el primer paso de *Entendiendo la Palabra de Dios*. Más adelante avanzaremos hacia el paso de descubrir el significado y aplicarlo. No obstante, estos cuatro primeros capítulos son cruciales, puesto que si pasamos por alto la etapa de la lectura cuidadosa y vamos directamente a la aplicación después de una lectura del texto meramente superficial, es casi seguro que no entenderemos el significado del pasaje. Por otra parte, la Biblia se convertirá en un libro aburrido puesto que nunca encontraremos en él nada que no hayamos visto antes. Sin embargo, si leemos atentamente, y observamos una y otra vez, es mucho más probable que comprendamos el verdadero significado de los pasajes, y la Biblia se convertirá en un texto de lo más interesante puesto que siempre encontraremos en él cosas nuevas.

Siendo como es la Palabra de Dios, la Biblia es una obra literaria única. Es como una mina que nunca se agota. Podemos cavar en ella du-

---

Book of Genesis (Grand Rapids: Baker, 1988), 235–37; y en la de J. P. Fokkelman, Narrative Art in Genesis (Assen: Van Gorcum, 1975), 13–22.

rante toda la vida sin extraer todos sus recursos. Por nuestra parte, ambos hemos estado estudiando seriamente la Biblia durante más de veinte años, y seguimos encontrando cosas nuevas: nuevos aspectos que nunca habíamos notado, nuevas conexiones que nunca habíamos establecido. Esto hace que la Biblia siga siendo para nosotros una obra fresca y apasionante. Nuestra esperanza y oración es que sigas leyendo la Palabra de Dios con atención y estudiando el texto con disciplina. Haz de ello una meta para toda tu vida. Las recompensas bien lo valen.

Repaso

A continuación, consignamos un resumen de los capítulos 2, 3 y 4. Es un cuadro que pretende ayudarte a repasar y recordar durante tu lectura y análisis de los pasajes bíblicos. Te proporciona un breve resumen de los elementos que te hemos propuesto buscar durante tu observación del texto. Cosas que observar:

- **Repetición de palabras**: Buscar aquellas palabras y expresiones que se repiten.
- **Contrastes**: Buscar las ideas, personas, y/o elementos que se contrastan entre sí. Buscar las diferencias.
- **Comparaciones**: Buscar las ideas, personas, y/o elementos que se comparan entre sí. Buscar también las similitudes.
- **Enumeraciones o listas**: Siempre que en el texto se mencionen más de dos elementos, identifícalos como una lista.
- **Causa y efecto**: Buscar relaciones de causa y efecto.
- **Figuras retóricas**: Identifica aquellas expresiones que transmiten una imagen, utilizando palabras en un sentido distinto del literal.
- **Conjunciones**: Toma nota de los términos o expresiones que unen bloques de texto como «y», «pero», «puesto que». Observa lo que están conectando.
- **Verbos**: Nota si el tiempo verbal es pasado, presente, o futuro; si la voz es activa o pasiva; y cosas por el estilo.
- **Pronombres**: Identifica el antecedente de cada pronombre.
- **Preguntas y respuestas**: Observa si el texto se presenta en formato de pregunta y respuesta.
- **Diálogo**: Constata si el texto incluye algún diálogo. Identifica quién es el que está hablando y a quién.

- **Medios**: Toma nota cuando una frase indique que algo se ha hecho por medio de alguien/algo (responde a la pregunta «¿cómo?»). Por regla general, en este caso, puedes insertar la expresión «por medio de» en la frase.

- **Declaraciones de propósito/resultado**: Son cláusulas de «medio», más específicas; con frecuencia expresan el porqué de algo. El propósito y el resultado son cosas muy parecidas y en ocasiones indistinguibles. En una declaración de propósito, por regla general puedes insertar la expresión «para que». En una cláusula de resultado, normalmente encaja la locución «de modo que».

- **De lo general a lo específico y de lo específico a lo general**: Busca aquellas afirmaciones generales que van seguidas de ejemplos o aplicaciones específicas de lo general. Busca también afirmaciones específicas que se resumen en una general.

- **Cláusulas condicionales**: Existen cláusulas que presentan la condición por la que se producirá cierta acción o consecuencia. Muchas veces estas afirmaciones se sirven del patrón «si... entonces» (aunque en castellano el «entonces» es a menudo elíptico [se sobreentiende, pero no aparece explícitamente]).

- **Acciones/roles de Dios**: Identifica aquellas acciones o roles que el texto atribuye a Dios.

- **Acciones/roles de las personas**: Identifica aquellas acciones o roles que el texto atribuye a las personas o las anima a realizar o a asumir.

- **Términos con carga emotiva**: ¿Utiliza el pasaje objeto de estudio términos con carga emotiva, como palabras que expresan relaciones de parentesco (padre, hijo) o términos como «suplicar»?

- **Tono del pasaje**: ¿Cuál es el tono general del pasaje: feliz, triste, alentador, etcétera?

- **Conexiones con otros párrafos y episodios**: ¿Cómo se vincula este pasaje con el que le precede y el que le sigue?

- **Cambios en el relato/pivotes**: ¿Está siendo el pasaje utilizado como clave para entender algún cambio dramático en el relato?

- **Intercambio**: ¿Hay un movimiento constante en el pasaje entre dos escenas o personajes?

- **Quiasmo**: ¿Tiene el pasaje alguna estructura quiásmica, como a-b-c-d-c'-b'-a'?

Deberes

Deber 4-1

Fotocopia este pasaje (Neh 1:1–11) y consigna el mayor número posible de observaciones:

Palabras de Nehemías, hijo de Hacalías.

Aconteció que en el mes de Quisleu, en el año veinte, estando yo en la fortaleza

de Susa, vino Hananí, uno de mis hermanos, con algunos hombres de Judá, y les

pregunté por los judíos, los que habían escapado y habían sobrevivido a la

cautividad, y por Jerusalén. Y me dijeron: El remanente, los que sobrevivieron a la

cautividad allí en la provincia, están en gran aflicción y oprobio, y la muralla de

Jerusalén está derribada y sus puertas quemadas a fuego. Y cuando oí estas

palabras, me senté y lloré, e hice duelo algunos días, y estuve ayunando y orando

delante del Dios del cielo. Y dije: Te ruego, oh Señor, Dios del cielo, el grande y temible Dios, que guarda el pacto y la misericordia para con aquellos que le aman

y guardan sus mandamientos, que estén atentos tus oídos y abiertos tus ojos para

oír la oración de tu siervo, que yo hago ahora delante de ti día y noche por los

hijos de Israel tus siervos, confesando los pecados que los hijos de Israel hemos

cometido contra ti; sí, yo y la casa de mi padre hemos pecado. Hemos procedido

perversamente contra ti y no hemos guardado los mandamientos, ni los estatutos,

ni las ordenanzas que mandaste a tu siervo Moisés. Acuérdate ahora de la palabra

que ordenaste a tu siervo Moisés, diciendo: «Si sois infieles, yo os dispersaré entre

los pueblos; pero si volvéis a mí y guardáis mis mandamientos y los cumplís,

aunque vuestros desterrados estén en los confines de los cielos, de allí los recogeré y los traeré al lugar que he escogido para hacer morar allí mi nombre». Y

ellos son tus siervos y tu pueblo, los que tú redimiste con tu gran poder y con tu

mano poderosa. Te ruego, oh Señor, que tu oído esté atento ahora a la oración de

tu siervo y a la oración de tus siervos que se deleitan en reverenciar tu nombre;

haz prosperar hoy a tu siervo, y concédele favor delante de este hombre. Era yo

entonces copero del rey.

Deber 4-2

Lee Marcos 5:21–43. Se trata de dos relatos: el primero trata de Jairo y su hija; en el segundo se desarrolla el episodio de una mujer que tenía flujo de sangre. Observa que el segundo relato interrumpe el primero; es decir, el relato de la mujer con flujo de sangre se presenta precisamente a la mitad del episodio de Jairo y su hija. Este hecho es sin duda sugerente. Analiza los dos relatos y enumera todas las comparaciones y contrastes directos que encuentres entre ambos relatos. ¡Lee atentamente! ¡Esfuérzate en buscar! ¡Hay muchos por encontrar!

Cuando Jesús pasó otra vez en la barca al otro lado, se reunió una gran multitud alrededor de Él; y Él se quedó junto al mar. Y vino uno de los oficiales de la sinagoga, llamado Jairo, y al verle se postró a sus pies. Y le rogaba con insistencia, diciendo: Mi hijita está al borde de la muerte; te ruego que vengas y pongas las manos sobre ella para que sane y viva. Jesús fue con él; y una gran multitud le seguía y le oprimía.

Y una mujer que había tenido flujo de sangre durante doce años, y había sufrido mucho a manos de muchos médicos, y había gastado todo lo que tenía sin provecho alguno, sino que al contrario, había empeorado; cuando oyó hablar de Jesús, se llegó a Él por detrás entre la multitud y tocó su manto. Porque decía: Si tan solo toco sus ropas, sanaré. Al instante, la fuente de su sangre se secó, y sintió en su cuerpo que estaba curada de su aflicción.

Y enseguida Jesús, dándose cuenta de que había salido poder de Él, volviéndose entre la gente, dijo: ¿Quién ha tocado mi ropa? Y sus discípulos le dijeron: Ves que la multitud te oprime, y dices: «¿Quién me ha tocado?»

Pero Él miraba a su alrededor para ver a la mujer que le había tocado. Entonces la mujer, temerosa y temblando, dándose cuenta de lo que le había sucedido, vino y se postró delante de Él y le dijo toda la verdad. Y Jesús le dijo: Hija, tu fe te ha sanado; vete en paz y queda sana de tu aflicción.

Mientras estaba todavía hablando, vinieron de casa del oficial de la sinagoga, diciendo: Tu hija ha muerto, ¿para qué molestas aún al Maestro? Pero Jesús, oyendo lo que se hablaba, dijo al oficial de la sinagoga: No temas, cree solamente. Y no permitió que nadie fuera con Él sino solo Pedro, Jacobo y Juan, el hermano de Jacobo. Fueron a la casa del oficial de la sinagoga, y Jesús vio el alboroto, y a los que lloraban y se lamentaban mucho. Y entrando les dijo: ¿Por qué hacéis alboroto y lloráis? La niña no ha muerto, sino que está dormida. Y se burlaban de Él. Pero Él, echando fuera a todos, tomó consigo al padre y a la madre de la niña, y a los que estaban con Él, y entró donde estaba la niña. Y tomando a la niña por la mano, le dijo: Talita cumi (que traducido significa: Niña, a ti te digo, ¡levántate!).

Al instante, la niña se levantó y comenzó a caminar, pues tenía doce años. Y al momento se quedaron completamente atónitos. Entonces les dio órdenes estrictas de que nadie se enterara de esto; y dijo que le dieran de comer a la niña.

Solo para ayudarte a comenzar:

Jairo	La mujer con flujo de sangre
1. Un hombre	1. Una mujer
2. Se dirige públicamente a Jesús en busca de ayuda	2. Se dirige en privado a Jesús en busca de ayuda

Deber 4-3
Lee el siguiente relato que aparece en Marcos 11. Fotocopia esta página y consigna el mayor número posible de observaciones respecto al texto. Observa que en el texto se presentan dos distintos episodios con una higuera (vv. 12–14, 19–21) y que tales sucesos se sitúan antes y después de un acontecimiento en el templo (vv. 15–18). Además de hacer tus observaciones, explica cómo se relaciona la higuera con el episodio del templo.

Al día siguiente, cuando salieron de Betania, Jesús tuvo hambre. Y viendo

de lejos una higuera con hojas, fue a ver si quizá pudiera hallar algo en ella;

113

cuando llegó a ella, no encontró más que hojas, porque no era tiempo de higos. Y

Jesús, hablando a la higuera, le dijo: Nunca jamás coma nadie fruto de ti. Y sus

discípulos le estaban escuchando. Llegaron a Jerusalén; y entrando Jesús en el

templo comenzó a echar fuera a los que vendían y compraban en el templo, volcó

las mesas de los cambistas y los asientos de los que vendían las palomas; y no

permitía que nadie transportara objeto alguno a través del templo. Y les enseñaba,

diciendo: ¿No está escrito: «mi casa será llamada casa de oración para

todas las naciones»? Pero vosotros la habéis hecho cueva de ladrones.

Los principales sacerdotes y los escribas oyeron esto y buscaban cómo destruirle,

porque le tenían miedo, pues toda la multitud estaba admirada de su enseñanza. Y cuando atardecía, solían salir fuera de la ciudad. Por la mañana, cuando pasaban,

vieron la higuera seca desde las raíces. Entonces Pedro, acordándose, le dijo: Rabí,

mira, la higuera que maldijiste se ha secado.

PARTE 2

Los contextos: entonces y ahora

En la sección 2 vamos a mirar más de cerca los contextos: la clave para entender el significado de los pasajes bíblicos. En el capítulo 5 nos dedicaremos al análisis de un contexto que muchas veces se pasa por alto, a saber, el nuestro en tanto que lectores contemporáneos. ¿Qué llevamos con nosotros al texto? Aquí consideraremos la cuestión de lo que podemos llamar comprensión previa: todas las ideas y experiencias que llevamos con nosotros a la tarea de la interpretación. ¿Cómo podemos manejar nuestra comprensión previa de un modo que no nos ciegue ante lo que Dios quiere decir?

Desde nuestro contexto nos dirigiremos al contexto de la Biblia En el capítulo 6 exploraremos el contexto histórico y cultural o trasfondo de la Biblia. Miraremos de cerca el mundo de la Biblia a fin de ver el modo en que Dios se comunicó con hombres y mujeres de la Antigüedad inmersos en culturas y situaciones muy específicas. Una vez entendamos lo que Dios les estaba diciendo a ellos, estaremos en condiciones de entender más claramente lo que nos dice a nosotros. En el capítulo 7 aprenderemos a distinguir el contexto literario, es decir, los textos que rodean el pasaje que estamos estudiando.

Terminaremos esta sección con dos temas que están estrechamente relacionados con el contexto. En el capítulo 8 aprenderemos a realizar estudios de palabras de un modo correcto (i.e., en su contexto). En el capítulo 9 profundizaremos en la cuestión de la traducción bíblica. ¿Cómo ha llegado hasta nosotros la Biblia? ¿Con qué criterios se ha traducido la Biblia al castellano? ¿Cuáles son los dos acercamientos principales a la traducción? Y ¿cuál es la mejor traducción? Al finalizar esta sección, probablemente tendremos una buena percepción de la importancia del contexto, tanto del nuestro como del de los autores bíblicos.

5
¿Qué llevamos con nosotros al texto?

Introducción
Comprensión previa
Presuposiciones
Conclusión: ¿Podemos ser objetivos?
Deberes

Introducción

En los próximos capítulos consideraremos la importancia del contexto para la interpretación bíblica. Uno de los contextos que, a menudo, se pasa por alto es el del lector: el mundo desde el que se acerca al texto quien hoy lo estudia. Cuando leemos la Biblia nunca somos ni neutrales ni objetivos. Llevamos con nosotros muchísimas ideas e influencias preconcebidas al texto. Por ello, hemos de exponer y evaluar estas influencias «pre-texto», a fin de que no nos confundan en nuestra búsqueda del significado del texto bíblico.

Comencemos con un relato: Daniel y su familia estuvieron varios años en Etiopía llevando a cabo una labor misionera. Al poco de llegar a este país, Daniel tuvo el privilegio de presenciar unos festejos navideños organizados por una iglesia evangélica etíope en la ciudad de Dilla. ¡Fue algo completamente distinto a cualquier cosa que jamás hubiera visto! No había árboles de Navidad, ni iluminación especial, ni tampoco nieve. La temperatura era muy agradable, y en las inmediaciones de la iglesia había muchos bananeros. En el edificio de la iglesia, cuyo aforo era de unas 150 personas, se apiñaban más de cuatrocientas. Por supuesto, hablar de «asientos» sería un eufemismo; los bancos eran unos incómodos y desiguales tablones ásperos y cortados a mano. El suelo de la iglesia estaba muy sucio (podían verse las pulgas saltando), los muros eran de barro, blanqueados con cal, y el tejado estaba hecho con vigas de madera de eucalipto y una marquesina de acero ondulado.

Siempre que el Sol se escondía detrás de una nube, el cambio de temperatura producía la contracción de la marquesina, que crujía y rechinaba durante unos segundos. Después el Sol surgía de nuevo y calentaba el acero de la marquesina, con lo que se repetían los chirridos rituales hasta que el metal se había expandido adquiriendo su tamaño original. De este modo, la techumbre aportaba su trasfondo de «gemidos» ocasionales. El interior de la iglesia estaba iluminado por dos únicas bombillas de cuarenta vatios. Normalmente, la mayor parte de la luz entraba por las numerosas ventanas abiertas a cada lado del edificio, sin embargo en aquel día en concreto una buena parte de la luz estaba bloqueada por docenas de ávidos espectadores que se apiñaban de puntillas alrededor de cada una de las ventanas del exterior del edificio y que alargaban el cuello en un intento de ver lo que estaba pasando en el interior. Habían llegado demasiado tarde para poder sentare y presenciar el programa desde dentro.

En los Estados Unidos, las fiestas de Navidad son bastante estereotipadas. Daniel daba por sentado que aquella sería muy parecida. ¿De qué otro modo se puede contar el relato navideño? ¡Le esperaba una buena sorpresa! El festejo se inició de un modo bastante normal: una especie de pregonero municipal comenzó a andar por todas partes gritando como un poseso, megáfono en ristre, proclamando los nuevos requisitos del censo romano. Después de cierta preparación de la familia de José, él y María partieron finalmente hacia Belén.

Aquí el guión comenzó a ser un poco distinto, puesto que José y María no viajaban solos. María, bastante voluminosa en su último mes de embarazo, iba acompañada de más de una docena de tías y primas. José iba solo, en cabeza, seguido de todas aquellas mujeres, que charlaban alborotadamente acerca de cuestiones de «maternidad». «¡No veas!» pensó Daniel, «¿qué ha pasado con la típica escena de María, José, y el asno? ¿De dónde han salido todas estas mujeres? ¡En el relato bíblico no aparecen!»

Algunos minutos más tarde el bullicioso séquito llegó a Belén y fue conducido a un corral lleno de ovejas. A continuación comenzaron los dolores de parto de María. José se paseaba nervioso por delante del establo, mientras las mujeres, varias de ellas comadronas, se apiñaban alrededor de María para ayudarla en el parto. Después de un corto periodo en que se escenificaron los dolores de parto, todas las mujeres prorrumpieron al unísono en un vibrante y estridente chillido: el típico grito de alegría que en aquellas tierras sirve para anunciar el nacimiento de cada uno de los niños y niñas que nacen. Los espectadores acogieron la escena con una gran ovación, y las mujeres del auditorio se unieron a las actrices en el grito de alegría. Al oír el griterío, José se apresuró al redil para ver al neonato. Más adelante, por supuesto, llegaron los pastores de rigor, seguidos de los magos... ¡La representación duró en total unas dos horas!

Lo que más sorprendió a Daniel fue el modo en que los creyentes etíopes habían interpretado el relato bíblico a partir de su cultura. No es que estuvieran adaptándolo conscientemente para hacerlo etíope. Su intención era representarlo del modo que ellos creían que había sucedido en realidad. No obstante, observemos lo que hicieron. Como hacemos también nosotros en nuestras representaciones, los guionistas etíopes insertaron explicaciones acordes con su cultura en los silencios del relato. Por ejemplo, para los etíopes era impensable que la familia de María la hubiera dejado hacer sola aquel viaje a Belén. Era una mujer joven que esperaba su primer hijo, y en la cultura abisinia es inimaginable que a una mujer en estas circunstancias se le permitiera viajar con la única ayuda de José. ¿Quién era, al fin y al cabo, la que tenía que dar a luz? Solo una persona muy irresponsable viajaría embarazada sin sus tías para que la ayudaran en el parto.

Para quienes vivimos en la cultura occidental no es ningún problema puesto que el nuestro es un mundo de médicos y hospitales. En nuestras adaptaciones del relato bíblico nosotros ni siquiera pensamos en las comadronas. De hecho, en general pasamos por alto el asunto de quién ayudó a María durante el alumbramiento. Simplemente situamos a la joven pareja en el establo y a continuación, ¡sorpresa! El niño Jesús aparece en brazos de María como por ensalmo. Pero pensemos un poco. ¿Fue acaso José quién ayudó a María en el parto? Los etíopes se reirían de nosotros si sugiriéramos algo tan absurdo. ¿Es que acaso un hombre joven, recién casado y que aún no tenía ningún otro hijo tenía la experiencia necesaria para ayudar a su esposa en su primer parto? En Etiopía nunca se produciría una situación tan inverosímil.

Observemos lo que ha sucedido. En la representación del relato bíblico que hacemos en el mundo occidental, rellenamos las lagunas del texto desde un punto de vista occidental. En nuestro mundo pensamos principalmente en términos de unidades familiares nucleares (el padre, la madre y los hijos), y por ello no tenemos ningún problema con el hecho de que José y María viajaran solos. Nunca se nos ocurre pensar en la presencia de comadronas porque rara vez las utilizamos. En nuestra cultura la escena de un joven que se dirige con su esposa a un hospital cuando comienzan los dolores de parto es muy familiar. El marido ingresa a su esposa en el hospital, y transcurrido cierto tiempo en que éste aguarda en la sala de espera: ¡*voilà*! Aparece el bebé. Por esta razón, no tenemos problema en presentar a María y José en un contexto parecido. Sin embargo, los etíopes tienen una experiencia cultural diferente con los partos. Las tías, primas y otras parientes rodean a la joven que está por dar a luz, y la miman durante las últimas semanas del embarazo. Nunca se la deja sola. Normalmente, los nacimientos no se producen en un hospital, sino en una casa. Se trata de una cuestión familiar. Quienes se encargan de ayudar en el parto son las propias parientes o mujeres con experiencia en el barrio (amigas de la familia). En Etiopía sería impensable que a una primeriza como María se le permitiera emprender un viaje sin ser acompañada por sus parientes, como lo sería también la idea de un José, joven e inexperto, actuando de algún modo como obstetra. Puesto que en el mundo occidental se ha visto desde siempre esta misma representación navideña, se ha aceptado en general esta versión como la verdad de los hechos. No obstante, tanto occidentales como etíopes se toman ciertas libertades con el relato y rellenan los silencios del texto con referencias acordes con sus respectivas culturas. ¿Cuál de las dos culturas crees que está más cerca de la de la Biblia?

Comprensión previa

Una de las principales influencias que pueden llevarnos a una interpretación sesgada del texto y apartarnos de su verdadero sentido es lo que hemos llamado comprensión previa. Al hablar de comprensión previa nos referimos a todas aquellas nociones y pensamientos preconcebidos que llevamos al texto y que hemos formulado consciente o inconscientemente antes de estudiarlo con detalle. En el ámbito de los problemas culturales de los que acabamos de hablar (más adelante hablaremos de ellos con más detalle), la comprensión previa es una de las cuestiones más importantes. Ésta incluye experiencias específicas y encuentros anteriores con el texto que tienden a hacernos asumir que ya entendemos lo que se está diciendo.

En la comprensión previa actúan influencias tanto positivas como negativas, algunas de ellas acertadas y otras no. En ella se incorpora todo lo que hemos escuchado en la escuela dominical, en la iglesia, en los estudios bíblicos, y en tu lectura personal de la Biblia. Pero no solo esto, sino que nuestra comprensión previa de los textos bíblicos está también condicionada por los himnos que hemos escuchado así como por toda clase de música, arte y literatura, tanto cristianos como seculares con que hayamos tenido alguna relación. Por otra parte, la cultura se introduce constantemente en este proceso.

Hemos de tener en cuenta que nuestra comprensión previa de un pasaje en concreto puede de hecho ser correcta. No obstante, el problema es que muchas veces no lo es, y hasta que no estudiamos el texto con seriedad no podemos saber si es o no acertada. El peligro que aquí enfrentamos es el de asumir que nuestra comprensión previa de los textos es siempre correcta. Vanhoozer califica esta actitud de orgullo. Esta clase de orgullo —dice Vanhoozer—, «estimula en nosotros la idea de que conocemos el sentido correcto del texto antes de que hayamos hecho el debido esfuerzo para entenderlo. El orgullo no escucha. Ya lo sabe».[1]

Otro peligroso aspecto de la comprensión previa aflora cuando nos acercamos al texto con un presupuesto teológico ya formulado. Es decir, iniciamos nuestro acercamiento al texto buscando aspectos específicos, y utilizamos meramente el pasaje en cuestión para buscar aquellos detalles que encajan con nuestra posición teológica preconcebida. Cualquier cosa que no encaje con el significado que estamos buscando nos la saltamos o, sencillamente, la ignoramos. Vanhoozer califica jocosamente esta actitud de «adoctrinar» al texto en lugar de «comprenderlo».[2] Es decir, aunque nuestra condición es la de meros lectores, nos situamos por encima de la Palabra de Dios y determinamos lo que ésta significa, en lugar de ponernos bajo la autoridad de esta palabra y, con diligencia, procurar entender lo que Dios quiere decirnos en ella.

Un peligro relacionado con éste es el de la familiaridad. Cuando estamos muy familiarizados con un pasaje, tendemos a pensar que sabemos todo lo hay que saber al respecto y somos proclives a pasar por él sin estudiarlo cuidadosamente. Es de esperar que en la Sección 1 hayamos entendido que la mayoría de los pasajes bíblicos encierran una gran profundidad. Es, por tanto, muy poco probable que lleguemos al

---

[1] Kevin J. Vanhoozer, *Is There a Meaning in this Text? The Bible, the Reader, and the Morality of Literary Knowledge* (Grand Rapids: Zondervan, 1998), 462.
[2] *Ibíd.*, 402–3.

fondo de ellos o que los entendamos de un modo exhaustivo en unas pocas y breves visitas. Cuando estamos familiarizados con un pasaje se genera en nosotros una comprensión previa. Cuando nos dirigimos de nuevo a textos que nos son familiares, hemos de resistirnos a la tentación de permitir que tal familiaridad dicte nuestras conclusiones antes de comenzar a estudiar el texto. Hemos de considerarlo de nuevo, para que nuestra comprensión previa no se transforme en el orgullo que hemos mencionado antes. Por otra parte, como hemos indicado en la Sección 1, si pasamos por alto el estudio serio del texto porque creemos que ya lo sabemos todo al respecto, solo veremos en la Biblia lo que ya vimos la última vez que pasamos por él. Cuando esto sucede, nuestro estudio se estanca y se vuelve aburrido y nuestro crecimiento y entendimiento devienen raquíticos.

Uno de los aspectos más poderosos, aunque sutiles, de la comprensión previa es el de la cultura. Nuestra teología nos lleva a preguntarnos, ¿qué haría Jesús en esta situación? Sin embargo, puede que nuestra cultura nos impulse a preguntarnos más bien, ¿qué haría Silvester Stallone? Sin duda, la cultura en la que estamos inmersos tiene una enorme influencia sobre el modo en que leemos e interpretamos la Biblia. Por ejemplo, aunque creemos que Jesús es nuestro Señor y Salvador, cuando nos pide que pongamos la otra mejilla, oímos en nosotros una voz que objeta. Poner la otra mejilla no se corresponde realmente con la forma de vida americana. No es lo que haría Stallone. Puede que volviera la mejilla una vez y que dejara que su adversario le diera un segundo golpe tan solo para demostrar su paciencia y control, no obstante es indudable que tras el segundo golpe haría trizas al malo (y todos nos alegraríamos). ¡Ninguno de nuestros héroes de acción son especialmente proclives a poner la otra mejilla!

Por tanto, cuando leemos este mandamiento de Jesús, inmediatamente intentamos interpretarlo de tal manera que no plantee un conflicto con nuestras normas culturales, en especial aquellas que establecen los héroes populares como Sylvester Stallone o Mel Gibson. A esta predisposición que genera la cultura en que vivimos la llamamos *bagaje cultural*. Imagínate que vas a emprender una larga caminata por el monte en un día caluroso. Es normal que te lleves unas buenas botas de montaña, una gorra, unas gafas de sol y una cantimplora. Pero qué ridículo sería que te llevaras tres o cuatro maletas. ¡Qué ridículo sería! ¿Te imaginas andar por las montañas con una maleta en cada mano? Si no vamos con cuidado, también nuestra cultura nos cargará innecesariamente en el viaje interpretativo y será un obstáculo para que descubramos y comprendamos el sentido de la Palabra de Dios para nosotros. La influencia de la cultura en que nos movemos es una fuerza que tiende a deformar el texto cuando lo leemos y que nos empuja a forzarlo para que encaje en nuestro mundo. O, como ilustra el relato de la Navidad en Etiopía que hemos considerado en la introducción, nuestra cultura actúa inconscientemente en nosotros llevándonos a rellenar los vacíos y detalles que no encontramos en el pasaje que estamos leyendo.

Una buena ilustración de la influencia subconsciente que tiene la cultura sobre nuestro entendimiento, la observamos cuando leemos el libro de Jonás e intentamos visualizar a Jonás en las entrañas del gran pez. Intenta imaginarte esta escena. ¿Qué ves? ¿Ves a Jonás apretujado en las estrecheces del estómago de una ballena, sin espacio entre las paredes del estómago? La mayoría de las personas no ven esta imagen. Lo que muchos ven es una imagen de Jonás dentro un estómago con forma circular, de unos dos a tres metros de diámetro, con un poco de agua en la parte inferior. Evidentemente, éste no es el verdadero aspecto del interior de una ballena (o de un pez).

¿Por qué, pues, lo visualizamos de este modo? ¿De dónde procede esta imagen? Sugerimos que proviene de la película (o del libro) de Pinocho. En esta película de Walt Disney una ballena se traga a Pinocho, el protagonista, y se nos muestra una escena en la que Pinocho está sentado dentro de la ballena (en una estancia de unos dos a tres metros de diámetro situada a un lado del cuerpo del animal, etc.). Esta película nos deja, pues, con la imagen subconsciente de una persona sentada en el interior de una ballena. Cuando leemos el episodio de la estancia de Jonás en la zona gástrica del pez, nuestra mente inicia la búsqueda en sus archivos de alguna imagen con la que visualizar el acontecimiento. En su rápido recorrido por los ficheros de la memoria, nuestra mente encuentra una imagen coincidente en el archivo «Pinocho», ésta es la que acude a nuestro pensamiento sin que nuestro consciente advierta de dónde procede la imagen en cuestión. ¡De manera inconsciente comenzamos a rellenar las lagunas descriptivas del relato de Jonás con una información procedente de una película de Hollywood! Y así, en nuestra lectura de la Biblia, nos encontramos bajo el influjo de nuestra cutura, sin ni siquiera darnos cuenta de lo que ha sucedido.

¿Pero, qué entendemos exactamente por cultura? Nuestra cultura es la combinación de nuestras herencias familiar y nacional. Su influjo se deja sentir por todas partes: en el desayuno con mamá, entre los niños de la clase en la escuela, en la televisión. Es una mezcla de lenguaje, costumbres, películas, literatura y hábitos nacionales. En el caso de los estadounidenses la cultura está formada por Big Macs, muñecas Barbie, Tiger Woods, y the Back Street Boys todo mezclado con George Washington, Babe Ruth, el Río Mississippi, WalMart, y los transbordadores espaciales. Puede, no obstante, ser un tanto distinta, incluso dentro de la misma ciudad. Si has crecido en una familia tradicional, obrera, católica y urbana, tu cultura diferirá en muchos sentidos de la de alguien que haya crecido en un hogar monoparental, de clase media y protestante, no obstante, aun así compartirás muchas de las mismas influencias culturales. Sin embargo, aun compartiendo ciertos rasgos culturales comunes, las culturas negra, blanca, asiática e hispana se diferencian de forma significativa, incluso dentro del mismo país. Al salir de los Estados Unidos, las diferencias de cultura estarán mucho más acentuadas.

Nuestro trasfondo familiar es también un elemento central de nuestra cultura. De la familia hemos heredado muchísimos valores, ideas, e imágenes (para bien y para mal). Por ejemplo, ¿cuáles son tus perspectivas acerca del dinero, el trabajo, los pobres, o los desempleados? Tus puntos de vista se han configurado, sin duda, bajo el influjo del marco socioeconómico de tu familia y de sus perspectivas. Si procedes de una familia de clase media alta, probablemente te acercarás a los textos bíblicos que aluden a los pobres desde un marco de referencia distinto que el de alguien que haya nacido y crecido en la pobreza de Nueva Delhi. No estamos diciendo que la lectura cultural desde Nueva Delhi sea automáticamente correcta mientras que la que se hace desde Dallas sea errónea. Los cristianos de ambos contextos han de ser conscientes de que su trasfondo familiar y el marco socioeconómico en que se mueven afecta al modo en que leen la Biblia.

La familia te proporciona también el marco de referencia más solido respecto a las relaciones humanas. Si eres tan afortunado como para crecer en una familia en la que experimentas el amor y cuidado de tus padres y hermanos, te será muy fácil trasladar la imaginería de esta experiencia a la del cuidado que Dios tiene de ti. Si has experimentado el amor de tu padre, por ejemplo, entonces la imagen bíblica de Dios como Padre amante te será fácil de entender. En este caso, la influencia cultural de tu trasfondo familiar te ayudará a entender la verdad bíblica acerca de Dios.

Pero, lamentablemente, no todo el mundo ha tenido un padre amante. Aquellos que han crecido con padres negligentes o abusivos estarán muy condicionados por tal experiencia cuando vayan a los textos bíblicos que hablan de Dios como Padre. Esto no significa que estas personas no puedan entender este aspecto de la verdad bíblica, pero sí que los tales tendrán que hacer un esfuerzo especial para vencer algunas de las imágenes negativas procedentes de su infancia. Es posible que otras imágenes de Dios y de su cuidado de nosotros les sean más fáciles de entender. Hay algo, sin embargo, que todos hemos de procurar si queremos entender la Palabra de Dios: es vital que reconozcamos la presencia de influencias culturales que actúan en nuestra mente y corazón, y que las identifiquemos.

Somos perfectamente conscientes de que, deliberadamente, ningún cristiano hace una lectura cultural errónea de la Biblia. Como se ha dicho anteriormente, todos nosotros tendemos inconscientemente a ser influenciados por nuestra cultura. A este traslado automático del texto bíblico a nuestra cultura se le llama «reflejo interpretativo».[3] Es algo que hacemos de manera natural e inconsciente.

El reflejo interpretativo afecta a nuestra interpretación de dos formas. (1) Como hemos mencionado en el relato de la representación etíope de la Navidad, tendemos a rellenar todos los vacíos y ambigüedades que encontramos en los textos bíblicos con explicaciones y datos procedentes de nuestra cultura. (2) Más perjudicial para nuestra interpretación es el hecho de que nuestro trasfondo cultural nos lleva a crear un parámetro previo de posibilidades limitadas de los textos antes incluso de comenzar a pensar en lo que éstos significan. En esta situación, y debido a nuestra cultura, creamos inconscientemente un mundo de posibilidades e imposibilidades interpretativas. En otras palabras, nuestro escenario cultural nos impulsa a decidir los significados posibles e imposibles de un texto en concreto antes incluso de estudiarlo.

Pensemos de nuevo por un momento en el mandamiento de Jesús de poner la otra mejilla. Nuestro subconsciente se esfuerza en legitimar nuestra cosmovisión cultural, es decir, la manera en que funcionan las cosas en nuestra cultura. Por ello, antes incluso de iniciar la exploración de lo que Jesús quería decir cuando pronunció estas palabras, establecemos unos parámetros de posibilidad con respecto al texto y eliminamos posibles significados que plantearían un conflicto cultural. Tales palabras no pueden en modo alguno significar que si una persona mala te da una bofetada, has de permitir que te dé otra. No obstante, cuando

---

[3] Charles H. Kraft, «Interpreting in Cultural Context», en *Rightly Divided: Readings in Biblical Hermeneutics*, Roy B. Zuck, ed. (Grand Rapids: Kregel, 1996), 250.

hacemos esto estamos poniendo nuestra cultura por encima de la Biblia y leemos las Escrituras a través de las lentillas de nuestra civilización. De este modo, no tenemos en cuenta uno de los aspectos principales de la Biblia, a saber, que el mensaje bíblico procede de Dios y está por encima de cualquier cultura. El desafío está en aprender a evaluar nuestra cultura en vista de la Biblia y no viceversa.

En Romanos 13:1-7 encontramos un ejemplo muy evocador en este sentido; echemos pues un vistazo «cultural» a este pasaje. (Esta sección se dirige principalmente a los lectores estadounidenses; si no eres norteamericano, te ruego que seas paciente en esta sección. Intenta determinar una situación parecida en tu propia cultura.) Lee este pasaje con atención:

> Sométase toda persona a las autoridades que gobiernan; porque no hay autoridad sino de Dios, y las que existen, por Dios son constituidas. Por consiguiente, el que resiste a la autoridad, a lo ordenado por Dios se ha opuesto; y los que se han opuesto, sobre sí recibirán condenación. Porque los gobernantes no son motivo de temor para los de buena conducta, sino para el que hace el mal. ¿Deseas, pues, no temer a la autoridad? Haz lo bueno y tendrás elogios de ella, pues es para ti un ministro de Dios para bien. Pero si haces lo malo, teme; porque no en vano lleva la espada, pues ministro es de Dios, un vengador que castiga al que practica lo malo. Por tanto, es necesario someterse, no solo por razón del castigo, sino también por causa de la conciencia. Pues por esto también pagáis impuestos, porque los gobernantes son servidores de Dios, dedicados precisamente a esto. Pagad a todos lo que debáis; al que impuesto, impuesto; al que tributo, tributo; al que temor, temor; al que honor, honor.

Con este pasaje en mente, ¿habría sido erróneo participar en el famoso Boston Tea Party de 1773 para protestar por un nuevo impuesto sobre el té? Los «patriotas» estadounidenses de aquel tiempo arrojaron varias toneladas de té ajeno al Puerto de Boston. ¿Fue correcto este comportamiento desde un punto de vista cristiano? O supón que eres uno de los milicianos de la Guerra de la Independencia Americana en ruta entre las ciudades de Concord y Boston el día 19 de abril de 1775. ¿Debería un cristiano en tal caso apuntar, disparar y matar a los soldados que representaban al gobierno? ¿Acaso no plantea esto un conflicto en vista de Romanos 13? O quizá habría que proponer una pregunta de más calado: ¿Se inició la revolución americana en desobediencia a los principios de Romanos 13:1-7? Ten en cuenta que las razones de la revolución respondían más a cuestiones económicas que de libertad religiosa. Hay que recordar también que cuando Pablo escribió la Epístola a los Romanos, el gobierno de Roma era mucho más opresivo y tiránico de lo que nunca fue el que representaba el Rey Jorge III. ¿Qué piensas? Quizá hemos hecho que alguno de vosotros se ponga furioso. Puede que nuestro desafío a la legitimidad de la gloriosa Revolución Americana te haya indignado. Perdónanos, por favor. Lo que nos concierne ahora no es lo que piensas acerca de nuestra revolución. Lo que esperamos que hayas notado es esa reacción emocional que probablemente se ha producido en tu interior ante una lectura bastante literal y normal de un texto bíblico. Si has reaccionado intensamente ante la interpretación de Romanos 13 que hemos planteado, deberías preguntarte, ¿Por qué he reaccionado de un modo tan intenso? Sugerimos que hemos tocado un nervio cultural muy sensible.

Observa que en el sistema educativo en que crecemos nunca se pone en cuestión la moralidad de la rebelión estadounidense contra Gran Bretaña. Se presenta siempre como algo maravilloso y glorioso: el epítome del patriotismo (que ha de ser bueno). Esta cuestión está estrechamente entretejida en nuestros corazones junto con la bandera, el béisbol, mamá y la tarta de manzana. Por ello se ha convertido en algo sagrado. El carácter «correcto» de este acontecimiento histórico lo ponemos por encima de cualquier crítica o desafío que pueda venir de la Biblia. Cualquier interpretación de Romanos 13 que podamos considerar legítima ha de cumplir con el requisito de ser respetuosa con la Revolución Americana. De este modo, situamos nuestra cultura por encima de la Biblia, y cerramos la mente a cualquier comprensión de las Escrituras que entre en conflicto con lo establecido en nuestra cultura.

Por supuesto, el asunto de la Revolución es bastante más complicado de lo que hemos planteado. Nuestro propósito no es criticarla, sino utilizarla de ilustración. Sin embargo, sí queremos que vosotros (los lectores estadounidenses) veáis que existen ciertas cosas americanas que ejercen una poderosa influencia subconsciente en el modo en que leemos e interpretamos la Biblia. Hemos de ser conscientes de estas influencias y de sus efectos sobre nuestro estudio del texto bíblico. Es importante que, al menos, estemos abiertos a la posibilidad de que Romanos 13 pueda estar en contra de la Revolución. Lo que queremos saber es lo que dice Dios (no nuestra cultura). Para determinar la respuesta hemos de considerar los detalles del texto y su marco histórico, no podemos dejarnos llevar por nuestra comprensión previa generada por la cultura en que vivimos.

Si iniciamos el análisis interpretativo de Romanos 13:1–7 con la conclusión preconcebida y preasumida de que este pasaje no puede estar en contra de la Revolución, estamos poniendo nuestra cultura por encima de la Biblia. ¡Sin embargo, el llamamiento de Jesús es más elevado! Somos ciudadanos de su reino y nos hemos comprometido a seguirle a Él y a sus enseñanzas. Jamás hemos de situar la lealtad a nuestro país o a nuestra cultura por encima de nuestra lealtad a Dios. Al margen de cuál sea tu opinión personal acerca de la Revolución Americana, esperamos que entiendas que hemos de poder poner sobre la mesa cualquier elemento de nuestra cultura estadounidense bajo el escrutinio de la Escritura. Nunca deberíamos permitir que nuestra cultura dicte el significado de la Palabra de Dios.

Estas son consideraciones bastante radicales y puede que sean un tanto difíciles de digerir de una vez. Somos conscientes de ello. Medita en estas cosas. Habla con cristianos de distintas culturas y considera su perspectiva.

Ni la comprensión previa ni la cultura son inherentemente perniciosas, no obstante, a menudo pueden deformar nuestra comprensión de la Biblia, lo cual puede ponernos en la pista de una interpretación errónea. No se trata de abandonar nuestra comprensión previa, desechando como nocivos todos nuestros anteriores encuentros con el texto. Lo que sí es importante es que nuestra comprensión previa sea sometida al texto, poniéndola por debajo, no por encima de él. Hemos de aprender a identificar nuestra comprensión previa y estar abiertos a cambiarla, si es necesario, tras un estudio serio y concienzudo del texto. Es decir, después de estudiar minuciosamente el texto, hemos de evaluar nuestra comprensión previa y modificarla en vista de las conclusiones de nuestro estudio.

Presuposiciones

No obstante, todo lo que hemos dicho acerca de la comprensión previa no significa que hayamos de leer e interpretar la Biblia de un modo totalmente neutral, sin tener ningún presupuesto, como por ejemplo la fe. Alcanzar la objetividad total es algo imposible, no importa quién sea el lector o cuál sea el texto. Por otra parte, tampoco es nuestra meta.

La búsqueda de la objetividad en la interpretación bíblica no implica el abandono de la fe o la adopción de los métodos que utilizan los no creyentes. Los intentos de leer la Biblia aparte de la fe no conducen a la objetividad.

En nuestra definición tratamos la comprensión previa y la presuposición como dos conceptos diferenciados a los que nos acercamos de dos formas bastante distintas. Nuestra comprensión previa está abierta a cambios cada vez que estudiamos un pasaje. La sometemos al texto e interactuamos con ella, la evaluamos en vista de nuestro estudio y es de esperar que vaya mejorando progresivamente. Por el contrario, las presuposiciones no cambian cada vez que leemos o estudiamos un pasaje. Éstas no tienen que ver con textos en particular sino con el punto de vista general que tenemos de la Biblia.

Como cristianos servimos al Señor y tenemos al Espíritu Santo habitando en nosotros. La relación que tenemos con Dios está condicionada vitalmente por la comunicación que tenemos con Él por la lectura de su Palabra. Esta relación nos impacta en gran manera a medida que interpretamos el texto y, a diferencia de lo que sucede con la comprensión previa, esta relación no podemos renegociarla cada vez que leemos la Palabra. Es más bien algo de lo que hemos de servirnos. En el capítulo 12, «El papel del Espíritu Santo», exploraremos la interacción del Espíritu Santo con nuestro entendimiento de un modo más detallado. Pero, por ahora, es importante observar que como cristianos tenemos varias presuposiciones acerca de la Biblia que surgen de nuestra relación con Cristo y que no podemos dejar de lado cada vez que abordamos un pasaje, como sí lo hacemos con nuestra comprensión previa.

A continuación, enumeramos varias presuposiciones acerca de las Escrituras que los cristianos evangélicos generalmente sostienen:

1. La Biblia es la Palabra de Dios. Aunque para hacérnosla llegar Dios utilizó a personas, ésta es, no obstante, inspirada por el Espíritu Santo y Palabra de Dios para nosotros.
2. La Biblia es verdadera y completamente digna de confianza.
3. Dios ha entrado en la historia humana; por ello lo sobrenatural (milagros, etc.) existe.
4. La Biblia no se contradice; es una unidad y, sin embargo, diversa. No obstante, Dios trasciende más allá de nuestra humanidad y, por tanto, su Palabra no siempre es fácil de entender; en ella hay también tensión y misterio.

Podrían quizá añadirse otras presuposiciones,[4] pero éstas son las más importantes que han de mencionarse en este capítulo. Estas presuposiciones tienen que ver con nuestra percepción de la Biblia como un todo y sirven de fundamento sobre el que construir nuestro método de estudio.

Conclusión: ¿podemos ser objetivos?

Muchos autores han afirmado que, en materia de interpretación, la objetividad total es imposible, y nosotros reconocemos la veracidad de esta afirmación. No obstante, nuestra meta no es alcanzar esta clase de objetividad. Como cristianos que tenemos una relación íntima con Dios por medio de Jesucristo, nuestro objetivo no es conseguir puntos de vista neutrales y objetivos. En nuestro estudio del texto no pretendemos ser historiadores seculares (tampoco ellos son objetivos). Lo que queremos es oír lo que Dios quiere decirnos. Por ello, nos acercamos al texto con fe y en el Espíritu (ver el capítulo 12). De modo que buscamos la objetividad dentro del marco de referencia de las presuposiciones evangélicas, como las que antes hemos enumerado. Este tipo de objetividad pretende impedir que nuestra comprensión previa, nuestra cultura, nuestra familiaridad, o nuestra pereza oscurezcan el significado que Dios le ha dado al texto.

Esta tarea puede ser también desafiante; no obstante, ésta es precisamente la labor que asume *Entendiendo la Palabra de Dios*. Cada capítulo de este libro desarrolla algún aspecto que sirve para corregir nuestra comprensión previa o para neutralizar las influencias culturales negativas que afectan a nuestra comprensión del texto. Las herramientas de observación que hemos tratado en la Sección 1 nos ayudarán a ser objetivos. El método de lectura concienzuda que se plantea en esos capítulos requiere que en nuestra búsqueda de detalles sometamos al texto nuestra comprensión previa. El mero hecho de descubrir los detalles del texto con frecuencia, corrige muchas de nuestras concepciones previas y malinterpretaciones culturales.

En la Sección 2 se da relevancia al contexto puesto que un estudio adecuado de este elemento ayuda a clarificar el significado real y

---

[4] Véanse las listas de William W. Klein, Craig L. Blomberg, and Robert L. Hubbard, *Introduction to Biblical Interpretation* (Dallas: Word, 1993), 111–13; y Roy B. Zuck, *Basic Bible Interpretation* (Wheaton, Ill.: Victor, 1991), 59–75. Obsérvese, no obstante, que ambos libros utilizan una terminología ligeramente distinta de la nuestra.

corrige nuestras ideas preconcebidas al respecto. El próximo capítulo, «el Contexto histórico y cultural», nos ayudará sin duda a rellenar los vacíos y los datos del trasfondo de los pasajes bíblicos con la correcta información cultural e histórica. La Sección 3 desarrolla el asunto del significado y su origen. En ella, se nos estimulará a buscar persistentemente para descubrir el significado que Dios le ha dado al texto en lugar de querer darle nosotros un sentido nuevo, poniéndonos con arrogancia por encima de él. Por último, en las Secciones 4 y 5 consideraremos los distintos tipos de literatura que encontramos en la Biblia. Una clara comprensión de los distintos géneros literarios nos ayudará en gran manera a evitar la extrapolación de las normas literarias y culturales contemporáneas a los antiguos textos de la Biblia.

En este capítulo nos hemos limitado meramente a perfilar los problemas que, como lectores, llevamos al texto (bagaje cultural y concepciones previas con las que hemos de tratar antes de entrar en el pasaje). La solución de este problema está en el propio recorrido interpretativo. Esperamos que encuentres gratificante este recorrido. ¡Por nuestra parte no dudamos ni por un momento que merece la pena todo el trabajo y esfuerzo que demanda recorrer los capítulos siguientes!

Deber 5-1

En tres o cuatro páginas describe tu trasfondo familiar teniendo en mente las influencias culturales que pueden derivarse de él. Habla con el máximo detalle tanto de tu madre (y su familia) como de tu padre (y su familia). Incluye cualquier otra familia/s que también haya podido influir en tu vida. Detalla en cada caso cuáles son las actitudes y perspectivas hacia la religión, la familia, el trabajo, la educación, y las posesiones materiales. Describe la posición socioeconómica de tu familia y su contexto religioso. Consigna también cómo suelen relacionarse entre sí los miembros de tu familia. ¿Tienden a ser afectuosos y efusivos o son más bien fríos y distantes? Por último, intenta relacionar tu trasfondo familiar con tu propia escala de valores y puntos de vista. ¿Con qué cosas te has quedado? ¿Cuáles has rechazado?

Nota: Con esta tarea no pretendemos curiosear en tu vida personal. Siéntete con toda libertad para omitir de tu redacción cualquier cosa que consideres íntima. Sin embargo, es bueno que pongas especial atención en reflexionar acerca de estas cosas que omites, pero cuya influencia sobre tu estudio de la Biblia reconoces. Este ejercicio es un autoanálisis y ha de servir para que tú (no nosotros) te beneficies de él.

6
El contexto histórico y cultural

Introducción

Si tuviéramos que elegir nuestro personaje preferido de la Biblia, puede que algunos de nosotros eligiéramos al apóstol Pablo. Su pasión por servir a Jesucristo sigue siendo un desafío para todos nosotros. En el Nuevo Testamento encontramos trece cartas que tradicionalmente se atribuyen a Pablo. En el último capítulo de la última carta que escribió (2 Timoteo), Pablo expresa sus sentimientos al llegar a los últimos días de su vida:

> Porque yo ya estoy para ser derramado como una ofrenda de libación, y el tiempo de mi partida ha llegado. He peleado la buena batalla, he terminado la carrera, he guardado la fe. En el futuro me está reservada la corona de justicia que el Señor, el Juez justo, me entregará en aquel día; y no solo a mí, sino también a todos los que aman su venida. (2 Tim 4:6–8)

Al concluir esta carta, Pablo repite a Timoteo, su amigo y colaborador, un mensaje muy sencillo: «Procura venir a verme pronto», escribe en 4:9. Y en 4:21 añade: «Procura venir antes del invierno». Es fácil ver que Pablo desea que Timoteo le visite, pero únicamente una buena comprensión del contexto histórico y cultural que subyace tras estas palabras puede poner de relieve la profundidad y la emoción que hay en esta petición de Pablo.

La mayoría de los eruditos evangélicos creen que Timoteo está ministrando en Éfeso mientras Pablo está encarcelado en Roma. Les separan muchos kilómetros. El viaje en barco se consideraba peligroso desde mediados de septiembre hasta finales de mayo y las rutas marítimas estaban totalmente cerradas desde comienzos de noviembre hasta comienzos de marzo. Por supuesto, tanto Pablo como Timoteo lo sabían. Si Pablo envió esta carta (2 Timoteo) por medio de Tíquico en verano, es muy probable que Timoteo no dispusiera de mucho tiempo para recorrer el largo camino que le separaba de Roma. El trasfondo histórico de este pasaje nos ayuda a ver lo que Pablo le está realmente diciendo a su joven amigo: «Pon las cosas en orden en Éfeso y embárcate lo más pronto que puedas. Si no sales ahora, antes de que llegue el invierno, las líneas marítimas se cerrarán y no llegarás a tiempo. Timoteo, esfuérzate al máximo para llegar antes de mi ejecución. Ven rápido, antes de que sea demasiado tarde». Conocer el contexto histórico y cultural de este pasaje le hace cobrar vida y lo llena de intensa emoción. Pablo no le está pidiendo meramente a Timoteo que le visite. La situación se parece más a la de un padre que reclama la presencia de su hijo antes de morir.

Para captar el sentido de la Palabra de Dios hemos de entender el significado del texto en el contexto y aplicar este significado a nuestras vidas. El contexto adopta dos formas fundamentales: el contexto literario y el contexto histórico y cultural (al que nos referimos comúnmente como «trasfondo»). En este capítulo, con el planteamiento de algunas importantes preguntas y sus respuestas, aprenderemos ciertos aspectos esenciales acerca del contexto histórico y cultural. ¿Por qué hemos de tomarnos la molestia de estudiar el trasfondo histórico y cultural de un pasaje? ¿Es realmente importante? ¿Qué es exactamente lo que obtenemos de esta clase de estudio? ¿Existen escollos en esta tarea? ¿De qué herramientas disponemos para llevar a cabo este trabajo? Nuestra meta en este capítulo es presentar un método para estudiar el contexto histórico y cultural de un pasaje y persuadirte de que conocer este trasfondo puede ayudarte a clarificar su significado y a poner de relieve su importancia para tu vida.

¿Por qué preocuparnos del contexto histórico y cultural?

En su comentario acerca del trasfondo de la Biblia, Craig Keener nos recuerda que Dios no ha dictado la mayor parte de la Biblia en primera persona. No ha dicho, «Puesto que soy Dios voy a hablar directamente con todas las gentes de todos los tiempos y culturas».[5] Lejos de hacer esto, Dios (la fuente última) habló por medio de los autores humanos de la Escritura (la fuente inmediata) para tratar las verdaderas necesidades vitales de personas en un momento y cultura particulares. Así es como Dios ha decidido hablar.[6]

Por favor, no malinterpretes lo que estamos diciendo aquí. Dios nos ha dado principios eternos en su Palabra que se aplica a todas las personas, de todas las épocas, y en todas las culturas. Nuestra meta en *Entendiendo la Palabra de Dios* es enseñarte a descubrir y a aplicar estos principios teológicos a tu vida. No estamos cuestionando si Dios nos ha dado o no principios de trascendencia eterna; simplemente observamos cómo lo ha hecho. Creemos que el modo en que nos acercamos a la Biblia (i.e., el modo en que escuchamos a Dios) ha de coincidir con el modo en que Dios nos dio la Biblia (i.e., el modo en que Dios decidió hablarnos). De lo contrario, es muy probable que malinterpretemos lo que quiere decirnos.

Puesto que Dios dio su mensaje en situaciones históricas específicas (i.e., a personas que vivían en lugares concretos, hablaban un idioma determinado, y tenían una forma de vida específica), hemos de tomarnos en serio la antigua situación histórica y cultural. En esencia, no podemos simplemente ignorar a «aquellos que vivían en aquel entonces» y pasar directamente a lo que Dios quiere decirnos hoy. ¿Por qué no? Una vez más, porque la forma en que escuchamos a Dios —nuestro acercamiento interpretativo—, ha de hacer honor a la forma en que Dios ha decidido comunicarse. No hemos de ser tan orgullosos y arrogantes como para pensar que Dios no tenía ningún interés especial en la audiencia original, sino que meramente les utilizaba para hacernos llegar su mensaje a nosotros.

---

[5] Craig S. Keener, *The IVP Bible Background Commentary: New Testament* (Downers Grove, Ill.: InterVarsity, 1993), 24.

[6] Estamos en deuda con Grant R. Osborne, *The Hermeneutical Spiral: A Comprehensive Introduction to Biblical Interpretation* (Downers Grove, Ill.: InterVarsity Press, 1991), 134, por el uso de los términos «la fuente última» y «la fuente inmediata» para aludir a la autoría divina y humana de la Escritura.

La verdad es que todos los pasajes de la Escritura fueron «Palabra de Dios para otras personas antes de convertirse en Palabra de Dios para nosotros».[7] Dios expresó su profunda preocupación por los receptores originales y les habló dentro de su situación histórica y cultural específica. Dios expresa también su profunda preocupación por nosotros y quiere hablarnos. El mensaje de la Escritura, expresado en situaciones espacio temporales concretas, contiene principios de trascendencia eterna que podemos descubrir y aplicar a nuestras vidas.

Piensa de nuevo en el modo en que transcurre el recorrido interpretativo desde el significado del texto para los receptores bíblicos que se encuentran en la otra orilla del río de las diferencias (p. ej., tiempo, lugar, cultura, situación) a través del puente de los principios hasta la aplicación de estos principios teológicos a nuestras vidas.

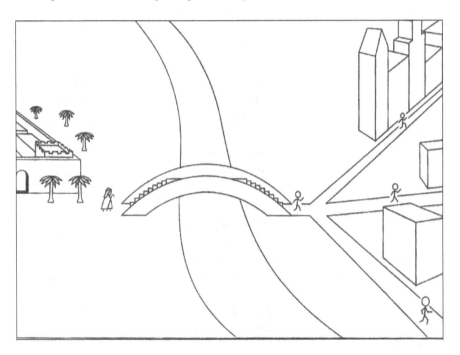

Volvamos por un momento a nuestra pregunta: ¿Por qué tomarnos la molestia de familiarizarnos con el contexto histórico y cultural original? Lo hacemos porque ello nos ofrece una ventana a lo que Dios les estaba diciendo a los receptores bíblicos. Puesto que vivimos en un

---

[7] Klein, Blomberg, and Hubbard, *Biblical Interpretation*, 172.

contexto muy distinto, hemos de captar el significado que Dios quiso darle en un principio, tal y como se refleja en el texto y enmarcado dentro del antiguo contexto histórico y cultural. Una vez que entendamos el significado del texto en su contexto original, podremos aplicarlo a nuestras vidas de modos que serán igualmente relevantes. La relevancia de la Palabra de Dios es eterna; nuestra tarea como estudiantes de ella es descubrir tal relevancia, llevando a cabo nuestra tarea de contextualización.

Esto nos lleva a un principio interpretativo crucial: Para que nuestra interpretación de cualquier texto bíblico sea válida, debe ser consistente con el contexto histórico y cultural del texto en cuestión.[8] Si en aquel entonces nuestra interpretación no hubiera tenido sentido, es muy probable que estemos en el camino erróneo. Fee y Stuart subrayan acertadamente que «el verdadero significado del texto bíblico para nosotros es el que Dios quiso que tuviera en su origen».[9] En primer lugar, hemos de determinar lo que los textos significaron en su contexto original antes de que podamos establecer lo que significan en nuestro tiempo y cultura y cómo hemos de aplicarlos. Nuestra meta, entonces, es entender el contexto histórico y cultural del pasaje bíblico del modo más claro posible a fin de entender el significado del pasaje.

¿Qué es el contexto histórico y cultural?

¿Qué entendemos exactamente por contexto histórico y cultural? Generalmente hablando, esta clase de contexto tiene que ver con el escritor y los receptores bíblicos, y cualquier elemento histórico y cultural que surja en el pasaje El contexto histórico y cultural tiene relación con casi cualquier cosa fuera del texto que sea de ayuda para entender su sentido (p. ej., cómo era la vida de los israelitas mientras deambulaban por el desierto, qué es lo que creían los fariseos respecto a la celebración del Sabat, dónde estaba Pablo cuando escribió la epístola a los Filipenses). El contexto literario, como veremos en el capítulo 7, tiene relación con el contexto del propio libro (p. ej., la forma que adquiere un pasaje, el fluir del argumento dentro del libro, y el significado de las palabras y oraciones gramaticales que rodean el pasaje que estamos

---

[8] Cf. ibíd., 172.
[9] Gordon D. Fee y Douglas Stuart, *Cómo leer la Biblia libro por libro*, Ed. Unilit, Miami, USA, 2005.

estudiando). En este capítulo reseñaremos algunos recursos que puedes utilizar para identificar el contexto histórico y cultural, pero primero queremos ilustrar nuestra definición anterior con algunos ejemplos. Comencemos con el escritor bíblico.

El escritor bíblico

Puesto que Dios decidió trabajar a través de autores humanos como fuente inmediata de su inspirada Palabra, cuanto más conozcamos acerca del autor humano, mejor. Intenta encontrar todos los datos que puedas respecto al trasfondo del autor. Al estudiar alguna de las cartas de Pablo, por ejemplo, es muy útil saber que antes de que el Señor cambiara radicalmente su vida, el entonces Saulo solía pedir al sumo sacerdote judío poderes que le autorizaran a encarcelar a los cristianos. El apóstol persiguió a la iglesia movido por un celo mal encauzado para servir a Dios. Esto explica porqué los primeros cristianos tuvieron temor de Pablo durante un tiempo incluso después de su conversión: «Y todos los que lo escuchaban estaban asombrados y decían: ¿No es éste el que en Jerusalén destruía a los que invocaban este nombre, y el que había venido aquí con este propósito: para llevarlos atados ante los principales sacerdotes?» (Hch 9:21). Esto también nos ayuda a entender la razón por la que, en 1 Timoteo 1:16, Pablo se refiere a sí mismo como al «peor de los pecadores». Cuando pensamos en Pablo, un hombre a quien Dios utilizó para cambiar el mundo, no solemos imaginárnoslo luchando con los horribles recuerdos de lo que hizo antes de conocer a Cristo. La vida de Pablo es ciertamente un paradigma de la Gracia de Dios.

Hablando todavía acerca del trasfondo del autor bíblico, consideremos a Amós, un profeta que predicó alrededor del año 760 aC. Aunque Amós era de la aldea de Tecoa en Judá (en el reino del Sur) Dios le llamó a predicar en Israel, el reino del Norte. Acerca de sí mismo, Amós dice: «Yo no soy profeta, ni hijo de profeta, sino que soy pastor y cultivador de sicómoros» (Am 7:14). A Amós no le pagaban como profeta, ni tampoco estaba siguiendo en los pasos de su padre. La tarea profética era algo completamente nuevo para él. Este perspicaz labriego respondió al llamamiento de Dios para proclamar su mensaje a un pueblo espiritualmente enfermo sobre el que se cernía el juicio de Dios.

Además de recabar algunos datos acerca del trasfondo del autor, puedes preguntarte también: ¿En qué periodo escribió y qué clase de ministerio tuvo? Y hablando de los profetas del siglo VIII aC., ¿te acuerdas de Gomer, la infame esposa de Oseas? ¿Has pensado en la relación que tenía con el ministerio de este profeta su matrimonio? Su deplorable relación con Gomer fue un vehículo para comprender y expresar el adulterio espiritual con que Israel ultrajaba a Dios. Igual que Gomer había rechazado a Oseas, Israel había rechazado a su verdadero Dios, Yahveh, yéndose en pos de los dioses paganos.

Además de esta recopilación de datos acerca del trasfondo y ministerio del autor, es también importante entender cuál era la relación específica que había entre el autor y el pueblo con que se relacionaba. A partir del tono y contenido de la carta a los Gálatas, por ejemplo, puede colegirse que Pablo está preocupado con las iglesias de Galacia por su alejamiento hacia un evangelio distinto. El apóstol llega incluso a omitir su habitual acción de gracias y pasa directamente a una reprensión. Por el contrario, Pablo elogia a los tesalonicenses por su fe y perseverancia a pesar de su prematura separación de ellos como consecuencia de la persecución. Les recuerda su amor maternal (1 Ts 2:7) y paternal (2:11) y su intenso deseo de verles de nuevo.

¿Qué clase de relación tuvo Jonás con los ninivitas, los principales receptores de su mensaje? Por el mismo tiempo en que Amós y Oseas advertían a Israel acerca del juicio de Dios que iba a llegar de manos de los inquietantes asirios, Jonás fue enviado a advertir a Nínive. ¿Cambia algo saber que Nínive es la capital de Asiria? Sin duda, es de ayuda ver que en el centro mismo del relato está el desprecio que Jonás siente por los ninivitas (asirios) y su temor de que Dios pudiera actuar con compasión hacia sus enemigos. Conforme a sus peores previsiones, Dios muestra su Misericordia a Nínive.

Quizá uno de los datos más importantes acerca de los autores bíblicos es conocer la razón por la que escriben. ¿Por qué, por ejemplo, el autor de 1 y 2 Crónicas, repite una buena parte de la información de Samuel y Reyes? La respuesta está en el propósito del autor. El cronista (quizá Esdras) escribe para Israel después del exilio (i.e., para la comunidad restaurada). Quiere demostrar que Dios sigue estando muy interesado en su pueblo después de juzgarles por medio del exilio. Por ejemplo, el cronista parece idealizar a David y a Salomón, a juzgar por su omisión de cualquier cosa que pudiera empañar su imagen (p. ej., el pecado de David con Betsabé). De este modo el autor conforta a su audiencia haciéndole entender que, a pesar de que Dios ha juzgado a su pueblo, lo sigue amando y quiere utilizarlo para llevar a cabo su propósito.

El libro de los Hechos ofrece otro ejemplo de la importancia de conocer los propósitos del autor. Estudiando Hechos 28, podemos preguntarnos por qué Lucas termina el libro de un modo tan abrupto después de dedicarse durante casi dos capítulos a describir el viaje de Pablo a Roma. ¿Por qué no dice algo acerca del veredicto pronunciado en el juicio de Pablo? La razón más probable tiene que ver con el propósito que mueve a Lucas a escribir. El autor de los Hechos quiere mostrar el triunfante movimiento del Evangelio desde Jerusalén, lugar de nacimiento de la iglesia, hasta Roma, el centro político y neurálgico del Imperio. Una vez que su propósito se ha llevado a cabo, concluye su tratado con rapidez. Lo que más le importa a Lucas es el éxito del mensaje del Evangelio, no la historia personal de uno de sus mensajeros.

Recapitulemos. Cuando hablamos del contexto histórico y cultural, hemos de considerar en primer lugar al escritor bíblico. ¿Cuál es su trasfondo? ¿De dónde procede? ¿Cuándo escribe? ¿Qué clase de ministerio desarrolla? ¿Cuál es su relación con las personas a quienes escribe? Por último, ¿por qué escribe? Las respuestas a esta clase de preguntas nos ayudarán a discernir las circunstancias del escritor bíblico y a clarificar el significado de lo que ha escrito.

Los receptores bíblicos

Para descubrir el contexto histórico y cultural también hemos de investigar a los receptores bíblicos y sus circunstancias. Consideremos, por ejemplo, el Evangelio de Marcos. A lo largo de todo su Evangelio, Marcos concede mucha importancia a la Cruz de Cristo y a las demandas del discipulado. Muchos eruditos creen que los primeros receptores de Marcos eran las iglesias situadas en las inmediaciones de Roma y que el evangelista les estaba preparando para la persecución que iban a tener que soportar de manos del emperador Nerón entre los años 65 y 70 dC. Con el fin de estimular a estos creyentes a permanecer fieles en medio del sufrimiento, Marcos subraya la fidelidad de Jesús durante sus periodos de sufrimiento.

Cuando leemos a los profetas del Antiguo Testamento necesitamos saber algo de las circunstancias generales de sus receptores para poder entender el mensaje que se les dirige. Cuando estudiamos el libro de Jeremías, por ejemplo, es de ayuda saber que el ministerio de este profeta comenzó hacia el año 627 aC. y terminó un poco después del año 586 aC. Esto significa que Jeremías fue testigo del avivamiento que se produjo durante el reinado del Rey Josías, la caída de Asiria, el surgimiento de Babilonia, el primer sitio de Jerusalén (598/97 aC.), y la destrucción de su nación en el año 586 aC.. Jeremías predicó contra los pecados de Judá y predijo la destrucción de Jerusalén y el exilio babilónico. No obstante, Jeremías pronunció también poderosas palabras de ánimo y esperanza durante los oscuros días del último sitio de Jerusalén. Nota Jeremías 29:11: «'Porque yo sé los planes que tengo para vosotros --declara el SEÑOR--planes de bienestar y no de calamidad, para daros un futuro y una esperanza'» Estas palabras forman parte de una carta que Jeremías escribió para personas que ya estaban experimentando la disciplina de Dios, a saber, los exiliados del año 597 aC. El contexto histórico de este versículo influirá, sin duda, en el modo en que entendamos su significado. A pesar de las devastadoras consecuencias de la desobediencia de Judá, la última palabra que pronuncia Dios no es de juicio, sino de esperanza. No obstante, aunque la liberación de Dios es segura, no se va a producir inmediatamente (ver 29:10).

La mayoría de las cartas del Nuevo Testamento (si no todas ellas), tienen un carácter situacional u ocasional, lo cual significa que se escribieron para hacer frente a algunas situaciones específicas que atravesaban las iglesias. Colosenses, por ejemplo, se dirige a un grupo de creyentes que combate una falsa doctrina que concedía una cierta importancia a Cristo, pero le negaba el supremo lugar que le corresponde (Col 2:4–5, 8, 16–23). Pablo escribe para refutar estas falsas doctrinas, subrayando la absoluta supremacía de Cristo (1:15–20; 2:9–15).

De un modo similar, Juan escribió su primera carta a creyentes que tenían que hacer frente a lo que muchos eruditos creen era una antigua forma de gnosticismo. Una de las ideas centrales de esta herejía era la convicción de que el espíritu es intrínsecamente bueno y la materia esencialmente mala. Probablemente te das cuenta de algunas de las implicaciones de esta línea de pensamiento: Cristo no era un verdadero ser humano; no importa cómo tratemos el cuerpo: es irrelevante si lo manejamos con dureza o indulgencia; la salvación consistía en escapar del cuerpo y se conseguía mediante un conocimiento especial (*gnosis* es la palabra griega que se traduce com «conocimiento»). En el caso de 1 Juan, el conocimiento del contexto histórico y cultural clarificará los principales temas de la carta: la genuina Encarnación de Cristo, que significa que Dios se convirtió un verdadero ser humano, la necesidad de andar en luz y no en inmoralidad, y la necesidad del amor (versus la arrogancia de aquellos que afirmaban poseer un conocimiento especial).

Otros elementos históricos y culturales

Como se ha observado antes, el contexto histórico y cultural abarca el estudio del escritor y los receptores bíblicos, además de cualquier elemento histórico y/o cultural que trate el pasaje objeto de nuestro estudio. En ocasiones, es difícil conocer muchos detalles acerca del autor y de la audiencia bíblica o de sus circunstancias específicas. Con frecuencia, prestaremos más atención a los elementos históricos, sociales, religiosos, políticos y económicos que conforman el pasaje en cuestión. Aquí tenemos algunos ejemplos acerca del modo en que la comprensión de estos elementos puede arrojar luz respecto al significado de tu pasaje.

En ocasiones, un mayor conocimiento de la Geografía o Topografía relacionada con los sucesos que nos narra el texto puede ayudarnos a entender mejor su significado. Jesús comienza su parábola del buen samaritano con la afirmación: «Un hombre se dirigía de Jerusalén a Jericó» (Lc 10:30). El camino que va de Jerusalén a Jericó, desciende desde una altitud de más de 750 metros sobre el nivel del mar hasta unos casi 250 metros por debajo del nivel del mar. Además, no es un recorrido especialmente fácil ni agradable. La distancia a recorrer es de más de treinta kilómetros y el camino discurre a través de un territorio desierto y escarpado donde los ladrones encontraban fácilmente escondrijos. El conocimiento de la Geografía nos ayuda a entender lo fácil que hubiera sido abandonar al moribundo y las problemáticas implicaciones que en este caso acarrearía obrar como un prójimo amante y responsable.

Una de las esferas más productivas del estudio de los trasfondos es la de las costumbres de orden social. Si estás estudiando Efesios 5:21–6:9, por ejemplo, es importante que sepas algo acerca de los códigos familiares de la cultura greco-romana para que puedas entender bien este pasaje. Estas reglas se desarrollaron principalmente para instruir a los cabezas de familia acerca del modo en que debían tratar a quienes estaban bajo su responsabilidad. El apóstol Pablo utiliza este concepto de los códigos familiares, pero transforma radicalmente su contenido convirtiéndolos en vehículo del poder de Dios. Por ejemplo, los códigos greco-romanos prescribían la responsabilidad de los maridos para hacer que sus esposas se sujetaran a su autoridad, sin embargo en tales códigos nunca se menciona el amor como deber del marido. En Efesios 5:25 Pablo rompe todos los esquemas al decir a los maridos: «amad a vuestras esposas, como Cristo amó a la Iglesia y se dio a sí mismo por ella». La exhortación que dirige Pablo a todos los miembros de la familia para que se

EL CONTEXTO HISTÓRICO Y CULTURAL

sometan «unos a otros en el temor de Cristo» (5:21) habría sonado de un modo aún más radical.

En las Escrituras muchas veces las costumbres sociales están cargadas de significación religiosa. Pensemos de nuevo en la parábola del buen samaritano. Es muy probable que, el hecho de que los dos líderes religiosos judíos de la parábola no hicieran nada por ayudar al viajero herido, mientras que el samaritano acabe siendo el verdadero prójimo del hombre (y el héroe del relato) fuera algo sorprendente e insultante para los primeros receptores de Jesús. Sabemos esto porque en aquella cultura los judíos despreciaban a los samaritanos.

Cuando leemos la parábola del Hijo Pródigo, no nos llama especialmente la atención el hecho de que el padre salga corriendo para abrazar al hijo que regresa. Pero cuando descubrimos que los ancianos judíos se consideraban demasiado «respetables» como para correr, comenzamos a entender mejor lo que Jesús está diciéndonos acerca de cómo se siente Dios respecto a los pecadores cuando se arrepienten y responden a su llamamiento. Si alguna vez has estado lejos espiritualmente, estarás de acuerdo en que es de mucho ánimo saber que cuando decidas regresar a casa, Dios estará dispuesto a «ignorar su dignidad» y correr a abrazarte.

El libro de Rut nos da otro ejemplo en el sentido de que en muchos pasajes los elementos sociales y religiosos se interrelacionan. Para entender este libro del Antiguo Testamento has de saber algo acerca del papel del pariente redentor. Después de perder a sus respectivos maridos, Noemí y su nuera Rut se encontraron con Boaz, que resultó ser su pariente redentor. Aunque esto pueda parecernos muy extraño, casándose con Rut, Boaz tenía la prerrogativa legal de preservar el nombre de la familia de Noemí y darles un heredero a sus dos hijos muertos, y esto es precisamente lo que hace. Es interesante notar que Rut da a luz a Obed, quien a su vez se convierte en el padre de Isaí. Isaí sería en su día el padre de David (el Rey de Israel). Al final de la genealogía de Jesucristo, encontramos las palabras «Hijo de David» (cf. Mateo 1:6, 16).

Alguna vez el pasaje que estudies tratará acerca de asuntos económicos. En su segundo viaje misionero (Hch 15:39–18:22), Pablo establece una iglesia en la ciudad de Filipos. Allí el camino de Pablo y Silas se cruza con el de una esclava que tiene un espíritu de adivinación. Ésta se dedica a molestar al equipo misionero hasta que Pablo finalmente le ordena al espíritu que salga de ella. Airados por ello, los propietarios de la muchacha arrastran a Pablo y Silas a la plaza pública, donde los magistrados ordenan que se les desnude, azote y encarcele por los problemas que han suscitado. Todo esto sucedió porque la muchacha que tenía el espíritu hacía que sus propietarios ganaran muchísimo dinero. Cuando el espíritu salió de la chica, también el dinero salió del bolsillo de sus amos, y éstos se vengaron de los misioneros.

Es también importante atender a los asuntos políticos que puedan aflorar en el texto objeto de estudio. Observemos lo que les sucede a continuación a Pablo y a Silas en el episodio de Hechos 16. Tras pasar un tiempo en la cárcel (en el que Dios lleva a cabo algunas cosas apasionantes), los magistrados dan permiso para que los misioneros puedan abandonar la ciudad. Lee a continuación el resto del relato (Hch 16:36–40):

El carcelero comunicó a Pablo estas palabras, diciendo: Los magistrados superiores han dado orden de que se os suelte. Así que, salid ahora e id en paz. Mas Pablo les dijo: Aunque somos ciudadanos romanos, nos han azotado públicamente sin hacernos juicio y nos han echado a la cárcel; ¿y ahora nos sueltan en secreto? ¡De ninguna manera! Que ellos mismos vengan a sacarnos. Y los oficiales informaron de esto a los magistrados superiores y, al saber, que eran romanos, tuvieron temor. Entonces vinieron, y les suplicaron, y después de sacarlos, les rogaban que salieran de la ciudad. Cuando salieron de la cárcel, fueron a casa de Lidia, y al ver a los hermanos, los consolaron y partieron.

Puesto que era ilegal azotar públicamente y encarcelar a un ciudadano romano, especialmente sin haberle juzgado primero, los oficiales romanos se apresuraron a pedir disculpas por sus acciones. Es probable que la razón por la que Pablo y Silas demandaran una escolta para salir del pueblo sea que las autoridades hicieran una declaración pública de su inocencia para beneficio de la iglesia en Filipos.

El contexto histórico y cultural abarca la información acerca del autor y los receptores —su trasfondo, circunstancias, y relación entre ambos— así como aquellos elementos geográficos, sociales, religiosos, económicos y políticos que se relacionan con el pasaje. Algunos están convencidos de que los estudios de trasfondo no son más que una manera tediosa de hacer que la Biblia pierda relevancia. Nuestra experiencia es todo lo contrario. Cuando invertimos el tiempo necesario para entender el contexto, el pasaje cobra vida y adquiere relevancia (en ocasiones, más de las que podemos asimilar). Ello nos permite ver que Dios les hablaba a personas reales que se enfrentaban a la vida real y que hoy sigue hablándonos a nosotros.

Antes de citar una serie de recursos que pueden utilizarse para estudiar el contexto histórico y cultural, queremos mencionar algunos de los peligros que comporta el estudio de este tipo de material.

Peligros relacionados con el estudio del trasfondo

Si bien es cierto que el mayor peligro es ignorar el contexto histórico y cultural, existen también peligros relacionados con su estudio. En primer lugar, hay que tener cuidado con la información de trasfondo errónea. Tomemos Mateo 19:23-24 como ejemplo:

> Y Jesús dijo a sus discípulos: En verdad os digo que es difícil que un rico entre en el reino de los cielos. Y otra vez os digo que es más fácil que un camello pase por el ojo de una aguja, que el que un rico entre en el reino de Dios.

Quizá hayas oído la explicación de que «la puerta de los camellos» era una pequeña abertura en el muro por la que los camellos podían pasar con mucho esfuerzo si se arrastraban andando de rodillas y se les aligeraba de su carga. El problema con esta explicación es que no hay ninguna prueba de la existencia de esta puerta. El «ojo de una aguja» significaba entonces esencialmente lo mismo que en nuestros días (i.e., el ojo de una aguja de coser). Jesús está utilizando el animal más grande de Palestina y una de las aberturas conocidas más pequeñas, para hacer una afirmación convincente respecto a lo difícil que es que los ricos y poderosos entren en el reino de Dios.

Éste es solo un ejemplo del modo en que una información errónea puede transmitirse a lo largo de varias generaciones de predicadores y maestros. Aunque una información de trasfondo aporte una fantástica ilustración para un sermón, ello no significa que sea necesariamente rigurosa. La veracidad de tu información está en función de los recursos que utilices, y no todos los recursos son igual de rigurosos y exactos porque no se elaboran según los mismos criterios.

Un segundo peligro relacionado con el estudio del contexto histórico y cultural es el de elevar el trasfondo del texto por encima de su significado. Al estudiar la parábola del fariseo y el publicano de Lucas 18:9-14, por ejemplo, puedes sentirte tentado a pasarte todo el tiempo estudiando material acerca de los fariseos y los recaudadores de impuestos. Sin duda, has de saber algunas cosas acerca de estos dos grupos y su papel y reputación en la época de Jesús. No obstante, no permitas que tu fascinación con este tipo de información te lleve a pasar por alto lo esencial de este texto, a saber, que Dios juzga al orgulloso y exalta al humilde. O considera el ejemplo del rey Agripa y Berenice en Hechos 25:13–26:32. Es interesante conocer la historia familiar del rey Agripa, sin embargo no puedes permitir que este aspecto —atractivo como es, sin duda— te lleve a perder de vista el mensaje del autor. En este pasaje Lucas presenta a Pablo cumpliendo la afirmación del Señor que se consigna en el libro de los Hechos 9:15 en el sentido de que daría testimonio ante los gentiles y sus gobernantes. La presencia de personajes un tanto pintorescos como Agripa y Berenice no pretenden eclipsar el triunfante Evangelio de Jesucristo. En nuestro estudio del contexto histórico y cultural hemos de tener en cuenta que existe una diferencia entre el contexto del pasaje y su significado. Nuestro propósito al estudiar el trasfondo no es perdernos en un laberinto de nimiedades históricas, sino entender el significado del pasaje de un modo más claro.

Por último, una advertencia: procura no convertirte lentamente en una mera base de datos andante de hechos de la Antigüedad. No pierdas el corazón interpretativo en tu búsqueda de la información para comprender el texto. Mantén el estudio del trasfondo bíblico en la perspectiva adecuada. El estudio del contexto histórico y cultural no es un fin en sí mismo, sino una simple herramienta para ayudarnos a entender y a aplicar el significado del texto bíblico.

Hemos de tener en cuenta estos tres escollos, sin embargo, el mayor peligro sin lugar a dudas es dar por sentado que, para entender la Biblia, no necesitamos ninguna información de trasfondo. No podemos iniciar el recorrido interpretativo sin dar el Paso 1: la comprensión del texto en su propio contexto. Y no podemos entender el texto sin conocer el contexto histórico y cultural. Vamos ahora a dirigir nuestra atención a los recursos que podemos utilizar para identificar el contexto histórico y cultural de un pasaje concreto.

Herramientas para identificar el contexto histórico y cultural

Para identificar el contexto histórico y cultural hemos de (1) entender el contexto histórico y cultural del libro en el que está inmerso el pasaje y (2) reconocer el contexto histórico y cultural específico del pasaje mismo.

Contexto histórico y cultural del libro

Como antes hemos explicado, para comprender el contexto histórico y cultural de todo el libro necesitamos conocer algunos datos acerca del autor y los receptores bíblicos así como el escenario general del libro. Las preguntas siguientes pueden ser una buena guía para iniciar este tipo de estudio:

* ¿Quién era el autor?
* ¿Cuál era su trasfondo?
* ¿Cuándo escribió?
* ¿Cuál era la naturaleza de su ministerio?
* ¿Qué clase de relación tenía con sus receptores?
* ¿Qué le movió a escribir?
* ¿Quiénes eran los receptores bíblicos?
* ¿Cuáles eran sus circunstancias?
* ¿Cómo era su relación con Dios?
* ¿Qué clase de relación tenían entre sí?
* ¿Qué estaba sucediendo en el momento en que se escribía el libro en cuestión?
* ¿Existe algún otro factor de orden histórico y cultural que pudiera arrojar luz acerca del libro?

Para encontrar las respuestas a estas preguntas, hemos de familiarizarnos con algunas herramientas básicas. Puesto que es imposible enumerar todos los recursos disponibles, solo mencionaremos algunos de los más confiables para estudiantes a este nivel. Para entender el contexto histórico y cultural de todo el libro, proponemos la consulta de manuales bíblicos, introducciones y estudios del Antiguo y Nuevo Testamento, y especialmente de buenos comentarios.

Manuales bíblicos

Por regla general, los manuales bíblicos comienzan con artículos generales acerca de la Biblia y su mundo (p. ej., la naturaleza de la Escritura, la vida en los tiempos bíblicos). Normalmente, incluyen una breve introducción a cada uno de los libros de la Biblia y un comentario igualmente breve acerca del texto en su totalidad. En este tipo de obra se intercalan constantemente artículos de interés. Probablemente en ocasiones necesitarás más información de la que ofrece un manual bíblico, sin embargo estas obras son un buen lugar para comenzar a familiarizarte con el contexto histórico y cultural del libro que estás estudiando.

Por ejemplo, si estás estudiando el libro de Santiago y decides consultar un manual bíblico, ¿qué puedes encontrar en este tipo de obra? La introducción a Santiago puede ser una exposición concisa acerca de la autoría del libro, la fecha de redacción, los receptores y los temas principales. Como puedes ver en el siguiente ejemplo, por regla general el comentario acerca del texto es breve:

3:1–12 La doma de la lengua
Aquellos que quieren ser maestros en la iglesia han de aprender en primer lugar a controlar la lengua. El dominio de este miembro del cuerpo tan incontrolable y contradictorio implica tener un perfecto dominio propio. Una pequeña chispa puede producir el incendio de un bosque. Una sola palabra puede ser igual de destructiva, un veneno letal. La misma lengua puede bendecir y maldecir, hacer bien y también mucho daño. Santiago dice que esta inconsistencia, va en contra de todas las leyes de la naturaleza (11-12).[10]

Hemos encontrado los siguientes manuales bíblicos especialmente útiles:

Alexander, Pat, y David Alexander, eds. *Zondervan Handbook to the Bible*. Grand Rapids: Zondervan, 1999.

Dockery, David S., ed. Holman *Bible Handbook*. Nashville: Holman, 1992.

Thompson, J. A. *Handbook of Life in Bible Times*. Downers Grove, Ill.: InterVarsity Press, 1986.

Unger, Merrill F., *Manual bíblico de Unger*, Editorial Portavoz, Michigan, 1985.

Introducciones y compendios del Antiguo y del Nuevo Testamento
Estos recursos aportan una detallada información del trasfondo de cada libro así como una perspectiva general de su contenido. Por regla general tratan los temas de la autoría, fecha, receptores, situación, propó-

---

[10] Pat Alexander y David Alexander, eds., *Zondervan Handbook to the Bible* (Grand Rapids: Zondervan, 1999), 750.

sito, etc. Generalmente, las introducciones ofrecen exposiciones más técnicas de los asuntos del trasfondo y dedican menos espacio al contenido de los libros, mientras que los compendios tocan más los asuntos del trasfondo y contenido del libro.

Si consultamos un compendio del Nuevo Testamento en busca de la información de trasfondo del libro de Apocalipsis, por ejemplo, probablemente encontraremos algo parecido a esto:

- Una definición de la palabra «Apocalipsis»
- Una exposición acerca de la autoría
- Una exposición de las dos principales opciones respecto a la fecha de redacción
- Una exposición de los receptores y su situación
- Una breve declaración del tema o propósito principal del libro
- Una descripción del estilo apocalíptico del libro de Apocalipsis
- Una explicación de los cuatro principales acercamientos al libro de Apocalipsis
- Un resumen de algunos asuntos específicos (p. ej., el arrebatamiento, el milenio etc.)
- Un bosquejo detallado del libro
- Una perspectiva general del contenido del libro
- Una bibliografía para profundizar más en los distintos temas

Observarás también, al leer la lista siguiente, que las introducciones y los compendios suelen tratar o bien del Antiguo Testamento o del Nuevo, pero no de ambos Testamentos a la vez. Normalmente este tipo de obras son más detalladas que los manuales bíblicos, de modo que contienen una información excesiva para ponerla en un solo volumen:

Achtemeier, Paul, Joel Green, and Marianne Meye Thompson. *Introducing the New Testament*. Grand Rapids: Eerdmans, 2001.

Archer, Gleason L., *Reseña crítica de una introducción al Antiguo Testamento,* Publicaciones Portavoz Evangélico, Michigan, 1991

Arnold, Bill, and Bryan Beyer. *Encountering the Old Testament*. Grand Rapids: Baker, 1999.

Barclay, William, *Introducción a la Biblia*, CUPSA, México, 1987.

Carson, D. A., and Douglas J. Moo. *Una introducción al Nuevo Testamento*, Colección Teológica Contemporánea, Clie, Barcelona, 2007.

Charpentier, E. *Para leer el Nuevo Testamento*, ed. Verbo Divino, Navarra, 1990.

Dillard, Raymond B., and Tremper Longman III. *An Introduction to the Old Testament*. Grand Rapids: Baker, 1994.

Dumbrell, William. *The Faith of Israel*. 2nd ed. Grand Rapids: Baker, 2002.

Elwell, Walter A., Yarbrough, Robert. *Al Encuentro del Nuevo Testamento*. Inglaterra, Editorial Caribe. (1999)

Gundry, Robert H. *A Survey of the New Testament*. 4th ed. Grand Rapids: Zondervan, 2003.

Guthrie, Donald. *New Testament Introduction*. Rev. ed. Downers Grove, Ill.: InterVarsity Press, 1990.

Harrison, R. K. *Introduction to the Old Testament*. Grand Rapids: Eerdmans, 1969.

Harrison, Everett F. *Introducción al Nuevo Testamento*, Libros Desafío, California 2002.

Henry, Matthew, *Comentario de la Biblia*, ed. Mundo Hispano, 1999.

Hill, Andrew E., y John H. Walton. *A Survey of the Old Testament*. 2nd ed. Grand Rapids: Zondervan, 2000.

Lasor, William S., David Alan Hubbard, y Frederic W. Bush, *Panorama del Antiguo Testamento*, Nueva Creación, Buenos Aires, 1995

Lea, Thomas D. *The New Testament: Its Background and Message*. Nashville: Broadman & Holman, 1996.

Lucas, Ernest C. *Exploring the Old Testament: A Guide to the Psalms & Wisdom Literature*. Downers Grove, Ill.: InterVarsity Press, 2003.

Malina, Bruce, *El mundo del Nuevo Testamento*, ed. Verbo Divino, Navarra, 1995.

Mannucci, V. *La Biblia como Palabra de Dios. Introducción general a la Sagrada Escritura*, Desclée de Broker, Bilbao 1985

Marshall, I. Howard, Stephen Travis, y Ian Paul. *Exploring the New Testament: A Guide to the Letters & Revelation*. Downers Grove, Ill.: InterVarsity Press, 2002.

McConville, Gordon. *Exploring the Old Testament: A Guide to the Prophets*. Downers Grove, Ill.: InterVarsity Press, 2002.

Schultz, Samuel J., *Habla el Antiguo Testamento*, Outreach Publications, Michigan, 1982.

Wenham, David, and Steve Walton. *Exploring the New Testament: A Guide to the Gospels & Acts*. Downers Grove, Ill.: InterVarsity Press, 2001.

Young, Edward J., *Una introducción al Antiguo Testamento*, T.E.L.L., Michigan, 1977.
Zimmerli, Walter, *Manual de Teología del Antiguo Testamento*, Ediciones Cristiandad, Madrid, 1980.

Comentarios

En la mayoría de los casos, tu mejor aliado para conseguir una información detallada y actualizada acerca del contexto histórico y cultural del libro que estás estudiando será un buen comentario. Por ejemplo, en el comentario de Filipenses del Nuevo Comentario Internacional del Nuevo Testamento escrito por Gordon Fee, este autor dedica más de cincuenta páginas de las cuatrocientas sesenta y dos del total a cuestiones de carácter introductorio. Fee trata el tema de la correspondencia antigua, la ciudad de Filipos y sus pobladores, la situación de la iglesia, la situación de Pablo, el argumento o desarrollo del pensamiento de la carta, y algunos temas teológicos. Esta obra proporciona también un detallado bosquejo del libro. Si lees toda la exposición, adquirirás una buena idea del contexto histórico y cultural de la carta de Pablo a los Filipenses.

Puesto que los comentarios se escriben siempre desde un punto de vista concreto, y puesto que estas obras difieren entre sí por su calidad y alcance, es siempre una buena idea consultar más de un comentario. Para comenzar tu estudio, te recomendamos que consultes algún comentario de alguna de las series siguientes. Existen, sin duda, otros excelentes comentarios (y algunos de ellos no forman parte de ninguna serie), pero los que se reseñan a continuación representan un sólido punto de partida.

Apollos Old Testament Commentary. Leicester, England: Apollos.
Baker Exegetical Commentary. Grand Rapids: Baker.
Bible Speaks Today. Downers Grove, Ill.: InterVarsity Press.
Colección Teológica Contemporánea: Editorial Clie (tiene algunos).
Comentario de la Biblia, Henry Matthew, ed. Mundo Hispano, 1999.
Comentario Exegético y Explicativo de la Biblia, Jamieson, Fausset y Brown.Tomos 1 y 2, Texas, Casa Bautista de Publicaciones.
Expositor's Bible Commentary. Grand Rapids: Zondervan.
IVP New Testament Commentary. Downers Grove, Ill.: InterVarsity Press.
New American Commentary. Nashville: Broadman & Holman.
Nuevo Comentario Bíblico, D. Guthrie y J.A. Motyer, Casa Bautista de Publicaciones, 1981.

Nuevo Comentario Internacional del Nuevo Testamento. Grand Rapids: Eerdmans, 1999.
Nuevo Comentario Internacional del Antiguo Testamento. Grand Rapids: Eerdmans, 1998
New Interpreter's Bible.
NIV Application Commentary. Grand Rapids: Zondervan.
Pillar New Testament Commentaries. Grand Rapids: Eerdmans.
Tyndale New Testament Commentaries. Downers Grove, Ill.: InterVarsity Press.
Tyndale Old Testament Commentaries. Downers Grove, Ill.: InterVarsity Press.
Word Biblical Commentary. Nashville. Thomas Nelson.

El contexto histórico y cultural del propio pasaje

Una vez adquirida una idea clara acerca del trasfondo del libro que contiene el pasaje objeto de estudio, hemos de identificar el contexto histórico y cultural del fragmento en sí. Esto conlleva el análisis de cualquier elemento de la Historia y la cultura que esté relacionado con el pasaje o que se mencione en él (p. ej., Geografía, Política, Religión, vida familiar, costumbres sociales, etc.). Para llevar a cabo esto, recomendamos la utilización de atlas y diccionarios o enciclopedias bíblicas, comentarios del texto, comentarios de trasfondo, historias del Antiguo y Nuevo Testamento, y estudios especiales de la vida y cultura antiguas.

Los atlas bíblicos

Si quieres aprender más acerca de las gentes, lugares, y acontecimientos que se mencionan en el pasaje que estás estudiando, consulta un atlas bíblico. En ellos encontrarás mapas a color del territorio, fotografías de muchos de los lugares importantes, útiles tablas de líderes políticos y religiosos, exposiciones de los distintos períodos de la historia bíblica, etc.

Pongamos por caso que quieres estudiar la última semana del ministerio terrenal de Jesús, una semana que se conoce comúnmente como Semana Santa. Para ello, necesitarás un mapa de la Jerusalén del Nuevo Testamento a fin de que puedas ver dónde tuvieron lugar muchos de estos importantes acontecimientos. En un buen atlas bíblico encontrarías un mapa donde se puede:

- encontrar el Monte de los Olivos, el lugar desde el que Jesús entró en Jerusalén el Domingo de Ramos.
- ubicar el emplazamiento tradicional del aposento alto, donde Jesús celebró con sus discípulos la comida de la Pascua la noche de aquel jueves.
- encontrar el Huerto de Getsemaní, donde Jesús oró y fue posteriormente arrestado.
- conocer el lugar en que los gobernantes judíos y romanos juzgaron a Jesús, en el mapa encontrarás muchos de los lugares tradicionales (p. ej., la casa del sumo sacerdote).
- localizar también el emplazamiento tradicional donde Jesús fue crucificado fuera de los muros de la ciudad (i.e., el Monte Gólgota).

A continuación, consignamos una lista de algunos atlas bíblicos bien documentados:

Aharoni, Yohanan, Michael Avi-Yonah, Anson F. Rainey, y Ze'ev Safrai. *The Macmillan Bible Atlas*. 3rd ed. Nueva York: Macmillan, 1993.

Beitzel, Barry J. *The Moody Atlas of the Bible Lands*. Chicago: Moody, 1985.

Brisco, Thomas C. *Atlas Bíblico Conciso*,. Nashville: Broadman & Holman, 1998.

Dowley,Tim, *Atlas Bíblico Unilit*, ed Unilit. EEUU, 1989.

Lion Publishing, *Atlas Bíblico*, ed. Verbo Divino, 1980.

May, Herbert G., ed. *Oxford Bible Atlas*. 3rd ed. New York: Oxford, 1984.

Rasmussen, Carl G. *Zondervan NIV Atlas of the Bible*. Grand Rapids: Zondervan, 1989.

Diccionarios y enciclopedias bíblicos

Este es el lugar al que acudir cuando necesitas información acerca de algún tema en particular que se menciona en el pasaje que estás estudiando. Por ejemplo, si quieres saber más respecto al Huerto de Getsemaní, consulta entonces un diccionario o enciclopedia de la Biblia. Estos recursos cubren una gama completa de temas bíblicos ordenados por orden alfabético. Lo único que tienes que hacer es buscar «Getsemaní» y leer el contenido del artículo. Presentamos aquí una muestra de la clase de información que encontrarás en un diccionario bíblico:

Getsemaní LUGAR [GK Gethsemani]. Huerto ubicado al este del valle del Cedrón desde Jerusalén (Juan 18:1), en la ladera del Monte de los Olivos 26:30; Lucas 22:39). Jesús iba con frecuencia a Getsemaní para descansar, orar, y tener comunión con sus discípulos 21:37; 22:39; Juan 18:2). Después de celebrar la Pascua con sus discípulos por última vez, Jesús marchó a orar a Getsemaní, donde sería más tarde traicionado por Judas Iscariote (Marcos 14:32–52; Lucas 22:39–53; Juan 18:1–12). El nombre «Getsemaní» se deriva de las palabras hebreas y arameas que significan «prensa de aceite». Según parece, en Getsemaní había un olivar y un prensa para la elaboración del aceite, cosas que eran muy comunes en el Monte de los Olivos [...] Puede que fuera un lugar vallado puesto que Juan menciona que Jesús y sus discípulos entraron en él. El tradicional nombre de «huerto de Getsemaní» se deriva del relato de Juan. La propiedad en cuestión debía ser bastante extensa puesto que Jesús apartó a Pedro, Jacobo y Juan del resto de los discípulos [...] y más adelante Jesús se fue aún más lejos para orar solo [...]

En Getsemaní, Jesús advirtió varias veces a sus discípulos acerca de la necesidad de velar y orar para no entrar en tentación (Mateo 26:41; Marcos 14:38; Lucas 22:40, 46). Jesús mismo entendió que aquellos momentos de oración agonizante lo eran de tentación para que no llevara a cabo la sacrificada voluntad de Dios[...] Oró tres veces para ser liberado (Marcos 14:32–42) [...] Jesús salió victorioso en la batalla espiritual y se enfrentó fielmente a quien le traicionaba en el huerto (Juan 18:1–11) [...] Evocando el episodio de Getsemaní, el autor de Hebreos (5:7–8) reflexiona sobre las oraciones y súplicas que presentó Jesús con gran clamor y lágrimas. Como consecuencia de su piadoso temor y obediencia, Jesús fue perfeccionado y se convirtió en fuente de salvación eterna para todos los que le obedecen [...]

Los primeros cristianos trazaban una analogía entre Getsemaní y el jardín de Edén en el plan divino para la redención humana. Las acciones pecaminosas del primer Adán contrastan con la obediencia del segundo Adán, a saber, Jesucristo.[11]

Entre los diccionarios y enciclopedias de la Biblia más confiables están los siguientes:

---

[11] Donald A. D. Thorsen, «Gethsemane», en el *Anchor Bible Dictionary*, ed. David Noel Freedman (Garden City, N.Y.: Doubleday, 1992), 2:997–98.

Achtemeier, Paul J., Roger S. Boraas, y Michael Fishbane, eds. *HarperCollins Bible Dictionary*. Rev. ed. San Francisco: Harper San Francisco, 1996.

Bromiley, Geoffrey W., ed. *International Standard Bible Encyclopedia*. Rev. ed. 4 vols. Grand Rapids: Eerdmans, 1997–1988.

Bruce, F. F., Marshall y otros, *Nuevo Diccionario Bíblico Certeza*, Certeza Unida, B. Aires, 2003.

Butler, Trent, Chad Brand, Charles W. Draper, y Archie England, eds. *Holman Illustrated Bible Dictionary*. Nashville: Broadman & Holman, 2003.

Douglas, J. D., ed. *The Illustrated Bible Dictionary*. 3 vols. Downers Grove, Ill.: InterVarsity Press, 1980.

Douglas, J. D., and Merrill C. Tenney, eds. *New International Bible Dictionary*. Grand Rapids: Zondervan, 1987.

Elwell, Walter. *Baker Encyclopedia of the Bible*. 2 vols. Grand Rapids: Baker, 1988.

Evans, Craig A., y Stanley E. Porter, *Dictionary of New Testament Background*. Downers Grove, Ill.: InterVarsity Press, 2000.

Freedman, David Noel, ed. *The Anchor Bible Dictionary*. 6 vols. Garden City, N.Y.: Doubleday, 1992.

Freedman, David Noel, Allen Myers, y Astrid B. Beck, eds. *Eerdmans Bible Dictionary*. Grand Rapids: Eerdmans, 2000.

Green, Joel, Scot McKnight, e I. Howard Marshall, eds. *Dictionary of Jesus and the Gospels*. Downers Grove, Ill.: InterVarsity Press, 1992.

Hawthorne, Gerald, Ralph Martin, y Daniel Reid, eds. *Dictionary of Paul and His Letters*. Downers Grove, Ill.: InterVarsity Press, 1993.

Marshall, I. Howard, A. R. Millard, J. I. Packer, y D. J. Wiseman, eds. *New Bible Dictionary*. 3rd ed. Downers Grove, Ill.: InterVarsity Press, 1996.

Martin, Ralph y Peter Davids, eds. *Dictionary of the Later New Testament and Its Developments*. Downers Grove, Ill.: InterVarsity Press, 1997.

Nelson, Wilton M., ed. *Diccionario Ilustrado de la Biblia*, Caribe, 1981.

Reid, Daniel G., ed. *The IVP Dictionary of the New Testament*. Downers Grove, Ill.: InterVarsity Press, 2004.

Vila, Samuel y Santiago Escuain, *Nuevo Diccionario Bíblico Ilustrado*, Editorial Clie, Barcelona, 1987.

Comentarios

Hacemos de nuevo mención de los comentarios puesto que los buenos comentarios son, también, extraordinariamente provechosos para clarificar las cuestiones relativas al trasfondo. ¿Recuerdas las duras palabras que Pablo dirigió a los corintios con respecto a la práctica de la Santa Cena en aquella iglesia? Aquí tenemos una porción de lo que Pablo dice en 1 Corintios 11:17–22:

> Pero al daros estas instrucciones, no os alabo, porque no os congregáis para lo bueno, sino para lo malo. Pues, en primer lugar, oigo que cuando os reunís como iglesia hay divisiones entre vosotros; y en parte lo creo. Porque es necesario que entre vosotros haya bandos, a fin de que se manifiesten entre vosotros los que son aprobados. Por tanto, cuando os reunís, esto ya no es comer la cena del Señor, porque al comer, cada uno toma primero su propia cena; y uno pasa hambre y otro se embriaga. ¿Qué? ¿No tenéis casas para comer y beber? ¿O menospreciáis la iglesia de Dios y avergonzáis a los que nada tienen? ¿Qué os diré? ¿Os alabaré? En esto no os alabaré.

Un buen comentario hará lo que Craig Blomberg hace en el suyo sobre 1 Corintios: clarificar el significado del pasaje por medio de un resumen del contexto histórico y cultural.

La minoría de creyentes de buena posición (1:26), entre los que estaban los principales mecenas financieros y los dueños de los hogares en que se reunían los creyentes, disponían de tiempo libre y de recursos para llegar más temprano que los demás y llevar más y mejor comida que el resto de la congregación. Siguiendo la práctica de los anfitriones de la antigua Corinto, es probable que éstos llenaran rápidamente el pequeño comedor del hogar. Los que llegaban tarde (es decir, la mayoría, que probablemente habían tenido que terminar su trabajo antes de asistir a la reunión el sábado o domingo por la tarde. En el Imperio Romano de aquel tiempo todavía no había oficialmente ningún día libre) se sentarían por separado en el atrio o patio adyacente. Aquellos que no podían permitirse aportar una comida abundante, o muy buena, no tenían la oportunidad de compartir con el resto tal como demandaba la unidad cristiana [...] El resultado de esta falta de consideración por parte de los ricos para con los menos favorecidos implica que no están en absoluto celebrando la Cena del Señor, sino «su propia cena».[12]

Comentarios de trasfondo

Este tipo de comentario relativamente nuevo no se centra en el significado de cada pasaje, sino en el trasfondo histórico y cultural esencial para la comprensión del significado. Los comentarios de trasfondo son útiles, puesto que aportan una gran riqueza de información convenientemente dispuestos en un formato versículo por versículo. Si estás estudiando, por ejemplo, la enseñanza de Jesús acerca de la no resistencia en Mateo 5, te encontrarás con estas palabras: «Y al que quiera ponerte pleito y quitarte la túnica, déjale también la capa». (v. 40). El comentario de trasfondo de Keener consigna la siguiente reflexión respecto al contexto del pasaje:

Los más pobres del Imperio (p. ej., la mayoría de los campesinos de Egipto) tenían únicamente una muda de ropa interior y una sola túnica; en este contexto, el robo de un manto daba derecho a recurrir a los tribunales. Aunque la situación en la Palestina del primer siglo no eran tan difícil, este versículo podría estar aludiendo a la disposición a ser despojado de las propias posesiones, incluso (en un sentido hiperbólico) la ropa, para evitar una disputa legal que afectara solo a uno mismo. Jesús da este consejo a pesar de que, en el contexto de la ley judía, la interposición de un recurso legal para recobrar un manto prosperaría con mucha facilidad: Los acreedores no podían confiscar el manto de los pobres, puesto que éste era en muchos casos la única prenda que tenían para protegerse del frío, y hacía las veces de abrigo durante el día, y de manta por la noche (Ex 22:26-27).[13]

Es difícil excederse al valorar positivamente los siguientes comentarios de trasfondo:

Arnold, Clint. Zondervan *Illustrated Bible Background Commentary.* 4 vols. Grand Rapids: Zondervan, 2002.
Keener, Craig S. *The IVP Bible Background Commentary: New Testament.* Downers Grove, Ill.: InterVarsity Press, 1993.

---

[12] Craig L. Blomberg, *1 Corinthians* (NIVAC; Grand Rapids: Zondervan, 1994), 228-29.
[13] Keener, *IVP Bible Background Commentary*, 60.

Walton, John H., Victor H. Matthews, y Mark W. Chavalas. *The IVP Bible Background Commentary: Old Testament.* Downers Grove, Ill.: InterVarsity Press, 2000.

Historias del Antiguo y del Nuevo Testamento

Este tipo de obras es muy útil cuando lo que buscamos es una información detallada acerca de algún tema de trasfondo concreto dentro del pasaje que estamos estudiando. Por regla general, es fácil localizar la exposición que buscamos siguiendo las indicaciones de una palabra clave en el índice. Si, por ejemplo, estuviéramos estudiando 1 Pedro 4:9 («Hospedaos unos a otros sin murmuraciones»), podríamos consultar una Historia del Nuevo Testamento para conocer los detalles acerca de la hospitalidad en el mundo del primer siglo. Transcribimos a continuación lo que nos dice una Historia del Nuevo Testamento acerca del alojamiento en el mundo del primer siglo y la necesidad de hospitalidad entre los cristianos:

El viajero no era tan afortunado por lo que respecta al alojamiento durante la noche como con la calidad de los caminos y vías que transitaba durante el día. No es que no hubiera posadas, sino que tales establecimientos tenían muy mala reputación por lo que hace a la calidad de sus servicios y a la moralidad de la atmósfera. El vino que se servía a los clientes estaba con frecuencia adulterado (o se les servía buen vino hasta que estaban ebrios, y entonces éste se sustituía por un producto inferior), los dormitorios estaban sucios e infestados de insectos y parásitos, se extorsionaba a los posaderos, los ladrones estaban al acecho, los espías del Gobierno a la escucha, y la mayoría de tales hospederías no eran sino burdeles [...] En Italia había algunas posadas excelentes, sin embargo tales establecimientos eran una excepción. Las clases acomodadas evitaban alojarse en hospedajes públicos y en sus viajes pernoctaban en casas de amigos. Los peligros morales de las posadas hacían de la hospitalidad una importante virtud dentro del cristianismo primitivo. La hospitalidad ocupa un lugar prominente en la literatura cristiana (Rom 16:23; 1 Ped 4:9; 2 Juan 10; 3 Juan 5–8; Hebreos 13:2; 1 Clemente 10–12; Didajé 11–13) por causa de las necesidades de los misioneros y mensajeros de las iglesias y otros cristianos que se veían obligados a viajar. Las iglesias eran una extensión de la familia, que ofrecía alojamiento y ayuda en el camino.[14]

---

[14] Everett Ferguson, *Backgrounds of Early Christianity*, 3rd ed. (Grand Rapids: Eerdmans, 2003), 81–82.

Algunas de las historias del Antiguo y Nuevo Testamento más confiables son:

Barnett, Paul. *Jesus and the Rise of Early Christianity: A History of New Testament Times*. Downers Grove, Ill.: InterVarsity Press, 1999.

Bright, John A. *La historia de Israel,* Desclée de Brouwer, Bilbao, 1970.

Bruce, F. F. *New Testament History*. Garden City, N.Y.: Doubleday, 1972.

Bruce, F. F. *Israel y las naciones*. Ed. Literatura Bíblica, Madrid, 1979.

Ferguson, Everett. *Backgrounds of Early Christianity*. 3rd ed. Grand Rapids: Eerdmans, 2003.

Jeffers, James S. *The Greco-Roman World of the New Testament Era*. Downers Grove, Ill.: InterVarsity Press, 1999.

Kaiser, Walter. *A History of Israel: From the Bronze Age Through the Jewish Wars*. Nashville: Broadman & Holman, 1998.

Lohse, Eduard. *The New Testament Environment*. Trad. Por John Steely. Nashville: Abingdon, 1976.

Long, V. Philips, David Baker, y Gordon Wenham, eds. *Windows into Old Testament History*. Grand Rapids: Eerdmans, 2002.

Merrill, Eugene H. *Kingdom of Priests: A History of Old Testament Israel*. Grand Rapids: Baker, 1987.

Witherington, Ben III. *New Testament History: A Narrative Account*. Grand Rapids: Baker, 2001.

Wood, Leon. *A Survey of Israel's History*. Rev. ed. Grand Rapids: Zondervan, 1986.

Estudios especiales de la vida y cultura de la Antigüedad

En este tipo de obras encontramos exposiciones detalladas acerca de temas selectos. Estos recursos pueden ser muy útiles cuando queremos profundizar en algún tema del texto en particular. En estas obras encontraremos artículos acerca de las ciudades de la Biblia, la vida social, cuestiones legales, prácticas religiosas, la guerra, la vida económica, y muchos otros temas. Estos estudios especiales se parecen a los artículos que encontramos en los diccionarios de la Biblia, pero tienen un enfoque más especializado. Siguiendo el mismo procedimiento que con la mayoría de estos recursos, el primer paso es ir al índice para encontrar el tratamiento del tema de nuestro interés.

A continuación presentamos algunas opciones dentro de esta categoría:

Barton, John, ed. *The Biblical World*. New York: Routledge, 2002.

Clements, Ronald. *The World of Ancient Israel*. Cambridge: Cambridge Press, 1989.

De Silva, David A. *Honor, Patronage, Kinship and Purity: Unlocking New Testament Culture*. Downers Grove, Ill.: InterVarsity Press, 2000.

DeVries, LaMoine F. *Cities of the Biblical World*. Peabody, Mass.: Hendrickson, 1997.

Edersheim, Alfred, *Usos y costumbres de los judíos en los tiempos de Cristo*, Barcelona, Clie, 2003.

Gower, Ralph, *Nuevo manual de usos y costumbres de los tiempos bíblicos*, Ed. Portavoz, Michigan, 1990.

Hoerth, Alfred, Gerald Mattingly, y Edwin Yamauchi, eds. *Peoples of the Old Testament World*. Grand Rapids: Baker, 1994.

Jeremías, Joachim. *Israel en tiempos de Jesús*, ed. Cristiandad, Madrid, 1977.

King, Philip, y Lawrence Stager. *Life in Biblical Israel*. Louisville: Westminster John Knox, 2001.

Malina, Bruce. *Handbook of Biblical Social Values*. Peabody, Mass.: Hendrickson, 1998.

_____. *The New Testament World*. Louisville: Westminster/John Knox, 1993.

Matthews, Victor H. *Manners and Customs in the Bible*. Rev. ed. Peabody, Mass.: Hendrickson, 1991.

_____, y Don C. Benjamin. *Social World of Ancient Israel 1250–587 B.C.E.* Peabody, Mass.: Hendrickson, 1993.

Scott, J. Julius. *Customs and Controversies*. Grand Rapids: Baker, 1995.

Shanks, Hershal, ed. *Ancient Israel*. Rev. ed. and expanded. Washington, D.C.: Biblical Archaeological Society, 1999.

Vos, Howard. *Nelson's New Illustrated Bible Manners and Customs*. Nashville: Thomas Nelson, 1999.

Walton, John. *Ancient Israelite Literature in Its Cultural Context*. Grand Rapids: Zondervan, 1989.

Programas de estudio en Internet

Algunos de los recursos que hemos mencionado antes pueden encontrarse en formato electrónico. Te animamos a aprovechar al máximo la ayuda de los paquetes de software que incluyen los mejores recursos. A menudo el precio y lo funcional de estos productos es difícil de superar. Pero recuerda que tu propósito es conseguir las mejores herramientas, no las más baratas. Puedes utilizar la bibliografía de recursos que se presenta a lo largo de este capítulo para evaluar los diferentes paquetes de software.

Con los recursos de Internet has de ser mucho más cauto. Se trata de un medio sujeto a cambios rápidos y constantes y que, tradicionalmente, no ha representado a lo mejor de la erudición bíblica. Si bien es cierto que Internet es ciertamente un medio conveniente, no siempre se puede estar seguro de que la información que se ofrece es confiable. Te recomendamos que te quedes con aquellos artículos escritos por autores respetados.

Conclusión

Estudiamos el trasfondo histórico y cultural de la Biblia porque Dios decidió hablar primero a los pueblos de la Antigüedad inmersos en culturas radicalmente distintas de la nuestra. En la medida en que nos situemos en el contexto original de la Palabra de Dios, podremos entender su significado y aplicarlo a nuestras vidas. Recuerda que para que una interpretación de cualquier texto sea válida ha de ser coherente con el contexto histórico y cultural del texto en cuestión.

En este capítulo hemos hablado acerca de las herramientas que necesitarás para identificar el contexto histórico y cultural de un libro y de un pasaje específico. Los manuales bíblicos, las introducciones o los compendios del Antiguo y Nuevo Testamentos, y los comentarios son herramientas especialmente útiles para la comprensión del contexto histórico y cultural de los libros. Recomendamos la utilización de atlas, diccionarios o enciclopedias, comentarios, comentarios de trasfondo, historias del Antiguo y Nuevo Testamento, y obras de estudios especiales para descubrir el contexto histórico y cultural de un determinado pasaje. Te recomendamos encarecidamente que añadas algunas de estas herramientas a tu biblioteca personal.

Aunque puede que algunos califiquen los estudios de trasfondo de «aburridos» e «irrelevantes», nosotros sostenemos precisamente lo contrario, a saber, que el conocimiento del trasfondo de un pasaje puede clarificar su significado y elevar nuestra comprensión de su relevancia. ¿Crees que entender todo lo que Pablo quiere decir cuando le pide a Timoteo que venga «antes del invierno» hace que sus palabras sean menos relevantes o que lo sea más? ¿Piensas que el entendimiento de la importancia de que Dios «corra» en la parábola del Hijo Pródigo hace que el relato sea menos práctico o que lo sea más? Creemos que, en materia de estudio de la Biblia, el análisis del contexto histórico y cultural de un pasaje está entre las cosas más prácticas que podemos hacer.

Deberes

Deber 6-1

En la carta de Filemón, el apóstol Pablo escribe en favor de un esclavo llamado Onésimo. Para poder identificar el contexto histórico y cultural de la carta dirigida a Filemón es necesario tener cierto conocimiento de la institución de la esclavitud en el mundo greco-romano. Consulta varias historias del Nuevo Testamento o diccionarios o enciclopedias bíblicas y lee los artículos que encuentres acerca de la esclavitud. Escribe, a continuación, un resumen de dos páginas respecto a la práctica de la esclavitud en los tiempos del Nuevo Testamento.

Deber 6-2

En algún compendio o introducción del Antiguo Testamento busca el libro de Hageo y lee los aspectos que desarrolla el autor a modo de introducción (p. ej., autor, fecha, receptores, situación, propósito). Con esta información escribe una descripción de una o dos páginas de extensión acerca del escenario histórico de este libro profético.

Deber 6-3

Lee Apocalipsis 2–3 y haz una lista de las siete iglesias a las que se dirigen las cartas. A continuación, copia un mapa de Asia Menor de algún atlas bíblico y localiza la ubicación de las siete iglesias. Traza (en tu copia) la ruta que, probablemente, siguió el mensajero para entregar las cartas a las siete iglesias. Por último, consulta Apocalipsis 3:14–22 en un comentario del texto o de trasfondo y haz una lista de todos los datos históricos y culturales que encuentres acerca de Laodicea.

Deber 6-4

Lee la conversación entre Jesús y la mujer samaritana que se consigna en Juan 4:1–39. A continuación, lee un artículo sobre «Samaria» o «samaritano» en un diccionario o enciclopedia de la Biblia y haz una lista de todos los aspectos del artículo que te ayudan a entender la conversación entre Jesús y la mujer.

Deber 6-5

Utiliza un diccionario o enciclopedia de la Biblia para responder las siguientes preguntas acerca del libro de Nehemías:

1. ¿Cuánto tiempo transcurre entre el mes de Quisleu en Nehemías 1:1 y el de Nisán en Nehemías 2:1?
2. ¿Dónde está Susa (Neh. 1:1)?
3. ¿De qué imperio era Susa, una de las tres ciudades reales?
4. ¿Qué otro personaje bíblico vivió en Susa?
5. En qué periodo vivió este personaje ¿antes o después de Nehemías?
6. ¿Cuál era el imperio del que Artajerjes fue rey y cuál fue la época de su reinado (Neh 2:1)?
7. ¿Qué posición ocupaban los coperos (Neh. 1:11) en la Corte?

7
El contexto literario

Introducción

Imagínate que eres un estudiante universitario camino de la Facultad cuando un total extraño te dice a bocajarro: «¡A por ello!» ¿Cómo responderías a estas palabras? ¿Le dirías, «¡Ah sí, por supuesto!», y te alejarías de él con la idea de que el personaje en cuestión era un poco corto de entendederas? ¿O te tomarías sus palabras con toda seriedad y concluirías que Dios te estaba hablando a través de aquella persona, en respuesta a tus oraciones acerca de un dilema de noviazgo, una determinación académica o la decisión de si trabajar o no durante el verano?

Para aclarar el significado de este «¡a por ello!», es probable que la mayoría de nosotros respondiéramos a nuestro oráculo con algunas preguntas. «¿Qué quieres decir exactamente con esto?» o «¿A por qué he de ir?» le haríamos ciertas preguntas como parte de nuestra búsqueda de un contexto que diera sentido a aquellas tres breves palabras. Sin un contexto, «¡a por ello!» puede significar casi cualquier cosa. Sin contexto, las palabras no tienen sentido.

Cuando se trata de interpretar y aplicar la Biblia, el contexto es crucial. De hecho, nos atrevemos a decir que el principio más importante de interpretación bíblica es que *el contexto determina el significado*. Cuando ignoramos el contexto, podemos torcer las Escrituras y «demostrar» casi cualquier cosa. Considera el ejemplo de un joven que busca en la Palabra de Dios la guía para saber si ha o no de pedirle a una amiga que se case con él. Yendo de un texto a otro por todas las Escrituras, encuentra un par de versículos que le aportan la respuesta que desea tan desesperadamente y además, por si fuera poco, un calendario.

1 Corintios 7:36c: «Que se case».
Juan 13:27: «Lo que vas a hacer, hazlo rápido».

El joven encuentra en el primer el versículo un mandamiento directo a casarse y en el segundo, un calendario (¡cásate ya!) ¡Dios ha hablado! ¿Qué es lo que impide que nos tomemos en serio este ridículo ejemplo? ¡El contexto! Al parecer, el joven no se molestó en leer todo el contexto de 1 Corintios 7:36c, donde el apóstol Pablo da su consejo a hombres comprometidos en vista de las inquietantes circunstancias que se desarrollaban en Corinto (observa las palabras en cursiva):

Pero si alguno cree que no está obrando correctamente con respecto a su hija virgen, si ella es de edad madura, y si es necesario que así se haga, que haga lo que quiera, no peca; que se case. Pero el que está firme en su corazón, y sin presión alguna, y tiene control sobre su propia voluntad, y ha decidido en su corazón conservar soltera a su hija, bien hará. Así los dos, el que da en matrimonio a su hija virgen, hace bien; y el que no la da en matrimonio, hace mejor.

En vista de la situación, Pablo dice de hecho que es mejor no casarse. En el segundo versículo (Juan 13:27 la expresión «lo que vas a hacer» se refiere a la traición de Jesús por parte de Judas y no tiene nada que ver con el matrimonio. Con el foco del contexto, vemos que estos dos versículos no le dan al joven ninguna base bíblica para proponerle a su amiga que se case con él.

No todos los ejemplos son tan ridículos, por supuesto, sin embargo cada violación del contexto se convierte en un asunto peligroso. Cuando tenemos respeto por el contexto de la Escritura, lo que estamos diciendo es que queremos oír lo que Dios ha de decirnos, no poner palabras en su boca. ¡El contexto determina el significado!

Para entender y aplicar la Biblia, hemos de tener en cuenta dos clases fundamentales de contexto: el histórico y el literario. El contexto histórico es el trasfondo histórico y cultural del texto, del que hemos hablado en el capítulo 6. El contexto literario tiene relación con la forma concreta que adquiere un pasaje (el género literario) y con las palabras, frases, y párrafos que rodean el pasaje que estás estudiando (el contexto orbital). El contexto literario es el tema que desarrollaremos en este capítulo.

¿Qué es el género literario?

Cuando estudiamos cualquier pasaje de la Escritura, hemos de observar en primer lugar la forma que adquiere (i.e., cómo se expresa) antes de analizar su contenido (i.e., qué significa).[15] La palabra género es un término procedente del latín que significa «forma» o «clase». Cuando se aplica a la interpretación bíblica, la expresión género literario se refiere, sencillamente, a las distintas categorías o tipos de literatura que encontramos en la Biblia. En el Antiguo Testamento encontramos narrativa, ley, poesía, profecía, y textos sapienciales. Los géneros literarios del Nuevo Testamento son el evangelio, la historia, la carta y la literatura apocalíptica. Sin embargo, tanto el Antiguo como el Nuevo Testamento presentan algunos subgéneros (p. ej., parábolas, enigmas, sermones). Trataremos los principales géneros literarios en la última parte de *Entendiendo la Palabra de Dios*. Por ahora, nos conformaremos con plantear las razones por las que hemos de reconocer el género literario a fin de poder leer un pasaje «en contexto».

La metáfora que utilizan muchos lingüistas para describir un género literario es la de un juego. Podríamos concebir cada género como juegos diferentes, cada uno con su propia serie de reglas. Esta perspicaz analogía muestra que, en tanto que lectores que participamos del juego, hemos de tener en cuenta las reglas para reconocer los distintos géneros literarios.

Piensa, por un momento, en un europeo aficionado al fútbol la primera vez que va a ver un partido de baloncesto o de fútbol americano en los Estados Unidos. En el fútbol americano tanto los delanteros como los defensas pueden utilizar las manos para empujar a sus oponentes. En el baloncesto o en el fútbol no se puede hacer tal cosa. En baloncesto, los jugadores no pueden chutar con el pie, pero sí pueden

---

[15] Sidney Greidanus, *Preaching Christ from the Old Testament: A Contemporary Hermeneutical Method* (Grand Rapids: Eerdmans, 1999), 229.

tocar la pelota con las manos. En el fútbol es todo lo contrario. En el fútbol americano todos pueden tocar la pelota con las manos, pero solo uno de los jugadores puede chutar con el pie. En el fútbol todos pueden chutar con el pie, pero únicamente un jugador puede tocar el balón con las manos. A menos que entendamos las reglas que rigen el deporte que estamos presenciando como espectadores, lo que se desarrolla en el campo o la cancha nos parecerá confuso.

Algo parecido sucede con la interpretación de las distintas clases de literatura bíblica: cada una de ellas tiene sus propias reglas de «juego». El autor ha planteado «su juego», es decir, ha procurado transmitir su mensaje, bajo las reglas de la particular forma literaria que ha utilizado. A no ser que conozcamos tales reglas, es casi seguro que entenderemos mal el sentido de sus palabras.[16]

Para que exista comunicación, el lector ha de situarse en la misma página que el autor por lo que se refiere al género. Cuando el desconocido dijo «¡a por ello!», hubieras podido responderle con preguntas para clarificar el significado. Sin embargo, ¿cómo podemos clarificar el significado que los antiguos autores quisieron dar a sus textos si no podemos dirigirnos a ellos con nuestras preguntas? La respuesta está en el género literario. Como lo expresa Vanhoozer: «lo que el escrito separa —autor, contexto, texto, lector— el género literario lo une».[17] Aunque autor y lector no pueden mantener un diálogo directo, tal conversación la encuentran en el texto donde pueden comunicarse porque suscriben una serie de reglas en común: las reglas del género literario en concreto.

De este modo, los géneros literarios actúan como una forma de pacto de comunicación, un acuerdo establecido entre el autor y el lector acerca del modo en que han de comunicarse.[18] A fin de que podamos «guardar el pacto», hemos de permitir que sea el género que ha escogido el autor el que determine las reglas que vamos a utilizar para entender sus palabras. Cuando se trata de la Biblia, desatender el género literario significa violar nuestro pacto con el autor bíblico y con el Espíritu Santo que inspiró su mensaje.

Si pensamos un poco, en el transcurso de la vida cotidiana estamos constantemente encontrándonos con distintos géneros. En un sola día puedes leer un periódico, buscar un número de teléfono en la guía, ser-

---

[16] Robert H. Stein, *A Basic Guide to Interpreting the Bible: Playing by the Rules* (Grand Rapids: Baker, 1994), 75–76.

[17] Vanhoozer, *Is There a Meaning in This Text?* 339.

[18] *Ibíd.*, 346.

virte de un menú para pedir la cena, reflexionar acerca de un poema, disfrutar de una carta de amor, vértelas con un croquis para llegar a casa de un amigo, o meditar en un libro de devociones diarias. Cuando te encuentras con cada uno de estos géneros, sabes (seas o no consciente de ello) que has de acercarte a ellos por medio de ciertas reglas de comunicación, aquellas que establece el propio género. Si no te guías por las reglas específicas, corres el riesgo de interpretar erróneamente las palabras en cuestión.

Asumirías peligrosos riesgos si confundieras una guía telefónica con una carta de amor o tomaras un menú por unas instrucciones para llegar a casa de un amigo. Obviamente, no leemos del mismo modo los menús que las cartas de amor o los periódicos que los libros devocionales. Sabemos esto puesto que los distintos géneros suscitan ciertas expectativas interpretativas por parte del lector. El género en el que jugamos determina las reglas de interpretación. Igual que sabemos que la clase de juego determina las reglas que seguimos para jugar, así también sabemos que cada género literario de la Biblia tiene su propia serie de reglas inherentes para su correcta interpretación. Cuando los lectores prestan atención a tales reglas, tienen muchas más probabilidades de entender el pasaje según la intención de quien lo escribió. Los géneros dan forma a nuestras expectativas acerca del modo en que hemos de acercarnos a cada texto en concreto. La forma o género del texto está realmente vinculado con su contenido y, por esta razón, hemos de tomar en serio los géneros literarios. ¡Lo que está en juego es ni más ni menos que el significado de la Biblia!

¿Qué es el contexto orbital?

Al hablar de contexto orbital nos referimos simplemente a los textos que rodean el pasaje que estamos estudiando. Podemos considerarlo como el mundo textual en el que vive el texto en cuestión. El contexto orbital está formado por las palabras, frases, párrafos y discursos que van antes y después del pasaje objeto de estudio. Por ejemplo, el contexto orbital de Romanos 12:1–2 son los once primeros capítulos de esta epístola así como también el pasaje que va desde Romanos 12:3 hasta el final. En un sentido más amplio el contexto orbital de Romanos 12:1–2 es el resto de los libros del Nuevo Testamento e incluso todo el Antiguo Testamento. Tales contextos forman una serie de círculos alrededor del pasaje.

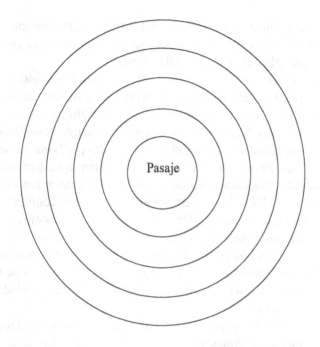

El círculo del contexto inmediato es el más cercano al centro puesto que comprende aquello que se sitúa inmediatamente antes y después del pasaje. ¿Te acuerdas de las alentadoras palabras de 1 Pedro 5:7: «echando toda vuestra ansiedad sobre Él porque Él tiene cuidado de vosotros»? ¿Recuerdas el contexto inmediato de esta promesa? Este contexto cubre, al menos, los versículos 5–9, quizá más.

Asimismo, vosotros los más jóvenes, estad sujetos a los mayores; y todos, revestíos de humildad en vuestro trato mutuo, porque Dios resiste a los soberbios, pero da Gracia a los humildes. Humillaos, pues, bajo la poderosa mano de Dios, para que Él os exalte a su debido tiempo, **echando toda vuestra ansiedad sobre Él, porque Él tiene cuidado de vosotros.** Sed de espíritu sobrio, estad alertas. Vuestro adversario, el diablo, anda al acecho como león rugiente, buscando a quien devorar. Pero resistidle firmes en la fe, sabiendo que las mismas experiencias de sufrimiento se van cumpliendo en vuestros hermanos en todo el mundo.

Es muy importante darle la máxima prioridad al contexto inmediato cuando se trata de determinar el significado del pasaje que queremos estudiar. Como ilustran los círculos del diagrama del contexto, cuánto más cerca está un círculo del centro, mayor es la influencia que ejerce normalmente sobre el significado del pasaje.

Cuando observamos con cuidado el contexto inmediato de 1 Pedro 5:7 se pone de relieve que el hecho de echar nuestra ansiedad sobre el Señor está estrechamente vinculado con humillarnos delante de Él. Esta relación se hace incluso más estrecha cuando consideramos el tiempo en que el autor consigna el verbo «echar» (v. 7) que es un participio en griego y que se traduce correctamente como «echando».

El contexto inmediato pone de relieve que cuando se nos exhorta a humillarnos ante Dios, lo que se tiene en mente es que confiemos todas nuestras preocupaciones y problemas a Dios porque sabemos que Dios nos ama y no nos fallará. El orgullo le dice a Dios: «Puedo llevar esta carga yo solo», mientras que la humildad nos lleva a descargar nuestras preocupaciones sobre nuestro amante Dios. ¡Qué definición de humildad tan positiva! Y esta reflexión es fruto de una lectura cuidadosa del contexto inmediato.

El paso siguiente es aprender a identificar el contexto orbital del pasaje que estudiamos. Antes de hacer esto, no obstante, hemos de hablar de dos de los peligros que conlleva pasar por alto el contexto.

Peligros de pasar por alto el contexto literario

Probablemente has oído decir alguna vez que puede hacerse decir a la Biblia cualquier cosa. Esto es cierto, pero solo si desatendemos el contexto literario. Cuando respetas el contexto literario (con el pacto de comunicación implícito en el género), no puedes hacer que la Biblia diga cualquier cosa. Las sectas son famosas por el modo en que tuercen la Escritura, y la mayor parte de sus errores son fruto de no tener en cuenta el contexto literario.[19] El mero hecho de que nos acerquemos a la Escritura como cristianos evangélicos no nos hace inmunes a las interpretaciones erróneas si decidimos descuidar el contexto literario. Existen varios peligros que surgen de pasar por alto el contexto literario. Aquí solo trataremos dos de los más comunes: el primero afecta a los exégetas aislados y el segundo a los predicadores.

---

[19] James W. Sire, *Scripture Twisting: 20 Ways the Cults Misread the Bible* (Downers Grove, Ill.: InterVarsity Press, 1980).

Ignorar el contexto orbital

El primero de los peligros consiste en ignorar el contexto orbital. Esto sucede por regla general cuando se centra la atención en un solo versículo sin prestar atención al modo en que los versículos que lo circundan pueden afectar a su significado. Por ejemplo, los versículos siguientes se citan con mucha frecuencia. ¿Conoces sus contextos?

* He aquí, yo estoy a la puerta y llamo; si alguno oye mi voz y abre la puerta, entraré a él, y cenaré con él y él conmigo (Apoc 3:20).
* Porque donde están dos o tres reunidos en mi nombre, allí estoy yo en medio de ellos (Mt 18:20).
* Huye, pues, de las pasiones juveniles y sigue la justicia, la fe, el amor y la paz, con los que invocan al Señor con un corazón puro (2 Tim 2:22).

Apocalipsis 3:20 se utiliza comúnmente para hacer referencia a la promesa que Jesús hace a cualquiera que le acepte como Salvador y Señor; o sea, se ve como una promesa para aquellos a quienes se les predica el Evangelio: «Si abres la puerta de tu corazón, Cristo promete entrar». Sin embargo, en su contexto, Apocalipsis 3:20 es una promesa que el Cristo resucitado hace a una congregación de cristianos «tibios». El Señor asegura a estos creyentes desobedientes que está dispuesto a renovar la comunión con ellos (de hecho, lo espera al decir que está llamando a la puerta) si se arrepienten (abren la puerta). Este versículo se aplica directamente a los cristianos que viven sin tener comunión con Cristo. Como creyente, ¿te has alejado alguna vez tanto de Cristo que te preguntabas si acaso Él podía traerte de nuevo a la comunión con Él? En Apocalipsis 3:20 Él promete que te ama y que desea restaurar tu vida si te arrepientes.

A menudo se cita Mateo:18 20 para recordar que la oración colectiva de la Iglesia es especialmente efectiva. Pero rara vez nos paramos a reflexionar acerca de lo que estamos de hecho diciendo. ¿Acaso Jesús está únicamente con nosotros cuando estamos con otros cristianos? El contexto de Mateo 18:20 es el de la disciplina en la Iglesia, como dejan claro los versículos 15–17:

Y si tu hermano peca, ve y repréndelo a solas; si te escucha, has ganado a tu hermano. Pero si no te escucha, lleva contigo a uno o a dos más, para que toda palabra sea confirmada por boca de dos o tres testigos. Y si rehúsa escucharlos, dilo a la Iglesia; y si también rehúsa escuchar a la Iglesia, sea para ti como el gentil y el recaudador de impuesto.

En otras palabras, Jesús está diciendo que, cuando una congregación (aunque la integren solo unos pocos creyentes) sigue las directrices de Dios respecto a la disciplina congregacional, experimentará su bendición.

2 Timoteo 2:22 es un versículo que se utiliza muchas veces para hablar de la tentación sexual. Pero ¿cómo define el contexto orbital «las pasiones juveniles»? Pablo está escribiendo a Timoteo, que está haciendo frente al problema de los falsos maestros que se han suscitado entre los propios dirigentes de la iglesia de Éfeso. La sección anterior (2:15-19) deja claro que Timoteo ha de resistir a los falsos maestros. Esta exhortación se apoya con una analogía de la familia (2:20-21). De igual modo, en 2:23–26 se habla de las falsas doctrinas. En el versículo 22 Pablo le dice a Timoteo que se aleje de discusiones necias, controversias y novedades teológicas tan atractivas para los ministros jóvenes (i.e., «las pasiones juveniles») y que, en lugar de ello, siga la justicia, la fe, el amor y la paz con el verdadero pueblo de Dios. Para gran sorpresa de algunos, este versículo tiene poco (o nada) que ver con la tentación sexual.

Estos tres ejemplos ilustran los problemas que surgen cuando ignoramos el contexto que rodea un versículo en concreto. Los criterios que se han utilizado para establecer los capítulos y versículos de la Biblia tampoco son de mucha ayuda que digamos. Los números de capítulo y versículo nos ayudan a localizar los pasajes con rapidez, sin embargo también pueden llevarnos a creer que cada versículo es una unidad aislada, como un número de teléfono en una guía.[20] El mero hecho de que asignemos números a las frases de los párrafos no significa que podamos arrancar una determinada frase de su contexto desconectándola de lo que la precede o sigue.

Hemos de recordar también que las divisiones en capítulos y versículos no forman parte de los documentos originales, sino que fueron añadidas en un periodo muy posterior. Cuando hablamos de la inspiración de las Escrituras por parte del Espíritu Santo, nos referimos al texto en sí, no a las referencias númericas de capítulos y versículos.

---

[20] Klein, Blomberg, y Hubbard, *Biblical Interpretation*, 160.

No podemos permitir que estas añadiduras posteriores nos condicionen hasta el punto de que aislemos de su contexto orbital una determinada frase y le demos un significado que sus autores nunca quisieron darle.

Predicación temática

La predicación temática es especialmente susceptible del segundo peligro que surge al pasar por alto el contexto literario. La predicación temática es válida cuando cada uno de los pasajes que se utilizan se entiende en su contexto y el mensaje general no viola tales contextos. Sin embargo, demasiado a menudo la predicación temática deforma el sentido de la Escritura al pasar por alto el contexto literario. Así es como sucede.

El diagrama que presentamos a continuación muestra que los pensamientos de los autores bíblicos fluyen a través de textos concretos. La predicación expositiva (a diferencia de la temática) sigue el pensamiento que el autor desarrolla a lo largo de un pasaje en concreto (p. ej., Juan 10) a fin de entender el sentido que quería darle el autor y comunicarlo a la congregación.

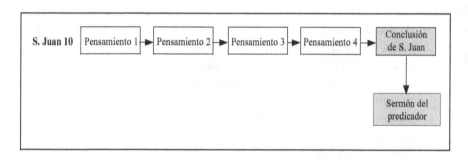

La predicación temática, por el contrario, pasa con frecuencia de un pasaje a otro vinculando una serie de pensamientos originariamente inconexos (ver el diagrama resultante). Esto es lo mismo que saltar del periódico al menú, del menú al poema, del poema a la carta de amor, tomando ciertos pensamientos al azar, a fin de crear un mensaje del que el propio predicador es el autor. Es fácil ver que este acercamiento puede violar con suma facilidad el contexto literario y conducir a toda clase de conclusiones no bíblicas.

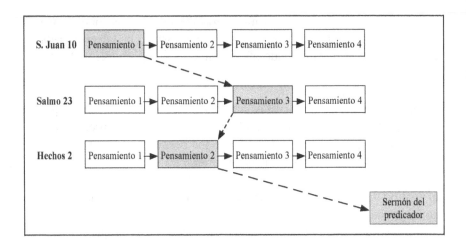

Citar pasajes de la Biblia fuera de su contexto puede servir para confeccionar un sermón entretenido, sin embargo acaba por ocultar el verdadero mensaje de Dios. La interpretación errónea de la Biblia perjudica en última instancia a los oyentes y les hace esclavos en lugar de hacerles libres por medio de la verdad. ¿Qué sucedería si el joven que hemos mencionado al comienzo del capítulo creyera realmente que Dios le indicaba que tenía que casarse con su amiga cuando en realidad Dios no había dicho tal cosa? Al no considerar el contexto, este joven llega a una interpretación errónea que tendrá consecuencias muy graves en la relación que pueden iniciar. ¿Quién está dispuesto a contraer un compromiso tan importante sin la bendición del Señor? Por supuesto, la amiga en cuestión podría responder que no a su propuesta y animarle a que se matriculara en un curso de Hermenéutica bíblica. ¡En este caso todo acabaría bien!

¿Cómo identificar el contexto orbital?

Hasta este momento, en *Entendiendo la Palabra de Dios*, hemos dedicado mucho tiempo a aprender a observar los detalles del texto y a analizar sus distintas partes. La disección de un pasaje es un buen punto para iniciarnos en el mundo de la interpretación bíblica, sin embargo, de ningún modo podemos quedarnos ahí. La Biblia es mucho más que una colección de partes inconexas. El Espíritu Santo movió a los autores bíblicos a conectar sus palabras, frases y párrafos para que formaran una unidad literaria según las normas habituales de la comunicación lingüística. Imagínate lo que parecería un documento si las frases que lo forman no estuvieran vinculadas para formar un mensaje unificado. Mejor aún, lee el párrafo siguiente:

La otra noche escuché un interesante relato en las noticias. El mariscal de campo se dirigió hacia atrás para hacer un pase. El carburador no funcionaba correctamente por una acumulación de carbono. Los dos filetes se quemaron por fuera, pero estaban crudos por dentro. La carretera estaba bloqueada por una capa de más de tres metros de nieve. Hay que cortar el césped. El ascensor asciende hasta el último piso del centenario edificio en menos de un minuto. La audiencia abucheó a los actores por su pobre actuación.[21]

Generalmente, cuando queremos comunicarnos, no seleccionamos ideas al azar y las consignamos juntas. Normalmente, las frases se redactan basándose en oraciones anteriores que, a su vez, llevan a otras a fin de producir un mensaje coherente. Puesto que la Biblia es la comunicación de Dios para con nosotros, sus partes se conectan para formar un todo y, a su vez, el todo aporta las directrices o límites para la interpretación de las partes. Nuestra interpretación de un texto específico siempre dependerá del mensaje general del libro. Si el lector no tiene en cuenta lo que el autor ya ha dicho o se dispone a decir, corre el peligro de malinterpretar el pasaje.

Cuando hablamos de identificar el contexto orbital, pensamos en relacionar las diferentes oraciones gramaticales (las partes) para ver cómo éstas encajan en el libro del que forman parte, a fin de comunicar el mensaje más extenso (el todo). No podemos leer la mente del autor, pero sí podemos ir trazando sus pensamientos a medida que éstos fluyen por medio de cada oración gramatical y cada párrafo para formar el libro entero. Es importante entender cómo se conectan las unidades más pequeñas para formar las más extensas. Esto nos permitirá interpretar el pasaje que estamos estudiando en vista de su lugar en la sección más extensa (i.e., en su contexto literario original). El conocimiento del contexto orbital responderá preguntas como:

• «¿Cuál es el papel o la función de esta sección dentro del libro?»
• «¿Qué sucedería si quitáramos esta sección del libro?»

---

[21] *Ibíd*, 157.

- «¿Por qué incluyó el autor esta sección como parte esencial del todo?»

Por otra parte, sería seguro decir que la interpretación más exacta de un pasaje es aquella que mejor encaja en el contexto orbital del pasaje (i.e., aquella que explica mejor el modo en que las unidades más breves encajan en las más extensas). Cuando nuestra interpretación contradice el contexto literario (lo cual incluye el género literario y el contexto orbital) violamos la forma en que se utiliza normalmente el lenguaje para comunicarse y nuestra interpretación no es válida.

Vamos a utilizar el breve libro de Filemón para ilustrar cómo identificar el contexto orbital de un pasaje determinado. Supongamos que se te ha asignado Filemón 4–7 para que realices un estudio exegético de estos versículos (este libro tiene un solo capítulo y, por tanto, utilizaremos únicamente números de versículo). La sección que se te ha asignado se ha resaltado en negrita:

Pablo, prisionero de Cristo Jesús, y el hermano Timoteo: A Filemón nuestro amado hermano y colaborador, y a la hermana Apia, y a Arquipo, nuestro compañero de milicia, y a la iglesia que está en tu casa: Gracia a vosotros y paz de Dios nuestro Padre y del Señor Jesucristo.

Doy gracias a mi Dios siempre, haciendo mención de ti en mis oraciones, porque oigo de tu amor y de la fe que tienes hacia el Señor Jesús y hacia todos los santos; y ruego que la comunión de tu fe llegue a ser eficaz por el conocimiento de todo lo bueno que hay en vosotros mediante Cristo. Pues he llegado a tener mucho gozo y consuelo en tu amor, porque los corazones de los santos han sido confortados por ti, hermano.

Por lo cual, aunque tengo mucha libertad en Cristo para mandarte hacer lo que conviene, no obstante, por causa del amor que te tengo, te ruego, siendo como soy, Pablo, anciano, y ahora también prisionero de Cristo Jesús, te ruego por mi hijo Onésimo, a quien he engendrado en mis prisiones, el cual en otro tiempo te era inútil, pero ahora nos es útil a ti y a mí. Y te lo he vuelto a enviar en persona, es decir, como si fuera mi propio corazón, a quien hubiera querido retener conmigo, para que me sirviera en lugar de ti en mis prisiones por el Evangelio; pero no quise hacer nada sin tu consentimiento, para que tu bondad no fuera como por obligación, sino por tu propia voluntad. Porque quizá por esto se apartó de ti por algún tiempo, para que lo volvieras a recibir para siempre, no ya como esclavo, sino como más que un esclavo, como un hermano amado, especialmente para mí, pero cuánto más para ti, tanto en la carne como en el Señor. Si me tienes pues por compañero, acéptalo como me aceptarías a mí. Y si te ha perjudicado en alguna forma, o te debe algo, cárgalo a mi cuenta. Yo, Pablo, escribo esto con mi propia mano; yo lo pagaré (por no decirte que aun tú mismo te me debes a mí). Sí, hermano, permíteme disfrutar este beneficio de ti en el Señor; recrea mi corazón en Cristo. Te escribo confiado en tu obediencia, sabiendo que harás aún más de lo que digo. Y al mismo tiempo, prepárame también alojamiento, pues espero que por vuestras oraciones os sea concedido. Te saluda Epafras, mi compañero de prisión en Cristo Jesús; también Marcos, Aristarco, Demas y Lucas, mis colaboradores.

Al leer el pasaje te preguntas: ¿Por qué dice Pablo estas cosas acerca de Filemón? ¿Está simplemente orando por él de igual modo que oraría por un amigo, o hay algo más en sus palabras? ¿Da Pablo gracias a Dios por Filemón simplemente porque este hermano es un respetado dirigente espiritual? Es evidente que Pablo está alabando a Filemón por algo. ¿A qué responden sus elogiosas palabras?

No podremos dar respuesta a estas preguntas hasta que no conozcamos el contexto orbital. Para entender lo que Pablo quiere decir realmente en los versículos 4–7, hemos de analizar los que dice antes y después de este pasaje. Esto es lo que entendemos por «contexto orbital»: la relación que una sección guarda con lo que hay antes y después de ella. Si no conocemos el contexto orbital del pasaje que pretendemos estudiar, probablemente solo percibiremos lo que hay en la superficie y no captaremos su verdadero significado. Hemos de descubrir el contexto orbital de los versículos 4–7 para entender el mensaje de Pablo en esta sección. Recuerda que el contexto determina el significado.

Para encontrar el contexto orbital de cualquier pasaje hay que dar tres pasos. (1) Identificar las principales divisiones del libro en párrafos o secciones. (2) Resumir la idea principal de cada sección. (3) Explicar el modo en que el pasaje en cuestión se relaciona con las secciones que lo rodean. Sigamos con el ejemplo del libro de Filemón que estamos considerando.

1. *Identificar las principales divisiones del libro en párrafos o seccio-nes.* Lee varias traducciones de la Biblia para ver de qué formas han dividido los traductores el libro en unidades más pequeñas. Observa cómo las siguientes traducciones han dividido la carta de Filemón.

Reina Valera 60	Reina Valera 95	Scofield	B. las Américas	B. de Jerusalén	N. V. Internacional
1-3	1-3	1-3	1-3	1-3	1-3
4-7	4-7	4-7	4-7	4-7	4-7
8-22	8-22	8-22	8-22	8-21	8-25
23-25	23-25	23-25	23-25	22-25	

Como puedes ver, existe un cierto acuerdo acerca del modo en que este libro debería dividirse, sin embargo las traducciones no son en absoluto uniformes. Recuerda que las decisiones editoriales como las divisiones del libro en unidades pretenden ayudar al lector, pero no son inspiradas. Si queremos establecer nuestras propias divisiones, hemos de buscar aquellos cambios del texto que nos permiten detectar los cambios en el pensamiento del autor. Algunos elementos que marcan cambios o transiciones son:

• conjunciones (p. ej., por tanto, entonces, pero)
• cambios de género (p. ej., desde un saludo a una oración)
• cambios de tema (idea principal)
• cambios de tiempo verbal, localidad o escenario
• cambios gramaticales (p. ej., de sujeto, de complemento directo, de pronombres, de tiempo verbal, de persona o de número).

En la carta a Filemón pueden observarse algunos de estos puntos de transición. Hay un cambio de tema entre los versículos 3 y 4 en el que Pablo pasa de un saludo a una oración. No dejemos de notar las conjunciones «por lo cual» que encontramos en el versículo 8 y «pues» en el versículo 17, que marcan el comienzo de nuevas secciones. Encontramos también otros indicadores de cambio en los últimos versículos del libro: la expresión «Y al mismo tiempo» (v. 22), da lugar a un saludo (v. 23), y a éste le sigue una última bendición (v. 25).

En este ejemplo, todas las traducciones concuerdan en que los versículos 4-7 forman una sección y la mayoría están también de acuerdo en que los versículos 8-16 constituyen otra. Aunque las traducciones rara vez serán unánimes acerca de cómo dividir el libro, hemos de tomar algunas decisiones provisionales y avanzar al paso 2. La redacción de un breve resumen en el paso 2 es una buena forma de comprobar la validez de las divisiones de sección que hemos realizado en el paso 1.

2. *Resume la idea principal de cada sección en un máximo de doce palabras.* Comprueba que el resumen de cada sección refleja todos los aspectos del texto y no solo alguno de ellos. Una buena práctica consiste en leer de nuevo el texto tras redactar el resumen para ver si éste recoge verdaderamente el contenido de toda la sección. En la redacción de estos cortos sumarios hemos de buscar dos cosas: (a) cuál es el tema o idea principal de la sección, y (b) qué dice el autor acerca de dicho tema o idea principal. Haciendo esto, evitaremos la tentación y el peligro de perdernos en los detalles. Quedémonos con la idea principal, la más importante. Considera los resúmenes que proponemos para las distintas secciones de Filemón:

- vv. 1–3: Pablo identifica a los emisores y receptores de la carta y ofrece un saludo.
- vv. 4–7: Pablo da gracias a Dios por la fe y amor de Filemón e intercede por él.
- vv. 8–16: Pablo ruega a Filemón por su «hijo» Onésimo y le da a Filemón una perspectiva acerca de la providencia de Dios respecto a este asunto.
- vv. 17–20: Pablo insta a Filemón a recibir a Onésimo como si del propio Pablo se tratara.
- v. 21: Pablo expresa su confianza de que Filemón hará más incluso de lo que él le pide.
- v. 22: Pablo expresa su esperanza de visitar a Filemón en persona.
- vv. 23–24: Pablo transmite saludos de parte de sus colaboradores.
- v. 25: Pablo concluye su carta con una bendición.

Al escribir un resumen de cada párrafo o sección, podrás evaluar lo acertado o no de tus decisiones respecto a tales divisiones. No tengas temor de remodelar las unidades si así lo consideras oportuno al resumir la idea principal de cada una.

3. *Explica el modo en que el pasaje en cuestión se relaciona con las secciones que lo rodean.* Ahora que puedes ver el desarrollo del pensamiento del autor a lo largo de todo el libro mediante la lectura de los resúmenes, ha llegado el momento de observar el modo en que el pasaje encaja en su contexto. Siempre decimos a nuestros estudiantes, que por el mero hecho de leer los párrafos que van antes y después del pasaje, eliminarán un 75 por ciento de los errores de interpretación que se cometen. Un asunto esencial en la identificación del contexto orbital es observar el modo en que el pasaje se relaciona con lo que va antes y después de él. Vamos a identificar el contexto orbital de Filemón 4–7 (este ejercicio sirve como ejemplo de la clase de explicación que has de escribir en este paso).

El pasaje en cuestión (vv. 4–7) se sitúa entre el inicio de la carta (vv. 1–3) y su texto propiamente dicho (vv. 8–22). Casi todo lo que Pablo expresa en la acción de gracias y en la oración prepara al lector para lo que el apóstol se dispone a decir en el cuerpo de la carta. En este caso, la acción de gracias se convierte en la base para la petición que sigue. En los versículos 4-7 Pablo atribuye a Filemón algunas cualidades que son las que le capacitarán para responder positivamente a la petición que el apóstol expresará más adelante. Pablo da gracias a Dios de que Filemón confía en el Señor y ama a los demás. Este amor, sigue diciendo Pablo, ha llegado a serle de «mucho gozo y consuelo». El apóstol elogia también a Filemón por confortar los corazones de los santos. Ahora Pablo quiere solicitar un favor acerca de un creyente en concreto: Onésimo. De este modo, la acción de gracias y la oración (vv. 4–7) preparan el camino para el cuerpo de la carta. Las cualidades de Filemón que se subrayan en los versículos 4–7 son los rasgos de su carácter que le motivarán a hacer lo que Pablo va a pedirle en el resto de carta. Cuando estudiamos Filemón 4–7 en vista de su contexto orbital, podemos entender verdaderamente el significado del pasaje.

Conclusión

Estudiamos el contexto literario porque la interpretación más válida es aquella que mejor encaja en tal contexto. Cuando no prestamos la debida atención al contexto literario, corremos el riesgo de hacerle decir a la Biblia lo que nosotros queremos que diga. Puede parecer que esto satisface las necesidades inmediatas de las personas, sin embargo este acercamiento acaba, en última instancia, siendo muy perjudicial puesto que nos roba la liberadora verdad de Dios. Las personas buscan respuestas fiables a problemas acuciantes, unas respuestas que la cultura de nuestro tiempo no puede darles. Cuando nos tomamos en serio el contexto literario, lo que estamos diciendo es: «queremos escuchar lo que Dios quiere decirnos».

En este capítulo hemos aprendido que el contexto literario comprende tanto el género literario del pasaje que estamos estudiando como el contexto que lo rodea. El género literario funciona como un pacto de comunicación entre el autor y el lector. En tanto que lectores nuestra tarea consiste en ser fieles a este pacto, sujetándonos a las reglas establecidas por el autor. El contexto orbital nos muestra que los pasajes existen en un mundo rodeado de otros pasajes. En la vida cotidiana nosotros nos comunicamos conectando nuestras palabras, frases y párrafos para que formen un mensaje coherente, y la Biblia hace lo mismo. Hemos analizado dos de los peligros más comunes que surgen cuando pasamos por alto el contexto literario y recalcado la importancia de conocer el contexto inmediato de los pasajes. Como conclusión del capítulo hemos sugerido tres pasos para identificar el contexto orbital, utilizando como ejemplo la carta a Filemón. Al respetar el contexto literario de los textos bíblicos, lo que estamos diciendo con ello es que, por encima de todo, queremos escuchar lo que Dios quiere decirnos a través de su Palabra.

Deberes

Deber 7-1

Describe en un párrafo el contexto orbital de los pasajes siguientes: Hechos 1:7–8 y 1 Corintios 11:27–32.

Deber 7-2

Trabajemos un poco con el libro de Jonás:
1. Lee el libro entero e identifica sus distintos párrafos o secciones.
2. Resume la idea principal de cada sección con un máximo de doce palabras.
3. Explica el modo en que este pasaje (Jonás 1:13–16 en este ejercicio) se relaciona con el contexto orbital.

8
Estudios de palabras

Introducción
Falacias comunes en los estudios de palabras
Escoge con cuidado las palabras
Determina el posible significado de la palabra
Decide cuál es el sentido de la palabra en su contexto
Un ejemplo: el término «ofrecer» en Romanos 12:1
Conclusión
Deberes

Introducción

¿Alguna vez has intentado montar uno de esos rompecabezas de mil piezas? En la caja se muestra un paisaje con una montaña majestuosa o una imagen con tres gatitos metidos en un canasto. Entonces vuelcas las mil piezas y con ellas comienzas a crear la imagen de la portada. Una y otra vez tomas una de las piezas, observas su forma y sus colores, e intentas encontrar su lugar dentro del esquema general. Cada una de las piezas aporta algo a la imagen general, y la imagen define a su vez cada una de las piezas individuales.

Las palabras son como piezas de un rompecabezas. Cada una ocupa un lugar determinado para formar un relato o un párrafo dentro de una carta (i.e., la imagen o idea general). Hasta que no conozcamos bien el significado de ciertas palabras, no podremos entender el sentido de todo el pasaje. No conocer el significado de ciertas palabras de un pasaje de la Escritura puede compararse con el descubrimiento de que te faltan algunas piezas del rompecabezas. Igual que sucede con cada uno de los fragmentos del puzzle, las palabras dan vida a la imagen total. ¡Vale la pena estudiar las palabras!

El erudito del Nuevo Testamento Gordon Fee afirma que el objetivo de los estudios de palabras es «intentar entender lo más exactamente posible lo que el autor quiere expresar al utilizar este término en este contexto concreto».[22] Como meros lectores que somos no nos toca a nosotros determinar el significado de las palabras bíblicas; nuestro papel es más bien el de intentar descubrir lo que el autor bíblico quiso decir cuando utilizó un término en concreto. Hemos de tener siempre en mente esta distinción entre determinar el significado y descubrirlo. Además de servirnos como declaración de propósito, la definición de Fee pone también de relieve la importancia del contexto.

Este capítulo trata acerca del estudio de las palabras bíblicas. Aunque no sepamos hebreo ni griego (los idiomas en que se redactaron los documentos bíblicos originales), podemos aun así aprender a utilizar ciertas herramientas interpretativas para llevar a cabo de un modo correcto los estudios de palabras. En este capítulo veremos cómo usar correctamente tales herramientas. Comenzaremos considerando ciertos errores que comúnmente se cometen en los estudios de palabras. Seguiremos aprendiendo, por un lado, a identificar aquellas palabras que requieren un estudio más profundo, y por otro a determinar los posibles significados de los términos, para finalmente aprender a establecer el sentido que tienen en su contexto. Te pedimos que participes activamente con nosotros en cada una de las fases poniendo en práctica los pasos necesarios. Puesto que la mayoría de nosotros aprendemos mucho siguiendo modelos, concluiremos este capítulo con un ejemplo detallado de cómo llevar a cabo un estudio de palabras. Recuerda que no es necesario saber griego o hebreo para poder realizar estudios de palabras correctamente. Tales estudios pueden llevarse a cabo sin ser expertos lingüistas, pero hemos de conocer bien los procedimientos adecuados. A menudo, la recompensa de un estudio cuidadoso de las palabras es una impresionante vista de alguna majestuosa escena bíblica.

---

[22] Gordon D. Fee, *New Testament Exegesis: A Handbook for Students and Pastors*, 3rd ed. (Louisville: Westminster John Knox, 2002), 79.

Falacias comunes en los estudios de palabras[23]

Antes de abordar el asunto de cómo llevar correctamente a cabo los estudios de palabras, queremos señalar algunos de los errores más comunes que cometen los exégetas en este tipo de estudio. La lista podría ser mucho más larga, pero los peligros que se consignan en ésta han de ser suficientes para darnos una idea de lo que hemos de evitar en el estudio de las palabras.

La falacia de recurrir solo al castellano (o a cualquier lengua a la que se haya traducido el texto bíblico)

Puesto que los documentos bíblicos originales no se escribieron en nuestro idioma, éstos han tenido que traducirse a partir de los textos autógrafos redactados en hebreo y en griego. Este hecho puede complicar los estudios de palabras para aquellos estudiantes que no conocen las lenguas originales. Por este hecho pueden surgir dos tipos de problemas:

(1) Puede que quienes se acercan al texto no sean conscientes de que, muchas veces, *una misma palabra hebrea o griega se traduce al castellano con distintos términos*. Por ejemplo, en la NIV la palabra griega *paraklesis* se traduce con las siguientes palabras: «consuelo, ánimo, llamamiento, ser consolado, estimular, consolación, mensaje alentador, exhortación, de mucho ánimo, predicación, urgentemente». Te darás cuenta de inmediato que palabras como«consuelo» y «exhortación» pueden significar cosas bastante diferentes dependiendo del contexto.

(2) Por otra parte, es también posible que quienes estudian las palabras en castellano (o en alguna otra lengua traducida, inglés, francés etc.) no sean conscientes de que *ciertas palabras distintas, tanto en hebreo como en griego pueden traducirse a esas lenguas utilizando un mismo término en aquel idioma*. Por ejemplo, de nuevo la NIV utiliza la palabra «consuelo» para traducir todas estas palabras griegas: *parakaleo, paraklesis, paramytheomai, paramythia, paramythion, paregoria*.

Este tipo de falacia se da cuando los estudios de palabras se basan en los términos del idioma al que se ha traducido el texto bíblico (cas-

---

[23] Aquellos que deseen saber más acerca de las falacias relacionadas con los estudios de palabras pueden consultar el tratamiento exhaustivo de este tema por parte de D. A. Carson en *Exegetical Fallacies*, 2nd ed. (Grand Rapids: Baker, 1996), 27–64, junto con el breve compendio de Darrell Bock en «New Testament Word Analysis», en *Introducing New Testament Interpretation*, ed. Scot McKnight (Grand Rapids: Baker, 1989), 110–12.

tellano, inglés, francés, etc.) en lugar de fundarse en las palabras griegas o hebreas. El resultado es que se llega a conclusiones poco sólidas o que inducen al error. En este capítulo aprenderemos a no cometer este error en nuestro estudio de palabras.

La falacia de la raíz

Una de las falacias más comunes está en la idea de que el verdadero significado de un determinado término se encuentra en su raíz original (i.e., en su etimología). A poco que pensemos, veremos que esto sucede también en nuestro idioma. (A continuación, el autor da algunos ejemplos de palabras inglesas cuya raíz real o aparente no tiene sentido o ha dejado de tenerlo. N. del T.)

El mero hecho de que alguien sea capaz de disertar acerca de las partes esenciales de una palabra griega no significa que tal persona haya descubierto «el verdadero significado» de la palabra en cuestión. Es cierto que las partes de una palabra pueden expresar correctamente su sentido, pero solo si el contexto apoya tal significado.[24] Cuando damos prioridad al contexto en lugar de a la etimología, estamos pisando terreno firme.

La falacia del marco temporal

Esta falacia tiene lugar cuando nos aferramos al sentido de una palabra moderna (por regla general, una acepción popular en nuestro tiempo) y pretendemos que es el que tiene en mente el autor bíblico, o cuando insistimos en que el significado de una palabra antigua sigue vigente cuando en realidad ha quedado ya obsoleto. El primer aspecto de esta falacia es mucho más frecuente que el segundo. D. A. Carson utiliza el término «dinamita» y la palabra griega *dynamis* (que, en ocasiones, se traduce como «poder») para ilustrar una forma particular de la falacia del marco temporal:

No sé cuántas veces he oído a predicadores traducir el texto de Romanos 1:16 más o menos así: «No me avergüenzo del Evangelio, porque es dinamita de Dios para salvación de todo aquel que cree» (a menudo se ha dicho con una entonación enfática, como si acaba-

---

[24] La etimología se hace más importante cuando intentamos entender el significado de ciertas palabras que aparecen una sola vez en la Escritura (a tales palabras nos referimos como *hapax legomena*). Esto es mucho más frecuente en el Antiguo Testamento (hebreo) que en el Nuevo Testamento (griego).

ra de pronunciar palabras especialmente profundas o incluso esotéricas...). ¿Estaba Pablo pensando en la dinamita cuando utilizaba esta palabra?[25]

No hay ninguna duda de que Pablo no tenía en mente nuestra palabra castellana dinamita cuando en la redacción de este texto utilizó la palabra griega *dynamis*, puesto que el término dinamita se originó varios siglos más tarde. Puede que ambas palabras tengan un sonido parecido (una tentación que para muchos predicadores es irresistible), sin embargo son términos con significados muy distintos. Confundir entre sí ambos sentidos induce al error y es peligroso. ¿De verdad queremos darle a esta palabra del Nuevo Testamento el significado moderno del término dinamita y concluir que el poder de Dios tiene el mismo poder destructivo que una bomba terrorista cuando el propio Pablo dice en este mismo versículo que el poder de Dios lleva a la salvación a todo aquel que cree? Carson concluye: «Por supuesto, lo que estos predicadores están intentando decir cuando aluden a la dinamita es que la grandeza del poder que actúa en el Evangelio es inmenso. Aun así, cuando se trata de eso Pablo no presenta el poderío de la dinamita, sino la tumba vacía».[26]

La falacia de la sobrecarga
La mayoría de las palabras pueden significar varias cosas distintas. La falacia de la sobrecarga consiste en atribuir a las palabras todos sus sentidos cada vez que se utilizan. Por ejemplo, nuestra palabra «banco» puede aludir a un asiento, con respaldo o sin él, a un conjunto de peces que van juntos en gran número, a un establecimiento público de crédito, y a otras nueve cosas distintas (Ver la entrada de este término en el diccionario de la RAE. N. del T.). Si asumiéramos que cada vez que aparece la palabra banco, esta conlleva, no uno, sino todos estos sentidos (quizá planteando un juego de palabras) la estaríamos sobrecargando de sentido. ¿Cuál es el sentido de «banco» que demanda el contexto en la frase, «entonces, agotado, me senté en un banco»? Si dijeras «todos los que hemos mencionado» o aunque solo escogieras uno de ellos que no fuera el de «un asiento, con respaldo o sin él» serías culpable de la falacia de la sobrecarga.

[25] Carson, *Exegetical Fallacies*, 34.
[26] *Ibíd.*

La falacia del cómputo de palabras

Este es un error que se comete cuando se insiste en que una palabra ha de tener el mismo significado cada vez que aparece. Por ejemplo, si estamos convencidos de que una palabra expresa cierto significado en siete de las ocho ocasiones en que aparece en el texto bíblico, podemos ser tentados a concluir que en el octavo pasaje en que aparece debe tener este mismo sentido. No obstante, como sostiene Darrell Bock: «lo que determina el significado de las palabras es el contexto, no el cómputo de las veces que aparece».[27]

Más adelante, en este mismo capítulo utilizaremos el ejemplo de una palabra que se traduce como «sufrir», y que parece tener el sentido de una experiencia negativa cada vez que se utiliza en las cartas de Pablo, con una sola posible excepción. En Gálatas 3:4 el contexto sugiere que la palabra se refiere a una experiencia positiva y debería traducirse «experimentar» (en lugar de «sufrir»). Todo esto indica que el contexto inmediato de una palabra ha de tener prioridad sobre otros contextos secundarios cuando se trata de determinar el significado de la palabra en cuestión.

La falacia semántico-conceptual

Sucumbimos a la falacia semántico-conceptual cuando asumimos que una vez hemos estudiado una palabra, hemos estudiado también todo un concepto. Si, por ejemplo, queremos descubrir lo que dice el Nuevo Testamento acerca de la Iglesia, no hay duda de que hemos de estudiar la palabra que se traduce como «iglesia» (*ekklesia*). No obstante, sería un grave error concluir que una vez que hayamos estudiado el término *ekklesia*, ya sabremos todo lo que el Nuevo Testamento enseña acerca de la misma. Los conceptos son más amplios que cualquier palabra. Para ver lo que enseña el Nuevo Testamento respecto a la Iglesia, hemos de ensanchar nuestro estudio a ideas como «cuerpo de Cristo», «templo del Espíritu Santo», y «familia de la fe». El concepto de Iglesia es mucho más amplio de lo que nos dice al respecto la palabra *ekklesia*.

La falacia de las pruebas selectivas

Cuando citamos tan solo aquellas pruebas que apoyan nuestra interpretación o cuando desestimamos otras que parecen rebatir nuestro punto de vista, caemos en la falacia de las pruebas selectivas. Este error es

---

[27] Bock, «New Testament Word Analysis», 111.

especialmente peligroso puesto que aquí estamos deliberadamente tratando de forzar las pruebas bíblicas mientras que en otras falacias los errores pueden ser bastante inconscientes e involuntarios. Aunque es normal creer y desear que la Biblia apoye nuestras convicciones, habrá veces en que su mensaje nos confrontará para nuestro bien. Cuando esto sucede, hemos de cambiar nuestro punto de vista en lugar de forzar la Escritura para que secunde nuestros planes. Antes de comenzar el estudio de una palabra de la Biblia, hemos de predisponer nuestra mente a aceptar todas las pruebas.

Hemos hablado acerca de siete falacias comunes en los estudios de palabras. Es muy fácil cometer tales errores, pero ser conscientes de ellos nos ayudará a evitarlos. Ahora ha llegado el momento de aprender a llevar a cabo los estudios de palabras. El proceso consta de tres pasos: (1) Escoger las palabras objeto de estudio, (2) determinar el posible significado de la palabra escogida, y (3) decidir lo que significa en este contexto.

Elige las palabras con cuidado

Llevar a cabo adecuadamente un estudio de palabras es un proceso laborioso. Hemos de ser realistas y reconocer que no es posible estudiar todas las palabras del pasaje y tener tiempo para salir con los amigos. De hecho, no hay necesidad de estudiar todas las palabras. La mayoría de los pasajes bíblicos están llenos de palabras cuyo significado está perfectamente claro para el lector promedio. Pero es cierto que algunas palabras demandan un estudio más profundo, y necesitamos sabiduría para saber cuáles son. ¿Qué hemos de hacer, llegados aquí? Podemos utilizar las siguientes directrices como una ayuda para elegir las palabras que hemos de estudiar.

1. Busca las palabras que son cruciales para el pasaje. El sentido del pasaje depende del significado de estas palabras. Tales términos están cargados de sentido teológico o histórico. Son las que llevan el peso del pasaje. Con frecuencia las palabras cruciales de un pasaje serán los sustantivos clave y/o los verbos.
2. Busca las palabras que se repiten. Por regla general, el autor indicará el tema que está desarrollando repitiendo las palabras que lo expresan, de modo que, hemos de prestar minuciosa atención a

las palabras que se repiten (p. ej., «consuelo» en 2 Corintios 1:3–7, «bienaventurados» en Mateo 5:1–12, o «permanecer» en Juan 15:1–11). No dudes en estudiar estas palabras que se repiten.

3. Busca figuras retóricas. En esta clase de expresiones, las palabras no se usan en un sentido literal, sino como imágenes o representaciones verbales. Cuando leemos, por ejemplo, la afirmación de Jesús: «Yo soy la puerta» (Jn 10:9) o que los árboles «batirán palmas» (Is 55:12), estamos ante figuras del lenguaje, figuras retóricas. Puesto que el significado de muchas de estas figuras o imágenes no se hace automáticamente evidente, puede que sea necesario un estudio más detallado. Por ejemplo, en Apocalipsis 5:5 encontramos la imagen de un león que se refiere a Jesucristo y en 1 Pedro 5:8 el apóstol alude a Satanás con esta misma imagen.[28]

4. Buscar aquellas palabras que son ambiguas, desconcertantes, o difíciles. Quizá no entiendes la definición de una palabra en castellano. O puede que las diferentes traducciones no se pongan de acuerdo acerca de lo que significa este término en concreto. O quizá algún escritor esté utilizando una palabra en un sentido técnico o especializado. Una buena regla y muy simple es que «las palabras más importantes son aquellas que plantean problemas», y si una palabra te da problemas, estúdiala un poco más.[29]

Ahora vamos a intentar aplicar todo esto. Traza un círculo alrededor de las palabras de Romanos 12:1–2 y Mateo 28:19–20 que, en tu opinión, merecen un estudio especial. Explicar en el margen por qué has escogido cada una de las palabras. Recuerda, se trata de buscar las palabras importantes, palabras que se repiten, imágenes y palabras difíciles.

---

[28] Aquellos que deseen ayuda para entender las figuras literarias pueden ver la obra de James C. Wilhoit y Tremper Longman III, *Dictionary of Biblical Imagery* (Downers Grove, Ill.: InterVarsity Press, 1998).

[29] Mortimer J. Adler y Charles Van Doren, *How to Read a Book*, rev. ed. (New York: Simon & Schuster, 1972), 102.

Romanos 12:1–2

Por consiguiente, hermanos, os ruego por las misericordias de Dios

que presentéis vuestros cuerpos como sacrificio vivo y santo, aceptable a Dios,

que es vuestro culto racional. Y no os adaptéis a este mundo, sino transformaos

mediante la renovación de vuestra mente, para que verifiquéis cuál es la voluntad

de Dios: lo que es bueno, aceptable y perfecto.

Mateo 28:18–20

Y acercándose Jesús, les habló, diciendo: Toda autoridad me ha sido dada

en el cielo y en la tierra. Id, pues, y haced discípulos de todas las naciones,

bautizándolos en el nombre del Padre y del Hijo y del Espíritu Santo,

enseñándoles a guardar todo lo que os he mandado;

y he aquí, yo estoy con vosotros todos los días, hasta el fin del mundo.

Considera ahora el análisis que nosotros hemos hecho de estos mismos pasajes.

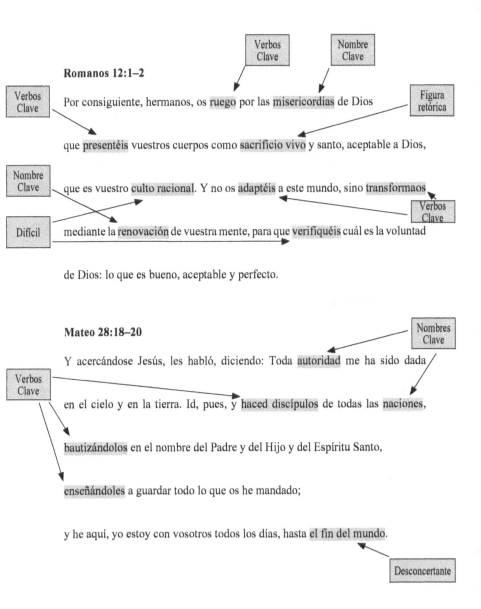

Romanos 12:1-2

Por consiguiente, hermanos, os ruego por las misericordias de Dios

que presentéis vuestros cuerpos como sacrificio vivo y santo, aceptable a Dios,

que es vuestro culto racional. Y no os adaptéis a este mundo, sino transformaos

mediante la renovación de vuestra mente, para que verifiquéis cuál es la voluntad

de Dios: lo que es bueno, aceptable y perfecto.

Mateo 28:18-20

Y acercándose Jesús, les habló, diciendo: Toda autoridad me ha sido dada

en el cielo y en la tierra. Id, pues, y haced discípulos de todas las naciones,

bautizándolos en el nombre del Padre y del Hijo y del Espíritu Santo,

enseñándoles a guardar todo lo que os he mandado;

y he aquí, yo estoy con vosotros todos los días, hasta el fin del mundo.

No te sorprendas si no has seleccionado las mismas palabras que nosotros y no te preocupes si has marcado menos. Hemos seleccionado deliberadamente muchas palabras para ilustrar la razón por la que un lector podría decidir estudiarlas. Lo más importante es que pienses detenidamente por qué crees importante el estudio de ciertas palabras.

Determina el posible significado de la palabra

¿Por qué hemos de determinar lo que la palabra en cuestión podría significar antes de decidir lo que significa de hecho? Este paso es necesario porque la mayoría de las palabras pueden significar varias cosas distintas (recuerda p. ej., el término «banco»), pero, por regla general, solo expresan uno de tales significados en un contexto concreto.[30] Al clarificar los sentidos que podría tener una palabra concreta, no confundiremos sus diferentes significados cuando estemos interpretando un determinado pasaje de la Escritura.

Considera esta situación. Si, después de un largo paseo por un parque, tu amigo te dice: «no puedo más, estoy cansadísimo, voy a sentarme un rato en algún banco», estaría haciendo referencia a la búsqueda por su parte de un asiento, con respaldo o sin él, no a un conjunto de peces que van juntos en gran número (recuerda que ésta era otra acepción del término «banco»). Imagínate lo absurdo de la afirmación: «no puedo más, estoy cansadísimo, voy a sentarme un rato en algún conjunto de peces que van juntos en gran número». Si dijera algo así quizás comenzarías a pensar que el cansancio había mermado la capacidad mental de tu amigo.

Variedad semántica
Una vez que conozcamos todos los significados posibles de una palabra —a lo cual nos referiremos como gama de significados o variedad semántica de una palabra— estaremos más capacitados para decidir qué

---

[30] La excepción a esta regla se da cuando el autor bíblico hace un juego de palabras deliberado. Esto es algo que ocasionalmente sucede en el Evangelio de Juan. Cuando Jesús le dice a Nicodemo que ha de «nacer de nuevo» (Jn 3:7, NIV), la expresión podría también significar «nacer de arriba» (NRSV). ¿Está Jesús diciéndole a este fariseo que debe nacer por segunda vez (i.e., experimentar un nacimiento espiritual), o que ha de nacer de arriba (i.e., de Dios), o acaso ambas cosas? Es posible ver aquí un juego de palabras puesto que la variedad semántica de la palabra griega anothen incluye ambos sentidos.

es lo que ésta significa en un contexto específico. Veamos, por ejemplo, la variedad semántica en castellano de la palabra «mano». Para encontrar la gama de significado de un término castellano, basta con buscar la entrada correspondiente a la palabra en cuestión en un diccionario de la lengua española (también llamados "léxicos"). Si buscáramos en un diccionario la entrada del término «mano» encontraríamos esta gama de significados:

* Parte del cuerpo humano unida a la extremidad del antebrazo y que comprende desde la muñeca inclusive hasta la punta de los dedos.
* En algunos animales, extremidad cuyo dedo pulgar puede oponerse a los otros.
* En los animales cuadrúpedos, cualquiera de los dos pies delanteros. En las reses de carnicería, cualquiera de los cuatro pies o extremos después de cortados.
* Tipo de extremidad par cuyo esqueleto está dispuesto siempre de la misma manera, terminado generalmente en cinco dedos, y que constituye el llamado quiridio, característico de los vertebrados tetrápodos.
* Cada uno de los dos lados en que cae o en que sucede algo respecto de otra cosa cuya derecha e izquierda están convenidas. La catedral queda a mano derecha del río
* Instrumento de madera, hierro u otra materia, que sirve para machacar, moler o desmenuzar una cosa.
* Rodillo de piedra que sirve para quebrantar y hacer masa el cacao, el maíz, etc.
* Capa de yeso, cal, color, barniz, etc., que se da sobre una pared, un mueble, un lienzo, etc.
* En el obraje de paños, cardas unidas y aparejadas para cardarlos.
* En el arte de la seda, porción de seis u ocho cadejos de pelo.
* Entre tahoneros, número de 34 panecillos que componen la cuarta parte de una fanega de pan.[31]

La gama de significados (o variedad semántica) de una palabra es una lista de todos sus posibles significados, es decir, una enumeración de lo que un término concreto podría significar.

---

[31] Nota del traductor: Y así hasta las 36 distintas acepciones propuestas por el Diccionario de la Real Academia Española de Lengua.

Puede que estés pensando, «Muy bien. Entonces es muy fácil. Lo único que he de hacer para encontrar la gama de significados de la palabra que me interesa es buscarla en un diccionario de definiciones, ¿no?» Pues no, exactamente. La palabra cuyos significados quieres conocer es una traducción al castellano de una palabra hebrea o griega, y esto cambia las cosas. Puesto que los documentos originales de la Biblia no se escribieron en español, lo que realmente nos interesa es encontrar la gama de significados de las palabras griega o hebrea, no la de la palabra española que se utiliza en la traducción. Hemos de utilizar un diccionario de la lengua española cuando queramos saber los significados de alguna palabra española, sin embargo ir directamente a este diccionario para conocer la gama de significados de un término griego o hebreo es potencialmente un gran error.

Tanto la palabra del texto original (en hebreo o griego) como la palabra o expresión española que la traducen tendrán su propia variedad semántica. Probablemente habrá una cierta coincidencia entre las series de significados de ambas palabras; esto es lo que hace posible la traducción. Sin embargo, las dos series semánticas no serán idénticas. Hemos de recordar que se trata de palabras distintas y que casi siempre tendrán gamas de significados diferentes (aunque con aspectos coincidentes).

Como ejemplo, vamos a analizar un término que Jesús utiliza en la parábola de los talentos: «Porque el reino de los cielos es como un hombre que al emprender un viaje, llamó a sus siervos y les encomendó sus bienes». (Mt 25:14; cf. también 25:20, 22). Si buscamos el término «encomendar» en el diccionario de la RAE, encontraremos una gama de significados bastante homogénea:

1. tr. Encargar a alguien que haga algo o que cuide de algo o de alguien.
2. tr. Dar encomienda, hacer comendador a alguien.
3. tr. Dar indios en encomienda.
4. tr. Enviar recados o saludos.
5. tr. ant. Recomendar, alabar.
6. intr. Llegar a tener encomienda de orden.
7. prnl. Ponerse en manos de alguien.

Puede que te sorprenda comprobar que alguno de los significados de la palabra griega *paradidomi*, que la LBLA traduce como «encomendar», son notablemente distintos a los de la palabra española «encomendar»:

197

a. entregar algo a alguien
b. transferir a alguien al control de otra persona; traicionar
c. recomendar o encomendar
d. transmitir tradiciones
e. conceder a alguien la oportunidad de hacer algo; permitir o autorizar

La LBLA puede utilizar el término «encomendar» para traducir la palabra griega *paradidomi* puesto que existe una coincidencia en algunos de los significados de las dos palabras. En la parábola de Jesús, el propietario «encomienda» sus bienes en el primer sentido que recogen ambas listas; es decir, está encargando (o encomendando) sus bienes a sus siervos mientras él se va de viaje. A pesar de esta coincidencia esencial entre ambas palabras, se trata de términos distintos con diferentes gamas de significado.

Llegados aquí, las cosas se ponen un tanto complicadas. Podríamos incurrir en errores interpretativos si dijéramos, por ejemplo, que la palabra española «encomendar» podría significar «traicionar» (que no es uno de sus sentidos) o que la palabra griega *paradidomi* nunca podría significar esto (lo cual sería erróneo porque sí es posible). Hemos de evitar las interpretaciones erróneas producidas por la confusión de los distintos significados de las palabras. Hay que evitar la tentación de escoger cualquier significado de la lista de posibles sentidos e imponérselo al pasaje. También hay que tener siempre en cuenta que la palabra original y la que la traduce son vocablos distintos con distintos significados que coinciden en cierta medida. Nuestra tarea consiste en localizar los puntos de coincidencia (algo que pronto aprenderemos). Antes de esto, veamos un ejemplo más, acerca de la gama de significados de las palabras.

Supongamos que queremos hacer un estudio del término «confianza» en Hebreos 4:16: «Por tanto, acerquémonos con confianza al trono de la Gracia para que recibamos misericordia, y hallemos Gracia para la ayuda oportuna». Si vamos a un diccionario de la Lengua Española y buscamos la entrada correspondiente a la palabra «confianza» encontraremos una gama de significados parecida a ésta:

1. f. Esperanza firme que se tiene de alguien o algo.
2. f. Seguridad que alguien tiene en sí mismo.
3. f. Presunción y vana opinión de sí mismo.
4. f. Ánimo, aliento, vigor para obrar.

5. f. Familiaridad (II en el trato).
6. f. Familiaridad o libertad excesiva. U. m. en pl.
7. f. Pacto o convenio hecho oculta y reservadamente entre dos o más personas, particularmente si son tratantes o del comercio.

La LBLA escoge la palabra «confianza» en Hebreos 4:16 para traducir la palabra griega *parresia*. Observemos la gama de significados de *parresia*:

a. claridad, franqueza (p. ej., Jesús habló con sus discípulos «claramente» [Jn 11:14])
b. actitud abierta hacia el público (p. ej., Jesús habla «públicamente» a las multitudes en el atrio del templo [Jn 7:26])
c. actitud audaz, valerosa, confiada (en nuestro acercamiento al trono de la Gracia con «confianza» [Heb 4:16])

Probablemente, la palabra española «confianza» y el término griego *parresia* coinciden en el primer sentido de la primera y en el tercero de esta última (en este caso, es un poco más difícil de precisar que en el anterior). Lo que, sin embargo, el contexto sí deja claro es que el autor de Hebreos no quiere que sus lectores se acerquen al trono de la Gracia con un sentido de confianza propia, en sus propias capacidades y poder (el segundo sentido de la lista de significados del término castellano). Cometer un error de tal magnitud en nuestro estudio de este término sugeriría el rechazo de la obra de Cristo a cambio del mero esfuerzo humano. No, la confianza de que se habla en este texto es más la certeza de lo que ha hecho nuestro sumo sacerdote que la falsa seguridad que podamos encontrar en nuestras propias obras. Por la obra que ha llevado a cabo Jesús, nuestro Sumo Sacerdote, podemos acercarnos al trono de Dios en busca de ayuda cuando experimentamos la tentación.

Volvamos ahora a nuestra principal tarea: determinar los posibles significados de la palabra griega o hebrea (no la española). ¿Cómo encontramos la gama de significados de la palabra del texto original? Proponemos dos cosas.

Trabajo con la concordancia

El primer paso es utilizar una concordancia exhaustiva a fin de localizar la palabra griega o hebrea.[32] A medida que vemos la definición de la

[32] En los ejemplos que siguen utilizaremos la *Nueva Concordancia Strong Exhaustiva* (James Strong, Caribe, Nashville, TN- Miami, Fl), lo importante en este caso

palabra y las distintas formas en que se ha traducido en castellano, comenzaremos a tener una idea de lo que podría significar (i.e., su variedad semántica). En esta sección aprenderemos a utilizar un recurso en castellano para encontrar la palabra original griega o hebrea.

Supongamos que queremos llevar a cabo un estudio de la palabra «prosigo» que encontramos en Filipenses 3:12, donde Pablo anuncia, «No que ya lo haya alcanzado o que ya haya llegado a ser perfecto, sino que prosigo por ver si logro asir aquello para lo cual fui también asido por Cristo Jesús». En primer lugar, hemos de buscar la palabra «proseguir» en la concordancia y en esta entrada seguir la búsqueda hasta encontrar Filipenses 3:12 para ver cuál es el número asignado que necesitarás para encontrar la palabra original griega. En este caso, la palabra «proseguir» tiene el número *1377*.

A continuación, hemos de dirigirnos al «Diccionario de Palabras Griegas» a la sección final de la *Nueva Concordancia Strong Exhaustiva* y buscar la entrada de este número. En el apartado correspondiente encontraremos una definición del término griego *dioko* y los distintos modos en que éste se ha traducido, como «perseguir», «padecer persecución», «practicar» (la hospitalidad), «proseguir» etc. A partir de esta definición y de la lista de traducciones del término, se comienza a perfilar una gama semántica de la palabra.

Las diferentes traducciones que el equipo de traductores ha dado a una palabra griega determinada son un punto de partida para determinar la gama semántica del término. No obstante, a medida que vas desarrollando tu estudio personal de la palabra en cuestión es posible que llegues a tus propias conclusiones al respecto. No hemos de sentirnos presionados por el modo en que una versión determinada ha traducido la palabra hebrea o griega objeto de estudio, pero no cabe duda de que tales traducciones son un buen punto de partida.

---

es utilizar la concordancia que nos permita trabajar con la versión de la Biblia que estemos utilizando.

PROSEGUIR

Jueces	18:26	*prosiguieron* los… de Dan su camino…3212
Jo	17:9	*proseguirá* el justo su camino, y el…270
	35:1	*prosiguió* Eliú en su razonamiento, y dijo…6030
Os.	6:3	y *proseguiremos* en conocer a Jehová…7291
Lc.	19:11	*prosiguió* Jesús y dijo una parábola…4369
Fil.	3:12	que *prosigo*, por ver si logro asir…1377
	3:14	*prosigo* a la meta, al premio del supremo…1377

1377. dioko; prol. (y caus.) de un verbo prim. Dio (*huir*; comp. Con la base de 1169 y 1249) *perseguir* (lit. o fig.); por impl. *Perseguir:-* padecer persecución, perseguidor, perseguir, practicar (hospitalidad), proseguir (a la meta), seguir, ir.

Utilicemos de nuevo la concordancia, ahora para estudiar una palabra del Antiguo Testamento. ¿Recuerdas el modo en que José llegó a Egipto? Sus hermanos le vendieron a una caravana de mercaderes ismaelitas que le llevaron a este país. Una vez en Egipto, Potifar compró a José y con el tiempo le hizo su ayudante personal. En este punto, el relato da un giro un tanto escabroso. La esposa de Potifar deseaba acostarse con José, pero él se negó reiteradamente. En una ocasión en que José estaba atendiendo a sus tareas domésticas, y se encontraba solo con la esposa de Potifar, ésta se asió del manto de José y le pidió que durmiera con ella. José salió corriendo, dejando el manto en sus manos. A continuación, ella llamó a sus otros siervos y acusó a José de "burlarse" de ella (Gen 39:14–15): "'Mirad, nos ha traído un hebreo para que haga burla de nosotros; vino a mí para acostarse conmigo, pero yo grité a gran voz. Y sucedió que cuando él oyó que yo alzaba la voz y gritaba, dejó su ropa junto a mí y salió huyendo afuera.'" Para saber más acerca de la expresión "burla," busquemos el término "burla" en la *Nueva Concordancia Strong Exhaustiva* y localicemos Génesis 39:14. Encontraremos el número 6711 a la derecha, que representa el número de una palabra hebrea (ver ilustración). A continuación, buscamos la entrada de este número (la transliteración de esta palabra es *tsakjac*) en el "Diccionario de palabras hebreas y arameas" al final de la concordancia y encontraremos las diferentes maneras en que se traduce este término (ver ilustración a continuación). En otras palabras, mediante la sencilla utilización de una concordancia podemos descubrir cómo se traduce la palabra original griega o hebrea en una moderna versión de la Biblia en castellano. A menudo, esta operación nos dará una idea de la gama de significados de la palabra original.

BURLA

Gn. 39:14	para que hiciese *burla* de nosotros	6711
Dt. 28:37	servirás de refrán y de *burla* a todos	8148
2 R 4:16	señor mío....no hagas *burla* de tu sierva	3576
Job 30:9	soy objeto de su *burla*, y le sirvo de	4405

6711. tsakjac; raíz prim.; *reírse* a carcajadas (de alegría o burla); por impl. *bromear:-* hacer burla, burlarse, deshonrar, regocijarse, reírse de.

Estudios del Contexto

Pero hemos de llevar este proceso un paso más adelante. Supongamos que estamos estudiando la palabra «puerta» en el contexto de 2 Corintios 2:12, donde Pablo dice: «cuando llegué a Troas para predicar el evangelio de Cristo, y se me abrió una puerta en el Señor». En la palabra «puerta» (*thyra* en griego) se traduce como «puerta», «puertas», «portón» «entrada», «portones», «pórtico» y «entrada exterior». Pero en 2 Corintios 2:12 es obvio que cuando Pablo utiliza esta palabra, está hablando de una oportunidad para el ministerio, no de una puerta física. En este caso, aunque la concordancia nos dice que la palabra se traduce como «puerta», en 2 Corintios 2:12, el significado no es el que parece. La única forma de poder determinar lo que Pablo quiere decir al usar esta palabra aquí es observar cuidadosamente su contexto específico.

Esto nos lleva a la segunda cosa que podemos hacer para conocer la gama de significados de una palabra. Hemos de examinar el contexto para ver cómo se utiliza la palabra en cuestión. La única regla para los estudios de palabras que está por encima de todas las demás es ésta: el contexto determina el significado. Cuando oímos una palabra aislada del pasaje en que se utiliza, no podemos saber cuál es su significado. Por ejemplo, ¿qué significa la palabra «ojo»? En general, nos lleva inmediatamente a pensar en el órgano mediante el que visualizamos el mundo físico. Obviamente esta palabra tiene este sentido en ciertos contextos, como cuando decimos «le guiñó el ojo». Sin embargo, un cambio de contexto puede cambiar el significado de este término (p. ej., cuando hablamos del «ojo del huracán» o del «ojo de una aguja»). Estos ejemplos ponen claramente de relieve que no podemos estudiar las palabras por sí mismas (p. ej., «carne»); hemos de analizar cada palabra en su contexto particular (p. ej., «carne» en Filipenses 3:4).[33] Por consiguiente, para entender bien la gama de significados de un término, hemos de ver cómo se utiliza éste en cada contexto y no solo cómo se ha traducido al castellano.

Para estudiar el sentido del término en contexto hemos de identificar los pasajes bíblicos en que aparece (la palabra griega o hebrea), y después analizar el significado que se le da cada vez que aparece. La comprobación del contexto es un paso crucial cuando se trata de determinar el posible significado de una palabra. También aquí, la concordancia exhaustiva puede ser de gran ayuda. Miremos de nuevo la palabra *dioko* que la RV traduce como "proseguir" en Filipenses 3:12.

Busquemos de nuevo la entrada del número *1377* en el Diccionario de palabras griegas que se encuentra al final de la concordancia. En ella encontrarás el número *1377* en la columna derecha de las ocasiones en que el término se traduce de la palabra griega *dioko*: «perseguir», «padecer persecución», «practicar» (la hospitalidad), «proseguir» etc.

El siguiente paso es buscar cada una de estas palabras, primero «perseguir», después «practicar la hospitalidad », «padecer persecución» etc., hasta considerar todas las formas en que la versión Reina Valera traduce la palabra *dioko*.[34] Recordemos, sin embargo, que la línea escasa de contexto que se refleja en la concordancia para cada oca-

---

[33] Para quienes trabajen con obras en inglés, algunas de las más recientes utilizan los números de la Concordancia exhaustiva en inglés de Goodrick y Kohlenberger, de Zondervan, mientras que las más antiguas se sirven de los números de la Concordancia en español de Strong.
[34] Existen obras que ofrecen esta información. Para las palabras griegas, por ejemplo, ver la *Concordancia Greco-Española* del Nuevo Testamento de Hugo M. Petter (Clie, Terrassa, 1990).

sión en que aparece la palabra puede no ser suficiente para que podamos captar el pleno sentido y, por ello, en algunos casos tendremos que buscar el pasaje bíblico y leerlo en todo su contexto. En cualquier caso, para determinar toda la gama de significados de un término hemos de comprobar el contexto.

PERSEGUIR

Mt. 5:11	mi causa os vituperen y os *persigan*.............................1377
Mt. 5:12	porque así *persiguieron* a los profetas..........................1377
Mt. 23:34	unos... *perseguiréis* de ciudad en ciudad.....................1377
Lc. 11:49	unos matarán y a otros *perseguirán*.............................1377
Jn 5:16	causa los judíos *perseguían* a Jesús.............................1377
Hch 7:52	cuál de los profetas no *persiguieron*............................1377
Ro. 12:14	bendecid a los que os *persiguen*...................................1377
Ro. 9:30	gentiles que no *perseguían* (iban tras) justicia.................1377
1 Cor. 15:9	porque *perseguí* a la iglesia de Dios..............................1377
Ap. 12:13	el dragón...*persiguió* a la mujer que...............................1377

A medida que consideramos los usos del término *dioko* en su contexto, comenzará a aparecer toda una gama semántica:

a. Perseguir, en el sentido de hostigar o importunar (p. ej. Mt. 5:11: «Bienaventurados sois cuando por mi causa os vituperen y os persigan»).

b. Perseguir o seguir en un sentido físico (p. ej. Mt 23:34 «a otros los azotaréis en vuestras sinagogas y los perseguiréis de ciudad en ciudad».

c. Perseguir (en sentido figurado), luchar por o buscar (P. ej. Ro 9:30 «los gentiles, que no iban tras (perseguían) la justicia, alcanzaron justicia, es decir, la justicia que es por fe».

Consideremos también el contexto del ejemplo del término «burla» que aparece en Génesis 39:14. Volvamos al Diccionario de palabras hebreas y arameas que se encuentra al final de la concordancia y veamos la entrada del número 6711. Aquí encontramos las distintas formas en que se ha traducido al castellano la palabra original (p. ej. «hacer burla», «burlarse», «deshonrar» etc...). A continuación, busca cada una de las palabras de esta lista en la sección central de la concordancia y considera el contexto.[35] Al considerar el contexto del término hebreo transliterado tsakjac (Strong 6711), puede aparecer una variedad de significados parecida a la que sigue:

a. reírse expresando duda e incredulidad (p. ej., Gen 18:13: «Y el SEÑOR dijo a Abraham: ¿Por qué se *rió* Sara, diciendo: '¿Concebiré en verdad siendo yo tan vieja?'»)
b. reírse expresando gozo por un positivo cambio de circunstancias llevado a cabo por Dios (p. ej., Gen 21:6: «Y dijo Sara: Dios me ha hecho *reír*; cualquiera que lo oiga se reirá conmigo.»)
c. acariciar físicamente (p. ej., Gén 26:8: «Y sucedió que después de haber estado allí largo tiempo, Abimelec, rey de los filisteos, miró por una ventana, y he aquí, vio a Isaac *acariciando* a Rebeca su mujer.»)
d. ridiculizar o burlarse de (p. ej., Gen 21:9: «Y Sara vio al hijo que Agar la egipcia le había dado a luz a Abraham *burlándose* de su hijo Isaac...»)
e. deleitarse o jugar, quizá de un modo inmoral (p. ej., Ex. 32:6: «Y al día siguiente se levantaron temprano y ofrecieron holocaustos y trajeron ofrendas de paz; y el pueblo se sentó a comer y a beber, y se levantó a *regocijarse*.»)
f. bromear (p. ej., Gen 19:14: «Y salió Lot y habló a sus yernos que iban a casarse con sus hijas, y dijo: Levantaos, salid de este lugar porque el Señor destruirá la ciudad. Pero a sus yernos les pareció que *bromeaba*.»)
g. entretener (p. ej., Jue 16:25: «Y sucedió que cuando estaban alegres, dijeron: Llamad a Sansón para que nos divierta. Llamaron, pues, a Sansón de la cárcel, y él los *divertía*. Y lo pusieron de pie entre las columnas.»)

¿Alguna suposición respecto a la categoría a la que pertenece la expresión "hacer burla de" en Génesis 39:14?

En resumen, antes de poder decidir lo que significa la palabra objeto de estudio, hemos de determinar lo que *podría* significar. Hemos

---

[35] Una obra que puede ayudarnos a realizar esta operación con mucha rapidez es el libro escrito por John R. Kohlenberger III, Edward R. Goodrick, y James A. Swanson, *The Greek-English Concordance to the New Testament* (Grand Rapids: Zondervan, 1998). En español tenemos la *Concordancia Exhaustiva* de Strong, ed Caribe, 2003.

de utilizar una concordancia exhaustiva para encontrar la palabra original griega o hebrea y ver sus definiciones y traducciones en castellano. Luego hemos de utilizar de nuevo la concordancia para verificar el contexto que rodea la palabra. Ahora ha llegado el momento de decidir lo significa, de hecho, en el contexto del pasaje.

Decide el sentido de la palabra en el contexto

En vista del contexto, lo primero que hemos de hacer es seleccionar de entre todos los significados posibles aquel que mejor encaja. Vale la pena repetir lo que se ha dicho antes acerca de la importancia del contexto: ¡El contexto determina el significado de las palabras! Cuando hablamos de contexto nos referimos a todo lo que rodea la palabra que estamos estudiando, es decir, el párrafo que contiene el término, el tema, el argumento del autor o el desarrollo del pensamiento, así como también los factores externos como la situación histórica del autor y los primeros receptores.

Una de las formas más seguras de permitir que sea el contexto el que guíe nuestra decisión es utilizando lo que se conoce como «círculos de contexto» (presentamos un diagrama que ilustra los círculos de contexto de cualquier palabra del Nuevo Testamento; el mismo principio se aplica también al estudio de las palabras del Antiguo Testamento).

Cada círculo representa obviamente un nivel de contexto. En general, cuanto más cerca está el círculo del centro, mayor es la influencia que este elemento habría de tener en tu decisión respecto al sentido de la palabra en cuestión. Cuando intentamos decidir el significado de una palabra del Nuevo Testamento, por ejemplo, normalmente concederemos más peso a los escritos del mismo autor (y, en especial, al contexto inmediato de la palabra) que a su uso en otros lugares del Nuevo Testamento. Todo esto se basa en la idea de que, para descubrir el significado de un término, hemos de considerar en primer lugar el uso que le da el autor.

Con la utilización de los círculos del contexto la meta es iniciar el estudio en el contexto inmediato y seguir hasta encontrar la respuesta. Rara vez será necesario ir más allá del círculo del «mismo autor» para encontrar el significado de la palabra en cuestión.

Lo más probable (y lo que cabe esperar) es que la mayor parte de nuestro trabajo se desarrolle en los círculos de contexto más pequeños (i.e., los demás escritos del mismo autor). Recordemos que nuestro propósito al hacer estudios de palabras es intentar entender lo más

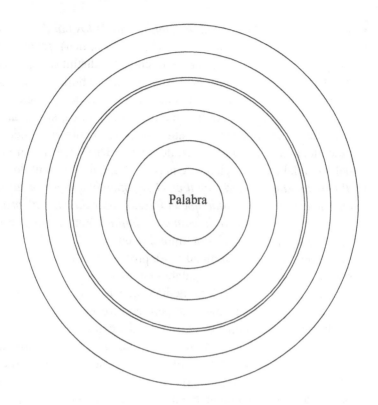

exactamente posible lo que el autor quería decir al utilizar una cierta palabra en un contexto específico. No podemos detenernos en nuestro estudio cuando conocemos los posibles significados de una palabra. Hemos de avanzar y elegir el significado más probable en el contexto que estamos estudiando. Cuando se trata de decidir el significado más probable de la palabra en su contexto, las siguientes preguntas pueden ser de gran utilidad.

• *¿Existe algún contraste o comparación que parece definir la palabra?* Por ejemplo, Efesios 4:29 dice: No salga de vuestra boca ninguna palabra mala [corrupta, malsana] sino solo la que sea buena para edificación, según la necesidad del momento, para que imparta Gracia a los que escuchan. El contraste que se establece en el contexto inmediato entre palabras «malas o malsanas» y aquellas que edifican a las personas y les benefician nos ayuda a entender el sentido de la expresión «palabra mala» como cualquier clase de lenguaje (no solo el irreverente o blasfemo) que deteriora las relaciones personales.

- *¿Dicta el tema del pasaje algún significado de las palabras?* Volvamos al ejemplo de Génesis 39 «hacer burla de»), ¿cuál de las categorías crees que es la correcta entre las distintas posibilidades de traducción del término? Aunque «hacer burla de» se parece mucho al sentido (d) («ridiculizar o burlarse de»), el tema que se está desarrollando en el contexto inmediato es, sin duda, de naturaleza sexual. ¿Acaso el autor tiene en mente el sentido (c) («acariciar físicamente»)? Lee de nuevo Gen 39:14–15 en vista del tema del pasaje y plantéate la posibilidad de este sentido.

- *¿Puede ayudar a decidir cual es el significado que mejor encaja en este contexto el sentido que el mismo autor da a la palabra en otro pasaje (o pasajes) de contexto similar?* Por ejemplo, si estamos estudiando la palabra «mundo» en Juan 3:16 («Porque de tal manera amó Dios al mundo...»), probablemente es interesante saber que Juan utiliza esta palabra en otros pasajes. Para ahorrar tiempo podemos decir de inmediato que Juan utiliza el término «mundo» de distintas maneras, pero con frecuencia lo hace para aludir a los seres humanos en su rebeldía contra Dios, a aquellos que se oponen a Dios y a sus propósitos. Es muy probable que en Juan 3:16 el apóstol esté utilizando «mundo» también en este sentido. Cuando se nos dice que Dios amó tanto al «mundo», no hemos de pensar meramente en el cariño que Dios siente por su creación física, sino en su disposición a enviar a su Hijo para que muriera por aquellos que le menosprecian. El conocimiento de los usos que Juan da al término «mundo» nos ofrece hermosos destellos del abnegado y sacrificado corazón de Dios.

- *¿Sugiere algún significado para el término el argumento que el autor desarrolla en su libro?* En ocasiones, el argumento del autor (o el desarrollo de su pensamiento) afectará nuestra decisión acerca de cuál es el sentido del término en cuestión. En Gálatas 3:4 Pablo plantea a los gálatas una incisiva pregunta: «Tanto habéis padecido por nada...?» (NIV). La palabra griega que se traduce como «padecido» (*pascho*) puede significar tanto (a) experiencias negativas (i.e., sufrimiento) como (b) experiencias positivas. En el Nuevo Testamento este término conlleva casi siempre el sentido negativo de sufrimiento, como es el caso de las otras seis veces que Pablo lo utiliza (1 Cor 12:26; 2 Cor 1:6; Fil 1:29; 1 Ts 2:14; 2 Ts 1:5; 2 Tim 1:12). Sin embargo, el argumento que Pablo desarrolla en Gálatas parece demandar el segundo significado. Si estudiáramos la epístola a los Gálatas de un modo concienzudo, observaríamos que en esta sección Pablo recuerda a sus receptores su positiva experiencia del Espíritu, y en los versículos que rodean nuestro texto se hace referencia al don de Dios de su Espíritu y a los milagros que Él lleva a cabo. Por tanto, Pablo les pregunta si están abandonando sus maravillosas experiencias espirituales por nada. Teniendo en cuenta el argumento que elabora el autor en el contexto inmediato, parece preferible la traducción que la NRSV hace del término *pascho* como «experimentar»: «¿Acaso experimentasteis tantas cosas en vano...?».

* *¿Se observa que la situación histórica dirige las pruebas en una dirección determinada?* En ocasiones, el contexto histórico puede favorecer especialmente alguna opción particular. A los cristianos de Filipos Pablo les escribe: «comportaos de una manera digna del evangelio de Cristo» (1:27). El verbo principal que se traduce como «comportaos» (*politeuomai*) tiene probablemente connotaciones políticas que Pablo utiliza para conectar con los filipenses. Los ciudadanos de Filipos se enorgullecían de manera especial de su posición como ciudadanos de una colonia romana. Los cristianos de esta ciudad compartían probablemente este orgullo social. Lo que Pablo parece estar diciendo a los filipenses es que se esfuercen en vivir como ciudadanos del cielo en su ciudad y no como meros vecinos de una colonia romana. ¡El verdadero Señor no es César, sino Jesús! Conocer el trasfondo histórico puede, con frecuencia ser de gran ayuda para discernir el significado de una palabra.

Utilizando, pues, éstas y otras preguntas parecidas, hemos de seleccionar el significado que mejor encaja. En ocasiones, descubriremos que es posible darle más de un sentido, quizás hasta varios. Pero aun así hemos de decidir cuál de ellos es el que encaja mejor en el contexto. Hemos de resistirnos a la tentación de seleccionar un significado únicamente porque es más apasionante que los demás o porque se presta mejor que el resto a ser utilizado homiléticamente. ¿De qué sirve que uno de los significados sea muy cautivador si no se corresponde verdaderamente con el sentido que la Escritura quiere darle? Cuando llegue el momento de decidirnos por un sentido en concreto, hemos de recordar que la interpretación siempre conlleva un elemento de subjetividad. Por tanto, hemos de llevar a cabo nuestras decisiones interpretativas con humildad y defenderlas del mismo modo. Podemos estar equivocados. No sería la primera vez que sucede.

Antes de pasar al estudio de la palabra «presentar» en Romanos 12:1, hay una cosa más que se puede hacer para escoger el posible significado, el que mejor encaja en el contexto, nos referimos a considerar la opinión de los expertos.

Como último paso del proceso y con el fin de confirmar nuestro propio estudio y profundizar en nuestra comprensión de las palabras, podemos consultar las obras publicadas de esta clase de estudios. En muchos casos no es necesario saber hebreo o griego para acceder a estos recursos. En ocasiones se pueden utilizar directamente los números de Goodrick y Kohlenberger, en otras habrá que convertirlos a la numeración de Strong. El lector inglés solo puede acceder a ciertos recursos a través de programas específicos de software (ver la nota acerca de las «Herramientas Informáticas»). Recomendamos las obras siguientes como recursos dignos de confianza.

Para estudios de palabras del Antiguo Testamento

The New Brown-Driver-Briggs-Gesenius Hebrew and English Lexicon with an Appendix Containing Biblical Aramaic. Peabody, Mass.: Hendrickson, 1979. Codificado según la numeración de Strong y en un formato con el que puede ser un poco difícil trabajar.

Harris, R. L., et al., eds. *Theological Wordbook of the Old Testament.* 2 vols. Chicago: Moody, 1980. Codificado según la numeración de Strong.

Jenni, Ernst, y Claus Westermann, eds. *Theological Lexicon of the Old Testament.* 3 vols. Peabody, Mass.: Hendrickson, 1997.

Strong, James, *Nueva Concordancia Exhaustiva de la Biblia*, Caribe, 2003.

VanGemeren, Willem, gen. ed. *New International Dictionary of Old Testament Theology and Exegesis.* 5 vols. Grand Rapids: Zondervan, 1997. Codificado según la numeración de Goodrick y Kohlenberger.

Para estudios de palabras del Nuevo Testamento

Balz, Horst, y Gerhard Schneider, eds. 4 vols. *Exegetical Dictionary of the New Testament.* Grand Rapids: Eerdmans, 1993.

Bauer, Walter, ed. *A Greek-English Lexicon of the New Testament and Other Early Christian Literature.* 3rd ed. Revised and edited by Frederick W. Danker. Chicago: Univ. of Chicago Press, 2000.

Louw, Johannes P., y Eugene A. Nida. *A Greek-English Lexicon of the New Testament Based on Semantic Domains.* 2nd ed. 2 vols. New York: United Bible Societies, 1989.

McKibben, Stockwell y Rivas, *Nuevo Léxico Griego Español del Nuevo Testamento,*Casa Bautista de Publicaciones, 1978.

Peter, Hugo M., *Nueva Concordancia Greco-Española del Nuevo Testamento.*, Ed mundo Hispano, 1976.

Spicq, Ceslas. *Theological Lexicon of the New Testament.* 3 vols. Peabody, Mass.: Hendrickson, 1994.

Strong, James, *Nueva Concordancia Exhaustiva de la Biblia,* Caribe, 2003

Verbrugge, Verlyn D., ed. *The New International Dictionary of New Testament Theology.* Abridged ed. Grand Rapid: Zondervan, 2000. Codificado según la numeración de Goodrick y Kohlenberger.

Nota acerca de las herramientas informáticas

Hay toda una serie de paquetes de software que incluyen recursos para el estudio de palabras (p. ej., el de *Logos*). El acceso informático a esta clase de herramientas representa un maravilloso ahorro de tiempo que, sin embargo, no garantiza que los resultados sean dignos de confianza. Recomendamos encarecidamente que se siga siempre el mismo método de estudio: En primer lugar, determinar el posible significado del término (i.e., su variedad semántica) y, a continuación, decidir lo que significa en su contexto particular. Puesto que es el contexto y no la definición de un diccionario lo que determina el significado de las palabras, es importante que la consulta de las obras de referencia sea siempre el último paso. Si se tiene acceso a recursos informáticos, el desarrollo del estudio será mucho más rápido.

Un estudio de palabra: «presentar» en Romanos 12:1

El propósito de esta sección es llevar a cabo un ejemplo completo de lo que acabamos de explicar.

1. Escoge las palabras con cuidado

Tras una lectura de Romanos 12:1–2, seleccionamos el término "presentéis" para hacerlo objeto de un estudio más detallado puesto que se trata de una palabra crucial para nuestra comprensión del pasaje. En

211

vista de la misericordia de Dios, ¿qué es exactamente lo que hemos de hacer? Hemos de "presentar" nuestros cuerpos a Dios. Conocer mejor el significado de este verbo clave nos ayudará a entender cómo hemos de responder a Dios en vista de todo lo que Él ha hecho por nosotros.

2. Determina lo que podría significar «presentar».
Utilicemos la concordancia para encontrar la gama de significados del término. Busquemos la palabra «presentar» en la *Nueva Concordancia Strong Exhaustiva* y localicemos el número que se le ha asignado.

PRESENTAR

Mt. 5:24	y entonces ven y *presenta* tu...4374	
Mt. 14:11	la cabeza... y ella la *presentó* a su madre.............................5342	
Lc. 2:22	le trajeron...para *presentarle* al Señor................................3936	
Hch. 23:33	*presentaron* también a Pablo delante de...............................3936	
Ro. 6:13	tampoco *presentéis* vuestros miembros..............................3936	
1 Co. 4:6	lo *he presentado* como ejemplo en mí..................................3345	
Ef. 5:27	a fin de *presentársela* a sí mismo, una................................3936	
2 Ti. 2:15	procura...*presentarte* a Dios aprobado...............................3936	
He. 5:1	para que *presente* ofrendas y sacrificios..............................4374	

3936. paristemi estar junto a, i. e. (trans.) exhibir, proferir, (espec.) recomendar (fig.) substanciar; o (intr.) estar a mano (o listo), ayudar:- acepto, ayudar, comparecer, dar, lado, poner, presentar, presente, probar, rodear, someter.

Puesto que la palabra castellana «presentar» es la traducción de una palabra griega, hemos de buscar su número, el *3936* en el «Diccionario de palabras griegas» al final de la Concordancia. Esta entrada nos muestra las distintas formas en que la palabra griega *paristemi* se utiliza en el Nuevo Testamento. Mirando el contexto de cada ocasión en que aparece este término podemos recopilar la gama de significados de esta palabra:

a. Poner algo a la disposición de alguien, ofrecer (p. ej., Mat. 26:53: «¿O piensas que no puedo rogar a mi Padre, y El *pondría a mi disposición* ahora mismo más de doce legiones de ángeles?»)

b. Llegar, venir (p. ej., Mr 4:29: «Y cuando el fruto lo permite, él enseguida mete la hoz, porque *ha llegado* el tiempo de la siega».)

c. Apoyar, estar presente (p. ej., Mr 14:47: «Pero uno de los que *estaban allí*, sacando la espada, hirió al siervo del sumo sacerdote y le cortó la oreja».)

d. Presentar una persona a otra (p. ej., Luc 2:22: «Cuando se cumplieron los días para la purificación de ellos, según la ley de Moisés, le trajeron a Jerusalén para presentarle al Señor».); observa también que, en ocasiones, la persona en cuestión se presenta como algo (p. ej., Col 1:22: «sin embargo, ahora Él os ha reconciliado en su cuerpo de carne, mediante su muerte, a fin de presentaros santos, sin mancha e irreprensibles delante de Él».)

e. Estar en contra, adoptar la posición de enemigo (p. ej., Hch 4:26: «se presentaron los reyes de la tierra, y los gobernantes se juntaron a una contra el Señor y contra su Cristo»).

f. Probar o demostrar (p. ej., Hch 24:13: «Ni tampoco pueden probarte de lo que ahora me acusan»).

g. Comparecer ante un juez (p. ej., Hch 27:24: «No temas, Pablo; has de comparecer ante el César»).

h. Ayudar (p. ej., Rom 16:2: «que la recibáis en el Señor de una manera digna de los santos, y que la ayudéis en cualquier asunto en que ella necesite de vosotros, porque ella también ha ayudado a muchos y aun a mí mismo»).

i. Acercarnos o hacernos aceptos (p. ej., 1 Cor 8:8 «Pero la comida no nos hace más aceptos a Dios, pues ni somos menos si no comemos, ni somos más si comemos»).

3. Decide el sentido de la palabra en el contexto

Hemos de considerar cuidadosamente el uso del término *paristemi* en Romanos 12:1. Al inicio del capítulo 12 Pablo comienza a hablar de cuál ha de ser el modo en que los cristianos han de responder a su experiencia de la misericordia de Dios en Cristo (que se detalla en los capítulos 1–11). La expresión «por consiguiente» (RV 60 «Así que») señala esta transición del fundamento teológico de los capítulos 1–11 a la exhortación de los capítulos 12–15. Se nos insta a responder a Dios presentando u ofreciendo nuestros cuerpos como un sacrificio.

De los posibles significados de *paristemi* que se han enumerado antes, el contexto sugiere o bien el sentido (a) «poner algo a la disposición de alguien, ofrecer» o el (d) «presentar una persona a otra». Se trata de significados estrechamente relacionados y, por tanto, es difícil determinar cuál de ellos es mejor. Volvamos de nuevo al contexto. En Romanos esta palabra se utiliza en otros lugares en 6:13, 16, 19; 14:10; y 16:2. Los paralelismos entre el uso de esta palabra en el capítulo 12 y su uso en el capítulo 6 son estrechos. En ambos casos se insta a que las personas entreguen sus cuerpos para servir a algún poder. Puesto que el término «cuerpo» probablemente alude aquí a la persona total y no solo al cuerpo físico, el sentido (d) parece el mejor, es decir, nos presentamos/entregamos a Dios.

También hemos de prestar particular atención a la imaginería del sacrificio que encontramos en el capítulo 12, una imaginería que no está presente en el capítulo 6. En 12:1 se nos exhorta a que ofrezcamos nuestros cuerpos como sacrificio. Puesto que Cristo ha cumplido plenamente las demandas del sistema de sacrificios del Antiguo Testamento, los cristianos ya no ofrecemos sacrificios literales como parte de nuestra adoración. Lo que hacemos ahora es ofrecer constantemente todo nuestro ser a Dios como sacrificio, un sacrificio que es vivo, santo y agradable a Él.

Dios se entregó completamente a nosotros por medio del sacrificio extraordinario y definitivo de su Hijo, Jesucristo. Nuestra adoración a Dios consiste en la entrega de nuestro ser (cuerpo incluido) a Él. En el texto se implican dos clases de sacrificio: Él murió por nosotros y, por tanto, ¡hemos de vivir para Él!

A fin de de verificar nuestro trabajo, podemos examinar lo que dice una obra dedicada a los estudios de palabras acerca del término «presentar» (*paristemi*). En este caso utilizaremos la entrada de esta palabra que aparece en el *Léxico Griego-Español del Nuevo Testamento*, McKibben, Stockwell, Rivas. Casa Bautista de Publicaciones, Barcelona, 1978)

```
218            LEXICO GRIEGO-ESPAÑOL

3929  πάρεσις, -εως, ἡ, el pasar por alto, disimulo (T): Rom 3²⁶.*
      V. ἄφεσις.
3930  παρ-έχω, doy, proveo: Hch 16¹⁶ 17³¹, 1 Tim 6¹⁷; doy, pre-
      sento: Lc 6²⁹; muestro: Hch 28²; guardo, presto: Hch
      22²; med., me muestro: Tito 2⁷; concedo, otorgo, Lc
      7⁴... (16 veces).
3931  παρηγορία, -ας, ἡ, consuelo: Col 4¹¹. *
3932  παρθενία, -ας, ἡ, virginidad: Lc 2³⁶.*
3933  παρθένος, -ου, ἡ.virgen, doncella: Mt 1²³ (S) 25¹ ⁷ ¹¹, Lc 1²⁷,
      Hch 21⁹ 1 Cor 7²⁵⁻³⁸, 2 Cor 11², Ap 14⁴.*
3934  Πάρθος, -ου, ὁ, Parto: Hch 2⁹.*
3935  παρ-ίημι, omito: Lc 11⁴²; part. perf. pas., caído: Heb 12¹²
      (S).*
3936  παρ-ιστάνω, παρ-ίστημι,tr., presento, pongo: 2 Cor 4¹⁴, Rom
      6¹³ ¹⁹ 12¹; me presento, muestro: Hch 1³; pruebo: Hch
      24¹³; intr., me pongo junto o delante: Hch 1¹⁰ 9³⁹ (ro-
      deo) 23²; part., el que estaba allí: Mc 14⁴⁷, Jn 18²²;
      comparezco, soy presentado: Hch 27²⁴; estoy (presente),
      asisto: Lc 1¹⁹ 19²⁴, Hch 4²⁶ (S); ayudo: Rom 16², 2
      Tim 4¹⁷... (41 veces).
3937  Παρμενᾶς, ᾶ, ὁ, Parmenas: Hch 6⁵.*
3938  πάρ-οδος, -ου, ἡ, paso: 1 Cor 16⁷.*
3939  παρ-οικέω, -ῶ,habito.peregrino,moro como advenedizo: Heb
      11⁹; soy peregrino o forastero: Lc 24¹⁸.*
```

Conclusión

Las palabras son los ladrillos del lenguaje que se van conectando como pequeñas piezas de un rompecabezas para dar vida a una imagen más amplia. Cuando entendemos el significado de las palabras, podemos captar el sentido de los pasajes. No obstante, como ya hemos visto en este capítulo, el significado de las palabras lo determina el contexto que las rodea. El contexto determina el significado de las palabras de igual modo que este significado contribuye a la formación del contexto. Cuando llevamos a cabo estudios de palabras, podemos ver con toda claridad la dinámica interacción entre las partes y el todo.

Hemos comenzado el capítulo presentando algunas de las falacias más comunes por lo que respecta a los estudios de palabras. Esperamos que la información de este capítulo te ayude a evitar tales errores. A continuación, hemos aprendido a localizar aquellas palabras que requieren un estudio posterior y a estudiar las palabras griegas o hebreas con la ayuda de una concordancia. El proceso es sencillo aunque, eso sí, lleva su tiempo: (1) Determinar los posibles significados del término, y (2) decidir su sentido más probable en su contexto. Por último, hemos propuesto la valoración de nuestro trabajo consultando a los expertos. Hemos terminado con el ejemplo de la palabra «presentar» que se utiliza en Romanos 12:1. Ahora te toca a ti intentarlo.

Deberes

Deber 8-1: Ejercicios con la concordancia

1. Utiliza la concordancia para responder a las siguientes preguntas acerca de Hechos 1:8.

   a. Escribe la forma transliterada en castellano de la palabra que se traduce como «poder» en el libro de los Hechos 1:8: _____ _____.

   b. ¿Cuántas veces aparece en el Nuevo Testamento esta palabra? _____.

   c. Haz una lista de todos los pasajes del libro de los Hechos que traducen esta palabra como «poder».

   d. Haz una lista de los pasajes del libro de los Hechos que traducen esta palabra como «milagros».

2. Utiliza la concordancia para responder a las siguientes preguntas acerca de Éxodo 4:21.

   a. Escribe la forma transliterada en castellano de la palabra que se traduce como «poder» en Éxodo 4:21: _____.

   b. ¿Cuántas veces aparece esta palabra en todo el Antiguo Testamento? _____

   c. Haz una lista de los pasajes de Éxodo que traducen esta palabra como «poder».

3. La NIV utiliza el término «juzgar» en 1 Corintios 4:3, 5; 6:5. ¿Se utiliza siempre la misma palabra en griego? Escribe la transliteración en castellano de las tres palabras griegas que se traducen como «juzgar» en estos tres pasajes.

4. Utiliza la concordancia para responder a las siguientes preguntas acerca de la palabra «esperanza»:

   a. Pablo utiliza esta palabra en Romanos 4:18. ¿Cuántas veces en total utiliza esta misma palabra en sus cartas? _____

   b. ¿Cuántas veces se utiliza esta palabra en Mateo, Marcos, y Lucas? _____

   c. ¿Es la misma palabra que en 1 Corintios 13:13 se traduce «esperanza»?

Deber 8-2

Supongamos que estás estudiando el Sermón del Monte (Mateo 5–7) y te llama la atención el verbo «afanarse» que aparece repetidamente en el capítulo 6, tanto que decides estudiar con mayor profundidad el sentido de este verbo.

1. Utiliza la concordancia para encontrar la palabra griega que se traduce como "afanéis" en Mateo 6:25. Busca, pues, el verbo «afanarse» en la primera parte de la concordancia. Busca «Mt 6:25» en la columna izquierda y mira el número que aparece a la derecha. ¿Cuál es el número Strong de la palabra que se traduce como «afanéis» en Mateo 6:25?

2. Ahora busca este número en el «Diccionario de palabras griegas» que se encuentra al final de la concordancia. Recuerda que utilizamos el «Diccionario de palabras hebreas y arameas» para las palabras del Antiguo Testamento y el «Diccionario de palabras griegas» para las del Nuevo Testamento. ¿Cuál es la palabra griega que está junto al número? Escribe la palabra en su forma transliterada _____ (No te preocupes por la ortografía.)

3. Haz una lista de todas las palabras en español con que la RV 60 traduce la palabra griega original.

   • _____
   • _____
   • _____
   • _____
   • _____
   • _____
   • _____

4. Busca, a continuación, cada una de las traducciones que has enumerado en la primera parte de la concordancia y encuentra el capítulo y versículo en que aparece la palabra griega. Por ejemplo, la RV60 traduce esta palabra griega como "afanarse" nueve veces. Completa ahora la tabla siguiente buscando cada una de las traducciones:

• "afanarse" (9 veces): Mateo 6:25, 27, 28, 31, 34; Luc 10:41; 12: 22, 25, 26

• _____ (número de veces)
• _____ (número de veces)
• _____ (número de veces)
• _____ (número de veces)
• _____ (número de veces)
• _____ (número de veces)

5. Ahora que sabes cómo traduce la RV60 esta palabra y en qué pasajes del Nuevo Testamento aparece, examina cada uno de los usos del término en su contexto a fin de identificar la gama de significados de este término. Todo esto tiene como objeto determinar lo que esta palabra podría significar antes de que puedas decidir lo que significa concretamente en Mateo 6:25. Este paso es probablemente el más importante, pero también el más difícil. La identificación del campo semántico de una palabra es todo un arte. ¡No tires la toalla! Sigue trabajando en ello y descubrirás que, con la práctica, se hace cada vez más fácil. Contesta las preguntas siguientes acerca de cómo se utiliza esta palabra en cada contexto a fin de trazar su gama de significados:

a. ¿Cuáles son las cosas acerca de las cuales se nos insta a no afanarnos en Mateo 6:25, 27, 28, 31, 34; Lucas 12:22, 25, 26?
b. ¿Cuál es el contexto de Mateo 10:19 y Lucas 12:11? ¿Se trata de una clase de afán diferente de la que se prohíbe en Mateo 6:25?
c. ¿A qué se contrapone el afán de Marta (Lucas 10:41)? ¿De qué modo ayuda este contraste a definir la naturaleza del afán de Marta?
d. En 1 Corintios 7 Pablo utiliza la palabra cuatro veces. Explica el contexto de este uso por parte del apóstol.
e. ¿Qué tienen en común los contextos de 1 Corintios 12 y Filipenses 2?
f. ¿Qué clase de afán tiene Pablo en mente en Filipenses 4? ¿Cómo lo sabes?

6. Basándote en tu breve estudio de la palabra tal como se utiliza en los distintos contextos, traza lo mejor que puedas la variedad se-

mántica de la palabra. Existen, al menos, dos sentidos fundamentales de este término y quizá otros dos más.

7. Decide ahora lo que, de hecho, significa la palabra griega que se utiliza en Mateo 6:25 y que se traduce por "afán". Selecciona una de las opciones de la gama semántica que has confeccionado en el paso 6 y explica por qué crees que el término tiene este significado en Mateo 6:25.

Deber 8-3
En este ejercicio vas a estudiar la palabra «meditar» que aparece en Josué 1:8, donde Dios le dice a Josué: «Este libro de la ley no se apartará de tu boca, sino que meditarás en él día y noche, para que cuides de hacer todo lo que en él está escrito».

1. Utiliza la concordancia para encontrar la palabra hebrea que se traduce como «meditar» en Josué 1:8. ¿Cuál es el número asignado a esta palabra?
2. Ahora busca este número en el «Diccionario de palabras hebreas y arameas» al final de la concordancia. ¿Cuál es la palabra hebrea que corresponde a este número? Escríbela en su forma transliterada. _____.
3. Haz una lista de las distintas formas en que la RV60 traduce esta palabra hebrea.
4. A continuación, busca todas las traducciones que antes has anotado en la primera parte de la concordancia y encuentra las citas en que se utiliza esta palabra hebrea. Haz una lista de estos versículos junto a cada uno de los usos.
5. Ahora que sabes con qué palabras traduce la RV60 el término hebreo, y en qué textos del Antiguo Testamento aparece, analiza cada uno de los versículos en su contexto a fin de identificar la gama de significados de esta palabra.
6. Basándote en tu breve estudio de la palabra tal como se utiliza en los distintos contextos, traza lo mejor que puedas su variedad semántica.
7. Decide ahora lo que de hecho significa la palabra hebrea que se utiliza en Josué 1:8. Selecciona una de las opciones de la gama semántica que has confeccionado en el paso 6 y explica por qué crees que el término tiene este significado en Josué 1:8.

Deber 8-4

Santiago 1:2–3 dice: «Tened por sumo gozo, hermanos míos, el que os halléis en diversas pruebas, sabiendo que la prueba de vuestra fe produce paciencia». Realiza un estudio completo (según las explicaciones y ejemplos de este capítulo) de la palabra que se traduce como «pruebas» en Santiago 1:2. Puesto que nosotros hemos dado el primer paso escogiendo la palabra, te toca a ti llevar a cabo el segundo y tercer paso del proceso: Determina los posibles significados de este término y decide lo que significa en este contexto.

Deber 8-5

Santiago 5:14 dice: «¿Está alguno entre vosotros enfermo? Que llame a los ancianos de la iglesia y que ellos oren por él, ungiéndole con aceite en el nombre del Señor». Realiza un los estudio completo de la palabra que se traduce como «enfermo» en la primera parte de Santiago 5:14.

9
Traducciones de la Biblia

Introducción

Para tu cumpleaños has recibido algunos regalos en metálico y quieres comprarte una Biblia nueva. Te acercas a la librería cristiana más cercana seguro de encontrar lo que buscas. Entras en la tienda y te diriges al departamento de Biblias para darte cuenta de inmediato de que dispones de una enorme cantidad de opciones. Allí encuentras *La Biblia de las Américas, La Nueva Versión Internacional, La Reina Valera, La Biblia «Precious Moments», La Biblia «Dios Habla Hoy», La Biblia «Mi Regalo» La Biblia Devocional para la Mujer NVI, La Biblia de Estudio, La Biblia Clásica con Referencias Reina Valera 1909, La Biblia de Estudio Arco Iris, La Biblia del Ministro RV60, La Biblia del Diario Vivir, La Biblia Extreme del Joven Radical, La Biblia Juvenil* y otro montón de opciones. No tenías ni idea de que comprar una Biblia fuera algo tan complicado. ¿Qué hacer?

Lo primero que hay que saber cuando se trata de comprar una Biblia es que hay una gran diferencia entre la versión o traducción del texto bíblico y el formato que la editorial utiliza para comercializar la Biblia. Las características de la presentación como las notas de estudio, los artículos introductorios y las reflexiones devocionales son a menudo útiles, pero no forman parte del texto traducido de los documentos originales. Para escoger una Biblia, al margen del formato que se le haya dado por razones de mercadotecnia, hemos de saber cuál es la traducción del texto bíblico que se utiliza. Este capítulo trata de las traducciones de la Biblia, no de los aspectos peculiares de formato.

Hemos dedicado un capítulo a las traducciones de la Biblia porque la necesidad de traducción es algo inevitable. Dios se ha revelado a sí mismo y ha comisionado a su pueblo para que comunique a los demás el contenido de esta revelación. A no ser que todo el mundo estuviera dispuesto a aprender hebreo y griego (los idiomas originales de la Biblia) la traducción será absolutamente necesaria. Traducir no es más que transferir el mensaje de un idioma a otro. No deberíamos pensar que la traducción es algo malo, puesto que a través de las traducciones podemos escuchar lo que Dios ha dicho. En otras palabras, las traducciones son necesarias para que aquellos que no hablan ni griego, ni hebreo puedan entender lo que Dios dice en su Palabra.

Comenzaremos nuestra exposición acerca de la traducción de la Biblia con algunos datos acerca del modo en que la Biblia ha llegado hasta nosotros. A continuación, dirigiremos nuestra atención a evaluar los dos principales acercamientos para traducir la Palabra de Dios. Puesto que una pregunta muy frecuente entre los estudiantes de la Biblia es «¿cuál es la mejor traducción?», concluiremos este capítulo con algunas directrices para escoger una traducción.

¿Cómo ha llegado hasta nosotros la Biblia?

Son los niños quienes plantean las preguntas teológicas más difíciles. Una noche despues de la cena, después de escuchar un relato bíblico acerca de la torre de Babel, Meagan Duvall (de cinco años por aquel entonces) preguntó: «Quién escribió la Biblia?» ¡Qué pregunta! El interrogante de Meagan forma parte de hecho de una pregunta más amplia: «¿Cómo ha llegado hasta nosotros la Biblia?» o «de dónde procede nuestra Biblia en castellano?» Puesto que la Biblia no se escribió originalmente en español, es importante entender el proceso que Dios ha utilizado para poner la Biblia en nuestras manos. A continuación tenemos una tabla que ilustra el proceso de la inspiración, transmisión, traducción e interpretación.

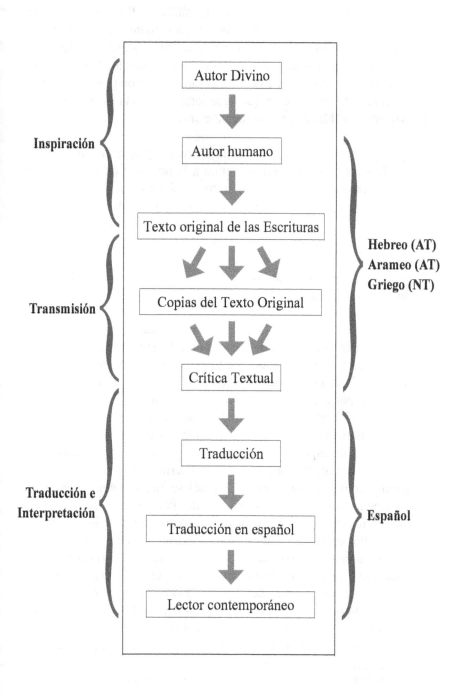

Antes ha quedado en el aire la respuesta que Scott dio a la pregunta de su hija Meagan. Utilizando el lenguaje de un niño de cinco años, intentó explicarle que fue Dios quien escribió la Biblia y que, para hacerlo, utilizó a muchas personas. La Biblia es, por completo, la Palabra de Dios (autoría divina) y sin embargo, al mismo tiempo es obra de autores humanos. La explicación que hace John Stott de la autoría divina y humana de la Biblia es especialmente clara:

¿De qué boca procede entonces la Escritura? ¿De la de Dios o de la del hombre? [Se parece muchísimo a la pregunta de Meagan.] La única respuesta bíblica es «de ambas». Ciertamente, Dios habló de tal manera a través de los autores humanos de la Biblia que las palabras de ellos fueron al tiempo las suyas, y las suyas las de ellos. En esto consiste la doble autoría de la Biblia. Las Escrituras son igualmente la Palabra de Dios y las palabras de seres humanos. Mejor aún, son las Palabras de Dios que nos llegan por medio de las palabras de seres humanos.[36]

Dios obró por medio de diferentes autores humanos con sus distintos trasfondos, personalidades, contexto cultural, estilo literario, compromisos de fe, etcétera, de modo que lo que éstos escribieron fue la inspirada Palabra de Dios. Como le dijo Pablo a Timoteo, «Toda Escritura es inspirada por Dios y útil para enseñar, reprender, corregir e instruir en justicia» (2 Tim 3:16). El fruto de la obra que Dios realizó a través de autores humanos fue un texto original inspirado.

Como era de esperar, llegado el momento fue necesario hacer copias de los documentos originales de la Escritura (nos referimos a los originales como los autógrafos). Después se hicieron copias de aquellas primeras copias, y así sucesivamente. Por ello, aunque los autógrafos ya no existen, sí poseemos numerosas copias de los libros de la Biblia. Por ejemplo, en nuestros días existen más de cinco mil manuscritos (documentos copiados a mano) de todos los libros del Nuevo Testamento. Respecto al Antiguo Testamento, en 1947 se descubrieron un buen número de manuscritos hebreos en las cuevas de Qumrán cerca del Mar Muerto. Los Rollos del Mar Muerto (así se les llama), contienen porciones de casi todos los libros del Antiguo Testamento. Antes del descubrimiento de los Rollos, los manuscritos más antiguos del An-

---

[36] John Stott, *El cristiano contemporáneo* (Ed. Nueva Creación, 1995).

tiguo Testamento databan del siglo noveno dC. En otras palabras, algunas de las copias que se encontraron en 1947 eran mil años más antiguas que cualquiera de los documentos conocidos hasta entonces. Por supuesto, antes de que se inventara la imprenta en el siglo XV, todas las copias se realizaban a mano. Como bien sabe todo aquel que haya intentado copiar a mano alguna extensa porción de texto, es relativamente fácil cometer errores. A pesar de su proverbial meticulosidad en la tarea de copiar la Escritura, los escribas, que eran los encargados de esta tarea, cometían errores ocasionales. De vez en cuando omitían alguna letra o hasta alguna línea completa de texto, escribían mal alguna palabra, o invertían el orden de los carácteres. Es igualmente posible que, en ocasiones, algún escriba hubiera retocado intencionadamente el texto para hacerlo más comprensible o teológicamente «correcto».

Por ello, las copias que tenemos no son exactamente iguales. No existe la menor duda de que los escribas eran, en general, extremadamente cuidadosos, y podemos estar bien tranquilos en el sentido de que, una parte inmensa del texto bíblico no presenta dudas textuales.[37] No obstante, sí existen ciertas diferencias entre las copias, y hemos de intentar determinar cuáles son las lecturas que más probablemente reflejan el texto original. Esta responsabilidad recae sobre la disciplina conocida como Crítica Textual.

La Crítica (o Análisis) Textual es una disciplina técnica que trabaja comparando las diferentes copias del texto bíblico a efectos de determinar cuál era el texto original. El trabajo de los críticos textuales es fundamental para la posterior tarea de la traducción bíblica, puesto que el interés primordial de cualquier traductor debería ser tener la máxima seguridad de que lo que está traduciendo es el verdadero texto bíblico. El trabajo de los mejores críticos textuales se presenta en las modernas «ediciones críticas» de la Biblia. Para el Antiguo Testamento el texto crítico modelo es el de *La Biblia Hebraica Stuttgartensia* (*BHS*). Por lo que al Nuevo Testamento se refiere los textos de referencia son la última edición del *Nuevo Testamento Griego* de las Sociedades Bíblicas Unidas (*GNT*) o el *Novum Testamentum Graecede* de Nestle-Aland. Estas ediciones críticas representan el mejor consenso del mundo académico respecto a los autógrafos, y forman la base para casi todas las traducciones modernas.

---

[37] Klein, Blomberg, y Hubbard, *Biblical Interpretation*, 72, concluyen que: «Es posible reconstruir sin ningún género de dudas al menos un 97 por ciento del Nuevo Testamento original, si no más, a partir de los manuscritos existentes. El porcentaje del texto veteroestamentario es un poco inferior, quizá solo un 90 por cien».

Es ahora cuando un traductor (o, generalmente, un comité de traducción) comenzará a traducir la Biblia a partir de los idiomas de origen (hebreo, arameo, o griego) al idioma de destino (en nuestro caso, el castellano moderno). Y aquí es donde nosotros entramos en escena. Como lectores tomamos la Biblia traducida a nuestro idioma y comenzamos a leerla e interpretarla.

Piensa por un momento en todo lo que ha sucedido antes de que podamos captar una sola frase del texto en nuestro idioma. Dios habló a través de autores humanos que redactaron el texto original. Los originales fueron copiados una y otra vez. Los analistas textuales trabajan para determinar cuál era el texto más cercano al original y compilar una edición crítica moderna de los textos del Antiguo y del Nuevo Testamento. A continuación, son los traductores quienes se ponen a trabajar para expresar el sentido del texto bíblico antiguo en nuestro idioma de modo que podamos oír al Señor hablándonos a través de su Palabra[38].

Acercamientos a la traducción de la Palabra de Dios

El proceso de la traducción es más complicado de lo que parece a primera vista.[39] Algunos piensan que lo único que hay que hacer es definir cada una de las palabras del texto en cuestión para después unir los distintos significados de las palabras. Este planteamiento asume que el idioma de origen (en este caso el griego o el hebreo) y el de destino (como, por ejemplo, el castellano) son exactamente iguales. ¡Ojalá las cosas fueran tan fáciles! De hecho, no hay dos idiomas que sean exactamente iguales. Observemos, por ejemplo, un versículo escogido al azar (del relato de la sanidad de un muchacho poseído por parte de Jesús [Mt. 17:18]). La traducción al castellano palabra

[38] Aquellos que deseen considerar un tratamiento completo de las traducciones de la Biblia al inglés pueden ver las siguientes obras: F. F. Bruce, *History of the Bible in English: From the Earliest Versions*, 3rd ed. (Nueva York: Oxford, 1978); David Ewert, *A General Introduction to the Bible: From Ancient Tablets to Modern Translations* (Grand Rapids: Zondervan, 1983); Paul D. Wegner, *The Journey from Texts to Translations: The Origin and Development of the Bible* (Grand Rapids: Baker, 1999); y David Daniel, *The Bible in English* (New Haven, Conn.: Yale, 2003). El lector español puede considerar el opúsculo de Le More Pablo E., *Traducciones de la Biblia, Reseña Teológica*, nº 3, Unión Bíblica, y el de Estrada, David, *Transmisión de los documentos del Antiguo Testamento*, nº4, Unión Bíblica y *Transmisión de los documentos del Nuevo Testamento*, nº 2, Unión Bíblica.

[39] Ver la obra de G. Scorgie, Mark L. Strauss, y Steven M. Voth, eds., *The Challenge of Bible Translation* (Grand Rapids: Zondervan, 2003).

por palabra la hemos escrito debajo de una transliteración de la frase griega:

Kai epetimesen auto ho Iesous kai exelthen ap autou to daimonion
Y reprendió   ello el Jesús y   salió   de él el demonio

kai etherapeuthe ho pais   apo   tes horas ekeines
y fue sanado   el muchacho desde la hora   aquella

¿Hemos acaso de concluir que esta traducción de Mateo 17:18 es la más exacta porque presenta una versión literal del versículo, y mantiene también el mismo orden de las palabras griegas? ¿Es que tal vez una traducción es mejor cuando intenta equiparar cada una de las palabras del idioma de origen con un término correspondiente del idioma de destino? ¿Crees que una Biblia «traducida» de esta manera podría siquiera leerse?

El hecho de que no existan dos idiomas exactamente iguales hace de la traducción una tarea especialmente complicada. D. A. Carson identifica algunos de los rasgos que hace que un idioma sea distinto de otro:[40]

- No existen dos palabras que sean exactamente iguales. Como hemos aprendido en el capítulo dedicado a los estudios terminológicos, las palabras significan cosas diferentes en cada idioma. Incluso las palabras similares en significado difieren de algún modo entre sí. Por ejemplo, el verbo griego *phileo*, que a menudo se traduce como «amar», ha de traducirse «besar» cuando Judas da un beso a Jesús para traicionarle (Mt 26:48 en ambos KJV y la NIV).
- El número de palabras de los idiomas es distinto. Esto significa que es imposible asignar directamente una palabra del idioma de origen a otra del idioma de destino. Esta clase de rigurosa correspondencia facilitaría muchísimo las cosas pero, sencillamente, no es posible.
- Cada idioma vincula las palabras de manera distinta para formar sus expresiones, cláusulas, y oraciones gramaticales (la sintaxis es distinta). Esto significa que, entre cualquier par de idiomas, existen diferencias estructurales prestablecidas. Por ejemplo, en castellano tenemos el artículo indefinido («una, uno»), mientras que

---

[40] Lo siguiente es tan solo un resumen de algunas de las diferencias que comenta Carson en su obra *The Inclusive-Language Debate* (Grand Rapids: Baker, 1998), 48–51.

en griego no existe. En castellano los adjetivos puden ir tanto antes como después del sustantivo que modifican, y se vinculan al mismo artículo determinado (p. ej., «la gran ciudad»). En hebreo, sin embargo, los adjetivos van siempre después del sustantivo que modifican y llevan su propio artículo determinado (p. ej., «la ciudad, la grande»).

• Cada idioma tiene sus propias preferencias de estilo. En el griego culto se utilizan mucho los verbos en voz pasiva, mientras que en castellano se prefiere la voz activa. En la poesía hebrea se utiliza, en ocasiones, un patrón acróstico imposible de reproducir en castellano.

Puesto que los idiomas difieren en muchos sentidos, traducir no es un proceso simple ni mecánico. En materia de traducción, es erróneo asumir que *literal* equivale automáticamente a *exacto*. Una traducción más literal no es forzosamente más acertada o rigurosa; de hecho, puede que lo sea menos. ¿Cuál es la traducción más acertada o rigurosa: «y fue sanado el muchacho desde la hora aquella», «y al instante el muchacho fue sanado» (NASB) o «y el niño fue sanado desde aquel momento» (NET)?

Traducir es mucho más que encontrar palabras equivalentes y unirlas, es «reproducir el significado de un texto expresado en un idioma (el idioma de origen), de la manera más completa posible, en otro idioma (idioma de destino)».[41] La forma del idioma original tiene su importancia y los traductores han de respetarla siempre que sea posible, sin embargo ésta no ha de tener prioridad sobre el significado. Lo más importante es que el lector contemporáneo entienda bien el significado del texto original. Si el traductor puede reproducir el significado al tiempo que conserva la forma, mucho mejor. Traducir es complicado y los traductores han de tomar muchas veces decisiones difíciles entre dos maneras de decir algo igualmente buenas, pero distintas. Esto explica por qué existen distintos acercamientos a la traducción. Traductores y comités de traducción tienen diferencias de opinión respecto a los criterios para tomar las difíciles decisiones que se plantean en la traducción del texto bíblico, incluida la relación entre forma y significado.

Básicamente existen dos acercamientos a la traducción: el formal (que, en ocasiones, se llama «literal» o «palabra por palabra») y el funcional

---

[41] Mark L. Strauss, *Distorting Scripture?* (Downers Grove, Ill.: InterVarsity Press, 1998), 77.

(a menudo llamado «idiomático» o de transmisión de «pensamientos»). De hecho, ninguna traducción es completamente formal o completamente funcional. Puesto que los idiomas de origen y de destino difieren de muchas maneras, todas las traducciones tendrán algunos rasgos formales y otros funcionales. La situación de las diferentes versiones bíblicas se parece más a una escala, en la que se refleja toda una gradación que va desde traducciones más formales hasta otras que son más funcionales.

El acercamiento más formal intenta permanecer lo más cerca posible de la estructura y palabras del idioma de origen. Los traductores que siguen este acercamiento sienten la responsabilidad de reproducir las formas del griego y el hebreo siempre que sea posible. En el panorama de las versiones inglesas, la NASB, la NRSV, y la NET son fruto de este acercamiento. El inconveniente es que el acercamiento formal es menos sensible con el idioma de destino que es, a fin de cuentas, el que llega al lector contemporáneo y, por ello, el lenguaje resultante puede parecer rebuscado o chocante. Las traducciones formales corren el riesgo de sacrificar el significado a fin y efecto de mantener la forma.

El acercamiento más funcional intenta expresar el significado del texto original en el lenguaje de hoy. Aquí el traductor siente más bien la responsabilidad de reproducir en castellano el significado del texto original de modo que el impacto que el texto tenga sobre el lector de nuestros días sea equivalente al que tuvo sobre los primeros lectores.

Muchas traducciones contemporáneas se sirven de este acercamiento, entre ellas están la NIV, la NLT, y la GNB. El acercamiento funcional no es siempre lo sensible que debiera a la redacción y estructura del idioma de origen. Cuando se aleja demasiado de la forma del idioma de origen, este acercamiento corre el riesgo de alterar el verdadero significado del texto.

Además de estos dos principales acercamientos a la traducción que acabamos de exponer, nos encontraremos también con lo que se conoce como paráfrasis. Técnicamente, las paráfrasis no son traducciones hechas a partir de los idiomas originales, sino más bien una mera reexpresión o explicación de una particular versión en español que se lleva a cabo utilizando distintas palabras. La famosa *Living Bible* (1967–1971), quizá la paráfrasis más popular en lengua inglesa, representa una reexpresión de la *American Standard Version* (1901) que Kenneth Taylor llevó a cabo para que sus hijos pudieran entender la Biblia.

Otra famosa paráfrasis, la *Amplified Bible* (1958–1965), intenta dar al lector una comprensión de los muchos significados que contiene cada versículo por medio del «uso creativo de la amplificación». Por ejemplo, en esta versión Juan 11:25 se expresa del siguiente modo: «Jesús le dijo yo soy [yo mismo] la resurrección y la vida. Todo aquel que cree en (se adhiere a, confía en, y depende de) mí, aunque pueda morir, [aún así] vivirá». Esto se parece mucho a la falacia de la sobrecarga, que asume que las palabras expresan toda la gama de sus significados en cada contexto.[42] La *Amplified Bible* transmite la errónea impresión de que el lector tiene la libertad de elegir las distintas opciones de significado de los términos.

Recuérdese que las paráfrasis no son traducciones hechas a partir de los idiomas originales. No recomendamos la utilización de paráfrasis para el estudio serio puesto que éstas tienden a explicar el texto más que a traducirlo. Creemos que el significado del autor está codificado en los detalles del texto. En las paráfrasis el «traductor» lleva a cabo la mayor parte de las decisiones interpretativas que corresponden al lector o estudiante del texto. Por ello, las paráfrasis añaden muchas cosas que sencillamente no están en la Biblia. Más que traducir la Palabra de Dios, las paráfrasis ofrecen un comentario de la Palabra de Dios. Estas obras han de clasificarse como comentarios y utilizarse como tales.

Más literal						Más funcional
Reina Valera 60	Reina Valera 77	Reina Valera 95	La Biblia de las Américas	Biblia Textual	Nueva Versión Internacional	Mensaje

Escoger una traducción

Con tanto donde escoger, decidirse por una traducción parece una tarea muy complicada. Por ello, proponemos las siguientes directrices:

1. Elige una traducción que utilice un lenguaje actual. El objetivo fundamental para llevar a cabo una traducción es expresar el mensaje del texto original en un lenguaje comprensible para el lector moderno. La Historia nos enseña que los idiomas van cambiando con el tiempo, y el español no es una excepción. Es evidente que el castellano de Casiodoro

---

[42] Véase la explicación de esta falacia en el capítulo 8 acerca de los Estudios de Palabras.

Reina, Cipriano de Valera o Juan de Valdés no es el mismo que el que se habla en el siglo veintiuno. Poco se gana al traducir un texto griego o hebreo a una forma de castellano que ya no se utiliza ni se comprende bien. Por esta razón, recomendamos que se elija alguna de las buenas traducciones que han aparecido en los últimos cincuenta años.

2. Decídete por una traducción basada en los textos hebreo y griego reconocidos por la mayoría de los eruditos. Como ya hemos mencionado en este mismo capítulo, el texto del Antiguo Testamento que goza de mayor reconocimiento es el de la *Biblia Hebraica Stuttgartensia* (*BHS*). Los textos estándar del Nuevo Testamento son los que presentan la última edición del *Nuevo Testamento Griego* de las Sociedades Bíblicas Unidas (*GNT*) o el *Novum Testamentum Graece* de Nestle y Aland. Junto con la mayoría de eruditos contemporáneos, preferimos con mucho un texto original ecléctico al *Textus Receptus* que se utilizó para la traducción de la KJV y la NKJV.[43]

3. Es mejor optar por una traducción realizada por un comité que por una versión en la que ha trabajado un solo traductor. Traducir el texto bíblico requiere una enorme cantidad de conocimientos y capacidades. Un grupo de traductores capacitados contará, sin duda, con más recursos que cualquier traductor por sí solo. Además, por regla general, dentro de un grupo de eruditos será más fácil resistir la tendencia a dejarse llevar por las propias inclinaciones personales de todo tipo en la tarea de la traducción.

4. Elige una traducción apropiada al propósito para el que quieres utilizar la Biblia en cuestión. Si quieres usarla para lecturas de carácter devocional o para niños, considera la elección de una traducción sencilla y funcional. Si vas a utilizarla para predicar el Evangelio dirigiéndote a personas de trasfondo no cristiano, decídete por una que utilice un lenguaje actual y dinámico. Si tu audiencia está formada por personas que tienen el castellano como segunda lengua tendrás que escoger de nuevo una versión que utilice un lenguaje sencillo. Si

---

[43] Nota de Redacción: El lector habrá observado en la lectura de esta obra que sus autores no recomendarían la Reina Valera (la versión más conocida entre los creyentes españoles) porque sigue el Textus Receptus y éste no contaba con la información de los últimos y más antiguos manuscritos aparecidos. No obstante, hay autores que no están de acuerdo con ello y siguen prefiriendo la mencionada Reina Valera. Creemos que lo mejor es cotejar las distintas versiones, los interlineales y comentarios que tenemos a nuestra disposición. Afortunadamente, las variantes textuales no afectan a los temas esenciales de nuestra fe y son solo un medio para llegar a enriquecernos más con la Palabra de Dios.

has de dirigirte a alguna iglesia de las que solo utilizan la Reina Valera, quizá puedas recurrir a la Reina Valera del 95. Pero para tu estudio bíblico personal recomendamos que utilices *La Biblia de las Américas*, *La Biblia Textual*, *La Biblia de Jerusalén* o *La Nueva Versión Internacional*.[44]

Conclusión

Cuando se trata de estudiar la Escritura, pocas cosas son tan importantes como los criterios que se han utilizado para traducir la Biblia. Podemos dar gracias a Dios porque ha utilizado a traductores para poner en nuestras manos el mensaje del texto original. ¿Te imaginas lo que sería la vida cristiana sin poder tener acceso a la Palabra de Dios? En el pasado muchos cristianos han vivido de este modo, pero para nosotros hoy sería probablemente muy difícil. A pesar de que tenemos a nuestra disposición un buen número de buenas traducciones de la Biblia, no hay ninguna que sea perfecta. Por otra parte, los idiomas van cambiando con el tiempo. Por todas estas razones, siempre ha de haber eruditos y lingüistas serios que sigan trabajando con rigor para expresar el mensaje del texto original en un lenguaje comprensible para sus contemporáneos. Quién sabe, quizás Dios te llame a servirle como traductor de la Biblia.

---

[44] Ver nota anterior acerca de la posición de los redactores de la Colección Teológica Contemporánea.

Deberes

Deber 9-1
Responde las preguntas siguientes:

a. ¿Estás o no de acuerdo con que la Biblia es un libro divino y humano? ¿Por qué sí o por qué no?

b. ¿Qué es la Crítica Textual? ¿Cómo es posible tener una idea elevada de la autoridad de la Escritura y, al mismo tiempo, un punto de vista positivo de la crítica textual?

c. ¿Qué es la traducción? ¿Por qué la traducción no es una tarea sencilla? Describe los dos principales acercamientos a la traducción que se han expuesto en este capítulo. ¿Con cuál de estos dos acercamientos te sientes más cómodo/a? ¿Por qué?

PARTE 3

Significado y aplicación

Hasta aquí hemos hablado del recorrido interpretativo (capítulo 1), de la lectura cuidadosa de los textos (capítulos 2–4), y de la comprensión del contexto de los pasajes bíblicos (capítulos 5–9). En la Sección 3 nos centraremos en algunos asuntos de orden teórico que hemos de comprender a fin de cruzar el río de las diferencias y entender el significado del texto en nuestro contexto. Una vez hecho esto, podremos llevar el recorrido interpretativo a textos específicos del Antiguo y Nuevo Testamentos.

En el capítulo 10 nos planteamos una importante pregunta que tiene dos aspectos: ¿qué es el significado y quién lo controla, el lector o el autor? Sin duda, lo que creemos acerca de la Biblia determinará nuestras respuestas a esta pregunta. Queremos subrayar el papel tan crucial que desempeña la comunicación en el significado que damos al significado (valga la redundancia). En el capítulo 11 nos hacemos otra pregunta relacionada con la cuestión del significado: ¿Tiene acaso la Biblia distintos niveles de significado? ¿Existen niveles más profundos de significado espiritual más allá de lo que el texto parece decir a primera vista? En este apartado hablaremos de las cuestiones de la espiritualización, la alegorización, la tipología, los códigos bíblicos, y otros asuntos relacionados.

En esta etapa de *Entendiendo la Palabra de Dios*, puede que algunos se pregunten: «si es cierto que tenemos al Espíritu Santo, ¿es realmente necesario dedicar tanto espacio a todos estos pasos y procedimientos interpretativos?». Esta es una pregunta importante y legítima. Por ello, en el capítulo 12 hablaremos del modo en que el Espíritu se relaciona con la tarea de la interpretación bíblica. ¿Puede entender la Palabra de Dios alguien que no tenga el Espíritu? ¿Cómo ayuda exactamente el Espíritu al cristiano a interpretar y aplicar la Biblia? ¿Qué cosas no deberíamos esperar que haga el Espíritu?

235

Concluiremos la Sección 3 considerando el tema de la aplicación (capítulo 13). ¿Cuál es la diferencia entre significado y aplicación? ¿Cómo hemos de proceder para aplicar el significado del texto a nuestras vidas? ¿Cómo pasamos del mero conocimiento mental a la acción que nos transformará? En este apartado plantearemos maneras específicas de hacer precisamente esto. Este capítulo nos recuerda que nuestro propósito al estudiar la Biblia no es solo aprender más acerca de Dios, sino conocerle y amarle más a Él mismo.

10
¿Quién controla el significado?

Introducción
¿Quién controla el significado, el lector o el autor?
Comunicación: la cuestión central
Definiciones
Determinando lo que quería decir el autor
Conclusión
Deberes

Introducción

En el capítulo 1 hemos esbozado nuestro acercamiento esencial a la lectura, interpretación, y aplicación de las Escrituras, es decir, a lo que significa *Entendiendo la Palabra de Dios*. Comenzamos leyendo cuidadosamente a fin de determinar el significado de los textos para los receptores bíblicos. A continuación, identificamos el río de barreras que nos separa de los receptores bíblicos. A continuación, derivamos un principio teológico del texto y cruzamos el río por el puente de los principios. Por último, aplicamos este principio a nuestra situación específica.

No obstante, existen algunas preguntas fundamentales cuya respuesta se hace necesaria antes de adentrarnos demasiado en el recorrido interpretativo. Tales preguntas tendrán un profundo impacto respecto al modo en que llevamos a la práctica este recorrido. La más importante de ellas es: ¿Qué es el significado, y quien lo controla, el autor o el lector? Este capítulo pretende aclarar esta cuestión esencial.

¿Quién controla el significado, el lector o el autor?

Cuando los hijos de Daniel eran pequeños, uno de sus vídeos preferidos era el de la antigua película *El Mago de Oz*. Esta película se basa en el libro de L. Frank Baum.[1] Para los hijos de Daniel (muy pequeños por aquel tiempo) este cuento trataba de una niña llamada Dorothy y de Toto su precioso perro, quienes, contra todo pronóstico, derrotaban a los poderosos e inquietantes «malos» (los brujos malvados) con un poco de ayuda de parte de los nuevos amigos de Dorothy. Para los pequeños, la historia tenía este significado tan simple.

No obstante, cuando analizamos el relato con más rigor y husmeamos un poco en el trasfondo histórico del tiempo en que Baum escribió este libro, vemos aflorar un significado distinto. En el tiempo en que Baum escribió este relato, uno de los debates políticos más candentes en los Estados Unidos giraba en torno a la cuestión de si Norteamérica tenía que seguir utilizando el estándar de oro como base para el dólar o era conveniente cambiar a la plata. Este contexto histórico sugiere que la línea principal del libro («¡Sigue el camino de los ladrillos amarillos!») podría ser una referencia a la cuestión política fundamental de aquel tiempo. Recuérdese que aunque el camino de los ladrillos amarillos llevaba hasta el gran mago de Oz, una vez que Dorothy llegó a los dominios del mago descubrió que éste era un engaño. La verdadera esperanza de Dorothy estaba en sus zapatos. En el libro de Baum los zapatos son de plata. Hollywood los representó en granate para que el color de la película fuera más impresionante. De modo que, es posible que el libro sea una sátira política.

Según esta línea de interpretación, los personajes de la Historia representan probablemente distintos segmentos de la sociedad norteamericana de aquel tiempo. El espantapájaros representa a los granjeros (supuestamente, no tienen sesos). ¿A quién representa Tin Woodsman? Los operarios de la fábrica (sin corazón). Y el león cobarde representa quizá al liderazgo político del país. Aparecen también la malvada bruja del Este (¿la clase dirigente de la Costa Este?) y la malvada bruja del Oeste (¿la clase dirigente de la Costa Oeste?). ¿Y quién es la heroína? La zona central de los Estados Unidos (Dorothy de Kansas).

De modo que, ¿quién está en lo cierto por lo que respecta a la interpretación? ¿Están acaso equivocados los hijos de Daniel cuando inter-

---

[1] L. Frank Baum, *The Wonderful Wizard of Oz*, ilustrado por W. W. Denslow (Chicago y Nueva York: George M. Hill, 1900).

pretan la historia como un simple cuento en que el bien triunfa sobre el mal? ¿No pretendía el autor que fuera una sátira política? ¿No nos equivocamos si la entendemos de otro modo? ¿Cuál es el significado de la historia? Y ¿quién es el que lo determina? Este asunto ha suscitado un animado (en ocasiones, incluso enconado) debate, no solo en círculos literarios seculares, sino también entre estudiosos y eruditos de la Biblia. A lo largo de la primera mitad del siglo XX, el acercamiento tradicional a la interpretación de cualquier texto, bíblico o secular, implicaba asumir implícitamente que el autor es quien determina el significado y que la tarea del lector es encontrarlo. No obstante, en los ambientes de la crítica literaria secular este acercamiento fue duramente cuestionado durante la última mitad del siglo XX, y muchos críticos literarios de nuestros días sostienen que es el lector, y no el autor, quien determina lo que significa el texto.

Este punto de vista se ha introducido en el campo de la interpretación bíblica procedente de la crítica literaria secular. Muchos eruditos bíblicos comenzaron a reflexionar acerca de la naturaleza del significado. Concluyeron que el término significado tiene únicamente aplicación cuando un lector interactúa con un texto, o lo que es lo mismo, que para que se produzca un significado se requieren un lector y un texto. Afirman que el autor ya no desempeña ningún papel.[2]

Por supuesto, algunos siguen manteniendo que es el autor del texto quien controla el significado. Afirman que cuando alguien escribe pretende transmitir cierto significado por medio de sus palabras. Sostienen también que este sentido que el autor quería darle al texto es el verdadero significado del texto.

A la posición que subraya al autor como el agente que determina el significado se la conoce como la posición de «la intención del autor». El punto de vista opuesto que ve en al lector como aquel que define el significado, recibe el nombre de «respuesta del lector». Ambas posiciones plantean sólidos argumentos. ¿Qué acercamiento deberíamos asumir?

---

[2] De hecho, esta cuestión es mucho más compleja de lo que hemos explicado, y hay un buen número de eruditos procedentes de un amplio espectro de posiciones filosóficas que rechazan la idea de que el autor tenga autoridad alguna sobre el significado del texto que escribe. Algunos dicen que cada cultura y comunidad determina su propio significado, aparte del autor. Otros dirían que el lenguaje no es competente para describir objetivamente la realidad; de modo que ningún texto tiene un verdadero significado. A aquellos que quieran profundizar en este tema, les recomendamos la obra de Kevin Vanhoozer *Is There a Meaning in This Text?* (¿Tiene algún sentido este texto?).

Comunicación: la cuestión central

Sin duda, el lector tiene la libertad de interpretar un texto como quiera. Nadie puede forzarnos a leer el maravilloso *Mago de Oz* como una sátira política (excepto, quizás, un profesor de literatura inglesa). De modo que, el autor solo controla el significado hasta donde el lector le permite. Pero supongamos, por ejemplo, que te llega un tierno poema de amor remitido por un amigo/a (¿recuerdas la carta de amor del capítulo. 2?). A medida que leas cada una de las palabras y líneas del poema, te encontrarás preguntándote por el significado que tu amigo/a ha querido dar a sus palabras. Sin duda, querrás saber lo que está intentando decirte. En esta situación, seguirás el acercamiento de la intención del autor puesto que concibes el texto como un medio de comunicación entre el autor y tú. Conoces al autor y quieres saber lo que te está diciendo. Te plantearás la pregunta hermenéutica, ¿Qué quiere decir el autor?

Supongamos, no obstante, que un día, paseando por el bosque te encuentras un papel con un poema de amor anónimo. El poema es hermoso y te gusta, pero en esta situación probablemente no te importa cuál era la intención del autor o lo que éste quería decir exactamente. Ni siquiera sabes quién es. En esta situación tienes la libertad de leer e interpretar según los criterios de la respuesta del lector. Tu pregunta interpretativa será ahora ¿Qué significa esto *para mí*? Leyendo un poema anónimo que te has encontrado en el bosque eres libre de ignorar al autor y el significado que éste quería dar a sus palabras.

En ocasiones, llegamos incluso a cambiar conscientemente el sentido del autor porque éste no nos gusta. Por ejemplo, en la década de los sesenta John Lennon, uno de los integrantes de los Beatles, escribió una canción titulada, *With a Little Help from My Friends* (en castellano se tradujo con el título «La ayuda de la amistad» N. del T.). La canción tiene una melodía pegadiza y una letra sana y hermosa, si se interpreta literalmente como una referencia a esas personas a quienes llamamos amigos.

Sin embargo, cuando estudiamos el contexto histórico y analizamos el probable propósito del autor, nos damos cuenta de que es muy posible que Lennon estuviera utilizando el término «amigos» para referirse a las drogas. Por supuesto, esta conexión nos estropea la canción, de modo que, deliberadamente, cambiamos el significado que Lennon quiso darle al término «amigos», cuando cantamos la canción y pensamos en personas. En esta situación, no nos importa demasiado lo que

Lennon quisó decir con su canción. No buscamos en él ninguna guía filosófica. De modo que la canción no actúa como medio de comunicación entre nosotros. Una vez que este tema musical pierde su carácter de instrumento de comunicación, quedamos libres para interpretarlo como queramos. Pero esto solo podemos hacerlo porque no tenemos ningún interés en los pensamientos de Lennon o en su deseo de transmitírnoslos a través de sus canciones. Por otra parte, cambiar el significado de esta canción de Lennon no conlleva ninguna consecuencia negativa; de hecho, en este caso las consecuencias son positivas.

No obstante, en muchas situaciones es extraordinariamente importante que conozcamos el significado del autor porque de lo contrario tendremos que hacer frente a serias consecuencias si malinterpretamos sus palabras o las ignoramos deliberadamente. Por ejemplo, uno de los textos literarios más comunes de los Estados Unidos es la palabra STOP, pintada sobre una señal roja octagonal en muchas intersecciones viarias del país. Si así lo quieres, puedes seguir un acercamiento según respuesta del lector e interpretar el texto para que signifique: «aminora un poquito la marcha, mira si hay coches, y después cruza rápido». No obstante, la policía cree firmemente que la intención del autor es el criterio para determinar el significado, de modo que, responderán a tu interpretación del texto con una multa de tráfico, y punto.

Supongamos también, por ejemplo, que te llega una factura de la compañía eléctrica de 111 dólares en concepto de consumo del mes anterior. ¿Tienes acaso la opción de determinar el significado del texto en cuestión (la factura)? ¿Puedes tal vez decir que lo que significa el texto es que solo has de pagar once dólares, no ciento once? ¡Sin duda puedes decirlo! Pero pronto tendrás que leer a oscuras ¡porque la compañía eléctrica te cortará el suministro! Es evidente que algunos textos se han escrito para comunicar importantes mensajes a sus lectores. Cuando se trata de esta clase de textos ignorar la intención del autor ¡puede acarrear serias consecuencias para el lector!

Por ello, la cuestión de la comunicación está en el centro mismo de la propia decisión de cómo interpretar un texto. Si el lector ve el texto como un medio de comunicación entre él y el autor, ha de buscar el significado que el autor quiso darle a sus palabras. Si, por el contrario, el lector no tiene interés especial en establecer una comunicación con el autor, queda entonces libre para seguir el acercamiento de la respuesta del lector e interpretar el texto sin interpelarse respecto al sentido que el autor pretendía dar al texto que escribió. Sin embargo, puede que en algunos casos se desprendan consecuencias negativas de tal lectura.

¿Te das cuenta del modo en que estas cosas se aplican a la lectura e interpretación de la Biblia? Es una cuestión importante que determinará nuestro acercamiento a la interpretación de la Escritura. Si solo consideras la Biblia como buena literatura y la lees meramente por su valor estético, o por sus sugerentes directrices morales, pero no ves en ella una comunicación de parte de Dios, puedes entonces interpretar el texto como te parezca. Tu principal pregunta a este efecto será: ¿Qué significa este texto para mí? Sin embargo, si crees que la Biblia es la Palabra por la que Dios se nos revela, un medio de comunicación entre Él y nosotros, entonces cuando te acerques a la interpretación de las Escrituras buscarás el significado que Dios, el autor, quiso dar a cada texto. Tu pregunta interpretativa esencial debería ser: ¿Cuál es el significado que Dios quiso dar a este texto?

Creemos firmemente que la Biblia es la revelación de Dios para nosotros. El propósito de Dios es comunicarse con nosotros para darse a conocer a sí mismo y revelarnos su voluntad para nuestra vida. Podemos decidir ignorar su mensaje e interpretar los textos bíblicos de acuerdo con nuestros sentimientos y deseos, pero si lo hacemos, sufriremos las consecuencias de la desobediencia: llegarán las multas de tráfico. También nos perderemos el privilegio de conocer a Dios del modo que Él quiere. Por todo ello, es esencial que cuando se trata de interpretar la Biblia sigamos el acercamiento de la intención del autor. En la interpretación de los textos bíblicos, no es el lector quien controla el significado, sino el autor. Esta conclusión nos lleva a uno de los principios más esenciales de nuestro acercamiento interpretativo, a saber, que no somos nosotros quienes creamos el significado del texto. Nuestra tarea consiste en descubrir el significado que el autor le ha dado.

Definiciones

El primer término que requiere definición es *autor*. Cuando hablamos de literatura extrabíblica la palabra autor alude a la persona que redactó el texto. Sin embargo, cuando utilizamos el término autor en un contexto de estudio de la Biblia, nos referimos tanto a los autores humanos como a Dios mismo. En última instancia, cuando estudiamos la Biblia, buscamos el significado que Dios quiso dar al texto.

No obstante, si bien el texto bíblico es inspirado por Dios,[3] es evidente que las huellas humanas están por todas partes. Dios decidió utilizar autores humanos para hacernos llegar su mensaje, y lo hizo por medio de idiomas humanos. Los elementos divino y humano de las Escrituras son, a menudo, difíciles de distinguir. Por ello, proponemos agrupar todas estas nociones bajo el término «autor».

En este punto es también importante que definamos los términos "significado" y "aplicación". Vamos a utilizar el término significado para aludir a aquello que el autor desea transmitir mediante sus signos.[4] Mediante la palabra «signos» queremos simplemente aludir a las diferentes convenciones del lenguaje escrito: la Gramática, la Sintaxis, los significados de las palabras, etcétera. Así pues, en la interpretación bíblica no es el lector quien determina el significado, sino el autor. El sentido del texto bíblico es aquello que el autor pretendía comunicar cuando escribió el texto.

Lo que el lector hace con el significado es aplicarlo. Una vez hayamos identificado el significado del texto que Dios quiere comunicarnos, nos toca a nosotros dar una respuesta a tal significado. Para aludir a la respuesta del lector al significado del texto, utilizamos el término "aplicación". Por esta razón, en el marco de un estudio bíblico sería incorrecto preguntarnos: «¿qué significa para ti este pasaje?» La correcta secuencia de preguntas sería, ¿qué significa este pasaje? Y a continuación, ¿cómo deberías aplicar este significado a tu vida?

En este momento, todos estos matices pueden parecernos un tanto exagerados, sin embargo, veremos que se trata de distinciones importantes. El significado es algo que podemos validar. Está vinculado al texto y al propósito del autor, no al lector. Por tanto, el significado del texto es el mismo para todos los cristianos. No es subjetivo y no cambia con cada lector. Por otra parte, la aplicación, refleja el impacto del texto en la vida del lector. Es mucho más subjetiva, y se expresa en el marco de la situación vital específica del lector. La aplicación del significado variará en el caso de cada cristiano, pero estará sujeta al marco establecido por el significado que el autor quiso darle al texto (ver el capítulo 13).

---

[3] Aquellos que quieran saber más acerca de la doctrina bíblica de la Inspiración y su relación con la noción cristiana del canon, así como los desafíos modernos que plantean estos temas, pueden ver el Apéndice 1, «Inspiración y Canon».

[4] Esta definición se basa en la que sugiere E. D. Hirsch, *Validity in Interpretation* (New Haven, Conn., y Londres: Yale Univ. Press, 1967), 8.

¿Cómo encajan todas estas definiciones en el recorrido interpretativo de que hablamos en el capítulo 1? A continuación, hemos reproducido el bosquejo de dicho recorrido a modo de repaso:

Paso 1: Hemos de entender el texto en el contexto bíblico. ¿Qué significó el texto para sus primeros receptores?

Paso 2: Hemos de medir la anchura del río a cruzar. ¿Cuáles son las diferencias entre los receptores bíblicos y nosotros?

Paso 3: Hemos de cruzar el puente de los principios. ¿Cuál es el principio teológico que se expresa en el texto?

Paso 4: Hemos de entender el texto en nuestro contexto. ¿Cómo deberían los cristianos de hoy aplicar a sus vidas el principio teológico en cuestión?

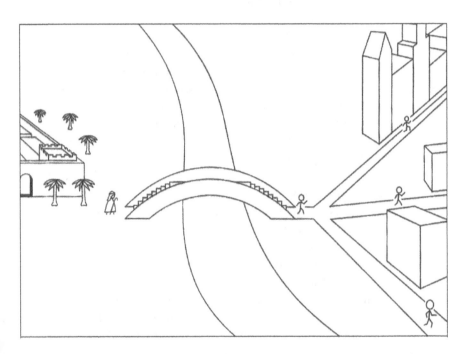

En el recorrido interpretativo, tanto el primer paso como el tercero (la expresión del significado para los receptores bíblicos y el principio teológico) forman parte del significado del texto. A través de la Escritura, Dios comunica a su pueblo tanto la expresión inmediata y concreta de sus palabras para los receptores bíblicos como también el principio teológico aplicable a los receptores futuros. Cuando Dios dirigió a los autores de la Escritura a redactar los textos bíblicos, tenía sin duda en mente a los futuros receptores de estos escritos. Por ejemplo, cuando Pablo escribió la carta a los Romanos, el Espíritu Santo que obraba en él, quería sin duda que esta carta tuviera también un sentido para los futuros cristianos. Es probable que Pablo mismo, el autor humano de este documento, fuera consciente de este hecho; no obstante es evidente que, cuando Dios (el autor divino) dirigía a Pablo, tenía en mente, no solo a los romanos sino también a futuras congregaciones de cristianos.

Por ello, el autor tenía un claro propósito tanto con los detalles específicos de la carta como con los principios teológicos subyacentes en el texto. Éste es el significado que queremos encontrar en nuestro estudio de la Biblia. Después de identificar este significado, podemos comenzar a preguntarnos lo que hemos de hacer al respecto entrando de este modo en la fase de la aplicación.

Determinando lo que quería decir el autor

Nuestras presuposiciones acerca de la intención del autor afectarán al acercamiento de nuestro estudio. Recuerda que antes hemos definido el significado, como aquello que el autor desea transmitir por medio de sus signos. Los signos a los que nos hemos referido son las convenciones del lenguaje: la Sintaxis, la Gramática, los significados de las palabras, etcétera. El autor utilizó estos signos para comunicarnos su mensaje. Nuestra meta es utilizar los signos como indicadores de lo que el autor quiere transmitir. Los contextos, tanto el literario como el histórico y el cultural, son también buenos indicadores de lo que tales signos significaban para el autor.

Recordemos que el significado está vinculado al contexto y no está únicamente determinado por la Gramática y las definiciones del diccionario. Es decir, no podemos sencillamente consultar el sentido de las palabras en el diccionario y los detalles de la Gramática en los manuales y determinar con estos datos el significado del texto. Éste está estrechamente vinculado con aquel que consignó los signos y con el contexto en que lo hizo. Supongamos, por ejemplo, que le preguntamos a un niño de cinco años qué hay bajo el capó del coche de su padre o de su madre. La mayoría de los niños de cinco años saben que lo que hay debajo del capó es el motor. Sin embargo, ¿qué es lo que el término «motor» trae a la mente del niño? Probablemente el crío utiliza esta palabra para significar algo grande, y un tanto misterioso que hace que el coche se mueva. No podemos determinar el significado que tiene la palabra «motor» en boca del niño buscándola en un diccionario. Por otra parte, si le preguntamos a un mecánico lo que oculta el capó del mismo coche, es posible que su respuesta sea también el motor», no obstante lo que él visualiza es un motor TDI de 1,9 l. de cilindrada y 131 CV (96 kW), unido a una caja de cambios manual de seis velocidades. Su utilización del término motor no connota algo misterioso. Entenderíamos erróneamente lo que quiere decir el niño si utilizáramos la definición de motor que hace el mecánico para interpretar su afirmación y viceversa. Para que pueda haber una interpretación (comunicación) adecuada, hemos de preguntarnos lo que el autor quiere expresar con la palabra que utiliza.

Encontramos otro ejemplo de esto, en la divertida anécdota que un evangelista africano de Liberia le contó a Danny. El hermano en cuestión estaba de visita por los Estados Unidos donde tenía que predicar en varias iglesias de todo el país. Un domingo por la noche, cuando se dirigía a una de estas iglesias en el estado de Tennessee, estuvo reflexionando acerca de lo hermosa que era la enorme luna llena de aquella noche de verano. Más tarde en la introducción de su mensaje, comentó a su audiencia lo mucho que había disfrutado de la *moonshine* (*moon* «luna» y *shine* «resplandor». N. del T.) que tenían en aquella parte del país. Daba por sentado que si en inglés *sunshine* denotaba la luz del sol, seguro que podía hablarse de *moonshine* para aludir al resplandor lunar de la noche. ¡Un error muy fácil de cometer! Sin duda, más de uno se estuvo riendo por lo bajini.

Esta anécdota nos ofrece una buena ilustración acerca del propósito y significado del autor. El término *moonshine* se usa para aludir a un fuerte licor destilado en las casas. Fuera de contexto, aquellas palabras del evangelista podían interpretarse como una declaración de que le encantaba la bebida alcohólica en cuestión. ¿Pero es realmente esto lo que quería decir? Evidentemente no. Si examinamos las características del autor y el contexto —un evangelista africano que se expresa en inglés como segunda lengua, predicando en los Estados Unidos en una noche de luna llena— el significado se hace obvio. Por otra parte, y teniendo en cuenta el contexto, todos los presentes aquella noche entendieron lo que quería decir. No obstante, si no consideramos las palabras del evangelista como un vehículo de comunicación y si permitimos que su afirmación aparezca como un texto independiente, susceptible de ser interpretado por lectores desvinculados del contexto en que se hizo la afirmación, entonces es muy poco probable que entendamos el significado que el autor quiso dar al término *moonshine*. En nuestro estudio de la Escritura, es importante recordar que el significado está determinado por el propósito del autor. Los escritores no siempre son capaces de expresar exactamente lo que quieren decir. El lenguaje tiene sus limitaciones, y algunas cosas, como por ejemplo los sentimientos, son muy difíciles de transmitir correctamente. De hecho, tal limitación es el fundamento de uno de los argumentos que se presentan en contra del acercamiento interpretativo de la intención del autor. No obstante, hay una enorme variedad de realidades, entre las que se cuentan muchos sentimientos, que son fáciles de compartir con los demás, y generalmente utilizamos el lenguaje para expresar tales conceptos y sentimientos. No es un medio de comunicación perfecto, pero sí suficientemente efectivo. Tanto el que habla como el que escucha (escritor y lector) se dan cuenta por regla general de las limitaciones del lenguaje y, donde se establece una buena comunicación, tanto el uno como el otro se esfuerzan por superar las limitaciones. Nuestros idiomas son complejos precisamente porque se hace necesario expresar toda una serie de complicados matices del modo más claro posible. La Gramática, la Sintaxis, y el sentido de las palabras nos sirven para transmitir a los demás lo que queremos comunicar. Para este propósito utilizamos también figuras retóricas, expresiones, citas directas, y muchos otros recursos literarios.

Los autores de la Biblia (tanto los humanos como el divino) han codificado, asimismo, el significado que querían comunicar mediante las convenciones normales del idioma que utilizaron. Así, se sirvieron de la Gramática, la Sintaxis, los significados de las palabras, el contexto literario, el contexto histórico, y muchos otros recursos literarios para comunicarnos el mensaje de Dios. Esta es la razón por la que hemos invertido tanto tiempo en la Sección 1 subrayando la importancia de aprender a leer cuidadosamente, y a observar, observar y observar. Si el significado de los textos está en nosotros —o sea, si somos nosotros quienes creamos el significado— puede entonces bastar con una lectura y estudio superficiales. No obstante, como hemos explicado antes, por lo que al texto bíblico se refiere, éste no es el caso. El significado se nos comunica a través del texto.

En otras palabras, Dios ha obrado a través de autores humanos para transmitirnos su mensaje por medio de las convenciones del lenguaje. En ocasiones, el significado es simple y claro; otras es complejo o sutil. Lo encontraremos cuando profundicemos en el texto en un espíritu de oración y busquemos con diligencia el significado que Dios le ha dado.

Conclusión

Nuestro acercamiento a la interpretación de la Biblia se centra en la intención del autor, no en la respuesta del lector. Dios se ha comunicado con nosotros mediante las Escrituras. Se ha expresado por medio de autores humanos a fin de transmitirnos su mensaje a través del texto bíblico. En tanto que lectores, no somos nosotros quienes creamos el significado; nuestro papel es más bien, procurar encontrar el significado que ya ha dado al texto el autor (tanto el divino como el humano). Esta es la razón por la que es tan importante leer cuidadosamente el texto y analizar el contexto, el trasfondo histórico, las palabras, las traducciones, y el género literario. Estos son los elementos con los que hemos de vérnoslas si queremos entender el sentido que el autor quería dar a sus palabras.

Deberes

Deber 10-1
Explica la diferencia entre los acercamientos interpretativos denominados «respuesta del lector» e «intención del autor».

Deber 10-2
¿Por qué es tan importante la cuestión de la comunicación en el acercamiento interpretativo de la intención del autor?

Deber 10-3
Enumera y explica varias situaciones en las que un lector puede cambiar deliberadamente el sentido que el autor quería dar a sus palabras.

11
Niveles de Significado

Introducción

¿Tiene la Biblia distintos niveles de significado? Es decir, ¿acaso tras el así llamado significado superficial o literal, se esconde algún otro nivel más profundo de significado espiritual? En este capítulo exploraremos esta cuestión. No se trata de un asunto esotérico, que concierne solo a los eruditos. Todo cristiano que lee la Biblia y desea encontrar la voluntad de Dios para su vida tendrá que considerar esta cuestión.

Por ejemplo, imagínate que estás en un estudio bíblico con un grupo de estudiantes universitarios como tú. Es la primera vez que asistes a este estudio y te sientes un poco incómodo. Ya te has zampado varias galletas de chocolate y ahora te estás dedicando de lleno a tu lata de Fanta. Un tipo alto y delgado que se sienta a tu derecha comienza con una oración. Estás casi seguro de que se llama Josué, pero solo le has visto una vez. Tras la oración él mismo lee el pasaje que se va a estudiar:

¿O qué mujer, si tiene diez monedas de plata y pierde una moneda, no enciende una lámpara y barre la casa y busca con cuidado hasta hallarla?Cuando la encuentra, reúne a las amigas y vecinas, diciendo: Alegraos conmigo porque he hallado la moneda que había perdido».De la misma manera, os digo, hay gozo en la presencia de los ángeles de Dios por un pecador que se arrepiente. (Lucas 15:8–10)

«Bien» sigue diciendo Josué. Por si alguien quiere, hay más galletas en la cocina, y creo que también tenemos otra bolsa de Fritos en alguna parte. Vale, ¿qué creéis que significa este pasaje? ¿Qué es lo que Dios quiere enseñarnos aquí?

«No sé exactamente —comienza diciendo una chica rubia, con una camiseta de *Point of Grace* (un famoso grupo musical cristiano. N. del T.)—, pero en mi Biblia de estudio dice que en aquellos días las casas se construían con techos bajos y pocas ventanas, y por ello había poca luz en el interior. Esta es la razón por la que necesitaba la lámpara».

Jared, un chico al que conoces del curso de inglés del último trimestre, está sentado enfrente de ti comiendo Fritos. Se incorpora y añade: «Sí, y tiene que barrer la casa porque está sucia. De modo que, tenemos una casa sucia con poca luz. Creo que esto es un poco como el mundo, ¿no? Lo que quiero decir, es que cuando volvemos al mundo somos como esta moneda... no vemos bien... estamos perdidos en la oscuridad y en la porquería... somos incapaces de ver a Jesús. De modo que, la casa representa al mundo y nosotros somos la moneda cuando nos apartamos del Señor. Jesús, por supuesto, es aquel que viene a buscarnos y nos encuentra en medio de la oscuridad».

Estás pensando que lo que dice Jared parece bastante acertado. Y es un chico listo (recuerdas que en la clase inglés era un crack). Por tu parte asientes con un movimiento de cabeza como si hubieras oído muchas veces esta explicación.

«¿Estás diciendo que la mujer es Jesús? —objeta un tipo enorme llamado Matt—. No me parece correcto». Matt es el típico machote. Durante su primer año en la facultad se alojaba en la habitación del fondo en tu misma planta. Conduce un todo terreno muy impresionante, pero no es precisamente un científico aeroespacial. Por un momento crees que está bromeando, pero parece muy serio.

«Es una parábola —responde Jared—. Y en una parábola se puede perfectamente representar a Jesús como una mujer».

«Para mí no es ningún problema que se describa a Jesús como una mujer». La que ahora interviene es Jessica. Es realmente encantadora, no muy alta con ojos grandes y oscuros y un precioso pelo largo y castaño. De hecho, salisteis juntos una vez el año anterior. Ahora te arrepientes de no habérselo pedido de nuevo. Pero en este momento parece estar interesada en Jared. ¡Es una lástima!

«Pero Jared —sigue diciendo Jessica—, nunca había pensado que la casa pudiera hacer referencia al mundo. Cuando me imagino un lugar en el que las personas pueden perderse, me viene a la mente la iglesia de hoy. Fíjate en la cantidad de iglesias de nuestros días que no siguen realmente a Jesús con toda esta predicación de la Psicología y cosas por el estilo. Es como aquella iglesia del libro de Apocalipsis que Jesús acusa de ser tibia, esa que vomitará de su boca. La iglesia de hoy necesita realmente la luz del Evangelio. Y acuérdate de que todas aquellas iglesias antiguas se reunían en casas ¿no? O sea que no tenían edificios especiales como hoy. Así que la casa podría hacer referencia a las iglesias. Para mí al menos tiene sentido».

Para ti también adquiere sentido de repente puesto que Jessica te mira y te sonríe al terminar. Tú asientes mostrando tu acuerdo. Es evidente que está en lo cierto.

«Pero entonces ¿qué sería la moneda? El que ahora pregunta es Brian, un skater de aspecto soñoliento con shorts largos y gastados, unas Nike descosidas y una camiseta negra y descolorida de *Dave Matthews* (Un grupo musical menos convencional que el anterior. N. del T.). «Por cierto ¿hay un poco más de salsa para estos Fritos?»

«Vale —responde Jessica—. Quizás la moneda representa a las congregaciones verdaderas y fieles que parecen perderse en medio de todas estas otras iglesias que no se enteran de qué va la historia. Al menos, esto es lo que me parece a mí... La salsa está sobre la encimera, en la cocina, en el bol rojo, Brian».

«Gracias» —dice Brian—, mientras se levanta y se dirige con movimientos torpes a la cocina.

«Y en tal caso puede que la mujer del relato represente al pastor de una iglesia auténtica —sugiere Jared—. Lo que hace es barrer las falsas doctrinas para encontrar a los verdaderos creyentes».

«Pero ¿qué os pasa con esta historia de la mujer? —suelta Matt de nuevo—. Primero que si es Jesús y ahora resulta que es un pastor. ¡Venga ya!. ¡Ni que esto fuera la liga feminista! Hey, Brian —dice mirando hacia la cocina—, si queda alguna cocacola más, tráeme una por favor».

Brian regresa, desmadejado, con una cocacola para Matt y un bol rojo lleno de salsa de cebolla.

«Nunca me había planteado que la casa pudiera representar a las iglesias —añade la chica de la camiseta de *Point of Grace*—. Si la casa está oscura y sucia, probablemente se refiere a nuestros corazones. ¿No es esto lo que está oscuro y sucio en nuestras vidas? Intentamos una y otra vez seguir a Cristo, pero caemos porque nuestros corazones no están limpios. Sin embargo, Jesús viene y los limpia, igual que la mujer de esta parábola. Barre nuestros corazones y después nos perdona todos nuestros pecados. Me gusta la idea de que Jesús barre toda la suciedad de mi corazón y me deja limpia. ¿No es un pensamiento maravilloso?» La chica sonríe, vuelve a mirar la Biblia y sigue diciendo: «¡Y fijaos en esto! Es realmente impresionante. En las notas de mi Biblia dice que las escobas de aquel tiempo se hacían juntando muchos tallos de paja de un poco más de medio metro que se ataban por uno de los extremos. ¡No veas! Es como si dijera que un solo tallo no sirve prácticamente para nada pero cuando se juntan, entonces se hacen realmente fuertes. La escoba es un poco como la Biblia. Hemos dicho que Jesús limpia nuestros corazones, ¿no? Pero ¿qué utiliza para ello? Pues la Biblia. También la Biblia está formada por un montón de libros (sesenta y seis para ser exactos), y todos ellos juntos forman un libro fuerte. Jesús nos limpia el corazón con la Biblia. ¿No es impresionante?».

Te has quedado pensando que la chica de la camiseta de Point of Grace acaba de decir algo muy profundo. A ti también te gustaría poder decir algo así de agudo y espiritual. Buscas en la Biblia, pero no ves nada profundamente espiritual para explicar el sentido de la casa, la mujer o la moneda. Te sientes también un poco confuso. ¿Puede la casa significar todas estas cosas? ¿Es posible que sea una imagen del mundo, las iglesias apóstatas, y también de nuestros corazones? ¿O quizás se refiere solo a una casa? Al fin y al cabo la mujer tendría que vivir en algún lugar. Te preguntas cuál de estos significados es el que Jesús quería dar a sus palabras. ¿Deberías acaso elegir uno de los significados? Piensas que lo que ha dicho Jessica tiene mucho sentido, y ves que te sonríe de nuevo cuando se inclina a tomar una galleta. Intentas recordar cuál era el significado que ella ha propuesto. Tú también tomas otra galleta y piensas que quizá mañana llamarás a Jessica para hablar un poco más del tema.

Espiritualización

¿Te has dado cuenta de lo arbitrarias que eran las diferentes interpretaciones del relato anterior? Los miembros de este grupo de estudio bíblico se sentían libres para desarrollar cualquier significado que se les pasaba por la imaginación. Ninguno de ellos parecía excesivamente preocupado por entender el significado que Jesús quiso dar a sus palabras, o por el propósito que perseguía Lucas cuando escribió este episodio bajo la dirección del Espíritu.

Además, ninguno de los participantes de este estudio de la Biblia parecía tomar nota del contexto de esta parábola. En el relato anterior, por ejemplo, se consigna otra parábola, la del pastor que pierde una de sus ovejas y deja a las otras noventa y nueve para buscarla hasta que la encuentra y se alegra cuando esto sucede. El pasaje siguiente es el de la parábola del hijo pródigo, en la que el padre se regocija con el regreso de su hijo perdido. Hablaremos de las parábolas con mayor detalle en el capítulo 15, por ahora basta decir que parece muy evidente que estas tres parábolas van juntas y que todas ellas hablan del gozo que Dios experimenta cuando alguien que estaba perdido viene a la fe y es salvo. En ellas se subraya también la preocupación de Dios por los perdidos y el esfuerzo que hace para encontrar y restaurar aquello que se ha extraviado. De hecho, en el último versículo de la parábola de la mujer y la moneda, se afirma explícitamente: «De la misma manera, os digo, hay gozo en la presencia de los ángeles de Dios por un pecador que se arrepiente».

De modo que Jesús no está utilizando la casa para representar algo específico de nuestras vidas. Está sencillamente estableciendo una comparación. La mujer está preocupada por la pérdida de la moneda porque para ella es algo importante. Dios se siente del mismo modo hacia nosotros. La mujer hace un gran esfuerzo para encontrar la moneda. Asimismo, Dios trabaja con gran empeño para llevarnos al reino. Por último, la mujer se alegra mucho cuando encuentra la moneda. Dios también se alegra cuando nos «encuentra» y restaura. Éste parece ser el significado que el autor tenía en mente. No olvides las lecciones del último capítulo. Nuestro papel no consiste en crear el significado, sino más bien, esforzarnos en descubrirlo.

No obstante, los estudiantes han pasado por alto el obvio significado de este texto en su empeño de encontrarle un sentido oculto, profundo y «espiritual». El deseo de encontrar este significado más profundo les ha llevado a no advertir el significado que Lucas (y el Espíritu) tenían en mente. De este modo y paradójicamente, en su búsqueda de lo espiritual, ¡han perdido precisamente de vista lo que el Espíritu está expresando en el texto! A saber, que Cristo busca a los perdidos y se alegra cuando los encuentra. Este es el significado espiritual. No obstante, se comunica a través de las convenciones literarias (Gramática, contexto, etcétera); el significado no surge de los antojos de nuestra imaginación. La Biblia es un libro espiritual que trata de cuestiones espirituales. No nos toca a nosotros «espiritualizarlo» por medio de nuestras fértiles imaginaciones.

Por otra parte, cuando queremos encontrar un significado oculto más profundo y «superespiritual», por regla general nos desplazamos hacia una zona de respuesta del lector en la que somos nosotros quienes determinamos el sentido del texto en lugar de buscar el que éste expresa. En nuestro celo por encontrar un significado «superespiritual» a menudo perdemos totalmente de vista el mensaje que Dios ha querido transmitirnos (lo que hacemos en esencia es sustituir nuestras palabras por las suyas).

En el debate sobre interpretación bíblica se presenta, en ocasiones, una dicotomía entre significado literal y significado espiritual. Incluso, a veces, se exhorta al lector a buscar el significado literal, no el espiritual. Esta dicotomía no nos parece conveniente y no nos sentimos cómodos con ella; de hecho, creemos que el término literal confunde más que clarifica. Muchos utilizan el término interpretación literal para acentuar el hecho de que creen en los detalles históricos de la Biblia, especialmente cuando se consignan milagros. Por nuestra parte afirmamos ciertamente el carácter histórico de la Biblia, milagros incluidos. Sin embargo, creemos también que el término literal es un poco confuso. Como se ha dicho antes, la Biblia está llena de figuras literarias y de lenguaje simbólico. Para determinar el significado de los distintos textos ha tenerse muy en cuenta este hecho. Tales figuras y símbolos reflejan una utilización decididamente no literal del lenguaje.

Por esta razón preferimos utilizar la expresión "significado literario", entendiendo con esta expresión el significado que los autores han dado al texto. Este significado tiene en cuenta el tipo de literatura que se utiliza, el contexto, el trasfondo histórico, la Gramática, los significados de las palabras (básicamente todo lo que hemos estado estudiando). El significado literario no reemplaza o sustituye al significado espiritual. Puesto que la Biblia trata básicamente de Dios y de su relación con nosotros, este significado literario será también un significado espiritual.

En otras palabras, la dicotomía no se sitúa entre significado literario y significado espiritual, sino más bien entre el significado que los autores dieron al texto y el que los lectores imaginan o proyectan sobre él. El peligro es precisamente esta «espiritualización» que se centra en las ideas del lector. La «espiritualización» de que hablamos se produce cuando «descubrimos» significados profundos y secretos que los autores nunca han querido dar a sus palabras. Este tipo de «espiritualización» no se basa ni en el texto ni en el Espíritu de Dios; es más bien un producto de nuestra imaginación. Por consiguiente, la cuestión no es si lo que buscamos es el significado literal o el espiritual, sino más bien si buscamos el significado literario que los autores inspirados quisieron dar al texto o un sentido que nosotros mismos creamos en nuestra propia imaginación.

Alegoría

El debate respecto a la diferencia entre el significado «espiritual» y el «literal» se remonta a los primeros siglos después de Cristo. Un buen número de eruditos cristianos de aquel tiempo entendía que los textos del Antiguo Testamento eran únicamente relevantes en la medida en que hablaban directamente de Cristo. Por ello, desarrollaron un sistema de interpretación que por un lado reconocía la existencia de un significado «literal» del texto, pero que, acto seguido, animaba al intérprete a buscar un sentido más profundo, completo y espiritual que se encontraba bajo la superficie del pasaje.[5] De hecho, algunos de estos autores defendieron un sistema de dos niveles (literal y espiritual), mientras que otros abogaron por sistemas múltiples: tres niveles (que se correspondían con cuerpo, alma, y espíritu) o cuatro (literal, alegórico, moral, y anagógico).

Por ejemplo, el sistema cuádruple atribuye cuatro niveles de significado a la ciudad de Jerusalén: (1) literal: la ciudad israelita/jebusea; (2) alegórico: la iglesia de Cristo; (3) moral: el alma de las personas; y (4) anagógico: la ciudad celestial de Dios. Allá por el siglo cuarto este acercamiento interpretativo, aunque tenía también sus críticos, se popularizó entre muchos de los maestros de la Iglesia, y la interpretación alegórica, tal como hoy se conoce, se convirtió en la forma normal de entender el Antiguo Testamento.[6] Esta forma de interpretación siguió siendo popular hasta el periodo de la Reforma (siglo XVI), cuando los reformadores (principalmente Calvino y Lutero) apartaron a la nueva Iglesia Protestante de este acercamiento alegórico.

---

[5] A este sentido más completo y profundo se le llama *sensus plenior*, que en latín significa sentido más completo.

[6] Ver la excelente exposición que hace Greidanus en su obra, *Preaching Christ*, 69–107.

Aunque ocasionalmente los reformadores se sirvieron de la interpretación alegórica, en general llevaron a la Iglesia al contexto literario de la Biblia para entender su significado. Siguiendo los pasos de los reformadores, los eruditos evangélicos de hoy han advertido a la Iglesia en contra de la extravagante utilización de las interpretaciones alegóricas que a menudo se basan más en la imaginación del intérprete que en el propio texto. No obstante, la interpretación alegórica se ha seguido utilizando por parte de un buen número de predicadores populares a lo largo del siglo XX, y sigue estando presente en varias formas. Ha experimentado también un resurgimiento a través de algunos de los acercamientos interpretativos más recientes como, por ejemplo, el de la respuesta del lector. Una vez que el autor pierde el control sobre el significado, muchos lectores son arrastrados hacia una espiritualización exagerada del texto mediante la interpretación alegórica.

¿Qué entendemos por alegoría? Una alegoría es un relato que utiliza una gran cantidad de simbolismo. Se parece a las parábolas pero tiene, en general, un mayor grado de correspondencia, es decir, la mayor parte de los detalles del relato o muchos de ellos representan algo o encierran un cierto matiz de significado. Greidanus define la alegoría como una extensa metáfora, es decir, algunos de los elementos del relato forman una cadena de metáforas que tienen un significado más profundo y unificado».[7] La alegoría es una técnica literaria. En ocasiones, para transmitir su mensaje un escritor puede emplear la técnica de la alegoría como fundamento de todo un libro. Esto es lo que hace Bunyan en su obra, *El Progreso del Peregrino*. Por esta razón, cuando leemos e interpretamos *El Progreso del Peregrino*, hemos de hacerlo asumiendo que se trata de una alegoría y no de un texto de historia o de una novela histórica

También la Biblia utiliza la alegoría, en ocasiones. El pasaje de Isaías 5:1–7 cumple los requisitos para ser considerado como alegoría. Lee este texto y observa la amplia utilización de metáforas:

Cantaré ahora a mi amado, el canto de mi amado acerca de su viña. Mi bien amado tenía una viña en una fértil colina. La cavó por todas partes, quitó sus piedras, y la plantó de vides escogidas. Edificó una torre en medio de ella, y también excavó en ella un lagar; y esperaba que produjera uvas buenas, pero solo produjo uvas silvestres. Y ahora, moradores de Jerusalén y hombres de Judá, juzgad entre mí y

---

7 *Ibíd*. 88.

mi viña. ¿Qué más se puede hacer por mi viña, que yo no haya hecho en ella? ¿Por qué, cuando esperaba que produjera uvas buenas, produjo uvas silvestres? Ahora pues, dejad que os diga lo que yo he de hacer a mi viña: quitaré su vallado y será consumida; derribaré su muro y será hollada. Y haré que quede desolada; no será podada ni labrada, y crecerán zarzas y espinos. También mandaré a las nubes que no derramen lluvia sobre ella. Ciertamente, la viña del Señor de los ejércitos es la casa de Israel, y los hombres de Judá su plantío delicioso. Él esperaba equidad, pero he aquí derramamiento de sangre; justicia, pero he aquí clamor.

Isaías predica este pasaje a Israel para advertirles de que Dios les juzgará por su falta de justicia y rectitud. El profeta utiliza una metáfora continuada con numerosos elementos de correspondencia. Afortunadamente, en el versículo 7 el propio Isaías identifica el significado de la alegoría y nos dice lo que representa cada elemento. Dios es el propietario de la viña. Israel es la viña. Las uvas buenas que el propietario esperaba encontrar y no halló son la equidad y la justicia.

Así, la *alegoría* no es en sí algo negativo; es sencillamente un recurso literario más que en la Biblia se utiliza esporádicamente para transmitir un mensaje con intensidad. Sin embargo, la interpretación alegórica como método de interpretación es algo muy distinto de la alegoría, y puede inducirnos a graves errores si lo utilizamos para interpretar un texto no alegórico. *En la Biblia hay pocos textos alegóricos.* Por tanto, encontraremos pocas oportunidades para utilizar este método. Por favor, ¡no lo utilices al azar en todos los textos del Antiguo Testamento! No caigas en el hábito de «espiritualizar» el Antiguo Testamento por medio de la interpretación alegórica. Sitúate siempre en el contexto literario, histórico y cultural para extraer el significado del texto. Utiliza el recorrido interpretativo para llegar al significado y la aplicación, y huye de los acercamientos imaginativos y alegóricos.

Consideremos ahora algunas ilustraciones de interpretaciones alegóricas impropias que pueden sernos de ayuda. Greidanus cita la interpretación de Génesis 2:18-25 que hace el popular locutor de radio Martin DeHaan como un buen ejemplo de lo que estamos explicando. El pasaje de Génesis dice lo siguiente:

Y el Señor Dios dijo: No es bueno que el hombre esté solo; le haré una ayuda idónea. Y el Señor Dios formó de la tierra todo animal del campo y toda ave del cielo, y los trajo al hombre para ver cómo los llamaría; y como el hombre llamó a cada ser viviente, ése fue su nombre. Y el hombre puso nombre a todo ganado y a las aves del cielo y a toda bestia del campo, mas para Adán no se encontró una ayuda que fuera idónea para él. Entonces el Señor Dios hizo caer un sueño profundo sobre el hombre, y éste se durmió; y Dios tomó una de sus costillas, y cerró la carne en ese lugar. Y de la costilla que el Señor Dios había tomado del hombre, formó una mujer y la trajo al hombre. Y el hombre dijo: Esta es ahora hueso de mis huesos, y carne de mi carne; ella será llamada mujer, porque del hombre fue tomada. Por tanto, el hombre dejará a su padre y a su madre y se unirá a su mujer, y serán una sola carne. Y estaban ambos desnudos, el hombre y su mujer, y no se avergonzaban.

DeHaan alegoriza el pasaje con la siguiente interpretación:

Mientras Adán dormía, Dios creó de su costado herido una compañera, alguien que formaba parte de sí mismo; y él pagó por ella con el derramamiento de su sangre [...] Ahora todo queda claro. Adán es una imagen del Señor Jesús, que abandonó la casa del Padre para conseguir a su esposa al precio de su propia vida. Jesús, el postrer Adán, como el primero, ha de dormir para poder así comprar a su esposa, la iglesia: Jesús murió en la Cruz y durmió en el sepulcro durante tres días y tres noches. También su costado fue abierto cuando él durmió, y de su costado herido emanó redención.[8]

DeHaan es bastante imaginativo con las conexiones que establece entre este el texto y la muerte de Cristo. Greidanus observa correctamente que aunque DeHaan quiere ser cristocéntrico en su predicación, lo hace sacrificando el verdadero significado del texto. El significado que propone DeHaan ha sido impuesto sobre el texto en lugar de extraído de él. «No tiene nada que ver con el mensaje que el autor quiere transmitir aquí», afirma Greidanus. Y «tristemente», sigue diciendo Greidanus:

En el proceso de la alegorización se abandona el verdadero mensaje del texto. El tema de este pasaje es el de la creación por parte de Dios de una compañera para el hombre en su soledad. El mensaje

---

[8] Martin R. De Haan, *Portraits of Christ in Genesis* (Grand Rapids: Zondervan, 1966), 32-33; Citado por Greidanus, *Preaching Christ*, 37.

del autor para Israel trata del don maravilloso del matrimonio que Dios otorga al hombre. Puesto que Israel vivía en una cultura en que la poligamia era muy normal y las mujeres no eran valoradas como verdaderas compañeras, este mensaje acerca del diseño original del matrimonio por parte de Dios enseñaba a Israel la importancia de la norma divina para esta institución. Este es el mensaje que DeHaan hubiera tenido que predicar, puesto que estas palabras siguen siendo buenas noticias para las mujeres y los hombres de nuestros días. Y hubiera podido apoyarse con la propia enseñanza de Jesús que se basa en el pasaje y que dice, «Por tanto lo que Dios ha unido, que nadie lo separe» (Mr 10:9).⁹

De modo que, al querer encontrar un significado «espiritual» y profundo en Génesis 2, DeHaan pasa por alto el contexto del capítulo y pierde de vista una importante enseñanza acerca del matrimonio. El mensaje de Dios acerca del matrimonio es un mensaje espiritual, y no es necesario que busquemos en nuestra imaginación alguna forzada conexión con la muerte de Cristo para hacer que el pasaje sea relevante. Lo que dice DeHaan respecto a la importancia de Cristo y su muerte es cierto. Ciertamente Cristo murió por su esposa, la Iglesia y, sin duda, la redención «emana» de su costado. Sin embargo, el mero hecho de que alguien entienda la importancia de la muerte de Cristo no significa que tal persona comprenda la enseñanza de Génesis 2. Nuestro criterio para evaluar las interpretaciones de Génesis 2 no puede ser solo que la teología del Nuevo Testamento que se desprende de tal interpretación sea correcta. No, nuestra evaluación ha de responder al hecho de si existen o no buenas razones para afirmar que éste es el sentido que el Espíritu Santo quería darle a este pasaje. La afirmación: «Jesús murió en la Cruz para salvar a pecadores como yo» es una importante verdad bíblica. Sin embargo, este hecho no la legitima como significado de todos los textos del Antiguo Testamento.

Una sección del Antiguo Testamento que parece suscitar interpretaciones alegóricas especialmente imaginativas es la descripción del tabernáculo que encontramos en el libro de Éxodo. En este libro, después de que Dios haya liberado de Egipto a los israelitas y les haya llevado al desierto, establece un pacto con ellos. En el centro mismo del pacto hay una triple afirmación de Dios: «Yo seré vuestro Dios, y vosotros

---

9 Greidanus, *Preaching Christ*, 37.

seréis mi pueblo, y yo moraré entre vosotros». Para poder habitar físicamente entre ellos, Dios necesita un lugar. Por ello, les pide que construyan un tabernáculo (un templo portátil) a fin de poder residir entre ellos. La mayor parte de la segunda mitad del libro de Éxodo desarrolla los detalles de la construcción de este tabernáculo. La importancia del tabernáculo radica en que allí se circunscribía la presencia física de Dios. Como tal, tiene sin duda numerosas conexiones en el Nuevo Testamento. La doctrina de la presencia de Dios sigue siendo crucial para los creyentes del Nuevo Testamento, sin embargo ahora experimentamos tal presencia en nuestro interior, por medio del Espíritu, y no a través de la adoración en el tabernáculo, como el pueblo del tiempo de Moisés. Por otra parte, el sistema de sacrificios del Antiguo Testamento se relaciona estrechamente con la adoración de Israel en el tabernáculo y proporciona un trasfondo esencial para ayudarnos a entender el sacrificio de Cristo. Por ello, es indudable que en cierto sentido los sacrificios veterotestamentarios apuntan a Cristo.

El libro de Hebreos pone de relieve un buen número de comparaciones entre Cristo y el sistema de ritos relacionados con el tabernáculo del Antiguo Testamento. Nos dice, por ejemplo, que la ofrenda de Cristo es mejor que los antiguos sacrificios puesto que, por una parte, Él era irreprensible y, por otra, su sacrificio no ha de repetirse una y otra vez como sí sucedía con los del Antiguo Testamento. Como sumo sacerdote, Cristo es también mejor que los sacerdotes israelitas puesto que, siendo sin pecado es un mejor mediador y más cualificado para entendernos. De modo que, hay muchos elementos del tabernáculo y su sistema de sacrificios que encuentran paralelos en el Nuevo Testamento. No obstante, esta afirmación no nos legitima para establecer constantes e imaginativas conexiones entre Cristo y cada uno de los detalles del tabernáculo.

Los exégetas alegóricos parecen dedicarse a buscar cualquier conexión temática o semántica, por vaga que parezca, entre los detalles del tabernáculo y la vida de Jesús. En este acercamiento se acepta casi cualquier conexión, con tal de que tenga alguna relación con Jesús. Sin tomarse la molestia de validar sus conclusiones, estos exégetas proclaman a menudo la supuesta conexión, por rocambolesca que ésta sea, como el significado del texto en cuestión.

Por ejemplo, cuando leemos Éxodo 27:19 encontramos una referencia a las estacas del tabernáculo (clavos en la RV Antigua), el acercamiento alegórico popular llevaría a buscar algún tipo de conexión entre Cristo y las estacas del tabernáculo. Piensa por un momento y a ver qué puedes imaginar. ¿Alguna idea? Por supuesto, si las estacas hubieran sido de madera, podríamos decir que representan la Cruz, pero, lamentablemente, estaban hechas de bronce (la RV Antigua traduce «metal»). Quizás podríamos proponer algo asumiendo el término bronce. El bronce no se descompone o pudre como la madera, y la salvación que tenemos en Jesús tampoco se descompone o pudre, de modo que, quizás las estacas de bronce representan nuestra permanente relación con Cristo. ¿Qué os parece? Además, las estacas del tabernáculo también sirven para tensar y sostener los lienzos laterales del tabernáculo. Esta idea de sostener puede darnos un campo bien abonado para elucubrar. Jesús nos sostiene y apoya. Él es nuestra firme ancla igual que lo son estas estacas. Así que las estacas han de representar a Jesús y su fortaleza para sostenernos, ¿no? O quizá hemos de seguir el sendero interpretativo de las afiladas puntas de las estacas en cuestión. El camino que lleva a Cristo es angosto, como angostas y afiladas son las puntas de las estacas del tabernáculo. ¿Y si pensáramos en la tierra en que se hunden las estacas? Ningún cristiano puede crecer a no ser que Cristo entre en nuestras vidas. Quizá la tierra en cuestión sea nuestro corazón y la estaca que se hunde firme y profundamente en la tierra representa a Cristo que viene a nuestras vidas. Pero puede también que la tierra tenga un sentido negativo, quizás representa a Satanás, y las estacas que se clavan en la tierra representan la derrota de Satanás.

¿No te parecen rocambolescos estos significados? ¿Es así como los cristianos hemos de interpretar la Biblia? ¿Vamos acaso a encontrar el mensaje que Dios ha asignado al texto mediante esta clase de especulaciones arbitrarias? ¿Cuál es el límite de nuestra imaginación? Con este método podemos imaginar un montón de significados para las estacas del tabernáculo sin que ninguno de ellos sea el que el autor quiso dar a sus palabras (si es que las estacas del tabernáculo tienen alguna otra significación aparte de su papel de tensar los lienzos laterales de la tienda de reunión).

No obstante, los exégetas alegóricos encuentran un sentido cristológico a todos los detalles del tabernáculo, incluso a sus estacas. Por ejemplo, utilizando la traducción de la Antigua RV que traduce clavos en lugar de estacas del tabernáculo, Talbot afirma:

Los clavos, [estacas] del Tabernáculo estaban hechos de latón; por tanto, el óxido no les afectaba. Del mismo modo que éstos soportaban todas las tormentas del desierto así también la santa vida de Cristo se mantuvo firme contra todas las arremetidas de Satanás. ¡De qué modo tan exacto y minucioso prefiguran las glorias de nuestro Señor crucificado y resucitado los detalles del esquema del tabernáculo dados por Dios![10]

DeHaan supera a Talbot. Es capaz de ir incluso más allá de las descabelladas sugerencias que antes hemos propuesto. Primero concuerda con Talbot en que la resistencia a la corrosión del latón o bronce de que están hechas las estacas representa la vida y muerte incorruptible de nuestro Señor Jesús. Pero a continuación, encuentra una profunda significación en el hecho de que las estacas estaban hundidas en la tierra hasta la mitad. Escribe:

Repetimos, los clavos estaban clavados en la tierra, pero también salían de la tierra, lo cual representa la muerte y la resurrección, aquello que está sepultado, y aquello que se eleva por encima de la tierra. La parte de los clavos que se hunde en la tierra se convierte en un símbolo de la muerte del Señor Jesucristo; mientras que la parte que queda por encima de ella sugiere su resurrección. Y esto es el Evangelio, las «Buenas Nuevas» de la salvación, la obra consumada que nos aporta seguridad. Si los clavos se hundieran por completo en la tierra, no tendrían ningún valor. Una parte de ellos ha de quedar por encima de la tierra para que las cuerdas puedan atarse a ellos. Así también, la muerte del Señor Jesucristo por sí sola no podía salvar a un solo pecador. Las buenas nuevas del Evangelio no están únicamente en la Cruz, en la muerte de Cristo por los pecadores, sino en la muerte y la resurrección de nuestro Salvador. Los clavos están sepultados, pero se elevan también por encima de la tierra para nuestra seguridad.[11]

Obsérvese el salto que DeHaan ha dado del texto a la pura especulación. Ninguno de las pasajes del Éxodo que mencionan las estacas del tabernáculo alude a la tierra (Ex 27:19, 35:18; 38:20; 38:31; 39:40). ¡La tierra ni siquiera se menciona! No obstante DeHaan ha creado todo un nivel de significado espiritual a partir de esta conexión, cuando menos cuestionable, entre el hundimiento parcial de las estacas del tabernácu-

---

[10] Louis T. Talbot, *Christ in the Tabernacle* (Wheaton, Ill.: Van Kampen, 1942), 89.
[11] Martin R. DeHaan, *The Tabernacle* (Grand Rapids: Zondervan, 1955), 65.

lo y la resurrección de Cristo. ¿No es un poco rocambolesco? ¿Cuáles son los controles o límites de este tipo de interpretación? ¿Son también libres los lectores para seguir esta línea de razonamiento, o solo DeHaan tiene este «discernimiento»?

Las estacas del tabernáculo tienen un gran número de connotaciones ¿Somos libres para desarrollar principios teológicos a partir de todas estas connotaciones? Por ejemplo, para el montaje del tabernáculo se utilizaban un buen número de estacas, probablemente cientos de ellas. ¿Es acaso este gran número de estacas un buen símbolo de Cristo? Esto podría conducir al punto de vista herético de que existen muchos Cristos. Obsérvese también que quienes clavaban las estacas en el suelo y las arrancaban después eran hombres. ¿Es esto un buen símbolo de la resurrección? Otros como DeHaan asumen que las estacas eran siempre hundidas en el suelo por manos expertas y que nunca se arrancaban ¿Pero es esto cierto? No era Dios, sino algunos hombres quienes clavaban las estacas del tabernáculo; ¿Has estado alguna vez de cámping? ¿Acaso no es muy normal tener algún problema con las estacas de las tiendas? Es evidente, a pesar de todo lo que expresa Talbot, que estas estacas del tabernáculo probablemente se desclavaban alguna vez o se arrancaban cuando el viento soplaba con fuerza. ¿Significa esto que Jesús no es digno de confianza? ¡Qué absurdo!

Y ¿cómo sabe DeHaan que las estacas del tabernáculo se clavaban solo hasta la mitad como hacemos hoy con las piquetas de las tiendas de campaña? Quienes han montado tiendas sobre terreno arenoso saben también que sobre esta superficie las piquetas o estacas normales son del todo inútiles a menos que se hundan del todo. ¿Tuvieron que clavar de este modo las estacas los sacerdotes durante el Éxodo? Además, en Números 3:36–37 y 4:32 se nos dice que al clan de los meraritas de la tribu de Leví se le dio la responsabilidad del cuidado y mantenimiento de las estacas del tabernáculo. ¿Cómo afecta esto a la cristología de DeHaan? ¿Acaso significa que el sacerdocio del Antiguo Testamento se ocupa del cuidado y transporte de Cristo como hacían estos sacerdotes con las estacas del tabernáculo? ¿Te das cuenta de lo absurda que puede llegar a ser esta línea de interpretación? No existe ninguna conexión legítima entre las estacas del tabernáculo y la resurrección de Jesucristo, e inventárnosla no honra a Cristo.

¿Existe simbolismo en el tabernáculo? ¡Por supuesto! Pero este simbolismo ha de estudiarse en el marco del trasfondo histórico y cultural del Antiguo Oriente Medio donde vivió el pueblo del Éxodo. A lo largo de toda la Biblia, Dios se comunicó con su pueblo utilizando aquellas formas con las que éste estaba familiarizado. La Biblia utiliza símbolos con frecuencia. Uno de los problemas que plantea la interpretación alegórica de los símbolos es que los exégetas de esta tendencia tienden a servirse de la imaginación para encontrar alguna profunda conexión teológica con el Nuevo Testamento, sin preguntarse siquiera lo que el símbolo en cuestión podría haber significado para los receptores bíblicos. En su celo por encontrar representaciones simbólicas de Cristo, con frecuencia pasan por alto el verdadero significado de importantes símbolos.

Por ejemplo, los cuatro colores fundamentales que encontramos en el tabernáculo eran el rojo, el blanco, el púrpura, y el azul. Sin hacer ninguna investigación acerca de la significación de estos colores en los contextos religiosos del Antiguo Oriente Medio, Talbot concluye que el azul nos habla de la deidad de nuestro Señor, puesto que es el color «celestial».[12] DeHaan y Simpson coinciden con él, y apuntan que el color azul expresa el origen celestial de Cristo.[13]

Obsérvese su línea de razonamiento. El azul es el color del firmamento. En la Biblia el término cielos es sinónimo de firmamento. Jesús procede del cielo. Por tanto, el color azul ha de aludir a su origen celestial. De este modo, establecen un significado «espiritual» para el símbolo «azul». Están cerca pero no acaban de situarse en el buen camino. Se apoyan simplemente en su intuición e imaginación en lugar de investigar el trasfondo del simbolismo de los colores en el mundo del Israel de la Antigüedad.

¿Qué simbolizaba el color azul en el antiguo Oriente Medio? ¿Cómo podemos descubrir lo que realmente significaba? Investiguemos un poco. Una buena obra de referencia que podemos consultar para el estudio de palabras simbólicas es el *Dictionary of Biblical Imagery* (Diccionario de Imaginería Bíblica), editado por Ryken, Wilhoit, y Longman. Su exposición de la utilización simbólica del color azul en el antiguo Oriente Medio es muy interesante:

En el pensamiento antiguo se creía que el firmamento separaba el lugar de los dioses del reino de los humanos. Por tanto el color azul, el del firmamento, bien podría sugerir la frontera entre Dios y su

---

[12] Talbot, *Christ in the Tabernacle*, 38.
[13] DeHaan, *The Tabernacle*, 36–37, 49. A. B. Simpson, *Christ in the Tabernacle* (Harrisburg, Pa.: Christian Publications, n.d.), 15. DeHaan no puede resistirse al hecho de que existen cuatro colores que –él da por sentado– han de aludir a los cuatro Evangelios.

pueblo y simbolizar su majestad. Igual que el tinte púrpura, el que se utilizaba para el color azul era muy caro y connotaba riqueza y prestigio. El azul era el principal color de las vestiduras de los sumos sacerdotes de Israel (Ex 28). El manto del efod del sumo sacerdote era completamente azul y la túnica sobre la que se situaba de lino blanco. Por ello, el sumo sacerdote representaba la frontera entre la esfera humana y la divina y se movía en ambas cuando desarrollaba sus funciones en el Lugar Santísimo.[14]

Como podemos ver en esta explicación, no es necesario alegorizar o utilizar la imaginación para encontrar importantes simbolismos espirituales en el color azul que se utilizó en el tabernáculo y las vestiduras sacerdotales. El tabernáculo era el lugar de la presencia de Dios que moraba con su pueblo como un rey viviría en su palacio. Por esta razón, parece apropiado que se utilizaran los materiales más caros (telas teñidas de azul y púrpura) para expresar su majestad. Las connotaciones del firmamento son también significativas. La razón para que en el tabernáculo se utilizara esta gran cantidad de material azul no era señalar el origen celestial de Jesús, sino más bien poner de relieve el concepto de la frontera entre el Dios Santo y la humanidad pecaminosa, una frontera que normalmente separa a la humanidad de la divinidad, pero que Dios ha cruzado al venir a morar en el tabernáculo. Éste era el lugar en el que Israel se acercaba a Dios. El color azul les recordaba la majestad de la deidad, y también el hecho de que estaban cruzando el umbral místico para encontrarse con el Dios vivo, que había decidido habitar entre ellos. No hay necesidad de alegorizar un significado de tal trascendencia.

¿Qué conclusiones podemos sacar de todo esto? En nuestros esfuerzos por determinar el significado del texto bíblico, hemos de evitar la tentación de alegorizar. No nos afanemos para ver a Cristo en cada una de las rocas y estacas del Antiguo Testamento, o de lo contrario se nos escapará el verdadero significado que Dios quiere transmitirnos. Utilicemos el recorrido interpretativo; nos ayudará a mantenernos en el buen camino.

Es evidente que existen numerosas conexiones legítimas entre Cristo y el Antiguo Testamento. Tales vínculos se sitúan generalmente en las categorías de la profecía y la tipología. Nos ocuparemos de la profecía en el capítulo 21. Vayamos ahora a la tipología.

---

[14] Leland Ryken, James C. Wilhoit, and Tremper Longman III, eds., *Dictionary of Biblical Imagery* (Downers Grove, Ill.: InterVarsity Press, 1998), 158.

Tipología

Un buen número de pasajes del Antiguo Testamento describe cosas que apuntan o prefiguran realidades que hallan su pleno cumplimiento en Cristo. Por ejemplo, todo el sistema de sacrificios de Israel prefigura el sacrificio de Cristo. Como nos dice el libro de Hebreos, Cristo es el sacrificio final, que elimina para siempre la necesidad de cualquier otro sacrificio. No obstante, una cosa es considerar que el sistema de sacrificios del Antiguo Testamento, como un todo, prefigura el sacrificio de Cristo, y otra muy distinta interpretar alegóricamente cada detalle relativo a dicho sistema. En el sistema de sacrificios intervenían palomas, cabras, vacas, grano, cenizas, humo, fuego, y muchos otros detalles. La interpretación alegórica proyecta un significado cristológico sobre cada uno de los detalles. Por el contrario, el concepto de prefiguración, sugiere conexiones de carácter general (muerte, sangre, carácter irreprochable, etc., y no especula con los detalles más nimios.

Por otra parte, la mayor parte de los elementos que prefiguran a Cristo en el Antiguo Testamento se identifican claramente en el Nuevo. Por tanto, podemos depender de la guía que nos ofrece el Nuevo Testamento para ayudarnos a discernir si un pasaje es o no una prefiguración de Cristo. Hemos de recordar que nuestro objetivo es determinar el significado que Dios ha asignado al texto. No se trata de ser creativos o perspicaces, ni de intentar sacar alguna oculta conexión que nadie haya encontrado todavía. Por ello, te aconsejamos que utilices el Nuevo Testamento como guía para determinar cuáles son los pasajes del Antiguo Testamento que prefiguran a Cristo. No intentes forzar los textos para conectarlos de algún modo con el Señor, como hacen los partidarios de la alegorización.

Algunos eruditos prefieren utilizar el término tipología en lugar de prefiguración. Ambas palabras tienen un significado parecido, aunque la tipología requiere generalmente una correspondencia más estrecha entre el cumplimiento del Nuevo Testamento y la representación del Antiguo de lo que sugiere la prefiguración. Un tipo puede definirse como un acontecimiento, persona o institución de la Biblia que sirve de ejemplo o patrón para otros acontecimientos, personas o «instituciones».[15] El Antiguo Testamento fluye en el Nuevo como parte de un re-

[15] David Baker, «Typology and the Christian Use of the Old Testament», SJT 29 (1976): 153 (citado por Douglas J. Moo, «The Problem of Sensus Plenior», en *Hermeneutics, Authority, and Canon*, ed. D. A. Carson y John D. Woodbridge [Grand Rapids: Zondervan, 1986], 195).

lato de la historia de la salvación. Lo que se promete en el Antiguo Testamento se cumple en el Nuevo. La tipología es parte del esquema del cumplimiento de promesas que conecta los dos Testamentos.[16] Por ello, la tipología tiene cierto carácter profético, puesto que en ella un acontecimiento histórico o una persona del Antiguo Testamento sirven de patrón o ejemplo profético para un acontecimiento o persona del Nuevo. No obstante, es muy importante que este significado profético sea el que quiso darle el autor divino. Por tanto, la identificación debe hacerla la Biblia y no puede ser solo producto de nuestra imaginación. Por otra parte, nosotros creemos también que el autor humano no siempre era consciente de cómo iba a producirse el futuro cumplimiento, aunque reconocemos que hay mucho desacuerdo entre los eruditos respecto a este asunto.

El Salmo 22 nos proporciona un buen ejemplo de tipología. Aunque David escribió el Salmo 22 unos mil años, más o menos, antes de la venida de Cristo, la correspondencia entre los versículos que hemos seleccionado a continuación y los sufrimientos del Señor en la Cruz es sorprendente.

Dios mío, Dios mío, ¿por qué me has abandonado? ¿Por qué estás tan lejos de mi salvación y de las palabras de mi clamor? Todos los que me ven, de mí se burlan; hacen muecas con los labios, menean la cabeza, diciendo: Que se encomiende al Señor; que Él lo libre, que Él lo rescate, puesto que en Él se deleita. Soy derramado como agua, y todos mis huesos están descoyuntados; mi corazón es como cera; se derrite en medio de mis entrañas. Como un tiesto se ha secado mi vigor, y la lengua se me pega al paladar, y me has puesto en el polvo de la muerte. Porque perros me han rodeado; me ha cercado cuadrilla de malhechores; me horadaron las manos y los pies. Puedo contar todos mis huesos. Ellos me miran, me observan; reparten mis vestidos entre sí, y sobre mi ropa echan suertes.

Al parecer, David escribió este salmo durante un tiempo de intensos sufrimientos en su vida. Es dudoso (aunque posible) que David tuviera realmente en mente la futura crucifixión de Cristo. Creemos que el Espíritu le guió en la elección de las palabras al escribir este salmo. David utilizó ciertas figuras literarias (comunes en la poesía hebrea) para referirse a

---

[16] Moo, «The Problem of Sensus Plenior», 196.

su sufrimiento físico. Por tanto, las descripciones del Salmo 22 son imágenes figurativas de un periodo de verdadero sufrimiento en su vida. No obstante, en la Cruz, Jesús sufrió muchas de las experiencias que se describen en este salmo. En su caso, por otra parte, el lenguaje tiende a referirse a su sufrimiento de un modo más literal que figurativo.

En el Salmo 22 vemos elementos proféticos específicos acerca de la Cruz. De este modo, el sufrimiento de David que se expresa en este salmo es un tipo del sufrimiento de Cristo en la Cruz. La descripción figurativa de los sufrimientos de David encuentra un cumplimiento literal en el sufrimiento de Cristo. Por supuesto, el hecho de que Jesús cita el Salmo 22 desde la Cruz (Mt 27:46; Mr 15:34) establece firmemente esta conexión tipológica; por otra parte, Juan afirma explícitamente que cuando los soldados romanos echaron suertes sobre las vestiduras de Jesús estaban dando cumplimiento a las palabras del Salmo 22:18. De modo que, el Nuevo Testamento nos guía a establecer el hecho de que el Salmo 22 se cumple en la muerte de Cristo. Puesto que también se aplica a una situación histórica de la vida de David, clasificamos el salmo como tipológico.

En nuestra opinión, por regla general un pasaje del Antiguo Testamento no puede confirmarse como tipológico a no ser que el Nuevo Testamento lo identifique como tal.[17] Por tanto, aunque otros textos del Antiguo Testamento pueden presentar ciertas similitudes con las realidades del Nuevo, no pueden clasificarse confiadamente como tipología a menos que el Nuevo Testamento indique cuál es su cumplimiento.

Códigos de la Biblia

Hemos estado comentando nuestra tendencia natural a querer descubrir algún sentido profundo y espiritual en la Biblia. En 1997 la editorial Simon & Schuster publicó un libro del reportero Michael Drosnin titulado *The Bible Code* (publicado en castellano como *El Código Secreto de la Biblia*).[18] En este libro Drosnin afirmaba la existencia de un código oculto en la secuencia de las letras del texto hebreo del Antiguo Testamento y que ahora podía descifrarse mediante la utilización de la tecnología informática. Por otra parte, argumentaba que este código re-

---

[17] Es probable que pasajes como Génesis 22 sean quizá una excepción a esta regla, pero las excepciones son pocas.
[18] Michael Drosnin, *The Bible Code* (Nueva York: Simon & Schuster, 1997).

velaba ciertas predicciones acerca de algunos importantes personajes y acontecimientos modernos, como el asesinato del primer ministro israelí Yitzhak Rabin, el presidente Clinton, la crisis económica de 1929, el aterrizaje en la Luna de las naves Apolo, Adolf Hitler, Thomas Edison, los hermanos Wright, y otros muchos.

El libro de Drosnin se convirtió inmediatamente en uno de los más vendidos. Un buen número de eruditos del hebreo bíblico de diferentes posiciones teológicas, junto con numerosos matemáticos, estudiaron el libro de Drosnin y concluyeron que los argumentos que presentaba en *El Código Secreto de la Biblia* no eran válidos, y que el supuesto código especial oculto tras la secuencia de los caracteres del texto hebreo no existía.[19] A pesar de este consenso del mundo académico, la idea de un código de la Biblia continúa floreciendo en ciertos sectores de la imaginación popular. De hecho, los libros que tratan este tema han seguido siendo populares.[20] Han aparecido asimismo varias páginas web acerca de este tema. ¿Qué es exactamente este código y qué deberíamos hacer con él?

En primer lugar, es importante observar que existen varios tipos de códigos de la Biblia. Drosnin es únicamente uno de los más populares de sus modernos defensores. Desde la Edad Media y dentro de la rama mística del judaísmo conocida como «Cábala», se han investigado y presentado varios códigos más, basados en cálculos matemáticos. Sin embargo, de manera general los códigos de la Biblia pueden clasificarse básicamente en dos grupos. El código más antiguo del misticismo judío se llama "Gematría", mientras que el moderno sugerido por

---

[19] La crítica más concienzuda y devastadora del supuesto código secuencial de letras equidistantes del texto hebreo del AT la encontramos probablemente en la obra de Randall Ingermanson, *Who Wrote the Bible Code? A Physicist Probes the Current Controversy* (Colorado Springs: Waterbrook, 1999). Véanse también las evaluaciones de este libro que hacen H. Van Dyke Parunak en *JETS* 41 (June, 1998), y también la de Michael Weitzman en, *The Jewish Chronicle* (July 25, 1997). Véanse también los incisivos artículos en *Bible Review* (agosto de 1997) por parte de Ronald S. Hendel, «The Secret Code Hoax», y el de Shlomo Sternberg, «Snake Oil for Sale». Véase también la refutación de los datos estadísticos en el artículo de Brendan McKay, Dror Bar- Natan, Maya Bar-Hillel, y Gil Kalai «Solving the Bible Code Puzzle», *Statistical Science* (May, 1999).

[20] Véanse las obras de Grant R. Jeffrey, *The Mysterious Bible Codes* (Waco, Tex.: Word, 1998); Del Washburn, *The Original Code in the Bible: Using Science and Mathematics to Reveal God's Fingerprints* (Lanham, Md.: Madison Books, 1998); Jeffrey Satinover, *Cracking the Bible Code* (Nueva York: William Morrow, 1998); y Michael Drosnin, *Bible Code II: The Countdown* (Nueva York: Viking, 2002).

Drosnin y otros proponentes recibe el nombre de «secuencia equidistante de letras» (*Equidistant Letter Sequencing* [ELS]). Vamos a comentarlos brevemente.

Gematría

El hebreo bíblico utiliza las letras normales del alfabeto no solo para representar el sonido de las palabras (como en castellano), sino también para la representación de números. Por tanto la primera letra, alef, puede utilizarse como una letra para construir palabras, o puede representar el número 1. Asimismo, la bet, la segunda letra del alfabeto, puede representar también el número 2, y así sucesivamente por todo el alfabeto hasta el número 9. Las letras consecutivas representan las decenas 10, 20, 30, etcétera, hasta el 90; a éstas siguen las letras que representan las centenas del 100 al 900, y así sucesivamente. En la Gematría, se computa el valor numérico de ciertas palabras (sumando los valores de sus letras) y después se establecen equivalencias con otras palabras que tienen el mismo valor numérico.

Por ejemplo, la palabra hebrea para padre ('ab) está formada por las dos primeras letras alef y bet. Alef representa el número 1 y bet el 2, de modo que el valor numérico de esta palabra es 3. La palabra madre('am) la forman las letras alef (1) y mem (40), de modo que, la suma y valor numérico de esta palabra es 41. La palabra que se traduce como hijo (yeled) tiene tres letras: yod (10), lámed (30), y dálet (4), que suma 44. De modo que, padre (3) más madre (41) es igual a hijo (44).[21] Este ejemplo ilustra un tipo sencillo de análisis con Gematría. Sin embargo, la mecánica de la Gematría, puede ser extraordinariamente complicada con la combinación de varios tipos de suma, resta, multiplicación y división.

Secuencia equidistante de letras (SEL)

Éste es el sistema propagado por Drosnin en *El Código Secreto de la Biblia*. El primer paso es introducir en un ordenador todo el texto hebreo del Antiguo Testamento (algunos investigadores solo trabajan con el Pentateuco). Se ignoran los espacios entre las palabras y, de este modo, el ordenador genera una larga y continua corriente de letras consecutivas. Los operadores ejecutan comandos que hacen que el ordenador

---

[21] Este ejemplo se utilizó en la película de 1998 Pi (*P*) (Artisan Entertainment). Se trata de un filme de ciencia ficción, pero parte de la trama se construye en torno a la Gematría.

busque palabras o patrones de palabras seleccionando letras equidistantes. Por ejemplo, el ordenador busca primero cada dos letras. A continuación cada tres letras, cada cuatro, cada cinco, y así sucesivamente hasta que llega a buscar letras que están separadas por miles de otras letras. El ordenador analiza entonces las secuencias que ha generado e intenta encontrar alguna de las palabras que buscan los operadores. Vamos a poner un sencillo ejemplo de lo que esto podría ser en inglés. Busquemos en Números 4:3. ¿Dice algo este texto acerca de un *cat* (gato)?

Count all the men from thirty to fifty years of age who come to serve in the work in the Tent of Meeting.

El primer paso es suprimir todos los espacios que hay entre las palabras. De este modo tenemos:

Countallthemenfromthirtytofiftyyearsofagewhocometoservein-theworkinthetentofmeeting

A continuación, vamos a buscar cada dos letras, después cada tres, cada cuatro, etcétera, hasta encontrar la palabra cat. ¡Y he aquí que, efectivamente, encontramos el término cat, en una secuencia de espaciado de 32 letras! Comenzamos con la "c" de la palabra «count», nos saltamos 32 letras y llegamos a la "a" de «years», y con otro saltito de 32 letras llegamos a la "t" de «the». A continuación mostramos los resultados de esta operación resaltando en negrita y un tamaño mayor las tres letras que buscamos de la palabra cat:

Countallthemenfromthirtytofiftyye**A**rsofagewhocometoservein-

theworkin**T**hetentofmeeting

De esto trata la SEL o secuencia equidistante de letras. Cada una de las letras está separada exactamente por el mismo número de letras (en este caso, 32). Por supuesto, es muy fácil encontrar palabras de tres letras. Ésta la encontramos sin ordenador en unos diez minutos más o menos. Las palabras más largas son más difíciles de encontrar, no obstante si buscamos en un texto lo suficiente largo y con ayuda de un ordenador, entonces es bastante fácil descubrir incluso palabras de muchas letras.

En uno de los famosos ejemplos de Drosnin, el ordenador tenía que buscar el nombre del primer ministro israelí, Yitzhak Rabin.[22] Se trata de una secuencia de doce letras y no es fácil de encontrar. Afortunadamente, los ordenadores pueden afrontar tales desafíos. Por supuesto, el ordenador encontró una secuencia que contenía el nombre de Yitzhak Rabin. La primera letra de este nombre aparece en Deuteronomio 2:33. El ordenador da entonces un salto de 4722 letras para encontrar a continuación la segunda en 4:42, seguido por otro salto de 4722 que le lleva a 7:20, y así sucesivamente, saltando 4722 letras cada vez hasta alcanzar la última letra en 24:16.

No obstante, no es la simple aparición del nombre codificado lo que convence a los proponentes del código SEL, sino la presencia de otros aspectos de carácter conectivo o predictivo que se reflejan en las inmediaciones de los textos que contienen las letras del nombre en cuestión. Así, en el ejemplo de Drosnin, la segunda letra del nombre de Yitzhak Rabin aparece en Deuteronomio 4:42. Este versículo, indica Drosnin de forma muy dramática, contiene la expresión «el asesino asesinará»; de este modo, el versículo en cuestión predijo el asesinato del Primer Ministro miles de años antes de que sucediera. ¿Impresionado? (Nota: Drosnin ha traducido Deuteronomio 4:41–42 de un modo bastante inexacto. El texto de la La Biblia de las Américas dice: «Entonces Moisés designó tres ciudades al otro lado del Jordán, al Oriente, para que huyera allí el homicida que involuntariamente hubiera matado a su vecino sin haber tenido enemistad contra él en el pasado». El texto habla de las ciudades de refugio establecidas en Israel para aquellos que mataban a alguien involuntariamente; no tiene nada que ver con asesinatos.)

¿Cómo, pues, hemos de evaluar estos dos métodos de códigos de la Biblia? En primer lugar, aunque los proponentes de la Gematría desarrollan en ocasiones conexiones un tanto rocambolescas y extravagantes, la idea de que los autores del Antiguo Testamento hubieran utilizado los valores numéricos de las letras hebreas para establecer vínculos intencionados entre diferentes palabras es, al menos, verosímil. Los números tienen, a menudo, un carácter simbólico en el hebreo bíblico. Por otra parte, en el estudio de la literatura de otras culturas antiguas del Próximo Oriente se constata la utilización esporádica de criptogramas numéricos para referirse a sus dioses o reyes.[23] Los autores del An-

---

[22] Drosnin, *The Bible Code*, 15–19.
[23] Jöran Friberg, s.v. «Numbers and Counting», ABD, 4:1143–45; Gershom Scholem, s.v. «Gematria», *Encyclopaedia Judaica* (Jerusalén: Keter, 1971), 7:369–74.

tiguo Testamento utilizaban también, con frecuencia, otros recursos literarios como el quiasmo y los acrósticos.[24] Por esta razón, no sería impensable que los autores jugaran también hasta cierto punto con los números. No obstante, por nuestra parte, no tenemos la certeza de que éste sea el caso, y dudamos de que Dios o los autores humanos consignaran deliberadamente estas conexiones numéricas. Tenemos la sospecha de que la Gematría es fruto de la coincidencia, y que ésta se hace posible por el gran volumen de posibilidades numéricas del texto hebreo del Antiguo Testamento. En otras palabras, nos inclinamos a rechazar este acercamiento, aunque lo hacemos con cautela, abriéndonos a la posibilidad de que los autores del Antiguo Testamento pudieran haber utilizado algún aspecto de la Gematría como otro sofisticado recurso literario.

Sin embargo, la teoría de Drosnin acerca de la secuencia de letras equidistantes (SEL), es algo completamente diferente. Tiene todo el aspecto de la actual obsesión de nuestra cultura con la informática y la tecnología combinada con la atracción posmoderna hacia el misticismo.[25] Estamos de acuerdo con la opinión general de la erudición bíblica en el sentido de que, tras los mensajes secretos que Drosnin (y otros) encuentran ocultos en la Biblia mediante la SEL no hay, sino coincidencia. Las refutaciones de los códigos de la Biblia que han llegado desde el mundo académico han sido absolutamente concluyentes. Tales refutaciones han aportado pruebas contundentes de que en la SEL no hay nada místico o divino. Existen, en esencia, dos tipos de argumentos en contra de este método para la búsqueda de mensajes secretos: los que tienen que ver con las probabilidades y los que aluden a las variantes textuales.

Probabilidades. La afirmación esencial de Drosnin (y otros) es que los patrones que han encontrado están muy por encima de las probabilidades normales y que son, por tanto, divinos en su naturaleza. Aluden a unos cálculos de probabilidades increíbles respecto a encontrar nombres y conexiones de un modo aleatorio. En este hecho se funda esencialmente la defensa del *Código Secreto de la Biblia*. No obstante, este argumento ha sido hecho añicos por los críticos del código.[26] Los textos extensos con cientos de miles de letras presentan literalmente mi-

---

[24] Hemos hablado del quiasmo en el Capítulo 4 y comentaremos los acrósticos en el 20.

[25] En la página 25 de su obra *The Bible Code*, Drosnin afirma: «la Biblia no es solo un libro, sino también un programa de ordenador».

[26] Véase, por ejemplo la extensa refutación de Mckay y otros en su artículo, «Solving the Bible Code Puzzle».

les de millones de opciones de secuencias de letras equidistantes. Weitzman, por ejemplo, afirma que, dando por sentado una distribución igual de las letras, la probabilidad de seleccionar al azar una palabra de seis letras (con un alfabeto de veintidós letras) es de 1 por 110.000.000. Esto parece increíble, y los proponentes de la SEL citan estos cálculos fantásticos como certificación de su método.

No obstante, como observa Weitzman, solo el Pentateuco contiene más de 300.000 letras. Basándonos en la metodología de secuencias de letras equidistantes, los nombres pueden leerse hacia adelante o hacia atrás, y la secuencia de los saltos puede oscilar entre 2 y unas 30.000 letras. Con estos criterios las 300.000 letras del Pentateuco arrojan un cálculo de unos 18. 000 millones de combinaciones de seis letras. Por tanto, utilizando un ordenador para realizar la búsqueda de secuencias de letras equidistantes, cualquier nombre o combinación aleatoria de seis letras aparecerán en el Pentateuco alrededor de 160 veces (18,000 millones divididos por 110.000.000).[27] Con 160 opciones no ha de ser difícil encontrar una de las apariciones de la palabra en las inmediaciones de algún versículo que pueda relacionarse libremente con el nombre, especialmente si se utiliza la imaginación o burdas técnicas de traducción (a lo cual Drosnin es bastante proclive).

Esta realidad se ha descubierto con la aplicación de las técnicas de la SEL a obras de literatura extrabíblica. Cualquier obra literaria extensa nos ofrecerá cientos de nombres modernos con cientos de vínculos a frases adyacentes. Brendan McKay por ejemplo, copió el texto inglés de la obra Moby Dick en su ordenador y aplicó las técnicas de secuencias de letras equidistantes para buscar «predicciones» de asesinatos de otros dirigentes del siglo XX. Encontró un buen número de nombres con importantes conexiones con el tema de la muerte en los textos cercanos. Por ejemplo, el nombre de Somoza, (el presidente de Nicaragua que fue asesinado en 1956) apareció cerca de las palabras «le dispararon», «muere», y «pistola».[28] Este ejemplo es similar al de Yitzhak Rabin que presenta Drosnin. A no ser que consideremos que el texto de Moby Dick está inspirado divinamente, esta prueba refuta por completo la tesis esencial del *Código Secreto de la Biblia*.

Las variantes textuales. Otra importante deficiencia en el acercamiento de la SEL está en que sus proponentes parecen no ser conscien-

---

[27] La evaluación de *The Bible Code* por parte de Michael Weitzman citado por Parunak en la página 324 de su propia evaluación del libro de Drosnin.

[28] Citado por Sternberg en «Snake Oil», p.25.

tes de las variantes del texto hebreo del Antiguo Testamento. Recordemos lo dicho en el capítulo 9 en el sentido de que la Biblia se transmitió durante muchos años por medio de manuscritos escritos a mano (como indica el propio término «manuscritos»). Por razón de la gigantesca extensión del Antiguo Testamento y de las dificultades relacionadas con el copiado a mano, no existen dos manuscritos antiguos del texto hebreo que sean exactamente iguales (es decir, idénticos letra por letra). Para empezar, la ortografía hebrea no estaba estandarizada durante la producción y la antigua transmisión del Antiguo Testamento. Un buen número de palabras se podía escribir de varias formas, y los manuscritos antiguos diferían frecuentemente en este punto.

De hecho, Waltke indica que después del regreso de los judíos tras la cautividad babilónica, los escribas (a quienes se alude como *sopherim*) no solo cambiaron el estilo de las antiguas grafías del hebreo cursivo en que estaban escritos los textos a las letras arameas cuadráticas más recientes (como las que se utilizan en las Biblias hebreas de nuestros días), sino que también insertaron las vocales consonánticas[29] (es decir, otras letras que se insertaban en las palabras para que funcionaran como consonantes y facilitaran la lectura y la pronunciación). En otras palabras, en el Antiguo Testamento nunca ha habido una cantidad uniforme o específica de letras.

Éste es un problema crucial para un método que se utiliza para buscar nombres cuyas letras están separadas entre sí por millares de caracteres. Recuérdese que el nombre de Yitzhak Rabin que sugiere Drosnin se forma con letras que están separadas por otras 4772 letras y que su recopilación se extiende a lo largo de veintidós capítulos del libro de Deuteronomio. Si en este espacio falta o se añade una sola letra, el sistema se desmorona. Drosnin utilizó una edición de la Biblia hebrea llamada *Segunda Biblia Rabínica*. Se trata de una edición estándar (aunque no universal) de la Biblia hebrea impresa desde el siglo dieciséis hasta comienzos del siglo XX. La Segunda Biblia Rabínica se basaba en anteriores Biblias hebreas impresas y en antiguos manuscritos medievales. Pero ninguna de las anteriores ediciones impresas era exactamente igual a la Segunda Biblia Rabínica, por lo que hace al número de letras.

Asimismo, algunos manuscritos que anteceden cientos de años a la *Segunda Biblia Rabínica* como por ejemplo, el *Códice de Leningrado*

---

[29] Bruce K. Waltke, «The Textual Criticism of the Old Testament», en *The Expositor's Bible Commentary*, vol. 1, ed. Frank E. Gaebelein (Grand Rapids: Zondervan, 1979), 214.

—la Biblia hebrea más antigua y completa escrita a mano— difieren en un buen número de casos; por supuesto se trata de diferencias menores o insignificantes por lo que respecta al significado, pero que devienen no obstante fundamentales y cruciales cuando sirven para determinar el cómputo de los espacios entre las letras. La mayoría de las ediciones de la Biblia hebrea del siglo XX se basa, asimismo, en manuscritos más antiguos como *el Códice de Leningrado*.[30] Por tanto, las ediciones críticas contemporáneas de la Biblia hebrea difieren también de *la Segunda Biblia Rabínica* en el número de letras que contienen.

Obsérvese, por ejemplo, la edición moderna llamada *Biblia Hebraica*, que estaba también a disposición de Drosnin en formato electrónico. Esta Biblia hebrea difiere de *la Segunda Biblia Rabínica* en cuarenta y dos letras ¡solo en el libro de Deuteronomio![31] Por esta razón la «predicción» de Drosnin acerca de Yitzhak Rabin no funciona con ninguna de las ediciones modernas de la Biblia hebrea ni con ninguno de los antiguos manuscritos copiados a mano. En cada edición del texto hebreo y en cada uno de los manuscritos antiguos el ordenador encontrará una serie distinta de nombres y predicciones». Defender la validez de una serie particular de nombres supuestamente codificados de alguna edición específica de la Biblia hebrea parece altamente cuestionable.

Es fácil deducir que no recomendamos la utilización de códigos de la Biblia. Aunque tenemos dudas acerca de la validez de la Gematría, la respetamos por su antigüedad como método de investigación utilizado por sectores del misticismo judío. Ha estado presente durante cientos de años y probablemente lo seguirá estando junto con el judaísmo. No obstante, la teoría de Drosnin y otros acerca de las secuencias de letras equidistantes, cae dentro de una categoría diferente. Este acercamiento es, en gran medida, una farsa. La corriente de literatura que aboga por la teoría de las secuencias de letras equidistantes huele a sensacionalismo. Tales libros no deben ocupar los estantes destinados a los estudios serios de la Biblia; el lugar que les corresponde es el revistero próximo al televisor donde ponemos las publicaciones sensacionalistas.

No seas ingenuo ni crédulo. No te dejes convencer por los argumentos que los postulantes de la SEL citan con tanta autoridad. No necesi-

---

[30] No sabemos de ningún erudito cristiano de nuestros días que utilice la *Segunda Biblia Rabínica* como texto hebreo.

[31] En la página 35 de su obra, Drosnin revela una total ignorancia de la actual situación textual de la Biblia hebrea cuando escribe, «Todas las Biblias hebreas que existen hoy son exactamente iguales letra por letra». Su afirmación es absolutamente falsa.

tamos una teoría inventada como la de la SEL para demostrar que Dios inspiró la Biblia. La hipótesis de las secuencias de letras equidistantes no nos lleva al significado que Dios quiere comunicarnos; sino que, más bien, nos aparta de él. Por otra parte, si leemos cuidadosamente la Biblia, observaremos que Dios reacciona de un modo negativo cuando alguien pone palabras en su boca y afirma: «Así dice el Señor», expresando cosas que Él nunca ha dicho.

Conclusión

Volvamos a la pregunta del principio: ¿Tiene la Biblia distintos niveles de significado?» Nosotros creemos que no. Hay un solo nivel de significado y es el que está vinculado a los contextos histórico, cultural y literario. Este significado comprende tanto el significado que tuvo el texto para los receptores bíblicos como los principios teológicos que expresa el significado. Puede que el significado del texto tenga distintos aspectos e incluso que haya más de un principio tras aquellos aspectos. Pero no hay significados profundos y «espirituales» ocultos en el texto y desconectados del contexto histórico y literario.

La tipología es lo único que casi podríamos llamar una excepción. No obstante, aunque afirmamos los aspectos predictivos de la tipología, no creemos que ésta abra la puerta para crear distintos niveles de significado, no histórico y «espiritualizado». Por otra parte, la tipología del Antiguo Testamento ha de limitarse a aquellos tipos que se identifican claramente en el Nuevo Testamento; No es algo que podemos encontrar o crear mediante nuestra perspicacia y capacidades imaginativas. Asimismo, hemos explicado que la popular práctica de la interpretación alegórica, o los códigos de la Biblia, no nos llevan a niveles de significado más profundo o espiritual de la Biblia, sino que señalan más bien las capacidades especulativas y creativas del lector.

En este capítulo hemos aconsejado evitar las tentaciones de la «espiritualización» y la alegorización. Hemos de mantener la búsqueda del significado dentro de los contextos histórico y literario del pasaje. No practiquemos la alegorización como en el caso que hemos comentado de las estacas del tabernáculo. Hemos también advertido respecto a los pretenciosos códigos de la Biblia. Busquemos el significado que quiso dar a sus palabras el autor humano y divino en lugar de las creativas fantasías de las especulaciones humanas. En nuestra interpretación de la Biblia es importante que utilicemos el recorrido interpretativo que se ha propuesto. A lo largo de este libro nos esforzaremos al máximo para presentar las técnicas adecuadas a fin de profundizar en la Biblia, unas técnicas que nos ayudarán a entender la Palabra de Dios para nuestra vida. Nuestro deseo ha de ser encontrar el significado espiritual, pero es necesario que sea el significado espiritual que está en el texto, no el que otras personas han proyectado sobre él.

¿Cuál es el papel que desempeña el Espíritu Santo en todo esto? ¿Puede el Espíritu Santo llevarnos a un significado espiritual más profundo que está más allá del texto? Nos alegra que nos hagas esta pregunta, porque este es el tema del próximo capítulo.

Deberes

Deber 11-1

Lee 1 Reyes 17:1–6. Ponle imaginación y desarrolla una interpretación alegórica. Ignora el contexto e intenta encontrar un significado «superespiritual» del mayor número posible de detalles. Ten en cuenta que el objetivo de este ejercicio es el de dar deliberadamente a este pasaje una interpretación errónea. No te preocupes del verdadero significado del pasaje. Sé todo lo creativo (y erróneo) que puedas.

Entonces Elías tisbita, que era de los moradores de Galaad, dijo a Acab: Vive el Señor, Dios de Israel, delante de quien estoy, que ciertamente no habrá rocío ni lluvia en estos años, sino por la palabra de mi boca. Y vino a Elías la palabra del Señor, diciendo: Sal de aquí y dirígete hacia el Oriente, y escóndete junto al arroyo Querit, que está al oriente del Jordán. Y beberás del arroyo, y he ordenado a los cuervos que te sustenten allí. Él fue e hizo conforme a la palabra del Señor, pues fue y habitó junto al arroyo Querit, que está al oriente del Jordán. Y los cuervos le traían pan y carne por la mañana, y pan y carne al atardecer, y bebía del arroyo. (1 Reyes 17:1–6)

12
El papel del Espíritu Santo

Introducción

¿Has tocado alguna vez un instrumento musical, el piano, la trompeta, o quizá la guitarra? El aprendizaje de un instrumento supone invertir tiempo practicando lo esencial, un proceso bastante tedioso, por cierto. En él se aprende dónde están las notas y cómo interpretarlas correctamente. Hay que repetir los mismos ejercicios una y otra vez... hasta que salen bien. Nunca se puede prescindir de lo esencial, pero afortunadamente tocar el piano es más que leer notas, encontrar la correcta posición de la mano, y practicar las escalas. Con el tiempo se va pensando cada vez menos en las cuestiones mecánicas y se comienza a experimentar la belleza y la fascinación de la pieza musical que se interpreta. Cuando hablamos acerca del papel del Espíritu en la interpretación de la Biblia, abandonamos la mera mecánica y pasamos a la naturaleza dinámica de una relación personal. Dios nos dio su Palabra para comunicarse con nosotros; y nos da su Espíritu para ayudarnos a entender lo que ha dicho.

Nuestro propósito en *Entendiendo la Palabra de Dios* es enseñarte a descubrir el significado del texto bíblico y a aplicar a tu vida este significado. Hemos invertido mucho tiempo hablando de métodos, pasos, procedimientos y cosas por el estilo. Te estamos animando a analizar palabras, frases, párrafos y discursos. Hemos subrayado la necesidad de pensar, profundizar y buscar. Puede que en este punto algunos os estéis preguntando, ¿Acaso el estudio de la Biblia consiste solo en estas cosas? ¿Se reduce mi relación con la Biblia a una serie de pasos interpretativos? En Juan 16:13 Jesús dice a sus discípulos que el Espíritu Santo les guiará a toda la «verdad». Si tenemos al Espíritu, es posible que alguien se pregunte: ¿por qué hemos de preocuparnos de seguir los procedimientos «correctos»? Dicho de otro modo, ¿cuál es el papel que desempeña el Espíritu en la interpretación bíblica? Este es el tema del presente capítulo.

El Espíritu como Autor Divino

En el capítulo 10 hemos observado que cuando hablamos del autor de la Biblia, nos referimos tanto a su autor humano como al divino. El término inspiración alude a la obra del Espíritu Santo en las vidas de los autores humanos de la Escritura por la cual éstos fueron capacitados para escribir lo que Dios quería comunicar (i.e., la Palabra de Dios). En 2 Timoteo 3:16–17 el apóstol dice que toda la Escritura es soplada por Dios [a veces se traduce como inspirada] y es «útil para enseñar, reprender, corregir e instruir en justicia, a fin de que el hombre de Dios pueda ser enteramente capacitado para toda buena obra». El Espíritu ha infundido a las Escrituras el carácter de Dios.

La palabra griega que se traduce como «inspirada» (*theopneustos*) está relacionada con el término *pneuma*, (espíritu). La Biblia tiene poder y autoridad para dar forma a nuestras vidas, puesto que procede de Dios mismo. Sostenemos la autoridad de las Escrituras puesto que éstas han sido inspiradas (sopladas por Dios). La afirmación de Pablo en 2 Timoteo nos recuerda también que el Espíritu y las Escrituras van juntos (la Palabra de Dios se originó en el Espíritu de Dios).

La obra de inspiración del Espíritu está terminada, sin embargo su tarea de llevar a los creyentes a una clara comprensión y recepción de la verdad de la Escritura sigue adelante. Los teólogos utilizan el término «iluminación» para referirse a esta constante obra del Espíritu. La noche anterior a su crucifixión, Jesús prometió a sus seguidores que el Espíritu Santo les guiaría a toda la verdad:

Aún tengo muchas cosas que deciros, pero ahora no las podéis soportar. Pero cuando Él, el Espíritu de verdad venga, os guiará a toda la verdad, porque no hablará por su propia cuenta, sino que hablará todo lo que oiga, y os hará saber lo que habrá de venir. Él me glorificará, porque tomará de lo mío y os lo hará saber. (Juan 16:12–14)

Obsérvese que Jesús subraya el hecho de que la obra del Espíritu está directamente relacionada con sus propias enseñanzas (i.e., la Palabra de Dios). Por medio de la obra de inspiración e iluminación del Espíritu, sabemos que éste y la Palabra obran juntos y, por tanto, nunca deben contraponerse el uno a la otra. Puesto que el Espíritu fue quien inspiró la Escritura, cabe esperar que cuando la ilumina para que la entendamos no se contradiga a sí mismo. Esto significa, por ejemplo, que no hemos de permitir que nuestras experiencias personales, tradiciones religiosas, o las ideas mayoritarias de la sociedad que nos rodea se sitúen por encima de la inspirada Palabra de Dios. El Espíritu no añade ningún significado nuevo al texto bíblico, sino que más bien ayuda a los creyentes a entender y aplicar el sentido que éste ya tiene.

En este sentido Kevin Vanhoozer afirma que puede que el Espíritu sople de donde quiere, pero no «lo que quiere».[32] Vanhoozer sigue aludiendo al Espíritu como «la presencia que vigoriza e infunde poder a la Palabra». Esta descripción es útil porque nos recuerda que el papel del Espíritu no consiste en redactar una Biblia nueva (i.e., revelar nuevos significados por medio de las experiencias personales o las tradiciones de la comunidad), sino clarificarnos el significado de la Escritura que ya ha escrito.

¿Podemos entender la Palabra de Dios sin el Espíritu?

Cuando nos planteamos cuál es el papel del Espíritu Santo en la interpretación bíblica surge la cuestión de si es o no posible entender la Palabra de Dios sin el ministerio del Espíritu. Daremos respuesta a esta importante pregunta de tres maneras distintas.

«Sí»
Si una persona no creyente utiliza buenos métodos de interpretación, podrá entender una buena parte de la Biblia (p. ej., el sentido de las

---

[32] Vanhoozer, *Is There a Meaning in This Text?* 429. Está utilizando las palabras de Jesús acerca del Espíritu en Juan 3:3–8 como telón de fondo.

palabras, las reglas gramaticales, y la lógica de los pasajes). Aquellas personas con capacidades mínimas para el análisis literario serán, sin duda, capaces de detectar un contraste o un mandamiento o una metáfora en la Biblia cuando los vean. La Biblia no dice que los no creyentes sean incapaces de comprender su contenido gramatical o histórico. En la comprensión puramente cognitiva, parece que el Espíritu desempeña un papel mínimo.

«Sí, pero solo en cierta medida»

Avanzando un paso más, ¿Pueden acaso aquellos que no cuentan con la ayuda del Espíritu entender el significado de los pasajes bíblicos? A esto, nuestra respuesta es «Sí, pero solo en cierta medida». Creemos que su comprensión será limitada (i.e., «solo hasta cierto punto»), al menos, por tres razones:

(1) El pecado ha tenido un efecto corruptor en el ser humano, lo cual incluye la mente. No estamos diciendo que el pecado nos impida reconocer las frases preposicionales o localizar los distintos temas literarios. No obstante, sí creemos que el pecado ha adormecido nuestra capacidad de discernir o percibir la verdad bíblica.

(2) La capacidad de un no creyente para entender el significado de los textos bíblicos está limitada por los efectos de la «comprensión previa escéptica» que tal persona lleva consigo al texto. Como observa Vanhoozer, el bagaje que las personas llevan consigo antes de acercarse al texto tiene el poder de distorsionar el modo en que éstas entienden las Escrituras:

> Hay que recordar que es muy común que los lectores permitan que sus prejuicios o ideologías distorsionen el sentido de lo que leen. La distorsión es una posibilidad muy real cuando los lectores son confrontados con textos que requieren cambios de conducta, por no hablar de la muerte del antiguo yo y el final del amor a uno mismo. La interpretación nunca tiene lugar en una atmósfera cognitiva y espiritual limpia.[33]

Puesto que el Espíritu desempeña un papel esencial para ayudar a los exégetas cristianos a enfrentarse con el bagaje de su comprensión previa, las personas que no tienen su presencia experimentarán un grado incluso mayor de distorsión en sus percepciones.

---

[33] *Ibíd.*, 428.

284

(3) Decimos que una persona que no tiene al Espíritu solo puede entender el significado del texto bíblico «hasta cierto punto» porque la comprensión comporta mucho más que la mera absorción mental de información. Entender el significado del texto bíblico exige la participación en el proceso de toda la persona: la mente, las emociones, el cuerpo, etcétera. Por definición, los no creyentes no aceptan las cosas del Espíritu de Dios.

«No»

¿Podrá una persona que no tiene al Espíritu aceptar la verdad de la Biblia y aplicarla a su vida? La Biblia dice que «No». En 1 Corintios 2:14 el apóstol Pablo dice que el que no tiene el Espíritu no acepta lo que procede del Espíritu de Dios, pues para él es locura. No puede entenderlo, porque hay que discernirlo espiritualmente». Pablo no está diciendo que las personas que no tienen al Espíritu no pueden entender intelectualmente lo que dice la Biblia, sino que comprenden su mensaje esencial, pero lo rechazan.[34] Cuando Pablo sigue diciendo que tales personas no pueden «entender» las cosas de Dios, está haciendo referencia a un tipo de entendimiento personal y experimental. Quienes no tienen al Espíritu no conocen las cosas de Dios porque no las han experimentado.[35] Sin el Espíritu, aunque las personas puedan entender algo del sentido de la Biblia, no se convencerán de su verdad ni querrán aplicarla a sus vidas. Puede que capten el significado del texto bíblico, pero se niegan a permitir que el texto se posesione de ellos. No podemos aplicar la Palabra de Dios sin la ayuda de su Espíritu.

¿Podemos entender la Palabra de Dios aparte del Espíritu Santo? Quizá ahora puedas entender por qué damos tres respuestas diferentes a esta importante pregunta. En materia de interpretación bíblica, el Espíritu parece estar poco activo en la dimensión cognitiva, parece estar más dinámico en la esfera del discernimiento de la verdad, y está especialmente involucrado cuando se trata de su aplicación. Puesto que muchos de nosotros sí tenemos al Espíritu de Dios en vuestra vida, vamos

---

[34] Obsérvese también que ha de tenerse cierto entendimiento del mensaje para rechazarlo como algo absolutamente absurdo.

[35] Respecto a esta lectura común de 1 Corintios 4:14, ver el trabajo de Daniel P. Fuller, «The Holy Spirit's Role in Biblical Interpretation», en *Scripture, Tradition, and Interpretation*, ed. W. Ward Gasque y William Sanford Lasor (Grand Rapids: Eerdmans, 1978); Roy B. Zuck, «The Role of the Holy Spirit in Hermeneutics», *BibSac* 141 (1984): 120–30; más recientemente, Vanhoozer, *Is There a Meaning in This Text?* 428.

ahora a dirigir la atención al papel que éste desempeña en nuestra vida cuando nos disponemos a interpretar la Biblia.

El Espíritu y el intérprete cristiano

¿Cuáles son las cosas que podemos esperar que el Espíritu obre en nosotros como creyentes (o nos capacite para hacer) cuando se trata de interpretar la Biblia? ¿Cuáles son las cosas que no hemos de esperar que el Espíritu lleve a cabo? En las observaciones que presentaremos a continuación hablaremos del papel del Espíritu, en términos de lo que éste hace y no hace. Queremos dejar claro desde el principio que no pretendemos decirle a Dios lo que puede o no puede hacer. Solo queremos describir algunas de las principales formas en que el Espíritu parece obrar en relación con las Escrituras.

1. a. En interpretación bíblica, tener al Espíritu Santo no significa que no tengamos necesidad de otras cosas. El Espíritu no hace que interpretar correctamente el texto sea algo automático. A primera vista esta observación puede sonar un tanto irreverente o hasta sacrílega, pero ésta no es, por supuesto, nuestra intención.

Quizá una ilustración ayudará a entender lo que queremos decir. Por regla general, cuando los niños aprenden a andar, quieren que sus padres estén implicados en esta experiencia. Normalmente los padres se sientan a corta distancia, el uno enfrente del otro, y digamos que la madre le señala al niño los brazos abiertos del padre y éste llega hasta ellos tras unos pocos pasos inseguros. Después de unos días de jugar de este modo con el niño que acaba siempre en los brazos de uno de sus padres, éste acaba por sentirse seguro y comienza a andar por sí mismo. ¿Qué sucedería si el niño pensara: «puesto que mis padres están aquí, yo no tengo que hacer nada. No tengo por qué mover los pies uno tras otro o tambalearme o caerme. Si mamá y papá están cerca, andar será algo automático».

Aunque esta ilustración bordea lo absurdo, muchos creyentes razonan de este modo cuando se trata de determinar el papel del Espíritu en la interpretación bíblica. Vienen a decir: puesto que soy cristiano y tengo conmigo al Espíritu de Dios, no tengo que poner nada de mi parte para interpretar la Biblia; será algo «automático». Las cosas no funcionan de este modo. El hecho de tener al Espíritu Santo en nuestra vida no significa que Él vaya a llevar a cabo en nuestro lugar la tarea de interpretar la Biblia.

b. Sin duda, el Espíritu espera que utilicemos nuestra mente, unos métodos de interpretación adecuados, y buenas herramientas de estudio para que interpretemos correctamente las Escrituras. Roy Zuck propone un útil paralelismo entre el proceso de la inspiración y el de la interpretación: «en la inspiración de la Biblia el Espíritu Santo obraba y también lo hacían los autores humanos. De igual modo, el esfuerzo humano forma también parte del proceso de la interpretación de las Escrituras».[36] Dios nos ha dado una mente, y espera que la utilicemos para estudiar la Biblia.[37] Quiere que pensemos con claridad y razonemos con sensatez. Quiere que estudiemos las Escrituras con diligencia y fidelidad. Puesto que Dios nos ha creado con la capacidad de pensar, estudiar es una actividad «espiritual» (i.e., en línea con la voluntad del Espíritu). Podemos también aprender mucho de otros creyentes haciendo uso de buenas herramientas de estudio como diccionarios, atlas, y comentarios bíblicos. Como ayudador celestial, el Espíritu quiere tomarnos de la mano y guiarnos mientras aprendemos a andar, pero no andará en lugar de nosotros.

2. a. El Espíritu no crea nuevos significados, ni proporciona nueva información. El canon de la Escritura está cerrado. Esto significa que no hemos de esperar que el Espíritu añada algún otro libro a la Biblia o algo nuevo a los sesenta y seis que ya tenemos, sino que nos dé un entendimiento más profundo de las verdades que se expresan en ellos. Tampoco hemos de esperar que el Espíritu susurre a nuestros oídos nuevas percepciones ocultas hasta ahora, de otros exégetas creyentes.

b. Podemos esperar legítimamente que el Espíritu nos ayude a entender el significado de la Palabra de Dios. El Espíritu y la Palabra operan juntos. El Espíritu nos capacita para entender el significado de las Escrituras a un nivel más profundo. Ciertamente esto incluye la capacidad de aplicar el significado de la Biblia, pero también la de discernir la teología que surge del texto (lo que hemos definido como «principios teológicos»). El Espíritu nos da «oídos para oír» lo que Dios nos dice en su Palabra. Este discernimiento de parte del Espíritu puede llegar tras horas de estudio y reflexión (es lo que sucede normalmente) o puede llegar de repente. En cualquier caso, tal discernimiento no nos llega como una nueva revelación, sino como un entendimiento fresco del significado de la Biblia.

---

[36] Zuck, «The Role of the Holy Spirit in Hermeneutics», 126.

[37] Recomendamos que se lea el librito de John R. W. Stott, *Your Mind Matters* (Downers Grove, Ill.: InterVarsity Press, 1973).

3. a. El Espíritu no cambia la Biblia para adecuarla a nuestros propósitos o para que responda a nuestras circunstancias. De un modo muy parecido a lo que le sucede al piragüista cuando se desliza en un kayak por los rápidos de un río, la vida nos presenta constantemente nuevas series de circunstancias, algunas buenas y otras malas. En esta situación tan dinámica y cambiante, somos tentados a ajustar el significado del texto para que encaje en nuestra situación, nuestros propósitos, o sentimientos. Podemos incluso descubrirnos ignorando o violando el contexto en nuestra búsqueda desesperada de una conexión bíblica con nuestra situación. Esta confusión de los propios sentimientos con la voz del Espíritu Santo, es algo especialmente fácil para los nuevos creyentes. Pero no podemos esperar que el Espíritu cambie el significado de la Biblia para que éste se corresponda con nuestros sentimientos. (El Espíritu siempre está de acuerdo consigo mismo.) Sin embargo, lo que sí hace el Espíritu Santo es trabajar con la Palabra para transformar la vida del intérprete.

b. El Espíritu hace que el significado de la Biblia adquiera relevancia para el lector. Vanhoozer ve tres formas en las que el Espíritu obra en la vida del intérprete cristiano.[38] (i) Nos convence de que la Biblia es un libro divinamente inspirado. Es la obra del Espíritu Santo en nosotros lo que nos lleva a creer que las Escrituras son la Palabra de Dios. (ii) El Espíritu obra en nuestra mente para imprimir en ella el pleno significado del texto bíblico. Nos hace entender y asimilar la naturaleza de los mandamientos, promesas, etcétera, y nos capacita para entender la relevancia de estas cosas. (iii) El Espíritu obra en nuestra corazones preparándonos para que podamos recibir la Palabra de Dios (aplicación).

Este último aspecto de su obra está estrechamente vinculado con lo que los teólogos llaman santificación (la constante obra transformadora que lleva a cabo el Espíritu haciendo semejante nuestro carácter al de Dios (Rom 12:1–2). ¿Has tenido alguna vez la sensación, al estudiar la Biblia, de que mientras tú analizas el texto, el texto te analiza también a ti? Ésta es la obra del Espíritu Santo. En palabras de Vanhoozer: «en la interpretación, la obra del Espíritu no consiste en cambiar el sentido (i.e., el significado del texto) sino en llevarnos a recobrar el buen sentido».[39]

Esta obra de restauración del buen juicio es algo crucial puesto que nuestra madurez espiritual está vinculada a nuestra capacidad de escuchar la voz del Espíritu (el autor divino) en las Escrituras. Lo que muchas veces distingue a un intérprete cristiano efectivo de otro inefi-

---

[38] Vanhoozer, *Is There a Meaning in This Text?* 413.
[39] *Ibíd.*, 428.

caz es su nivel de madurez espiritual. Generalmente, el creyente celoso pero inmaduro es aquel que planteará las interpretaciones más estrafalarias y disparatadas. Tal persona ama al Señor y tiene buenas intenciones, sin embargo es espiritualmente inmadura, y esto se ve en el modo en que interpreta la Biblia. La madurez espiritual implica haber aprendido a escuchar al Autor divino, sujetándonos a su Palabra.

El Espíritu suele utilizar la oración y la lectura devocional para estimular el crecimiento espiritual. Como observa Klooster, Pablo oró repetidamente a Dios para que los creyentes crecieran en entendimiento por medio de la obra del Espíritu Santo (p. ej., Fil 1:9–11; Col 1:9–14).[40] Obsérvese la relación que existe entre la oración, el Espíritu, y el entendimiento en Efesios 1:17–19:

Pidiendo que el Dios de nuestro Señor Jesucristo, el Padre de gloria, os dé espíritu de sabiduría y de revelación en un mejor conocimiento de Él. Mi oración es que los ojos de vuestro corazón sean iluminados, para que sepáis cuál es la esperanza de su llamamiento, cuáles son las riquezas de la gloria de su herencia en los santos, y cuál es la extraordinaria grandeza de su poder para con nosotros los que creemos.

Cuando nos sentamos a leer la Biblia y escuchamos al Señor con nuestro corazón, participamos en lo que podemos llamar lectura devocional. El objetivo de este tipo de lectura no es tanto analizar y estudiar el texto, sino más bien desarrollar una comunión personal e íntima con el Señor. En estas ocasiones el Espíritu utiliza la Palabra para renovar nuestra alma. Tanto la oración como la lectura devocional están estrechamente relacionadas con la disciplina de la meditación bíblica.[41] No hemos de pensar que cada vez que nos acerquemos a la Biblia es para llevar a cabo un estudio de palabras con detenimiento u observar cincuenta detalles del texto. En ocasiones, hemos de estar quietos y entrar en la presencia de Dios, para beber hondamente de su Palabra y responder en sincera adoración.

En resumen, cuando se trata de interpretar la Biblia, el hecho de tener el Espíritu Santo no significa que no necesitemos también otras cosas, puesto que Él no hará que la interpretación sea algo automático.

---

[40] Fred H. Klooster, «The Role of the Spirit in the Hermeneutics Process», en *Hermeneutics, Inerrancy, and the Bible*, ed. Earl D. Radmacher (Grand Rapids: Zondervan, 1984), 460.

[41] Aquellos que quieran saber más acerca de las disciplinas espirituales de la meditación y la oración, pueden ver la obra de Richard J. Foster, *Celebration of Discipline: The Path to Spiritual Growth*, ed. Del vigésimo aniversario (Nueva York: HarperCollins, 1998), 15–46.

Él espera que nos sirvamos de nuestra mente, de adecuados métodos de interpretación, y de buenas herramientas de estudio. El Espíritu no crea nuevos significados, ni aporta nueva información, sino que nos capacita para aceptar la Biblia como Palabra de Dios y para entender su significado. El Espíritu no cambiará la Biblia para que su texto encaje en nuestros propósitos o responda a nuestras circunstancias, sino que obrará en nuestras vidas para que podamos entender correctamente su sentido. Nos hace entrar en razón y nos ayuda a crecer espiritualmente para que podamos oír su voz en las Escrituras más claramente.

Conclusión

Una buena parte de *Entendiendo la Palabra de Dios* trata de la metodología de la interpretación propiamente dicha, y no nos disculpamos por ello. Los métodos y procedimientos necesarios para entender la Biblia siempre serán importantes. En este terreno no existe ningún piloto automático de interpretación, que nos permita oprimir una especie de pulsador «espiritual» para que Dios mismo haga todo el trabajo en lugar de nosotros. No obstante, no hemos de quedarnos con la impresión de que la comprensión de la Palabra de Dios solo exige la aplicación de un método concreto. Existe un verdadero peligro de intelectualizar en exceso lo que significa escuchar al Autor divino. La tarea de la interpretación no es un ejercicio meramente intelectual; ésta requiere la participación de todas nuestras facultades y la ayuda del Espíritu Santo. Por consiguiente, la preparación espiritual se convierte en algo crucial para que podamos percibir la verdad de las Escrituras y aplicarla a nuestra vida.[42]

Cuando entendemos verdaderamente la Palabra de Dios, hemos pasado de la realización de una serie de pasos a una dinámica interacción con el Espíritu de Dios. Le escuchamos más intensamente que a nuestro mejor amigo. Ponemos a un lado el orgullo y la pereza y estudiamos con diligencia y una actitud sumisa, no porque nos guste el estudio en sí, sino porque amamos a Dios. En lugar de ser una carga, el estudio de la Palabra de Dios se convierte en un acto de gozosa adoración puesto que entramos a participar en una conversación celestial. Antes de tu estudio, acuérdate de orar para que el Espíritu obre en tu corazón y tengas oídos para oír lo que quiere decirte.

[42] Aquellos que quieran estudiar más este tema, pueden ver la obra de Gordon D. Fee, *Listening to the Spirit in the Text* (Grand Rapids: Eerdmans, 2000).

Deberes

Deber 12-1

Había una vez un hombre con dos doctorados en Nuevo Testamento, ambos de prestigiosas universidades. Sus credenciales académicas eran impecables, y él se consagraba constantemente al estudio del Nuevo Testamento. Los Evangelios eran su especialidad. Sin embargo, nunca profesó tener a Jesucristo como su Señor y Salvador. La esposa de nuestro profesor era una creyente madura, que «solo» tenía un máster en estudios bíblicos. Tenían una hija de nueve años que acababa de regresar de un campamento cristiano, donde había tomado la decisión de entregar su vida a Cristo.

En vista de lo que has aprendido en este capítulo acerca del papel que desempeña el Espíritu en la interpretación bíblica, explica el modo en que cada uno de los miembros de esta familia podría acercarse a Juan 3:16: «Porque de tal manera amó Dios al mundo, que dio a su Hijo unigénito, para que todo aquel que cree en Él no se pierda, mas tenga vida eterna». Escribe al menos un párrafo desde la perspectiva de cada miembro de la familia.

13
Aplicación

Introducción
Significado y aplicación
¿Cómo se aplica el significado?
Conclusión
Deberes

Introducción

En su libro *Applying the Bible* (la aplicación de la Biblia), Jack Kuhatschek cuenta un relato sorprendente acerca de un hombre que conocía la Biblia de un modo muy especial:

Mientras uno de mis profesores estudiaba en Israel, conoció a un hombre que afirmaba haber memorizado todo el Antiguo Testamento (¡en hebreo!). Ni que decir tiene que el atónito profesor le pidió una demostración de su afirmación. Varios días más tarde, ambos se citaron en casa del hombre. «¿Por dónde comenzamos?» —preguntó el hombre— «Por el Salmo 1», contestó mi profesor, que era un voraz estudiante de los salmos. Comenzando en el Salmo 1:1, el hombre comenzó a recitar el texto bíblico de memoria, mientras mi profesor seguía sus palabras en el Antiguo Testamento hebreo. Por espacio de dos horas, el hombre continuó recitando palabra por palabra sin cometer un solo error mientras mi profesor le escuchaba en silencio, anonadado. Cuando terminó la demostración, mi profesor descubrió algo aún más sorprendente acerca de aquel hombre, y es que, ¡era ateo! Estaba ante una persona que conocía las Escrituras mejor de lo que la mayoría de cristianos jamás llegarían a conocer y, sin embargo, ni siquiera creía en Dios.[43]

Este hombre conocía sin duda la Biblia —en hebreo, nada menos— y sin embargo realmente no entendía la Palabra de Dios. Captar realmente la Palabra de Dios, significa que no solo entendemos su significado, sino que damos también el paso final y lo aplicamos a nuestras vidas. Jesús dijo sin rodeos: «el que tiene mis mandamientos y los guarda, ése es el que me ama» (Juan 14:21a). Aquí está expresado en pocas palabras: tener + obedecer = amar.

No podemos aplicar los textos de la Biblia sin saber lo que significan, sin embargo, sí podemos conocer su sentido sin aplicarlo. Podemos investigar el contexto, analizar palabras, e incluso memorizar capítulos enteros, pero a no ser que pongamos en práctica lo que sabemos, verdaderamente no habremos aprehendido la palabra en cuestión. El mero conocimiento no basta; éste ha de llevarnos a la acción.

Iniciamos el recorrido interpretativo descubriendo el significado del texto en el contexto de los receptores bíblicos. A continuación, medimos la anchura del río de las diferencias y cruzamos el puente de los principios. Ahora ha llegado el momento de preguntar: ¿Cómo podemos aplicar el significado del texto en nuestro propio contexto?

Hemos de tener en cuenta que hay una enorme diferencia entre aplicar un texto bíblico de manera general y aplicarlo específicamente a nuestra vida. Una vez que sabemos cómo podría aplicarse un texto en concreto, nos toca a nosotros someternos al Espíritu de Dios y poner en práctica la aplicación. Por ejemplo, en Efesios 4:26 se nos dice que no se ponga el Sol sobre nuestro enojo. En este versículo encontramos el principio teológico de que hemos de poner toda diligencia en resolver los conflictos relacionados con la ira. Puesto que la ira es una emoción muy inestable, si permitimos que se manifieste sin trabas durante mucho tiempo, puede causar daños muy graves. Una aplicación de este principio sería que cuando te enfades con tu compañero de habitación o con tu cónyuge, te esfuerces en resolver el problema lo antes posible (p. ej., antes de que el día llegue a su fin).

Pero conocer el principio teológico y su aplicación no es lo mismo que aplicarlo de hecho a tu vida. Por nuestra parte, lo único que podemos hacer en este capítulo es explicar cómo puede aplicarse el texto.

---

[43] Jack Kuhatschek, *Applying the Bible* (Grand Rapids: Zondervan, 1990), 15–16.

La aplicación en sí hemos de llevarla a cabo sometiéndonos al Espíritu Santo, dependiendo del poder de la oración, y recibiendo ayuda de otros cristianos. Dios quiere, sin duda, que conozcamos los principios bíblicos y las aplicaciones válidas, sin embargo su meta última al comunicarse con nosotros es transformar nuestros pensamientos y manera de actuar para que seamos conformados a la imagen de su Hijo Jesucristo. Cuando llegamos al punto en que, de verdad, comprendemos y aprehendemos la Palabra de Dios, descubriremos que ésta se posesiona de nosotros.

Significado y aplicación

¿Recuerdas cómo hemos definido en el capítulo 10 los términos significado y aplicación? El significado tiene que ver con lo que el autor pretendía comunicar por medio del texto. Puesto que el significado de los textos está relacionado con el autor, éste será el mismo para todos los cristianos. El lector no es quien determina el significado, y éste no cambia de lector en lector. Sin embargo, en tanto que lectores, hemos de reaccionar al significado que Dios ha dado al texto. Utilizamos el término aplicación para aludir a nuestra respuesta al significado del texto inspirado. La aplicación refleja la específica situación de vida del lector y es distinta para cada cristiano, si bien tiene ciertos límites que establece el significado del autor. Por tanto, la pregunta debe ser: «¿qué significa este pasaje y cómo he de aplicarlo a mi vida?» en lugar de «¿qué significa este pasaje para mí?» La distinción entre significado y aplicación es muy importante.

Asegurémonos de que entendemos bien el lugar que ocupan el significado y la aplicación dentro del recorrido interpretativo.

Paso 1: Entender el texto en su contexto. ¿Qué significó el texto para los receptores bíblicos?

Paso 2: Medir la anchura del río que hay que cruzar. ¿Cuáles son las diferencias entre los receptores bíblicos y nosotros?

Paso 3: Cruzar el puente de los principios. ¿Cuál(es) es(son) el (los) principio(s) teológico(s) que encontramos en este texto?

Paso 4: Entender el texto en nuestro contexto. ¿Cómo deberían los cristianos de hoy aplicar el principio teológico (o principios teológicos) a sus vidas?

Tanto los pasos 1 como 3 (la expresión del significado para los receptores bíblicos y el principio teológico) se relacionan con el significado del texto. A través de la Escritura, Dios comunica a su pueblo tanto la expresión inmediata y concreta dirigida a los receptores bíblicos (Paso 1) como el principio teológico dirigido a los futuros receptores del texto (Paso 3). Éste es el significado que intentamos encontrar en nuestro estudio de la Biblia. Después de identificar este significado, podemos comenzar a preguntarnos cómo hemos de aplicar este significado a nuestras vidas (Paso 4).

¿Cómo se aplica el significado?

En esta sección explicaremos el modo en que podemos determinar la aplicación válida de los principios teológicos que hemos descubierto en el texto bíblico. Puesto que las aplicaciones pueden cambiar con cada lector, necesitamos un método confiable que nos permita estar seguros de que las aplicaciones están dentro de los límites que establece el significado del autor. Nuestro acercamiento a la aplicación del significado bíblico sigue los pasos del recorrido interpretativo con el que ya estamos familiarizados (ver el resumen anterior). Podemos ampliar el Paso 4 dividiendo el proceso de la aplicación en varios subpasos:[44]

a. Observar que los principios del texto se dirigen a la situación original.
b. Descubrir una situación paralela en un contexto contemporáneo.
c. Plantear una aplicación que sea específica.

Queremos ilustrar la aplicación de los principios bíblicos valiéndonos de Filipenses 4:13, un texto popular que con frecuencia se aplica de un modo erróneo: «Todo lo puedo en Cristo que me fortalece». En cada sección, citaremos el paso, explicaremos el proceso, y después lo aplicaremos al ejemplo que estamos considerando.

---

[44] Una parte del material de esta sección procede de George H. Guthrie y J. Scott Duvall, *Biblical Greek Exegesis: A Graded Approach to Learning Intermediate and Advanced Greek* (Grand Rapids: Zondervan, 1998), 154–60. Guthrie y Duvall dependen de los modelos que sugieren Osborne, *Hermeneutical Spiral*, 336–38; Klein, Blomberg, y Hubbard, *Biblical Interpretation*, 406–7; y Kuhatschek, *Applying the Bible*.

Paso 1: *Entendamos el texto en su contexto resumiendo la situación original (el contexto histórico y cultural) y su significado para los receptores bíblicos*

En vista del contexto histórico y cultural, hemos de resumir lo que hemos descubierto acerca de la situación o problema original. Hemos de considerar el libro como un todo y también el pasaje específico que estamos intentando aplicar. Podemos redactar un resumen o enumerar meramente nuestras observaciones acerca de la situación. En cualquier caso, hemos de hacer todo lo posible por hacernos una idea clara de la situación histórica y cultural de los receptores.

En el caso de Filipenses 4:13, hemos de observar que Pablo escribe esta carta durante su estancia en la cárcel, mientras esperaba su juicio (1:7, 13–14, 17). Su fidelidad a Cristo en el ministerio del Evangelio le ha llevado a la cárcel. En esta carta de tono tierno y amistoso, el apóstol exhorta a los filipenses a que sigan firmes ante la oposición externa y les advierte acerca de las luchas internas. Les informa de su situación y les da las gracias por su ministerio para con él. En Filipenses 4:10–13, Pablo reconoce la ayuda económica que los filipenses le han hecho llegar por medio de Epafrodito, su amigo común. Quiere también dejarles claro que aunque está muy agradecido por su ofrenda de amor, su ministerio depende en última instancia de Cristo.

Como parte de este paso, hemos de redactar una exposición de lo que el texto quería decir para los receptores bíblicos expresada con verbos en pasado. A partir de esta exposición en tiempo pasado es fácil expresar un principio teológico. En este pasaje en concreto, Pablo les dice a los Filipenses que había aprendido a contentarse en una serie de difíciles circunstancias por medio de Cristo, que le fortalecía.

Paso 2: *Midamos la anchura del río que hay que cruzar. ¿Cuáles son las diferencias entre la situación bíblica y la nuestra?*

El cristiano de hoy está separado de los receptores bíblicos por el «río» de las diferencias (p. ej., idioma, cultura, circunstancias). Este río impide que podamos pasar directamente del significado en el contexto original al significado en nuestro propio contexto y situación. En ocasiones el río es amplio, lo cual requiere un largo puente para cruzar. Otras veces, no es sino un angosto torrente, que podemos cruzar con facilidad. Hemos de saber cuál es exactamente la anchura del río que tenemos por delante antes de iniciar la construcción del puente de los principios.

Cuando interpretamos las cartas del Nuevo Testamento, normalmente el río no es muy amplio o profundo. Hay excepciones, por supuesto (p. ej., el pasaje que trata acerca de la carne ofrecida a los ídolos en 1 Corintios), pero por regla general éste es el caso. Con respecto al pasaje de Filipenses, hay algunas diferencias. Pablo es un apóstol y nosotros no. Pablo está en la cárcel y la mayoría de nosotros no hemos sido encarcelados por nuestra fe (o por ninguna otra razón, esperamos). Tampoco somos miembros de la iglesia de los filipenses que había estado apoyando económicamente el ministerio de Pablo.

Pero hay también similitudes. Todos somos cristianos del Nuevo Testamento y estamos bajo el mismo pacto. Somos también miembros del Cuerpo de Cristo, la Iglesia. Además, muchos de nosotros experimentamos situaciones difíciles en nuestro deseo de vivir nuestra fe. En su mayor parte, el río de las diferencias que hemos de salvar en Filipenses 4:13 no es muy ancho.

Paso 3: Crucemos el puente de los principios. Hagamos una lista de los principios teológicos que transmite el pasaje
Pongamos por escrito el principio (o principios) que se expresa en el pasaje. Al identificar las verdades o principios teológicos que transmite un pasaje en concreto, estamos extractando lo que de intemporal hay en el pasaje y comenzamos a cruzar el espacio entre el texto bíblico y nuestro mundo de hoy.

Por lo que respecta a Filipenses 4:13, podríamos decir algo como, «los creyentes pueden aprender a estar contentos en una serie de circunstancias difíciles por medio de Cristo, que les fortalece». O quizás prefieras expresarlo desde otro punto de vista, «Cristo dará poder a los creyentes para que estén contentos en una serie de circunstancias difíciles, consecuencia de seguirle fielmente».

Paso 4: Entendamos el texto en nuestro contexto. ¿Cómo deberían los cristianos de hoy aplicar los principios teológicos en sus vidas? Este paso consta de varios subpasos

a. Observemos el modo en que los principios del texto se dirigen a la situación de los receptores
Hemos de analizar cuidadosamente el modo en que el principio bíblico se dirige a la situación histórica y cultural. Lo que vemos en esta intersección entre el texto y la situación es el corazón y alma de todo el

proceso de la aplicación. En esta intersección entre el texto y la situación habrá ciertos elementos clave que resultarán importantes durante el resto del proceso de la aplicación.

Cuando el principio que se expresa en Filipenses 4:13 converge con la situación histórica y cultural, surgen varios elementos clave:

Elemento 1: Se trata de un cristiano (Pablo)

Elemento 2: Es un cristiano que está experimentando una serie de circunstancias como consecuencia de su fiel seguimiento de Cristo (Pablo está en la cárcel por su servicio en la causa de Cristo)

Elemento 3: Cristo dará fortaleza al cristiano para soportar cualquier circunstancia.

Con los elementos clave en mente estamos preparados para conectar con nuestro mundo y aplicar a nuestras vidas el sentido del texto.

b. Busquemos una situación paralela en un contexto contemporáneo
Cuando se trata de aplicar la Biblia hemos de ser observadores, no solo del mundo bíblico, sino también del de hoy. Hemos de buscar alguna situación de nuestra vida (o del mundo que nos rodea) que se corresponda con la situación bíblica. Cuando hablamos de una situación paralela, nos referimos a una situación en la que se dan cita *todos* los elementos clave que hemos identificado en los pasos anteriores. En palabras de Jack Kuhatschek: «Si omitimos uno o más de estos elementos clave... ya no estamos realmente aplicando el principio que hemos encontrado en el pasaje».[45]

A continuación, presentamos dos marcos de aplicación. El primero es solo una situación paralela aparente puesto que no contiene todos los elementos clave; el segundo y tercero son verdaderos paralelos donde convergen todos los elementos clave.

Ejemplo 1. Las palabras de Filipenses 4:13 se han convertido en un lema popular entre los atletas cristianos norteamericanos. Hasta el punto de que recientemente, un conocido boxeador exhibió este versículo en su indumentaria. No hay duda de que la expresión «todo lo puedo» motivaba al boxeador a derrotar a su oponente o, al menos, a darlo todo en el empeño.

---

[45] Kuhatschek, *Applying the Bible*, 73.

Dando por sentado que tanto Pablo como el boxeador son cristianos (elemento 1) y que ambos buscaban su fortaleza en Cristo (elemento 3), aun así nos falta, al menos, un elemento clave de la intersección entre la situación original y el texto (elemento 2). Pablo y el boxeador en cuestión tienen concepciones radicalmente distintas de la expresión «todo lo puedo». Una detenida mirada al contexto literario de Filipenses 4:13 pone de relieve que la palabra «todo» se refiere a una serie de circunstancias difíciles. En este momento de su vida, Pablo está experimentando una difícil situación de necesidad. Cuando Pablo dice que lo puede «todo», está haciendo referencia a contentarse con su situación o a perseverar más que a triunfar. Existe una enorme diferencia entre las «pruebas» de la competición atlética y la que supone ser encarcelado por tu fe.

Cuando tomamos una situación que no es genuinamente paralela a la del texto, estamos aplicando erróneamente la Biblia. Puede que haya una conexión superficial, pero falta al menos uno de los elementos clave. En última instancia cuando aplicamos erróneamente la Biblia, hacemos daño a nuestros oyentes dirigiéndoles hacia realidades falsas. Las personas ponen su esperanza en algo que ellos creen que es cierto cuando en realidad no lo es, y sufren por ello. En nuestro ejemplo de Filipenses 4:13, el principio del contentamiento en Cristo cualesquiera que sean las circunstancias se convierte en un texto de prueba para pedir la ayuda de Dios en un juego o competición. ¿Cómo puede afectar esta aplicación errónea a la fe de un boxeador que es derrotado? ¿Acaso este boxeador no podría de hecho aplicarse este versículo de un modo más apropiado después de sufrir una importante derrota? ¿Qué se supone que debería hacer Dios si este boxeador tuviera que enfrentarse a otro boxeador cristiano que también reclamara para sí la promesa de Filipenses 4:13?

Ejemplo 2. Eres un estudiante cristiano que atraviesa un periodo de estrecheces económicas. Cuando vivías en casa de tus padres, tenías todas tus necesidades cubiertas, pero las circunstancias cambiaron cuando respondiste al llamamiento de Dios para prepararte para el ministerio. Puesto que la situación económica de tus padres no es muy boyante, tienes que costearte los estudios por tus propios medios. Te cuesta llegar a final de mes. La larga jornada laboral te obliga a dormir poco y en las clases de la mañana estás que te caes de sueño. Crees que Dios te ha llamado a prepararte estudiando en un seminario, pero la realidad diaria resulta muy difícil. Casi siempre estás cansado y esta situación parece afectar hasta a tu vida espiritual. A pesar de todo ello, estás confiando en que Cristo te dará la fuerza para seguir adelante.

Ejemplo 3. Eres una mujer joven que acaba de quedarse sola con sus dos hijos pequeños porque tu marido, que no es cristiano, te ha abandonado recientemente. La razón de su abandono es esencialmente tu compromiso con Cristo. De repente, tus hijos se encuentran sin un padre y los ves sufrir por ello. Te invade una sensación de fracaso personal y sientes la presión añadida de los comentarios que la gente hace respecto a tu situación. Has de hacer frente a cargas económicas abrumadoras y te preguntas cómo podrás sobrevivir con tu trabajo de media jornada. A pesar de que la vida parece hundirse a tu alrededor, Dios te ha dado una paz inquebrantable: sabes que Jesucristo está contigo, que Él conoce tu situación, y que proveerá para todas tus necesidades.

En estos dos últimos escenarios están presentes todos los elementos clave: (1) se trata de una persona cristiana (2) que está experimentando difíciles circunstancias por causa de su compromiso con Cristo (3) y que confía en que Él le dará las fuerzas para perseverar. Cuando identificamos situaciones contemporáneas paralelas podemos tener la seguridad de que estamos aplicando realmente el significado del texto bíblico y no uno de nuestra invención. El paso siguiente es ser más específico incluso con nuestra aplicación.

c. Hagamos aplicaciones específicas
Una vez que hayamos identificado una situación paralela —que lo sea verdaderamente— hemos de reflexionar acerca de cómo podría aplicarse el principio (o principios) en cuestión. ¿Qué es lo que el estudiante o la madre abandonada deberían pensar cuando se dirigen a Cristo en busca de fuerza? (Hablamos de pensar o de hacer porque las aplicaciones pueden afectar tanto a maneras de pensar como de actuar). Si nuestras aplicaciones no son específicas, es posible que las personas a quienes ministramos nunca aprendan a concretar el mensaje de la Biblia en la vida real de cada día. No tengas temor de plantear sugerencias específicas. Las personas no solo necesitan saber qué es lo que tienen que hacer, sino también *cómo* hacerlo.

Quizá la mejor manera de hacer que tus aplicaciones sean específicas es crear lo que podemos llamar «escenarios de la vida real». Tales escenarios actúan como ilustraciones o ejemplos acerca de cómo pueden ponerse en práctica los principios bíblicos. Nos ayudan a situarnos más allá de las abstracciones y a captar el color y emoción de los principios bíblicos. Hemos de apresurarnos a aclarar que, por supuesto, estos escenarios de la vida real no están, ni mucho menos, al mismo nivel que la Escritura inspirada; son meras ilustraciones. Pero esperamos que estén dirigidos por el Espíritu Santo y que sean fieles a los principios bíblicos (i.e., coherentes con el sentido que el autor quería dar a sus palabras). Es también importante que los receptores contemporáneos sepan que la Palabra de Dios tiene una relevancia eterna. Los escenarios de la vida real que proponemos deberían ser fieles al significado del texto y, al mismo tiempo, pertinentes para la audiencia contemporánea. Vamos a poner algunos ejemplos.

Ejemplo 1. Un escenario de la vida real con aplicaciones específicas para el estudiante.

Como estudiante puedes cobrar ánimo y fuerza mediante una conversación con un pastor o profesor que haya experimentado las pruebas y recompensas de prepararse para el ministerio. Cristo obra muchas veces por medio de su pueblo para dar fortaleza y, por ello, una o dos buenas conversaciones con alguien que haya pasado por esta situación podrían ser muy provechosas. Puedes preguntarle en concreto por maneras de organizar el tiempo y opciones para financiar tus estudios. Puede que te proponga que consultes a otras personas. También podrías hacer lo mismo que Pablo y expresar públicamente tu confianza en Cristo comunicando tus pensamientos por escrito, quizá en una carta a un amigo. Al confesar tu fe en la capacidad de Cristo para sostenerte durante los tiempos difíciles, ésta se hará aun más fuerte.

Tampoco dudes en clamar a Dios en oración siendo honesto con Él respecto a tu difícil situación. Haz tuyas las sinceras oraciones de los Salmos. Puede que el hecho de orar honestamente no cambie tus circunstancias, pero te hará más consciente de la presencia capacitadora de Dios que te ha llamado a prepararte para el ministerio. La tarea es difícil y larga; mucho más de lo que hubieras imaginado. Pero puedes llevarla a cabo porque Jesucristo está contigo. Él te ama, tiene planes para ti y estará ahí cada minuto de cada día para darte fuerzas para seguir. ¡Todo lo puedes en Cristo!

Ejemplo 2. Un escenario de la vida real con aplicaciones específicas para la mujer abandonada por su marido.

En tu situación podrías hacer muchas de las mismas cosas que el estudiante: pedirle consejo a alguna hermana madura, poner tus pensamientos por escrito, y orar honestamente. También puede ser muy provechoso estudiar otros pasajes bíblicos que tratan de las relaciones entre marido y mujer, el divorcio, el nuevo matrimonio, etcétera. Por medio del estudio de su Palabra, Dios te dará sabiduría. Puede que en tu iglesia haya personas con experiencia en el mundo de los negocios que podrían ayudarte a hacer planes económicos. El hecho de tener un plan para suplir las necesidades de tus hijos aliviará muchas de las preocupaciones del día a día.

¿Y qué acerca de tu marido? A lo largo de toda esta prueba tú has sido una fiel esposa. Has estado orando constantemente para que tu marido le permitiera al Señor calmar su desasosegado espíritu, pero él tomó finalmente la decisión de irse. Él sabía que tu lealtad final era para con el Señor y que, por encima de todo, seguirías a Cristo antes que a él. Si bien es cierto que su ausencia es más dolorosa de lo que te imaginabas, también lo es que has experimentado la Gracia y la paz de Dios de maneras que están más allá de toda explicación. Aunque la perspectiva de hacer frente sola a la vida te causa pavor, realmente no estás sola. De una cosa estás ahora segura: Tu Señor nunca te abandonará, ¡nunca! Él siempre cumple sus promesas. Todo lo puedes por medio de Cristo.

Los escenarios de la vida real proporcionan una manera maravillosa de hacer aplicaciones específicas, fieles por un lado al significado original del texto y pertinentes también a la vida contemporánea. Este acercamiento funciona especialmente bien cuando se trata de interpretar los relatos bíblicos puesto que no es necesario crear escenarios completamente nuevos, sino solo narrar de nuevo el relato bíblico para los receptores contemporáneos (un enfoque al que en ocasiones se ha llamado contextualización). Para contextualizar un relato bíblico lo que se hace es reescribirlo de modo que su efecto en los receptores contemporáneos sea equivalente al que tuvo en la audiencia original. Para ello, traducimos el significado del relato a nuestro contexto y reproducimos sus efectos sobre los receptores contemporáneos. Lee por favor la parábola del hijo pródigo que encontramos en Lucas 15:11–24:

Un hombre tenía dos hijos —continuó Jesús—. El menor de ellos le dijo a su padre: 'Papá, dame lo que me toca de la herencia.' Así que el padre repartió sus bienes entre los dos. Poco después el hijo menor juntó todo lo que tenía y se fue a un país lejano; allí vivió desenfrenadamente y derrochó su herencia. Cuando ya lo había gastado todo, sobrevino una gran escasez en la región, y él comenzó a pasar necesidad. Así que fue y consiguió empleo con un ciudadano de aquel país, quien lo mandó a sus campos a cuidar cerdos. Tanta hambre tenía que hubiera querido llenarse el estómago con la comida que daban a los cerdos, pero aun así nadie le daba nada. Por fin recapacitó y se dijo: '¡Cuántos jornaleros de mi padre tienen comida de sobra, y yo aquí me muero de hambre! Tengo que volver a mi padre y decirle: Papá, he pecado contra el cielo y contra ti. Ya no merezco que se me llame tu hijo; trátame como si fuera uno de tus jornaleros.' Así que emprendió el viaje y se fue a su padre. Todavía estaba lejos cuando su padre lo vio y se compadeció de él; salió corriendo a su encuentro, lo abrazó y lo besó. El joven le dijo: 'Papá, he pecado contra el cielo y contra ti. Ya no merezco que se me llame tu hijo.' Pero el padre ordenó a sus siervos: '¡Pronto! Traigan la mejor ropa para vestirlo. Pónganle también un anillo en el dedo y sandalias en los pies. Traigan el ternero más gordo y mátenlo para celebrar un banquete. Porque este hijo mío estaba muerto, pero ahora ha vuelto a la vida; se había perdido, pero ya lo hemos encontrado.' Así que empezaron a hacer fiesta.

En su libro *Gracia divina versus condena humana* (Editorial Vida) Philip Yancey actualiza esta parábola. Nos la narra situando la acción en un escenario contemporáneo para que al oír el relato nos sintamos igual que probablemente se sintieron quienes oyeron a Jesús. Observa el efecto que produce esta actualización.

Heather se ha criado en la zona rural que hay al norte de la ciudad de Traverse City, en el estado de Michigan. Sus padres, un poco anticuados, tienden a hacerle reproches un tanto exagerados por el *piercing* que lleva en la nariz, la música que escucha, y la longitud de las faldas que le gusta ponerse. La han censurado varias veces por estas cosas, y cuando esto sucede ella se indigna por dentro. «¡Déjame en paz!», le dice gritando a su padre cuando éste llama a la puerta de su habitación tras una de esas discusiones, y aquella noche pone en práctica un plan que ha ensayado mentalmente muchas veces. Se va de casa, huye.

Solo ha ido una vez a la ciudad de Detroit; fue un viaje en autobús con el grupo de jóvenes de la iglesia para ver un partido de los *Tigers*. Puesto que los periódicos de Traverse City se explayan con los escabrosos detalles de la delincuencia, las drogas, y la violencia que hay en la zona céntrica de Detroit, concluye que éste será probablemente el último lugar en el que sus padres la buscarían. Puede que la busquen en California, o en Florida, pero no en Detroit.

El segundo día de su estancia en la ciudad conoce a un hombre que conduce el coche más grande que ha visto jamás. La lleva a dar una vuelta, la invita a comer y le ofrece una habitación en su apartamento. Amablemente le ofrece unas pastillas que la hacen sentirse mejor que nunca. Ahora se da cuenta de que siempre ha estado en lo cierto: sus padres le han prohibido invariablemente todo lo que es verdaderamente divertido.

La buena vida continúa durante un mes, dos meses, un año... El hombre del coche grande —ella le llama jefe— le enseña algunas cosas que a los hombres les gustan. Puesto que es menor de edad, algunos hombres pagan una tarifa especial por ella. Vive en un ático de lujo, y le suben la cena siempre que quiere. Alguna vez se acuerda de la gente del pueblo, pero ahora aquella vida le parece tan aburrida y provinciana que se le hace difícil creer que ella vivió alguna vez en aquel ambiente.

Se asusta un poco la primera vez que ve su foto impresa en la parte trasera de un cartón de leche con un rótulo que dice «se busca a esta niña». Pero ahora es rubia, y con todo el maquillaje que lleva y los *piercings* que se ha hecho nadie reconocería en ella a la niña de la foto. Por otra parte, la mayor parte de sus amigos también han huido de sus casas, y en Detroit nadie se chiva.

Al cabo de un año más o menos aparecen los primeros síntomas de la enfermedad, y le sorprende lo rápido que cambia el talante del jefe. «Con esto que tienes, no podemos salir a trabajar», le dice un día gruñendo, y antes de que se dé cuenta se ve sola, en la calle y sin un céntimo. Aún consigue un par de clientes cada noche, pero no pagan mucho, y todo el dinero es para comprar algunas pastillas. Cuando llega el invierno se encuentra buscando los rincones menos fríos para dormir. Aunque «dormir» no es la mejor palabra: en el centro de Detroit, una adolescente nunca puede bajar la guardia durante la noche. Ahora tiene unas ojeras enormes y oscuras. Su tos empeora.

Una noche, tendida en un rincón, insomne y tensa mientras aguza el oído, de repente su vida le parece muy diferente. Ya no se siente como una mujer de mundo, sino como una niña... una niña perdida en una ciudad fría y aterradora. Comienza a sollozar. No tiene ni un céntimo en el bolsillo y está muerta de hambre. Necesita un cambio. Estira las piernas y se estremece de frío bajo los periódicos con los que se ha cubierto. Algo produce una sinapsis en su memoria y una sola imagen llena nítida su mente: es mayo en Traverse City, y en este tiempo un millón de cerezos florecen a la vez, y ella está allí, jugando con su perro de pelo brillante y dorado que corre entre las hileras de árboles tras una pelota de tenis.

Dios mío, ¿por qué se me ocurriría marcharme?, se dice a sí misma, y siente una terrible punzada de dolor en el corazón. Mi perro come ahora en casa mejor que yo... Sigue sollozando, y de repente sabe que quiere volver a casa más que ninguna otra cosa en el mundo.

Llama tres veces, y las tres veces responde el contestador automático. Las dos primeras cuelga sin dejar ningún mensaje, pero la tercera vez dice: «papá, mamá, soy yo. Estoy pensando en venir a casa. Voy a coger un autobús, y llegaré mañana a medianoche. Si no estáis en la parada, lo entenderé, y seguiré el viaje hasta Canadá».

El trayecto entre Detroit y Traverse City con sus correspondientes paradas dura siete horas... en todo este tiempo le vienen a la mente los mil errores que ha cometido. ¿Qué sucederá si sus padres han salido del pueblo por alguna razón y no han escuchado el mensaje? ¿No tendría que haber esperado al menos otro día hasta haber podido hablar con ellos? Y aun si están en casa, probablemente la han dado por muerta hace ya mucho tiempo. Hubiera tenido que darles algún tiempo para superar la sorpresa y mentalizarse un poco...

Sus pensamientos van y vienen entre estas preocupaciones y las palabras que está preparando para decirle a su padre. «Papá, lo siento. Sé que estaba equivocada. Todo ha sido culpa mía. Papá, ¿me perdonas?» —Repite una y otra vez—, y al pronunciar la última frase siempre se le quiebra la voz. No ha pedido perdón a nadie desde hace muchos años.

El autobús ha puesto las luces desde Bay City. Menudos copos de nieve caen al pavimento gastado por las gomas de mil neumáticos y el asfalto humea. Había olvidado lo oscura que se pone la noche por aquí. Un ciervo cruza la carretera como una flecha y el conductor tiene que virar bruscamente. De vez en cuando va apareciendo alguna valla publicitaria... y las señales que indican lo que queda para llegar a Traverse City... ¡Oh, Dios!

Cuando finalmente el autobús llega a la estación contoneándose con la maniobra y con el bufido hidráulico de los frenos, el conductor anuncia con voz cascada por el micrófono: «Señores pasajeros, esta parada solo durará quince minutos». Quince minutos que van a decidir el rumbo del resto de su vida. Nerviosa, se mira en un espejo, se alisa el cabello, y se limpia el carmín de los dientes. Mira las manchas de tabaco de los dedos y se pregunta si sus padres las notarán... Si es que la están esperando.

Camina hacia la terminal sin saber qué esperar. Ninguna de las mil escenas que han cruzado su mente en las últimas horas la preparan para lo que ve... Allí, entre los muros de hormigón y las sillas de plástico de la terminal de Traverse City, Michigan, hay un grupo de unas cuarenta personas: hermanos, hermanas, tías, tíos, primos y hasta una de sus abuelas y su única bisabuela están allí, apiñados y formando un grupo de rostros emocionados y sonrientes. Todos llevan sombreros de papel y matasuegras, y en la pared han puesto una enorme pancarta hecha con papel continuo que dice «¡Bienvenida casa!»

De entre el grupo surge su padre. Ella le mira entre las lágrimas que le asoman y comienza el discurso que ha memorizado, «Papá, lo siento...» «Ya lo sé... —La interrumpe él—. Ahora no hay tiempo para esto. No es el momento de pedir disculpas. Llegaremos tarde a la fiesta. En casa te espera un banquete».[46]

¿Estás de acuerdo en que la contextualización es una poderosa herramienta para hacer aplicaciones específicas de los principios bíblicos? La reexpresión de esta parábola por parte de Yancey nos ayuda a experimentar algo muy parecido a lo que sintieron quienes escucharon de boca de Jesús el relato del hijo pródigo.

Se hace necesaria una palabra de advertencia con respecto a los escenarios de la vida real. Es muy importante que estudiemos cuidadosamente el pasaje bíblico, especialmente los contextos histórico, cultural y literario, para que el escenario que desarrollemos refleje correctamente el significado del texto bíblico. De lo contrario, estaremos haciendo una aplicación específica para un texto bíblico que no existe. Es necesaria la disciplina, mucho trabajo y creatividad para conseguir un escenario adecuado o para reexpresar un relato de un modo que sea relevante y fiel al significado original. Por favor, esfuérzate al máximo con el fin de que el escenario refleje este significado.

---

[46] Philip Yancey, *What's So Amazing About Grace?* (Grand Rapids: Zondervan, 1997), 49–51 (*Gracia Divina Versus Condena Humana* [Vida]).

La mejor forma de permanecer fiel al significado bíblico es no perder de vista los elementos clave que hemos identificado en el Paso 4a. Sencillamente, una vez hayas redactado un borrador, hazte la pregunta, «¿contiene el escenario que estoy creando todos los elementos clave?» Si no es así, revísalo hasta que estén todos presentes. Cualquier escenario de la vida real que creemos para aplicar el texto bíblico ha de estar vinculado a su significado original, o de lo contrario no será más que respuesta del lector (ver el capítulo 10).

Conclusión

Con esto terminamos nuestro acercamiento a la aplicación del significado de la Biblia. Puesto que el carácter de Dios y la naturaleza humana no cambian, ¡su Palabra sigue siendo relevante! Nuestro acercamiento por medio de principios nos ofrece un modo de entender la relevancia de la Biblia para cada generación, no solo para nosotros, sino también para nuestros hijos, nietos, biznietos, etcétera.

Puede que algunos piensen que este método restringe su libertad para aplicar las Escrituras. Queremos recordar que, en tanto que lectores, nuestra tarea no consiste en inventar nuevos significados, sino en aplicar el significado que encierra el texto bíblico. No te preocupes. Es posible encontrar algunas situaciones paralelas de nuestras vidas y del mundo de hoy que contienen todos los elementos clave. Y cuando encontramos un paralelismo genuino, podemos tener la confianza de que estamos aplicando el verdadero significado del texto bíblico. Las personas necesitan ilustraciones y ejemplos que les enseñen maneras de aplicar el sentido del texto a la vida real. Dios quiere que su Palabra penetre profundamente en nuestros corazones y mentes y que transforme nuestra forma de vida.

Antes de pasar a la próxima sección del libro, en la que aprenderemos a interpretar los diferentes tipos de literatura que encontramos en el Nuevo Testamento, hemos de recordar cuál es la principal razón por la que vamos a la Biblia. Estudiamos la Escritura no solo para aprender más cosas acerca de Dios, sino en especial para conocerle personalmente y amarle más. Su propósito no es llenarnos el cerebro de hechos bíblicos, sino cambiar nuestras vidas. La intención del autor divino es que hagamos nuestra su Palabra entendiéndola y aplicándola. O, como dijo Jesús en Juan 14:21: «El que tiene mis mandamientos y los guarda, ése es el que me ama».

Deberes

Deber 13-1

Hemos propuesto dos escenarios de la vida real paralelos a la situación bíblica de Filipenses 4:13 (el estudiante y la cristiana abandonada por su marido). Crea otro escenario de la vida real que sea paralelo a Filipenses 4:13. Recuerda, que cuando hablamos de una situación paralela, nos referimos a una situación que contiene todos los elementos clave que hemos identificado en el Paso 4a.

Deber 13-2

Lee la parábola del buen samaritano en Lucas 10:30–35. Contextualiza esta parábola con un relato de tu invención que reviva la narración original, de modo que el efecto sobre los receptores contemporáneos sea equivalente al que tuvo esta parábola sobre la audiencia original.

Deber 13-3

En 1 Timoteo 6:10a dice, «Porque la raíz de todos los males [toda clase de males] es el amor al dinero». Lleva a cabo el recorrido interpretativo con este versículo, incluido el proceso de aplicación:

1. Resume la situación original y el significado del texto para los receptores bíblicos.
2. Mide la anchura del río. ¿Cuáles son las diferencias entre la situación bíblica y la nuestra?
3. Haz una lista de los principios teológicos que se comunican en este pasaje.
4. Entiende el texto en nuestro contexto. ¿Cómo deberían los cristianos de hoy aplicar a sus vidas los principios teológicos que surgen de este texto?
   a. Observa el modo en que los principios del texto tratan con la situación original.
   b. Descubre una situación paralela en un contexto contemporáneo.
   c. Especifica tus aplicaciones por medio de la creación de escenarios de la vida real o de la contextualización.

PARTE 4

El recorrido interpretativo:
Nuevo Testamento

A partir de este punto comenzaremos a aplicar el recorrido interpretativo a los distintos géneros literarios de la Biblia. Hasta ahora hemos aprendido a leer minuciosamente el texto y hemos considerado algunos importantes asuntos relacionados con la comprensión de la Biblia. Ahora ha llegado el momento de ser prácticos y abordar la interpretación y aplicación de los distintos géneros literarios que encontramos en la Palabra de Dios.

La sección 4 se centra en el Nuevo Testamento. Entendemos que este orden es un tanto distinto del que cabría esperar. Comenzamos con el Nuevo Testamento puesto que probablemente todos estamos más familiarizados con él y, en general, el río de las diferencias no es tan ancho como en el Antiguo. Por otra parte, cuando se trata de interpretar el Antiguo Testamento, el recorrido requiere un paso más. (No te preocupes de esto ahora; hablaremos de ello más adelante.) En este libro, nuestro objetivo no es seguir un orden «escrupulosamente lógico» sino que aprendas. Por esta razón, empezaremos con el Nuevo Testamento.

En el Nuevo Testamento existen cuatro géneros fundamentales y dedicaremos un capítulo a cada uno de ellos. El capítulo 14 tratará de las cartas, el 15 de los Evangelios, en el capítulo 16 analizaremos el libro de los Hechos, y en el 17 el Apocalipsis. En cada caso aprenderemos maneras prácticas y apropiadas de leer los distintos géneros.

14
Nuevo Testamento: Cartas

Introducción

Guardadas en la parte superior de un armario en casa de los Duvall hay dos cajas de zapatos llenas de «sensiblerías». Durante los dos años antes de casarse, Scott y Judy vivían a más de quinientos kilómetros de distancia y sobrevivieron a base de frecuentes llamadas telefónicas, algún que otro viaje, y escribiéndose un montón de cartas. Las dos cajas de zapatos están llenas de cartas de amor. Algunas son cortas, otras largas; algunas informativas, otras informales; algunas serias, otras alocadas. Sin embargo, todas ellas son valiosos fragmentos de comunicación entre dos personas que se amaban (y siguen amándose) mucho.

Las cartas desempeñan un papel muy importante en nuestras vidas. ¿Cómo te sientes cuando recibes una nota personal? ¿Recuerdas la carta en que se te comunicaba tu aceptación en una escuela en particular? ¿O qué decir de la extensa carta de alguno de tus padres o de un amigo de confianza en la que te dan un consejo? ¿Has recibido alguna vez alguna misiva del tipo «querido Juan» o una carta PDLR («para definir la relación»)? ¿Has mandado alguna vez una carta de alguno de estos tipos? También están las cartas de trabajo, las legales, las cartas médicas, las personales, etcétera. Ya sea por medio del correo electrónico,

311

con membrete oficial, papel normal de correspondencia, o en la parte de atrás de una servilleta, todos escribimos notas y cartas para comunicar lo que creemos y cómo nos sentimos. Por supuesto, la antigüedad de las cartas antecede al romance de los Duvall. Se utilizaron ampliamente en el mundo antiguo y ocupan un lugar destacado en el Nuevo Testamento. Veintiuno de los veintisiete libros del Nuevo Testamento son cartas (más o menos un 35 por ciento del NT).[1] La mayoría de los eruditos evangélicos concuerdan en que los responsables de estas veintiuna cartas son Pablo, Santiago, Pedro, Juan, Judas, y el autor de Hebreos, que decidió no darnos a conocer su identidad. (Véase la tabla que insertamos a continuación)

Tradicionalmente los eruditos han establecido una distinción entre las cartas paulinas y las generales o católicas (universales). Las trece cartas de Pablo reciben el nombre del individuo (p. ej., Timoteo) o del grupo (p. ej., «a todos los santos en Cristo Jesús en Filipos») a quienes se dirige la carta. Los nombres de las cartas generales (con la excepción de Hebreos) siguen el criterio, no de sus destinatarios sino de sus autores (p. ej., Santiago, Juan etc.). Aunque esta distinción tiene cierto sentido, es quizá mejor situarlas todas bajo el epígrafe de «cartas del Nuevo Testamento» y evaluarlas de manera individual.

Pablo	Anónima	Santiago	Pedro	Juan	Judas
Romanos	Hebreos	Santiago	1 Pedro	1 Juan	Judas
1 Corintios			2 Pedro	2 Juan	
2 Corintios				3 Juan	
Gálatas					
Efesios					
Filipenses					
Colosenses					
1 Tesalonicenses					
2 Tesalonicenses					
1 Timoteo					
2 Timoteo					
Tito					
Filemón					

[1] D. A Carson, Douglas J. Moo, y Leon Morris, *Una introducción al Nuevo Testamento*, Colección Teológica Contemporánea, Clie, Barcelona, 2007.

Comenzaremos este capítulo husmeando un poco en el mundo de las cartas del Nuevo Testamento. ¿Cuáles son algunas de las características más importantes de las cartas? ¿Cuál es la forma que adoptan? A continuación, exploraremos algunos criterios para la interpretación de las cartas del Nuevo Testamento. Concluiremos el capítulo con el recorrido interpretativo de un pasaje en una carta del Nuevo Testamento.

Características de las cartas del Nuevo Testamento

En comparación con otras cartas de la Antigüedad

¿Cómo son las cartas del Nuevo Testamento en relación con otras cartas de la Antigüedad? En primer lugar, las misivas del Nuevo Testamento son generalmente más largas que sus homólogas. Richards observa:

> En las aproximadamente 14.000 cartas privadas de la antigüedad greco-romana de que disponemos, el promedio es de unas 87 palabras. La más corta tiene 18 palabras y la más larga 209. No obstante, las cartas redactadas por hombres de letras como Cicerón y Séneca difieren considerablemente de estas cifras. El promedio de las misivas de Cicerón es de 295 palabras, siendo la más corta de 22 y la más larga de 2.530. En el caso de Séneca, el promedio de su correspondencia es de 995 palabras por carta, con 149 la más corta y 4.134 la más extensa. Sin embargo, en relación con cualquiera de estos dos criterios, las cartas de Pablo son bastante más largas. El promedio de las trece cartas que llevan su nombre es de 2.495 palabras, siendo la más corta la de Filemón con 335 y la más extensa, la de Romanos con 7.114.[2]

Esta notable diferencia en la extensión de las cartas de la Iglesia, cobra sentido cuando consideramos que los escritos de estos antiguos líderes cristianos eran unos de los medios esenciales por el que éstos llevaban a cabo su tarea misionera y pastoral a distancia. Necesitaban espacio para decir hola y adiós, informar a sus lectores, estimularles e instruir-

---

[2] E. Randolph Richards, *The Secretary in the Letters of Paul* (Tubinga: J. C. B. Mohr, 1991), 213. Véase también su obra más reciente, *Paul and First Century Letter Writing: Secretaries, Compositions and Collection* (Downers Grove, Ill.: InterVarsity Press, 2004).

les, abordar cuestiones difíciles y delicadas, advertir contra las falsas doctrinas, y mucho más.

La tendencia de las cartas de la Antigüedad sigue básicamente dos direcciones. Muchas eran cartas informales y privadas: contratos comerciales, registros civiles, cartas entre familiares o amigos, y cosas por el estilo. Este tipo de cartas era parte de la vida cotidiana y estaba concebida para que la leyera solo la persona a quien iban dirigidas. Sin embargo, otras eran cartas más formales, artísticas y literarias, diseñadas para uso público. Las cartas del Nuevo Testamento no encajan en ninguna de estas categorías, sino que más bien se sitúan en algún lugar entre ambos extremos. Dentro del Nuevo Testamento encontramos cartas de corte más personal como por ejemplo Filemón, 2 y 3 Juan, y otras más formales como Romanos, Efesios, Hebreos, Santiago y 1 Pedro.

Sustitutos de la presencia personal con autoridad

En el mundo antiguo se escribían cartas principalmente por las mismas razones que lo hacemos en nuestros días. Nos gustaría estar con nuestros seres queridos, pero no nos es posible, de modo que les escribimos una carta (o un correo electrónico) como sustituto de nuestra presencia personal. Para los primeros receptores de las cartas neotestamentarias, los escritos de Pablo o Pedro, por ejemplo, serían sin duda considerados como sustitutos de los propios apóstoles. Cuando estos apóstoles y otros dirigentes no podían estar presentes para ayudar en la resolución de algún problema o tratar con las situaciones que iban surgiendo, recurrían a lo que sí podían hacer, y escribían una carta. La correspondencia era un medio por el que los antiguos líderes cristianos podían expresar sus puntos de vista y ministrar a distancia.

Pero las cartas del Nuevo Testamento eran algo más que meros sustitutos de la presencia personal: eran unos sustitutos autorizados. Con frecuencia, el autor se presenta como apóstol de Jesucristo en el primer versículo de la carta:

Pablo, apóstol (no de parte de hombres ni mediante hombre alguno, sino por medio de Jesucristo y de Dios el Padre que le resucitó de entre los muertos),... (Gal 1:1)
Pablo, apóstol de Cristo Jesús por la voluntad de Dios... (Ef 1:1)
Simón Pedro, siervo y apóstol de Jesucristo... (2 Pedro 1:1)

En sus cartas, Pablo, Pedro y Juan no se presentan como meros amigos y conocidos que ofrecen consejos de carácter personal. Escriben en calidad de apóstoles (i.e., como testigos del Cristo resucitado). Las instrucciones, advertencias y estímulo de sus cartas llevan autoridad porque escriben como auténticos representantes de Cristo. Aunque algunos de los autores no son apóstoles en el sentido estricto del término, sí están estrechamente vinculados con alguno de ellos, y son considerados como líderes puestos por Dios de las congregaciones a las que escriben. Por ello, sus cartas están revestidas de autoridad.

Situacionales

Las cartas del Nuevo Testamento son circunstanciales o situacionales. Esto significa que fueron escritas para tratar situaciones o problemas específicos relacionados con el autor o (por regla general) con los lectores. Quienes escribieron las cartas del Nuevo Testamento lo hicieron con las necesidades prácticas de sus receptores en mente. Escribieron para clarificar asuntos (p. ej., Tesalonicenses), resolver problemas doctrinales (p. ej., Colosenses), o confrontar a los lectores con su conducta (p. ej., Santiago). Por regla general, los temas desarrollados en las cartas venían dictados por las situaciones específicas de la comunidad a la que los apóstoles escribían.

Estas cartas nunca fueron concebidas como diccionarios exhaustivos de doctrina cristiana. Más que redactar teologías sistemáticas, los autores pretendían que sus cartas sirvieran para la aplicación práctica de la teología a las situaciones específicas que se daban en las iglesias. Fee y Stuart concluyen acertadamente que

> Vamos a las Epístolas una y otra vez en busca de teología cristiana; ciertamente éstos escritos están repletos de contenido teológico. Pero hemos de tener siempre en cuenta que no se escribieron principalmente para exponer teología cristiana. Se trata siempre de una teología que se aplica o dirige a una necesidad particular.[3]

Por ello, cuando interpretamos las cartas del Nuevo Testamento hemos de tener mucho cuidado de no extraer conclusiones excesivas a partir de una sola carta. La carta de Pablo a los Gálatas subraya la libertad en Cristo a una iglesia que tiene luchas con el legalismo. No obstante, a los corintios,

---

[3] Fee y Stuart, *How to Read the Bible*, 59.

una iglesia que está utilizando su libertad como excusa para la inmoralidad, el apóstol les escribe subrayando la importancia de la obediencia. Ninguna de las dos cartas representa la enseñanza exhaustiva de Pablo acerca de la libertad o la obediencia. Ambas cartas presentan un mensaje correctivo adaptado a las específicas circunstancias de aquellas iglesias. Una lectura de todas las cartas de Pablo nos lleva a concluir que el apóstol aprueba tanto la libertad como la obediencia, sin embargo, en su epístola a los Gálatas subraya la libertad mientras que en 1 Corintios pone de relieve la obediencia a fin de corregir el camino erróneo de cada una de ellas.[4] Si no entendemos el carácter circunstancial o situacional de las cartas, estaremos tentados a llevar nuestras conclusiones demasiado lejos. Esto puede llevarnos fácilmente a interpretar las cartas erróneamente.

Puesto que las cartas tienen un carácter circunstancial, lo primero que hemos de hacer es intentar reconstruir la situación que motivó su redacción. ¿Qué es lo que estaba sucediendo en Tesalónica o en Filipos, por ejemplo, que llevó a Pablo a escribir 1 y 2 Tesalonicenses o Filipenses? El conocimiento de la situación original nos ayudará cuando llegue el momento de identificar los principios teológicos de la carta. Sin embargo, la reconstrucción de la situación original no es tan fácil como parece a primera vista. Fee y Stuart explican las dificultades que plantea reconstruir la situación que motiva una carta con la ilustración de una conversación telefónica.[5] Leer una carta del Nuevo Testamento —dicen ellos—, se parece mucho a escuchar a uno de los interlocutores de una conversación telefónica. Solo oímos lo que dicen los autores de las cartas como Pedro o Juan, pero no las palabras de sus receptores. Conocemos las respuestas, pero no estamos completamente seguros de cuáles eran las preguntas. No obstante, los autores están respondiendo a situaciones de la vida real y es importante que hagamos todo lo posible por reconstruir la situación original. Más adelante consideraremos cómo puede hacerse esto.

Escritas y entregadas con esmero

El proceso de composición y entrega de las cartas del Nuevo Testamento era más complejo de lo que nos imaginamos. La tarea de redactar una carta se asignaba normalmente a un escriba o secretario cualificado (o amanuense). En Romanos 16:22, el secretario se da incluso a cono-

---

[4] El ejemplo de libertad y obediencia en Gálatas y 1 Corintios procede de la obra de Thomas R. Schreiner, *Interpreting the Pauline Epistles* (Grand Rapids: Baker, 1990), 43.
[5] Fee y Stuart, *How to Read the Bible*, 58.

cer: «Yo, Tercio, que escribo esta carta, os saludo en el Señor». Esto no significa que Tercio fuera el autor de Romanos, sino que, en este caso, actuó como secretario de Pablo. A algunos secretarios se les daba más libertad que a otros en la composición de las cartas.[6] En cualquier caso, el responsable del contenido de la carta era el autor (no el secretario). Era práctica habitual que al final de las cartas, el propio autor «tomara la pluma» y añadiera un último saludo de su puño y letra.

Este saludo es de mi puño y letra: Pablo. (1 Cor 16:21; Col 4:18) Yo, Pablo, escribo este saludo con mi propia mano, y ésta es una señal distintiva en todas mis cartas; así escribo yo. (2 Ts 3:17)

Tales referencias indican que la carta (a excepción de sus últimas líneas) fue escrita por un secretario. Es probable que la mayoría de las epístolas del Nuevo Testamento se redactaran de este modo.

Junto con los secretarios, también los colaboradores del autor desempeñaron un importante papel en las cartas del Nuevo Testamento. Al comienzo de ocho de sus misivas, Pablo menciona a un colaborador. En seis de ellas alude a Timoteo (2 Corintios, Filipenses, Colosenses, 1 y 2 Tesalonicenses, Filemón); en 1 y 2 Tesalonicenses incluye a Silas y a Timoteo. En Gálatas se refiere a «todos los hermanos que están conmigo» y en 1 Corintios es Pablo y «nuestro hermano Sóstenes» quienes aparecen como remitentes de la carta. Es muy probable que Pablo y sus colaboradores trabajaran juntos discutiendo los temas, haciendo un borrador, editando y reescribiendo la carta hasta que ésta estuviera preparada para su envío. La mención de tales colaboradores no es una mera formalidad. Junto con Pablo, estaban implicados de forma significativa en el ministerio entre las personas a quienes iban dirigidas las cartas.

Una vez terminada la carta se mandaba una copia a los destinatarios. En el siglo primero había un sistema postal, pero era solamente para el uso del gobierno (informes militares, cartas diplomáticas, y cosas por el estilo). Los ciudadanos ricos utilizaban esclavos o empleados para llevar sus cartas, sin embargo los ciudadanos de a pie dependían

---

[6] En ocasiones, los autores daban a los secretarios expertos y confiables mayor libertad en la composición de las cartas. Muchos eruditos creen que Pablo utilizó a Lucas, su fiel colaborador, como secretario para la redacción de las pastorales (1 y 2 Timoteo, Tito). Si Pablo hubiera dado a Lucas un mayor grado de libertad en la composición de estas cartas, ello podría explicar las diferencias entre el vocabulario y estilo de las Pastorales y el resto de las cartas de Pablo.

en gran medida de las personas que, por alguna razón, viajaban en la dirección en que se encontraban los destinatarios de la carta. Pablo utilizaba amigos de confianza como Tíquico para llevar sus cartas:

Pero a fin de que también vosotros sepáis mi situación y lo que hago, todo os lo hará saber Tíquico, amado hermano y fiel ministro en el Señor, a quien he enviado a vosotros precisamente para esto, para que sepáis de nosotros y para que consuele vuestros corazones (Ef 6:21–22).

En cuanto a todos mis asuntos, os informará Tíquico, nuestro amado hermano, fiel ministro y consiervo en el Señor. Porque precisamente para esto os lo he enviado, para que sepáis de nuestras circunstancias y que conforte vuestros corazones; y con él a Onésimo, fiel y amado hermano, que es uno de vosotros. Ellos os informarán acerca de todo lo que aquí pasa (Col 4:7–9).

Las cartas suponían un enorme esfuerzo y era muy importante contar con mensajeros fieles, no solo para entregar la carta de manera segura, sino también para explicar los detalles del documento en persona.

Dirigidas a la comunidad cristiana

Las cartas del Nuevo Testamento estaban concebidas para ser leídas en voz alta una y otra vez a congregaciones específicas. Cuando nosotros leemos las cartas del Nuevo Testamento, normalmente lo hacemos en silencio y para nuestro provecho personal. Pero, por toda una serie de razones, en el siglo primero las personas preferían escuchar la lectura de las cartas en voz alta. Por un lado, las cartas eran demasiado valiosas como para ser objeto de préstamo a familias o individuos. Por otra parte, los cristianos judíos estaban habituados a oír la lectura de las Escrituras en voz alta en los servicios de adoración de la sinagoga cuando asistían. Y, por supuesto, algunos cristianos sencillamente no sabían leer. Por consiguiente, normalmente las cartas se leían públicamente para beneficio del grupo. Encontramos una breve referencia de esto en el libro de Apocalipsis, donde se pronuncia una bendición sobre la persona que lee (en voz alta) las palabras de la profecía a la congregación:

Bienaventurado el que lee y los que oyen las palabras de la profecía y guardan las cosas que están escritas en ella, porque el tiempo está cerca. (Apoc 1:3)

En algunos lugares de las cartas de Pablo el apóstol se refiere claramente a esta práctica común de hacer que sus cartas se leyeran en voz alta:

Cuando esta carta se haya leído entre vosotros, hacedla leer también en la iglesia de los laodicenses; y vosotros, por vuestra parte, leed la carta que viene de Laodicea. (Col 4:16)
Os encargo solemnemente por el Señor que se lea esta carta a todos los hermanos. (1 Ts 5:27)
Así que, hermanos, estad firmes y conservad las doctrinas que os fueron enseñadas, ya de palabra, ya por carta nuestra. (2 Ts 2:15)

Aun la carta más personal de Pablo a Filemón fue dirigida no solo al propietario del esclavo, sino también a la iglesia que se reunía en su casa (Filemón 1–2). Todos los miembros de la comunidad cristiana se beneficiaban de escuchar la lectura de las cartas en voz alta una y otra vez.

Además, las cartas del Nuevo Testamento a menudo se concebían para su intercambio con otras iglesias. Aunque redactaban sus escritos para iglesias específicas, estos autores entendían muchas veces que sus palabras eran igualmente relevantes y provechosas para la comunidad cristiana en general. En vista de Colosenses 4:16 (que acabamos de citar), sabemos que Pablo quería que su carta a los Colosenses se leyera también a los creyentes de Laodicea, y que su carta a los creyentes de Laodicea (ahora perdida) se leyera a la iglesia de los colosenses.

En resumen, generalmente las cartas del Nuevo Testamento son más largas que otras cartas de la Antigüedad, y se sitúan en un punto intermedio entre las cartas privadas e informales y las más formales y literarias. Las cartas eran también sustitutas de la presencia personal de sus autores y estaban revestidas de su autoridad. Eran documentos de carácter circunstancial o situacional, lo cual significa que se escribieron para tratar situaciones específicas en las comunidades receptoras de la carta. La preocupación esencial de los autores era mayormente aplicar los principios teológicos de manera práctica a las situaciones de

Fecha

Nombre
Calle y número
Ciudad, Estado
código postal

Saludo,

Cuerpo de la carta

Despedida,

Firma

la vida real. Estas cartas se escribieron con esmero y se enviaron a las iglesias velando por la seguridad de su envío; allí se leerían en voz alta una y otra vez y se compartirían con otras comunidades cristianas.

La forma de las cartas del Nuevo Testamento

Cuando escribimos una carta, utilizamos una forma o estructura parecida a la que vemos en este recuadro de texto:
El mundo antiguo tenía también su modelo por lo que a la forma se refiere, y la mayoría de las cartas del Nuevo Testamento encajan en este molde. La forma consiste en una introducción, un cuerpo, y una conclusión. Vamos a observar cada una de estas partes con más detalle.

Introducción
Una introducción típica constaba de cuatro elementos: el nombre del escritor, el nombre de los receptores, un saludo, y una oración introductoria. En nuestras cartas el nombre del autor lo mencionamos por regla general al final, mientras que en las misivas de la Antigüedad éste se consignaba en primer lugar, seguido por el de los receptores. Presentamos aquí algunos ejemplos:

> Pablo, apóstol (no de parte de hombres ni mediante hombre alguno, sino por medio de Jesucristo y de Dios el Padre que le resucitó de entre los muertos), y todos los hermanos que están conmigo: A las iglesias de Galacia... (Gal 1:1–2)
> Pablo y Timoteo, siervos de Cristo Jesús: A todos los santos en Cristo Jesús que están en Filipos, incluyendo a los obispos y diáconos... (Fil 1:1)
> Santiago, siervo de Dios y del Señor Jesucristo: A las doce tribus que están en la dispersión: Saludos... (Stgo 1:1)

Con frecuencia se describe al autor y a los receptores con más detalle en términos que nos ayudan a entender mejor el contenido de la carta. Por ejemplo, puesto que en Galacia se cuestiona el apostolado de Pablo, este comienza su carta a los Gálatas subrayando que el origen de su apostolado es divino. Por otra parte, la ausencia en Gálatas de algún término afectuoso (como por ejemplo el habitual «santos» o «amados») da a la carta un tono serio. Cuando escribe a los cristianos de

Filipos, que luchan con la falta de unidad, Pablo no se presenta como apóstol, sino como «siervo». Quizá desea enseñar a los filipenses desde el mismo comienzo de su epístola que necesitan la humildad de un siervo a fin de preservar la unidad.

Santiago no dice nada respecto a su vínculo familiar con Jesús (probablemente era medio hermano de Jesús), sino que en lugar de ello se describe como «siervo de Dios y del Señor Jesucristo». Su autoridad como dirigente procede de su relación espiritual con Jesús, no de su parentesco. Por otra parte, Santiago habla también de las «doce tribus que están en la dispersión», indicando quizá que se dirige especialmente a los cristianos judíos dispersos por causa de la persecución.

A la identificación del escritor y de los receptores sigue un saludo. La mayoría de las antiguas cartas griegas comenzaban con la palabra *chairein* («saludos»). Tanto Pablo como Pedro sustituyeron *chairein* por el término *charis* («Gracia») y le añadieron el saludo judío normal «paz». De este modo transformaron totalmente el saludo habitual dándole un significado específicamente cristiano. La expresión «Gracia y paz a vosotros» es un saludo, y al mismo tiempo es también una oración para que los receptores sigan experimentando el favor inmerecido de Dios y la paz que proceden de Él.

El último elemento en las introducciones a las cartas es la oración. Las antiguas cartas griegas comenzaban, por regla general, con una oración a los dioses. Casi todas las cartas de Pablo comienzan con una oración de acción de gracias a Dios por lo que Él ha hecho en las vidas de los receptores. Esta es la oración introductoria de Pablo en 1 Corintios:

> Siempre doy gracias a mi Dios por vosotros, por la Gracia de Dios que os fue dada en Cristo Jesús, porque en todo fuisteis enriquecidos en Él, en toda palabra y en todo conocimiento, así como el testimonio acerca de Cristo fue confirmado en vosotros; de manera que nada os falta en ningún don, esperando ansiosamente la revelación de nuestro Señor Jesucristo; el cual también os confirmará hasta el fin, para que seáis irreprensibles en el día de nuestro Señor Jesucristo. Fiel es Dios, por medio de quien fuisteis llamados a la comunión con su Hijo Jesucristo, Señor nuestro. (1 Cor 1:4–9)

Junto con la expresión de agradecimiento pastoral por todo lo que Dios ha hecho, Pablo utiliza la sección de la oración para introducir importantes temas que se desarrollarán más adelante. Por ejemplo, en este pasaje de 1 Corintios el apóstol les dice a sus lectores que han sido enriquecidos en todo conocimiento y que no les «falta ningún don espiritual». En esta misma epístola, Pablo escribirá más adelante un extenso apartado acerca del conocimiento y los dones espirituales: dos áreas problemáticas para los corintios.

Cuando en esta sección de la oración y la acción de gracias se observan cambios, hay que prestar atención. Por ejemplo, cuando en Gálatas Pablo omite la oración de acción de gracias y pasa directamente del saludo a una reprensión, está expresando implícitamente su profunda indignación por el hecho de que los gálatas están cambiando el Evangelio de Cristo por el legalismo.

Cuerpo

Puesto que el cuerpo de la carta es el apartado en que el autor aborda aquellas situaciones específicas a las que la Iglesia está haciendo frente, es con frecuencia el más extenso de la carta. Las cartas del Nuevo Testamento no tienen ningún formato establecido. Los distintos propósitos de los autores y las distintas situaciones de los lectores dieron origen a distintas clases de cuerpos, donde encontramos instrucción, persuasión, reprensión, exhortación y mucho más.[7]

Conclusión

En la conclusión de las cartas neotestamentarias aparecen distintos elementos.[8]

- Planes de viajes: p. ej. Tito 3:12; Filemón 22
- Elogios dirigidos a colaboradores: p. ej. Romanos 16:1–2
- Oración: p. ej. 2 Tesalonicenses 3:16; Hebreos 13:20–21
- Peticiones de oración: p. ej. 1 Tesalonicenses 5:25; Hebreos 13:18–19
- Saludos: p. ej. Romanos 16:3–16, 21–23; Hebreos 13:24; 2 Juan 13
- Instrucciones y exhortaciones finales: p. ej. Colosenses 4:16–17; 1 Timoteo 6:20–21a
- Ósculo santo: p. ej. 1 Tesalonicenses 5:26; 1 Pedro 5:14
- Autógrafo: p. ej. Colosenses 4:18; 2 Tesalonicenses 3:17

---

[7] Aquellos que deseen considerar una exposición detallada de los varios subgéneros que existen en las cartas del Nuevo Testamento, pueden ver la obra de Klein, Blomberg, y Hubbard, *Biblical Interpretation*, 355–64.

[8] Schreiner, *Pauline Epistles*, 29–30.

• Bendición: p. ej. 1 Corintios 16:23–24; Efesios 6:23–24
• Doxología: p. ej. 2 Pedro 3:18; Judas 24–25

Por supuesto, no todos los elementos aparecen en cada carta y los autores no siguen ningún orden establecido. Sin embargo, el último elemento es normalmente la bendición de la Gracia («la Gracia sea con vosotros»). ¡Qué manera tan maravillosa de concluir una carta!

No todas las cartas del Nuevo Testamento corresponden al modelo que acabamos de describir. Hebreos, por ejemplo, no comienza como una carta típica, y sin embargo sí tiene un final característico de las cartas. El autor anónimo de Hebreos se refiere al libro como una «palabra de exhortación» o sermón (13:22). Santiago comienza como una carta, pero no termina como tal, y se organiza como una colección de sermones cortos dirigidos a una audiencia de carácter general. Primera de Juan no comienza ni termina como una carta normal, sin embargo fue escrita a un grupo específico de personas (1 Jn 2:7, 12–14, 19, 26).

Ahora que tenemos una idea general de algunas de las características más importantes de las cartas del Nuevo Testamento y de su formato vamos a dirigir nuestra atención a su interpretación.

Cómo interpretar las cartas del Nuevo Testamento

Para la interpretación de las cartas del Nuevo Testamento, volvemos a los cuatro pasos del recorrido interpretativo del capítulo 1.

Paso 1: Entender el texto en su contexto original. ¿Qué significó el texto para los receptores bíblicos?

Comencemos leyendo toda la carta de un tirón. En el caso de las cartas más largas esto puede llevar un tiempo, pero es la única forma de hacerse con la idea general. Antes de caminar sobre el «terreno de la carta», hemos de volar sobre ella y ver el territorio desde arriba. Podemos tomar nota de los temas principales que vamos encontrando o quizás prefiramos esperar hasta el fin de la lectura y resumir la idea principal del libro en una o dos frases.

Tanto las cartas antiguas como las de hoy están concebidas para ser leídas de principio a fin. No permitamos que las divisiones en capítulos y versículos nos tienten a saltarnos párrafos y a leer solo pequeños apartados de la carta de un modo aislado. Moisés Silva explica que este acercamiento selectivo de «picar» un poco aquí y allá no es la forma en que leemos las cartas «normales» que llegan a nuestro buzón y nos da algunas razones por las que tampoco es el mejor modo de leer las cartas del Nuevo Testamento:

¿Qué pensaríamos de un joven que el lunes recibe una carta de cinco páginas de su novia, y lee solamente la tercera en aquel momento, el jueves lee la última, y dos semanas más tarde, la primera...? Todos somos conscientes de que esta clase de lectura aleatoria e intermitente de una carta probablemente no haría otra cosa que crear confusión. El significado de un párrafo de la tercera página puede depender estrechamente de algo que se ha dicho a comienzos de la carta, o puede que su verdadera importancia no se haga evidente hasta que se lea la página. Corremos un riesgo al dividir la carta de este modo arbitrario y este riesgo es mayor cuanto más elaborada haya sido la carta. Además, una parte del significado de los documentos es el impacto total que producen en el lector, y muchas veces este significado es mucho más que la suma de las partes.[9]

Comenzamos, pues, a entender lo que el escrito significó para los receptores bíblicos con esta lectura seguida de todo el texto, que es el modo en que el autor pretendía que su carta se leyera.

Puesto que las cartas son documentos de carácter circunstancial o situacional, el siguiente paso para descubrir lo que significó el texto para los receptores bíblicos es la reconstrucción del contexto histórico y cultural del escritor bíblico y de sus receptores. Recordemos que aprendimos a hacerlo en el capítulo 6 Las herramientas de estudio como, por ejemplo, diccionarios y comentarios bíblicos te ayudarán a encontrar las respuestas a las preguntas siguientes:

• ¿Quién era el autor?
• ¿Cuál era su trasfondo?
• ¿Cuándo escribió?
• ¿Cuál era la naturaleza de su ministerio?
• ¿Qué clase de relación tenía con sus receptores?
• ¿Por qué escribió el documento?

---

[9] Walter C. Kaiser Jr. and Moisés Silva, *An Introduction to Biblical Hermeneutics: The Search for Meaning* (Grand Rapids: Zondervan, 1994), 123.

* ¿Quiénes eran los receptores bíblicos?
* ¿Cuáles eran sus circunstancias?
* ¿Cómo era su relación con Dios?
* ¿Qué relación tenían los receptores con el autor y el uno con el otro?
* ¿Qué estaba sucediendo en el momento en que se escribió el libro?
* ¿Existe algún factor histórico y cultural que arroje luz sobre el libro?

La reconstrucción de la situación original no es siempre fácil. Puesto que leer una carta del Nuevo Testamento se parece mucho a escuchar a uno de los interlocutores de una conversación telefónica, para poder reconstruir la situación original hemos de leer un poco entre líneas. Esto puede ser peligroso cuando inventamos situaciones que no se apoyan firmemente en las pruebas que encontramos en la propia carta, sin embargo no nos queda más remedio que leer al menos un poco entre líneas. Pero ¿cómo lo hacemos? El mejor acercamiento consiste en leer cuidadosamente la carta y recopilar los datos que nos permitan reconstruir la situación. (Si estamos estudiando alguna de las cartas de Pablo, también puede ser de mucha ayuda la lectura del Libro de los Hechos.) A continuación podemos utilizar diccionarios, comentarios y otras herramientas de estudio para ver lo que dicen los eruditos acerca del contexto histórico y cultural de la carta. En este punto es conveniente que hagamos (en uno o dos párrafos) nuestro propio resumen de la reconstrucción de la situación.

Una vez que tengamos una idea de la situación del autor y de los receptores, hemos de identificar el contexto literario del pasaje que estamos estudiando. Como hemos aprendido en el capítulo 7, en materia de contexto literario la meta principal es trazar la línea de pensamiento del autor. En el caso de las cartas del Nuevo Testamento hay que recordar que es importante pensar en términos de ¡párrafos![10] Conviene hacer un resumen de la idea principal del párrafo que precede al pasaje, y también del que contiene el pasaje en cuestión, y del inmediatamente posterior. Hemos de encontrar la relación que existe entre los párrafos y de qué modo comunican el mensaje del autor. Hemos de buscar en concreto el papel que desempeña el pasaje en el desarrollo del pensamiento del autor. En este punto es útil hacer un resumen de lo que hemos encontrado.

Después de leer toda la carta, reconstruir la situación histórica y cultural, y trazar el desarrollo del pensamiento del autor en los párrafos

---

[10] Fee y Stuart, *How to Read the Bible*, 64.

que rodean el pasaje, hemos de determinar el sentido del texto en cuestión para los receptores bíblicos. Utiliza tus dotes de observación para leer cuidadosamente el texto. Busca los detalles. Toma nota de las conexiones importantes. Estudia las palabras principales. Por último, redacta una declaración de lo que el pasaje significó para sus receptores del primer siglo.

Paso 2: Medir la anchura del río a cruzar. ¿Cuáles son las diferencias entre los receptores bíblicos y nosotros?

En las cartas del Nuevo Testamento, el río de las diferencias no es por regla general muy ancho. Las cartas neotestamentarias se escribieron para personas cristianas (con frecuencia de origen judío), no iban dirigidas al pueblo de Israel del Antiguo Testamento o a los dirigentes judíos que se oponían a Jesús y a la Iglesia Primitiva.

Sin embargo, incluso en las cartas el río puede suponer en ocasiones todo un desafío. Aunque sus primeros receptores eran cristianos como nosotros, en ocasiones tratan de situaciones ajenas a nosotros. Aquí el río se hace más ancho y difícil de cruzar. Por ejemplo, cuando en 1 Corintios 8 Pablo desarrolla la cuestión de comer o no alimentos sacrificados a los ídolos, el río se hace bastante amplio. ¿Cuándo fue la última vez que te debatiste en tu interior respecto a si comer o no carne que había sido ofrecida en un sacrificio a los ídolos? Sin embargo, cuando Pablo escribe acerca de huir de la inmoralidad sexual (1 Cor 6:18–20), o de la prioridad del amor (1 Cor 13:1–13), el río se parece más a un pequeño arroyo que podemos cruzar fácilmente de un salto. Después de examinar el pasaje, es útil escribir un párrafo que exprese las diferencias que definen la anchura del río a cruzar.

Paso 3: Cruzar el puente de los principios. ¿Cuáles son los principios teológicos del texto?

Lo que estamos buscando aquí son los principios teológicos que se reflejan en el significado del texto que hemos identificado en el Paso 1. Dios no solo da expresiones específicas de significado para los receptores bíblicos, sino también un mensaje teológico más amplio por medio de este mismo texto a todo su pueblo. Hemos de intentar identificar los principios teológicos que se reflejan en el texto según un criterio de semejanza y diferenciación de la situación de los receptores bíblicos y la nuestra. En este punto es conveniente expresar por escrito el principio (o principios) en cuestión en una o dos frases utilizando verbos en tiempo presente. Por ejemplo, en el capítulo 1 expresamos el principio teológico de Josué 1:1–9 del modo siguiente: «Para ser efectivos en el servicio de Dios y tener éxito en la tarea para la que nos ha llamado, hemos de experimentar la fortaleza y el valor que proceden de su presencia. También hemos de ser obedientes a la Palabra de Dios y hacer de ella nuestro constante objeto de meditación».

En su libro *Applying the Bible* (Aplicar la Biblia), Jack Kuhatschek propone tres preguntas que pueden ayudarnos a localizar los principios teológicos que se expresan en un pasaje en concreto.[11]

(1) ¿Afirma directamente el autor algún principio? En las cartas del Nuevo Testamento los autores presentan, a menudo, su mensaje en forma de principios teológicos (p. ej., Ef 6:1: «Hijos, obedeced en el Señor a vuestros padres»). En estos casos es el propio autor quien nos facilita el principio que buscamos.

(2) ¿Pone de relieve el contexto más amplio algún principio teológico? En ocasiones el autor presenta un principio teológico en el contexto orbital. Por ejemplo, en Efesios 5:21 Pablo habla de la necesidad de someternos «unos a otros en el temor de Cristo». A continuación, explica el sentido de este principio general con ejemplos específicos de algunas relaciones personales (esposas/maridos, hijos/padres, esclavos/amos). Si estamos estudiando alguno de estos ejemplos específicos, es importante tener muy presente el principio general que el autor ha expresado en 5:21 al principio del pasaje.

(3) Hemos de preguntarnos por qué dieron los autores bíblicos cada mandamiento o instrucción. En ocasiones, cuando encontramos la razón que hay tras un mandamiento o instrucción en concreto, encontraremos también el principio teológico subyacente. En Gálatas 5:2 Pablo afirma: «Mirad, yo, Pablo, os digo que si os dejáis circuncidar, Cristo de nada os aprovechará». Cuando nos preguntamos cuál es la razón por la que el apóstol advierte a los gálatas respecto a la circuncisión, descubrimos el principio teológico de que es imposible conseguir la aceptación de Dios guardando la ley o por el mero esfuerzo humano (esto es lo que simboliza la circuncisión). La Gracia de Dios se nos ofrece como un don.

Una vez que hayamos expresado el principio o principios con una o dos frases en tiempo presente, hemos de someter tal principio o principios a los criterios que hemos mencionado en el capítulo 1 (los enumeramos de nuevo a continuación). Esto nos ayudará a determinar si tenemos o no un verdadero principio teológico:

---

[11] Kuhatschek, *Applying the Bible*, 57–61.

• El principio en cuestión ha de estar reflejado en el texto bíblico.
• Ha de ser un principio intemporal y no vinculado a una situación específica.
• No puede ser un principio supeditado a consideraciones culturales.[12]
• Ha de armonizar con la enseñanza del resto de la Escritura.
• Dicho principio debe ser pertinente tanto a los receptores bíblicos como a los contemporáneos.

Los principios teológicos son un puente que permite cruzar el río de las barreras históricas y culturales que separan al texto y de sus receptores de hoy.

Paso 4: Entender el texto en nuestro contexto. ¿Cómo deberían los cristianos de hoy aplicar los principios teológicos a sus vidas?

En la última fase de la interpretación de las cartas del Nuevo Testamento, hemos de aplicar el principio o principios teológicos a los cristianos de hoy. Recuerda que aunque estos principios están determinados por el significado del texto, en nuestros días pueden, no obstante, aplicarse de maneras distintas. En el capítulo 13 aprendimos a aplicar los principios teológicos y utilizamos un pasaje de una carta del Nuevo Testamento para ilustrar este proceso (Fil 4:13).

Recordemos que se mencionaron tres pasos. (a) En primer lugar observamos la relación que existe entre los principios teológicos del texto bíblico y la situación original. Identificamos los elementos clave presentes en la intersección entre el principio y la situación. (b) A continuación, hemos de buscar alguna situación de nuestras vidas o entorno en que converjan todos los elementos clave. Cuando encontramos estas situaciones paralelas contemporáneas, podemos tener la confianza de que estamos aplicando el significado del texto bíblico. (c) Hemos de plantear aplicaciones que sean específicas creando escenarios de la vida real que sean fieles al significado del texto y pertinentes para los receptores contemporáneos. Recuerda que para hacer

---

[12] En ocasiones supone todo un desafío separar aquellos elementos que son de carácter cultural o contingente de los que son normativos o intemporales. Para aquellos que quieran saber más acerca de esta cuestión, recomendamos la siguiente lectura: Fee y Stuart, *How to Read the Bible*, 80–86; Klein, Blomberg, y Hubbard, *Biblical Interpretation*, 409–25; Osborne, Hermeneutical Spiral, 326–38.

verdaderamente nuestra la Palabra de Dios, hemos de obedecer aquello que aprendemos.

El recorrido interpretativo en este género

En la sección anterior hemos repasado los cuatro pasos básicos del recorrido interpretativo; estos pasos son esenciales para poder comprender y aplicar las cartas del Nuevo Testamento. En general, los ejemplos acerca de cómo llevar a cabo un determinado procedimiento suelen ser de mucho valor pedagógico. En esta sección queremos trabajar con Hebreos 12:1-2 y aplicar a este pasaje los cuatro pasos del recorrido interpretativo. Esperamos que esto ayude a clarificar los pasos para interpretar las cartas del Nuevo Testamento.

Hebreos 12:1-2

Por tanto, puesto que tenemos en derredor nuestro tan gran nube de testigos, despojémonos también de todo peso y del pecado que tan fácilmente nos envuelve, y corramos con paciencia la carrera que tenemos por delante, puestos los ojos en Jesús, el autor y consumador de la fe, quien por el gozo puesto delante de Él soportó la cruz, menospreciando la vergüenza, y se ha sentado a la diestra del trono de Dios.

Paso 1: Entender el texto en su contexto original. ¿Qué significó este texto para los receptores bíblicos?

Tras una lectura completa de la epístola a los Hebreos se observa un tono muy serio en las palabras que Dios dirige a sus receptores a través del autor acerca del coste del discipulado. De hecho, el libro tiene todo el sabor de un sermón y el propio autor define su obra como una «palabra de exhortación» (13:22). Se observa también un gran énfasis en la persona de Jesucristo como figura central del libro, así como una extensa utilización del Antiguo Testamento. Cuando consultamos algunas herramientas de estudio a fin de reconstruir la situación histórica y cultural, vemos fácilmente la razón de la nota de urgencia que encontramos en este tratado.

Los creyentes a quienes se dirige Hebreos procedían probablemente de un trasfondo judío y formaban una pequeña iglesia o grupo de iglesias que estaban situadas en Roma o cerca de esta ciudad.[13] Esta carta se escribió probablemente a mediados de los años 60 D.C., en un periodo inmediatamente anterior a las severas persecuciones que se produjeron bajo el emperador Nerón. Un pequeño grupo de creyentes estaba ante la tentación de rechazar el cristianismo y volver al judaísmo a fin de tener una vida más fácil. Estaban desanimados y, al parecer, su compromiso con Cristo zozobraba. Nadie sabe con seguridad quién escribió Hebreos, sin embargo el propósito del autor parece muy claro. Escribe «para animar a un grupo de creyentes desalentados que están apartándose del verdadero cristianismo, y lo hace estimulándoles a acercarse a Dios y a perseverar en su compromiso con Cristo».[14] El libro está lleno de instrucciones acerca de la superioridad de Jesucristo y de advertencias a perseverar en la fe.

El paso siguiente para la comprensión de Hebreos 12:1–2 es identificar su contexto literario. ¿Cómo se desarrolla el pensamiento del autor a través de esta sección de la carta/sermón? La expresión «por tanto» que encontramos en 12:1 nos muestra que este pasaje está estrechamente vinculado con el capítulo anterior. En Hebreos 11 —llamado con frecuencia «el gran capítulo de la fe»— se nos presentan un ejemplo tras otro de santos del pasado que perseveraron en la fe. En Hebreos 12:1–2 el autor/predicador utiliza la imagen de una carrera y el propio ejemplo de Jesús para exhortar a sus receptores a perseverar en la fe. En el párrafo que sigue (12:11), el autor utiliza la analogía del amor de un padre por su hijo para explicar la razón por la que los creyentes han de abrazar las penalidades como expresiones del amor de Dios. El tema de la perseverancia en momentos difíciles conecta estos apartados.

Una vez que nos hemos familiarizado con el contexto del pasaje y antes de resumir lo que éste significó para sus primeros receptores, hemos de observar cuidadosamente el texto. Haciendo referencia a los ejemplos de fe que se enumeran en Hebreos 11, dice que estamos «rodeados de una gran nube de testigos». Tales modelos de fidelidad ofrecen el ánimo que tanto necesitaban los destinatarios de aquellas iglesias. Sabiendo que eran muchos los que ya habían transitado el camino

---

[13] Este resumen de la situación histórica y cultural procede de la obra de George H. Guthrie, *Hebrews* (NIVAC; Grand Rapids: Zondervan, 1998), 17–38. En las páginas 17–18, Guthrie da vida a su escenario mediante un relato ficticio de un joven llamado Antonius.
[14] *Ibíd.*, 22 (cursiva en el original).

de las penurias y experimentado que Dios era fiel, se llama a los primeros receptores de la epístola (1) a «despojarse» de todo obstáculo y del
pecado que, con tanta facilidad, nos enreda (2); a correr con perseverancia la carrera, y (3) a poner los ojos en Jesús, el ejemplo por exce-
lencia de la fe.

El autor utiliza la imagen de una carrera para ilustrar la naturaleza de la vida cristiana. Esta es la imagen que rige el modo en que hemos de entender muchas de las palabras y expresiones clave de este
pasaje. Para disputar esta clase de carrera se requiere esfuerzo y tenacidad, y ello sugiere que el autor tiene en mente una carrera de larga distancia como, por ejemplo, un maratón más que un corto *sprint*.
Acerca de la necesidad de que los participantes se despojen «de todo
peso» Keener afirma:

> La idea de «poner a un lado pesos» (KJV) puede aludir a aquellas pe-
> sas artificiales que se utilizaban en los entrenamientos, pero no en
> las carreras deportivas, sin embargo lo más probable es que se refie-
> ra a la costumbre griega de despojarse de las túnicas para correr li-
> bremente. De este modo, la imagen representaría cualquier obstácu-
> lo que hiciera difícil a sus lectores vencer en la carrera.[15]

También se desafía a los corredores a que corran la carrera que tienen
«por delante», lo cual significa que han de poner su fe en acción tomando las decisiones correctas aunque éstas puedan resultar difíciles.
No obstante, quienes corren la carrera no lo hacen solo en sus fuerzas.
Esta es, en parte, la razón por la que se les insta a poner sus ojos en Jesús, «el autor y consumador de la fe». Guthrie observa que la palabra
que se traduce como «autor» puede transmitir la idea de «campeón, líder, precursor o iniciador».[16] Tanto el término «campeón» como «precursor» encajan en la imaginería de la carrera y, cuando se asocia con
la idea de «consumar o perfeccionar», esta palabra enseña que Jesús
«ha despejado el camino de la fe para que podamos correr en él. El camino está abierto, y aunque es cierto que hay algunas vallas, las barri-
cadas del control enemigo han sido quitadas».[17]

Jesús no solo representa el ejemplo final de la perseverancia, sino
que también inspira tenacidad en aquellos que le siguen puesto que él

---

[15] Keener, *IVP Bible Background Commentary*, 678.

[16] Guthrie, *Hebrews*, 398.

[17] *Ibíd*, 399.

mismo se centró en la recompensa que le aguardaba más allá del obstáculo inmediato del sufrimiento. El gozo futuro puesto delante de Jesús le capacitó para soportar la Cruz; más aún, el Salvador «menospreció» la vergüenza de la Cruz o la consideró insignificante en comparación con las prometidas recompensas ulteriores. Habiendo persistido, se sentó «a la diestra del trono de Dios».

Llegados aquí, podemos resumir del modo siguiente el significado de Hebreos 12:1-2 para los receptores bíblicos: el autor de Hebreos utiliza la imagen de una carrera de larga distancia para desafiar a sus receptores a perseverar en su compromiso con Cristo a pesar de la oposición. En lugar de apartarse de Cristo y regresar al judaísmo, los destinatarios de Hebreos han de correr la carrera con perseverancia. A fin de recibir inspiración y ánimo, han de considerar las puntuaciones obtenidas por los fieles santos de antaño que ya perseveraron tenazmente en la vida de fe. Se les insta especialmente a poner su atención en el propio Jesús, el ejemplo final de la perseverancia bajo presión, más que en las difíciles circunstancias inmediatas.

Paso 2: Medir la anchura del río a cruzar. ¿Cuáles son las diferencias entre los receptores bíblicos y nosotros?
Como sucede en la mayoría de las situaciones que se presentan en las cartas, el río que nos separa de los receptores bíblicos no es excesivamente ancho. En tanto que cristianos que vivimos al otro lado de la muerte y resurrección de Cristo y en medio de un mundo hostil, también nosotros nos encontramos participando en una carrera de larga distancia en la que hemos de perseverar. Tenemos una gran cantidad de fieles ejemplos de personas que han corrido esta carrera antes que nosotros, y hemos de mirar a Jesús, el autor y consumador de nuestra fe.

Existen, no obstante, algunas diferencias de las que hemos de ser conscientes al interpretar este pasaje. Muchos de nosotros no hemos de hacer frente al mismo grado de persecución que experimentaban los primeros receptores de la epístola. Hemos de familiarizarnos con el sufrimiento de la Iglesia en otros lugares del mundo a fin de sentir el verdadero impacto del desafío a soportar. Además, la gran mayoría de nosotros no experimentamos la tentación de volver al judaísmo para evitar tal oposición. Sin embargo, sí habrá, sin duda, ciertas prácticas o grupos religiosos que el mundo considera «aceptables» y a los que los cristianos somos tentados a volvernos en busca de «seguridad». Estos pueden servirnos como provechosos paralelos.

Paso 3: Cruzar el puente de los principios. ¿Cuáles son los principios teológicos que se expresan o subyacen en este texto?

En Hebreos 12:1-2 encontramos, al menos, tres importantes principios teológicos:

- La vida cristiana es como una difícil carrera de larga distancia que requiere tanto esfuerzo, como perseverancia.
- Los santos que nos preceden nos brindan valiosos ejemplos de perseverancia. Hemos de considerar su ejemplo a fin de encontrar inspiración y ánimo.
- A fin de correr con éxito esta carrera, hemos de rechazar aquellas cosas de nuestra vida que obstaculizan el progreso y, lo más importante, poner nuestra atención en Jesús y en nuestra relación con Él.

Paso 4: Entender el texto en nuestro contexto. ¿Cómo deberían los cristianos de hoy aplicar estos principios teológicos a sus vidas?

Con el fin de ilustrar este paso de la aplicación, utilicemos el primero de los tres principios teológicos que acabamos de mencionar: «La vida cristiana es como una difícil carrera de larga distancia, que requiere tanto del esfuerzo como de la perseverancia». En nuestro intento de entender el texto en nuestro contexto, hemos de buscar los elementos clave presentes en la intersección entre el principio teológico y la situación original. En este caso, encontramos varios elementos importantes:

- Quienes corren la carrera son cristianos y el recorrido es la propia vida.
- La carrera es difícil, y somos tentados a tomar una ruta más fácil o incluso a abandonar la carrera.
- Para correr con éxito esta carrera se requiere tanto del esfuerzo, como de la perseverancia.

Avanzamos en el proceso buscando alguna situación de nuestro tiempo en la que converjan todos los elementos clave. Puesto que en este caso los elementos clave son más generales, será fácil encontrar situaciones paralelas. Cualquier cristiano que esté siendo tentado a abandonar por causa de las dificultades de permanecer fieles a Cristo habrá de recordar que la carrera demanda esfuerzo y tenacidad. Para entender bien el texto en nuestro contexto, hemos de hacer aplicaciones específicas.

En otros lugares de la Escritura, el acento recae en la Gracia que Dios ofrece; no obstante, en este pasaje se subraya el modo en que hemos de responder a ella. Hemos de darnos cuenta de que la vida no es un *sprint*. En una sociedad de lo instantáneo como la nuestra no se considera la perseverancia como una virtud, sin embargo Dios nos llama a poner a un lado la impaciencia y perseverar. Él quiere que permanezcamos firmes aun bajo las presiones y que sigamos nuestro curso. Correr con éxito significa tomar las decisiones correctas hoy y mañana, y la próxima semana, mes, año, etcétera. Dios nos llama a seguir corriendo con una mentalidad de resistencia.

En nuestros ministerios docentes nos encontramos esporádicamente con estudiantes creyentes que en sus hogares no cristianos han experimentado situaciones muy difíciles. Van a Ouachita, una Universidad Cristiana de Letras, y acaban en nuestras clases. A lo largo del semestre tenemos la oportunidad de conocerles un poco y nos enteramos de algunas de las situaciones que experimentan. Algunos se sienten culpables y furiosos respecto al divorcio de sus padres, y otros ni siquiera les han conocido. Algunos han padecido abusos verbales o físicos. Otros tienen problemas económicos por falta de apoyo. Casi todos ellos llevan consigo heridas emocionales y han de cargar un bagaje muy pesado. Pero estos estudiantes están comprometidos con el Señor y corren fielmente la carrera. Por nuestra parte, oramos por ellos y les amamos y animamos a perseverar. Saben por experiencia que disputar con éxito la carrera significa escoger a Cristo aun cuando se les ridiculice, excluya, o trate injustamente. Correr con perseverancia significa seguir en pie y poner la mirada en Cristo aunque nos sintamos exhaustos, diezmados y estresados hasta el límite. La carrera no es un *sprint*, sino un maratón. Perseverar es vencer.

Conclusión

La vida no sería igual sin cartas. Las utilizamos para comunicar nuestros pensamientos y sentimientos más profundos, algunos de los cuales pueden ser bastante «sentimentaloides». Las veintiuna cartas del Nuevo Testamento, nos ofrecen una visión de la excelente y práctica tarea de discipulado que llevaban a cabo los primeros cristianos. Estas cartas representaban los autorizados sustitutos de unos dirigentes que no siempre podían ministrar en persona. Se escribieron para tratar situaciones específicas y satisfacer algunas necesidades prácticas de los lectores. Estas cartas fueron cuidadosamente preparadas y concebidas para ser leídas en voz alta a la congregación una y otra vez.

Cuando nos acercamos a las cartas del Nuevo Testamento, hemos de recordar que son precisamente esto: cartas, no guías telefónicas. Las cartas son escritos concebidos para leerse de principio a fin, exactamente igual que leeríamos una carta personal de nuestros días. Hemos de tomar en serio la situación histórica y cultural y conceder una gran prioridad a trazar el desarrollo del pensamiento del autor (i.e., el contexto literario). A continuación, hemos de utilizar el puente de los principios a fin de cruzar el río de las diferencias y aplicar a nuestra vida el significado del texto bíblico.

Las cartas del Nuevo Testamento nos ofrecen una ventana abierta a las luchas y victorias de la Iglesia Primitiva. Nos ofrecen instrucciones y consejos inspirados para vivir vidas piadosas, por los que podemos estar eternamente agradecidos. Concluimos este capítulo con una despedida típica de las cartas del Nuevo Testamento: «La Gracia sea con vosotros. Amén».

Deberes

Deber 14-1

Cuando estudiamos una carta, es muy importante poder trazar el desarrollo del pensamiento del autor. El primer paso es ver el modo en que los párrafos se relacionan con aquellos que los anteceden y siguen. Contesta las siguientes preguntas como un modo de adquirir experiencia en el trazado del desarrollo del pensamiento del autor:

- ¿Cómo se relaciona Filipenses:2–1 4 con Filipenses 2:5–11?
- ¿Cuál es la conexión entre Efesios 5:15–21 y Efesios 5:22–6:9?
- ¿Qué papel desempeña 1 Corintios 13 dentro de la más sección extensa de 1 Corintios 12–14?

Deber 14-2

Aplica a alguno de los pasajes siguientes los cuatro pasos del recorrido interpretativo que hemos explicado e ilustrado en este capítulo:

- Romanos 8:26–27
- 1 Corintios 11:27–32
- Gálatas 5:16–18
- Colosenses 3:1–4
- 2 Timoteo 3:16–17
- Hebreos 4:12–13
- 1 Pedro 5:6–7

15
Nuevo Testamento: Los Evangelios

Introducción
¿Qué son los Evangelios?
¿Cómo deberíamos leer los Evangelios?
Formas literarias especiales en los Evangelios
Conclusión
Deberes

Introducción

En el centro mismo de nuestra fe hay una persona: Jesucristo. Jesús llevó a cabo milagros y pronunció «palabras de vida eterna» (Jn 6:68). Sin embargo, Jesús nunca publicó su autobiografía. Sin un libro escrito por el propio Jesús, ¿qué podemos saber acerca de Él?

Sin duda, tenemos suficiente información acerca de Jesús de fuentes extrabíblicas para saber que existió realmente, sin embargo el testimonio más directo acerca de Jesús procede de los cuatro Evangelios canónicos: Mateo, Marcos, Lucas y Juan. Estos cuatro libros representan casi la mitad del Nuevo Testamento por lo que a extensión se refiere. En ellos, los primeros seguidores de Jesús nos ofrecen algo parecido a una biografía de Jesús. La importancia de los cuatro Evangelios radica en que relatan la historia de Jesús: el unigénito Hijo de Dios.

En este capítulo vamos a aprender esencialmente dos cosas. En primer lugar, daremos respuesta a la pregunta. «¿Qué son los Evangelios?» Específicamente, ¿Qué clase de relato pretendieron redactar los autores de los Evangelios? ¿Son como nuestras modernas biografías? En caso afirmativo, ¿por qué no consignan todo cuanto nos gustaría saber acerca de Jesús, como por ejemplo lo que sucedió durante los años de su adolescencia? ¿Por qué estos cuatro libros no siguen siempre la misma secuencia cronológica? Es muy importante que entendamos bien los rasgos característicos de este género literario bíblico a fin de que podamos leer los Evangelios según el objetivo de sus autores. Una vez que entendamos la naturaleza de los Evangelios, podremos avanzar a nuestro segundo punto, a saber, cómo interpretarlos. ¿Existe alguna manera específica para acercarnos a ellos y entender el sentido que el autor quiso dar al texto de los Evangelios para aplicarlo a nuestras vidas? Proponemos que hay un modo apropiado de leer la historia de Jesús. Comencemos considerando el primer punto, el género literario de los Evangelios.

¿Qué son los Evangelios?

El término *evangelio* traduce la palabra griega *euangelion*, que significa «buenas noticias». Antes del Nuevo Testamento, esta palabra aludía, por regla general, a las buenas nuevas de alguna victoria política o militar. En el contexto del Nuevo Testamento esta palabra denota las buenas nuevas proclamadas por Jesús (Mr 1:14–15) o acerca de Él (1 Cor 15:1). Es fácil entender por qué los primeros cristianos acabaron aludiendo a Mateo, Marcos, Lucas y Juan como los Evangelios. Pero ¿Cómo inspiró el Espíritu Santo a los autores de los Evangelios (a menudo llamados «evangelistas») para presentar o comunicar estas Buenas Nuevas? Lo acertado de una interpretación depende de que se identifique correctamente la clase de comunicación que está teniendo lugar.

En primer lugar, los Evangelios son relatos. A todos nos gustan los buenos relatos, pero ¿por qué? ¿Qué tienen los relatos que nos fascinan como ninguna otra cosa? Los relatos son interesantes. Ante un relato, a menudo nos encontramos «entrando» en él y relacionándonos con los personajes que lo integran; participamos de la narración. Podemos utilizar la imaginación para visualizar las situaciones, situarnos en ellas. Uno de los rasgos que hace de los Evangelios un género muy vigoroso y eficaz es que se trata de relatos. Pero ¿qué clase de relatos?

Los libros de Mateo, Marcos, Lucas y Juan se vieron desde el principio como relatos de Jesús procedentes de la experiencia personal de los apóstoles. En su *Primera Apología*, Justino Mártir, un notable dirigente de la Iglesia Primitiva (aproximadamente 100-165 DC.) se refiere a los Evangelios como las «memorias» de las apóstoles. Esto suena como si los autores estuvieran escribiendo biografías de Jesús. Sin embargo, cuando leemos los cuatro Evangelios, nos damos cuenta de inmediato que éstos son un tanto distintos de las modernas biografías. ¿Se te ocurre alguna diferencia específica entre los Evangelios y la mayoría de las biografías o autobiografías modernas? A diferencia de la mayor parte de las biografías modernas, los Evangelios no cubren toda la vida de Jesús, sino que pasan directamente de su nacimiento a su ministerio público. Mateo y Lucas consignan relatos del nacimiento de Jesús, mientras que en el Evangelio de Marcos la primera aparición del Señor es en el Jordán siendo ya adulto para ser bautizado por Juan (Mr 1:9). Marcos no nos dice nada acerca del nacimiento o infancia de Jesús.

Muchas veces los autores de los Evangelios ordenan las acciones de Jesús siguiendo un criterio más tópico que cronológico y consignan sus palabras de maneras distintas. Otra diferencia entre los Evangelios y la mayor parte de las biografías modernas es el gran porcentaje de espacio que dedican los Evangelios a la última semana de la vida de Jesús. Por ejemplo, en el Evangelio de Juan esta última semana comienza en el capítulo 12. Por otra parte, tampoco encontramos ningún detallado análisis psicológico de Jesús o de cualquier otro personaje importante de los Evangelios. Es fácil observar que los cuatro Evangelios difieren considerablemente de la mayoría de las biografías modernas.

No obstante, el hecho en sí de que los Evangelios se distingan de las biografías de nuestros días no significa que no sean biografías, sino sencillamente que no siguen los mismos criterios que las que se escriben en nuestro tiempo. Los biógrafos de la Antigüedad seguían otra serie de reglas; sus obras tenían normalmente un bosquejo simple, que comenzaba con el nacimiento o aparición del personaje principal y terminaba con su muerte (los autores dedicaban a menudo una gran parte de su obra a los pormenores de la muerte del protagonista puesto que el modo en que alguien moría decía mucho acerca de tal persona). El material que se consignaba entre el nacimiento y la muerte del protagonista constaba de relatos y declaraciones que el autor seleccionaba y ordenaba para transmitir a sus receptores algo importante acerca del personaje en cuestión. Cuando leemos Mateo, Marcos, Lucas y Juan, se hace evidente que estas obras bíblicas tienen muchísimo en común con el antiguo género biográfico.[18]

---

[18] Aquellos que deseen considerar una exposición magistral del género del evangelio como biografía Antigua, pueden ver la obra de Richard A. Burridge, *What Are the Gospels? A Comparison with Graeco-Roman Biography* (Cambridge: Cambridge Univ. Press, 1992).

Al leer los Evangelios con un mínimo de atención, salta de inmediato a la vista que aunque los cuatro cuentan esencialmente la misma historia, los detalles son distintos de un Evangelio a otro. De hecho, tenemos cuatro versiones distintas de la historia de Jesús. Para aquellos que parecen tener una fijación estrictamente cronológica, esta variedad puede plantear algunos problemas. Por ejemplo, ¿cómo entendemos el hecho de que Mateo y Lucas cambien el orden de la segunda y tercera tentación de Jesús (cf. Mateo 4:5–10 con Lc 4:5–13)?

En ocasiones, encontramos también considerables variaciones en el orden de los mismos acontecimientos que presentan los tres primeros Evangelios. A Mateo, Marcos y Lucas se les llama comúnmente Evangelios Sinópticos puesto que es fácil «verlos juntos» cuando se sitúan uno al lado del otro (*syn* significa «junto» y *opsis*, «ver»). Juan sigue, muchas veces, una línea completamente diferente. En la tabla siguiente puede observarse que los autores de los Evangelios sitúan los mismos acontecimientos y relatos en un orden ligeramente distinto.[19]

Acontecimiento	Mateo	Marcos	Lucas
Sanación de un leproso	8:1–4	1:40–45	5:12–16
Centurión de Capernaum	8:5–13	no hay relatos paralelos	7:1–10
Suegra de Pedro	8:14–15	1:29–31	4:38–39
Sanación de un Enfermo	8:16–17	1:32–34	4:40–41
Seguir a Jesús	8:18–22	no hay relatos paralelos	9:57–62
Calmando la tormenta	8:23–27	4:35–41	8:22–25
El endemoniado gadareno	8:28–34	5:1–20	8:26–39
Sanidad de un paralítico	9:1–8	2:1–12	5:17–26
Llamamiento de Mateo	9:9–13	2:13–17	5:27–32
Pregunta sobre el ayuno	9:14–17	2:18–22	5:33–39
Jairo y la mujer	9:18–26	5:21–43	8:40–56

---

[19] Véase el trabajo de Darrell L. Bock, «The Words of Jesus in the Gospels: Live, Jive, or Memorex?» en *Jesus Under Fire: Modern Scholarship Reinvents the Historical Jesus*, ed. Michael J. Wilkins and J. P. Moreland (Grand Rapids: Zondervan, 1995), 84–85 [*Jesús bajo sospecha*, Terrassa: CLIE, Colección Teológica Contemporánea, vol. 4, 2003].

Existen también diferencias en las palabras de los discursos consignados en los Evangelios. Compárese, por ejemplo, «Bienaventurados los pobres en espíritu» de Mateo 5:3 con la expresión más breve «Bienaventurados vosotros los pobres» de Lucas 6:20. Obsérvese la diferencia en el diálogo entre Jesús y el sumo sacerdote durante su juicio:

> Y el sumo sacerdote le dijo: Te conjuro por el Dios viviente que nos digas si tú eres el Cristo, el Hijo de Dios. Jesús le dijo: Tú mismo lo has dicho. (Mateo 26:63–64)
> Le volvió a preguntar el sumo sacerdote, diciéndole: ¿Eres tú el Cristo, el Hijo del Bendito? Jesús dijo: Yo soy. (Marcos 14:61–62)
> Si tú eres el Cristo, dínoslo. Pero Él les dijo: Si os lo digo, no creeréis; y si os pregunto, no responderéis. Pero de ahora en adelante, el hijo del hombre estará sentado a la diestra del poder de Dios. Dijeron todos: Entonces, ¿tú eres el Hijo de Dios? Y Él les respondió: Vosotros decís que yo soy. (Lucas 22:67–70)

Parece evidente que lo que encontramos en los cuatro Evangelios no es el resultado de cuatro personas que seguían a Jesús para grabar sus palabras o filmar sus intervenciones. ¿Cómo hemos de entender estas diferencias? En primer lugar, hemos de comenzar reconociendo que los autores de los Evangelios (como cualquier reportero o historiador) no podían contar exhaustivamente todo lo que Jesús hizo o dijo. En la última frase de su Evangelio, Juan admite precisamente esto (21:25): «Y hay también muchas otras cosas que Jesús hizo, que si se escribieran en detalle, pienso que ni aun el mundo mismo podría contener los libros que se escribirían». Los discursos más largos de Jesús (p. ej., el Sermón del Monte) pueden leerse en cuestión de minutos, sin embargo Él se dirigía constantemente a las multitudes con mensajes de horas de duración. No había ni tiempo ni espacio suficiente para consignar todas las cosas que Jesús hizo y dijo. Por ello, bajo la dirección del Espíritu, los autores de los Evangelios decidieron qué relatos registrar (y cuáles omitir), así como también el modo de ordenarlos a fin de que sirvieran al propósito de comunicar con eficacia las buenas nuevas a sus coetáneos.

Como biógrafos de la Antigüedad, los autores de los Evangelios se tomaron la libertad de parafrasear o resumir lo que dijo Jesús y de ordenar los acontecimientos según un criterio temático más que conforme a una estricta secuencia cronológica. En su prólogo, Lucas (1:1–4) afirma que para la confección del relato de Jesús se sirvió del testimonio de testigos oculares así como también de una cuidadosa investigación. La meta de los autores de los Evangelios era contar la historia de Jesús con toda fidelidad a los hechos y, al tiempo, de una manera que fuera relevante y persuasiva para sus lectores. No deberíamos ver las diferencias entre las distintas historias como errores de información, sino más bien como ilustraciones de los distintos propósitos y acentos teológicos de los autores de los Evangelios.

Una vez entendemos que los evangelistas llevaron a cabo la redacción de sus obras según las reglas literarias de la Antigüedad (muy distintas de las modernas), desaparecen entonces muchas de las llamadas «discrepancias» entre los Evangelios. Tomemos, por ejemplo, la diferencia en el orden de la segunda y tercera tentación de Jesús. Uno de los temas centrales del Evangelio de Mateo es el reino de Dios. Tiene sentido que Mateo terminara su relato de las tentaciones presentando a un Satanás que muestra a Jesús todos los reinos del mundo (Mt 4:8–10). Dado que Jerusalén ocupa un lugar destacado en el Evangelio de Lucas, es fácil entender por qué este evangelista quiere concluir mostrando a un Jesús que es tentado a arrojarse del pináculo del templo de esta ciudad (Lc 4:9–12). Al contar la historia de Jesús, Mateo y Lucas varían los detalles a fin de presentar un acento teológico específico. Esto nos lleva a subrayar el último aspecto importante acerca del género literario de los Evangelios.

Hemos visto que los Evangelios son semejantes a las antiguas biografías. Sin embargo, los Evangelios presentan una dimensión adicional que conviene subrayar: no son solo biografía, sino *relatos biográficos cristocéntricos*.[20] Los evangelistas nos cuentan la historia de Jesús, el Cristo (o Mesías); no están registrando meros hechos históricos. Narran una historia a fin de enseñar a sus lectores algo acerca de la persona y misión de Jesús. Los autores de los Evangelios seleccionaron y dispusieron su material acerca de Cristo para comunicar ciertas verdades teológicas a sus receptores. Toda narración tiene un propósito y el propósito de Mateo, Marcos, Lucas, y Juan es completamente cristocéntrico.

¿Adónde nos lleva todo esto? Hemos de entender este género literario a fin de leer correctamente los Evangelios. Los cuatro Evangelios se parecen en muchos sentidos a la antigua biografía, sin embargo son más que biografías de la Antigüedad. Por su enfoque centrado en la vida y

---

[20] Véase el trabajo de Richard A. Burridge, «About People, by People, for People: Gospel Genre and Audiences» en *The Gospels for All Christians*, ed. Richard Bauckham (Grand Rapids: Eerdmans, 1998), 113–45.

enseñanzas de Jesús podemos referirnos correctamente a los Evangelios como biografías cristológicas. Esto nos lleva a los dos propósitos esenciales que los evangelistas tenían en mente al escribir los Evangelios. (1) Seleccionaron y ordenaron el material para contar la historia de Jesús. (2) A través de la historia de Jesús, los evangelistas comunicaron algo importante a sus primeros lectores (y también a nosotros). Puesto que el Espíritu Santo consideró adecuado inspirar de este modo los Evangelios, nosotros hemos de adoptar una forma de lectura que esté en consonancia con el método utilizado por los autores de los Evangelios.

¿Cómo deberíamos leer los Evangelios?

Nuestra forma de leer los Evangelios ha de respetar los medios que Dios utilizó para inspirarlos. Los autores de los Evangelios están diciéndonos algo acerca de Jesús en cada uno de los episodios y también con el modo en que van vinculando los relatos más breves para formar el relato total.

A fin de llegar a un método de lectura de los Evangelios que esté en consonancia con los medios de comunicación de Dios hemos de transformar estos dos propósitos centrales que acabamos de mencionar en dos sencillas preguntas interpretativas. (1) ¿Qué nos dice este pequeño relato acerca de Jesús? (2) ¿Qué está diciendo el autor del Evangelio a sus lectores con la manera en que dispone y encadena los distintos relatos? La tabla que presentamos a continuación describe las dos preguntas interpretativas centrales para la lectura de los Evangelios.

↓ Episodio 1	↓ Episodio 2	↓ Episodio 3
¿Qué nos dice este episodio acerca de Jesús?	¿Qué nos dice este episodio acerca de Jesús?	¿Qué nos dice este episodio acerca de Jesús?

→ Episodios 1, 2, y 3
¿Qué es lo que el evangelista pretende comunicar a sus lectores con el modo en que conecta los distintos relatos?

Tomemos como ejemplo el familiar relato de María y Marta en Lucas:10–38 42. El primer paso es leer el relato y entender su mensaje, por regla general se trata de un mensaje que se centra en Jesús.

343

Lucas 10:25-37	Lucas 10:38-42	Lucas 11:1-13
	Aquí descubrimos el principio de que hacer buenas obras para Dios puede, en ocasiones, hacernos perder de vista el cultivo de nuestra relación personal con Dios. El deseo de Marta de preparar una fiesta para Jesús la lleva a perderse lo mejor: escuchar a Jesús.	

Antes de seguir adelante, hagamos una prueba. Lee Lucas 10:25-37 y Lucas 11:1-13 y hazte la pregunta, ¿Cuál es la idea principal de cada relato? ¿Qué me enseña este relato acerca de Jesús? ¿Qué es lo que Jesús enseña en este relato? ¿Qué aprendo de las acciones de Jesús que se recogen en este relato? Vamos a aprender mucho más acerca de cómo leer los episodios individuales más adelante en este mismo capítulo, pero por ahora queremos que resumas la idea principal. Observa cómo hemos intentado captar el mensaje de Lucas:

Lucas 10:25-37	Lucas 10:38-42	Lucas 11:1-13
Vemos el principio de que el amor al prójimo ha de trascender toda frontera humana de nacionalidad, raza, religión, o posición económica.	Hacer buenas obras para Dios puede, en ocasiones, hacernos perder de vista el cultivo de nuestra relación personal con Dios. El deseo de Marta de preparar una fiesta para Jesús la lleva a perderse lo mejor: escuchar a Jesús.	Jesús nos enseña a comunicarnos con Dios a través de la oración (11:1-4). A esto le sigue una parábola respecto a la oración (11:5-8) y una exhortación a orar (11:9-13).

El primer paso es, entonces, entender el mensaje principal de cada relato, un mensaje que por regla general se centra en la vida y enseñanzas de Jesús. En el segundo paso hemos de situar el episodio de María y Marta dentro de los episodios circundantes para ver lo que Lucas pretende comunicar a sus lectores (y a nosotros) por medio del modo en que ha ordenado el material. Fíjate en nuestros resúmenes y piensa en lo que tienen en común estos tres relatos. ¿Ves alguna conexión? Lee el párrafo siguiente y valora nuestra conclusión.

Lucas 10:25–37; 10:38–42; 11:1–13

El tema recurrente parece ser las relaciones personales. En el primer relato se nos dice que los seguidores de Jesús deben expresar su amor al prójimo. En el segundo relato se nos enseña que escuchar a Jesús ha de ser más importante que «la mera actividad religiosa». Finalmente, en 11:1–13 Lucas subraya nuestra relación con Dios. Los seguidores de Jesús han de aprender a relacionarse con su prójimo (servicio), con su Señor (devoción), y con su Padre (oración).

No podemos estar absolutamente seguros de haber captado la intención de Lucas, y es posible que cada lector vea aquí diferentes conexiones. Es importante no forzar nada. Intenta seguir la idea principal de cada pasaje y descubrirás grandes y profundas verdades en los Evangelios.

Hasta este momento hemos visto que, para leer los Evangelios hemos de hacernos dos preguntas esenciales, unas preguntas que se corresponden con los dos propósitos principales de los evangelistas: hemos de observar lo que se enseña *en* cada episodio, y también lo que se transmite *por el modo* en que se vinculan los distintos episodios para formar el relato más extenso. En el próximo apartado de este capítulo exploraremos ambas preguntas con mayor detalle, comenzando con la lectura de los episodios individuales.

1. Cómo leer los relatos individuales

Existen algunas directrices esenciales de interpretación para descubrir los principios teológicos expresados en los relatos específicos. Vamos a ilustrar estas reglas utilizando el episodio en que Jesús calma la tormenta (Mr 4:35–41) y algunos otros textos.

Ese día, caída ya la tarde, les dijo: Pasemos al otro lado. Despidiendo a la multitud, le llevaron con ellos en la barca, como estaba; y había otras barcas con Él. Pero se levantó una violenta tempestad, y las olas se lanzaban sobre la barca de tal manera que ya se anegaba la barca. Él estaba en la popa, durmiendo sobre un cabezal; entonces le despertaron y le dijeron: Maestro, ¿no te importa que perezcamos? Y levantándose, reprendió al viento, y dijo al mar: ¡Cálmate, sosiégate! Y el viento cesó, y sobrevino una gran calma. Entonces les dijo: ¿Por qué estáis amedrentados? ¿Cómo no tenéis fe? Y se llenaron de gran temor, y se decían unos a otros: ¿Quién, pues, es éste que aun el viento y el mar le obedecen?

a. *Hazte las preguntas normales que hemos de plantearnos en el análisis de cualquier relato: ¿Quién? ¿Qué? ¿Cuándo? ¿Dónde? ¿Por qué? y ¿Cómo?* A continuación, consignamos algunas observaciones acerca de este pasaje para ilustrar el proceso.

¿Quién? (personajes)	• Jesús (vv. 35, 36, 38, 39, 40, 41) • Discípulos (vv. 35, 36, 38, 40, 41) • Multitud (v. 36)
¿Qué? (línea argumental)	• Durante la travesía del mar, se produce una tormenta, y las olas casi consiguen anegar la barca. (v. 37) • Los discípulos despiertan a Jesús, que está durmiendo en la popa de la barca. (v. 38) • Jesús reprende primero a la tormenta, y después a los discípulos por su falta de fe. (vv. 39–40) • Los discípulos se sienten aterrorizados ante la autoridad de Jesús sobre el mar y se preguntan, «¿quién es éste»? (v. 41)
¿Cuándo? (tiempo)	• Al caer la tarde, los discípulos y Jesús comienzan a cruzar el mar. (v. 35) • Durante la tormenta Jesús el carpintero duerme, y los discípulos que son experimentados pescadores temen perder la vida. (v. 38) • Después de que Jesús reprende al viento, el mar se aquieta. (v. 39) • Después de calmar la tormenta, Jesús hace un par de preguntas un tanto severas a sus discípulos. (v. 40) • Después del aquietamiento de la tormenta y las preguntas de Jesús, los discípulos quedan aterrorizados. (v. 41)
¿Dónde? (lugar)	• Jesús y sus discípulos se dirigen al otro lado del mar. (v. 35) • Ellos están en la barca. (v. 36) • Las enormes olas están llenando de agua la barca. (v. 37) • Jesús está en la popa, durmiendo sobre un cabezal. (v. 38)
¿Por qué? (razón)	• Los discípulos despiertan a Jesús. Estaban furiosos por la aparente indiferencia de su maestro respecto a su seguridad. (v. 38) • El viento y las olas se calman por la reprensión de Jesús. (vv. 39, 41) • Los discípulos están aterrorizados al darse cuenta de que Jesús tiene autoridad sobre el mar. (vv. 40–41)
¿Cómo? (medios)	• Los discípulos se sirven de una pregunta para reprender a Jesús. (v. 38) • Jesús calma el agitado mar por medio de su palabra. (v. 39) • Jesús utiliza preguntas para reprender a los discípulos. (v. 40) • Los discípulos verbalizan su temor mediante una pregunta acerca de la identidad de Jesús: «¿Quién es éste?» (v. 41)

Estas sencillas preguntas nos revelan algunas cuestiones importantes acerca del relato. Puesto que Jesús y los discípulos aparecen en casi todos los versículos, sabemos que el relato se centra en la relación de Jesús con sus discípulos. ¿Qué es lo que Jesús pretende enseñar a sus seguidores? ¿Aprenderán éstos la lección? Por otra parte, al contrastar la reacción de Jesús ante la tormenta con la de los discípulos, vemos ejemplificada la diferencia entre la fe y el temor. Jesús duerme confiadamente mientras aquel grupo de pescadores profesionales achica agua, lleno de temor. Observamos también el poder de la palabra de Jesús. Aun el agitado mar le está sujeto. Es muy interesante el papel que desempeñan las preguntas en este pasaje. Los discípulos se interrogan respecto a la indiferencia de Jesús. Por su parte, Jesús plantea algunas preguntas acerca de la falta de fe de los discípulos, lo cual hace que éstos, a su vez, se interroguen con respecto a la identidad de Jesús: «¿Quién, pues, es éste que aun el viento y el mar le obedecen?»

b. Busca las instrucciones interpretativas que ofrece el propio autor.
Con frecuencia, los evangelistas ayudan a sus lectores a entender su propósito dándoles ciertas claves en la introducción del relato. Puede que el autor diga algo como: «Y comenzó a referir una parábola a los invitados, cuando advirtió cómo escogían los lugares de honor a la mesa...» (Lc 14:7). En este caso es fácil adivinar, sin ni siquiera leer la parábola, que tiene algo que ver con el orgullo espiritual, con la humildad o con ambas cosas.

La introducción al Sermón del Monte dice lo siguiente: «Y cuando vio las multitudes, subió al monte; y después de sentarse, sus discípulos se acercaron a Él. Y abriendo su boca, les enseñaba, diciendo...» (Mt 5:1-2). A partir de esta introducción sabemos que hemos de leer el sermón que sigue como una enseñanza dirigida a personas que están ya siguiendo a Jesús, y no a receptores que están todavía planteándose si hacerse o no sus discípulos.

A menudo, la clave interpretativa del autor aparece en la conclusión del relato. En Marcos 4 el relato llega a su clímax con la pregunta que plantean los discípulos en el último versículo: «¿Quién es éste que aun el viento y el mar le obedecen?». Se nos deja con la clara impresión de que Marcos quiere que sus lectores sepan que Jesús es algo más que un típico rabino (o «maestro»). ¡Su autoridad llega a la esfera de las formidables fuerzas de la Naturaleza!

En Mateo 19, en el relato del encuentro de Jesús con el joven rico, la última línea dice: «Pero muchos primeros serán últimos, y los últimos, primeros». (19:30). Jesús pone patas arriba los valores del mundo. Aquellos que ahora lo abandonan todo para seguir a Jesús no han de preocuparse por las consecuencias, ciertamente los tales serán primeros en el reino de Dios.

En ocasiones, los autores de los Evangelios incluyen comentarios de carácter parentético para clarificar el sentido que el autor quería dar a sus palabras. En Marcos 7:1–23 Jesús se enfrenta a los fariseos y maestros de la ley respecto a la cuestión de la pureza ritual. Y a continuación Marcos añade estas palabras: «Declarando así limpios todos los alimentos». (7:19). Con este comentario, Marcos explica a sus lectores las implicaciones del relato. Lo que hace que una persona sea limpia o inmunda hay que buscarlo en el corazón, no en el aparato digestivo.

Otro ejemplo de esto lo encontramos en el episodio en que Pedro y Juan se dirigieron corriendo al sepulcro vacío. Pedro fue el primero en entrar. La Escritura dice que cuando Juan entró finalmente al sepulcro, «vio y creyó» (Jn 20:8). El evangelista añade este comentario: «Porque todavía no habían entendido la Escritura, que Jesús tenía que resucitar de entre los muertos» (Jn 20:9). Con esta afirmación, Juan deja claro que en aquel momento su fe no se fundamentaba en una particular lectura del Antiguo Testamento, sino en su propia experiencia ante las mortajas de Jesús; la tumba estaba vacía, Jesús había resucitado, ¡Juan vio y creyó!

A menudo, pues, es el propio autor quien nos ayuda a encontrar los principios teológicos que subyacen en los relatos. Muchas veces encontramos instrucciones explícitas en la introducción o conclusión de las narraciones o en los comentarios parentéticos del autor.

c. Hemos de tomar especial nota de cualquier cosa del relato que se repita. Con frecuencia, la verdad teológica se transmite por medio de repeticiones. En nuestra lectura de los distintos episodios de los Evangelios, hemos de estar pendientes de aquellas cosas que aparecen una y otra vez. Cuando leemos Juan 15 salta a la vista que la palabra «permanecer» (o «persistir») aparece una y otra vez. En Mateo 23 la repetida exclamación «¡Ay!» nos transmite un inconfundible tono de advertencia. En Mateo 5 Jesús subraya repetidamente el carácter único de su enseñanza mediante la expresión «oísteis que fue dicho... Pero yo os digo...».

Cuando los autores de los Evangelios repiten una palabra o tema o cuando se da un lugar destacado a algún personaje en particular,

¡prestemos especial atención! Los escritores utilizan la repetición para resaltar las verdades importantes, y no podemos pasar por alto este rasgo. ¿Cuál es el tema que se repite en el siguiente pasaje (Lc 12:22–34)? (Subraya las palabras o expresiones que repiten este tema en particular).

Y dijo a sus discípulos: Por eso os digo: No os preocupéis por vuestra vida, qué comeréis; ni por vuestro cuerpo, qué vestiréis. Porque la vida es más que el alimento, y el cuerpo más que la ropa. Considerad los cuervos, que ni siembran ni siegan; no tienen bodega ni granero y, sin embargo, Dios los alimenta; ¡cuánto más valéis vosotros que las aves! Y ¿quién de vosotros, por ansioso que esté, puede añadir una hora al curso de su vida? Si vosotros, pues, no podéis hacer algo tan pequeño, ¿por qué os preocupáis por lo demás? Considerad los lirios, cómo crecen; no trabajan ni hilan; pero os digo que ni Salomón en toda su gloria se vistió como uno de éstos. Y si Dios viste así la hierba del campo, que hoy es y mañana es echada al horno, ¡cuánto más hará por vosotros, hombres de poca fe! Vosotros, pues, no busquéis qué habéis de comer, ni qué habéis de beber, y no estéis preocupados. Porque los pueblos del mundo buscan ansiosamente todas estas cosas; pero vuestro Padre sabe que necesitáis estas cosas. Mas buscad su reino, y estas cosas os serán añadidas. No temas, rebaño pequeño, porque vuestro Padre ha decidido daros el reino. Vended vuestras posesiones y dad limosnas; haceos bolsas que no se deterioran, un tesoro en los cielos que no se agota, donde no se acerca ningún ladrón ni la polilla destruye. Porque donde esté vuestro tesoro, allí también estará vuestro corazón.

d. Distingamos aquellos lugares en que el relato hace un giro hacia el discurso directo. El discurso directo es aquel en que los personajes hablan directamente, es decir, cuando sus palabras aparecen entre comillas. Por regla general, el sentido del discurso directo nos da la médula del relato. Observemos que el discurso directo que aparece en Marcos 4:35–41 resume en pocas palabras la esencia de la narración.

v. 35:   «Pasemos al otro lado»
v. 38:   «Maestro, ¿no te importa que perezcamos?»
v. 39:   «¡Cálmate, sosiégate!»
v. 40:   «¿Por qué estáis amedrentados? ¿Cómo no tenéis fe?»

v. 41:   «¿Quién, pues, es éste que aun el viento y el mar le obedecen?»

Otro interesante ejemplo al respecto lo encontramos en la transfiguración de Jesús, donde oímos la voz de Dios: «Este es mi Hijo amado en quien me he complacido; a Él oíd». (Mt 17:5). Tras la predicción de su muerte por parte de Jesús, la confirmación de Dios debió de ser muy estimulante y consoladora para unos discípulos en lucha con la idea de un Mesías crucificado.

Algunos pasajes consignan casi exclusivamente el diálogo entre dos personajes. Por ejemplo, Juan 4:4–26 registra la conversación entre Jesús y una mujer samaritana. Es posible que la mera conversación entre un hombre judío y una mujer samaritana fuera ya digna de ser preservada por su carácter sorprendente, puesto que, como observa Juan, «los judíos no tienen tratos con los samaritanos» (4:9). Al estudiar el contenido de la conversación, puede apreciarse claramente que Juan pretendía comunicar a sus lectores algunos hechos acerca de Jesús. El discurso directo ofrece generalmente una ventana excepcionalmente clara para atisbar el mensaje teológico del relato.

Cuando estamos intentando identificar los principios teológicos subyacentes en los relatos individuales hemos de hacernos las preguntas narrativas normales, prestar atención a las propias instrucciones interpretativas del autor, observar lo que se repite, y concentrarnos en los discursos directos que encontramos en el relato. El relato de Marcos 4:35-41 en que Jesús calma la tormenta puede resumirse del modo siguiente: Jesús ejerce su poder sobre el mar y responde a la tormenta confiando en el Padre durante una circunstancia difícil.

Ahora observemos cómo se conecta este relato con los que lo rodean.

2. Cómo leer una serie de relatos

La segunda pregunta interpretativa en relación con la lectura de los Evangelios nos lleva a ampliar el contexto más allá de cualquier relato o episodio a los relatos circundantes: «¿Qué quiere decirnos el evangelista con la manen que vincula entre sí los relatos individuales?» Puesto que los autores de los Evangelios no podían contarnos todos los detalles acerca de Jesús, éstos seleccionaron y ordenaron cierto material a fin de mandar a sus primeros lectores (y también a nosotros) un poderoso y transformador mensaje acerca de Él.

¿Existen directrices dignas de confianza para la lectura de una serie de relatos u episodios? Creemos que hay una directriz central que puede aplicarse de distintas formas. Lo más importante cuando se lee una serie de relatos es buscar conexiones. Esto es exactamente lo que hemos aprendido en el capítulo 4 utilizando algunas escenas de Marcos 8. Busquemos temas o patrones comunes, y también conexiones lógicas como de causa y efecto. Prestemos atención al modo en que se vinculan entre sí los episodios (p. ej., afirmaciones o conjunciones transicionales). Obsérvense las divergencias de los relatos en puntos clave. Comparemos los personajes, prestando especial atención a Jesús, el personaje principal de los Evangelios. Centremos nuestra atención en su identidad, misión, enseñanza, y en el modo en que las personas responden a él. Ver las conexiones que utilizan los autores nos ayudará a entender el mensaje que estos pretendían transmitir.

Busquemos algunas conexiones entre Marcos 4:35–41 y los relatos próximos. Cuando observamos el texto anterior a 4:35–41, encontramos una gran sección formada por las parábolas que Jesús pronunció «junto al mar» (4:1). La serie de parábolas que se establece por el uso del término «parábola» al comienzo de este pasaje (4:2) y al final (4:33-34) indica que 4:1–34 debería considerarse como una unidad. A partir de Marcos 4:35 las parábolas cesan y se produce un cambio de ubicación (de estar junto al mar pasan a navegar por él) y de receptores (de las multitudes a los discípulos). Tales cambios sugieren que en 4:35 Marcos está dando comienzo a otra gran sección. Por ello, deberíamos leer el relato en que Jesús calma la tormenta (4:35-41) junto con las escenas que siguen más que con las parábolas precedentes.[21]

¿Cómo, entonces, se conecta Marcos 4:35–41 con la sección más extensa que comienza en 4:35 y termina en 5:43 (o quizás incluso en 6:6a)? La siguiente tabla resume el mensaje de los relatos individuales.

---

[21] Aquí tenemos un buen recordatorio de que, aunque los números de capítulo y versículo nos ayudan a situar y localizar los textos que buscamos en la Biblia, éstos no siempre definen correctamente las unidades diseñadas por los autores bíblicos. En este caso, la narración de Marcos 4:35–41 en que Jesús calma la tormenta, sin duda ha de leerse junto con el capítulo 5 más que con el 4. Los capítulos y versículos no eran parte del texto inspirado original, sino que fueron añadidos cientos de años más tarde.

Mr 4:35–41	Mr 5:1–20	Mr 5:24b–34	Mr 5:21–24a / Mr 5:35-43
Jesús ejerce su poder sobre el mar y responde con fe durante una circunstancia difícil.	Jesús echa fuera una legión de demonios, restablece la salud mental del endemoniado, y le envía a sus paisanos considerándolo como un fiel seguidor.	Jesús sana a la mujer que padecía de flujo de sangre que, por fe, le tocó y después le confesó en público.	Jesús resucita a la hija de Jairo en presencia de Pedro, Jacobo, Juan, y los padres de la niña.

En nuestra búsqueda de conexión entre los episodios de 4:35–5:43, observamos varios temas comunes:

* La vida es una experiencia difícil. Las personas experimentan la amenaza de la muerte, los ataques satánicos, la enfermedad, y la propia muerte.
* Jesús es soberano sobre las fuerzas hostiles a Dios. Los hombres y mujeres del primer siglo temían algunas de las mismas cosas que tememos nosotros: tenían temor del mar, de lo diabólico, la enfermedad, y la muerte. Jesús tiene poder sobre todas estas cosas.
* Hemos de confiar en Jesús en medio de las desesperadas situaciones de la vida. El fuerte oleaje amenazaba con anegar la barca, los demonios estaban fuera de control, el flujo de sangre se había prolongado por espacio de doce años, y la hija estaba muerta. El hilo conductor a lo largo de esta sección es lo desesperado de la situación que se describe. Jesús nos llama a la fe. Reprende a los discípulos por no tener fe en medio de la tormenta (4:40). Elogia a la mujer con flujo de sangre por su fe salvífica (5:34), y le dice a Jairo que no tema, sino que crea (5:36).

El mensaje de Marcos a sus receptores del primer siglo y también para nosotros se hace claro (ver la tabla que consignamos a continuación):

Mr 4:35–41	Mr 5:1–20	Mr 5:24b–34	Mr 5:21–24a / Mr 5:35-43
Jesús ejerce su poder sobre el mar y responde con fe durante una circunstancia difícil.	Jesús echa fuera una legión de demonios, restablece la salud mental del endemoniado, y le envía a sus paisanos considerándolo como un fiel seguidor.	Jesús sana a la mujer que padecía de flujo de sangre que, por fe, le tocó y después le confesó en público.	Jesús resucita a la hija de Jairo en presencia de Pedro, Jacobo, Juan, y los padres de la niña.

Por medio de sus poderosas obras Jesús se presenta como soberano sobre las fuerzas hostiles a Dios. Los demonios, la enfermedad, y la muerte inyectan temor y desesperación en los corazones humanos. Los lectores de Marcos estaban padeciendo persecuciones y hostilidades. Mediante esta serie de relatos, este les asegura que: ¡Jesús tiene poder sobre todo aquello que les produce temor! Él puede calmar el mar, echar fuera demonios, sanar enfermedades, y resucitar a los muertos. Han de confiar en Él en medio de las desesperadas situaciones de la vida.

El Evangelio de Marcos prosigue en 6:1–6a, con el regreso de Jesús a su Nazaret natal, donde ha de hacer frente al rechazo de aquellos que creen conocerle mejor. —¿No es éste el carpintero?— preguntan. El comentario final de Marcos pone de relieve la trágica ironía de la recepción fría y carente de fe de que Jesús fue objeto: «Y no pudo hacer allí ningún milagro; sólo sanó a unos pocos enfermos sobre los cuales puso sus manos. Y estaba maravillado de la incredulidad de ellos» (6:5–6a). Qué contraste tan triste con el esperanzador mensaje de los cuatro relatos anteriores (4:35-5:43).

3. La aplicación del mensaje de los Evangelios

Para hacer realmente nuestra la Palabra de Dios es necesario ir más allá de los principios y verdades teológicas y pasar al terreno de la aplicación. ¿Cómo funciona esto en la vida real? Aquí se aplica una buena parte de lo que hemos aprendido en el capítulo 13 acerca de la aplicación. Una de las cosas más importantes que hemos de recordar en nuestro deseo de aplicar las verdades que encierran estos relatos es que siempre hemos de tener en mente el contexto más amplio. Decir que Jesús tiene poder sobre las fuerzas hostiles no garantiza que siempre nos librará del cáncer o de accidentes automovilísticos o de otros desastres. Siempre hemos de confiar en Jesús en medio de las inquietantes situaciones de la vida, no obstante, tanto el resto de la Escritura como toda la Historia, dejan claro que su liberación puede adoptar distintas formas. En ocasiones, Dios nos libra del peligro inmediato mediante su protección o su sanidad. Otras veces, nos libra del peligro final por medio de la resurrección de entre los muertos. Cuando Pablo dijo en 2 Timoteo 4:18 que «El Señor me librará de toda obra mala y me traerá a salvo a su reino celestial», estaba probablemente hablando de la liberación última y definitiva, puesto que, según la tradición, Pablo iba a sufrir pronto el martirio.

¿Cuál sería entonces una aplicación legítima de los relatos de Marcos 4–5? Mientras escribimos este mismo capítulo, hemos recibido la noticia de que una avioneta con un grupo de estudiantes y miembros de la facultad de la Universidad Bautista Ouachita (una universidad cristiana de letras de Arkansas en la que ambos desarrollamos un ministerio docente) se ha estrellado a su regreso de un viaje ministerial. Un estudiante y la hija de uno de los profesores han muerto. ¿Cómo puede aplicarse el mensaje de Marcos 4–5 a este grupo de cristianos? Recuerda los principios teológicos que se derivan de estos relatos: (a) la vida es una experiencia difícil, (b) Jesús es Soberano sobre las fuerzas hostiles a Dios, y (c) hemos de confiar en Jesús en las desesperadas situaciones de la vida.

Aplicar el primer principio es fácil: ¡La vida es una experiencia difícil! Los cristianos no han de considerarse exentos de algunas situaciones difíciles como la enfermedad y la muerte.

El segundo principio es mucho más difícil de aplicar. Si Jesús calmó la tormenta en el mar de Galilea ¿por qué no lo hizo en el caso de nuestros amigos? Volvamos de nuevo al contexto más amplio. Aun durante su estancia en la Tierra, Jesús no sanó a todos los enfermos ni resucitó a todos los muertos. (Damos por sentado que la hija de Jairo acabó muriendo de nuevo.) Los primeros lectores del Evangelio de Marcos estaban experimentando una gran oposición a su compromiso de fidelidad a Dios en medio de un mundo caído. Cuando Marcos transmite a sus receptores que Jesús es Soberano sobre las fuerzas hostiles a Dios, probablemente pretende que lo entiendan en un sentido final. Los milagros de Jesús son anticipos de lo que ha de suceder, destellos de lo que será la vida cuando Él regrese.

El mensaje del Nuevo Testamento para aquellos que tienen una relación con Dios por medio de Jesucristo es muy claro: En su momento «ya no habrá muerte, ni habrá más llanto, ni clamor, ni dolor» (Apoc 21:4). Si consideras que ésta es una aplicación vacía e irrelevante, ¿te has planteado lo que sería tener que hacer frente a este mismo problema sin ninguna ayuda del Espíritu de Dios o del Cuerpo de Cristo y sin ninguna esperanza celestial?

Esto nos lleva al tercer principio: fe en Jesús. Cuando hablamos de fe, nos referimos a una confianza total e incondicional en Jesús. Tener fe significa aferrarnos a Jesús aun cuando las circunstancias inmediatas parecen sombrías. Ya sea que la liberación que experimentemos sea inmediata o final, hemos de tener fe en Jesús porque Él es fiel.

Volvamos a Lucas 10 para ver dos ejemplos más de la aplicación del mensaje de los Evangelios. Uno de los principios que encontramos en Lucas 10:25–37 es que el amor al prójimo ha de trascender todas las barreras humanas. Incluso en las universidades cristianas hay personas marginadas por cuestiones de aspecto físico, raza, posición económica, inteligencia, capacidades, etcétera. Este relato nos llama a amar más allá de tales barreras, haciéndonos amigos de aquellas personas que son «menos atractivas», ayudando a un compañero de clase que pasa un mal momento, acercándonos a un estudiante extranjero, o perdonando a un compañero de habitación difícil. En este relato Jesús nos enseña que ni siquiera las excusas de carácter religioso son válidas cuando se trata de negar el amor debido a nuestro prójimo.

En el relato de María y Marta que encontramos en Lucas 10:38–42 descubrimos un principio: en ocasiones hacer cosas buenas para Dios puede llevarnos a pasar por alto a Dios mismo. La aplicación de este pasaje no es difícil de ver. Consideremos estas preguntas. ¿Nos tomamos el tiempo necesario para escuchar al Señor cada día? ¿Estamos obsesionados con actividades de carácter religioso hasta tal punto de que nuestra relación con Dios se resiente? ¿Hemos aprendido a decir «no» a ciertas cosas *buenas* para decir «sí» a las cosas *mejores* que Dios tiene para nosotros? Jesús desea tener comunión con nosotros, y esto requiere su tiempo.

Para resumir, hemos aprendido que debemos leer los Evangelios de un modo que esté en consonancia con la forma en que se escribieron. Los evangelistas escribieron sus obras (1) para relatar una serie de episodios de la vida de Jesús y (2) para transmitir un mensaje a sus lectores

(p. ej., confiar en lugar de tener temor) mediante la forma en que conectaron tales episodios para formar un relato más extenso. Volvemos ahora nuestra atención a ciertas formas literarias especiales que encontraremos en nuestra lectura de los Evangelios. Las dos reglas que hemos mencionado se aplican también a estos casos, sin embargo queremos dar algunos consejos prácticos para la comprensión de tales formas.

Formas literarias especiales en los Evangelios

A Jesús nunca hubiera podido acusársele de ser un maestro aburrido. Una de las razones que hacía de Él un pedagogo tan atractivo era que siempre transmitía su mensaje mediante una amplia variedad de formas y técnicas literarias.[22] No podemos hablar con detalle de todas ellas, pero sí queremos proponer algunas directrices para entender el modo en que Jesús utilizó la hipérbole, la metáfora y el símil, la ironía, las preguntas retóricas, el paralelismo, y las parábolas.

La exageración o hipérbole

Como Maestro supremo, Jesús utilizó a menudo la exageración (llamada también hipérbole) para conectar con sus oyentes y hacerles entender sus argumentos. La exageración consiste en extremar una verdad hasta tal punto que su cumplimiento literal sea imposible o totalmente ridículo a fin de llamar la atención de los oyentes. Afirmaciones como «he estado estudiando eternamente para este examen» o «tengo tanta hambre que me comería un caballo» son ejemplos de exageración. En el primer ejemplo, el estudiante no ha estudiado eternamente y en el segundo, la persona en cuestión puede tener hambre, pero no tanta. En ambos casos, no obstante, se nos comunica un mensaje urgente. A continuación, presentamos algunos ejemplos de los Evangelios:

> Y si tu ojo derecho te es ocasión de pecar, arráncalo y échalo de ti... Y si tu mano derecha te es ocasión de pecar, córtala y échala de ti; porque te es mejor que se pierda uno de tus miembros, y no que todo tu cuerpo vaya al infierno. (Mt 5:29–30)

---

[22] Hay una excelente exposición de las distintas formas y técnicas de la enseñanza de Jesús en la obra de Robert H. Stein, *The Method and Message of Jesus' Teaching*, rev. ed. (Louisville: Westminster John Knox, 1994), 7–32.

Si alguno viene a mí, y no aborrece a su padre y madre, a su mujer e hijos, a sus hermanos y hermanas, y aun hasta su propia vida, no puede ser mi discípulo. (Lc 14:26)
Hijos, ¡qué difícil es entrar en el reino de Dios! Es más fácil que un camello pase por el ojo de una aguja, que el que un rico entre en el reino de Dios. (Mr 10:24b–25)

Cuando en los Evangelios encuentres exageraciones, no fuerces una interpretación literal o de lo contrario perderás el verdadero sentido del pasaje. Imagínate las terribles implicaciones de pensar que puedes resolver un problema de lujuria arrancándote el ojo derecho. Hemos de tomarnos en serio la Escritura, pero no siempre hemos de entenderla de manera literal. A través del lenguaje figurativo se puede transmitir un significado (con su aplicación correspondiente) tan radical como cualquier verdad expresada de manera literal.

Cuando te encuentres con alguna exageración, hazte la pregunta: «¿qué es lo que se pretende decir exactamente aquí?», por ejemplo, en Mateo 5:29–30 Jesús está diciéndoles a sus seguidores que tomen medidas drásticas para evitar el pecado sexual. En Lucas 14:26 lo que dice Jesús es que nuestro amor por Él debe ser tan intenso que, en comparación, nuestro afecto natural para con nuestra familia, e incluso hacia nosotros mismos, parecerá aborrecimiento. En Marcos 10:24b–25 Jesús se sirve de la exageración para señalar lo difícil que será para los ricos entrar en el reino de Dios, más difícil, diríamos nosotros, que meter un autobús escolar por una cerradura.

Metáforas y símiles

Cuando Jesús les dice a sus discípulos: «Vosotros sois la sal de la tierra» (Mt 5:13), o a los doctores de la ley y a los fariseos: «Sois como sepulcros blanqueados» (Mt 23:27), está utilizando una metáfora y un símil respectivamente. Ambos vehículos literarios se sirven de comparaciones. En el caso de la metáfora, la comparación está implícita; en el símil se hace explícitamente utilizando la palabra «como» o alguna otra con este propósito. Los Evangelios están llenos de metáforas y símiles: «sed astutos como las serpientes e inocentes como las palomas» (Mt 10:16). «Yo soy el pan de vida» (Jn 6:35). «O Jerusalén, Jerusalén,... ¡Cuántas veces quise juntar a tus hijos, como la gallina a sus pollitos debajo de sus alas, y no quisiste!» (Lc 13:34 Podríamos enumerar muchos otros.

En la interpretación de las metáforas y los símiles, se trata de localizar el punto que el autor quiere comparar. A los discípulos se les compara con la sal para poner de relieve su responsabilidad de mezclarse en la sociedad para poner coto a su decadencia. A los escribas y a los fariseos se les compara con sepulcros blanqueados en el sentido de que su apariencia externa esconde la corrupción espiritual que tiene lugar en su interior. Es fácil de entender. Cuando encontramos la específica comparación que establece el autor hemos encontrado el significado que se expresa mediante la metáfora o el símil. Puede ser de ayuda tratar de visualizar la figura retórica en cuestión puesto que, por regla general, la imagen visual nos transmite el impacto emocional.

Hemos de tener cuidado de no llevar demasiado lejos los detalles de la comparación. Ya sea implícita en la metáfora o explícita en el símil, la comparación se establece por regla general entre cosas que son distintas (p. ej., entre Jesús y el pan, o entre Jesús y una gallina). Y se comparan para explicar algo. Cuando la comparación se lleva demasiado lejos ésta pierde su sentido esencial y la explicación se desvanece, o peor aun, en su lugar surgen mil explicaciones, ninguna de las cuales estaba en la mente del autor.

Ironía narrativa

La ironía se fundamenta en el principio del contraste, un contraste entre lo que se espera y lo que, de hecho, sucede. Podríamos decir que se produce un giro inesperado del relato. Por ejemplo, alguien que escucha por primera vez el relato de María y Marta esperaría que Jesús le dijera a María que ayudara a su hermana, sin embargo, como ya sabemos, no es así cómo se desarrolla la situación. Cuando Marcos 4-5 concluye, el hombre poseído e incontrolable ha recuperado su sano juicio, mientras que los cerdos, que ahora se han convertido en albergue de los demonios (una combinación horrorosa, en especial para los judíos) se precipitan al mar, el mismo mar donde se produjo la tormenta con que se inicia la sección.

Descubriremos ironía en muchos de los relatos de Jesús. Consideremos la siguiente parábola que encontramos en Lucas 12:16–21:

> También les refirió una parábola, diciendo: La tierra de cierto hombre rico había producido mucho. Y pensaba dentro de sí, diciendo: «¿Qué haré, ya que no tengo dónde almacenar mis cosechas?» Entonces dijo: «Esto haré: derribaré mis graneros y edificaré otros más

grandes, y allí almacenaré todo mi grano y mis bienes. Y diré a mi alma: Alma, tienes muchos bienes depositados para muchos años; descansa, come, bebe, diviértete». Pero Dios le dijo: «¡Necio! Esta misma noche te reclaman el alma; y ahora, ¿para quién será lo que has provisto?» Así es el que acumula tesoro para sí, y no es rico para con Dios.

En el caso de la ironía, la principal meta interpretativa es, en primer lugar, detectarla. Tras descubrir la ironía, hemos de reflexionar respecto al inesperado giro de los acontecimientos. ¿Qué contrastes se presentan? ¿Qué hubiera sucedido si las cosas se hubieran desarrollado tal como se esperaba? ¿Qué pone de relieve el nuevo giro del relato acerca de nuestras expectativas?

Preguntas retóricas

A Jesús le encantan las preguntas retóricas, preguntas que, más que esperar una respuesta, pretenden enseñar algo. Ahí van algunos ejemplos:

Si amáis a los que os aman, ¿qué recompensa tendréis? (Mt 5:46)
¿Y quién de vosotros, por ansioso que esté, puede añadir una hora al curso de su vida? (Mt 6:27)
¿Por qué estáis amedrentados? ¿Cómo no tenéis fe? (Mr 4:40)
¿Pensáis que vine a dar paz a la Tierra? (Lc 12:51)

Cuando Jesús plantea una pregunta retórica, la sensación es que no espera respuesta, sino que más bien está haciendo una importante afirmación de una manera creativa. La mejor forma de acercarse a las preguntas retóricas es convertirlas en afirmaciones. Observemos cómo podemos convertir los ejemplos anteriores en afirmaciones:

No hay ninguna recompensa en el hecho de amar únicamente a los que nos aman. (Mt 5:46)
No podemos añadir una sola hora a nuestra vida por mucho que nos preocupemos. (Mt 6:27)
A pesar de que estáis amedrentados, no tenéis fe. (Mr 4:40)
No he venido a traer paz a la Tierra. (Lc 12:51)

Al convertir las preguntas retóricas en afirmaciones se pone de manifiesto el sentido esencial que Jesús quiso dar a sus palabras.

El Paralelismo

El paralelismo poético es una forma de expresión que utilizamos para describir una relación entre dos o más líneas del texto. El uso del paralelismo nos recuerda que hemos de leer juntas las líneas en cuestión, como una unidad de pensamiento, sin separarlas nunca. Las líneas van juntas y han de leerse juntas. Este es un rasgo fundamental de la poesía del Antiguo Testamento, y lo comentaremos con más detalle en el capítulo 20. No obstante, en los Evangelios encontramos también varios tipos de paralelismo:

Sinónimo. Las líneas dicen básicamente lo mismo de un modo ligeramente distinto:

Pedid, y se os dará; buscad, y hallaréis; llamad, y se os abrirá (Mt 7:7).
Porque nada hay oculto, si no es para que sea manifestado; ni nada ha estado en secreto, sino para que salga a la luz (Mr 4:22).

Contrastivo: la segunda línea se contrasta con la primera:

Porque al que tiene, se le dará más, pero al que no tiene, aun lo que tiene se le quitará (Mr 4:25).
El hombre bueno de su buen tesoro saca cosas buenas; y el hombre malo de su mal tesoro saca cosas malas (Mt 12:35).

De desarrollo: la segunda línea repite parte de la primera y a continuación el pensamiento de la primera línea se lleva a su clímax:

El que os recibe a vosotros, a mí me recibe; y el que me recibe a mí, recibe al que me envió (Mt 10:40).
Todo lo que el Padre me da, vendrá a mí; y al que viene a mí, de ningún modo lo echaré fuera (Juan 6:37).

Parábolas

Una de las técnicas literarias preferidas de Jesús fue la parábola. Probablemente te son muy familiares los relatos del buen samaritano, el hijo pródigo, y el trigo y la cizaña (algunas de las parábolas más conocidas de Jesús). Una parábola es un relato con dos niveles de significado, en el que ciertos detalles representan algo (p. ej., en la parábola del hijo pródigo, el padre representa a Dios). La dificultad estriba en determinar cuántos y cuáles de esos detalles del relato significan otras cosas.

A lo largo de los siglos algunos exegetas se han tomado mucha libertad con las parábolas atribuyendo algún significado casi a cada detalle de los relatos. Quizá el ejemplo más famoso de esta clase de alegorización es el tratamiento de la parábola del buen samaritano que hizo Agustín de Hipona.[23]

El hombre que desciende a Jericó	=	Adán
Jerusalén	=	La ciudad celestial de la que Adán cayó
Jericó	=	La luna (significando la mortalidad de Adán)
Los ladrones	=	El diablo y sus ángeles
El hecho de desnudarle	=	Despojarle de su inmortalidad
El hecho de golpearle	=	Convencerle para que peque
El hecho de dejarle medio muerto	=	Vive físicamente, pero está espiritualmente muerto, por tanto está medio muerto
El sacerdote y el levita	=	El sacerdocio y ministerio del Antiguo Testamento
El samaritano	=	Cristo
El vendaje de las heridas	=	Vendar del pecado
El vino	=	Exhortación a trabajar con un espíritu ferviente
El asno	=	El cuerpo de la encarnación de Cristo
La posada	=	La Iglesia
Dos denarios	=	La promesa de esta vida y de la vida futura
El posadero	=	El apóstol Pablo

Es fácil ver la razón por la que este acercamiento plantea muchos problemas. Pocos exegetas (quizás ninguno) estarían exactamente de acuerdo en todos los detalles, y ello generaría una gran variedad de interpretaciones algunas de las cuales contradecirían abiertamente a las otras. Por otra parte, al ignorar el contexto, los intérpretes podrían ver en casi cualquier parábola un sentido que nada tendría que ver con el que Jesús quiso que entendieran sus primeros oyentes. En su alegorización, Agustín pierde de vista que Jesús pretende hablar del amor al prójimo.

Desde finales del siglo XIX la mayoría de los eruditos del Nuevo Testamento han insistido en el hecho de que cada parábola pretende esencialmente enseñar una sola verdad, que por regla general se menciona al final. Con esto se ha introducido un necesario elemento que

---

[23] Citado en la obra de Fee y Stuart, *How to Read the Bible*, 150.

corrige la absurda metodología de la libre alegorización utilizada por Agustín y otros. Sin embargo, cabe preguntarse ¿no es posible que esta regla de una sola verdad restrinja el significado más de lo que pretendía Jesús? Consideremos, por ejemplo, la parábola del hijo pródigo. ¿Cuál es la verdad que se presenta? ¿Tiene que ver con el hijo rebelde, el hermano resentido, o el padre misericordioso? ¿Estás dispuesto a quedarte únicamente con uno de estos aspectos y afirmar que Jesús no pretendía enseñar nada con los otros dos? Este acercamiento nos parece incompleto. Al fin y al cabo, no son muchos los relatos de cualquier índole que pretenden enseñar una sola cosa.

El erudito evangélico Craig Blomberg ha presentado recientemente un acercamiento equilibrado a la interpretación de las parábolas.[24] Para entender el sentido de las parábolas de Jesús no hemos de alegorizar hasta el detalle más nimio, pero tampoco podemos limitar su significado a un solo aspecto. Siguiendo a Blomberg, proponemos dos principios para interpretar las parábolas de Jesús:

(1) Buscar un sentido principal para cada uno de los principales personajes o grupo de ellos. La mayoría de las parábolas se centran en un solo asunto, quizá en dos, pero por regla general nunca más de tres. La función de los otros detalles es realzar el relato. En la parábola del hijo pródigo (Lc 15:11–32), podemos ver que esta directriz interpretativa nos ayuda a identificar tres puntos principales, uno por cada personaje principal.

El hijo rebelde	Los pecadores pueden confesar sus pecados y volverse a Dios en arrepentimiento
El Padre misericordioso	Dios ofrece su perdón a personas que no lo merecen
El hermano resentido	Aquellos que profesan ser pueblo de Dios no deben sentirse resentidos cuando Dios extiende su Gracia a quienes no la merecen

Este mismo principio puede aplicare a la parábola del buen samaritano (Lc 10:25–37):

---

[24] Craig Blomberg, *Interpreting the Parables* (Downers Grove, Ill.: InterVarsity Press, 1990).

Hombre asaltado por los ladrones	Aun los enemigos (aquí los samaritanos) pueden mostrar amor
Los líderes judíos religiosos	Ni siquiera los deberes religiosos son una excusa válida para la falta de amor.
El samaritano	Aun un «odioso extranjero» puede servir como modelo de amor

(2) Además, las verdaderas lecciones de la parábola habían de ser entendidas por los primeros oyentes de Jesús. Si vemos un significado que los receptores de Jesús no hubieran entendido, probablemente nos hemos equivocado. Esta directriz pretende librarnos del error de ver en las parábolas de Jesús cosas que Él nunca pretendió enseñar a los receptores de sus palabras.

Siempre que leemos los Evangelios, hemos de reflexionar respecto a cómo aplicar su mensaje a nuestras vidas. Cuando entendamos verdaderamente la Palabra de Dios, iremos más allá de la mera lectura e interpretación; permitiendo que las grandes verdades que enseñó Jesús penetren en nuestros corazones y mente y cambien nuestra manera de vivir.

Conclusión

Dios decidió darnos cuatro relatos de las Buenas Nuevas de Jesucristo: los evangelios de Mateo, Marcos, Lucas y Juan. En nuestra aplicación del recorrido interpretativo a los Evangelios, hemos de darnos cuenta de que estamos ante biografías cristológicas, a saber, relatos acerca de Jesús redactados con un propósito específico. Para cruzar el puente de los principios hemos de hacernos dos preguntas básicas: ¿Cuál es el principal mensaje de cada episodio? y, ¿qué es lo que el evangelista quiere comunicarnos con el modo en que éste ordena entre sí los relatos? Puesto que podremos sacar principios de ambos niveles, hemos examinado tanto la lectura de los relatos individuales como la de series de relatos.

En este capítulo también hemos aprendido que el proceso de *Entendiendo la Palabra de Dios* no se detiene cuando cruzamos el río de las diferencias que media entre los receptores bíblicos y los de nuestros días. Hemos de esforzarnos en encontrar maneras de aplicar las grandes verdades de los Evangelios a nuestras vidas. El desarrollo de aplicaciones legítimas para algunos de los principios será fácil y sencillo; en otros casos se convertirá en un proceso complejo y difícil (como en la tragedia del accidente de aviación que hemos mencionado). Concluimos este capítulo expresando nuestra gratitud a Dios por habernos dado las buenas nuevas de Jesús por escrito de modo que podamos tomar los Evangelios en cualquier momento para leerlos y aplicarlos a nuestra vida. A medida que vayamos haciendo nuestra la Palabra de Dios, tendremos también la sensación de que Dios nos toma y utiliza a nosotros para dar gloria a su nombre.

Deberes

Deber 15-1: Interpretar un relato

Aplica a Mateo 24:43-25:13 las dos preguntas interpretativas que hemos utilizado para leer los Evangelios. Fotocopia esta página y registra tus conclusiones en la tabla siguiente.

Mateo 24:43-44	Mateo 24:45-51	Mateo 25:1-13

Deber 15-2: Interpretar una parábola
Interpreta la parábola del Gran Banquete en Lucas 14:15–24 o la de la viuda y el juez injusto en Lucas 18:1–8 según los principios de interpretación que se han desarrollado en este capítulo en la sección de las parábolas.

Deber 15-3: Lectura acerca del Reino de Dios
El tema de enseñanza preferido de Jesús era el reino de Dios. La lectura de alguno de los siguientes artículos sobre el reino de Dios en las enseñanzas de Jesús (o de ambos), te ayudará mucho a la comprensión de los Evangelios:

"El mensaje de Jesús, *'El reino de Dios se ha acercado,'*" cap. 9 de Robert H. Stein, *Jesús, el Mesías: Un estudio de la vida de Cristo,* Colección Teológica Contemporánea, vol. 17 (Terrassa, Editorial Clie, 2006).

«The Content of Jesus' Teaching: The Kingdom of God» en la obra de Robert H. Stein, *The Method and Message of Jesus' Teaching,* ed. rev. (Louisville: Westminster John Knox, 1994), 60–81.

«A Final, Very Important Word» en la obra de Gordon D. Fee y Douglas Stuart, *How to Read the Bible for All Its Worth,* 3ª ed. (Grand Rapids: Zondervan, 2003), 145–48.

16
Nuevo Testamento:
el Libro de los Hechos

Introducción

Tenemos cuatro versiones de la vida y ministerio de Jesucristo (los cuatro Evangelios), pero solo un relato del nacimiento y desarrollo de la Iglesia Primitiva. ¡Esto hace del libro de los Hechos —nuestro único relato de la extensión del cristianismo por todo el mundo del Nuevo Testamento— algo único e imprescindible! Tradicionalmente, este libro que llena el vacío que hay entre los Evangelios y las cartas del Nuevo Testamento se ha conocido como «los Hechos de los Apóstoles». Puesto que Lucas centra su atención en Pedro, Pablo y personajes menos conocidos como Esteban y Felipe y se ocupa muy poco de los doce discípulos/apóstoles, un título más exacto podría ser «Los Hechos que Jesús siguió haciendo por su Espíritu por medio de los apóstoles y otros antiguos líderes cristianos». Pero esto es demasiado largo, y es fácil entender por qué la mayoría prefiere llamarle simplemente «Hechos» (i.e., obras o acciones). El libro de los Hechos nos muestra la forma en que Dios obró a través de la Iglesia Primitiva para cambiar el mundo.

En Hechos encontramos el relato de la venida del Espíritu Santo para capacitar a los creyentes, el sermón pentecostal de Pedro que trajo la salvación a miles de personas, y diversas narraciones de señales y prodigios, y de una comunidad cristiana vibrante. Leemos acerca del martirio de Esteban, la misión de Felipe a los samaritanos, y los detalles de los famosos viajes misioneros de Pablo, que finalmente le llevaron a Roma. En el Evangelio de Lucas, Jesús hubo de ir a Jerusalén para llevar a cabo la obra de la salvación del mundo. En el libro de los Hechos, las Buenas Nuevas de esta salvación salen de Jerusalén hasta lo último de la Tierra. Como registro de la marcha triunfal del Evangelio de Jerusalén hasta Roma, el libro de los Hechos está lleno de poder espiritual y de aventuras. ¿Quién no tiene interés en leer el Libro de los Hechos?

El libro de los Hechos plantea sus propias dificultades de interpretación. Puesto que Hechos y el Evangelio de Lucas fueron escritos por el mismo autor ¿cómo se relacionan entre sí ambos libros? ¿Es el libro de los Hechos simplemente un registro de lo que sucedió (historia) o representa también una obra de divulgación de la fe cristiana (teología)? ¿Por qué escribió Lucas el Libro de los Hechos, y cómo se relaciona su mensaje con nosotros? ¿Cómo lo organizó? Y lo más importante, ¿cómo podemos entender correctamente el mensaje de este libro?

Esta última cuestión es especialmente oportuna teniendo en cuenta nuestra tendencia a idealizar a la Iglesia Primitiva, considerándola perfecta. A menudo se olvida que la Iglesia Primitiva estaba formada por personas con pecados, debilidades y problemas, gentes, en suma, como nosotros. Tendemos a ver el libro de los Hechos como el modelo para la Iglesia de todos los tiempos. Esto plantea la principal pregunta interpretativa para la comprensión del mensaje de Hechos: ¿Hemos de considerar el libro de los Hechos como un texto normativo? ¿Ha de imitar la Iglesia de cualquier época las experiencias y prácticas de la Iglesia Primitiva? O ¿hemos más bien de leer Hechos como un relato meramente descriptivo de lo que hubo de valioso e inspirador en la Iglesia Primitiva, sin que ello sea forzosamente vinculante para nosotros hoy? En este capítulo abordaremos de lleno estas cuestiones interpretativas y aportaremos algunas pautas para la comprensión de uno de los relatos históricos de aventuras más sublime de todos los tiempos.

Hechos: una continuación de Lucas

La mayoría de los eruditos creen que el autor del Evangelio de Lucas escribió también el libro de los Hechos y que su intención era redactar una sola obra en dos partes: Lucas-Hechos. En un principio estos dos volúmenes incluso circularon entre las iglesias como una sola obra, sin embargo en el siglo II el Evangelio de Lucas se unió a los otros tres Evangelios y el libro de los Hechos comenzó a circular en solitario. Existen claras indicaciones de que Lucas pretendía conectar estrechamente estos dos libros para que formaran un relato.

1. Comparar los primeros versículos de ambos libros:

Por cuanto muchos han tratado de compilar una historia de las cosas que entre nosotros son muy ciertas, tal como nos las han transmitido los que desde el principio fueron testigos oculares y ministros de la palabra, también a mí me ha parecido conveniente, después de haberlo investigado todo con diligencia desde el principio, escribírtelas ordenadamente, excelentísimo Teófilo, para que sepas la verdad precisa acerca de las cosas que te han sido enseñadas. (Lucas 1:1–4)

El primer relato que escribí, Teófilo, trató de todo lo que Jesús comenzó a hacer y a enseñar, hasta el día en que fue recibido arriba, después de que por el Espíritu Santo había dado instrucciones a los apóstoles que había escogido. (Hechos 1:1–2)

La referencia que hace Lucas en Hechos 1:1 a su «primer relato» se refiere obviamente al Evangelio, en el que «trató de todo lo que Jesús comenzó a hacer y a enseñar». En su segunda parte (Hechos), Lucas continúa su relato consignando lo que Jesús siguió haciendo por su Espíritu a través de su Iglesia. Observemos, además, que Lucas dedica ambos volúmenes a Teófilo (hablaremos más de este personaje posteriormente).

2. Existen paralelismos temáticos y estructurales entre ambos libros. Algunos de los importantes temas del Evangelio de Lucas reaparecen en el libro de los Hechos (p. ej., la oración, la obra del Espíritu, el carácter universal del Evangelio). Algunos de los milagros del libro de los Hechos se parecen mucho a otros consignados en el Evangelio de Lucas (compárense la sanidad de Eneas en Hechos 9:32–35 con la del paralítico en Lucas 5:17–26; la resurrección de Tabita en Hechos 9:36–

43 con la de la hija de Jairo en Lucas 8:40–42, 49–56).[25] Tanto el Evangelio de Lucas como el libro de los Hechos giran en torno a viajes. En el Evangelio, Jesús se dirige hacia Jerusalén y la Cruz 9:51; 13:22, 33; 17:11; 18:31; 19:41. En Hechos, Pablo lleva a cabo varios viajes que culminan con su recorrido de Judea a Roma para ser juzgado ante César (Hechos 27–28).

3. Existe una clara coincidencia entre el final de Lucas y el comienzo de Hechos. Las palabras de Jesús a sus discípulos en Lucas 24:49: «Y he aquí, yo enviaré sobre vosotros la promesa de mi Padre; pero vosotros, permaneced en la ciudad hasta que seáis investidos con poder de lo alto», se cumplen sin duda en Hechos 1–2. Cuando Jesús habla acerca del arrepentimiento y el perdón de pecados que se predicarán en su nombre a todas las naciones, comenzando en Jerusalén (Lc 24:47) pensamos automáticamente en Hechos 1:8. Quizá la coincidencia más notoria es la que se produce en el relato de la ascensión de Jesús tanto en Lucas (24:51) como en el libro de los Hechos (1:9-11), los dos únicos lugares del Nuevo Testamento donde se describe este acontecimiento.

Lucas establece un estrecho vínculo entre su Evangelio y Hechos como dos partes de un solo relato. El Dios que obró con poder en el Antiguo Testamento y que se reveló en Jesucristo está ahora en acción por medio de su Espíritu. Lucas nos presenta el sublime relato de la salvación de Dios. Siempre hemos de recordar, por tanto, que el libro de los Hechos es una continuación del relato que comenzó en el Evangelio de Lucas y hemos de leerlo como tal. Lo que Jesús comenzó a hacer durante su ministerio en la Tierra lo continúa ahora por medio de sus seguidores capacitados por el Espíritu. Un provechoso ejercicio que podemos llevar a cabo antes de estudiar el libro de los Hechos, es leer todo el Evangelio de Lucas.

¿Qué clase de libro es Hechos?

1. Hechos es un relato

Igual que los Evangelios, el libro de los Hechos es una narración. ¿Es un texto distinto de los Evangelios? Recordemos que hemos descrito los Evangelios como biografías teológicas (o, más en concreto, cristológicas). Los evangelistas redactaron sus obras principalmente con

[25] Estos ejemplos se citan en la obra de Klein, Blomberg, y Hubbard, *Biblical Interpretation*, 347.

dos propósitos en mente: (a) hablar acerca de Jesús y (b) transmitir un mensaje a sus lectores por el modo en que dispusieron los relatos individuales para formar un relato más amplio. Por la estrecha conexión que existe entre Lucas y Hechos, podemos esperar que estos dos libros tengan mucho en común por lo que a su estilo literario se refiere. Y realmente, así es. Mucho de lo que hemos dicho respecto a cómo leer los Evangelios se aplica también al Libro de los Hechos, lo cual incluye el valor de las dos principales preguntas interpretativas. La diferencia principal es que los Evangelios se concentran en una sola persona, Jesús de Nazaret, y el relato del libro de los Hechos tiene como protagonistas a varios de los dirigentes clave de la Iglesia, principalmente a Pedro y a Pablo.

2. Hechos es historia teológica

Igual que Lucas ensancha el campo de sus personajes (que pasa de centrarse solo en Jesús a ocuparse de los dirigentes de la Iglesia Primitiva), también da un giro de lo que podríamos llamar biografía teológica en su Evangelio a la historia teológica que encontramos en el libro de los Hechos. Lucas es un historiador que redacta un registro fidedigno de lo que sucedió durante la extensión del Evangelio. No hemos de asumir, por supuesto, que Lucas aprobaba todo lo que sucedió. Como en los libros históricos del Antiguo Testamento las personas hicieron, en ocasiones, cosas que no agradaban a Dios. Cuando Lucas describe algo que sucedió (p. ej., la discusión de Pablo con Bernabé en Hechos 15:36–40), hemos de resistir la tentación de afirmar que esto representa el plan de Dios.

Además de historiador, Lucas es también teólogo y, como tal, redacta su relato para el avance de la fe cristiana. ¿Es posible ser historiador y teólogo al mismo tiempo? Creemos que sí. Toda interpretación de la Historia es selectiva (i.e., es imposible consignar todo lo que sucede) y se escribe desde una cierta perspectiva existencial. Los historiadores no son observadores neutrales, sino intérpretes del pasado que llevan a cabo su tarea desde un determinado sistema de valores y creencias. Son humanos y tienen sus puntos de vista como el resto de los mortales. Su punto de vista (que incluye cierta perspectiva existencial) influye el modo en que interpretan y seleccionan los acontecimientos, y dan forma a su relato. En el libro de los Hechos, Lucas nos ofrece el registro de unos hechos históricos rigurosos y fidedignos, pero que él ha seleccionado para ciertos propósitos teológicos.

Por ejemplo, en los discursos que consigna, Lucas cuenta hechos fidedignos (Historia) para conseguir determinados propósitos teológicos. Los discursos constituyen aproximadamente la tercera o cuarta parte de la totalidad del texto, haciendo de este libro una continuación de «todo lo que Jesús comenzó a hacer y a enseñar» (Hechos 1:1). No hemos de suponer que todos los discursos de Hechos son registros literales puesto que (a) Lucas no escuchó personalmente cada discurso, (b) no disponía de grabadora, y (c) son demasiado cortos para poder ser completos. Como ejemplo de este último punto, en Hechos 3 Pedro comenzó su mensaje poco después de las tres de la tarde (3:1), y terminó en algún momento de aquella tarde/noche (4:3), sin embargo Lucas solo invierte quince versículos para consignar el contenido de un sermón tan extenso (3:12–26). Los discursos son resúmenes fidedignos de lo que se dijo. Lucas no los crea *ex nihilo*, pero realiza una paráfrasis del contenido que contribuye al propósito teológico de narrar el relato de la salvación de Dios.

Así pues, Lucas redacta el texto para propósitos teológicos, pero ¿cómo se supone que hemos de discernir tales propósitos cuando leemos el Libro de los Hechos? Dicho de un modo más general, ¿cómo localizamos la teología en los relatos? Para tal tarea utilizamos muchos de los mismos principios que servían para encontrar los principios teológicos subyacentes en los Evangelios. Hemos de hacernos las típicas preguntas narrativas, prestar atención a las instrucciones del autor, concentrarnos en el discurso directo, etcétera.

Quizá la directriz más valiosa para captar las verdades teológicas del libro de los Hechos es la observación de los temas y patrones que se repiten. En los principales temas de Hechos podemos ver a Lucas desarrollando sus propósitos teológicos. Cuando encontramos los propósitos teológicos de Lucas descubrimos también el núcleo de su mensaje tanto para su audiencia original como para nosotros. Presentamos ahora el compendio de algunos de los temas fundamentales del libro de los Hechos.

¿Por qué escribió Lucas el libro de los Hechos?

En los primeros versículos de su Evangelio el propio Lucas nos declara el propósito de sus obras. Tanto el Evangelio de Lucas como el libro de los Hechos se dirigen al «excelentísimo Teófilo», probablemente un recién convertido al cristianismo de elevada condición social y posible mecenas de la publicación de ambos libros. Lucas escribe su relato «para que [Teófilo] sepas la verdad precisa de las cosas que te han sido enseñadas» (Lucas 1:4 Según parece Teófilo había recibido una enseñanza (*katecheo*, significa «enseñar») que no era del todo exacta. Lucas quiere estimular y confirmar a Teófilo y a otros recién convertidos en su nueva fe de un modo más completo.

Es posible que el libro de los Hechos sea una especie de manual de discipulado, diseñado para reforzar la fe de los nuevos creyentes. Lo que hace Lucas en Hechos es mostrar que lo que Dios prometió en el Antiguo Testamento y cumplió en Jesús, lo continúa desarrollando ahora. En pocas palabras, el relato de Hechos sirve para certificar que el Espíritu Santo capacita a la Iglesia (formada por creyentes tanto de origen judío como gentil) para llevar el Evangelio de Jesucristo al mundo (Hch 1:8).

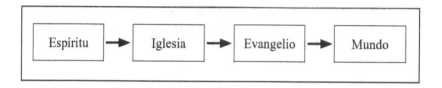

Se trata de rigurosa historia bíblica, narrada a grandes rasgos a fin de asegurar a los cristianos de que forman parte del plan de Dios. Podemos oír a Lucas diciendo a los creyentes: «Estáis en el buen camino. Sois parte de lo que Dios está haciendo. ¡No os echéis atrás!» El propósito general de Lucas aflora en algunos *subpropósitos* o temas. Veamos brevemente algunos de ellos.

1. El Espíritu Santo

Toda la operación comienza con el Espíritu de Dios. En Hechos 1 Jesús promete que el Padre enviará al Espíritu Santo. En Pentecostés (Hch 2) el Espíritu desciende para habitar en los discípulos de Jesús y capacitarles. El resto del libro es un registro de las obras del Espíritu por medio de la Iglesia. El Espíritu capacita a los creyentes para el testimonio (4:8, 31), les guía (8:29, 39; 10:19; 16:6–7; 20:22), allana obstáculos (10:44-46), aparta a los creyentes para llevar a cabo misiones (13:2), etcétera. Lo que Jesús comenzó a hacer (el Evangelio), sigue ahora llevándolo a cabo por medio de su Espíritu.

2. La Soberanía de Dios

Estrechamente relacionado con el papel del Espíritu en la guía de la Iglesia está el tema de la soberanía de Dios. Cuando leemos el Libro de los Hechos, recibimos la impresión de que Dios tiene controlada la situación. Las Escrituras del Antiguo Testamento se cumplen a medida que Dios va desarrollando su plan (p. ej., Hechos 1:16; 2:16–21, 25–28, 34–35; 4:24–25; 13:32–37, 47). La voluntad de Dios se ha llevado a cabo por medio de Jesús (2:23-24) y ahora su propósito se está cumpliendo por medio de su pueblo. Dios señorea por encima de los encarcelamientos (4:23-24), los planes de viajes de los hombres (16:6-10), el poderoso Sanedrín judío (23:11), e incluso las violentas tormentas del mar (27:13-44) para hacer avanzar su causa. Los apóstoles llevan a cabo señales y prodigios por el poder de Dios. Sin embargo, como nos recuerda John Stott, la soberana obra de Dios tiene como objetivo la promoción del mensaje del Evangelio, no siempre el bienestar y conveniencia de sus mensajeros: «De modo que, por la providencia de Dios, Pablo llegó a Roma sano y salvo. ¡Pero llegó como prisionero! Las palabras de Cristo en el sentido de que le sería testigo en Roma no habían incluido esta información».[26]

3. La Iglesia

A fin de llevar a cabo su voluntad, el Espíritu obra principalmente por medio de la Iglesia (el pueblo de Dios). Como ilustran los siguientes resúmenes, el Espíritu crea una comunidad próspera y saludable allí donde las personas adoran a Dios, se preocupan los unos de los otros, crecen espiritualmente, y se unen en la misión que Dios ha encomendado a su pueblo:

> Se mantenían firmes en la enseñanza de los apóstoles, en la comunión, en el partimiento del pan y en la oración. Todos estaban asombrados por los muchos prodigios y señales que realizaban los apóstoles. Todos los creyentes estaban juntos y tenían todo en común: vendían sus propiedades y posesiones, y compartían sus bienes entre sí según la necesidad de cada uno. No dejaban de reunirse en el templo ni un solo día. De casa en casa partían el pan y compartían la comida con alegría y generosidad, alabando a Dios y disfrutando de

---

[26] John R. W. Stott, *The Spirit, the Church, and the World* (Downers Grove, Ill.: InterVarsity Press, 1990), 402.

la estimación general del pueblo. Y cada día el Señor añadía al grupo los que iban siendo salvos. (Hch 2:42–47)

La congregación de los que creyeron era de un corazón y un alma; y ninguno decía ser suyo lo que poseía, sino que todas las cosas eran de propiedad común. Con gran poder los apóstoles daban testimonio de la resurrección del Señor Jesús, y abundante Gracia había sobre todos ellos. No había, pues, ningún necesitado entre ellos, porque todos los que poseían tierras o casas las vendían, traían el precio de lo vendido, y lo depositaban a los pies de los apóstoles, y se distribuía a cada uno según su necesidad. (Hch 4:32–35)

4. Oración

Como sucede en el Evangelio de Lucas, la oración es un tema fundamental del libro de los Hechos. Los primeros cristianos se caracterizaban por su persistencia en la oración; les encontramos orando en casi cada capítulo de Hechos. La Iglesia nació en una reunión de oración (1:14). Ante la oposición y el peligro hubo oración (4:24; 12:5; 16:25; 18:9, 10). La hubo también cuando fue necesaria la dirección de Dios (1:24; 9:11; 22:17, 18). Los creyentes oraban por las necesidades espirituales de los demás (8:15; 19:6). Por medio de la oración se ministraba a los enfermos y desesperados (9:40; 16:16; 28:8). Se encomendaba a los creyentes a algún servicio especial (6:6; 13:3; 14:23). Se oraba en las despedidas (20:36; 21:5). Cuando había que hacer frente a la muerte (7:59, 60). La oración es central en la vida de la Iglesia Primitiva.[27]

5. Sufrimiento

Muchas veces subrayamos las cosas maravillosas que Dios está haciendo en el libro de los Hechos, pero perdemos de vista el precio que pagaron los primeros cristianos por su fidelidad. Sufrieron encarcelamientos, palizas y rechazo; hubieron de hacer frente a furibundas multitudes, violentas tormentas, persecución, y hasta a la muerte (p. ej., 5:41; 7:59–60; 9:15–16; 12:4; 14:22; 16:22–23; 20:23–24; 21:30–33; 27:13–44). Las palabras de Pablo a los ancianos de Éfeso expresan la antigua convicción cristiana en el sentido de que el sufrimiento era la regla y no la excepción:

Solo sé que el Espíritu Santo solemnemente me da testimonio en cada ciudad, diciendo que me esperan cadenas y aflicciones. Pero

---

[27] Robert E. Coleman, *El plan maestro de la evangelización* (Unilit, 1963).

en ninguna manera estimo mi vida como valiosa para mí mismo, a fin de poder terminar mi carrera y el ministerio que recibí del Señor Jesús, para dar testimonio solemnemente del Evangelio de la Gracia de Dios. (20:23–24) A pesar de estas penalidades, el Evangelio sigue adelante.

6. Gentiles

En el libro de los Hechos el Evangelio llega en primer lugar a los judíos, sin embargo éste se extiende con rapidez hasta lo «último de la Tierra», es decir por todo el territorio de los gentiles. (Un gentil es cualquiera que no es étnicamente judío.) El verdadero Israel de Dios consta de todos los judíos y gentiles que han aceptado a Jesús como Mesías. En su sermón del día de Pentecostés, Pedro cita al profeta Joel cuando dice: «derramaré de mi Espíritu sobre toda carne... y todo aquel que invoque el nombre del Señor será salvo» (2:17b, 21). Más adelante Pedro entenderá que Dios habla en serio cuando alude a una misión que incluye a los gentiles. Después de ver que el Espíritu desciende sobre los samaritanos (8:14-17) y los gentiles (10:1-48), el apóstol confiesa: «Ciertamente ahora entiendo que Dios no hace acepción de personas, sino que en toda nación el que le teme y hace lo justo, le es acepto». (10:34–35). El movimiento narrativo del libro de los Hechos va de Jerusalén a Roma, de Pedro a Pablo, de una misión únicamente judía a otra dirigida a judíos y gentiles.

7. Testimonio

Los apóstoles centran su testimonio en la resurrección de Jesús de entre los muertos (p. ej., 1:8, 22; 2:32–36; 4:2, 20, 33; 5:20, 32, 42; 10:39-41). Hechos 3:15 es un ejemplo típico: «y disteis muerte al Autor de la vida, al que Dios resucitó de entre los muertos, de lo cual nosotros somos testigos». La capacitación del Espíritu para testimonio no termina con los apóstoles. Esteban es fiel en su testimonio (*martys*) hasta el fin (6:8-8:1; 22:20). Felipe predica «las buenas nuevas del reino de Dios y del nombre de Jesucristo» (8:12, 35,40). El Señor resucitado comisiona a Pablo para que lleve el Evangelio a los gentiles (9:15), y su testimonio ocupa la segunda mitad del relato. El mensaje de Lucas en Hechos es claro: ser un seguidor de Jesucristo significa ser un testigo fiel.

¿Cómo se organiza el libro de los Hechos?

En Hechos 1:8 encontramos la clave para entender cómo se desarrolla el libro: «Pero recibiréis poder cuando haya venido sobre vosotros el Espíritu Santo; y me seréis testigos en Jerusalén, en Judea y Samaria, y hasta lo último de la Tierra». Las buenas nuevas de Jesús se predicaron en primer lugar a los judíos de Jerusalén y alrededores (capítulos 1–12) antes de extenderse a los gentiles (capítulos 13–28). El bosquejo que presentamos a continuación ilustra el relato que hace Lucas de la triunfante extensión del Evangelio desde Jerusalén (el corazón de Israel) hasta Roma (el corazón del Imperio).

1-12	**La misión cristiana hacia los judíos**	
1	Preparación para Pentecostés	*en Jerusalén*
2	Pentecostés: la venida del Espíritu Santo	
3–4	El Espíritu obra a través de los apóstoles	
5–6	Amenazas a la Iglesia	
6–8	Esteban: el primer mártir	*en Judea y Samaria*
8	Felipe, el evangelista	
9	La conversión de Pablo	
9–11	El ministerio de Pedro más allá de Jerusalén	
11	El cristianismo llega a Antioquía	
12	El Evangelio se extiende a pesar de los obstáculos	
13–28	**La misión cristiana hacia los gentiles**	
13–14	Primer viaje misionero de Pablo	*hasta lo último de la Tierra*
15	El concilio de Jerusalén	
15–18	Segundo viaje misionero de Pablo	
18–21	Tercer viaje misionero de Pablo	
21–23	Testimonio de Pablo en Jerusalén	
24–26	Testimonio de Pablo en Cesarea	
27–28	Testimonio de Pablo en Roma	

Si bien Pedro es el personaje más destacado en la misión a los judíos (Hechos 1–12), Pablo pasa a ser el centro de atención en Hechos 13–28 a medida que el Evangelio va avanzando hasta lo «último de la Tierra» (1:8). En realidad, el personaje más importante del libro de los Hechos es el Espíritu de Dios, que obra de un modo similar tanto en Pedro como en Pablo. Esto lo vemos cuando comparamos algunas de las situaciones paralelas que se establecen entre Pedro y Pablo. (Tenemos aquí otro ejemplo de la utilización de la técnica de la comparación por parte de un autor bíblico para desarrollar su narración.)

Pedro	Pablo
Sermón de Pedro el día de Pentecostés (2:22–29)	Sermón de Pablo en Antioquía de Pisidia (13:26–41)
Sanidad de un hombre cojo (3:1–10)	Sanidad de un hombre cojo (14:8–11)
Temblor de un edificio por la oración de la Iglesia (4:31)	Temblor de un edificio por la alabanza de Pablo y Silas (16:25–26)
Represión de Ananías y Safira (5:1–11)	Represión de Elimas (13:8–12)
Sanidad por la sombra de Pedro (5:15–16)	Sanidad por los pañuelos de Pablo (19:11–12)
Imposición de manos (8:17)	Imposición de manos (19:6)
Represión de Simón el mago (8:18–24)	Represión de los hechiceros judíos (13:6–11)
Resucitación de Tabita (9:36–42)	Resucitación de Eutico (20:7–12)
Caída de las cadenas en la cárcel (12:5–7)	Caída de las cadenas en la cárcel (16:25–28)

Además, Lucas va haciendo ciertas pausas a lo largo de su relato para resumir el progreso del Evangelio y el crecimiento de la comunidad cristiana. En el libro de los Hechos encontramos cinco de tales resúmenes:

- 6:7: «Y la palabra de Dios crecía, y el número de los discípulos se multiplicaba en gran manera en Jerusalén, y muchos de los sacerdotes obedecían a la fe».

- 9:31: «Entretanto la Iglesia gozaba de paz por toda Judea, Galilea y Samaria, y era edificada; y andando en el temor del Señor y en la fortaleza del Espíritu Santo, seguía creciendo».
- 12:24: «Pero la palabra del Señor crecía y se multiplicaba».
- 16:5: «Así que las iglesias eran confirmadas en la fe, y diariamente crecían en número».
- 19:20: «Así crecía poderosamente y prevalecía la palabra del Señor».

Y en los últimos versículos del libro (28:30-31), con Pablo ahora en Roma, Lucas escribe:

Y Pablo se quedó por dos años enteros en la habitación que alquilaba, y recibía a todos los que iban a verlo, predicando el reino de Dios, y enseñando todo lo concerniente al Señor Jesucristo con toda libertad, sin estorbo.

Es muy interesante que las últimas palabras del libro (lo son también en el texto griego) sean la expresión «sin estorbo». ¡Qué manera de terminar! Puede que Pablo esté en la cárcel, pero el Evangelio de Jesucristo sigue su avance... ¡«sin estorbo»!

Acercarse al mensaje de Hechos

Puesto que el libro de los Hechos es una narración, hemos de acercarnos a él de un modo muy parecido a los Evangelios. Las dos preguntas interpretativas siguen siendo fundamentales. (1) ¿Cuál es el mensaje central de cada episodio? (2) ¿Qué es lo que Lucas quiere comunicarnos con el modo en que ordena entre sí los relatos individuales para redactar su obra?

Para encontrar los principios teológicos que subyacen bajo los diferentes episodios de Hechos, hemos de centrarnos en las preguntas típicas que hacemos al género narrativo: ¿Quién? ¿Qué? ¿Cuándo? ¿Dónde? ¿Por qué? y ¿Cómo? Tales preguntas nos ofrecen un sencillo procedimiento para la comprensión de cualquier relato. Cuando buscamos los principios teológicos que se expresan en una determinada serie de episodios, hemos de buscar conexiones entre los relatos. ¿Cómo están éstos situados? ¿Qué nos dice la extensión de cada episodio acerca de lo que Lucas considera importante? Y, por encima de todo, ¿cuáles son los temas y patrones que se repiten a lo largo del libro?

Sin embargo, cuando se trata de leer y aplicar el Libro de los Hechos, hemos de hacer frente a un reto interpretativo fundamental que no existe en el caso de los Evangelios, aunque tanto éstos como Hechos sean textos narrativos. En los Evangelios leemos los relatos acerca de Jesús y sus primeros discípulos sin pensar ni por un momento que nosotros nos encontremos en la misma situación. Nunca subiremos a una barca con Jesús para cruzar el mar de Galilea o andaremos con Él por las calles de Jerusalén. En el libro de los Hechos, no obstante, la situación es diferente. De los Evangelios a Hechos se produce un cambio fundamental en la historia bíblica, a saber, la transición del periodo del ministerio terrenal de Jesús al del ministerio del Espíritu por medio de la Iglesia. Y en tanto que lectores creyentes, ¡también nosotros somos parte de la misma Iglesia movida por el Espíritu! Y aquí viene lo delicado.

¿Hemos de considerar que el libro de los Hechos tiene un carácter normativo para la Iglesia de todos los tiempos de modo que ésta está llamada a imitar las experiencias y prácticas que encontramos en la Iglesia Primitiva? O ¿Habría que leer este libro como un registro simplemente descriptivo de lo que fue valioso e inspirador en la Iglesia Primitiva, pero que hoy no es necesariamente vinculante para nosotros? Sin duda, éste es el asunto más importante que hemos de encarar en nuestra interpretación de Hechos.

Por un lado, si se trata de un relato puramente descriptivo, ¿por qué molestarse siquiera en leerlo? ¿Acaso una simple descripción de cómo eran las cosas en la Iglesia Primitiva tiene algo positivo que aportarnos? Por otra parte, Lucas no nos da ninguna indicación en el sentido de que el período de la Iglesia Primitiva sea un espacio totalmente único e irrepetible. Si, por otra parte, consideramos el libro de los Hechos como normativo, ¿tenemos acaso que repetir todas las prácticas de la primera Iglesia con sus rivalidades, inmoralidades y herejías? ¿Hemos de echar suertes para tomar decisiones? ¿O hacer un fondo común con nuestras posesiones? ¿Nos juzgará Dios del mismo modo que a Ananías y Safira (con una repentina muerte por mentir)? ¿Cómo hemos de leer el Libro de los Hechos? ¿Atribuyéndole un carácter normativo o meramente descriptivo?

Creemos que, al realizar el recorrido interpretativo en este libro, el mejor acercamiento es el que considera algunas partes como normativas y otras como descriptivas. Esto significa que el puente de los principios que hemos de cruzar en el libro de los Hechos es complicado por naturaleza. La dificultad está en determinar lo que es normativo para la Iglesia de hoy y lo que no lo es. ¿Sobre qué base deberíamos tomar estas decisiones? Si no estudiamos detenidamente esta cuestión, es casi seguro que lo haremos basándonos en cómo nos sintamos en aquel momento. A fin de determinar lo que es normativo para la Iglesia de nuestros días ofrecemos las siguientes directrices.

1. Busquemos lo que Lucas pretendía comunicar a sus lectores. Cuando encontramos el mensaje que Lucas quería transmitir, encontramos también el significado normativo del pasaje. En Hechos 8, por ejemplo, encontramos la conversión y bautismo de los samaritanos y del eunuco etíope durante el ministerio de Felipe. Después de leer este relato no podemos sino hacernos varias preguntas. ¿Cuál era la naturaleza de la magia que se menciona? ¿Por qué no descendió el Espíritu sobre los samaritanos en el mismo momento en que creyeron? ¿Perdió Simón la salvación o acaso nunca había sido realmente salvo? ¿Cómo habló a Felipe al ángel del Señor? ¿Cuánta agua se requiere para que pueda llevarse a cabo un bautismo? ¿Qué significa exactamente lo que dice el texto cuando afirma que «el Espíritu del Señor arrebató a Felipe»?

Estas son, sin duda, preguntas lícitas, pero no se dirigen al meollo de lo que Lucas pretende comunicarnos en este capítulo. Estamos de acuerdo con Klein, Blomberg, y Hubbard respecto a cuál es el propósito de Lucas en Hechos 8.

Este pasaje aparece en la sección del bosquejo que trata del modo en que el Evangelio comenzó a extenderse por territorio no judío. Por ello, los dos rasgos más sorprendentes de Hechos 8 son la recepción del mensaje de Felipe, primero por parte de los samaritanos y después por un eunuco, ya que ambos eran considerados ritualmente inmundos por los judíos ortodoxos. Por tanto, las principales aplicaciones de Hechos 8 para los cristianos de nuestros días, no han de centrarse en cuál es el momento de la recepción del Espíritu Santo y cuáles sus efectos, ni en los debates acerca de la cantidad de agua necesaria para el bautismo, o en cuánto tiempo después de la conversión ha de administrarse esta ordenanza. Estos textos han de motivarnos más bien a preguntarnos quiénes son los samaritanos y eunucos de nuestros días. El ministerio cristiano no debe descuidar a los «intocables» o marginados de hoy: víctimas del SIDA, vagabundos, madres solteras, etc.[28]

---

[28] Klein, Blomberg, and Hubbard, *Biblical Interpretation*, 346–47.

Sin duda, no es siempre posible conocer con certeza el propósito de Lucas, sin embargo, sí podemos buscar temas y patrones comunes que conectan los relatos. Es en estas cosas donde descubriremos el mensaje de Lucas para sus lectores (y para nosotros). Podemos preguntarnos, ¿qué tienen en común los samaritanos y los eunucos? Los samaritanos eran un pueblo «mestizo» y los eunucos mutilados físicos; ambos grupos eran considerados marginados religiosos y sociales en uno u otro grado. El mensaje normativo de Lucas es que el Evangelio de Jesucristo elimina las barreras humanas que separan a las personas de Dios. Dios nos acepta, no porque hayamos desarrollado un cuerpo perfecto o porque hayamos nacido en una determinada parte del mundo, sino por lo que Él mismo ha hecho por nosotros a través de su Hijo Jesús. El propósito del autor ha de estar por encima de nuestra curiosidad cuando buscamos lo que es normativo en el libro de los Hechos.

2. Hemos de buscar ejemplos positivos y negativos en los personajes de los distintos relatos. Sería lógico que Lucas quisiera que imitáramos a personajes como Esteban, Bernabé, Lidia y Silas, pero que no siguiéramos el ejemplo de personas como Ananías y Safira, Simón el mago, o el Rey Agripa. Probablemente, Lucas pretende que las futuras generaciones de cristianos consideren normativas la mayor parte de las cosas que hacen los cristianos en el relato de Hechos.[29] Esto no será siempre así (p. ej., la deserción de Juan Marcos que se menciona en 13:13; cf. 15:38), sin embargo es una buena regla general.

Esta directriz de seguir los modelos positivos y evitar los negativos plantea una importante cuestión por lo que respecta a los apóstoles. Con la excepción de Hechos 14:4, 14, donde a Pablo y Bernabé se les llama apóstoles, Lucas limita el término apóstol a los primeros doce hombres que escogió Jesús.[30] Pedro explica los requisitos de los apóstoles en Hechos 1, donde se escoge a Matías para sustituir a Judas, que había abandonado su posición:

Por tanto, es necesario que de los hombres que nos han acompañado todo el tiempo que el Señor Jesús vivió entre nosotros, comenzando desde el bautismo de Juan, hasta el día en que de entre no-

---

[29] Ben Witherington III, *The Acts of the Apostles: A Socio-Rhetorical Commentary* (Grand Rapids: Eerdmans), 99.

[30] En las cartas de Pablo, el campo semántico del término apóstol se ensancha e incluye a aquellos que han recibido una comisión del Señor para un servicio especial (p. ej., Rom 16:7; Ef 4:11).

sotros fue recibido arriba, uno sea constituido testigo con nosotros de su resurrección (Hechos 1:21-22).

En este sentido el apostolado es algo único e irrepetible. ¿Recordamos la fase del recorrido interpretativo en la que se identificaban las diferencias entre los receptores bíblicos y nosotros? El apostolado forma parte del río de las diferencias. Dicho con sencillez, nosotros no somos apóstoles. Cabría esperar que el Señor hiciera señales y prodigios insólitos a través de los apóstoles en aquella etapa especial de la historia de la salvación, y ciertamente esto es lo que sucede, puesto que la mayor parte de los milagros del libro de los Hechos se llevaron a cabo por mano de los apóstoles.

Sin embargo, el Señor también utilizó a Esteban (6:8), a Felipe (8:6), y a Bernabé (14:3 15:12) para realizar diversas señales y prodigios, y estos hombres no formaban parte de los doce (si bien a Bernabé se le llama apóstol en su sentido más amplio). Nuestro objetivo no es restringir la obra del Espíritu mediante un método interpretativo excesivamente estrecho de miras, sin embargo no vemos que Lucas demande que todos los personajes de Hechos lleven a cabo un milagro «apostólico» para concederle un lugar entre los fieles seguidores de Cristo. Hay muchos personajes en el libro de los Hechos que nos proponen un ejemplo positivo (y en nuestra opinión también normativo) sin haber llevado a cabo ningún tipo de «señales y prodigios». La lectura del libro de los Hechos deja también la impresión de que Lucas entiende que el mayor milagro es la obra sobrenatural del Espíritu que éste produce en el corazón humano, cuando las personas responden al Evangelio de Jesucristo.

3. Lee cada pasaje individual en vista del relato general de Hechos y del resto del Nuevo Testamento. En algunos casos, la progresión de todo el relato presenta unos límites muy claros para determinar lo que es normativo en un determinado pasaje. No podemos reivindicar como normativa ninguna interpretación que no respete el movimiento general del relato. Digamos, por ejemplo, que estamos estudiando Hechos 19:1-7 y nos preguntamos cuál es el sentido de la pregunta de Pablo en el versículo 2: «¿Recibisteis el Espíritu Santo cuando creísteis?»

Y aconteció que mientras Apolos estaba en Corinto, Pablo, habiendo recorrido las regiones superiores, llegó a Éfeso y encontró a algunos discípulos y les dijo: ¿Recibisteis el Espíritu Santo cuando creísteis? Y ellos le respondieron: No, ni siquiera hemos oído si hay un Espíritu Santo. Entonces Él dijo: ¿En qué bautismo, pues, fuisteis bautizados? Ellos contestaron: En el bautismo de Juan. Y Pablo dijo: Juan bautizó con el bautismo de arrepentimiento, diciendo al pueblo que creyeran en aquel que vendría después de él, es decir, en Jesús. Cuando oyeron esto, fueron bautizados en el nombre del Señor Jesús. Y cuando Pablo les impuso las manos, vino sobre ellos el Espíritu Santo, y hablaban en lenguas y profetizaban. Eran en total unos doce hombres.

¿Hemos de interpretar este texto para apoyar una conversión en dos etapas como una experiencia normativa para todos los cristianos? En otras palabras, ¿hemos de esperar que todos los cristianos crean primero en Jesús (etapa 1) y reciban más tarde al Espíritu Santo (etapa 2)?

El marco de referencia del relato general que se sugiere en Hechos 1:8 (Jerusalén, Judea y Samaria, lo último de la Tierra) es una prueba de que no hemos de interpretar como normativa una conversión en dos etapas. Como se muestra en el siguiente diagrama, la narración del libro de los Hechos muestra que el derramamiento del Espíritu sobre los creyentes se produce en etapas que siguen un criterio nacional y racial: primero se produce sobre los judíos, después sobre los samaritanos y, por último, sobre los gentiles. Así es como se revela el desarrollo de la historia bíblica:

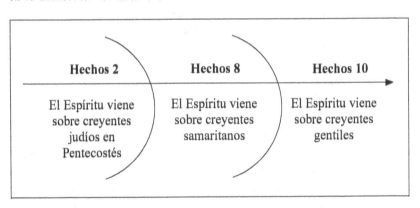

Hechos 2	Hechos 8	Hechos 10
El Espíritu viene sobre creyentes judíos en Pentecostés	El Espíritu viene sobre creyentes samaritanos	El Espíritu viene sobre creyentes gentiles

Después de Hechos 10 ya no hay más barreras étnicas que salvar. Desde este momento, creer en Jesús y recibir el Espíritu parecen ser parte de una sola experiencia (Hechos 11:17; Rom 8:9b): Cuando lo analizamos más de cerca, lo mismo puede decirse del pasaje de Hechos 19.

Las preguntas de Pablo indican que los «discípulos» con quienes se encontró en Éfeso no eran todavía seguidores de Jesús, sino de Juan Bautista. No sabían lo que había sucedido el día de Pentecostés y habían recibido el bautismo de arrepentimiento de Juan, no el cristiano. En pocas palabras, aun tenían que reconocer a Jesús como verdadero Mesías y recibir al Espíritu Santo (que es exactamente lo que hicieron). Te recomendamos encarecidamente que permitas que sea el relato general de Hechos el que dicte los límites de lo que es normativo en un determinado pasaje.

4. Busquemos en otros lugares de Hechos para clarificar lo que es normativo. Cuando en Hechos 2:42–47 y 4:32–35 leemos que los miembros de la Iglesia Primitiva vendían sus posesiones y compartían lo obtenido, puede que nos preguntemos si en el libro de los Hechos se enseña que los cristianos han de renunciar a tener propiedades personales, crear una comunidad de bienes, y entrar a formar parte de una comuna (cristiana, por supuesto). Hay algo en su sensibilidad a las necesidades de los demás, su radical generosidad y su espíritu de consagración que nos hace desear seguir su ejemplo. ¿Se enseña en Hechos que la vida comunal ha de ser normativa para toda verdadera Iglesia del Nuevo Testamento en todas las épocas? En ocasiones, encontraremos la respuesta buscando en otra parte del libro.

Walter Liefeld observa que el pasaje de Hechos 5 ayuda a responder algunas de nuestras preguntas acerca de Hechos 2 y 4.[31] En 5:3–4 Pedro reprende a Ananías por mentir al Espíritu Santo respecto a la venta de cierta propiedad:

> Mas Pedro dijo: Ananías, ¿por qué ha llenado Satanás tu corazón para mentir al Espíritu Santo, y quedarte con parte del precio del terreno? Mientras estaba sin venderse, ¿no te pertenecía? Y después de vendida, ¿no estaba bajo tu poder? ¿Por qué concebiste este asunto en tu corazón? No has mentido a los hombres, sino a Dios.

Según Pedro, la propiedad pertenecía a Ananías antes de la venta y el dinero seguía siendo suyo después de ella. No tenía ninguna obligación de vender su propiedad, y tampoco tenía que entregar el dinero para poder ser un verdadero miembro de la comunidad. Este pasaje deja claro que en la primera comunidad cristiana, compartir las posesiones era

---

[31] Walter L. Liefeld, Interpreting the Book of Acts (Grand Rapids: Baker, (1995), 122.

algo totalmente voluntario. Por consiguiente, no podemos a concluir que la vida en esa forma de comunidad sea normativa para todas las iglesias. Lo que sí parece ser normativo es la radical generosidad que hizo que entre los miembros de la comunidad cristiana no hubiera necesitados. En ocasiones, el contexto mismo del libro de los Hechos clarificará aquello que es normativo y lo que es meramente descriptivo.

5. *Busquemos aquellos patrones y temas que se repiten.* Quizá el principio más importante para identificar lo que es normativo para la Iglesia de nuestros días es buscar los temas y patrones que permanecen constantes a lo largo del relato de Hechos. Antes hemos identificado algunos temas generales del libro de los Hechos: la obra del Espíritu, la Soberanía de Dios, el papel de la Iglesia, la oración, el sufrimiento, el Evangelio para los judíos y gentiles, y el poder del testimonio. Todas éstas son realidades normativas para la Iglesia a lo largo de todas las edades. Consideremos algunos ejemplos de lo que implica buscar patrones consistentes como guía para establecer lo que es normativo.

Examinemos el modo en que se escogió al sustituto de Judas en Hechos 1:23–26:

> Presentaron a dos: a José, llamado Barsabás (al que también llamaban Justo) y a Matías. Y habiendo orado, dijeron: Tú, Señor, que conoces el corazón de todos, muéstranos a cuál de estos dos has escogido para ocupar este ministerio y apostolado, del cual Judas se desvió para irse al lugar que le correspondía. Echaron suertes y la suerte cayó sobre Matías, y fue contado con los once apóstoles.

¿Nos atrevemos a decir que puesto que se echaron suertes para escoger a Matías, también nosotros hemos de elegir a los dirigentes de la Iglesia utilizando este mismo método? Puesto que este método de buscar la voluntad de Dios aparece en el libro de los Hechos, ¿hemos acaso de considerarlo normativo para los cristianos de hoy? Según el principio que proponemos, este método para conocer la voluntad de Dios solo sería normativo si se utilizara de manera consistente a lo largo de todo el libro de los Hechos. En este caso no es así, ya que Hechos 1:23–26 es el único lugar del libro donde se escoge a un dirigente de la Iglesia echando suertes. A medida que avanza la narración del libro de los Hechos y el Espíritu se derrama sobre los seguidores de Jesús, los dirigentes se escogen de otras maneras (p. ej., 6:1–6; 13:1–3). Esto no significa, podemos añadir, que la elección de Matías fuera un error y que era

Pablo quien hubiera tenido que ocupar aquella posición (un punto de vista que goza de mucha popularidad, pero que carece de apoyo bíblico). Sin embargo, el hecho de que tomar decisiones echando suertes no aparezca en el resto del libro de los Hechos (ni del Nuevo Testamento) sí significa que no ha de considerarse un método normativo para buscar la voluntad de Dios.

¿Cómo muestra Dios su voluntad a los creyentes en el libro de los Hechos? ¿Existe algún patrón reiterado? Una lectura cuidadosa del libro de los Hechos pone de relieve que Dios utiliza distintos medios para guiar a su pueblo. Ángeles (8:26; 12:7), su Espíritu (8:39; 10:19; 16:6–7), visiones (9:10–12; 16:9–10), las Escrituras (1:20; 8:30–35; 18:24–26), las circunstancias (3:1–10; 8:1), la oración (13:1-3), la deliberación (15:1-21), y otros creyentes (6:1–6; 9:17–19), por mencionar solo algunos de ellos. Lo normativo no es tanto el modo en que Dios guía a su pueblo, sino el hecho de que lo hace. La constante es que Dios dirige nuestros caminos de distintas maneras: ¡de esto podemos estar seguros!

Otro ejemplo de esta búsqueda de patrones reiterados como guía de lo que es normativo tiene que ver con lo que sucede cuando las personas reciben el Espíritu Santo. En Hechos 2:4 se nos dice que, tras recibir el Espíritu Santo, sus receptores hablaban en otras lenguas según el Espíritu les daba habilidad para expresarse. ¿Podemos concluir que el libro de los Hechos enseña que una persona que posee verdaderamente el Espíritu Santo ha de hablar necesariamente en lenguas? Nuestro principio interpretativo nos recuerda que hemos de preguntarnos si el patrón en cuestión se repite de manera consistente a lo largo de todo el libro. Aquí está lo que encontramos cuando investigamos lo que sucedía a aquellos que recibían el Espíritu:

1:8	daban testimonio de Jesús
2:4	hablaban en otras lenguas (idiomas)
2:17–18	profetizaban
4:31	hablaban con denuedo la Palabra de Dios
8:15–17	(no se describe)
9:17–20	predicaban que Jesús es el Hijo de Dios
10:44–46	hablaban en lenguas y alababan a Dios
19:6	hablaban en lenguas y profetizaban

Aquellos que recibían el Espíritu, hablaban acerca de su experiencia, sin embargo no siempre se expresaban en otras lenguas. En ocasiones, daban testimonio o hablaban la Palabra de Dios o predicaban o profetizaban. Lo constante de esta imagen (con la posible excepción de Hechos 8:15–17, donde no se menciona ningún resultado) es que quienes recibían el Espíritu de Dios hablaban acerca de su experiencia. Podríamos decir que lo normativo es que se produjera algún tipo de expresión verbal suscitada por la poderosa presencia del Espíritu. Aquellos que experimentan a Dios hablan de ello.

Un último ejemplo del principio de los patrones que se repiten tiene que ver con la naturaleza de la predicación del Evangelio que encontramos en Hechos.[32] ¿Hay algo en los sermones del libro de los Hechos que sea normativo para las misiones y la predicación cristiana de nuestros días? Sí, vemos tres importantes características que aparecen de manera consistente a lo largo de Hechos. (1) El mensaje se extiende sin cesar. Igual que sucede con el movimiento de las ondas en un estanque, el Evangelio se extiende en círculos de influencia cada vez más amplios. Según el libro de los Hechos, cabe esperar que el único y verdadero Evangelio de Jesucristo sature las sociedades y cambie las vidas humanas.

(2) El Evangelio de Jesucristo permanece constante. El mensaje sigue siendo el mismo: la vida, muerte y resurrección de Jesucristo seguidas de una invitación a responder (2:22–24, 31–33, 36–39; 3:13–21; 8:34–35; 10:36–43; 13:23–39; 17:29–31). Hechos 10:39–43 es un ejemplo típico:

Y nosotros somos testigos de todas las cosas que hizo en la tierra de los judíos y en Jerusalén. Y también le dieron muerte, colgándole en una cruz. A éste, Dios le resucitó al tercer día e hizo que se manifestara, no a todo el pueblo, sino a los testigos que fueron escogidos de antemano por Dios, es decir, a nosotros que comimos y bebimos con Él después que resucitó de los muertos. Y nos mandó predicar al pueblo, y testificar con toda solemnidad que este Jesús es el que Dios ha designado como Juez de los vivos y de los muertos. De éste dan testimonio todos los profetas, de que por su nombre, todo el que cree en Él recibe el perdón de los pecados.

---

[32] Véase el valioso análisis de Evangelistic Preaching in Acts en las pp. 32–38 de Ajith Fernando, *Acts* (NIVAC; Grand Rapids: Zondervan, 1998).

(3) El mensaje se adapta a sus audiencias específicas. Esto no supone un cambio en el mensaje, sino solo una adaptación para propiciar la mayor aceptación posible. En términos transculturales, este proceso se conoce como contextualizar el Evangelio. Cuando se dirigen a los judíos, los predicadores utilizan por regla general la Escritura y la historia de Israel como la base de su llamamiento (Hechos 2; 3; 13). No obstante, cuando hablan a una audiencia gentil construyen un puente apelando a Dios como Creador (Hechos 14; 17). Sobre el tema de la predicación del Evangelio, podemos decir que el libro de los Hechos nos enseña a mantener lo esencial del mensaje, pero con la disposición a adaptar nuestra exposición dependiendo de la naturaleza de nuestros receptores.

Aunque cuando se trata de identificar los principios normativos del libro de los Hechos es muy importante buscar aquellos patrones y temas que se repiten, incluso esta directriz es susceptible de abusos. Por ejemplo, algunos podrían decir que puesto que Pablo hizo en barco algunos de sus viajes misioneros, todos los misioneros han de viajar por este medio y no otro. Una atenta lectura del texto pone de relieve que Pablo no viajó siempre en barco; en ocasiones se desplazó andando de un lado a otro. (En ocasiones, Pablo no tuvo elección, Hch 27:1). Los viajes por barco eran el medio más rápido y moderno de aquel tiempo. El principio que emerge, por tanto, de Hechos es que no se trata de andar o navegar, sino de utilizar la forma más apropiada de viajar cuando servimos al Señor.

Conclusión

¡El libro de los Hechos es una verdadera aventura espiritual! Lo que Jesús comenzó a hacer durante su ministerio terrenal, lo sigue llevando do a cabo ahora mediante su Espíritu, que capacita a la Iglesia para llevar el Evangelio al mundo. Para entender el mensaje de Hechos hemos de comenzar aceptando que se trata de un relato creado con propósitos teológicos (i.e., historia teológica). Esto significa que hemos de interpretar el libro de los Hechos con criterios muy parecidos a los que utilizamos para interpretar los Evangelios. El problema más difícil cuando leemos Hechos es saber cómo hemos de salvar el río de las diferencias e identificar lo que es normativo para la Iglesia de hoy. Proponemos las siguientes directrices:

- Buscar lo que Lucas pretendía transmitir a sus lectores.
- Buscar ejemplos positivos y negativos en los personajes.
- Leer cada pasaje en vista del relato general.
- Comparar otros pasajes de Hechos para clarificar cuestiones ambiguas o confusas.
- Buscar aquellos patrones y temas que se repiten.

Distinguir lo que es normativo de lo meramente descriptivo representa, a menudo, un complejo desafío. Es comprensible que, como creyentes, queramos entender la totalidad del mensaje de los Hechos, sin embargo hemos de tener cuidado de no malinterpretar lo que Dios quiere decirnos. La consecución de este equilibrio no es siempre fácil. Si descubrimos algo de Hechos que no se ajusta a alguna de estas cinco directrices, hemos de pensarlo muy bien antes de declararlo normativo. Somos conscientes de que las directrices que proponemos no son inspiradas ni finales, y es probable que haya otras además de estas cinco, que puedan ser de ayuda para distinguir entre lo normativo y lo meramente descriptivo. Nuestra oración es que lo que hemos expresado te anime a ser un intérprete más fiel de este tremendo relato del nacimiento y desarrollo de la Iglesia Primitiva.

Deberes

Deber 16-1

Aplica el recorrido interpretativo a alguno de los textos siguientes:

- Hechos 2:42–47
- Hechos 6:1–7
- Hechos 13:1–3
- Hechos 15:1–21
- Hechos 17:16–34

Paso 1: Entender el texto en su contexto original. ¿Qué significó este pasaje para los receptores bíblicos?

Paso 2: Medir la anchura del río a cruzar. ¿Cuáles son las diferencias entre los receptores bíblicos y nosotros?

Paso 3: Cruzar el puente de los principios. ¿Cuáles son los principios teológicos que subyacen en este texto?

Paso 4: Entender el texto en nuestro contexto. ¿Cómo deberían los cristianos de hoy aplicar a sus vidas estos principios teológicos?

17
Nuevo Testamento:
el libro de Apocalipsis

Introducción

¿Recuerdas la primera vez que leíste (o intentaste leer) el libro de Apocalipsis? ¿Qué tal fue la experiencia? ¿Confusa? ¿Inquietante? ¿Estimulante? ¿Inconcebible? Probablemente entendiste el capítulo 1 a pesar de la insólita visión que aparece al final de uno «como un Hijo de Hombre». Quizá hasta te sintieras cómodo con los mensajes a las siete iglesias en los capítulos 2 y 3. Pero ¿cómo reaccionaste ante los cuatro seres vivientes del capítulo 4 o el Cordero con siete cuernos y ojos en el capítulo 5? ¿O qué pensaste del enrojecimiento de la luna, o de los ciento cuarenta y cuatro mil, o del águila parlante, o de Babilonia, la madre de las prostitutas? Si eres como la mayoría, cuando terminaste la última página, cerraste la Biblia y pensaste que el libro de Apocalipsis es una obra bastante estrambótica.

En sus primeras palabras, (1:1) este libro (el último de la Biblia) se describe como una «revelación de Jesucristo», una expresión que sirve de título para todo el libro. El término revelación (*apokalypsis* en griego) sugiere que algo que en otro tiempo estuvo oculto ahora se revela o expone abiertamente (i.e., de la generación de Juan en adelante). Hablar del libro como de una revelación «de Jesucristo» podría significar, bien que nos dice algo acerca de Jesucristo, o que se trata de una comunicación de su parte, o (lo más probable) un poco de ambas cosas. En este «último capítulo» de la historia de la salvación, Dios descorre el telón para dejar entrever a su pueblo una instantánea de sus planes para la historia humana, planes que giran alrededor de Jesucristo. El libro de Apocalipsis es impactante, difícil, desconcertante, pintoresco, intrigante, trágico y sorprendente. Es como un río turbulento, una sangrienta batalla, un fascinante misterio y una impresionante boda, todo a la vez. Más vale que te abroches el cinturón porque el libro de Apocalipsis te llevará por un asombroso recorrido interpretativo. Comencemos nuestro viaje con una mirada al contexto histórico de Apocalipsis.

Contexto histórico

Para entender por qué era necesaria una revelación de este tipo, imagínate a ti mismo en la siguiente situación:

Los primeros cristianos vivían en una anhelante expectativa del regreso de Cristo. Sin embargo, sesenta años después de su muerte ésta aún no se había producido; la persecución iba en aumento, y algunos comenzaban a dudar. Por ello, se hicieron necesarias tanto las cartas a las siete iglesias como el libro de Apocalipsis en su totalidad, a fin de estimularles a permanecer firmes. A pesar de lo que pueda parecer, Dios tiene el control de la situación. El Señor de la Historia es Cristo, no el Emperador. Él tiene las llaves del destino. Y va a venir de nuevo para administrar justicia. Hay un futuro glorioso y maravilloso esperando a cada creyente fiel (y en especial a aquellos que han tenido que sacrificar sus vidas por Cristo).[33]

Existen indicaciones internas (dentro del propio libro) de que los cristianos estaban siendo perseguidos por su fe y que la persecución se estaba haciendo más intensa y general. El propio Juan está sufriendo por su compromiso con Cristo (1:9):

Yo, Juan, vuestro hermano y compañero en la tribulación, en el reino y en la perseverancia en Jesús, me encontraba en la isla llamada Patmos, a causa de la palabra de Dios y del testimonio de Jesús.

---

[33] Alexander and Alexander, *Zondervan Handbook to the Bible*, 764.

Se nos dice que la iglesia de Éfeso ha soportado con perseverancia las dificultades y no ha desmayado (2:3). Obsérvese también lo que Jesús le dice a la iglesia en Esmirna (2:9–10):

"Yo conozco tu tribulación y tu pobreza (pero tú eres rico), y la blasfemia de los que se dicen ser judíos y no lo son, sino que son sinagoga de Satanás. 'No temas lo que estás por sufrir. He aquí, el diablo echará a algunos de vosotros en la cárcel para que seáis probados, y tendréis tribulación por diez días. Sé fiel hasta la muerte, y yo te daré la corona de la vida".

Antipas, un fiel testigo de Jesús, había sido ejecutado en la ciudad de Pérgamo (2:13). Los cristianos de Filadelfia tenían poca fuerza, pero habían guardado la palabra de Jesús y no habían negado su nombre (3:8). Con la apertura del quinto sello, Juan ve las almas de «los que habían sido muertos a causa de la palabra de Dios y del testimonio que habían mantenido» (6:9). En otros pasajes se nos dice que los poderes paganos han derramado la sangre de los santos (capítulo 13; 16:5–6; 17:6; 18:24; 19:2; 20:4).

Una buena parte de esta persecución se producía ya a finales del siglo primero durante el reinado del emperador romano Domiciano (81–96 dc.). Las fuentes más solventes de aquel periodo (p. ej., Plinio, Tácito, Suetonio) presentan a Domiciano como salvaje, cruel, taimado, inmoral, demente y perverso. La descripción que hace Plinio del palacio imperial en el tiempo de Domiciano no inspira precisamente atracción y simpatía:

[Es el] lugar donde... ese espantoso monstruo construyó sus defensas con terrores innumerables, donde escondido en su guarida lamía la sangre de sus parientes asesinados o donde tramaba la masacre y destrucción de sus súbditos más distinguidos. Las amenazas y los horrores eran los centinelas que custodiaban sus puertas... buscó siempre la oscuridad y el misterio, y solo salió del desierto de su soledad para crear otro (*Pan.* 48,3–5).[34]

Domiciano quería que sus súbditos se dirigieran a él como *dominus et deus noster* («nuestro señor y dios»). Muchos de los títulos que se

---

[34] Citado en la obra de Leonard L. Thompson, *The Book of Revelation: Apocalypse and Empire* (New York: Oxford Univ. Press, 1990), 98.

daba a los emperadores romanos del primer siglo se parecían a los que los cristianos daban a Jesús. La confesión más antigua y esencial de los primeros cristianos, era «¡Jesús es el Señor!». Cuando éstos se negaban a confesar: «César es Señor» en un contexto de adoración imperial, se les consideraba desleales al Estado y se les perseguía. En aquel momento de la Historia la presión para postrarse ante el Emperador se había convertido en una imposición muy extendida y sistemática.

No creamos, sin embargo, que todos los cristianos de Asia Menor permanecían firmes contra la persecución. Cuando tenían que hacer frente a la amenaza del sufrimiento por su fe, muchos permanecieron fieles y padecieron las consecuencias, pero algunos negaron abiertamente a Cristo, y otros intentaron llegar a un acuerdo con los poderes paganos.[35] Con objeto de escapar de los problemas, algunos cristianos volvieron al judaísmo, que era una religión legal en el Imperio Romano. Otros se afiliaron a los gremios artesanos para evitar las dificultades económicas, sin embargo, como miembros de tales instituciones, muchas veces tenían que participar de la idolatría. Otro grupo de creyentes fue arrastrado por los falsos maestros.

Los mensajes a las siete iglesias están llenos de advertencias para aquellos que se sienten tentados a apartarse de Cristo y ceder al sistema del mundo. Los creyentes de Éfeso han dejado su primer amor (2:4). Algunos en Pérgamo y Tiatira están siguiendo a los falsos maestros (2:14-15, 20). La iglesia de Sardis aparenta estar viva, pero está muerta (3:1). Después tenemos a la tibia Laodicea, que el Señor está próximo a vomitar de su boca (3:16).

El libro de Apocalipsis contiene abundantes palabras de ánimo para aquellos que están siendo perseguidos, y serias advertencias para quienes intentan evitarlo. En palabras de Craig Keener: «El libro de Apocalipsis habla a algunas iglesias que están vivas y a otras que están muertas, pero hay más iglesias en peligro de sucumbir a la seducción del mundo que de morir en sus manos».[36] En el contexto histórico, la falsa religión se ha aliado con el poder político pagano. Uno de los resultados es que aquellos que profesan seguir a Cristo se están viendo sometidos a una tremenda presión. ¿Entrarán en componendas con el mundo para evitar la persecución, o confesarán abiertamente a Cristo, sabiendo que ello puede costarles la vida? Cuando leemos el libro de Apo-

---

[35] Véase G. K. Beale, *The Book of Revelation: A Commentary on the Greek Text* (Grand Rapids: Eerdmans, 1999), 31–32.

[36] Craig S. Keener, *Revelation* (NIVAC; Grand Rapids: Zondervan, 2000), 39.

calipsis teniendo en mente su contexto histórico, vemos que este libro imparte esperanza a aquellos que sufren y desafía a quienes adoptan una actitud displicente.

Un elemento esencial para una adecuada interpretación de la Biblia consiste en prestar cuidadosa atención al específico género literario del texto que estamos estudiando. Es como participar en un juego o deporte utilizando las reglas adecuadas. Si queremos entender el sentido de este libro misterioso y apasionante, hemos de entender primero qué clase de libro es. Analicemos ahora más de cerca el género literario del libro de Apocalipsis.

Género literario

En sus primeros capítulos, antes de introducirse en territorio desconocido, el libro de Apocalipsis se lee como un texto bíblico «normal». El libro parece extraño puesto que combina tres géneros literarios distintos: la carta, la profecía y la literatura apocalíptica.

1. Apocalipsis es una carta. El libro comienza y termina como una típica carta del Nuevo Testamento:

> Juan, a las siete iglesias que están en Asia: Gracia a vosotros y paz, de aquel que es y que era y que ha de venir, y de los siete espíritus que están delante de su trono, y de Jesucristo, el testigo fiel, el primogénito de los muertos y el Soberano de los reyes de la Tierra. (1:4–5)
> La Gracia del Señor Jesús sea con todos. Amén. (22:21)

Esto sugiere que el libro de Apocalipsis es, en su totalidad, una carta concebida para que circule entre siete iglesias específicas de Asia Menor: Éfeso, Esmirna, Pérgamo, Tiatira, Sardis, Filadelfia y Laodicea. Las misivas a las siete iglesias de los capítulos 2–3 no son «cartas» separadas, sino mensajes específicos que introducen el resto del libro. De hecho, el libro de Apocalipsis es una sola carta dirigida a las siete iglesias.[37]

Si observamos un mapa de la zona, observaremos que se nombra a las iglesias en el orden específico que seguiría un mensajero para entre-

---

[37] Richard Bauckham, *The Theology of the Book of Revelation* (Cambridge: Cambridge Univ. Press, 1993), 2.

gar un envío, partiendo de Patmos (el lugar desde donde escribe Juan) y describiendo un círculo alrededor de Asia Menor.

Las siete iglesias de Asia

Igual que otras cartas del Nuevo Testamento, el libro de Apocalipsis es «situacional». Es decir, trata problemas o situaciones específicos que se producían en las iglesias locales. Hemos de leer el Apocalipsis en vista de la situación que experimentaban aquellas iglesias (i.e., el libro imparte esperanza a aquellos que sufren y desafía a quienes adoptan una actitud displicente). Si decidimos ignorar la situación de los receptores, sin duda distorsionaremos el significado de la carta. No hemos de pensar que si tenemos en cuenta su contexto original, el libro de Apocalipsis no va a tener valor para nosotros que vivimos en momentos y lugares distintos. Al aplicar el recorrido interpretativo a cualquiera de las cartas del Nuevo Testamento (incluido el Apocalipsis), escucharemos a Dios pronunciando un mensaje intemporal acerca de cómo ha de ser nuestra vida en este mundo.

En la introducción de las cartas del Nuevo Testamento se presentan, a menudo, los principales temas que después se desarrollarán en el cuerpo de la carta. Esto es lo que sucede en el libro de Apocalipsis. Si los mensajes a las siete iglesias forman parte de una amplia introducción al libro (como creen muchos comentaristas), ¿qué deberíamos, entonces, esperar del resto del libro? Bauckham sugiere que las promesas de Cristo a los «vencedores» al final de cada uno de los siete mensajes nos ofrece una clave fundamental (2:7, 11, 17, 26–29; 3:5–6, 12–13, 21–22).[38]

Lo que significa vencer (o conquistar) se va aclarando solo a medida que seguimos el desarrollo de todo el libro. La introducción nos muestra que toda la carta gira alrededor del tema de la victoria. En la sección central del libro se nos dice que los verdaderos creyentes «lo vencieron [a Satanás] por medio de la sangre del Cordero y por la palabra del testimonio de ellos, y no amaron sus vidas, llegando hasta sufrir la muerte» (12:11). Al final del libro, durante la visión de la Nueva Jerusalén, oímos esta promesa: «El vencedor heredará estas cosas, y yo seré su Dios y él será mi hijo» (21:7). En otras palabras, al principio de Apocalipsis se nos desafía a vencer; hacia la mitad vemos la lucha para vencer; y al final vemos la herencia que recibirán los vencedores.

2. El libro de Apocalipsis también pretende ser una carta profética:

Bienaventurado el que lee y los que oyen las palabras de la *profecía* y guardan las cosas que están escritas en ella, porque el tiempo está cerca (1:3).

Y me dijo: Estas palabras son fieles y verdaderas; y el Señor, el Dios de los espíritus de los profetas, envió a su ángel para mostrar a sus siervos las cosas que pronto han de suceder. He aquí, yo vengo pronto. Bienaventurado el que guarda las palabras de la *profecía* de este libro (22:6–7).

También me dijo: No selles las palabras de la profecía de este libro, porque el tiempo está cerca (22:10).

Yo testifico a todos los que oyen las palabras de la profecía de este libro: Si alguno añade a ellas, Dios traerá sobre él las plagas que están escritas en este libro; y si alguno quita de las palabras del

---

[38] *Ibíd.*, 14.

libro de esta profecía, Dios quitará su parte del árbol de la vida y de la ciudad santa descritos en este libro (22:18–19).

La profecía bíblica incluye tanto un elemento de predicción del futuro como otro de proclamación de la verdad de Dios para el presente (por regla general, el acento recae sobre la proclamación). En los mismos pasajes en que el libro de Apocalipsis se describe como profecía, se exhorta también a los lectores a hacer lo que Dios ha dicho (i.e., a responder a la proclamación). Quienes oyen esta profecía serán bienaventurados si la toman en serio (1:3) y ponen en práctica sus palabras (22:7). Hemos de recordar que el libro de Apocalipsis no trata solo acerca del futuro; es también un libro acerca de lo que Dios desea ver suceder aquí y ahora. Aun en su tiempo, Juan presenta el libro como un texto no sellado o abierto, cuyo mensaje está al alcance de todo aquel que tiene oídos para oír (22:10)

Como carta profética que es, el libro de Apocalipsis se enmarca dentro de la tradición de los profetas del Antiguo Testamento. Está lleno de alusiones al poderoso lenguaje e imaginería que utilizan los oráculos veterotestamentarios. Por ejemplo, la profecía de Juan contra Babilonia que encontramos en Apocalipsis 18–19 se hace eco de cada una de las anteriores profecías contra esta ciudad que aparecen en los profetas del Antiguo Testamento.[39] Evidentemente, la principal diferencia entre el libro de Apocalipsis y los profetas del Antiguo Testamento es que la carta profética de Juan se dirige a cristianos que viven entre el *ya* de la Cruz y la Resurrección y el *todavía no* que supone el glorioso regreso de Cristo.

3. El libro de Apocalipsis es una carta profética y apocalíptica. Ya en 1:1 se nos dice que el libro es una revelación o *apocalipsis* de parte de Dios por medio de Jesucristo y a través de un ángel, y de Juan a los siervos de Dios:

La revelación [*apocalypsis*] de Jesucristo, que Dios le dio para mostrar a sus siervos las cosas que han de suceder pronto, y la dio a conocer por medio de su ángel a su siervo Juan.

El término *apocalíptica* se refiere a un grupo de escritos que presentan una revelación divina, que normalmente llega a algún personaje cono-

---

[39] *Ibíd.*, 5.

cido a través de un intermediario celestial. En este tipo de textos, Dios suele prometer su intervención en la historia humana para derrocar a los imperios del mal y establecer su reino.[40] La mayoría de los eruditos cree que la literatura apocalíptica surgió a partir de la profecía hebrea y representa una forma intensificada de profecía escrita durante un tiempo de crisis. Vemos otros ejemplos de literatura apocalíptica en Ezequiel, Daniel y Zacarías, y en los escritos judíos no canónicos como, por ejemplo, 1 Enoc y 4 Esdras. Aunque la literatura apocalíptica era bien conocida entre el año 200 aC. y el 200 dC., en nuestros días no estamos muy familiarizados con ella. Hay algún destello apocalíptico en ciertas películas y sátiras políticas, pero en estos casos la comparación deja mucho que desear.

Lo que hace que la literatura apocalíptica sea tan poco familiar para nosotros es su profusa utilización de imágenes. Por lo que a este aspecto se refiere, el libro de Apocalipsis va más allá que cualquier otro apocalipsis.[41] Como señalan Fee y Stuart, aunque estemos relativamente familiarizados con las imágenes verbales que se utilizan en otros lugares de la Escritura, las figuras de la literatura apocalíptica son muchas veces formas fantásticas en lugar de reales (p. ej., langostas con colas de escorpión y cabezas humanas (9:10), una mujer vestida con el Sol (12:1), y una bestia con siete cabezas y diez cuernos (13:1).[42] Cuando Jesús compara a sus seguidores con la sal y la luz (Mt. 5:13-14), entendemos bien lo que quiere decir. Pero ¿quién ha visto una bestia con siete cabezas y diez cuernos?

Lo que con frecuencia hace que las imágenes sean especialmente extrañas es el modo en que se combinan sus elementos. Por ejemplo, sabemos qué es una mujer y también qué es el Sol, pero no sabemos gran cosa acerca de «una mujer vestida con el Sol». En su condición de escrito profético y apocalíptico, el libro de Apocalipsis está lleno de extrañas visiones e imágenes un tanto estrambóticas. ¿Cuál es propósito de todas estas imágenes y símbolos? Esto nos lleva a considerar el propósito general del libro.

---

[40] Cf. la definición que ofrece Robert H. Mounce, *The Book of Revelation*, rev. ed. (NICNT; Grand Rapids: Eerdmans, 1998), 1 [*Comentario al Libro de Apocalipsis*, Terrassa: CLIE, Colección Teológica Contemporánea, 2007].

[41] Bauckham, *Theology of Revelation*, 9.

[42] Fee y Stuart, *How to Read the Bible*, 252.

¿Cuál es el propósito del libro de Apocalipsis?

El propósito del libro de Apocalipsis está vinculado a su carácter de carta profética y apocalíptica, en especial por lo que respecta a sus imágenes. Las imágenes de Apocalipsis crean un mundo simbólico al que los lectores pueden acceder a medida que leen (o escuchan) el contenido del libro. Cuando entran en este universo simbólico, su mensaje afecta y cambia por completo la percepción que tienen del mundo en que viven.[43] Ahora, siendo transportados al futuro por las visiones de Apocalipsis, perciben su situación en este mundo desde una perspectiva celestial. Desde esta posición estratégica, pueden ver el presente desde la perspectiva de su resultado final: la victoria final de Dios[44] De esta manera el libro de Apocalipsis proporciona a los cristianos una serie de «contra imágenes proféticas» con las que purificar su imaginación de la cosmovisión pagana del mundo, restaurándola con verdaderas representaciones de la realidad actual y futura bajo el gobierno de Dios.[45] Bauckham ilustra este hecho utilizando Apocalipsis 17:

> Por ejemplo, en el capítulo 17 los lectores de Juan comparten su visión de una mujer. A primera vista, puede parecer una imagen de la diosa Roma, en toda su gloria, una deslumbrante personificación de la civilización romana, tal y como se la adoraba en muchos templos de las ciudades de Asia. Pero según la percepción de Juan, es una prostituta romana, una seductora ramera e insidiosa hechicera cuya riqueza y esplendor representan los turbios beneficios de su vergonzoso comercio. A fin y efecto de subrayar esta impresión, el texto refleja una serie de paralelos bíblicos con la ramera Jezabel. De este modo, los lectores de Juan pueden percibir algo del verdadero carácter de Roma: la tremenda corrupción moral que se esconde tras los seductores engaños de la propaganda imperial que recorre constantemente las ciudades del estado.[46]

A medida que los cristianos que viven en circunstancias hostiles van leyendo el libro una y otra vez, reciben el constante recordatorio de que

---

[43] Bauckham, *Theology of Revelation*, 10.
[44] *Ibíd.*, 7.
[45] *Ibíd.*, 17.
[46] *Ibíd.*, 17–18.

«lo que ellos creen no es algo extraño e inverosímil, sino completamente normal desde la perspectiva de Dios».[47] Al utilizar de esta manera las imágenes, el libro de Apocalipsis responde a la pregunta, «¿Quién es el Señor?». Durante los periodos de opresión y persecución, el justo sufre y los impíos parecen prosperar. Esto plantea la cuestión de si Dios está en el trono y sigue teniendo control de la situación. El libro de Apocalipsis nos dice que a pesar de las apariencias, ni César ni Satanás son el Señor: ¡Jesús lo es!, y su venida para poner en orden todas las cosas está próxima. El Apocalipsis de Juan aporta la palabra profética de parte de Dios que el pueblo necesita para permanecer fiel en medio de la oposición.

Dios utiliza esta carta profética y apocalíptica para abrir el telón de su drama cósmico y mostrar a su pueblo cómo se desarrollarán finalmente las cosas. El mensaje principal del libro de Apocalipsis es «¡Dios prevalecerá!». A aquellos que no están entrando en componendas con el mundo pagano, ver el futuro de Dios les llenará de esperanza en el presente. Sin embargo, para quienes sí están cediendo, el mensaje de Juan será un revulsivo que les sacudirá de su sopor espiritual y les advertirá de su necesidad de arrepentimiento. Como «último capítulo» de la historia de la salvación, el libro de Apocalipsis nos ofrece un anticipo de la victoria final de Dios y la perspectiva y ánimo que necesitamos para vencer.

Interpretar el libro de Apocalipsis

Tradicionalmente los intérpretes se han acercado al libro de Apocalipsis desde cuatro perspectivas principales. El acercamiento *preterista* toma en serio el contexto histórico de Apocalipsis e intenta explicar el libro del modo en que los receptores de Juan lo habrían entendido. Se entiende que muchos de los acontecimientos descritos se cumplieron en el siglo primero. El acercamiento *historicista* concibe el libro de Apocalipsis como un mapa o bosquejo de lo que ha venido sucediendo a lo largo de la historia de la Iglesia desde el siglo primero y de lo que sucederá hasta el regreso de Cristo. Por otra parte, el acercamiento *futurista* entiende que la mayor parte del libro se relaciona con los acontecimientos futuros inmediatamente anteriores al final de la historia. Por último, el enfoque *idealista* no explica el libro de Apocalipsis en

---

[47] Beale, *Revelation*, 175.

términos de ninguna referencia temporal específica, sino que más bien lo relaciona con la constante lucha entre el bien y el mal.

En este capítulo, hemos optado por un acercamiento a la lectura de Apocalipsis más bien *ecléctico*: una combinación de lo mejor de los enfoques anteriores. No hay duda de que el libro de Apocalipsis parece dirigirse directamente a los primeros cristianos. Hemos de leerlo del mismo modo que leemos cualquier otro libro de la Biblia, a saber, tomando en serio su contexto histórico. El Apocalipsis presenta también verdades intemporales que nos ayudan a sobrevivir en la lucha entre el bien y el mal. Las visiones de este libro nos retan a abandonar toda complacencia y a permanecer fieles durante los periodos de persecución. Además, este libro tiene sin duda algo que decir respecto a acontecimientos aun futuros. Algunos de los eventos que describe aguardan un cumplimiento futuro (p. ej., el regreso de Cristo, el juicio del gran trono blanco, y la llegada de la ciudad santa).

Además de estos acercamientos generales al libro de Apocalipsis, necesitamos algunos principios más específicos para leer esta carta profética y apocalíptica. Ahí van siete sugerencias:[48]

1. Leamos el Apocalipsis con humildad. Hemos de resistirnos a aceptar acercamientos excesivamente simplistas que pretenden hacer fácil la comprensión de este libro. ¡Apocalipsis no tiene nada de fácil! Es muy probable que quienes desean satisfacer su curiosidad o no están dispuestos a vivir con ninguna incertidumbre saquen conclusiones que no están en el libro de Apocalipsis. Tengamos cuidado con los exegetas que parecen tener todas las respuestas hasta de los detalles más nimios. Hemos de sospechar de aquellos «expertos» que pretenden tener un conocimiento absoluto del texto del Apocalipsis. Leer con una actitud humilde significa estar dispuestos a reconocer que nuestra interpretación podría ser errónea, y a cambiar nuestro punto de vista cuando las pruebas bíblicas apuntan en una dirección distinta.

2. Intentemos descubrir el mensaje dirigido a los primeros lectores. El descubrimiento del mensaje remitido a la audiencia original es la prioridad de cualquier libro de la Biblia, pero en especial de éste. Cuando se lee el libro de Apocalipsis, se tiene en general la tendencia a ignorar a los primeros cristianos y se pasa directamente al mensaje de Dios para nosotros. Algunos utilizan los periódicos actuales como la clave interpretativa del libro de Apocalipsis. Sin embargo, como obser-

---

[48] Muchos de estos principios interpretativos proceden de la obra de Fee y Stuart, *How to Read the Bible*, 253–57.

va Keener, este acercamiento no es demasiado compatible con una elevada idea de la Escritura.[49] El acercamiento del «periódico» da por sentado que estamos viviendo en la última generación del pueblo de Dios. Implica también que en este libro Dios no estaba hablando realmente a los primeros cristianos. ¿No parecen esto un poco arrogante por nuestra parte como exegetas contemporáneos? ¿Qué sucedería si Cristo no regresara a la Tierra hasta el año 4000 aC.? ¿Seguiría teniendo el libro de Apocalipsis algún mensaje para nosotros aunque no seamos la última generación? No hemos de olvidar que hay una promesa de bendición para los primeros cristianos por su obediencia al libro de Apocalipsis (1:3) y que éste se describe como no sellado (o abierto), aun para los creyentes del tiempo de Juan (22:10).

Lo mejor es comenzar con la pregunta: «¿Qué pretendía transmitir Juan a sus receptores?». Si nuestra interpretación no tiene ningún sentido para los primeros lectores, probablemente hemos perdido de vista el verdadero significado del pasaje. Fee y Stuart nos recuerdan que es muy importante entender el mensaje dirigido a la audiencia original: «Igual que en el caso de las Epístolas, el significado principal del libro de Apocalipsis lo encontramos en el sentido que Juan quería dar a sus palabras, lo que a su vez ha de ser también algo que sus lectores habrían podido entender».[50] El recorrido interpretativo nos sirve de recordatorio de que hemos de entender lo que el texto significó en el tiempo de Juan a fin de entender lo que significa en nuestros días.

3. No intentemos desarrollar un estricto mapa cronológico de acontecimientos futuros. No esperemos que el libro de Apocalipsis progrese de un modo escrupuloso lineal; es una obra llena de visiones proféticas y apocalípticas cuyo propósito es hacer un dramático impacto en el lector más que presentar una exacta secuencia cronológica de los acontecimientos futuros. Observemos, por ejemplo, que el sexto sello (6:12-17) nos lleva hasta el fin de la era.

Vi cuando el Cordero abrió el sexto sello, y hubo un gran terremoto, y el sol se puso negro como cilicio hecho de cerda, y toda la luna se volvió como sangre, y las estrellas del cielo cayeron a la tierra, como la higuera deja caer sus higos verdes al ser sacudida por un fuerte viento. Y el cielo desapareció como un pergamino que se enrolla, y todo monte e isla fueron removidos de su lugar. Y los reyes

[49] Keener, *Revelation*, 21–22.
[50] Fee y Stuart, *How to Read the Bible*, 254.

de la tierra, y los grandes, los comandantes, los ricos, los poderosos, y todo siervo y todo libre, se escondieron en las cuevas y entre las peñas de los montes; y decían a los montes y a las peñas: Caed sobre nosotros y escondednos de la presencia del que está sentado en el trono y de la ira del Cordero, porque ha llegado el gran día de la ira de ellos, ¿y quién podrá sostenerse?

Sin embargo, cuando se abre el séptimo sello se nos presenta una nueva serie de juicios —las trompetas— y la séptima trompeta (11:15-19) nos lleva de nuevo hasta el fin de la era:

El séptimo ángel tocó la trompeta, y se levantaron grandes voces en el cielo, que decían: El reino del mundo ha venido a ser el reino de nuestro Señor y de su Cristo; y El reinará por los siglos de los siglos. Y los veinticuatro ancianos que estaban sentados delante de Dios en sus tronos, se postraron sobre sus rostros y adoraron a Dios, diciendo: Te damos gracias, oh Señor Dios Todopoderoso, el que eres y el que eras, porque has tomado tu gran poder y has comenzado a reinar. Y las naciones se enfurecieron, y vino tu ira y llegó el tiempo de juzgar a los muertos y de dar la recompensa a tus siervos los profetas, a los santos y a los que temen tu nombre, a los pequeños y a los grandes, y de destruir a los que destruyen la tierra. El templo de Dios que está en el cielo fue abierto; y el arca de su pacto se veía en su templo, y hubo relámpagos, voces y truenos, y un terremoto y una fuerte granizada.

A continuación con la primera copa que encontramos en 16:1–2 se nos dan otra serie de juicios. En los capítulos 19–22 Juan confecciona una imagen más adornada y detallada del tiempo del fin, no obstante, como hemos podido observar, esta no es la primera vez que se transporta a los lectores al periodo del fin.

A menor escala, en Apocalipsis 6:12–16 se nos dice que «las estrellas del cielo cayeron sobre la tierra.... el cielo desapareció como un pergamino que se enrolla... y todo monte e isla fueron removidos de su lugar». No obstante en 7:3 se les dice a cuatro ángeles que no hagan «daño, ni a la tierra ni al mar ni a los árboles, hasta que hayamos puesto un sello en la frente a los siervos de nuestro Dios». Intentar forzar una estricta secuencia cronológica en estos textos carecería de sentido. Por ello, nuestro consejo es que en lugar de esforzarnos en desarrollar un mapa cronológico de los futuros acontecimientos que se presentan en Apocalipsis, procuremos más bien entender el mensaje principal de cada visión para el presente.

4. Tomémonos en serio el libro de Apocalipsis, pero no siempre de un modo literal. En ocasiones, quienes opinan que hemos de interpretar la Escritura de un modo simbólico pretenden con ello negar la realidad de alguna verdad bíblica o de algún acontecimiento histórico. Cuando dicen que algo es figurativo o simbólico, quieren decir que el suceso en cuestión no es verdadero o que nunca tuvo lugar. Esta no es nuestra intención en *Entendiendo la Palabra de Dios*. Por nuestra parte insistimos en que el lenguaje figurativo con sus símbolos, imágenes, y figuras es un vehículo adecuado para describir verdades y acontecimientos literales. Este tipo de lenguaje es simplemente otro recurso lingüístico, otra manera de expresar la realidad. En nuestra opinión, el libro de Apocalipsis utiliza el lenguaje figurativo para *subrayar* realidades históricas más que para negarlas o reducir su importancia.

Una de las reglas esenciales de interpretación es que nuestro método ha de ser siempre acorde con el género literario que utiliza el autor. Por ello, no podemos considerar el lenguaje figurativo de un modo literal. Cuando intentamos forzar un método literal en el lenguaje figurativo, corremos el riesgo de pervertir el sentido que el autor quería dar a sus palabras.

Por ejemplo, ¿qué sucede cuando tomamos literalmente Apocalipsis 17:9 acerca de la mujer que se sienta sobre siete montes? Insistir en una explicación literal de esta imagen nos lleva a una mujer muy grande o a siete montes muy pequeños. Sin embargo, nuestra afirmación de que la mujer de 17:9 no es literal, no niega en absoluto la realidad de la Escritura. No interpretamos la imagen de un modo literal, pero sí de un modo serio. Los cristianos del primer siglo entenderían de manera natural que la mujer representaba a Roma, una ciudad construida sobre siete montes. Es probable que el texto apunte también más allá de Roma a otros poderosos imperios paganos hostiles a Dios. Hemos de tomar el lenguaje figurativo muy en serio, pero no de un modo literal.

En Apocalipsis 1:1 se nos dice que Dios «dio a conocer» el libro a Juan. La palabra que se traduce como «dar a conocer» sugiere que Dios ha comunicado el libro a Juan por medio de signos o símbolos.[51] Según Beale, el trasfondo de este término es Daniel 2, donde Dios «da a

---

51 Beale, *Revelation*, 50–55.

entender» al rey lo que sucederá en los últimos días, mostrándole una revelación por medio de imágenes (Dan 2:45). Cuando interpretamos una parte considerable de la Biblia, la regla general es que hemos de hacerlo de un modo literal excepto en aquellos casos en que el contexto demanda claramente una lectura simbólica. El término «dar a conocer» de Apocalipsis 1:1 sugiere que en este libro, hemos de aplicar precisamente la regla general contraria: interpretar de un modo simbólico a no ser que el contexto demande una lectura literal.[52]

5. Prestemos atención cuando Juan identifica una imagen en concreto. Cuando Juan mismo nos da una clave para la interpretación de una imagen, hemos de tomar nota de sus indicaciones. En otras palabras, hemos de prestar mucha atención cuando Juan identifica o define las imágenes. Por ejemplo, en Apocalipsis 1:17, el Hijo del Hombre es Cristo, en 1:20 los candeleros de oro representan las iglesias, en 5:5–6 el León es el Cordero, en 12:9 el dragón es Satanás, y en 21:9–10 la Jerusalén celestial es la esposa del Cordero o la Iglesia. Cuando las imágenes que Juan ha identificado se repiten más adelante en el mismo libro, hemos de asumir que éstas aluden probablemente a las mismas cosas.

Por ejemplo, los candeleros se identifican claramente en 1:20 como las iglesias: «Las siete estrellas son los ángeles de las siete iglesias, y los siete candeleros son las siete iglesias». Cuando la imagen del candelabro aparece más adelante en 11:3–4, hemos de asumir que probablemente se refiere también a la iglesia de allí, basándonos en la anterior identificación de Juan:

Y otorgaré autoridad a mis dos testigos, y ellos profetizarán por mil doscientos sesenta días, vestidos de cilicio. Estos son los dos olivos y los dos candeleros que están delante del Señor de la tierra.

En tal caso, la directriz interpretativa sugiere que los dos testigos de Apocalipsis 11 representan a la Iglesia que da testimonio.

Hemos de tener cuidado de no confundir la directa identificación de una imagen por parte de Juan (las que acabamos de mencionar), con el profuso uso que éste hace de las imágenes en Apocalipsis. En otras palabras, Juan no se permite la utilización de la misma imagen para aludir a realidades diferentes. Por ejemplo, las siete estrellas son los ángeles de las siete iglesias (1:16, 20; 2:1; 3:1). Sin embargo, Juan también

---

[52] *Ibíd.*, 52.

utiliza la imagen de una estrella (no siete) para referirse a otras cosas, como por ejemplo a ciertos agentes del juicio de Dios (8:10-12) o hasta al propio Jesús (22:16). Del mismo modo, la imagen de una mujer puede referirse a la falsa profetisa (2:20), la comunidad mesiánica (c. 12), la ciudad o el imperio (c. 17), y a la desposada de Cristo (19:7; 21:9). Aunque Juan utiliza las imágenes con gran libertad para aludir a cosas diferentes, cuando identifica una en concreto, hemos de prestar especial atención a su explicación.

6. *En nuestra interpretación de imágenes y símbolos hemos de buscar respuestas en el Antiguo Testamento y en el contexto histórico.* En el libro de Apocalipsis Juan utiliza el lenguaje en distintos niveles:

• Nivel del texto: las palabras consignadas en el pasaje
• Nivel de la visión: el cuadro que describen las palabras
• Nivel de referencia: aquello a lo que alude la visión en la vida real

Uno de los aspectos más difíciles del libro de Apocalipsis es entender el sentido de las imágenes y símbolos. Aun cuando comprendamos bien los niveles del texto y de la visión, puede que no entendamos lo que está sucediendo en el nivel de referencia. En otras palabras, por regla general sabemos lo que dice el libro de Apocalipsis, sin embargo, muchas veces no estamos seguros de lo que ello significa realmente.

Las respuestas están principalmente en el contexto histórico del primer siglo y en el Antiguo Testamento. Anteriormente hemos hablado un poco del contexto histórico, pero no hemos dicho gran cosa respecto a la utilización del Antiguo Testamento por parte de Apocalipsis. Aunque en Apocalipsis no hay ninguna cita explícita del Antiguo Testamento, el libro está lleno de ecos y alusiones a los documentos veterotestamentarios. De hecho, el libro de Apocalipsis contiene más referencias al Antiguo Testamento que cualquier otro libro del Nuevo Testamento; casi un 70 por ciento de los versículos incluyen alguna referencia veterotestamentaria.[53] Los libros más aludidos son Salmos, Isaías, Daniel, y Ezequiel.

Vamos a ver brevemente cómo Juan se sirve del libro de Daniel para describir su visión de Jesús en Apocalipsis 1. Obsérvese cuántas palabras y expresiones de Daniel utiliza Juan para representar a Jesús como un ser glorioso y divino (ver las palabras en cursiva):

---

[53] Keener, *Revelation*, 33.

Seguí mirando hasta que se establecieron tronos, y el Anciano de Días se sentó. Su vestidura era blanca como la nieve, y el cabello de *su cabeza como lana pura*, su trono, llamas de fuego,.... Seguí mirando en las visiones nocturnas, y he aquí, *con las nubes del cielo venía uno como un Hijo de Hombre*, que se dirigió al Anciano de Días y fue presentado ante El. Y le fue dado dominio, gloria y reino, para que todos los pueblos, naciones y lenguas le sirvieran. Su dominio es un dominio eterno que nunca pasará, y su reino uno que no será destruido. (Dan 7:9, 13–14)

Alcé los ojos y miré, y he aquí, había un hombre vestido de lino, cuya cintura estaba ceñida *con un cinturón de oro puro* de Ufaz. Su cuerpo era como de berilo, su rostro tenía la apariencia de un relámpago, *sus ojos eran como antorchas de fuego, sus brazos y pies como el brillo del bronce bruñido, y el sonido de sus palabras como el estruendo de una multitud.* (Dan 10:5–6)

He aquí, *viene con las nubes y* todo ojo le verá, aun los que le traspasaron; y todas las tribus de la tierra harán lamentación por Él; sí. Amén. Y me volví para ver de quién era la voz que hablaba conmigo. Y al volverme, vi siete candeleros de oro; y en medio de los candeleros, vi a *uno semejante al Hijo del Hombre*, vestido con una túnica que le llegaba hasta los pies y ceñido por el pecho *con un cinto de oro.* Su cabeza y sus cabellos *eran blancos como blanca lana*, como nieve; *sus ojos eran como llama de fuego; sus pies semejantes al bronce bruñido cuando se le ha hecho refulgir en el horno, y su voz como el ruido de muchas aguas.* (Apoc 1:7, 12–15)

Entender este pasaje de Daniel nos ayuda a entender Apocalipsis 1. Juan utiliza muchas veces el lenguaje del Antiguo Testamento para describir lo que ha visto y oído. En nuestros esfuerzos por entender el sentido de la visión, hemos de recurrir al contexto histórico y al Antiguo Testamento.

7. Por encima de todo, hemos de centrar nuestra atención en la idea principal y no querer encontrar un significado a todos los detalles. Esta última directriz interpretativa es quizá la más importante. En la interpretación de la mayoría de los géneros literarios de la Biblia, comenzamos con los detalles del pasaje y nos vamos abriendo camino hacia la comprensión del todo. Sin embargo, en el libro de Apocalipsis, hemos de comenzar con la idea general para ir después desarrollando un entendimiento de los detalles. Para identificar los principios teológicos del libro de Apocalipsis, hemos de centrar nuestra atención en las ideas principales. Proponemos estas directrices: Leamos una parte del texto de Apocalipsis y expresemos la idea principal en una corta afirmación. Por ejemplo, Apocalipsis 4–5 nos habla (idea principal) del Señor ascendido y exaltado, el único digno de ejecutar los juicios divinos.

Los detalles de cualquier sección en particular servirán para elevar el impacto sobre el lector, pero no cambiarán la idea principal. Resistamos la tentación de centrarnos en los detalles para no perder de vista la idea principal. No permitamos que el punto principal de cada sección o visión quede en una posición secundaria. Como se ha dicho: cuando leemos el libro de Apocalipsis, ¡lo principal es hacer que lo principal sea lo principal!

Si la regla cardinal de la interpretación es entender la idea principal de cada visión, se hace entonces importante adquirir una comprensión general del desarrollo del libro. Apocalipsis se despliega en siete amplios movimientos, precedidos por una introducción y seguidos de una conclusión.

¿Cómo se desarrolla el libro de Apocalipsis?

Introducción (1:1–3:22)
Los primeros versículos de esta carta profética y apocalíptica nos dicen que hay una bendición para aquellos que oyen su mensaje y lo toman en serio. El resto del capítulo 1 nos presenta a Juan y describe su visión de «uno como un Hijo del Hombre» (Jesús) que se pasea entre los siete candeleros de oro (las iglesias). Juan ha sido seleccionado para escribir la revelación de Jesucristo en un rollo y mandarla a estas iglesias.

Los capítulos 2–3 contienen los siete mensajes a las iglesias. Estos mensajes contienen generalmente una descripción de Cristo, seguida por sus elogios, la advertencia, y la promesa para la Iglesia. Al final de esta larga introducción, los lectores tienen una clara idea de quién es Jesús (el Señor Soberano) y lo que se espera de sus seguidores.

La visión de Dios y del Cordero (4:1-5:14)

Los siete mensajes plantean la escena de la Tierra y clarifican los peligros a los que se enfrenta la Iglesia: persecución y componendas con el Imperio. En los capítulos 4–5 la escena se desarrolla en el Cielo, donde Dios, sentado en su trono, reina con su majestuoso poder. Todo el cielo adora al Creador. Es igualmente digno de incesante alabanza el León/ Cordero (Jesús), el único capaz de abrir el rollo. Por su muerte expiatoria el Cordero ha redimido a un pueblo para servir a Dios.

Apertura de los Siete Sellos (6:1–8:1)

El escenario ha quedado establecido y ahora comienza formalmente la revelación de la victoria final de Dios. Esta sección señala la primera de una serie de tres visiones de juicio, cada cual con siete elementos:

- Siete sellos (6:1–8:1)
- Siete trompetas (8:2–11:19)
- Siete copas (15:1–16:21)

En las dos primeras series —los sellos y las trompetas— hay un espectacular interludio entre el sexto y el séptimo elemento.

El capítulo 6 comienza con la apertura de los primeros cuatro sellos (los famosos cuatro jinetes del Apocalipsis: conquista, guerra, hambre, y muerte). En el quinto sello se consigna la pregunta de los mártires, «¿Hasta cuándo, Soberano Señor?». En vista del gran día de la ira del Cordero el sexto sello concluye con otra pregunta: «¿y quién podrá sostenerse?».

Antes de la apertura de este último sello, hay un interludio en el capítulo 7 que consta de dos visiones. En la primera, los siervos de Dios (los 144.000), son sellados como objetos de la protección divina (7:1-8). La segunda describe una gran multitud de creyentes que están en pie ante el trono de Dios (7:917). A medida que se van rompiendo los sellos, Dios se ocupa de animar y dar confianza a su pueblo revelándoles lo que les espera en el Cielo. Con la apertura del séptimo sello en 8:1, se produce una dramática pausa antes de la próxima serie de siete.

Los toques de las Siete Trompetas (8:2-11:19)

Las trompetas ponen de relieve el juicio de Dios sobre un mundo perverso. Siguen el patrón de las plagas de Egipto que conducen al Éxodo. A pesar de unos juicios que van creciendo en intensidad, «los moradores de la tierra» (una expresión común en Apocalipsis para aludir a los no creyentes) se niegan a arrepentirse (9:20-21).

De nuevo, antes del séptimo elemento de la serie, encontramos un interludio que consta de dos visiones: la del ángel y el librito (10:1-11) y la de los dos testigos (11:1-14). Una vez más, estas visiones ofrecen ánimo a los santos y les instruyen acerca de cuál ha de ser su conducta durante este periodo en el que Dios cumple sus propósitos en la Historia. Con la séptima trompeta regresamos de nuevo a una escena de adoración celestial y se nos dice que «El reino del mundo ha venido a ser el reino de nuestro Señor y de su Cristo; y Él reinará por los siglos de los siglos». (11:15).

El Pueblo de Dios versus los poderes del Mal (12:1–14:20)

En Apocalipsis 12 se explica la verdadera razón por la que el pueblo de Dios ha de sufrir la hostilidad de este mundo: el conflicto entre Dios y Satanás (el dragón). Satanás intentó destruir a Cristo (el hijo varón), sin embargo fue derrotado decisivamente por su muerte y resurrección. Como enemigo derrotado y conocedor de que cuenta con un periodo limitado de tiempo para llevar a cabo su insidiosa tarea, Satanás dirige su furia contra el pueblo de Dios. Fee y Stuart observan acertadamente que «el capítulo 12 es la clave teológica del libro».[54] Conocer la verdadera razón de la persecución y la seguridad de la victoria anima al pueblo de Dios a perseverar hasta el fin.

El capítulo 13 introduce a dos agentes de Satanás para hacer la guerra contra el pueblo de Dios (la bestia que sube del mar (13:1-10) y la bestia que procede de la tierra (13:11-18). El poder político pagano une sus fuerzas con la religión falsa. El dragón y las dos bestias constituyen una trinidad satánica o profana, decidida a seducir y destruir al pueblo de Dios.

Sin embargo, en el capítulo 14 el lector percibe un nuevo destello de las bendiciones del futuro final que Dios está preparando para su pueblo. A pesar de la persecución que padecen ahora en este mundo, los seguidores del Cordero estarán un día con Él sobre el Monte Sión

---

[54] Fee y Stuart, *How to Read the Bible*, 261.

y cantarán un cántico nuevo de redención. Después de esta escena celestial Juan consigna tres proclamaciones angélicas del juicio de Dios, seguidas de dos visiones de juicio para lo cual utiliza las imágenes de una siega y un lagar. Esta última parte del capítulo 14 nos recuerda que el juicio de Dios sobre el mal es seguro y anima a los santos a permanecer fieles a Jesús.

El derramamiento de las Siete Copas (15:1–16:21)

El capítulo 15 nos presenta a siete ángeles con siete copas de oro que están llenas de la ira de Dios. Las copas siguen a los sellos y a las trompetas y constituyen la última serie de siete elementos. El capítulo 16 describe el derramamiento de estas siete copas sobre un mundo impenitente. Las plagas son expresiones devastadoras, ininterrumpidas y universales de la ira de Dios hacia el pecado y la maldad. Dios obligará a Babilonia la grande (el Imperio Romano del siglo primero) a beber del vino del furor de su ira (16:19). En respuesta, los moradores de la tierra, no solo se niegan a arrepentirse, sino que llegan hasta el punto de maldecir a Dios (16:9, 11, 21).

El juicio de Babilonia (17:1-19:5)

A partir de este punto del libro Juan pone ante nosotros el «relato de dos ciudades»: la ciudad de la Humanidad (la Babilonia terrenal destinada a la destrucción) y la ciudad de Dios (la Jerusalén celestial, donde Dios morará eternamente entre su pueblo).[55] Los capítulos 17–18 describen la muerte de Babilonia, la gran madre de las rameras. Babilonia representa, sin duda, a Roma, un poder pagano del que se dice que está ebrio «de la sangre de los santos, y de la sangre de los testigos de Jesús» (17:6). Los lamentos fúnebres del capítulo 18 dejan paso a una explosiva celebración en el cielo donde el pueblo de Dios prorrumpe en júbilo por la caída de Babilonia.

La victoria final de Dios (19:6–22:5)

Esta sección de Apocalipsis describe la victoria final de Dios sobre las fuerzas del mal y la también final recompensa de su pueblo. La escena comienza con el anuncio de las bodas del Cordero (19:6-10) y el regreso de Cristo a recoger a su novia (19:11-16). El Cristo guerrero regresa, captura a las dos bestias y a sus aliados, y los arroja al lago de fuego que

---

[55] Mounce, *The Book of Revelation*, 306.

arde con azufre (19:17-21). Se ata al dragón o Satanás (20:1–3), y durante este tiempo los fieles seguidores de Jesús reinan con Él (20:4–6). Al
final de este periodo Satanás es puesto en libertad de su cárcel temporal,
aunque solo para unirse a las dos bestias en sus padecimientos eternos
(20:7–10). Los muertos son juzgados por aquel que está sentado en el
gran trono blanco. Aquellos cuyos nombres no aparecen en el libro de la
vida son también arrojados al lago de fuego (20:11–15). En este punto se
juzga a la propia muerte.

Tras el juicio del pecado, Satanás y la muerte, Dios da paso al eterno estado de gloria. En 21:1–8 se ofrece una descripción general del
«nuevo cielo y la nueva tierra», seguida de una exposición más detallada en 21:9–22:5. No habrá ya más clamor o dolor o muerte: Dios está
haciendo nuevas todas las cosas (21:4). La promesa del Antiguo Testamento de que Dios va a vivir entre su pueblo encuentra aquí su completo cumplimiento (21:3). En la ciudad de Dios no hay templo puesto
que el santuario es el propio Dios Todopoderoso y el Cordero (21:22).

La victoria de Dios es completa y la comunión que Él deseaba tener
con Adán y Eva ha sido ahora recuperada en un huerto del Edén restaurado y completo, con árbol de la vida incluido (22:1–2). La maldición
del pecado ha sido borrada, y la humanidad redimida es, de nuevo, capaz de andar con Dios y de ver su rostro (22:4).

Conclusión (22:6–21)

El libro de Apocalipsis termina con una última bendición para aquellos
que guardan «las palabras de la profecía de este libro» (22:7) y una advertencia para aquellos que practican la inmoralidad sexual, la idolatría,
y este tipo de cosas (22:15). Este libro es una auténtica revelación de parte de Dios y debería leerse fielmente a las iglesias (22:6, 16). Jesús asegura a su pueblo que su regreso es inminente (22:7, 12, 20). Y Juan responde con una oración que los cristianos de todos los tiempos pueden
hacer suya: «Ven, Señor Jesús». Hasta que llegue este momento, Juan
afirma: «la Gracia del Señor Jesús sea con todos. Amén» (22:21).

Apocalipsis 12:1–17 y el recorrido Interpretativo

Antes de terminar este capítulo, queremos poner un ejemplo que nos
ayude en la aplicación de los pasos del recorrido interpretativo a un pasaje del libro de Apocalipsis. Apocalipsis 12:1–17 es un texto intere-

sante como modelo. Somos conscientes de que algunos no estarán de acuerdo con nuestras interpretaciones de este pasaje, pero lo que importa ahora es que podamos ver la aplicación del recorrido a un texto de este libro.

Paso 1: Entender el texto en su contexto original. ¿Qué significó el texto para los receptores bíblicos? Este paso consiste en entender el contexto del capítulo 12 de modo que podamos interpretar los símbolos («signos» en 12:1, 3) en vista de dicho contexto. El capítulo comienza con una mujer que se dispone a dar a luz un hijo varón. Un enorme dragón rojo está esperando con la intención de devorar al niño. Sin embargo, tan pronto como éste nace, es arrebatado y llevado a Dios, quien también proporciona a la madre un lugar seguro de la persecución del dragón en la Tierra. Entonces el relato pasa a una escena en el Cielo, donde el arcángel Miguel y sus ángeles libran una batalla contra el dragón y sus huestes. El dragón (a quien ahora se le llama explícitamente «el Diablo, o Satanás») es derrotado y arrojado a la Tierra. Furioso por su derrota, como un enemigo que ha sido expulsado de su lugar en el Cielo, el Diablo persigue a la mujer con aires de venganza y hace guerra contra el resto de su descendencia.

¿Cómo entenderían estos personajes los receptores del primer siglo? Lo más probable es que no identificaran a la mujer con María, la madre de Jesús (una interpretación de un periodo muy posterior). Probablemente pensarían en la mujer como el verdadero Israel, la fiel comunidad que da a luz tanto al Mesías como a la Iglesia. Tanto el hijo varón como el resto de la descendencia de la mujer (12:17) son claves para identificar a la mujer. Obsérvese que a menudo los profetas describen a Israel justo como una madre y los símbolos que se utilizan en 12:1 confirman esta interpretación (cf. Génesis 37:9).[56] Después de dar a luz al Mesías, la mujer huye a un lugar de refugio espiritual donde permanece durante un periodo de mil doscientos sesenta días, que representa el tiempo de persecución que va entre la ascensión y exaltación de Cristo y su regreso futuro (cf. Apocalipsis 11:2; 12:14; 13:5).

En el pasaje se identifica explícitamente al dragón como el diablo o Satanás (12:9). Este enemigo de Dios intenta devorar al hijo varón y pervertir a los moradores de la Tierra. La detallada descripción del dragón (de color rojo, con siete cabezas, diez cuernos y siete coronas) solo sirve para realzar el carácter formidable de la imagen.

---

[56] Keener, *Revelation*, 314.

Se nos dice que el hijo varón «regirá a las naciones con vara de hierro» (12:5), una alusión al Salmo 2 que se aplica a Jesús con mayor claridad, si cabe, en Apocalipsis 19:5. No hay ninguna duda de que el hijo varón representa a Jesucristo. Después de su nacimiento es llevado a Dios. Al pasar directamente del nacimiento de Jesús a su ascensión y entronización, Juan subraya que la perversa conspiración de Satanás ha sido frustrada por la encarnación, vida, muerte, resurrección, ascensión y exaltación de Jesús.

La audiencia original habría entendido la guerra en el cielo (12:7–12) y la posterior furia del diablo (12:13–17) como una explicación de dos importantes realidades. (1) Dios ha derrotado a Satanás y la victoria es segura, (2) el pueblo de Dios en la Tierra continuará sufriendo como víctima de la furia del diablo. Esta perspectiva celestial de las cosas ayudaría a la audiencia original a entender las verdaderas razones de la hostilidad que enfrentaban y les estimularía a perseverar. También ellos podían hacer suya la victoria y vencer al diablo «por la sangre del Cordero y por la palabra de su testimonio», es decir, dando un fiel testimonio del Evangelio de Jesucristo aun si ello les costaba la vida (12:11).

Paso 2: Medir la anchura del río a cruzar. ¿Cuáles son las diferencias entre los receptores bíblicos y nosotros? Igual que para la audiencia original, también para nosotros la primera venida de Cristo queda atrás y la segunda, adelante. Tanto los receptores bíblicos como los de nuestros días vivimos entre el *ya* y el *todavía no*. Puesto que compartimos esta misma situación con la audiencia original, también nosotros podemos esperar sufrimientos por causa del Evangelio. Por nuestra condición de descendencia de la mujer (12:17), también nosotros tendremos que hacer frente a la ira de un diablo derrotado. No obstante, teniendo en cuenta que nosotros vivimos en un lugar y un momento histórico distintos (i.e., no somos súbditos del emperador romano Domiciano), nuestro sufrimiento puede adquirir formas e intensidades distintas. En general, las iglesias de Europa o Norteamérica no están siendo perseguidas del mismo modo y con la misma intensidad que lo estaban las iglesias de Asia Menor, aunque esto podría cambiar.

Sin embargo, sí luchamos con muchas de las mismas tentaciones a la autocomplacencia y a las componendas a las que las iglesias de Asia Menor tenían que hacer frente. La inmoralidad, la idolatría, las falsas doctrinas, el materialismo, y otros pecados de este tipo siguen vivos y con buena salud en nuestros días. Igual que nuestros antepasados, también nosotros sentimos el ataque del diablo en nuestros intentos de vivir de manera consistente y fiel en medio de un sistema antagónico a Dios. Sabemos lo que significa estar en guerra con el maligno. El comentario de 12:11 en el sentido de que los creyentes del primer siglo «le han vencido [a Satanás] por medio de la sangre del Cordero y por la palabra del testimonio de ellos» y «no amaron sus vidas hasta la muerte» plantea un enorme desafío a los cristianos europeos y norteamericanos que no estamos habituados a plantearnos sacrificios radicales por causa de Cristo, y menos aún el martirio.

Paso 3: Cruzar el puente de los principios. ¿Cuáles son los principios teológicos que subyacen en este texto? Los principios teológicos se construyen sobre las similitudes entre su situación y la nuestra. En este pasaje surgen varios principios o verdades:

• Existe un verdadero diablo que se opone a Dios y que está empeñado en engañar y destruir al pueblo de Dios. La lucha espiritual es algo muy real.
• Satanás ha sido derrotado por la vida de Cristo y por su obra redentora.
• Los cristianos pueden vencer al diablo cuando viven y proclaman fielmente el Evangelio de Jesucristo.
• Los cristianos pueden esperar sufrimiento por ser fieles en su testimonio a Cristo.

Paso 4: Entender el texto en nuestro contexto. ¿Cómo deberían los cristianos de hoy aplicar este principio teológico a sus vidas? En el capítulo 13 de *Entendiendo la Palabra de Dios* hemos explicado en qué consiste la aplicación de un texto bíblico. En primer lugar, hemos de ver de qué modo los principios del texto operan en la situación original. Utilicemos como ejemplo el tercero de los principios teológicos que acabamos de enumerar. Hay varios elementos comunes en la intersección entre el principio y la situación original: (1) En ambos casos se trata de cristianos (2) que experimentan victoria sobre el diablo (3) viviendo y proclamando el Evangelio de Cristo (4) aun bajo la amenaza de muerte.

A continuación, hemos de encontrar una situación paralela en un contexto contemporáneo. En el contexto original el ataque satánico toma la forma de persecución. Por consiguiente, podemos decir que en cualquier circunstancia en que los cristianos sufran persecución por su fidelidad al Evangelio de Cristo, tenemos una situación paralela.

Por último, nuestra aplicación ha de ser específica. En este ejemplo, los cristianos perseguidos vencen al diablo al vivir y proclamar el Evangelio de Cristo. Como hemos mencionado en el capítulo 13, quizá la mejor manera de aplicar específicamente un principio o verdad teológica es crear un escenario de la vida real que sirva de ilustración o ejemplo del modo en que se pueden poner en práctica los principios bíblicos. Los escenarios en cuestión deberían ser fieles al significado del texto y, al tiempo, pertinentes para los receptores contemporáneos. En este caso se puede crear un escenario que ilustra lo que serían estrategias inapropiadas versus apropiadas para vencer al diablo (p. ej., poner una pegatina en el parachoques del coche con la leyenda «El diablo no se entera» versus lo que sería un auténtico, testimonio verbal de Cristo). O quizá podríamos desarrollar un escenario en el que la cultura coopera con el Evangelio de Cristo en lugar de retraernos para evitar la persecución. En ocasiones el relato de algún suceso real es la mejor ilustración.

Consideremos el conmovedor relato de algunos fieles cristianos nativos de la isla de Buru en Indonesia:

Durante la mañana del 23 de diciembre de 1999, un grupo de musulmanes asesinó a un gran número de cristianos, incluidas mujeres y niños en una fábrica de tableros de madera en la isla indonesia de Buru, según el relato de varios empleados cristianos que sobrevivieron al ataque. Cristianos y musulmanes llevan más de un año de conflictos y cientos de ellos han muerto. Yoke Pauno, una operaria de la fábrica que se ha refugiado en Ambon, la capital, dice haber visto cómo unos musulmanes armados le preguntaban a una mujer que tenía un bebé en brazos si era «obed» o «achan», cristiana o musulmana, en el idioma local. Cuando la mujer respondió «obed», tanto ella como su hijo fueron brutalmente asesinados.[57]

Los escenarios de la vida real y los relatos nos ayudan a entender el texto en nuestro propio contexto.

---

[57] El Dr. Randy Richards, nuestro colega en Ouachita y antiguo misionero en Indonesia, ha confirmado este informe por medio del anterior presidente de su misión, quien entrevistó personalmente a uno de los testigos presenciales. Este relato apareció también en *The Christian Science Monitor*, del 24 de enero de 2000.

Conclusión

En el libro de Apocalipsis, Dios descorre el telón para ofrecer a su pueblo una instantánea de sus planes para la historia humana. El protagonista de este drama cósmico es Jesucristo, el León y el Cordero, que consigue la victoria a través del sacrificio. El libro de Apocalipsis resulta extraño por su mezcla de géneros literarios (es una carta profética y apocalíptica), sin embargo no es un libro cerrado. Podemos entender y aplicar su significado a nuestras vidas, sin embargo hemos de «guiarnos por sus reglas», no las nuestras.

A medida que estudiamos el contexto histórico de Apocalipsis, encontramos una situación en la que los cristianos estaban siendo perseguidos por su fe, por negarse a formar parte de la sociedad pagana. La presión para que los creyentes doblaran su rodilla ante César en lugar de Jesús estaba comenzando a extenderse por todas partes, y la esperanza comenzaba a desvanecerse. Además, una parte del pueblo de Dios se estaba acomodando a su entorno pagano y comenzaba a abandonar su fidelidad a Cristo. El libro de Apocalipsis anima a los perseguidos y advierte a quienes estaban transigiendo con los valores paganos.

Podemos decir que el propósito de Apocalipsis es responder la pregunta, «¿Quién es Señor?». En su obra *The Story of Civilization*, el historiador Will Durant, concluye:

> En los anales de la historia humana no hay drama mayor que la visión de unos pocos cristianos, vituperados y oprimidos por una serie de emperadores, soportando sus pruebas con feroz tenacidad, multiplicándose en silencio, creando orden en medio del caos generado por sus enemigos, enfrentándose a la espada con la palabra, a la brutalidad con la esperanza, y derrotando finalmente al estado más fuerte que ha conocido la Historia. César y Cristo se habían enfrentado en la palestra, y Cristo había vencido.[58]

Apocalipsis responde a esta pregunta creando un mundo simbólico en el que los lectores pueden encontrar la perspectiva celestial que necesitan para perseverar en el tiempo de prueba. Cuando leemos acerca de Dios sentado en su trono, o del Cordero triunfando sobre la bestia,

---

[58] Will Durant, *The Story of Civilization*. Part III: *Caesar and Christ* (New York: Simon & Schuster, 1944), 652, citado por Philip Yancey en su obra, *El Jesús que nunca conocí*, Ed Vida, Miami, EEUU, 1995.

o del paraíso en el que viviremos en la presencia de Dios, somos animados a seguir adelante, a permanecer fieles. El propósito del libro es mostrarnos por medio del lenguaje figurativo que Jesús, y no César (¡ningún César!) es Señor. A medida que avanzamos en nuestra lectura, se nos recuerda que Dios ha vencido y podemos seguir adelante en esperanza.

El Apocalipsis es, sin duda, un libro sorprendente. En él Dios nos pinta un cuadro de sus planes para la Historia, utilizando una increíble paleta de colores. Nos abruma con su fuerza impresionante.

Al postrarnos para adorar al Señor Dios Todopoderoso por todo lo que ha hecho para redimirnos, los poderes de este mundo pierden su poder sobre nuestras almas. También nosotros hacemos nuestra la oración: «¡Ven, Señor Jesús!»

Deberes

Deber 17-1

Lee todo el libro de Apocalipsis y redacta una breve descripción (no más de una línea) con la idea principal de cada capítulo. Por ejemplo, acerca de Apocalipsis 1 podrías escribir algo como: «Visión de Juan del Cristo glorificado entre las iglesias».

Deber 17-2

En Apocalipsis 2–3 encontramos los mensajes de Jesucristo a las siete iglesias de Asia Menor. Confecciona una tabla que refleje el mensaje de Jesús a cada una de estas iglesias en términos de (1) sus elogios o alabanzas, (2) sus quejas o reprensiones, (3) sus advertencias, y (4) sus promesas. A continuación añade a la tabla una octava iglesia: la tuya. ¿Qué crees que Cristo le diría a tu iglesia en términos de elogios, quejas, advertencias y promesas?

Deber 17-3

Lee de nuevo la sección de este capítulo que trata de Apocalipsis 12:1–17 y el recorrido interpretativo. En el Paso 3 acerca de cruzar el puente de los principios hemos enumerado cuatro principios o verdades teológicas que surgen de Apocalipsis 12:1–17. Hemos utilizado el tercer principio para ilustrar el proceso de la aplicación. Crea un escenario de la vida real para el primer, segundo, o cuarto principio a fin de plantear una aplicación específica. Redáctalo como un relato.

PARTE 5

El recorrido interpretativo: Antiguo Testamento

Ahora que somos ya veteranos curtidos en muchos recorridos interpretativos, estamos preparados para abordar en serio el estudio del Antiguo Testamento. En la sección 5 tomaremos todo lo que hemos aprendido hasta aquí y lo aplicaremos a los distintos géneros literarios del Antiguo Testamento. Aprenderemos a interpretar y aplicar la narración, el material legal, la poesía, los escritos proféticos y la literatura sapiencial del Antiguo Testamento. El río de las diferencias que encontramos en los escritos veterotestamentarios es más amplio que el de los textos del Nuevo Testamento y, por ello, el puente de los principios se vuelve aún más crucial. Las diferencias de género son también significativas, como veremos. No obstante, los relatos y poemas del Antiguo Testamento son apasionantes e inspiradores, y Dios revela muchas cosas acerca de sí mismo por medio de estos textos. Sin lugar a dudas, el tiempo que invirtamos en el Antiguo Testamento será muy gratificante.

Por otra parte, también hemos de tener en cuenta que leemos e interpretamos el Antiguo Testamento como cristianos. O sea, aunque creemos que el Antiguo Testamento es parte de la inspirada Palabra de Dios para nosotros, no podemos ignorar la Cruz interpretando y aplicando esta literatura como si fuéramos hebreos del Antiguo Testamento. Afirmamos que somos cristianos del Nuevo Testamento y que, por tanto, interpretaremos el Antiguo Testamento desde esta óptica.

Durante el paso 1 (entender el texto en su contexto original), por supuesto, centraremos nuestra atención en lo que el texto significó para aquellos que vivían en la era del Antiguo Testamento. No obstante, ¡es crucial que no nos quedemos ahí! Tras definir la anchura del río (paso 2) y formular los principios teológicos pertinentes (paso 3), hemos de dar un paso nuevo. Antes de pasar a la aplicación, es importante que filtremos el principio teológico a través del tamiz del Nuevo Testamento, para ver lo que sus enseñanzas han de añadir al principio, o si éstas han de modificarlo de algún modo. Por ello, aunque en el Nuevo Testamento el recorrido interpretativo ha constado de cuatro pasos, pasará a tener cinco en el Antiguo. En los próximos capítulos explicaremos con más detalle este paso añadido, no obstante, ahora queremos introducir este concepto con carácter general.

De modo que el recorrido interpretativo del Antiguo Testamento será algo así:

Paso 1: Entender el texto en su contexto original. ¿Qué significó el pasaje para los receptores bíblicos?

Paso 2: Medir la anchura del río a cruzar. ¿Cuáles son las diferencias entre los receptores bíblicos y nosotros?

Paso 3: Cruzar el puente de los principios. ¿Cuál es el principio teológico que subyace en este texto?

Paso 4: Cruzar al Nuevo Testamento. ¿Modifica o matiza este principio la enseñanza del Nuevo Testamento y, en caso afirmativo, cómo?

Paso 5: Entender el texto en nuestro contexto. ¿Cómo deberían aplicar los cristianos de hoy el principio teológico a sus vidas?

18
Antiguo Testamento: Narración

Introducción

Hace algunos años, mientras Daniel estaba viendo la Supercopa, el canal deportivo emitió un anuncio fascinante. El escenario se situaba en una época antigua, y la escena representaba dos ejércitos en línea de batalla dispuestos para enfrentarse el uno al otro. Los soldados, armados de escudos, lanzas, yelmos y espadas, se burlaban unos de otros. De repente, un guerrero gigantesco se adelantó y lanzó un desafío a los del otro lado. «¿Goliat?» pensó Daniel. Exactamente; en aquel momento un muchacho vestido con una piel de oveja y armado con una honda dio un paso hacia adelante desde el otro lado. Sin pararse siquiera a decirnos que se trataba de David, el anuncio siguió. David corrió hacia adelante y le lanzó una piedra a Goliat, le dio de lleno en la cabeza y el gigante cayó como un saco. Entonces David se acercó corriendo al caído Goliat y recuperó la piedra que le había lanzado. En la palma de la mano dio la vuelta a la piedra y miró la inscripción del reverso, que decía: artículos deportivos *Wilson*. Por primera y única vez se oyó la voz del narrador que decía: «siempre ayuda contar con un buen equipo».

Lo que le pareció especialmente interesante a Daniel fue el hecho de que, el anuncio solo tenía sentido, porque en los Estados Unidos todo el mundo conoce el relato de David y Goliat. Más adelante vio otro anuncio que tenía como protagonistas a Sansón y a Dalila. Sansón llevaba ropa interior de la marca *Hanes*. Tampoco en este caso se identificó a los dos personajes; los creadores del spot asumían que se les reconocería fácilmente por su aspecto. Los publicistas habían ido a la Biblia y se habían servido de dos de los relatos más conocidos del Antiguo Testamento para crear el escenario de sus anuncios.

Esto nos recuerda lo impactantes que son los relatos del Antiguo Testamento y cuánto influyen en las personas, tanto dentro como fuera de la comunidad cristiana. El relato de David y Goliat, o el de Sansón y Dalila no son los únicos episodios bien conocidos de la primera parte de la Biblia. Otros relatos igualmente conocidos son la historia de Adán y Eva, Daniel en el foso de los leones, Jonás en el vientre del gran pez, los sufrimientos de Job, y el paso del Mar Rojo por parte de Moisés. Hollywood también ha encontrado irresistibles estos relatos, y en los últimos años hemos visto surgir un buen número de películas acerca de David, Moisés, Abraham y Noé.

Es indudable que el Antiguo Testamento contiene algunos relatos realmente extraordinarios. Por supuesto, hay también algunos menos conocidos, otros que son interesantes y otros que son hasta un poco extraños. ¿Qué opinas del episodio en que Abraham discute con Dios respecto al número de justos necesarios en Sodoma para que no destruya la ciudad (Gen 18:22–33)? ¿O de aquel en que el asno de Balaam le habla al profeta y éste le responde? (Núm 22:21–41). En el Antiguo Testamento suceden cosas desconcertantes. Por ejemplo, parece que a los falsos profetas del rey, Dios les envía un espíritu de engaño (1 Reyes 22:19–23). Por otra parte, se consignan también varios acontecimientos un tanto grotescos, como por ejemplo el relato del levita en Jueces 19:1–30, que al saber que su concubina ha sido violada y asesinada, corta su cuerpo en doce pedazos y los envía a cada una de las tribus de Israel para llamarles a la guerra.

Las narraciones (relatos) forman casi la mitad del Antiguo Testamento, una parte substancial de la Biblia. Los libros siguientes contienen grandes porciones de material narrativo: Génesis, Éxodo, Números, Josué, Jueces, Rut, 1 y 2 Samuel, 1 y 2 Reyes, 1 y 2 Crónicas, Esdras, Nehemías, Daniel, Jonás, y Hageo. Otros intercalan importantes extensiones narrativas en su texto: Job, Isaías, Jeremías, y Ezequiel. Es evidente que la narración es un género importante.

Utilizaremos los términos narración y relato de manera intercambiable para aludir al género de este tipo de literatura. La narración es una forma literaria que se caracteriza por seguir una acción secuencial en el tiempo y que consta de un argumento, un escenario y unos personajes. Es la forma de literatura que llamamos también relato. El significado de una narración se revela principalmente a partir de las acciones de sus personajes. Más que decirnos directamente lo que hemos o no de hacer, la narración nos muestra cómo hemos de vivir mediante las acciones de los personajes. Por ejemplo, en lugar de decirnos que hemos de confiar en Dios y vivir por la fe en sus promesas, Génesis nos ofrece el relato de Abraham. Hemos de tener también en cuenta que Dios es uno de los personajes centrales de la narración veterotestamentaria. Podemos aprender mucho acerca de Él estudiando su forma de actuar en las narraciones y los diálogos que encontramos en ellas. Después hablaremos con más detalle del papel que desempeña Dios en la narración.

Para algunas personas, los términos *narración* y *relato* permiten cuestionar la historicidad y realidad de los acontecimientos que se describen. En nuestro caso no pretendemos utilizar los términos con este sentido; creemos que la narración describe acontecimientos verdaderos e históricos. No obstante, esta literatura es mucho más que mera Historia. El Antiguo Testamento nos ofrece mucho más que la historia de Israel. El propósito de estos relatos es teológico: o sea, Dios los utiliza para enseñarnos Teología. Cabe subrayar una vez más, que esto no niega la historicidad de los textos y, por ello, es lícito y apropiado hablar de historia teológica. No obstante, esta historia teológica viene tejida en forma narración y, por ello, preferimos utilizar este término. Utilizaremos también el término *narrador* como sinónimo de *autor*.

¿Por qué escogió Dios la literatura narrativa para comunicar a su pueblo la verdad teológica? ¿Por qué no nos lo dijo todo a través de ensayos o de la ley? Pensemos por un momento acerca de estas cuestiones. Intenta hacer una lista de las ventajas de utilizar la narración para comunicar la verdad teológica. Compara tu lista con la que ofrecemos a continuación:

Ventajas (Pros) de utilizar la narración para comunicar la verdad teológica

---

1. Las narraciones se hacen interesantes, tanto para los niños como para los adultos.
2. Las narraciones nos atraen a la acción del relato.

3. Por regla general, las narraciones describen la vida real y, por ello, es fácil identificarse con ellas. Es frecuente que nos encontremos preguntándonos lo que nosotros hubiéramos hecho en aquella situación.

4. Las narraciones pueden expresar las ambigüedades y complejidades de la vida.

5. Las narraciones son fáciles de recordar.

6. Dios puede incluirse a sí mismo como uno de los personajes del relato. Por ello, puede enseñarnos cosas acerca de sí mismo por medio de lo que dice o hace en un contexto específico.

7. Las narraciones son holísticas; vemos a unos personajes que luchan, sin embargo, muchas veces podemos también observar la resolución de sus conflictos y, por ello, nos ofrecen una visión del personaje total.

8. Las narraciones veterotestamentarias relacionan incidentes y acontecimientos cortos con un relato general más extenso.

¿Existe algún aspecto negativo en la narración? ¿Alguna limitación? En otras palabras, ¿hay alguna desventaja en la utilización de la narración para transmitir la verdad teológica? Intenta añadir algún contra a la lista que presentamos a continuación:

Desventajas (Contras) de utilizar la narración para comunicar la verdad teológica

---

1. El significado de las narraciones puede ser sutil o ambiguo y difícil de expresar con toda claridad; el lector casual puede pasarlo completamente por alto.

2. El lector puede quedar embelesado con el relato en sí y perder de vista su significado.

3. El lector puede asumir que, puesto que la literatura es narración, ésta trata solo de Historia y no de Teología.

4. El lector pueden sacar demasiada Teología de la narración (por medio de la interpretación alegórica).

Los pros parecen sobrepasar a los contras. Es evidente que los autores de la Biblia así lo creían. En el núcleo de la lista de ventajas encontramos aspectos que giran alrededor de la facilidad que tiene esta forma de literatura para conectar con las personas. En nuestra opinión, Dios decidió utilizar el recurso literario de la narración como una forma fundamental de comunicarnos su extraordinaria historia precisamente por esa asombrosa capacidad interactiva que tienen las narraciones bíblicas. Nos retan, nos interesan, nos reprenden, nos hacen pensar y nos entretienen. Se graban en nuestra memoria. Nos hacen pensar y reflexionar. Nos implican tanto emocional, como intelectualmente. Nos enseñan acerca de Dios y del plan para su pueblo. Nos enseñan también acerca de toda clase de personas: buenos, malos, fieles obedientes, obstinados, desobedientes, etc. Nos enseñan acerca de la vida con todas sus complejidades y ambigüedades.

Los narradores de la Biblia escriben con gran habilidad y poder. En ocasiones, lo que quieren decir resulta muy claro, otras, sin embargo, escriben con sutileza y el significado de sus palabras es más difícil de entender. Cuando leemos narración veterotestamentaria, el río de las diferencias es sustancialmente ancho; el resto de este capítulo nos ayudará a cruzarlo, aplicando el recorrido interpretativo a los textos narrativos del Antiguo Testamento de modo que podamos ver lo que significan en las situaciones de hoy. Centraremos nuestra atención en la importancia de leer cuidadosamente los pasajes narrativos, y en el modo de hacerlo para extraer de ellos principios teológicos válidos que podamos aplicar a nuestra vida.

Leer una narración

Un aspecto fundamental para interpretar correctamente la narración veterotestamentaria es llevar a cabo una lectura cuidadosa del pasaje. ¿Recuerdas las técnicas de observación que aprendimos en la Sección 1? Las necesitarás todas para leer adecuadamente la narración veterotestamentaria. Regresa al capítulo 4 y repásalas brevemente. ¿Recuerdas lo importante que era notar los pequeños detalles de Marcos 8:22–26 y pasajes circundantes para poder interpretar este texto? Repasa también la exposición de Génesis 11:1-9 que hicimos en el capítulo 4. Este pasaje tenía una estructura quiásmica, ¿recuerdas? Esta complicada estructura nos indica que los autores de las narraciones del Antiguo Testamento eran capaces de escribir con sutileza y de utilizar sofisticados recursos literarios para relatar sus episodios.

Recordemos también lo que hemos aprendido en el capítulo 15 sobre los Evangelios. Existen muchas similitudes entre la lectura de los Evangelios del Nuevo Testamento, y la de la narración veterotestamentaria. Las técnicas que hemos desarrollado con los Evangelios nos servirán también al abordar los relatos del Antiguo Testamento. Sin embargo, una de las diferencias es que los episodios del Antiguo Testamento son, por regla general, más largos que los del Nuevo. En los Evangelios la mayor parte de los relatos que hemos analizado tenían la extensión de unos cuantos versículos. Por otra parte, el contexto que hemos analizado era normalmente el de los párrafos inmediatamente anteriores y posteriores. De modo que nuestro análisis de los Evangelios ha sido bastante conciso. Sin embargo, los episodios de la narración veterotestamentaria son, por regla general, más largos y con frecuencia abarcan capítulos enteros.

Además, el contexto literario a explorar puede ser incluso más largo, a menudo varios capítulos. ¡No queramos tomar atajos! ¡No asumamos que estas narraciones del Antiguo Testamento son relatos sencillos! ¡Observa! Investiga el texto como Sherlock Holmes analizaría la escena del crimen. Busca repeticiones, comparaciones, contrastes, movimientos de lo general a lo específico, etcétera. Observa los pequeños detalles y pregúntate por qué están ahí.

Consideremos, por ejemplo, un fascinante texto narrativo en Josué 2. Lee Josué 2. En los primeros capítulos de Josué, los israelitas dan comienzo a la conquista de la tierra prometida. En el capítulo 1, Dios exhorta a Josué a ser valiente y a conducir a Israel, cruzando el Jordán, a la conquista de la tierra de Canaán. Sin embargo, en Josué 2, la narración de la conquista se interrumpe con el episodio de la prostituta Rahab. Este relato está lleno de detalles; el narrador (autor) introduce una enorme cantidad de información acerca de Rahab. Se menciona su nombre y profesión (lo cual suscita, sin duda, algunas preguntas). Se nos dan numerosos detalles. Por ejemplo, esconde a los espías en el tejado, que utiliza como secadero de lino; les habla del Dios de Israel, y expresa su confianza en Él basándose en lo que ha oído acerca de su persona; se menciona dos veces a los miembros de su familia (2:13, 18); aconseja a los espías el mejor camino para escapar; engaña a los soldados de la ciudad (sus compatriotas); en general es una chica muy inteligente.

Todo esto debería activar en nosotros una especie de alarma exegética que nos lleve a hacernos un montón de preguntas. ¿Por qué todos estos detalles? ¿El tejado? ¿El cordón rojo? ¿Por qué incluso la mención de

Rahab? Al situarlo aquí al comienzo del relato de la conquista, este episodio de Rahab recibe especial prominencia. ¿No parece esto un poco insólito? Se ordena a los israelitas que aniquilen a todos los habitantes de la tierra prometida, y sin embargo en el primer relato de la conquista se plantea una excepción: una prostituta cananea se vuelve a Dios en fe y es salva. No hay duda de que, tanto la ubicación de este relato como el acento que se le da con la cantidad de texto que se le asigna indican que se trata de un importante episodio para entender la conquista y el libro de Josué. ¿Representa Rahab a una persona aislada, o acaso su carácter encarna a un grupo más extenso, quizá al pueblo de fe? Por ello nos sumergimos en el texto de Josué 2, observándolo minuciosamente y haciéndonos una serie de preguntas.

A continuación, comenzamos a explorar los capítulos que rodean el pasaje, buscando conexiones y claves. Los capítulos 3 al 5 describen los preparativos de los israelitas para atacar Jericó (la ciudad de Rahab). En Josué 6 se describe la milagrosa captura de esta población. Rahab aparece de nuevo en Josué 6 (vv. 17, 23, 25), de modo que, hemos de hacer un alto y analizar lo que leemos. Observemos, de nuevo, que se menciona repetidamennte a su familia y a sus posesiones: «sólo Rahab la ramera y todos los que están en su casa vivirán» (6:17), « y sacaron a Rahab, a su padre, a su madre, a sus hermanos y todo lo que poseía» (6:23), y «la casa de su padre y todo lo que ella tenía» (6:25). Notemos también que, tal y como que se describe en 6:21, esta liberación contrasta con el destino de todos los demás habitantes de Jericó: «Y destruyeron por completo, a filo de espada, todo lo que había en la ciudad: hombres y mujeres, jóvenes y ancianos, bueyes, ovejas y asnos».

En Josué 7 aparece un nuevo personaje llamado Acán. Este hombre, un israelita, roba una parte del botín que iba a ser consagrado a Dios. Esta acción hace que Israel pierda la siguiente batalla. Josué descubre finalmente lo que ha hecho Acán, e Israel le ejecuta junto con su familia, sus bueyes, asnos y ovejas. ¡La alarma exegética debería sonar de nuevo! Los bueyes, asnos y ovejas se mencionaron también específicamente en 6:21 en relación con la destrucción de Jericó. ¿Es que acaso se compara la muerte de Acán con la destrucción de Jericó? ¿Y qué significa la destrucción de los miembros de su familia? Recordemos que en el relato de Rahab se subrayó la liberación de los miembros de su familia. ¿Existe alguna conexión entre estos elementos? ¿Se establece quizás un contraste entre Rahab y Acán?

Analicemos un poco más de cerca a Acán teniendo a Rahab en mente. Al leer Josué 7 nos damos cuenta de que Acán es todo lo contrario de Rahab. Sin duda, Rahab y Acán son los dos únicos personajes nuevos que se introducen en los siete primeros capítulos de Josué. Sus relatos forman una especie de sujetalibros antes y después de los capítulos que tratan de la caída de Jericó. Cuando exploramos los detalles de la narración de Acán, caemos en la cuenta de que muchos de los detalles de su relato contrastan con los que encontramos en el de Rahab. Parece que el narrador está contrastando deliberadamente ambos textos, con la destrucción de Jericó como trasfondo. Lee de nuevo los capítulos 2 y 7 del libro de Josué y haz una lista con el mayor número de contrastes que observes. Compara tu lista con la que consignamos a continuación:

Rahab	Acán
Mujer	Hombre
Cananea	Hebreo (de la tribu de Judá, la mejor)
Una prostituta (mala reputación)	Respetable
Debería haber muerto, pero sobrevivió y prosperó	Debería haber prosperado, pero murió
Su familia y todo lo que tenía sobrevivieron	Su familia y todo lo que tenía perecieron
Su nación es destruida	Su nación es prosperada
Esconde a los espías del rey	Esconde el botín de Dios y de Josué
Esconde a los espías en el tejado	Esconde el botín debajo de su tienda
Teme al Dios de Israel	No tiene temor del Dios de Israel
Solo ha oído hablar de Dios, pero cree	Ha visto los hechos de Dios, sin embargo desobedece
Su casa queda en pie, mientras que la ciudad se quema	Su tienda se quema
Los bueyes, ovejas, y asnos de Jericó perecen	Los bueyes, ovejas, y asnos de Acán perecen
Se convierte en israelita y vive	Se «convierte» en cananeo y muere

En esencia, Rahab y Acán se cambian los papeles. Ella se convierte en israelita y vive entre el pueblo de Dios. Su nombre llega incluso a figurar en la genealogía de Cristo. Por el contrario, Acán, que es miembro de Israel, muere como los cananeos. En realidad, la destrucción de Acán y su familia es un suceso paralelo a la destrucción de Jericó. La diferencia fundamental entre Rahab y Acán es su actitud hacia Dios. Rahab se toma a Dios en serio, y pone en Él su confianza arriesgando su vida para proteger a los dos espías israelitas. Por el contrario, Acán trata a Dios como si no existiera y da por sentado que puede desobedecerle sin sufrir ninguna consecuencia.

Estas dos narraciones delimitan la destrucción de Jericó. Observa la ironía. La lectura del relato de la aniquilación de los cananeos por parte de los israelitas (la conquista) comienza con la historia de dos personas que constituyen excepciones a la regla. Rahab la cananea vive y Acán el israelita muere. El narrador nos hace saber que las implicaciones de la conquista son mucho más amplias que tan solo la destrucción de los cananeos. Hay asuntos cruciales de fe personal y obediencia. De igual modo, la fe en Dios va más allá de las meras cuestiones de nacionalidad o respetabilidad. Una prostituta cananea puede encontrarla mientras que un respetable israelita puede pasarla por alto.

Así que, ¡lee atentamente! Observa los detalles. ¡Observa! Lee los capítulos circundantes. Busca conexiones. Utiliza todas las técnicas desarrolladas en la Sección 1. Plantéale preguntas al texto. Pregúntate el porqué de los detalles. Sigue leyendo y profundizando.

Características literarias de la narración

En la Sección 1 aprendimos técnicas para leer con cuidado. Varias de las características que buscamos en otras formas literarias son también rasgos importantes cuando se trata de la narración. En este capítulo, volveremos a considerar algunas de tales características aunque añadiremos también algunas nuevas que son de especial importancia en el análisis de la narración veterotestamentaria.

Cuatro importantes elementos de la narración de los que no hablamos en la Sección 1 son: (1) argumento, (2) escenario, (3) personajes, y (4) el punto de vista del narrador. En nuestra exposición de los Evangelios (c. 15) planteamos la conveniencia de algunas preguntas estándar como ¿Quién? ¿Qué? ¿Cuándo? ¿Dónde? ¿Por qué? y ¿Cómo? Estas preguntas servirán para introducirnos en el estudio de la narración, pero su aplicación a cada uno de los cuatro elementos que acabamos de mencionar requiere una cierta ampliación. **1. Argumento.** La exploración del argumento es una extensión de la pregunta ¿Qué? y ¿Cómo? El argumento es la estructura organizativa que vincula los elementos de la narración. La secuencia de acontecimientos, junto con el surgimiento y caída de la acción dramática, trazan la estructura del argumento y mueven hacia adelante la narración. El argumento es también el rasgo que cohesiona los episodios individuales para que formen un relato más extenso y coherente. Por ejemplo, en la narración de Abraham (Gen 12–25) encontramos un buen número de episodios cortos acerca de su vida (recibe la promesa, se traslada a Egipto, rescata a Lot, despide a Agar, etc.). Todos estos episodios cortos forman parte del argumento más extenso del relato que traza el desarrollo de la promesa de Dios a Abraham y del cumplimiento de dicha promesa.

En las narraciones la mayoría de los argumentos tienen tres elementos esenciales. El relato arranca con una exposición, en la que se describe el escenario básico y con la que comienza la principal serie de acontecimientos. A continuación viene el conflicto. Por regla general hay algo en la exposición que se caracteriza por su carácter incompleto, desorden, o un deseo insatisfecho, y esta deficiencia conduce a un conflicto. Este conflicto puede ser interno (la crisis de un personaje) o externo (entre dos personajes o grupos). En el Antiguo Testamento, el conflicto central se produce, con frecuencia, entre Dios y su testarudo pueblo. A continuación, el relato normalmente se intensifica hasta alcanzar un punto culminante, al que sigue un último elemento: la resolución de la trama, donde el conflicto se resuelve.[1] Cuando leemos narraciones, hemos de poner especial atención en identificar la trama principal. Hemos de preguntarnos: «¿cuál es el sentido de este relato?» Intentar identificar aquellos acontecimientos que dan movimiento a la narración: ¿Cuál es el conflicto principal? ¿Cómo se desarrolla la tensión? ¿Cómo se resuelve el conflicto?

2. Escenario. El escenario está relacionado con las preguntas ¿Cuándo? y ¿Dónde? Aunque los autores del Antiguo Testamento no nos ofrecen la misma cantidad de material descriptivo acerca del esce-

---

[1] Una buena parte de este material se basa en el artículo de Danna Nolan Fewell y David M. Gunn, «Hebrew Narrative» en, *The Anchor Bible Dictionary*, ed. David Noel Freedman (New York: Doubleday, 1992), 4:1024–25.

nario que los autores modernos, normalmente sí identifican a grandes rasgos el escenario. Los relatos de la Biblia no se producen en un telón de fondo indeterminado, ni se nos presentan en el marco de situaciones míticas o imaginarias, sino de lugares y circunstancias concretas: en Egipto, en la magnificente corte de Faraón; en el desierto de Sinaí, dentro de una cueva, en un sendero de montaña, o en un campo recién trillado, durante la noche. El escenario es importante. Los acontecimientos de las narraciones se producen en un telón de fondo específico, y este marco afecta al modo en que entendemos la narración. Es muy importante que identifiquemos el escenario. Hemos de observar cualquier cambio de escenario que se produzca en el relato. Advirtamos especialmente cuando alguien abandona la tierra prometida. Recordemos que aquella tierra era un lugar especial para los israelitas del Antiguo Testamento puesto que estaba vinculada a su relación pactada con Dios.

Por ejemplo, en Rut 1:1 el autor afirma:

> Aconteció que en los días en que gobernaban los jueces, hubo hambre en el país. Y un hombre de Belén de Judá fue a residir en los campos de Moab con su mujer y sus dos hijos.

Hay varios aspectos del escenario que se presenta en este primer versículo de Rut que son vitales para entender el resto del libro. El escenario temporal, que se expresa con la frase «en los días en que gobernaban los jueces», vincula la narración con el libro de Jueces. Un breve examen de este libro, revela que este era un periodo terrible. El caos y el desorden reinaban en Israel. Entre los israelitas la perversidad y la desobediencia a Dios eran comunes, y grupos armados de otros pueblos irrumpían constantemente en el territorio. Este escenario pone de relieve lo peligroso que era para Rut y Noemí viajar solas, y también, especialmente para una extranjera como Rut, aventurarse a salir sola a unos campos de labor que estaban llenos de hombres. Las circunstancias que observamos muestran igualmente lo difícil que era que Rut pudiera encontrar a alguien tan piadoso y honesto como Boaz.

El escenario geográfico tiene también su importancia, especialmente puesto que cambia varias veces en el transcurso del relato. Un hombre de Belén abandona el territorio de Israel y se traslada a Moab. En el Antiguo Testamento salir de la tierra indicaba generalmente una falta de confianza en Dios. En los siguientes versículos un total desastre sobreviene a esta familia. ¿Es porque han salido de la tierra? ¿Más adelante Noemí y Rut volverán a la tierra? ¿Están las bendiciones subsiguientes relacionadas con este regreso al territorio que Dios dio a Israel? Es probable. Observemos también que el escenario que se describe en el primer versículo del relato establece el tono irónico del libro. El nombre del pueblo de origen, Belén, significa «casa de pan.» Había «hambre» en «la casa de pan».

3. Personajes. Los personajes son la respuesta a la pregunta, ¿quién?, y representan un elemento crucial de toda narración. Éstos llevan a cabo la acción e imprimen movimiento al argumento. Por regla general, el significado que se transmite en el texto está vinculado a la conducta de al menos uno de los personajes de la narración. No obstante, fieles a la realidad, los personajes son complejos. Por otra parte, los narradores (autores) no siempre nos permiten conocer los pensamientos o sentimientos de los personajes. A menudo, nos encontramos con lagunas o ambigüedades que, como lectores, nos esforzamos en dilucidar planteando ciertas posibilidades. Como los propios protagonistas del relato, tampoco nosotros, los lectores, disponemos frecuentemente de la información que nos gustaría tener. Los narradores nos dejan en ascuas, desarrollando la trama con lentitud, y revelando solo aquellos fragmentos de información que son cruciales y que nos dejan embelesados con la narración y nos estimulan a seguir leyendo. Este es uno de los aspectos de la redacción de un buen relato.

Consideremos, por ejemplo, el carácter de Urías, el desafortunado marido de Betsabé. En 2 Samuel 11, mientras Urías arriesga la vida luchando por su rey, David adultera con su esposa Betsabé. Esta queda embarazada y David hace regresar a Urías de la guerra, con la esperanza de que éste duerma con su esposa y todo el mundo crea que es el padre del niño que Betsabé lleva en su seno. Por supuesto, la artimaña de David no funciona, y finalmente manda asesinar a Urías. La escena central del relato —el punto culminante podríamos decir— es un encuentro entre David y Urías que se describe en 2 Samuel 11:10–12. Urías se ha negado a ir a su casa para ver a su esposa, y esta negativa pone patas arriba el plan de David.

Aquí es donde nos gustaría contar con un poco más de información. ¿Sabe Urías algo acerca de la aventura amorosa del rey con su esposa? ¿Le habría sido realmente posible a David mantener aquello en silencio? Al leer de nuevo el relato, nos damos cuenta de que hay muchas personas implicadas en la maniobra para encubrir el asunto. ¿Podría ser que algún cortesano hubiera filtrado el escándalo a Urías, que sin duda conocía a muchas personas del entorno de palacio? En el versículo 10 David le pregunta a Urías, «¿Por qué no bajaste a tu casa?» Al escuchar la respuesta de Urías nos preguntamos si se trata de palabras ingenuas y honestas, o si por el contrario es una contestación sutil y taimada, que indica que sabe más de lo que revela. En cualquier caso, la respuesta de Urías es irónica, pero si sabe algo del asunto, su respuesta contiene una acusación contra David: «El arca, Israel y Judá están bajo tiendas, y mi señor Joab y los siervos de mi señor acampan a campo abierto. ¿He de ir yo a mi casa para comer, beber y acostarme con mi mujer? Por tu vida y la vida de tu alma, que no haré tal cosa».

David, que no ha ido a la guerra como era su deber, ha hecho precisamente aquello que Urías se niega a hacer. El personaje de Urías desempeña un papel extraordinariamente importante en la narración. Dependiendo de cómo rellenemos las lagunas del conocimiento y conducta de Urías, entenderemos el sentido de su respuesta. El narrador no nos da esta información, dejándonos deliberadamente a oscuras; puede que su propósito sea que nos identifiquemos con la confusión y el temor que había en el corazón de David, quien probablemente tampoco sabía si Urías estaba o no al corriente del asunto.[2]

4. El punto de vista del narrador. El narrador (autor) es el responsable de transmitir el significado a los lectores por medio del relato. En ocasiones, éste nos expresa su punto de vista con toda claridad mediante breves resúmenes o valoraciones. Por ejemplo, en 2 Reyes 17:7 el narrador interpreta los anteriores acontecimientos y explica: «Esto sucedió porque los hijos de Israel habían pecado contra el Señor su Dios, que los había sacado de la tierra de Egipto de bajo la mano de Faraón, rey de Egipto, y habían reverenciado a otros dioses.» Sin embargo, con frecuencia el narrador permanece neutral hasta la exasperación. El significado que nos transmite está implícito en la narración, pero no se declara explícitamente; son más bien los personajes y su proceder quienes van hablando por sí mismos. El narrador espera que sea el lector quien discierna qué es lo que está bien y qué está mal.

En la última parte de Jueces, por ejemplo, en Israel se cometen actos horriblemente perversos. Sin embargo, lo peor que dice directamente el narrador se consigna en 21:25: «En aquellos días no había rey en Israel; cada uno hacía lo que bien le parecía» ¡Qué increíble eufemismo! En estos últimos capítulos de Jueces, la nación que, desde un pun-

---

[2] Véase la amplia exposición en la obra de Meir Sternberg, *The Poetics of Biblical Narrative* (Bloomington: Indiana Univ. Press, 1987), 186–222.

to de vista teológico y moral, había estado cayendo cuesta abajo, toca fondo. No solo han sido infieles por lo que respecta al mandamiento de expulsar a los cananeos como Dios les ordenó al principio del libro, sino que (1) otras naciones han entrado en su territorio, (2) en lugar de combatir contra sus verdaderos enemigos se están matando entre sí, (3) se han vuelto a otros dioses, (4) uno de los sacerdotes pervierte a la tribu de Dan introduciendo la adoración pagana, (5) los habitantes de una aldea israelita pretenden violar a un sacerdote, y en lugar de ello abusan de su concubina y la asesinan después, etcétera. Como vemos, la situación es terrible.

¿Acaso el narrador deja pasar por completo la oportunidad de hacer una valoración de todo este desastre? En absoluto. Sin embargo, lo que hace es presentarnos su apreciación con finura mediante el modo ingenioso en que desarrolla su relato. No nos deja sin su juicio, pero lo hace de un modo sutil. Por ejemplo, en Jueces 19 el autor nos relata el horrible relato en que el populacho de la ciudad de Guibeá amenaza con abusar de un sacerdote, diciéndole al hombre que le protege, «Saca al hombre que entró en tu casa para que tengamos relaciones con él» (19:22). ¿Te es familiar este episodio? ¿Te recuerda algún acontecimiento anterior? ¡Sin duda! En Génesis 19 los habitantes de Sodoma hicieron exactamente lo mismo. ¿Te das cuenta de lo que está haciendo el narrador de Jueces? Aunque no comenta directamente el episodio de Guibeá, sí lo hace de manera indirecta. Presenta la narración de un modo que subraya el evidente paralelismo entre el acontecimiento de Guibeá y el que tuvo lugar en Sodoma, y deja que sea el lector quien saque su propia conclusión que, por otra parte, es obvia.

En Génesis 19, Dios juzgó con severidad el pecado de Sodoma y todos sus habitantes fueron destruidos. El Antiguo Testamento describe este episodio como el epítome de la perversión. La extrema pecaminosidad de los cananeos, ilustrada en la conducta de la ciudad de Sodoma, justifica la conquista. «¡Fijaos en la perversión de los cananeos!» proclama el relato de Génesis. Sin embargo, observemos la increíble ironía que representa Jueces 19. ¡Los habitantes de Guibeá no son cananeos, sino israelitas! Se supone que han de ser fieles a Dios y arrojar de la tierra a los perversos cananeos. En lugar de ello, el narrador nos muestra que los israelitas han llegado a ser como los cananeos, abandonando a Dios y perpetrando las mismas horribles perversiones que se llevaban a cabo en Sodoma. ¿Acaso Dios no debería juzgar también a los israelitas? ¿Qué derecho tiene ahora Israel, pregunta entre líneas el narrador, a disfrutar de la tierra prometida si su conducta no se diferencia en nada de la de los cananeos?

También es posible que el narrador dé la impresión de aprobar un acontecimiento en concreto, cuando de hecho no lo hace. En estos casos nos da, por regla general, algunas sutiles claves para que entendamos cuál es su verdadero punto de vista. Por ejemplo, consideremos por un momento 1 Reyes 1–11. Estos capítulos centran principalmente su atención en el esplendor y la grandiosidad del reino de Salomón. La narración de este pasaje subraya la sabiduría y riqueza de Salomón. Le encontramos construyendo espectaculares edificios, especialmente el templo del Señor. Todo parece próspero y maravilloso. Da la impresión de que el narrador está ensalzando a Salomón y su imperio. Sin embargo, cuando observamos el texto con cuidado, vemos que el narrador deja entrever ciertas cosas. No narra las cosas abiertamente. A primera vista todo parece maravilloso, sin embargo hay indicaciones de serios problemas. El narrador sigue trazando a grandes rasgos un cuadro del maravilloso reino de Salomón, pero comienza también a hacer ciertos comentarios que muestran su verdadero punto de vista acerca de Salomón. Observemos la callada observación de 1 Reyes 3:3: «Salomón amaba al Señor, andando en los estatutos de su padre David, aunque sacrificaba y quemaba incienso en los lugares altos».

El narrador sigue alabando los logros de Salomón, pero nos deja preguntándonos si éste es realmente su verdadero objetivo. El meollo de esta sección es Deuteronomio 17:14–17. En 1 Reyes 1–11 a Salomón se le dice varias veces que ha de obedecer las leyes y mandamientos de Dios. Las leyes que más se aplican a Salomón se encuentran en Deuteronomio 17:14–17, puesto que este pasaje consigna específicamente mandamientos dirigidos al rey. El pasaje afirma lo siguiente:

Cuando entres en la tierra que el Señor tu Dios te da, y la poseas y habites en ella, y digas: «Pondré un rey sobre mí, como todas las naciones que me rodean», ciertamente pondrás sobre ti al rey que el Señor tu Dios escoja, a uno de entre tus hermanos pondrás por rey sobre ti; no pondrás sobre ti a un extranjero que no sea hermano tuyo. Además, él no tendrá muchos caballos, ni hará que el pueblo vuelva a Egipto para tener muchos caballos, pues el Señor te ha dicho: «Jamás volveréis por ese camino».tampoco tendrá muchas mujeres, no sea que su corazón se desvíe; tampoco tendrá grandes cantidades de plata u oro.

En Deuteronomio 17 hay tres cosas que se prohíben específicamente al rey: (1) muchos caballos, en especial procedentes de Egipto, (2) muchas mujeres, y (3) una gran cantidad de plata y oro. Con este pasaje en mente, observa los comentarios que hace el narrador acerca de Salomón en 1 Reyes 10:26–28 y 11:3:

> Salomón reunió carros y hombres de a caballo; y tenía mil cuatrocientos carros y doce mil hombres de a caballo, y los situó en las ciudades de carros y en Jerusalén, junto al rey. El rey hizo la plata tan común en Jerusalén como las piedras, e hizo los cedros tan abundantes como los sicómoros que están en el llano. Los caballos de Salomón eran importados de Egipto y de Coa, y los mercaderes del rey los adquirían de Coa por cierto precio... Y tuvo setecientas mujeres que eran princesas y trescientas concubinas

¿Asume acaso el narrador que nosotros, los lectores, conocemos Deuteronomio 17:16–17? Es probable. El libro de Deuteronomio arroja una larga sombra a lo largo de todo el Antiguo Testamento, y es importante que tengamos esto en mente. También parece algo más que mera coincidencia que el narrador subraye las mismas cosas que se prohíben en Deuteronomio 17, en especial al situar la acumulación de caballos en el mismo contexto que la abundancia de plata. Y por si fuera poco, menciona incluso que Salomón adquiere en Egipto algunos de sus caballos. Si esto fuera así, el narrador no estaría precisamente alabando a Salomón, sino más bien, acusándole. Al llegar a 1 Reyes 11 ya se ha descubierto el pastel, y el narrador expresa con toda claridad su punto de vista. «Salomón hizo lo malo a los ojos del Señor, y no siguió plenamente al Señor, como le había seguido su padre David» (11:6); «Y el Señor se enojó con Salomón porque su corazón se había apartado del Señor» (11:9).

Incluso en momentos anteriores del relato el narrador nos da indicios de su desaprobación. Salomón, por ejemplo, construye un templo espectacular para Dios. En 1 Reyes 6:38 el autor nos dice con orgullo que a Salomón le llevó siete años terminar el templo. No obstante, en el versículo siguiente (7:1), sigue explicando que para terminar su casa ¡Salomón invirtió trece años! ¡Siete años trabajando en la casa de Dios y trece en la suya! Significativo, ¿no crees? Además, Salomón construye una casa parecida para «la hija de Faraón, que [...] había tomado por mujer» (7:8). ¿Invirtió también trece años en su casa?

Todo esto nos enseña la necesidad de leer atentamente. De buscar aquellos detalles que indican el punto de vista del narrador. Ten en cuenta que la narración puede ser muy sutil en su manera de exponer las cosas. No obstante, si observamos con atención y leemos atentamente, captaremos este tipo de detalles y claves que el narrador ha ido dejando para marcarnos el verdadero camino y permitirnos entender el sentido que quería dar a su relato.

Como puedes ver, tanto la trama como el escenario, los personajes, y el punto de vista del narrador son importantes rasgos de la narración. Hay otras dos características muy importantes de las que ya hablamos brevemente en la Sección 1, pero que vale la pena repetir aquí. Nos referimos a la comparación/contraste y a la ironía.

5. Comparación/contraste. Esta técnica literaria es un importante recurso que se utiliza en la narración veterotestamentaria para desarrollar el argumento e imprimir movimiento a la narración. Antes observamos el contraste entre Rahab y Acán. No obstante, en las narraciones del Antiguo Testamento aparecen muchas otras comparaciones y contrastes. Los primeros capítulos de 1 Samuel, por ejemplo, se estructuran en torno al contraste entre Ana y Elí. Asimismo, se contrasta a Samuel el buen hijo de Ana con Ofni y Finees, los perversos vástagos de Elí. La suerte de ellos va dando un giro a medida que la vida de Ana recibe bendición a través de Samuel, y la de Elí se va llenando de dolor y problemas por la conducta de Ofni y Finees. Al final, Elí muere, y también sus dos hijos. Por el contrario, Ana prospera y Samuel llega a ocupar un lugar destacado en el país, sustituyendo finalmente a Elí en su papel de sacerdote.

El contraste más extenso y prolongado del Antiguo Testamento es quizá el que se plantea entre Saúl y David. Es una comparación muy detallada, y se desarrolla a lo largo de un buen número de capítulos en 1 Samuel. Algunos de estos detalles son muy evidentes, sin embargo muchos otros son sutiles, y solo los captarán aquellos que leen el texto atentamente. Por ejemplo, consideremos la manera en que se introduce en la narración a cada uno de los personajes. Saúl aparece en 1 Samuel 9:1-2, donde el narrador nos dice que era «favorecido y hermoso. No había otro más hermoso que él entre los hijos de Israel; de los hombros arriba sobrepasaba a cualquiera del pueblo». En contraste, cuando David aparece en el relato (1 Samuel 16), ni siquiera se le tiene en cuenta para llevarle ante Samuel por su juventud y estatura. Cuando Samuel ve a Eliab, el hermano mayor de David piensa para sí que aquel hombre impresionante debe de ser el que Dios ha escogido como rey. No obstante, Dios corrige los pensamientos de Samuel con estas palabras:

No mires a su apariencia, ni a lo alto de su estatura, porque lo he desechado; pues Dios ve no como el hombre ve, pues el hombre mira la apariencia exterior, pero el Señor mira el corazón. (1 Sam 16:7)

El contraste entre la estatura de David y la de Saúl surge de nuevo en 1 Samuel 17 (el episodio de Goliat). En 17:8–9 el gigante Goliat plantea un desafío a los israelitas para que su paladín salga a pelear contra él. ¿Quién era el «paladín» de Israel? ¿Quién sería el candidato lógico? ¿Quién sobrepasaba a cualquiera del pueblo de los hombros arriba? ¡Saúl, por supuesto! Él era el israelita más corpulento, y además era el rey. No hay duda de que los honores del desafío le correspondían a Él. No obstante, el enorme rey elude su responsabilidad e intenta comprar su cobardía con dinero (17:25). David, el exiguo jovencito, es muy distinto. Acepta el reto de luchar contra Goliat aunque no tiene ninguna responsabilidad de hacerlo; de hecho, ni siquiera forma parte del ejército. El experimentado y corpulento Saúl se esconde en su tienda, mientras el joven y pequeño David derrota al gigante que amenaza a Israel.

Estos contrastes son bastante evidentes. Consideremos ahora algunos más sutiles. Cuando se introduce a Saúl en 1 Samuel 9, le encontramos buscando las asnas perdidas de su padre. El narrador no nos dice quién había extraviado las asnas en cuestión, sin embargo y puesto que Saúl las está buscando, cabe la posibilidad de que fuera él mismo quien las hubiera perdido. El texto subraya este suceso, y da un buen número de detalles del recorrido que hicieron Saúl y su criado en busca de estas asnas perdidas. ¿Qué hay de heroico en esta introducción? ¿Cuán decidido parece ser Saúl? No encuentra las asnas de su padre y sugiere al criado que abandone la búsqueda y regrese a casa. No obstante, su siervo le convence de que vaya hasta el pueblo más cercano y le pregunte a Samuel, el hombre de Dios, si sabe algo de las asnas. Saúl sigue el consejo de su siervo, pero cuando encuentra a Samuel por casualidad en el pueblo, ni siquiera le reconoce como el profeta de Dios.

Todo esto tiene algo de divertido. Se nos presenta al futuro rey de Israel como un muchacho simple y bobalicón, que busca sin acierto las asnas perdidas de su padre y que sigue las iniciativas de su criado. No parece ser ni muy brillante ni muy valiente. ¿Pero cómo se introduce a

David? El narrador subraya que David está guardando las ovejas de su padre. Esto se menciona al menos seis veces en 1 Samuel 16–17, los capítulos que inician el relato de este personaje. Además, David defiende las ovejas de su padre de los ataques de leones y osos. Sin duda, no es el tipo de persona que pierde ovejas o que da vueltas sin rumbo buscando asnas perdidas.

Por otra parte, en el capítulo 17, David aparece en la escena pública luchando contra Goliat y venciéndolo. David es completamente distinto de Saúl, y el narrador subraya esto con los detalles que presenta. Saúl es un hombre sin personalidad y que elude las responsabilidades. Tiene miedo de Goliat (17:11) y probablemente huye de él junto con el resto del ejército israelita (17:24). David toma decisiones y acepta la responsabilidad. No huye de los leones que atacan las ovejas de su padre; ni tampoco ignora las insultantes palabras de Goliat (el figurativo león que ataca a las figurativas ovejas del figurativo padre de David), ni huye de él. David no tiene miedo de Goliat. Lejos de huir del gigante, de hecho David se apresura a su encuentro en la batalla (17:48). Durante este episodio, lo que David hace, en esencia, es cambiar de rebaño. Pasa de cuidar a las ovejas de su padre a cuidar a las de Dios, la nación de Israel. Acepta la responsabilidad de esta decisión, a pesar de los peligros. Por el contrario, Saúl, el que busca las asnas perdidas, elude sus responsabilidades y huye del peligro. Al lado de David, Saúl es patético. El contraste continúa durante muchos capítulos, y una buena parte de 1 Samuel gira a su alrededor. Reconocer este contraste es crucial para entender 1 Samuel.

6. Ironía. Con el término ironía queremos aludir a situaciones en que el sentido literal o superficial de un suceso o episodio es completamente distinto —contrario en ocasiones— del que quiere darle el narrador. Esto no se hace para ocultar el significado del lector, sino para presentarlo con más fuerza. Es un recurso que le permite al narrador acercarse con sigilo a los lectores y sorprenderles con algo inesperado. En ocasiones, aporta también cierto humor al relato. Es un efecto que los narradores intentan crear con frecuencia mediante significados sutiles. En la ironía las acciones y los acontecimientos pueden tener múltiples implicaciones. Por regla general, al menos uno de los personajes de la narración (y en ocasiones también el propio lector) pasan por alto algunas cuestiones y no consiguen ver más que las implicaciones superficiales. A los autores de la narración veterotestamentaria les encanta utilizar esta técnica, y con su frecuente uso de la ironía realzan sus relatos, haciendo que su estudio sea fascinante y su lectura muy amena. El ejemplo de Salomón del que antes hemos hablado es una buena muestra. A primera vista, en 1 Reyes 1–11 el narrador parece estar alabando a Salomón por los edificios que construyó, así como por su riqueza, caballos y esposas. Sin embargo, cuando se añade al relato el conocimiento de Deuteronomio 17, caemos en la cuenta de que el narrador está, de hecho, censurando a Salomón, no alabándole. Esto es ironía.

Otro buen ejemplo de ironía lo encontramos en 1 Samuel 5–6. Sin consultar a Dios, los necios e impíos hijos de Elí, Ofni y Finees, llevan el arca del pacto (i.e., la presencia del Señor) a la batalla como un augurio de buena suerte. Los filisteos, no obstante, derrotan a los israelitas y capturan el arca. Éstos piensan que no solo han derrotado a los israelitas, sino también a su Dios. Tratan al arca como a los ídolos de las naciones conquistadas y la colocan a los pies de su dios Dagón. Nosotros, los lectores, nos sentimos un tanto inquietos. ¿Acaso ha sido derrotado el Señor? ¿Cómo puede el arca ser capturada por los filisteos, un pueblo pagano?

No obstante, el Señor trata con ironía a los filisteos y les hace algunas jugarretas (y el narrador nos hace lo mismo a nosotros). La imagen de Dagón se postra cada día delante del arca en sumisión al Señor. Finalmente, la imagen aparece con las manos y la cabeza cortadas (la misma suerte que corrían los reyes derrotados). Una plaga de tumores irrumpe en la ciudad filistea y sus habitantes aterrorizados trasladan el arca a otra ciudad. Dios visita a esta segunda ciudad con la misma plaga, con lo cual todo el territorio filisteo cae presa del pánico. Entonces los filisteos ofrecen presentes de oro a Dios para aplacarle y permiten que el arca del pacto regrese a Israel.

En un primer momento los filisteos piensan que han ganado la guerra, derrotando a los israelitas y capturando a su Dios como un trofeo. Sin embargo, es el Señor quien de hecho invade Filistea. Destruye a su dios Dagón y avanza por todo el territorio filisteo, golpeando ciudad tras ciudad, como si de una campaña militar se tratara. Por último, los filisteos se rinden ante Dios y le pagan tributo. De modo que el arca regresa a Israel victoriosa y con tributos de oro. Puede que los dos zoquetes Ofni y Finees hubieran sido derrotados por los filisteos, pero no así el Dios de Israel que les había vencido. La ironía es un recurso rico.

El contexto literario: el relato general

En el capítulo 7 se habló de la importancia del contexto literario. Reiteramos este punto en el capítulo 15 acerca de los Evangelios. De modo que, no es de extrañar que en este capítulo retomemos de nuevo esta cuestión. Evidentemente es importante localizar el episodio que estamos estudiando en el contexto de las narraciones que lo rodean. Es asimismo importante seguir relacionando las partes con el todo. O sea, que cuando estudiamos un pequeño relato dentro de un libro en particular, es imperativo que relacionemos el relato con el argumento general del libro. ¿Qué papel desempeña el episodio en cuestión dentro del relato de todo el libro? Es muy importante tener en mente como interactúan las partes con el todo cuando intentamos interpretar correctamente los relatos individuales. Las interpretaciones que no encajan en la línea general del relato son, probablemente, incorrectas. Por otra parte, solo es posible comprender correctamente el sentido de muchos acontecimientos cuando se leen en vista del relato general.

Por ejemplo, en la breve narración de Números 14 se describe la rebeldía de los israelitas y su negativa a dirigirse a la tierra prometida para conquistarla como Dios les había ordenado a través de Moisés. ¿Cómo se relaciona este suceso con la narración general? Dios había prometido esta tierra a los descendientes de Abraham ya en Génesis 12. Esta promesa se repite constantemente por todo el libro de Génesis. En Éxodo, Dios entrega a los hebreos a la esclavitud egipcia con el propósito explícito de llevarles a la tierra prometida. De modo que, después de juzgar con plagas a los egipcios, dividir las aguas del Mar Rojo, entrar en una relación pactada con los israelitas para morar entre ellos, y conducirles después milagrosamente a través del desierto a la tierra especial que les ha preparado, éstos se niegan a entrar en ella. Si han de luchar por ella no la quieren.

Cuando vemos la negativa de los israelitas en vista del relato general y no solo en el contexto inmediato del propio episodio, su conducta se convierte en algo ultrajante. ¿Cómo podían rechazar la tierra? ¡El objetivo fundamental del largo éxodo desde Egipto era precisamente éste: entrar a poseer la tierra de Canaán! Esta era la culminación de un plan que Dios había venido desarrollando durante varios siglos. Por tanto, su negativa a entrar no era simplemente otro rutinario episodio de desobediencia a Dios como los que encontramos a lo largo de todo el libro de Números. Se trata del punto culminante de su desobediencia en este libro.

Otro pasaje que ilustra la importancia del contexto literario es el episodio que se consigna en 2 Samuel 11-12 del que hablamos en el capítulo 4, donde se trata el caso de David y Betsabé. Después de que David hubiera cometido aquellos terribles pecados de adulterio y asesinato, el profeta Natán le reprende. David reconoce su pecado y se arrepiente sinceramente. Dios le perdona, y se casa con Betsabé. Al final de 2 Samuel 12 David reúne a su ejército y regresa a la batalla (donde debería haber estado al comienzo de la narración). Si nos quedamos en este capítulo, todo parece estar bien. David ha sido perdonado y todo ha vuelto a la normalidad.

No obstante, el relato general de 2 Samuel, arroja una luz distinta sobre este episodio. Los primeros diez capítulos de 2 Samuel presentan la ascensión de David al poder. Va de victoria en victoria. Es el héroe de la tierra, tanto militar como espiritualmente. Ha corregido la desastrosa situación que se describe en el libro de Jueces, y toda la nación le sigue. El narrador resume la situación en 2 Samuel 8:15, «David reinó sobre todo Israel, y administraba justicia y derecho a todo su pueblo».

La segunda mitad del libro, no obstante, es completamente distinta. A partir de 2 Samuel 13 las cosas comienzan a ponerse difíciles para David. Su hijo Amnón abusa de su media hermana Tamar, y es asesinado por Absalón, otro de sus hijos. Más adelante Absalón lidera una insurrección contra David, y la mayor parte del país abandona a su «héroe». En el momento más crítico del relato, cuando David ha de huir para salvar su vida, un hombre le apedrea durante un tramo del camino (¡todo un contraste con el anterior episodio de Goliat!). Absalón muere durante la insurrección, y este suceso abate el corazón de David. A pesar de conseguir sofocar la insurrección de Absalón, las revueltas e intrigas políticas continúan persiguiendo a David como una plaga durante el resto de su reinado. Ciertamente Humpty-Dumpty ha caído, y nadie es capaz de restaurarle de nuevo.

En otras palabras, la primera mitad del libro es maravillosa por lo que respecta a David, pero la segunda es desastrosa. ¿Cuál es el punto pivotante? ¡El adulterio con Betsabé y el asesinato de Urías! ¿De qué modo nos ayuda el relato general a entender las trascendentales decisiones de David? ¿Cuál es el principio que el narrador pretende realmente presentarnos? Dios perdona a David, sin embargo no le devuelve la misma clase de vida que tenía antes de su caída. David descubre que su pecado tiene serias consecuencias para su relación con sus hijos y con su nación. Cuando uno se arrepiente de su pecado, Dios le perdona, pero las consecuencias continuarán. ¿Qué aplicación podemos sacar de esto? Supongamos que un cristiano, bajo la presión de sus antiguos amigos se pasa la tarde bebiendo. Más adelante, mientras conduce bajo los efectos del alcohol, atropella a un niño de cuatro años que vive en la casa de al lado y el niño muere. Por la mañana, dándose cuenta de lo que ha hecho, confiesa sinceramente su pecado y se arrepiente. ¿Le perdonará Dios este pecado? ¡Sin duda! Pero el niño sigue estando muerto, y sus padres lo llorarán durante mucho, mucho tiempo.

El contexto literario es importante. Situar las narraciones que estudiamos en su contexto adecuado, dentro del relato general, es un ejercicio crucial para desarrollar una correcta comprensión del pasaje. ¿Cómo se hace esto? ¿Qué porción de texto deberíamos leer para situar un episodio en su contexto adecuado? Proponemos las siguientes directrices, que van desde el contexto más amplio al más reducido:

• Tengamos presente el relato general del Antiguo Testamento. Exploremos el papel que desempeña el personaje o episodio que estamos estudiando dentro de la idea general.

• Estudiemos los temas y el mensaje general del libro de la Biblia en el que se encuentra el episodio en cuestión. Leamos un resumen del libro en un buen diccionario de la Biblia. Si es posible, leamos todo el libro. Busquemos conexiones entre el episodio que estamos estudiando y el resto del libro. ¿Cuál es el papel que desempeña el episodio dentro del argumento general del libro?

• Recomendamos que se lea la totalidad del relato general. Por ejemplo, si estamos estudiando un suceso de la vida de Abraham, leamos entonces todo el relato de la vida de este personaje (Gen 12–25). Intentemos determinar cómo encaja el acontecimiento que estamos estudiando dentro de este relato general. Acordémonos de leer con cuidado y de buscar conexiones.

• Leamos tres capítulos como mínimo: todo el capítulo en que se desarrolla el episodio objeto de estudio, el capítulo que lo precede, y el que le sigue.

¿Llevan siempre «los buenos» un sombrero blanco?

Cuando éramos niños, muchas de las películas y telefilmes que veíamos, en especial los Westerns, tenían argumentos muy sencillos y cándidos. Aparecían solo dos tipos de personajes, los «buenos» y los «malos», y no era difícil distinguirlos. Para facilitar aún más su identificación, en ocasiones los buenos llevaban sombreros blancos y los malos, negros. Sin embargo, como sabemos, este mundo tan simplista era totalmente ficticio y solo existía en la pantalla. Con el paso del tiempo, las películas se hicieron más complejas. Aquellos personajes tan ingenuos pasaron a ser más complicados. ¡En ocasiones los malos tenían la audacia de llevar sombreros blancos! Los espectadores estaban confusos. Uno de mis amigos me dijo una vez en tono quejoso, «Esta película no me ha gustado nada porque no se sabía quiénes eran los buenos y quiénes los malos». El problema era que algunos de los buenos tenían cosas malas, y viceversa. No es que no hubiera ninguna distinción entre buenos y malos, pero ahora se hacía necesario pensar y reflexionar un poco para poder discernirla.

El Antiguo Testamento no es como aquellas antiguas películas del Oeste en las que se describía un mundo ficticio sin zonas grises y con personajes simples. La Biblia nos habla de la vida real, y las personas que aparecen en sus relatos son verdaderos seres humanos: personajes complejos, que dan origen a relatos complejos. No ha de sorprendernos encontrar personalidades complicadas en el Antiguo Testamento.

Esta observación es importante porque cuando apliquemos el recorrido interpretativo, derivaremos muchos de los principios teológicos de la conducta de los principales personajes. Muchos de estos personajes serán nuestros modelos, y de sus conductas surgirán patrones y ejemplos de lo que significa vivir fielmente ante Dios. Es, pues, esencial, que podamos distinguir a los buenos de los malos. Uno de los errores más comunes que se comete al interpretar la narración veterotestamentaria es el de asumir que todos los personajes de la narración son héroes o modelos a seguir. Esto no es cierto. Muchos de ellos son personajes negativos, y hemos de ser conscientes de ello. Si confundimos a los malos con los buenos, estaremos perdiendo de vista el sentido del relato.

Hemos también de tener en cuenta que la mayor parte de los personajes principales (a excepción de Dios) son una mezcla de rasgos buenos y malos. Pocos personajes salen incólumes de la narración. El narrador espera que leamos con sutileza y discernimiento. No identifica a sus personajes con sombreros blancos y negros. Salomón es un buen ejemplo de lo que estamos diciendo. ¿Cómo lo clasificamos? Parece comenzar bien. En ocasiones, parece ser un buen modelo, alguien que confía en Dios. Sin embargo, la mayor parte del tiempo su conducta es cuestionable; de modo que el narrador, como acabamos de mencionar, parece más bien criticarle que presentarle como modelo. Al final, por supuesto, la posición de Salomón se hace clara. Se aleja de Dios y sigue a los ídolos. Es un personaje trágico. A pesar de su gran sabiduría y sus maravillosos proyectos, acaba fracasando en la vida. Deja a sus descendientes un legado de idolatría, y la nación sigue sus pisadas yendo tras los ídolos.

¿Y Sansón? ¿Fue acaso un héroe o un insensato? Hemos de buscar algunas de las claves que nos da el narrador. Nos dice que Dios dota a Sansón de una fuerza especial, y éste lleva a cabo algunas increíbles proezas de fortaleza física. En lo militar, logra algunas importantes victorias personales sobre los filisteos. Sansón pone patas arriba a los malos (los filisteos). ¿Acaso esto no le hace un héroe? El narrador responde en negativo. Toda la vida moral y espiritual de Sansón está corrompida. Pasa por alto su llamamiento como nazareo y viola todos los compromisos que adquirió con esta condición. Quebranta la ley con desfachatez, y deliberadamente da a comer carne inmunda a sus padres. Su principal ocupación es entablar relaciones con mujeres extranjeras. Es un hombre centrado en sí mismo y movido solo por la búsqueda del propio placer. No es un modelo positivo. Sansón es quizá una imagen de potencial malogrado, alguien que ha desperdiciado su vida cambiando los dones y oportunidades que Dios le ha dado por la propia gratificación.[3]

---

[3] El hecho de que Sansón aparezca en Hebreos 11:32 no significa que tengamos que reinterpretar totalmente las narraciones que tratan de él en Jueces, y «reparar» de algún modo el texto del Antiguo Testamento. En el capítulo once de Hebreos no se cita a los llamados «héroes de la fe» como modelos ejemplares en todos los aspectos de la vida. En 11:31 se menciona a Rahab la prostituta. No cabe duda de que el autor no pretende subrayar su vida como prostituta como un aspecto ejemplar de su vida, sino más bien el acto de fe que condujo a su liberación. De igual modo, el carácter voluble y egocéntrico de Sansón difícilmente podría ser visto como ejemplar por lo que respecta a su estilo de vida (i.e., tener relaciones con prostitutas, etc.). No obstante, sí es cierto que, por el poder de Dios, Sansón aplasta a los enemigos de Israel, especialmente en su última acción suicida. En Hebreos 11 se le cita por esta razón, sin embargo este hecho no nos obliga a reinterpretar el libro de Jueces para establecer que Sansón vivió, de algún modo, una vida de fe. Dios puede también llevar a cabo grandes milagros de liberación a través de personas negligentes, como demuestra el caso de Sansón. Por nuestra parte deberíamos

Como acabamos de mencionar, otro importante procedimiento a seguir al interpretar el sentido de estos personajes es el de relacionar su relato con el contexto más amplio. ¿Qué sucede en el relato general, y cuál es el papel que el individuo en cuestión desempeña dentro de él? ¿Cómo encaja Sansón en el relato general del libro de Jueces? Recordemos que este libro registra básicamente el progresivo declive teológico y moral de Israel después de instalarse en la tierra. Sansón es parte de esta espiral descendente. Aunque Dios le capacita, él no parece tener ningún interés en servir u obedecer a Dios. La idea de Sansón como alguien capacitado con grandes dones de parte de Dios, pero que no obstante lo desperdicia todo por su egoísmo encaja realmente bien en el contexto de Jueces. De modo que, aunque Sansón consiguió algunas victorias para Israel, no por ello es de los «buenos»; es un modelo negativo.

Gedeón, otro de los Jueces, es más complicado incluso que Sansón. Seguro que todos hemos oído un buen número de sermones ensalzando la fe de Gedeón. En Jueces 7, Dios hace que Gedeón envíe a casa a la mayor parte de su ejército, dejándole finalmente con solo trescientos hombres para luchar contra los madianitas. No obstante, Dios lleva al pequeño ejército israelita a derrotar milagrosamente al ejército de los madianitas que es muy superior en número. ¡Sin duda, Gedeón es un héroe! Sin embargo, el narrador parece tener sus dudas acerca de Gedeón, y si leemos cuidadosamente, podemos captar este silencioso malestar que expresa el escritor por los aspectos negativos del carácter de Gedeón. En primer lugar, observemos que para que Gedeón responda a sus demandas, Dios ha de darle cuatro señales milagrosas: fuego de la roca (6:21), un vellón húmedo (6:38), después un vellón seco (6:40), y por último el sueño de los madianitas (7:13). Dos veces se menciona el temor de Gedeón (6:27; 7:10–11). El factor decisivo lo encontramos al final de la narración, lo cual muchos tienden a pasar por alto (¡el modo en que terminan los relatos es muy importante!). Escuchemos uno de los últimos comentarios del narrador acerca de Gedeón en Jueces 8:27:

Y Gedeón hizo de ello un efod, y lo colocó en Ofra, su ciudad, con el cual todo Israel se prostituyó allí, y esto vino a ser ruina para Gedeón y su casa.

---

glorificar a Dios por utilizar a un personaje tan indigno como Sansón en lugar de tergiversar los hechos acerca de su vida para hacerle parecer digno.

Tampoco el epílogo de la vida de Gedeón es demasiado honroso, puesto que no deja un buen legado. Gedeón (también conocido con el nombre de Jerobaal) tiene setenta y un hijos, uno de los cuales se llama Abimelec (que significa «mi padre es rey»). En Jueces 9, Abimelec asesina a sesenta y nueve de sus hermanos (uno de ellos logra escapar) y se autoproclama rey.

Si lo consideramos como un todo, el personaje de Gedeón es una mezcla de rasgos buenos y malos. Estrictamente no es ni bueno ni malo, sino una mezcla de ambas cosas. Es cierto que obedece a Dios y consigue grandes cosas, sin embargo se resiste a ello, y Dios ha de empujarle a menudo (todo un contraste si le comparamos, p. ej., con David cuando corre a enfrentarse con Goliat). Cuando Dios bendice a Gedeón y le da victoria, fama y riqueza, estas cosas se le suben un poco a la cabeza, y pierde de vista las verdaderas prioridades. Al extraer principios de la vida de Gedeón, hemos de prestar atención tanto a los aspectos positivos como a los negativos, puesto que también de éstos últimos podemos aprender preciosas lecciones. Dios concede a Gedeón éxitos y victorias fantásticas, sin embargo, éste no sabe administrar correctamente su próspera situación. Esta es también una buena lección a la que debemos prestar atención.[4]

En la mayor parte de la narración veterotestamentaria, Dios es el personaje central. En el Antiguo Testamento Dios no es un ser distante que solo habla indirecta y veladamente por medio del narrador. Desempeña un papel fundamental en el relato. Una de las características centrales de la narración es el diálogo, y en el Antiguo Testamento ¡Dios participa en más de doscientos diálogos! Si no vemos a Dios en la narración, esta pierde su sentido. La narración es un instrumento poderoso y efectivo para revelar el carácter de los personajes que participan en ella. Uno de los propósitos fundamentales de este material narrativo es revelarnos a Dios. Los relatos veterotestamentarios nos ofrecen la oportunidad de ver a Dios en acción en un buen número de situaciones, tratando varios problemas humanos.

Por ejemplo, Gedeón, no es realmente aquel que libera a los israelitas de los madianitas. El verdadero héroe es Dios. Si Gedeón es un hombre débil, asustado, y vacilante, ¿qué nos enseña esto acerca de Dios? ¿Elige acaso Dios a individuos débiles? ¡Por supuesto! ¿Es Dios

---

[4] Igual que Sansón, también Gedeón aparece en Hebreos 11:32, pero ello no cambia el sentido de sus acciones registradas en el libro de Jueces. Véase la nota anterior con respecto a Sansón.

paciente con sus siervos débiles? Por supuesto que sí... hasta cierto punto. De modo que, no dejemos de ver a Dios en las narraciones. Trátale como a uno de los protagonistas. Analiza sus acciones y sus palabras en los diálogos. Investiga sus emociones y sus razones para actuar. Esto nos lleva a otro asunto importante. Permite que Dios sea Dios. A menudo pretendemos sistematizar a Dios. Le circunscribimos dentro de prolijas categorías teológicas o filosóficas (Dios es Omnipotente, Omnisciente, Omnipresente, etc.). Sin duda, estas doctrinas son verdaderas, pero se trata de conceptos abstractos, y si no se equilibran con los aspectos personales de Dios, tienden a separarnos de Dios. Si no vamos con cuidado, Dios se convertirá en una abstracción impersonal y distante, como la Fuerza en *la Guerra de las Galaxias*. Las narraciones del Antiguo Testamento rechazan este punto de vista de Dios. El Señor no es un ente abstracto que sentimos, sino una persona que habla, se relaciona, se enfada, se duele, cambia de opinión, plantea argumentos, y ama. Se relaciona con las personas en un plano humano, sin embargo sigue siendo más que nosotros, está por encima de nosotros. Es el Héroe del relato.

Muchos cristianos se acercan a las narraciones del Antiguo Testamento con una pulcra cajita teológica en la que han puesto a su Dios. No obstante, a medida que leen el texto con detenimiento, se quedan perplejos por la conducta de Dios, puesto que no actúa conforme a la idea preconcebida que de Él tienen. En Éxodo 32:10, por ejemplo, después de la construcción del becerro de oro por parte de Israel, Dios le dice a Moisés: «Ahora pues, déjame, para que se encienda mi ira contra ellos y los consuma; mas de ti yo haré una gran nación.» En los tres versículos siguientes Moisés le suplica a Dios y le convence de que cambie de opinión. En Éxodo 32:14 se consigna el resultado de esta intercesión: «Y el Señor desistió de hacer el daño que había dicho que haría a su pueblo». ¿Cómo nos acercamos a un texto como este? ¿Cómo puede Dios, que lo ve todo y lo sabe todo, cambiar de opinión?

Nuestra propuesta es que dejemos que Dios sea Dios. Él ha decidido revelarse a nosotros en estas narraciones. Al parecer hay aspectos de su naturaleza y personalidad que desea transmitirnos a través de estos relatos. No nos quedemos empantanados intentando restar importancia a estos pasajes difíciles. Tomémoslos como relatos fidedignos de los hechos, y estudiémoslos cuidadosamente para ver lo que nos revelan acerca del carácter de Dios. No intentemos poner a Dios en una cajita.

Por nuestra parte, hemos descubierto que es muy difícil hacer tal cosa si leemos con frecuencia los relatos del Antiguo Testamento. Dios se sale constantemente de nuestra cajita resistiéndose a ser definido de un modo simplista. Si en la vida real las personas son complejas, ¡cuánto más en el caso de Dios! No obstante, este Dios complejo ha decidido relacionarse con nosotros de un modo personal y revelarnos su carácter a través de estos pasajes. Si nuestra meta es conocer a Dios, es entonces imperativo que procuremos escuchar lo que intenta decirnos acerca de sí mismo en estos textos narrativos.

Conclusión

El material que acabamos de considerar nos ayudará en la aplicación del recorrido interpretativo. Recapitulemos los pasos de este recorrido aplicado a la narración veterotestamentaria, resumiendo los distintos asuntos tratados en este capítulo a medida que avanzamos paso a paso. Utilizaremos como ejemplo los relatos de Rahab y Acán (Jos 2:1–24; 7:1–26).

Paso 1: Entender el texto en su contexto original. ¿Qué significó el pasaje para los receptores bíblicos?

Utilicemos todas nuestras dotes de observación para leer el texto cuidadosamente. Observemos todos los detalles. Busquemos conexiones. Analicemos los contextos literario e histórico. Identifiquemos la línea de la narración general del libro en que nos encontramos, e intentemos situar el relato dentro de la narración más extensa. Redactemos una declaración de lo que el texto significó para los receptores bíblicos.

En el relato de Rahab y Acán podemos escribir, por ejemplo: Rahab, la prostituta cananea, se contrasta con Acán, el israelita. Ella cree en el Dios de Israel y le confía su vida; Dios honra su confianza liberándola a ella y también a su familia de la destrucción de Jericó. Acán, sin embargo, no toma a Dios en serio y pasa por alto sus estrictos mandamientos. El resultado de ello es su muerte y la de su familia. Los papeles de Acán y Rahab se intercambian.

Paso 2: Medir la anchura del río a cruzar. ¿Cuáles son las diferencias entre los receptores bíblicos y nosotros?

Identifiquemos las diferencias entre los receptores bíblicos y nosotros. Hemos de poner especial atención en recordar el cambio de pactos (ya no estamos bajo la ley). Otras diferencias importantes con las que podemos encontrarnos son las que tienen que ver con la tierra, la monarquía, la conquista de Canaán, los sacrificios, y la conversación directa con Dios. En el relato de Rahab y Acán: estamos bajo un pacto distinto del de estos personajes. Nuestra situación es diferente. No estamos en el periodo de la conquista ni militamos en ningún tipo de guerra santa literal. Tampoco somos cananeos (o prostitutas) que viven en una ciudad próxima a ser conquistada. Dios no nos ha dado a nosotros los mismos mandamientos específicos que le dio a Acán.

Paso 3: Cruzar el puente de los principios. ¿Cuál es el principio teológico que subyace en este texto?
Identifiquemos posibles similitudes entre la situación de los receptores bíblicos y la nuestra. Busquemos los principios teológicos que se relacionan con ambas situaciones, pero que se derivan del texto. ¡Tengamos cuidado de no alegorizar! No ignoremos el significado del Antiguo Testamento y pasemos rápidamente al Nuevo. Recordemos las directrices para el desarrollo de los principios teológicos que hemos considerado antes. Los principios:

• Han de surgir del texto.
• Han de ser intemporales, no vinculadas a ninguna situación específica.
• Su aplicación no ha de estar vinculada a una cultura determinada.
• Han de armonizar con la enseñanza del resto de la Escritura.
• Han de ser pertinentes tanto para los receptores bíblicos como para los de hoy.

En el relato de Rahab y Acán: Dios mira más allá de las cuestiones externas y superficiales y salva a personas poco corrientes que depositan su fe en Él. La acción liberadora de Dios depende de la presencia de fe verdadera (expresada en acción) y no de meros elementos externos, como la identidad étnica o las tradiciones religiosas. Dios es generoso y lleno de Gracia, pero quienes le menosprecian y le tratan como si no existiera serán objeto de su juicio.

Paso 4: Cruzar al Nuevo Testamento. ¿Modifica o matiza este principio la enseñanza del Nuevo Testamento? y en caso afirmativo ¿cómo?

Hemos de intentar determinar si el Nuevo Testamento trata o no las cuestiones suscitadas por el texto. ¿Modifica de algún modo el Nuevo Testamento el principio teológico en cuestión o lo hace más específico? En este paso no abandonemos el Antiguo Testamento. Seguimos intentando entender el significado que el autor veterotestamentario quiso dar al texto. Nuestra meta es determinar cómo se interpreta el pasaje en el contexto del Nuevo Testamento. El significado que establecemos en este paso ha de ser aplicable a cualquier creyente del Nuevo Testamento.

En el relato de Rahab y Acán: el Nuevo Testamento reafirma la idea de que Dios mira más allá de los elementos externos superficiales y salva a las personas que depositan su fe en Jesucristo. En el Nuevo Testamento se reafirma también el hecho de que Dios escoge a algunas personas peculiares. Donde solo existe mera relación con la Iglesia, y no verdadera fe, no habrá salvación.[5]

Paso 5: Entender el texto en nuestro contexto. ¿Cómo deberían aplicar los cristianos de hoy este principio teológico en sus vidas?

Hemos de ser lo más específicos posible. Recordemos que pueden hacerse numerosas aplicaciones de los principios teológicos.

En el relato de Rahab y Acán: tendemos a juzgar a las personas según elementos externos. Conocemos a un educado norteamericano (español, colombiano) de clase media y pensamos enseguida en lo buen cristiano que sería. Por otra parte, cuando vemos a alguien que participa en alguna actividad claramente pecaminosa (drogas, prostitución, juego, robo, etc.), tendemos a descartar automáticamente a tal persona asumiendo que nunca se convertirá. Esta actitud es errónea, porque Dios se deleita en salvar a las personas más insólitas, y quiere que nosotros tengamos esta misma actitud hacia ellos. No hay candidatos poco probables para experimentar la salvación que ofrece Cristo.

---

[5] Obsérvese que la narración de Ananías y Safira en Hechos 5:1–11 guarda una cierta similitud con el relato de Acán. En el Nuevo Testamento, Dios sigue considerando que mentirle (tanto a Él mismo como a los líderes puestos por Él) es algo muy serio, y queda claro que juzgará a quienes intentan engañarle. No podemos esconder nuestros pecados de Dios.

Deberes

Deber 18-1

Estudia en primer lugar el texto de 1 Samuel 3:1–21 que se consigna a continuación y haz el mayor número posible de observaciones. Anota tus observaciones en una fotocopia del texto. Utiliza más papel si es necesario. Identifica a continuación el contexto literario e histórico. Es decir, explica el modo en que estas narraciones encajan en el relato general del libro. Utiliza un diccionario o comentario bíblico si es necesario como ayuda para entender la principal línea argumental del libro. Aplica a continuación el recorrido interpretativo. Lleva a cabo los cinco pasos que acabamos de explicar, redactando al menos una declaración para cada uno de los pasos.

El joven Samuel servía al Señor en presencia de Elí. La palabra del Señor escaseaba en aquellos días, las visiones no eran frecuentes. Y aconteció un día, estando Elí acostado en su aposento (sus ojos habían comenzado a oscurecerse y no podía ver bien), cuando la lámpara de Dios aún no se había apagado y Samuel estaba acostado en el templo del Señor donde estaba el arca de Dios, que el Señor llamó a Samuel, y él respondió: Aquí estoy. Entonces corrió a Elí y le dijo: Aquí estoy, pues me llamaste. Pero Elí le respondió: Yo no he llamado, vuelve a acostarte. Y él fue y se acostó. El Señor volvió a llamar: ¡Samuel! Y Samuel se levantó, fue a Elí y dijo: Aquí estoy, pues me llamaste. Pero él respondió: Yo no he llamado, hijo mío, vuelve a acostarte. Y Samuel no conocía aún al Señor, ni se le había revelado aún la palabra del Señor. El Señor volvió a llamar a Samuel por tercera vez. Y él se levantó, fue a Elí y dijo: Aquí estoy, pues me llamaste. Entonces Elí comprendió que el Señor estaba llamando al muchacho. Y Elí dijo a Samuel: Ve y acuéstate, y si Él te llama, dirás: «Habla, Señor, que tu siervo escucha».Y Samuel fue y se acostó en su aposento. Entonces vino el Señor y se detuvo, y llamó como en las otras ocasiones: ¡Samuel, Samuel! Y Samuel respondió: Habla, que tu siervo escucha.

Y el Señor dijo a Samuel: He aquí, estoy a punto de hacer una cosa en Israel la cual hará retiñir ambos oídos a todo aquel que la oiga. Ese día cumpliré contra Elí todo lo que he hablado sobre su casa, desde el principio hasta el fin. Porque le he hecho saber que estoy a punto de juzgar su casa para siempre a causa de la iniquidad que él conocía, pues sus hijos trajeron sobre sí una maldición, y él no los reprendió. Por eso he jurado a la casa de Elí que la iniquidad de su casa no será expiada jamás, ni por sacrificio ni por ofrenda. Samuel se acostó hasta la mañana; entonces abrió las puertas de la casa del Señor; pero Samuel temía contar la visión a Elí. Pero Elí llamó a Samuel, y le dijo: Samuel, hijo mío. Y él respondió: Heme aquí. Y Elí dijo: ¿Cuál es la palabra que el Señor te habló? Te ruego que no me la ocultes. Así te haga Dios, y aún más, si me ocultas algo de todas las palabras que te habló. Entonces Samuel se lo contó todo, sin ocultarle nada. Y Elí dijo: El Señor es; que haga lo que bien le parezca. Samuel creció, y el Señor estaba con él; no dejó sin cumplimiento ninguna de sus palabras. Y todo Israel, desde Dan hasta Beerseba, supo que Samuel había sido confirmado como profeta del Señor. Y el Señor se volvió a aparecer en Silo; porque el Señor se revelaba a Samuel en Silo por la palabra del Señor.

Deber 18-2

En primer lugar, estudia Génesis 22:1–19 que consignamos a continuación y haz el mayor número posible de observaciones. Anota tus observaciones en una fotocopia del texto. Utiliza más papel si es necesario. Identifica a continuación el contexto literario e histórico. Es decir, explica el modo en que estas narraciones encajan en el relato general del libro. Utiliza un diccionario o comentario bíblico si es necesario como ayuda para entender la principal línea argumental del libro. Aplica a continuación el recorrido interpretativo. Lleva a cabo los cinco pasos que acabamos de explicar, redactando al menos una declaración para cada uno de los pasos.

Aconteció que después de estas cosas, Dios probó a Abraham, y le dijo: ¡Abraham! Y él respondió: Heme aquí. Y Dios dijo: Toma ahora a tu hijo, tu único, a quien amas, a Isaac, y ve a la tierra de Moriah, y ofrécelo allí en holocausto sobre uno de los montes que yo te diré. Abraham se levantó muy de mañana, aparejó su asno y tomó con él a dos de sus mozos y a su hijo Isaac; y partió leña para el holocausto, y se levantó y fue al lugar que Dios le había dicho. Al tercer día alzó Abraham los ojos y vio el lugar de lejos. Entonces Abraham dijo a sus mozos: Quedaos aquí con el asno; yo y el muchacho iremos hasta allá, adoraremos y volveremos a vosotros. Tomó Abraham la leña del holocausto y la puso sobre Isaac su hijo, y tomó en su mano el fuego y el cuchillo. Y los dos iban juntos. Y habló Isaac a su padre Abraham, y le dijo: Padre mío. Y él respondió: Heme aquí, hijo mío. Y dijo Isaac: Aquí están el fuego y la leña, pero ¿dónde está el cordero para el holocausto? Y Abraham respondió: Dios proveerá para sí el cordero para el holocausto, hijo mío. Y los dos iban juntos. Llegaron al lugar que Dios le había dicho y Abraham edificó allí el altar, arregló la leña, ató a su hijo Isaac y lo puso en el altar sobre la leña. Entonces Abraham extendió su mano y tomó el cuchillo para sacrificar a su hijo. Mas el ángel del Señor lo llamó desde el Cielo y dijo: ¡Abraham, Abraham! Y él respondió: Heme aquí. Y el ángel dijo: No extiendas tu mano contra el muchacho, ni le hagas nada; porque ahora sé que temes a Dios, ya que no me has rehusado tu hijo, tu único. Entonces Abraham alzó los ojos y miró, y he aquí, vio un carnero detrás de él trabado por los cuernos en un matorral; y Abraham fue, tomó el carnero y lo ofreció en holocausto en lugar de su hijo. Y llamó Abraham aquel lugar con el nombre de El Señor Proveerá, como se dice hasta hoy: En el monte del Señor se proveerá. El ángel del Señor llamó a Abraham por segunda vez desde el Cielo, y dijo: Por mí mismo he jurado, declara el Señor, que por cuanto has hecho esto y no me has rehusado tu hijo, tu único, de cierto te bendeciré grandemente, y multiplicaré en gran manera tu descendencia como las estrellas del Cielo y como la arena en la orilla del mar, y tu descendencia poseerá la puerta de sus enemigos. Y en tu simiente serán bendecidas todas las naciones de la tierra, porque tú has obedecido mi voz. Entonces Abraham volvió a sus mozos, y se levantaron y fueron juntos a Beerseba. Y habitó Abraham en Beerseba.

19
Antiguo Testamento: Ley

Introducción

Un gran parte del Pentateuco (los cinco primeros libros de la Biblia) consta de leyes. De hecho, en estos libros se consignan más de seiscientos mandamientos. Este material legal lo encontramos principalmente en la mayor parte de los libros de Levítico y Deuteronomio, aunque también en aproximadamente la mitad de los libros de Éxodo y Números se presentan varias leyes que Dios le dio a Israel. Es evidente que, estas leyes son importantes. Pero muchas de ellas nos parecen extrañas, estrambóticas incluso. Consideremos por un momento las leyes siguientes:

Éxodo 34:26: «No cocerás el cabrito en la leche de su madre».

Levítico 19:19: «No [...] te pondrás un vestido con mezcla de dos clases de material».

Levítico 12:2: «Cuando una mujer dé a luz y tenga varón, quedará impura por siete días».

Levítico 13:40: «Si un hombre pierde el pelo de la cabeza, es calvo, pero limpio».

Deuteronomio 22:12: «Te harás borlas en las cuatro puntas del manto con que te cubras».

Por otra parte, existen un buen número de leyes del Antiguo Testamento que los cristianos modernos quebrantamos con cierta regularidad. ¿Cuál de las siguientes has desobedecido tú?

Deuteronomio 22:5: «La mujer no vestirá ropa de hombre, ni el hombre se pondrá ropa de mujer».
Levítico 19:32: «Delante de las canas te pondrás en pie».
Levítico 19:28: «No... os haréis tatuajes».
Deuteronomio 14:8: «Y el cerdo, aunque tiene la pezuña dividida, no rumia; será inmundo para vosotros. No comeréis de su carne ni tocaréis sus cadáveres».

Aunque estas leyes tendemos a ignorarlas, existen sin embargo otros mandamientos veterotestamentarios a los que nos aferramos como soportes morales de la conducta cristiana. Estos nos serán más familiares:

Levítico 19:18: «Ama a tu prójimo como a ti mismo».
Éxodo 20:13: «No matarás».
Deuteronomio 5:18: «No cometerás adulterio».

De modo que, ¿por qué hacemos nuestras ciertas leyes e ignoramos otras? ¿Qué leyes son válidas y cuáles no lo son? Muchos cristianos de nuestros días se sienten desconcertados por el problema interpretativo que plantea la ley. Algunos de nosotros nos acercamos a la cuestión pasando de puntillas sobre los textos legales, saltando sobre todas aquellas leyes que no parecen aplicarse a nosotros. Este tipo de leyes decidimos ignorarlas por completo. Después cuando encontramos alguna que parece tener sentido para el mundo de hoy, la tomamos, la subrayamos, y la utilizamos como directriz para la vida. Sin duda, este acercamiento aleatorio a la interpretación de las leyes del Antiguo Testamento es impropio e inadecuado. Pero ¿cómo, entonces, hemos de interpretarlas?

En este capítulo presentaremos un acercamiento consistente para la interpretación de las leyes del Antiguo Testamento. Expondremos en primer lugar un acercamiento tradicional y bastante popular que nosotros consideramos inadecuado. A continuación, presentaremos el método para interpretar la ley que consideramos más válido. Como parte del acercamiento que presentamos, exploraremos, en primer lugar, el contexto narrativo y contractual del material legal del Antiguo Testamento y trataremos las implicaciones de dicho contexto para la interpretación. A continuación, aplicaremos el recorrido interpretativo a la tarea de interpretar la ley, presentando varios ejemplos.

El acercamiento tradicional

Durante muchos años el acercamiento tradicional para interpretar las leyes del Antiguo Testamento ha consistido en subrayar la distinción entre leyes de carácter *moral, civil*, y *ceremonial*. Las leyes morales se definían como aquellas que expresaban verdades intemporales respecto al deseo de Dios para la conducta humana. «Ama a tu prójimo como a ti mismo» es un buen ejemplo de lo que se ha dado en llamar ley moral. Las leyes civiles eran aquellas que trataban de aspectos que encontramos normalmente en los sistemas legales. Estas leyes trataban de cuestiones de tribunales, economía, territorio, delitos y penas. Un ejemplo de ley civil es el que encontramos en Deuteronomio 15:1: «Al cabo de cada siete años harás remisión de deudas». Las leyes ceremoniales se definían como aquellas que trataban de los sacrificios, festivales, y actividades sacerdotales. Por ejemplo, en Deuteronomio 16:13 se instruía a los israelitas a celebrar durante siete días «la fiesta de los tabernáculos, cuando hayas recogido el producto de tu era y de tu lagar».

Bajo este acercamiento, tales distinciones entre leyes de carácter moral, civil, y ceremonial son muy importantes puesto que permiten que el creyente sepa si un precepto determinado se aplica o no a ellos. Según este sistema las leyes morales son universales e intemporales, y siguen aplicándose como ley a los creyentes de nuestros días. Sin embargo, las leyes de carácter civil y ceremonial se aplican solo al Israel de la Antigüedad, pero no a los creyentes de nuestros días. Este sistema ha ayudado a muchos exegetas, dándoles una metodología por la que, textos como «ama a tu prójimo como a ti mismo» pueden seguir siendo reclamados como ley para los cristianos, al tiempo que todos aquellos que tratan de los sacrificios y sanciones pueden descartarse en cuanto a su aplicación.

No obstante, en los últimos años muchos cristianos se han sentido incómodos con este acercamiento. En primer lugar, las distinciones entre leyes morales, civiles y ceremoniales parecen un tanto arbitrarias. El texto no establece tal distinción. Por ejemplo, inmediatamente después de «ama a tu prójimo como a ti mismo» (Lev 19:18), el texto dice no «te pondrás un vestido con mezcla de dos clases de material» (19:19). ¿Es correcto ver el versículo 18 como aplicable a nosotros pero desestimar el 19 como no aplicable? En el texto no hay ninguna indicación de que entre estos dos versículos se haya producido esta clase de cambio interpretativo.

Por otra parte, con frecuencia es difícil determinar si una ley en concreto cae dentro de la categoría moral o en una de las otras. Puesto que la ley definía la relación contractual entre Dios e Israel, la ley era por naturaleza teológica. Toda la ley tenía contenido teológico. Por tanto, la pregunta se convierte en: «¿puede acaso una ley ser teológica, pero no moral?».

Consideremos, por ejemplo, el mandamiento que encontramos en Levítico 19:19: «no sembrarás tu campo con dos clases de semilla, ni te pondrás un vestido con mezcla de dos clases de material». Uno de los temas centrales del libro de Levítico es el de la santidad de Dios. Una parte de este tema es la enseñanza de que las cosas santas deben ponerse aparte de las profanas o comunes. Si bien es cierto que podemos no entender todos los matices del mandamiento de no confeccionar tejidos o sembrar campos mezclando distintos materiales o semillas, sabemos que todo ello tiene relación con el tema de la santidad de Dios. De hecho, todas las leyes en cuanto a la separación parecen vincularse con el principio general de la santidad y la separación de Dios. Así pues, ¿qué clase de ley sería Levítico 19:19? ¿Civil? No lo parece No tiene conexión con las necesidades de la sociedad israelita. ¿Ceremonial? Quizá; aunque estos preceptos no parecen aplicarse a ninguna ceremonia o sacrificio. El modo en que los israelitas sembraban sus campos y la manera en que tejían sus telas tenían un sentido teológico. ¿Cómo es posible que esto no sean cuestiones de carácter moral?

Otro buen ejemplo de un mandamiento difícil de clasificar por medio de este sistema lo encontramos en Números 5:11-28:

El Señor habló además a Moisés, diciendo: Habla a los hijos de Israel, y diles: «Si la mujer de alguno se desvía y le es infiel, teniendo alguno relaciones carnales con ella sin que su marido se dé cuenta, ni sea descubierta (aunque ella se haya contaminado y no haya testigo contra ella, ni haya sido sorprendida en el acto mismo), y un espíritu de celo viene sobre él y tiene celos de su mujer, habiéndose ella contaminado, o si viene un espíritu de celos sobre él y tiene celos de su mujer, no habiéndose ella contaminado, el hombre llevará su mujer al sacerdote y llevará como ofrenda por ella un décimo de un efa de harina de cebada; no derramará aceite sobre la ofrenda, ni pondrá sobre ella incienso, porque es una ofrenda de cereal, de celos, una ofrenda memorial de cereal, un recordatorio de iniquidad. «Entonces el sacerdote hará que ella se acerque y la pondrá delante del Señor, y el sacerdote tomará agua santa en una vasija de barro; y tomará del polvo que está sobre el piso del tabernáculo, y lo pondrá en el agua. «Luego el sacerdote hará que la mujer esté delante del Señor y descubrirá la cabeza de la mujer, y pondrá en sus manos la ofrenda memorial de cereal, que es la ofrenda de celos, y en la mano del sacerdote estará el agua de amargura que trae maldición. «Y el sacerdote hará que ella pronuncie juramento, y dirá a la mujer: 'Si ningún hombre se ha acostado contigo, y si no te has desviado a la inmundicia, estando sujeta a tu marido, sé inmune a esta agua de amargura que trae maldición; pero si te has desviado, estando sujeta a tu marido, y te has corrompido, y otro hombre que no es tu marido se ha llegado a ti (entonces el sacerdote hará que la mujer jure con el juramento de maldición, y el sacerdote dirá a la mujer): 'El Señor te haga maldición y juramento entre tu pueblo, haciendo el Señor que tu muslo se enjute y tu vientre se hinche; y esta agua que trae maldición entrará en tus entrañas, y hará que tu vientre se hinche y tu muslo se enjute.' Y la mujer dirá: 'Amén, amén.'

«Entonces el sacerdote escribirá estas maldiciones en un rollo, y las lavará en el agua de amargura. «Después hará que la mujer beba el agua de amargura que trae maldición, para que el agua que trae maldición entre a ella para causar amargura. «Y el sacerdote tomará la ofrenda de cereal de los celos de la mano de la mujer, y mecerá la ofrenda de cereal delante del Señor y la llevará al altar; tomará el sacerdote un puñado de la ofrenda de cereal como su ofrenda memorial y la quemará en el altar, y después hará que la mujer beba el agua. «Cuando le haya hecho beber el agua, sucederá que si ella se ha contaminado y ha sido infiel a su marido, el agua que trae maldición entrará en ella para producir amargura, y su vientre se hinchará, su muslo se enjutará y la mujer vendrá a ser una maldición en medio de su pueblo. «Mas si la mujer no se ha contaminado y es limpia, quedará libre y concebirá hijos».

En este pasaje se describe el modo en que los sacerdotes tenían que tratar a una mujer que, presuntamente, había cometido adulterio. Sin duda el adulterio es una cuestión moral. ¿Se trata entonces de una ley intemporal y universal y, por tanto, de aplicación para nosotros? A fin de determinar la culpabilidad o inocencia de una sospechosa de adulterio, el sacerdote tenía que hacer que la mujer bebiera de un agua amarga. Si se ponía enferma, era entonces culpable. En caso contrario, era inocente. ¿Deberíamos practicar este «método» en nuestros días? En nuestra opinión este acercamiento a la interpretación de la Escritura es demasiado ambiguo e inconsistente como para ser válido. Sencillamente, en la Escritura no encontramos una clara distinción entre estas distintas categorías de ley. Así pues la imprecisión de esta distinción no nos parece un buen criterio para determinar si un mandamiento en particular ha de ser obedecido o puede ser ignorado. También cuestionamos la validez de desechar las así llamadas leyes civiles y ceremoniales como no aplicables. Toda la Escritura es aplicable a los creyentes del Nuevo Testamento.

Sostenemos, por tanto, que el mejor método para interpretar las leyes veterotestamentarias ha de poder utilizarse de manera consistente con todos los textos legales. Ha de ser un procedimiento que no establezca distinciones arbitrarias y ajenas al texto entre los versículos y su aplicabilidad. Sin duda, el acercamiento tradicional para interpretar la ley, sigue siendo el modelo a seguir para muchos cristianos. Es un método con una larga historia, y que hemos de respetar. No obstante, en las páginas que siguen proponemos un acercamiento alternativo a la interpretación de la ley del Antiguo Testamento, un procedimiento que puede ayudarnos a ser consistentes en el estudio y aplicación de las leyes del Antiguo Testamento.

El contexto narrativo

El material legal del Antiguo Testamento no aparece de un modo aislado. Esta es una observación importante. Las leyes del Antiguo Testamento, por tanto, se nos presentan de un modo distinto, por ejemplo, que libros como Proverbios. El libro de Proverbios aparece de un modo un tanto aislado de otros textos. No está relacionado con ningún relato. Esta obra del género sapiencial hebreo cuenta entre sus páginas con algunas conexiones históricas imprecisas, sin embargo el libro como tal tiene en gran medida un lugar independiente dentro del canon del Antiguo Testamento. Es cierto que, desde un punto de vista teológico, tiene cierta relación con otros libros sapienciales (Job, Eclesiastés, Cantar de los Cantares), sin embargo la conexión de Proverbios con estas obras es poco precisa, y un tanto vagos sus vínculos con la historia teológica de Israel. En contraste, la Ley del Antiguo Testamento está firmemente integrada en la narración de la historia teológica de Israel. Forma parte de la narración que va desde Génesis 12 hasta 2 Reyes 25. La ley no se presenta a sí misma como alguna forma de código intemporal y universal, sino más bien como parte de la narración teológica que describe cómo Dios liberó a Israel de Egipto y le estableció en la tierra prometida como pueblo suyo.

Esto sucede en cada uno de los libros que contiene algún elemento de la Ley del Antiguo Testamento. Por ejemplo, el principal material legal del libro de Éxodo aparece en los capítulos 20–23. Esta sección contiene también los Diez Mandamientos. Pero observemos el contexto narrativo. Los primeros diecinueve capítulos de Éxodo cuentan el relato de la servidumbre de los israelitas en Egipto y su liberación mediante las poderosas obras de Dios. Este bloque describe el llamamiento de Moisés y sus intensos encuentros con Faraón. Presenta el relato de las plagas de Egipto que culmina con la visita del ángel de la muerte. A continuación, Moisés conduce a los israelitas fuera del territorio egipcio y a cruzar el mar Rojo. Acto seguido, el libro de Éxodo nos describe su recorrido por el desierto hasta que, en el capítulo 19, los israelitas llegan al Monte Sinaí, donde Dios les llama a establecer un pacto con Él.

Los Diez Mandamientos de Éxodo 20 y las leyes que siguen en los capítulos 21–23 forman parte de este relato. Desde un punto de vista textual, este pasaje forma parte del relato del encuentro de Dios con Moisés e Israel en el Monte Sinaí. Observemos, por ejemplo, que los Diez Mandamientos se enumeran en Éxodo 20:1–17, pero que en el versículo 18 el texto retoma de inmediato la narración, «Y todo el pueblo percibía los truenos y relámpagos, el sonido de la trompeta y el monte que humeaba; y cuando el pueblo vio aquello, temblaron, y se mantuvieron a distancia.» Asimismo, en Éxodo 21–23 Dios presenta numerosas leyes a Israel, pero también estas forman parte de la narración. Se integran en el diálogo entre Dios e Israel, con Moisés como intermediario. Observemos la reacción del pueblo en Éxodo 24:3 ante la exposición de la ley que hace Dios: «Y Moisés vino y contó al pueblo todas las palabras del Señor y todas las ordenanzas; y todo el pueblo respondió a una voz, y dijo: haremos todas las palabras que el Señor ha dicho».

El libro de Levítico se traza también sobre un lienzo narrativo que tiene como telón de fondo el encuentro de Israel con Dios en el Monte Sinaí (Lev 26:46; 27:34). Las leyes de Levítico se presentan como parte de un diálogo entre Dios y Moisés. El diálogo es un rasgo esencial del género narrativo. El libro comienza con las palabras, «El Señor llamó a Moisés y le habló desde la tienda de reunión, diciendo...» La expresión, «el SEÑOR dijo a Moisés» aparece una y otra vez a lo largo del libro. Además, Levítico contiene numerosas frases que expresan una secuencia de tiempo, lo cual indica un movimiento temporal en la línea argumental del relato, otra característica de las narraciones:

«Después Moisés tomó...» (8:10)
«Él entonces presentó...» (8:14)
«Moisés dijo entonces...» (8:31)
«Aconteció en el octavo día que Moisés llamó a...» (9:1)
«Se acercó, pues, Aarón al altar...» (9:8)
«Y de la presencia del Señor salió fuego que los consumió...» (10:2)
«El Señor habló a Moisés después de la muerte de los hijos de Aarón...» (16:1)

El libro de Números retoma la narración en el segundo año después del Éxodo (Núm 1:1) y describe los viajes y vagabundeos de los israelitas durante los siguientes cuarenta años (33:38). El punto central de este libro es el rechazo de la tierra prometida por parte de Israel en los capítulos 13–14. Esta desobediencia lleva a Israel a los cuarenta años en que recorre el desierto, y que se registran en el libro. En varios puntos de la narración, Dios presenta otras leyes a Israel. Como en Éxodo y Levítico, las leyes de Números están firmemente vinculadas al material narrativo.

El escenario narrativo del libro de Deuteronomio se sitúa en el decimoprimer mes del cuadragésimo año después del Éxodo (Deuteronomio 1:3), justo antes de la entrada de Israel en Canaán. También se especifica el lugar: al este inmediato del Jordán (1:1, 5). En el relato general, Israel ha llegado al final de los cuarenta años de errar por el desierto que Dios había establecido como castigo por su negativa a entrar en la tierra. Una nueva generación ha crecido, y Dios pone ante ellos una nueva formulación del pacto que hizo con sus padres cuarenta años atrás (en Éxodo).

La mayor parte del libro de Deuteronomio consta de una serie de discursos que Moisés imparte a los israelitas de parte de Dios. Tales discursos están relacionados con la narración puesto que se vinculan con el mismo periodo y lugares en que se desarrollan los acontecimientos; por otra parte, tienen también un narrador y unos receptores específicos, que son los personajes principales del relato. En su parte final, el libro contiene algún material no legal: el nombramiento de Josué como líder (31:1–8), el canto de Moisés (32:1–47), una bendición de Moisés sobre las tribus (33:1–29), y la muerte de Moisés (34:1–12). Tales acontecimientos se presentan también dentro de un marco narrativo. Los acontecimientos de Deuteronomio desembocan directamente en el libro de Josué, donde la narración continúa sin interrupción.

La Ley del Antiguo Testamento está, por tanto, firmemente integrada en la narración del éxodo de Israel, así como en los años de su deambular por el desierto y posterior conquista de la tierra. Nuestro acercamiento interpretativo a la ley ha de ha tener muy en cuenta este hecho. Recordemos la importancia esencial del contexto que consideramos en los capítulos 6 y 7. La ley es parte de un relato, y este relato proporciona un importante contexto para interpretar la ley. De hecho, nuestra metodología para interpretar la Ley del Antiguo Testamento ha de ser similar a la que utilizamos para interpretar la narración veterotestamentaria, puesto que la ley es en su contexto una parte de la narración.

El contexto del Pacto

Dios introduce la ley en un contexto contractual cuando dice, «Ahora pues, si en verdad escucháis mi voz y guardáis mi pacto, seréis mi especial tesoro entre todos los pueblos, porque mía es toda la tierra» (Ex 19:5). El pueblo se compromete a mantener los términos del pacto (24:3), y Moisés sella el acuerdo con sangre: «Entonces Moisés tomó la sangre y la roció sobre el pueblo, y dijo: He aquí la sangre del pacto que el Señor ha hecho con vosotros, según todas estas palabras» (24:8).

Dios promete habitar en medio de Israel como parte de este pacto. Esto se subraya varias veces en la última mitad del Éxodo (Ex 25:8; 29:45; 34:14–17; 40:34–38). Junto con esta promesa de la presencia de Dios están las instrucciones para construir el arca y el tabernáculo, el lugar en el que Dios ha de morar (capítulos 25–31; 35–40). El libro de Levítico es pues la transición natural de la última mitad de Éxodo, puesto que trata de la forma de vida que Israel ha de adoptar por la presencia de Dios entre ellos. ¿Cómo han de acercarse a Él? ¿Cómo han de tratar el pecado personal y nacional delante de un Dios santo que habita entre ellos? ¿Cómo han de adorar y tener comunión con este Dios santo e impresionante? Levítico nos ofrece las respuestas a estas preguntas, con prácticas directrices para vivir con Dios bajo los términos del pacto mosaico.

Después de la negativa de Israel a obedecer a Dios y entrar en la tierra prometida (Núm 13–14), Dios les envía al desierto durante treinta y ocho años más, a fin de cumplir su juicio sobre la generación desobediente que morirá en el desierto. Pasado este periodo, Dios conduce al pueblo de nuevo a Canaán. No obstante, antes de entrar les llama a una renovación del pacto. Con esta nueva generación, Dios reinstaura el pacto mosaico que había hecho en un principio con sus padres en el libro del Éxodo. En Deuteronomio se describe este renovado llamamiento al pacto que Dios está haciendo con Israel justo antes de su entrada en la tierra prometida. De hecho, en Deuteronomio Dios elabora el pacto que hizo en Éxodo y da más detalles acerca de él. El último libro del Pentateuco describe en detalle los términos que llevarán a Israel a vivir en la tierra prometida bajo la bendición de Dios.

Puesto que la Ley del Antiguo Testamento está estrechamente entretejida en el pacto mosaico, es importante hacer varias observaciones acerca de la naturaleza de este pacto: (1) El pacto mosaico está estrechamente vinculado con la conquista y ocupación de la tierra por parte de Israel. El pacto configura el marco de referencia por el que Israel puede ocupar y vivir prósperamente con Dios en la tierra prometida. La estrecha conexión entre el pacto y el territorio se subraya una y otra vez en Deuteronomio, donde la palabra hebrea que se traduce como «tierra» aparece 197 veces. Los pasajes que conectan directamente los términos del pacto con la vida en la tierra son 4:1, 5, 14, 40; 5:16; 6:1, 18, 20–25; 8:1; 11:8; 12:1; 15:4–5; 26:1–2; 27:1–3; 30:5, 17–18; y 31:13.

(2) *Las bendiciones del pacto mosaico son condicionales.* A lo largo de Deuteronomio encontramos una constante advertencia en la explicación que se hace a Israel en el sentido de que la obediencia al pacto traerá bendición mientras que la desobediencia a sus términos acarreará castigos y maldiciones. Deuteronomio 28 es particularmente explícito al respecto: En los versículos 1–14 se enumeran las bendiciones que

Israel experimentará si obedece los términos del pacto (la ley) mientras que los versículos 15–68 explican las terribles consecuencias que sufrirán si no se sujetan a tales términos. La relación del pacto con la tierra y el aspecto condicional de sus bendiciones están también estrechamente ligados, como se ilustra en Deuteronomio 30:15–18:

Mira, yo he puesto hoy delante de ti la vida y el bien, la muerte y el mal; pues te ordeno hoy amar al Señor tu Dios, andar en sus caminos y guardar sus mandamientos, sus estatutos y sus juicios, para que vivas y te multipliques, a fin de que el Señor tu Dios te bendiga en la tierra que vas a entrar para poseerla. Pero si tu corazón se desvía y no escuchas, sino que te dejas arrastrar y te postras ante otros dioses y los sirves, yo os declaro hoy que ciertamente pereceréis. No prolongaréis vuestros días en la tierra adonde tú vas, cruzando el Jordán para entrar en ella y poseerla.

(3) *El pacto mosaico ya no está vigente*. Los creyentes del Nuevo Testamento ya no están bajo el antiguo pacto mosaico. En Hebreos 8–9 queda claro que Jesús vino como mediador de un nuevo pacto que sustituye al antiguo. «Cuando Él dijo: Un nuevo pacto, hizo anticuado al primero» (Heb 8:13). La Ley del Antiguo Testamento presenta los términos por los que Israel recibiría las bendiciones en la tierra bajo el antiguo pacto (mosaico). Si el antiguo pacto ya no es válido, ¿cómo pueden serlo las leyes que lo configuraban? Si el antiguo pacto está obsoleto, ¿no deberíamos también considerar obsoleto el sistema de leyes que lo forman?

(4) *Como parte del pacto mosaico la Ley del Antiguo Testamento ya no es aplicable a nosotros en tanto que ley*. Pablo deja claro que los cristianos no están bajo la Ley del Antiguo Testamento. Por ejemplo, en Gálatas 2:15–16 escribe, «sabiendo que el hombre no es justificado por las obras de la ley, sino mediante la fe en Cristo Jesús». En Romanos 7:4 el apóstol declara: «vosotros también habéis muerto a la ley mediante el cuerpo de Cristo». De igual modo, en Gálatas 3:25 afirma, «Pero ahora que ha venido la fe, ya no estamos bajo ayo [es decir bajo la supervisión de la ley]». Pablo expone sus apasionados argumentos contra los cristianos que regresan a la Ley del Antiguo Testamento. En nuestra interpretación y aplicación de la ley, hemos de tomar nota de esta amonestación de Pablo. Ahora que hemos sido libertados de la ley por medio de Cristo, tengamos cuidado de no poner de nuevo a las personas bajo la ley con nuestro método interpretativo.

Pero, ¿qué hacemos entonces con Mateo 5:17, donde Jesús afirma, «No penséis que he venido para abolir la ley o los profetas; no he venido para abolir, sino para cumplir»? ¿Contradice acaso Jesús a Pablo? Creemos que no. En primer lugar, observemos que la expresión «la ley y los profetas» es una referencia a todo el Antiguo Testamento. De modo que, Jesús no está solo hablando de la ley mosaica. Observemos también que la antítesis no se establece entre abolir y observar, sino entre abolir y cumplir. Jesús no afirma haber venido a observar guardar la ley, sino a cumplirla.

Mateo utiliza en numerosas ocasiones la palabra griega que se traduce «cumplir»; normalmente significa «dar a algo su verdadero sentido». Jesús no está afirmando que la ley sea eternamente vinculante para los creyentes del Nuevo Testamento. En tal caso, tendríamos que seguir observando las leyes de los sacrificios, así como aquellas de carácter ceremonial y moral. Esto está claramente en contra de la enseñanza del Nuevo Testamento. Lo que Jesús está diciendo es que Él no vino a abolir las justas demandas de la ley, sino a satisfacerlas. Por otra parte, tanto la ley como los profetas del Antiguo Testamento tenían elementos proféticos, especialmente al señalar la demanda final de santidad por la presencia de Dios. Jesús es el punto culminante de este aspecto de la historia de la salvación. Él cumple todas las justas demandas y la prefiguración profética de «la ley y los profetas».

Además, Jesús se ha convertido en el intérprete final de la ley, en la autoridad, de hecho, respecto a su significado, como indican otros pasajes de Mateo (muchos de los cuales siguen inmediatamente a Mateo 5:17). Jesús replantea algunas de las leyes del Antiguo Testamento (19:18–19), otras, no obstante, las modifica (5:31–32). Algunas, las intensifica (5:21–22, 27–28) y otras, las cambia sustancialmente (5:33–37, 38–42, 43–47). Además, Jesús parece abrogar completamente algunas de las ordenanzas (Mr 7:15–19). En cualquier caso, el Señor no está abogando por la continuidad del acercamiento tradicional judío de adherencia a la ley. Pero tampoco pretende que la desestimemos por completo. Su mensaje es que hemos de reinterpretar el significado de la ley en vista de su venida y de los profundos cambios que ha producido el nuevo pacto. Esto nos lleva a nuestro último principio.

(5) *Hemos de interpretar la ley a través del filtro de la enseñanza del Nuevo Testamento.* En 2 Timoteo 3:16 Pablo nos dice que «Toda Escritura es inspirada por Dios y útil para enseñar, para reprender, para corregir, para instruir en justicia».es evidente que en la expresión «toda

la Escritura» Pablo incluye la ley . Como parte de la Palabra de Dios que es, la Ley del Antiguo Testamento tiene un valor eterno; toda ella es susceptible de estudio y aplicación. No obstante, para nosotros la ley ya no funciona según los términos del pacto, y por ello ya no se aplica de un modo directo y literal . La venida de Cristo como cumplimiento de la ley ha cambiado eternamente este hecho. Sin embargo, el material legal del Antiguo Testamento contiene ricos principios y valiosas lecciones para la vida, que siguen siendo relevantes cuando se interpretan mediante las enseñanzas del Nuevo Testamento.

¿Pero cómo descubrimos estas lecciones y principios? Como creyentes del Nuevo Testamento, que ya no estamos bajo la ley ¿Qué método hemos de utilizar para interpretar y aplicar la Ley del Antiguo Testamento? El mejor acercamiento consiste en la utilización del recorrido interpretativo.

El recorrido interpretativo

En el capítulo 1 hemos explicado la naturaleza del recorrido interpretativo, y en la introducción a la Sección 5 hemos expuesto su relación específica con la interpretación del Antiguo Testamento. En el capítulo 18 hemos aprendido a aplicarlo para interpretar en concreto la narración veterotestamentaria. Como hemos afirmado repetidamente, nuestro acercamiento a la Ley del Antiguo Testamento debería ser similar al que hemos utilizado para la narración veterotestamentaria. En este momento sería muy útil leer estos dos capítulos y repasar rápidamente el recorrido. El recorrido interpretativo nos ofrece un acercamiento consistente y válido para interpretar la Ley del Antiguo Testamento. También nos permite aplicar el mismo método a todos los pasajes que tratan de la ley.

A continuación presentamos el recorrido interpretativo del Antiguo Testamento, seguido de una exposición de cómo podemos utilizarlo para interpretar y aplicar la Ley.

Paso 1: Entender el texto en su contexto original. ¿Qué significó el pasaje para los receptores bíblicos?

Paso 2: Medir la anchura del río a cruzar. ¿Cuáles son las diferencias entre los receptores bíblicos y nosotros?

Paso 3: Cruzar el puente de los principios. ¿Cuál es el principio teológico que subyace en este texto?

Paso 4: Cruzar al Nuevo Testamento. ¿Modifica o matiza este principio la enseñanza del Nuevo Testamento, y en caso afirmativo, cómo?

Paso 5: Entender el texto en nuestro contexto. ¿Cómo deberían aplicar los cristianos de hoy el principio teológico a sus vidas?

Sigamos ahora este proceso y utilicemos el recorrido interpretativo para interpretar y aplicar las leyes del Antiguo Testamento.

Paso 1: Entender el texto en su contexto original. ¿Qué significó el pasaje para los receptores bíblicos?

Utilizando las técnicas de observación que hemos desarrollado en la Sección 1, lee cuidadosamente el texto que estás estudiando y estúdialo cuidadosamente. Recuerda que la Ley del Antiguo Testamento es parte de una narración más extensa. Lee y estudia el texto como lo harías con un pasaje narrativo. Identifica los contextos histórico y literario. ¿Están los israelitas en las riberas del Jordán, preparándose para entrar en la tierra prometida (Deuteronomio)? ¿O se encuentran aún en el Monte Sinaí, justo después del Éxodo (Éxodo, Levítico)?

¿Se ha dado la ley que estamos estudiando en respuesta a una situación específica, o consigna los requisitos para Israel una vez esté establecido en la tierra prometida? ¿Qué otras leyes hay en el contexto inmediato? ¿Existe alguna conexión entre estas leyes? Investiga la naturaleza en particular de la ley que estás estudiando. Intenta precisar cómo se relaciona esta ley en concreto con el antiguo pacto. ¿Rige el modo en que los israelitas se acercaban a Dios? ¿Rige de algún modo las relaciones interpersonales? ¿Se relaciona con la agricultura o el comercio? ¿Está vinculada específicamente con la vida en la tierra prometida? Determina ahora lo que esta específica expresión de la ley quería decir para los receptores del Antiguo Testamento. Identifica claramente lo que la ley demandaba de tales receptores. En este primer Paso no hemos de generalizar sino centrarnos específicamente en el contexto de la audiencia original.

Paso 2: Medir la anchura del río a cruzar. ¿Cuáles son las diferencias entre los receptores bíblicos y nosotros?

Determinar las diferencias que existen entre nosotros hoy como cristianos y los receptores del Antiguo Testamento. Por ejemplo, nosotros estamos bajo el nuevo pacto y no bajo el antiguo, como lo estaban ellos. Por tanto, ya no estamos bajo la ley según los términos del pacto. Por otra parte, y a diferencia de los israelitas, nosotros no nos estamos preparando para vivir en la tierra prometida con Dios morando en el tabernáculo o en el templo; somos cristianos, y Dios vive dentro de cada uno de nosotros. No nos acercamos a Dios por medio de la ofrenda de animales, sino a través del sacrificio de Jesucristo. Nosotros vivimos bajo un gobierno secular y no en una teocracia, como el Israel de la antigüedad. En nuestro caso no enfrentamos la presión de la religión cananea, sino más bien de cosmovisiones y filosofías no cristianas. La mayoría de nosotros no vivimos en una sociedad agraria, sino en un escenario urbano. ¿Qué otras diferencias observas?

Paso 3: Cruzar el puente de los principios. ¿Cuál es el principio teológico que subyace en este texto?
Tras la expresión del significado para la audiencia original subyace un principio teológico. Cada una de las leyes del Antiguo Testamento presenta un significado concreto y directo para los receptores veterotestamentarios, un sentido que se vincula al contexto del antiguo pacto. Pero este significado se basa por regla general en una verdad más amplia y universal, y que es aplicable a todo el pueblo de Dios, al margen del momento histórico y del pacto en que vivan. En este paso cruzaremos el puente con la pregunta, «¿cuál es el principio teológico que se refleja en esta ley específica? ¿Cuál es el principio general que subyace tras este texto y que permite esta antigua aplicación en concreto?».

Recordemos que al desarrollar este principio teológico hemos de seguir los criterios siguientes: el principio en cuestión:

• Ha de reflejarse en el texto.
• Ha de ser intemporal.
• Ha de corresponderse con la teología general del resto de la Escritura.
• No ha de estar supeditado a la cultura.
• Ha de ser pertinente tanto para los receptores del Antiguo Testamento como para los del Nuevo.

En pasajes de carácter jurídico, estos principios estarán con frecuencia relacionados directamente con el carácter de Dios y con su santidad, la naturaleza del pecado, o la preocupación por otras personas.

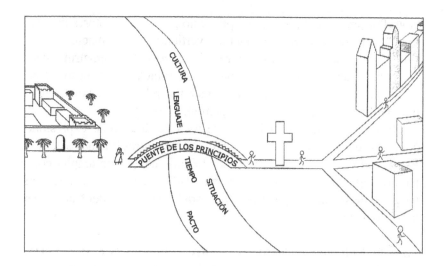

Paso 4: Cruzar al Nuevo Testamento. ¿Modifica o matiza este principio la enseñanza del Nuevo Testamento? y en caso afirmativo ¿cómo?

Ahora pasamos al Nuevo Testamento para filtrar el principio teológico en cuestión a través de la enseñanza neotestamentaria respecto al principio o ley específica que estamos estudiando. Por ejemplo, si estamos interpretando Éxodo 20:14, «No cometerás adulterio», el principio teológico se relacionará con la santidad del matrimonio y la necesidad de fidelidad en el matrimonio. Al pasar al Nuevo Testamento, hemos de incorporar la enseñanza de Jesús acerca del tema. En Mateo 5:28 Jesús afirma, «Pero yo os digo que todo el que mire a una mujer para codiciarla ya cometió adulterio con ella en su corazón». Jesús ha hecho más extenso el ámbito de aplicación de esta ley. A Dios no solo le preocupan los actos de adulterio sino también los pensamientos lascivos. Por tanto, para nosotros, el mandamiento de no cometer adulterio se convierte en, «no cometerás adulterio en acción ni en pensamiento».

En relación con este mandamiento existe también una especie de barrera cultural. En la cultura del Antiguo Testamento, las muchachas se casaban a una edad muy temprana. Había poca ocasión para las relaciones sexuales prematrimoniales. Las principales tentaciones sexuales en aquella cultura eran las extramaritales. No obstante, en nuestra cultura, abundan ambos tipos de tentaciones, que suponen una violación tanto de la santidad del matrimonio como de la debida a esta institución. Por tanto, la expresión del principio para los receptores de nuestros días, ha de tener en cuenta ambas vertientes de la tentación y desafío a la santidad del matrimonio (relaciones sexuales prematrimoniales y extramaritales). Así, la expresión de este principio para nosotros podría formularse más o menos así: «no tendrás relaciones sexuales fuera del matrimonio ni en acción ni en pensamiento».

Recordemos que en el Paso 4 se trata de desarrollar expresiones concretas del principio teológico para los receptores cristianos de hoy. Esta expresión concreta debería ser lo suficientemente amplia como para ser oportuna para toda una comunidad o iglesia cristiana, sin embargo ha de ser, al tiempo, específica para los creyentes del Nuevo Testamento de nuestros días.

Paso 5: Entender el texto en nuestro contexto. ¿Cómo deberían aplicar los cristianos de hoy este principio teológico en sus vidas?
Tomemos ahora la expresión que hemos desarrollado en el Paso 4 y apliquémosla a las situaciones específicas con que se encuentran los cristianos de hoy.

Ejemplo 1: Levítico 5:2
Vamos ahora a considerar dos ejemplos de cómo podemos utilizar el recorrido interpretativo para interpretar y aplicar las leyes específicas del Antiguo Testamento. Comencemos con Levítico 5:2:

> O si alguien toca cualquier cosa inmunda, ya sea el cadáver de una fiera inmunda, o el cadáver de ganado inmundo, o el cadáver de un reptil inmundo, aunque no se dé cuenta de ello y se contamina, será culpable.

La acción necesaria para corregir la condición de inmundo/a que encontramos en este versículo se describe más adelante, en Levítico 5:5–6. Por ello, hemos también de incluir los versículos 5–6 junto con nuestro estudio del versículo 2:

> Así será que cuando llegue a ser culpable de cualquiera de estas cosas, confesará aquello en que ha pecado. Traerá también al Señor su ofrenda por la culpa, por el pecado que ha cometido, una hembra del rebaño, una cordera o una cabra como ofrenda por el pecado. Y el sacerdote le hará expiación por su pecado.

Paso 1: Entender el texto en su contexto original. **¿Qué significó el pasaje para los receptores bíblicos?**

El contexto más amplio del libro de Levítico trata los asuntos relativos a la vida de los israelitas con el Dios santo y majestuoso que mora entre ellos. ¿Cómo han de acercarse Dios? ¿Qué han de hacer con el pecado y la contaminación en vista de que el Dios santo vive entre ellos? Estos versículos se sitúan en el contexto literario más reducido de la sección que comprende Levítico 4:1–5:13. El texto habla de las ofrendas para la purificación (cómo purificarse tras incurrir en la inmundicia ritual). En Levítico 4 se alude principalmente a los dirigentes, mientras que en el capítulo 5, el autor habla de personas comunes y corrientes. En Levítico 5:2 se dice a los israelitas que si tocan alguna cosa inmunda (animales muertos o inmundos), quedarán contaminados. Esto se aplica aun en los casos en que el contacto con lo inmundo sea accidental. Como parte de su condición de inmundos, no les es permitido acercarse a Dios ni adorarle. Para poder ser purificados (limpiados), han de confesar su pecado y llevar al sacerdote una cordera o una cabra para el sacrificio (5:5–6). El sacerdote sacrificará al animal con carácter vicario y éstos quedarán limpios de nuevo, y podrán acercarse a Dios y adorarle.

Paso 2: Medir la anchura del río a cruzar. **¿Cuáles son las diferencias entre los receptores bíblicos y nosotros?**

Recuerda que no estamos bajo el antiguo pacto y que nuestro pecado está ahora cubierto por la muerte de Cristo. Por otra parte, tenemos acceso directo al Padre a través de Cristo y ya no necesitamos de sacerdotes humanos que actúen como mediadores.

Paso 3: Cruzar el puente de los principios. **¿Cuál es el principio teológico que subyace en este texto?**

El principio teológico que subyace tras estos versículos es el concepto de que Dios es santo. Esta santidad demanda que su pueblo se mantenga separado del pecado y de las cosas inmundas cuando Dios habita en medio de ellos. Si alguien no observa esta separación e incurre en inmundicia, tal persona ha de ser purificada mediante un sacrificio de sangre.

Obsérvese que aunque este principio se refleja en el texto de Levítico 5:2, 5–6, su naturaleza es, no obstante mucho más general que esta expresión que encontramos en el texto y que se ha descrito en el Paso 1.

Por otra parte, este principio general está en consonancia con la teología general de Levítico y del resto de la Escritura. Este se expresa de una forma universalmente aplicable tanto al pueblo del Antiguo Testamento como al del Nuevo.

Paso 4: Cruzar al Nuevo Testamento. ¿Modifica o matiza este principio la enseñanza del Nuevo Testamento? y en caso afirmativo ¿cómo?

Cuando cruzamos al Nuevo Testamento, hemos de examinar lo que éste enseña con respecto a este tema. Dios ya no habita entre nosotros residiendo en el tabernáculo; ahora vive dentro de cada uno de nosotros a través del Espíritu Santo. Su presencia, no obstante, sigue demandándonos santidad. Nos pide que no pequemos y que nos mantengamos separados de lo inmundo. Pero en el Nuevo Testamento los términos limpio e inmundo se redefinen. Consideremos las palabras de Jesús en Marcos 7:15, 20–23:

«No hay nada fuera del hombre que al entrar en él pueda contaminarlo; sino que lo que sale de adentro del hombre es lo que contamina al hombre»...
Y decía: Lo que sale del hombre, eso es lo que contamina al hombre. Porque de adentro, del corazón de los hombres, salen los malos pensamientos, fornicaciones, robos, homicidios, adulterios, avaricias, maldades, engaños, sensualidad, envidia, calumnia, orgullo e insensatez. Todas estas maldades de adentro salen, y contaminan al hombre.

En otras palabras, quienes estamos bajo el nuevo pacto no nos hacemos inmundos cuando tocamos un animal muerto, sino cuando entretenemos pensamientos impuros o llevamos a cabo acciones pecaminosas. El texto de Levítico subraya también que el individuo se hace inmundo aunque el contacto con el elemento inmundo haya sido por accidente. Este principio no parece experimentar ningún cambio en el Nuevo Testamento. Las acciones y pensamientos pecaminosos cuando son involuntarios (si es que tal cosa es posible), nos hacen inmundos.

El nuevo pacto ha cambiado también la forma en que, como pueblo de Dios resolvemos el problema del pecado y la inmundicia. En nuestro caso ya no llevamos un cordero o una cabra para expiar nuestro pecado y restaurar nuestra pureza. Ahora nuestros pecados han sido cubiertos por el sacrificio de Cristo. Es la muerte de Cristo la que limpia nuestro pecado y nos devuelve nuestra pureza. No obstante, bajo el nuevo pacto sigue siendo tan importante que confesemos nuestro pecado (1 Jn 1:9) como lo era en el antiguo.

Por tanto, una expresión concreta de este principio teológico aplicado a los creyentes del Nuevo Testamento sería: apártate de cualquier acción pecaminosa y pensamientos impuros porque el Dios santo vive dentro de ti. Si has cometido algún acto inmundo o has tenido pensamientos indignos, confiesa entonces tu pecado y recibe perdón mediante la muerte de Cristo.

Paso 5: Entender el texto en nuestro contexto. ¿Cómo deberían los cristianos de hoy aplicar a sus vidas este principio universal?

En el Paso 5 intentamos identificar aplicaciones específicas del principio que hemos desarrollado en el Paso 4. Hay muchas aplicaciones posibles. Una aplicación, por ejemplo, podría ser respecto a la cuestión de la pornografía accesible en Internet. Muchos cristianos tienen ahora un acceso muy fácil a material pornográfico en la privacidad de sus hogares y dormitorios. Este texto nos enseña que la santidad de Dios, que habita en nuestro interior, demanda que vivamos vidas limpias. Es evidente que ver pornografía cae dentro de la categoría que el Nuevo Testamento define como inmundicia. Tal acción es una violación de la santidad de Dios y obstruye nuestra capacidad de acercarnos a Dios y adorarle o tener comunión con Él. Por tanto, hemos de alejarnos de la pornografía accesible en Internet, entendiendo que nos hace inmundos, ofende al Dios santo que habita en nuestro interior, y perturba nuestra comunión con Él. Sin embargo, si caes en este pecado, has de confesarlo, y a través de la muerte de Cristo serás perdonado y tu comunión con Dios restaurada.

Existen otras posibles aplicaciones. ¿Qué de la avaricia, la envidia o la calumnia? Mira tu propia situación. ¿Qué cosas inmundas hay en tu vida?

Ejemplo 2: Deuteronomio 8:6–18

¿Entiendes la mecánica del recorrido interpretativo? ¿Eres capaz de seguir el procedimiento en el ejemplo anterior? ¿Eres capaz de aplicar este método a otros pasajes? Consideremos otro texto, Deuteronomio 8:6–18, para asegurarnos de que el método queda claro.

Guardarás, pues, los mandamientos del Señor tu Dios, para andar en sus caminos y para temerle. Porque el Señor tu Dios te trae a una tierra buena, a una tierra de corrientes de aguas, de fuentes y manantiales que fluyen por valles y colinas; una tierra de trigo y cebada, de viñas, higueras y granados; una tierra de aceite de oliva y miel; una tierra donde comerás el pan sin escasez, donde nada te faltará; una tierra cuyas piedras son hierro, y de cuyos montes puedes sacar cobre. Cuando hayas comido y te hayas saciado, bendecirás al Señor tu Dios por la buena tierra que El te ha dado. Cuídate de no olvidar al Señor tu Dios dejando de guardar sus mandamientos, sus ordenanzas y sus estatutos que yo te ordeno hoy; no sea que cuando hayas comido y te hayas saciado, y hayas construido buenas casas y habitado en ellas, y cuando tus vacas y tus ovejas se multipliquen, y tu plata y oro se multipliquen, y todo lo que tengas se multiplique, entonces tu corazón se enorgullezca, y te olvides del Señor tu Dios que te sacó de la tierra de Egipto de la casa de servidumbre. El te condujo a través del inmenso y terrible desierto, con sus serpientes abrasadoras y escorpiones, tierra sedienta donde no había agua; El sacó para ti agua de la roca de pedernal. En el desierto te alimentó con el maná que tus padres no habían conocido, para humillarte y probarte, y para finalmente hacerte bien. No sea que digas en tu corazón: «Mi poder y la fuerza de mi mano me han producido esta riqueza».Mas acuérdate del Señor tu Dios, porque El es el que te da poder para hacer riquezas, a fin de confirmar su pacto, el cual juró a tus padres como en este día.

Recuerda que estos pasos interpretativos deben ir precedidos de una concienzuda observación. No dejes de ¡observar, observar y observar! Estudia el contexto. Estudia las palabras. Observa un poco más.

Paso 1: Entender el texto en su contexto original. ¿Qué significó el pasaje para los receptores bíblicos?
Israel ha de seguir obedeciendo los mandamientos de Dios. Cuando entren en la tierra prometida, han de evitar caer en el orgullo de pensar que son ellos mismos y no Dios quienes han conseguido las bendiciones de la tierra prometida. No han de olvidar que Dios es la fuente de toda bendición y que ha sido Él quien les ha liberado de Egipto.

Paso 2: Medir la anchura del río a cruzar. ¿Cuáles son las diferencias entre los receptores bíblicos y nosotros?

No estamos bajo el antiguo pacto. Por otra parte, tampoco nos disponemos a entrar en la tierra prometida para recibir las bendiciones materiales vinculadas a la posesión de este territorio.

Paso 3: Cruzar el puente de los principios. ¿Cuál es el principio teológico que subyace en este texto?

El pueblo de Dios ha de obedecer a Dios. Como ya hemos dicho, hemos de guardarnos del error de pensar que nosotros somos los responsables de las bendiciones recibidas de Dios. Hemos de recordar siempre a Dios y su liberación.

Paso 4: Cruzar al Nuevo Testamento. ¿Modifica o matiza este principio la enseñanza del Nuevo Testamento? y en caso afirmativo ¿cómo?

En el Nuevo Testamento se sigue subrayando la obediencia a Dios, sin embargo el centro de atención no es ahora la observancia de la ley sino la obediencia en el seguimiento de Cristo. Jesús subraya también el cumplimiento del «nuevo mandamiento» de amarse el uno al otro (Juan 13:34). El orgullo y las actitudes autosuficientes se condenan tanto en el Nuevo Testamento como en el Antiguo. No obstante, en el Nuevo Testamento las bendiciones tienden a ser espirituales en lugar de materiales (Ef 1). Por último, Dios no nos redime de Egipto, pero sí nos salva del pecado por medio de Jesucristo. Todas las bendiciones que recibimos se derivan de nuestra relación con Cristo. Hemos de persistir en el seguimiento de Cristo y de sus mandamientos. Nunca hemos de creer que somos nosotros quienes hemos producido estas bendiciones en nuestras vidas; todas estas fantásticas bendiciones proceden de Dios, y se derivan específicamente de nuestra relación con Cristo. Hemos de acordarnos siempre de Dios y alabarle por salvarnos en Cristo.

Paso 5: Entender el texto en nuestro contexto. ¿Cómo deberían aplicar los cristianos de hoy este principio teológico en sus vidas?

En nuestra vida, el éxito o las bendiciones son susceptibles de producir cierto orgullo que, a su vez, puede llevarnos a olvidar cuál es el verdadero origen de la bendición que disfrutamos. Cuando alguien prospera en los negocios, por ejemplo, experimenta muchas veces la tentación de pensar que él mismo es el único responsable del éxito, en lugar de reconocer que es Dios. En nuestros días, el bienestar económico puede ser un verdadero peligro por el modo en que esta condición propicia el que nos olvidemos de Dios. De igual modo, los estudiantes inteligentes y que sacan buenas notas son proclives a pensar que sus logros se deben a ellos mismos en lugar de darse cuenta de que es Dios quien les ha dado las capacidades intelectuales y el trasfondo familiar que les capacita para conseguir estos éxitos. Todas las verdaderas bendiciones que experimentamos en la vida proceden de nuestra relación con Cristo.

Conclusión

En este capítulo hemos visto que el modo tradicional de interpretar la Ley del Antiguo Testamento ha sido clasificarla según tres categorías: moral, civil y ceremonial. Sin embargo, hemos concluido que este acercamiento es inadecuado, y hemos propuesto un enfoque alternativo. Hemos observado los contextos narrativo y contractual de la ley. A partir de estos dos contextos hemos aplicado el recorrido interpretativo a la Ley del Antiguo Testamento. Este es el mejor acercamiento para la interpretación de ley.

Tras la necesaria fase de observación, determinamos lo que el texto significó para los receptores bíblicos. A continuación identificamos las diferencias existentes entre los receptores bíblicos y nosotros. En el siguiente paso, cruzamos el puente de los principios y extraemos las pautas teológicas subyacentes en el texto. Acto seguido cruzamos al Nuevo Testamento para identificar el significado de estos principios teológicos para los receptores cristianos de hoy filtrándolos en el tamiz de la enseñanza del Nuevo Testamento. Por último establecemos aplicaciones específicas de este significado que sean aplicables a situaciones y personas de nuestro tiempo.

Este acercamiento nos permite interpretar todos los textos legales del Antiguo Testamento según los mismos criterios. Nos proporciona un sistema paso a paso con que podemos encontrar aplicaciones válidas para una amplia gama de leyes del Antiguo Testamento. ¿Estás preparado para abordar por ti mismo el estudio y la interpretación de la Ley del Antiguo Testamento?

Deberes

Estudia el texto de cada uno de los pasajes siguientes y haz el mayor número posible de observaciones. Anótalas en una fotocopia del texto. Asegúrate de que entiendes los significados de todas las palabras. Realiza estudios de trasfondo y de palabras cuando sean necesarios para entender cada término. Identifica a continuación el contexto literario, y el histórico y cultural. ¿Cuándo y dónde se da esta ley? ¿De qué tratan los pasajes que rodean al texto? Por último, aplica al texto el recorrido interpretativo siguiendo los pasos siguientes:

Paso 1: Entender el texto en su contexto original. ¿Qué significó el pasaje para los receptores bíblicos?

Paso 2: Medir la anchura del río a cruzar. ¿Cuáles son las diferencias entre los receptores bíblicos y nosotros?

Paso 3: Cruzar el puente de los principios. ¿Cuál es el principio teológico que subyace en este texto?

Paso 4: Cruzar al Nuevo Testamento. ¿Modifica o matiza este principio la enseñanza del Nuevo Testamento, y en caso afirmativo, cómo?

Paso 5: Entender el texto en nuestro contexto. ¿Cómo deberían aplicar los cristianos de hoy el principio teológico modificado a sus vidas?

Deber 19-1
Levítico 26:1: No os haréis ídolos, ni os levantaréis imagen tallada ni pilares sagrados, ni pondréis en vuestra tierra piedra grabada para inclinaros ante ella; porque yo soy el Señor vuestro Dios.

Deber 19-2
Levítico 23:22: «Cuando seguéis la mies de vuestra tierra, no segaréis hasta el último rincón de ella ni espigaréis el sobrante de vuestra mies; los dejaréis para el pobre y para el forastero. Yo soy el Señor vuestro Dios».

Deber 19-3
Números 15:17–21: Después el Señor habló a Moisés, diciendo: Habla a los hijos de Israel, y diles: «Cuando entréis en la tierra adonde os llevo, será que cuando comáis de la comida de la tierra, elevaréis una ofrenda al Señor. De las primicias de vuestra masa elevaréis una torta como ofrenda; como la ofrenda de la era, así la elevaréis. De las primicias de vuestra masa daréis al Señor una ofrenda por vuestras generaciones...».

Deber 19-4
Deuteronomio 22:8: Cuando edifiques casa nueva, harás pretil a tu azotea, para que no traigas culpa de sangre sobre tu casa si alguno se cayera de ella.

Deber 19-5
Levítico 23:3: Seis días se trabajará, pero el séptimo día será día de completo reposo, santa convocación en que no haréis trabajo alguno; es día de reposo al Señor dondequiera que habitéis.

20
Antiguo Testamento: Poesía

Introducción

¡Oh Señor, Señor nuestro, cuán glorioso es tu nombre en toda la Tierra!

Más de una tercera parte de la Biblia está redactada en lenguaje poético. Los libros de los Salmos, Job, Proverbios, Cantar de los Cantares, y Lamentaciones son obras casi por completo poéticas. Por su parte, los libros proféticos incorporan también la poesía como un importante elemento literario del texto. De hecho, prácticamente todos los libros del Antiguo Testamento contienen pasajes poéticos. Aun en muchas de las narraciones encontramos poemas. Dado que la poesía constituye una parte tan extensa del Antiguo Testamento, es importante que sepamos cómo leerla e interpretarla. ¡Esperamos que tú también aprendas a disfrutarla!

Algunos de los pasajes más hermosos y entrañables de la Biblia se encuentran en los apartados poéticos del Antiguo Testamento. A lo largo de los siglos, los cristianos han ido constantemente a los Salmos, por ejemplo, en busca de ánimo para tiempos difíciles, y sus espíritus han sido elevados y sus corazones reconfortados por la colorida e impactante poesía del salterio veterotestamentario. Con Isaías, los creyentes de todos los tiempos se han remontado con alas de águilas, y han contemplado con Jeremías la trágica y desgarradora devastación de Jerusalén. La poesía del Antiguo Testamento tiene sin duda su propia manera de resonar en nuestro interior: se introduce en lo más hondo y vibra dentro de nuestras almas, hablándonos callada pero intensamente. Este es un fenómeno universal. Los cristianos de todo el mundo sienten un gran aprecio por la poesía del Antiguo Testamento, y en especial por los Salmos, y ello independientemente de cuál sea su edad, educación, o cultura.

Poco después de que Daniel llegara al sur de Etiopía como misionero, comenzó a circular una nueva traducción del Nuevo Testamento en la zona en que él ministraba. Sin embargo, los cristianos de aquella región se resistían a utilizar la nueva traducción, y los traductores, que habían trabajado mucho en aquel proyecto, se desilusionaron un poco. A pesar de ello, los misioneros siguieron adelante con el proyecto, y tradujeron el libro de los Salmos. Después de algunos años publicaron una edición especial de la nueva traducción, con el Nuevo Testamento y los Salmos. Esta edición se vendió como rosquillas.

¿Por qué? ¿Qué tienen los Salmos (y otros libros de poesía del Antiguo Testamento) que tanto nos atrae? ¿Por qué disfrutamos los Salmos de un modo tan especial? ¿Es acaso porque este libro nos conduce a una adoración más profunda? ¿Es quizá su maravillosa imaginería y sus poderosas figuras literarias? Puede que esta atracción se deba a que los salmos tienen una manera peculiar de conectar con las situaciones de la vida real y de reflejar una reconfortante honestidad que podemos situar y aplicar en este tipo de situación. En muchos círculos cristianos contemporáneos, no se ve bien que los creyentes expresen en público sus dudas, su desesperación o su dolor. En estos ambientes se supone, al parecer, que tales emociones reflejan una fe inmadura. Los salmistas, por el contrario, no dudan en expresar una gran variedad de emociones. No tienen reparos en manifestar con sinceridad aquello que les preocupa.

El autor del Salmo 88:14, por ejemplo, se siente libre para clamar, «¿Por qué, Señor, rechazas mi alma? ¿Por qué escondes de mí tu rostro?» Tenemos la sospecha de que si alguien se pusiera en pie durante una reunión de la iglesia y orara en la línea de este versículo, ¡no se le volvería a pedir que dirigiera en oración a la congregación! Sucede simplemente que, en muchos círculos cristianos, este tipo de declaraciones, no se aceptan, y esto nos deja sin ningún recurso bíblico con que enfrentarnos a la desesperación.

La iglesia de nuestros días tiende en ocasiones a minimizar la dimensión emocional de la vida espiritual. Creemos que esto paraliza el crecimiento del creyente tan seriamente como puede hacerlo minimizar la dimensión intelectual de nuestra vida. De hecho, la poesía del Antiguo Testamento se centra en nuestra respuesta emocional a Dios así como a la que damos a aquellos que son hostiles a Dios y a su pueblo. La poesía del Antiguo Testamento llega a nuestro interior de un modo muy profundo, tanto en situaciones de gozo como en las de desesperación. Resuena en nuestros corazones y nos despierta tanto espiritual como emocionalmente. No hemos de minimizar este papel de los textos poéticos sino beber profundamente de ellos.

En este capítulo exploraremos la naturaleza de la poesía del Antiguo Testamento. Veremos porqué nos afecta tan intensamente y cómo lo hace. Profundizaremos en algunos de los mecanismos y características de la poesía del Antiguo Testamento a fin de que podamos apreciar la maestría de estos poetas. Esperamos que este estudio te ayude a ver y apreciar el valor de la poesía veterotestamentaria más incluso de lo que la valoras ahora. Exploraremos también algunas cuestiones de interpretación y aplicación a fin de ofrecer ciertas directrices para leer y comprender la palabra poética de Dios en el Antiguo Testamento.

Motores a reacción y pinturas

Un verano, Daniel y su familia visitaron la ciudad de Washington. Una mañana, mientras estaban en el *Smithsonian Institute*, pasaron algunas horas en el Museo Aeroespacial. Se detuvieron con interés observando los numerosos tipos de aviones y cohetes; fue fascinante. Se interesaron especialmente en uno de los apartados en que se explicaban los motores a propulsión. En esta parte de la exposición se presentaban un buen número de maquetas y planos de sección, con interesantes explicaciones por escrito, absolutamente fascinantes para los no iniciados a los motores a reacción, ávidos de comprender sus mecanismos. El misterio de los motores a propulsión se explicaba desde un enfoque lógico e histórico.

A continuación, la familia Hays cruzó, la avenida y visitó el Museo Nacional de Arte (*National Gallery of Art*). ¡Qué contraste! En las salas del museo no encontraron maquetas ni explicaciones de carácter racional o científico. Solo había cuadros: vida expresada mediante pince-

ladas de color sobre lienzos de distintos tamaños. Daniel y su hijo
pasaron las horas siguientes deambulando por todas aquellas salas, cautivados por las pinturas y por los mensajes que expresaban aquellas
obras de arte. Aquí vieron las emociones de la vida humana: el temor,
el amor, el odio, la desesperación, el triunfo, la belleza y la repugnancia. Por ejemplo, en el cuadro titulado «Magdalena Arrepentida»,[6] (*The
Repentant Magdalene*), Daniel y su hijo observaron a la otrora prostituta, María Magdalena, mirando ensimismada hacia un espejo tenuemente iluminado (¿reflexionando acaso acerca de su pasado?). Una calavera (¿Su pasado? ¿Su mortalidad?) descansa ante ella sobre un libro
(¿la Biblia?) situado en la mesa. El ángulo del espejo hace que lo que se
refleja en el cuadro sean la calavera (y el libro) en lugar del rostro de María. ¿Está también ella viendo la calavera en el espejo? ¡Qué obra de arte
tan fascinante y compleja! Les llamó desde el lienzo y les atrajo al pasar,
moviéndoles a situarse emocionalmente en la escena y a ponderar
el complicado y profundamente personal asunto del arrepentimiento y el
perdón. ¿Acaso quiere transmitirnos que los fantasmas de nuestro pasado siguen persiguiéndonos aun después de la llegada del perdón?

Los distintos géneros literarios de la Biblia se parecen mucho a los
diferentes museos que forman el *Smithsonian Institute*. Pasar de las
cartas del Nuevo Testamento a la poesía del Antiguo es como cruzar
la avenida que separa el Museo Aeroespacial del Museo Nacional de
Arte. Una buena parte del mensaje del Nuevo Testamento, en especial
las cartas, se presenta de un modo racional y lógico, apelando a nuestra
mentalidad occidental, como la exposición de los motores a propulsión
del Museo Aeroespacial.

El género epistolar del Nuevo Testamento tiende a centrarse en la
verdad proposicional (ver Capítulo 14). En el libro de Romanos, por
ejemplo, Pablo desarrolla un argumento punto por punto. Despliega su
mensaje de un modo lógico y proposicional, apoyando sus puntos principales con puntos secundarios y ejemplos de apoyo. El apóstol apela
principalmente a la lógica y al pensamiento racional. La clase de lenguaje que utiliza Pablo en cartas como Romanos indica que está construyendo su argumento de este modo. Observemos, por ejemplo, la

---

[6] Georges de La Tour (1593–1652). En la época de esta pintura, la tradición de la
iglesia identificaba a María Magdalena como la «pecaminosa» mujer de Lucas 7:36–50,
y la consideraba como una prostituta arrepentida. Sin embargo, no hay evidencias bíblicas que permitan relacionar a María Magdalena con una vida de inmoralidad, aunque sí
es cierto que Jesús la libró de siete demonios (Lucas 8:2).

secuencia de pensamiento que sigue en Romanos 1:24–28: «por consiguiente» (1:24), «por esta razón» (1:26), y «Y así como ellos» (1:28). Sin embargo, los poetas del Antiguo Testamento, escriben de manera muy distinta que Pablo. Como sucede con las pinturas del Museo Nacional de Arte, estos autores apelan principalmente a nuestras emociones. No construyen complejos argumentos gramaticales, sino que más bien utilizan imágenes (como pinturas) para transmitirnos su mensaje. Pintan coloridas imágenes verbales para transmitir mensajes cargados de emoción. Esto no significa que ignoren la lógica o que escriban de un modo incoherente. Solo quiere decir que centran su atención en los aspectos emocionales más que en los racionales. Es cierto que también Pablo expresa emociones en sus cartas, pero éste no es su objetivo fundamental.

Esta comparación pueden resumirse en la tabla siguiente:

Pablo y las cartas del Nuevo Testamento	Los poetas del Antiguo Testamento
Apelan a la lógica	Apelan a las emociones
Lo más importante son los argumentos racionales	Lo más importante son las imágenes
Es esencial analizar la sintaxis/ gramática	Es esencial analizar las figuras literarias

Uno de los problemas que encuentran muchos cristianos de hoy al abordar el estudio de la poesía del Antiguo Testamento es que intentan interpretarla con métodos diseñados para las cartas del Nuevo Testamento. Tales procedimientos interpretativos son inadecuados para interpretar la poesía del Antiguo Testamento y en ocasiones pueden incluso inducir al error. Si nos acercamos a un cuadro de Rafael y lo estudiamos analizando las suaves frecuencias de onda de los colores que utiliza, lo más probable es que nos perdamos una buena parte del mensaje que este pintor pretendió comunicar. De igual modo, no podemos acercarnos al Salmo 51 con los mismos métodos que utilizamos en Romanos 3, sino con un procedimiento que reconozca la función de las imágenes y la conexión que establecen estas imágenes con la dimensión emocional de nuestra relación con Dios y con nuestros semejantes. Tal método debe también incorporar un entendimiento de los demás elementos de la poesía del Antiguo Testamento.

Elementos de la poesía del Antiguo Testamento

Por su naturaleza artística, la poesía del Antiguo Testamento no es fácil de definir con precisión. De hecho, la prosa y la poesía no son completamente distintas, y en algunos textos del Antiguo Testamento no queda claro si estamos ante uno u otro género. Estamos de acuerdo con la sugerencia de Klein, Blomberg y Hubbard en el sentido de que se considere a la poesía y a la prosa como fines opuestos de una unidad literaria. La poesía se caracteriza por ser concisa, y por la presencia de un grado elevado de estructura e imaginería figurativa. Puede decirse que el grado en que una obra literaria se sitúa dentro del espectro literario de la poesía lo establece la medida en que se reflejan en ella estos tres elementos.[7] Definamos pues estos rasgos característicos de los textos poéticos del Antiguo Testamento.

Concisión

Esto significa simplemente que la poesía utiliza pocas palabras. Estas se escogen cuidadosamente por su impacto e intensidad. Frecuentemente, los textos narrativos constan de oraciones gramaticales largas y descriptivas, sin embargo los pasajes poéticos están formados por líneas de versos cortas y compactas. Consideremos por ejemplo Salmos 25:4:

Señor, muéstrame tus caminos, y enséñame tus sendas.

En el texto hebreo la primera línea tiene solo tres palabras y la segunda no tiene más que dos. No obstante, incluso en la traducción al castellano es fácil captar un sentido de brevedad y concisión. Por el contrario, los textos en prosa, tienden a utilizar muchas más palabras. Contrasta la concisión poética del Salmo 25:4 con la gran afluencia de palabras de un texto como Génesis 12:10:

Y hubo hambre en la tierra; y Abram descendió a Egipto para pasar allí un tiempo, porque el hambre era severa en la tierra.

Estructura
1. Paralelismo. Una de los rasgos más evidentes de la poesía del Antiguo Testamento es que el texto se estructura en torno a líneas de ver-

---

[7] Klein, Blomberg, y Hubbard, *Biblical Interpretation*, 216–17.

so más que alrededor de oraciones y párrafos. La puntuación no es tan importante en la poesía como en la narración o en las cartas del Nuevo Testamento. Pero no desesperes: existe más unidad de pensamiento en el verso que en la oración gramatical. De modo que, ejercita tus facultades exegéticas para leer línea a línea en lugar de oración a oración. Además, por regla general las líneas se agrupan en unidades de dos o tres. Es decir, dos líneas de poesía del Antiguo Testamento se agrupan para expresar un solo pensamiento. La mayor parte de los versículos de los Salmos se estructuran de este modo. Por ejemplo, consideremos el Salmo 3:1-2:

¡Oh Señor, cómo se han multiplicado mis adversarios! Muchos se levantan contra mí. Muchos dicen de mi alma: Para él no hay salvación en Dios. (Selah)

A este rasgo se le llama paralelismo, y es la característica estructural dominante de la poesía del Antiguo Testamento.[8] Por regla general un solo pensamiento se expresa mediante dos líneas (aunque en ocasiones los poetas pueden servirse de tres o hasta cuatro líneas para transmitir un solo pensamiento). Muchas veces el modo de anotar el versículo sigue este esquema, y cada versículo consta de dos líneas de texto. Esta forma de consignar los versículos nos ayuda en nuestra lectura puesto que hemos de interpretar el texto considerando las diferentes unidades de pensamiento que expresan los paralelismos. Es decir, el autor utiliza dos líneas para transmitir una sola idea o pensamiento.

Por regla general, las dos líneas de un paralelismo pueden relacionarse entre sí de varias maneras distintas. Para poder trabajar con claridad, en los ejemplos llamaremos «A» a la primera línea y «B» a la segunda.

a. Sinónimo. Este tipo de paralelismo presenta una gran similitud entre las líneas que utilizan palabras con significados muy similares. O sea, la segunda línea repite en gran medida la misma idea que la primera utilizando una terminología similar. Considerar por ejemplo Salmos 2:4:

(A) El que se sienta en los cielos se ríe,
(B) el Señor se burla de ellos.

---

[8] Una buena parte del material acerca de los paralelismos procede de las notas de clase de Allen Ross, profesor del Dallas Theological Seminary, y del comentario de James Limburg, «Psalms, Book of», en el *Anchor Bible Dictionary*, 5:528-30.

Obsérvese que «El que se sienta en los cielos» de la línea A está en paralelismo con «el SEÑOR» de la línea B. Asimismo, «se ríe» en la línea A está en paralelismo con «se burla» en la línea B. Las dos líneas están expresando prácticamente lo mismo. Han de leerse e interpretarse como una unidad.

En ocasiones un paralelismo sinónimo puede abarcar cuatro líneas de texto. El Salmo 19:8 ilustra bien este rasgo:

(A) Los preceptos del Señor son rectos,
(B) que alegran el corazón;
(A') el mandamiento del Señor es puro,
(B') que alumbra los ojos.

En este versículo la línea «los preceptos del SEÑOR son rectos» (A) encuentra su paralela, no en la línea siguiente (B), sino en la (A'), «El mandamiento del SEÑOR es puro». Asimismo, la línea (B), «que alegran el corazón» encuentra su paralela en la línea (B'), «que alumbra los ojos». De modo que, el pensamiento que se expresa en las líneas A+B encuentra su paralelismo sinónimo en las líneas A'+B'.

b. De desarrollo.[9] En el paralelismo de desarrollo la segunda línea amplía la idea de la primera. Por ejemplo:

(A) No permitirá que tu pie resbale;
(B) no se adormecerá el que te guarda. (Sal 121:3)

La línea B puede relacionarse con la A de varias formas para promover el desarrollo del pensamiento de la A. Por ejemplo, la primera puede hacer una declaración y la segunda ofrecer una razón:

(A) Bendito sea el Señor,
(B) porque ha hecho maravillosa su misericordia para mí en ciudad asediada (Sal 31:21).

O en la A puede hacerse una pregunta y en la B dar la respuesta:

(A) ¿Cómo puede el joven guardar puro su camino?
(B) Guardando tu palabra (Sal 119:9).

---

[9] A este tipo de paralelismo se le llama con frecuencia paralelismo sintético.

Ambas relaciones (declaración/explicación y pregunta/respuesta) pueden también invertirse. La razón puede ir en primer lugar en la línea A, seguida de la afirmación principal en la B. De igual modo, en los paralelismos la pregunta no queda restringida a la línea A, sino que puede también situarse en la B.

c. *Ilustrativo.* En el paralelismo ilustrativo la línea A transmite la idea y la B la ilustra con un ejemplo o con un símbolo.

(A) Oh DIOS, Señor, poder de mi salvación,
(B) tú cubriste mi cabeza en el día de la batalla (Sal. 140:7)

En la línea A David llama a Dios «poder de mi salvación»; y en la B ilustra el modo en que Dios lleva esto a cabo: como un yelmo, el Señor protege la cabeza de David en la batalla.

d. *Contrastivo.* Este tipo de paralelismo utiliza el contraste, para contraponer el contenido de la línea B al de la A.

(A) Porque el Señor conoce el camino de los justos,
(B) mas el camino de los impíos perecerá. (Sal 1:6)

Este tipo de paralelismo es muy común en el libro de Proverbios. Leamos, por ejemplo, Proverbios 10:12:

(A) El odio suscita rencillas,
(B) pero el amor cubre todas las transgresiones (Prov 10:12).

e. *Formal.* La categoría formal es un «cajón de sastre» donde englobar los restantes tipos de paralelismo que no encajarían en los grupos anteriores. En este tipo de paralelismo, dos líneas o frases se unen únicamente por consideraciones de tipo métrico:

(A) Pero yo he consagrado a mi Rey
(B) sobre Sion, mi santo monte. (Sal 2:6)

Hemos, pues, enumerado cinco tipos de paralelismo que hay que tener en cuenta en el estudio de la poesía hebrea: sinónimo, de desarrollo, ilustrativo, contrastivo, y formal. ¡Recordemos, sin embargo que estamos hablando de poesía! Y normalmente los poetas no son muy proclives a seguir estrictamente las formas o reglas convencionales. Los tipos de paralelismo que hemos presentado representan las formas más comunes de este recurso; hay que tener en cuenta, sin embargo, que esta exposición no es, en modo alguno, exhaustiva. Los poetas hebreos son altamente creativos, y utilizan complicados paralelismos, muchos de los cuales son difíciles de definir con precisión.

2. Acrósticos. Otro fascinante rasgo estructural que en ocasiones presenta la poesía del Antiguo Testamento son los acrósticos. Los acrósticos veterotestamentarios son poemas en los que cada línea comienza con la siguiente letra del alfabeto hebreo. En castellano, por ejemplo, la primera línea comenzaría con una «a», la segunda con una «b», la tercera con una «c», y así sucesivamente. Si observáramos el margen del poema, buscando las primeras letras de cada línea, veríamos la totalidad del alfabeto en orden.

Como ejemplo hemos creado un acróstico en castellano. Aunque solo hemos utilizado las ocho primeras letras del alfabeto en lugar de las veintinueve que tiene actualmente, sin duda es fácil captar la idea general de este recurso. Sabemos que es un poco cursi; perdónanos.

Ah, los acrósticos. Qué recurso...

Bueno, ¡ahí va!

Capta la belleza, el

Donaire y el misterio...

Es que hay que combinar

Fidelidad en la secuencia,

Gravedad conceptual y

Hermosura en el verso

En las secciones poéticas del Antiguo Testamento encontramos numerosos acrósticos. Los Salmos 25, 34, 111, 112, y 145 son acrósticos. En los Salmos 25, 34, y 145 el acróstico se forma con la primera letra de cada versículo. Esta es la razón por la que cada uno de estos salmos tiene veintidós versículos, que se corresponden con las veintidós letras del alfabeto hebreo.[10] En los Salmos 111 y 112, no obstante, el acróstico está en la primera letra de cada línea. Así pues, tienen veintidós líneas de texto acróstico, cada una de las cuales comienza con la siguien-

---

[10] De hecho, el alfabeto hebreo tiene 23 letras, sin embargo, en los acrósticos los autores reúnen en una sola las letras que equivalen a nuestra «s» y «sh».

te letra del alfabeto hebreo (de hecho hay veintitrés líneas de texto, pero la primera que consigna la expresión, «Aleluya», no forma parte del acróstico).

Hay varios otros textos acrósticos diseminados por el Antiguo Testamento. En el libro de Lamentaciones, los capítulos 1, 2, 3, y 4 son acrósticos, pero no así el 5. Lo es también el popular pasaje que describe a la esposa virtuosa Proverbios:31–10, 31. Observemos que los editores de la mayoría de las Biblias modernas, como laNVI, informan al lector mediante una nota a pie de página cuando aparece un acróstico. Observa lo que dicen las notas a pie de página de tu Biblia acerca de los pasajes acrósticos que acabamos de mencionar.

Quizá el acróstico más interesante del Antiguo Testamento sea el Salmo 119. Cada primera palabra de cada uno de los ocho primeros versículos comienza con la primera letra del alfabeto hebreo, alef. A continuación, los versículos 9-16 comienzan con la letra bet, la segunda del alfabeto hebreo. Este patrón continúa, sucediéndose todas las letras del alfabeto hebreo cada ocho líneas y a lo largo de todo el Salmo 119. Observemos una vez más que la mayoría de los editores indican este hecho escribiendo la letra hebrea correspondiente antes de cada sección. Por ejemplo, si miramos este Salmo en la NVI veremos que en 119:1, el editor consigna una «Alef» antes de la línea. Así, leyendo estos encabezamientos del Salmo 119 consecutivamente encontraremos todas las letras del alfabeto hebreo.

Imaginería figurativa

El medio fundamental que utilizan los poetas del Antiguo Testamento para comunicarnos su mensaje es la imaginería figurativa. No escriben ensayos; más bien pintan cuadros. Los colores que utilizan para ello son figuras literarias y juegos de palabras. No somos ajenos a este tipo de lenguaje. El castellano es un idioma rico en lenguaje figurado. Utilizamos constantemente figuras literarias.[11] Consideremos el siguiente monólogo que un estudiante proclama poéticamente a uno de sus amigos en el pasillo de una universidad:

Mi profesor de Química está como una regadera. Nos pone unos exámenes de órdago. Sus preguntas son las más absurdas y ridículas que se han puesto en negro sobre blanco. Me he pasado una eterni-

---

[11] Obsérvese que el adverbio «constantemente» es también una figura literaria que se sitúa en la categoría de la exageración (hipérbole).

dad preparando este examen y, sin embargo, he cateado miserablemente. No tenía ni idea de lo que estaba preguntando. Estoy seguro de que algunas de aquellas preguntas son un enigma total para el resto de la Humanidad. Seguro que las ha soñado. Fue de lo más patético. Toda la clase ha cateado la Química. ¿Viene del espacio sideral o qué? Dan ganas de estrangularle. Supongo que espera que estudiemos Química las veinticuatro horas del día. Hay algunas otras cosas que hacer en la vida, ¿no crees? Lo peor es que como saque un insuficiente en Química mi promedio para la selectividad quedará por los suelos y mis padres se pondrán como una moto... todo por tener un profesor neurótico.

Todas las frases de la diatriba del estudiante contienen lenguaje figurado. Lee de nuevo el párrafo e intenta identificar cada una de las metáforas. Estudia la figura en cuestión e intenta determinar la razón por la que funciona. Las figuras literarias pueden ser de lo más sencillo (comparar a los padres con una moto), pero también pueden ser bastante complejas.

Es probable que el amigo que está escuchando todo esto en el pasillo del instituto entienda claramente lo que su compañero quiere decirle sin haberse jamás parado a pensar que éste está utilizando múltiples figuras literarias. Las figuras utilizadas son muy comunes y, por ello, fácilmente interpretadas y comprendidas con el sentido que quería darle el autor. El receptor del monólogo se dio cuenta al instante de que muy pocas de las cosas que decía su quejumbroso compañero habían de entenderse de un modo literal.

Supongamos, no obstante, que detrás de estos dos estudiantes y escuchando la conversación hay un estudiante extranjero. Lleva bastantes años estudiando castellano en su país de origen, pero no está muy al corriente de las figuras literarias y el lenguaje coloquial español. Entiende todas las palabras, pero la conversación le ha dejado desconcertado. En su esfuerzo por interpretar la conversación, su mente se plantea: ¿qué tienen que ver las «regaderas» y las «motos» con los exámenes de química? ¿Y en qué sentido ha quedado «por los suelos» el promedio para la selectividad? ¿Tiene el espacio sideral algo que ver con la caída del promedio? ¿Está este furioso estudiante pensando realmente en estrangular al profesor? ¿Acaso debería avisar a la policía? ¿Significa «neuras» que el profesor es un «neurasténico»? ¿Lo es de verdad? ¿Es peligroso? ¡Oh, no! Voy a hacer Química con este profesor el próximo trimestre. ¿Puede ser peligroso? ¿Un demente? ¿Es posible que se saque las preguntas para los exámenes de sus sueños? ¿De verdad me va a exigir que estudie las veinticuatro horas del día? Esto es del todo imposible. Quizá debería hacer algunos cambios en los créditos...[12]

En la poesía del Antiguo Testamento los autores utilizan las figuras literarias tan libremente como el estudiante de esta ilustración. En un libro como Salmos, prácticamente encontramos una metáfora en cada versículo. Como lectores del texto bíblico, somos como el estudiante extranjero. Llegamos a la conversación ajenos al mundo literario de los receptores inmediatos. Si tomamos literalmente las figuras literarias, vamos a malinterpretar el texto tanto como el estudiante extranjero del ejemplo anterior. Si queremos entender a los autores del Antiguo Testamento, es crucial que sepamos reconocer las figuras literarias y que las interpretemos como tales, no como realidades literales.

Tengamos en cuenta, sin embargo, que esto en modo alguno pone en entredicho la realidad literal que hay tras la metáfora. En el ejemplo anterior un estudiante literal había hecho un examen literal de química. En opinión del estudiante, el examen había sido demasiado difícil y estaba molesto con el profesor. Todo esto es cierto literalmente. Por otra parte, la desazón emocional del estudiante es parte del significado, y las figuras literarias que utiliza lo reflejan. Leer e interpretar poesía es algo parecido. Los autores nos transmiten pensamientos, acontecimientos y emociones reales (es decir, verdad literal, pero expresada mediante figuras literarias). Como lectores nuestra tarea es trabajar con estas figuras y esforzarnos en entender la realidad que los poetas están transmitiendo mediante el lenguaje metafórico.

Algunas de las figuras literarias pueden ser sutiles y complejas. No obstante, la mayoría de ellas son fáciles de reconocer e interpretar. En general, las imágenes verbales de los textos poéticos del Antiguo Testamento pueden situarse dentro de dos categorías fundamentales: imágenes que expresan analogía y figuras que expresan sustitución. No obstante, hay algunas de estas figuras literarias que no encajan claramente dentro de ninguna de estas categorías y las trataremos como un grupo distinto que podemos llamar, misceláneo. Por último, hablaremos de

---

[12] Por supuesto, este ejemplo es un tanto exagerado. La mayoría de los estudiantes extranjeros son perfectamente conscientes de que, como ellos mismos en su idioma, también los españoles utilizan frecuentemente figuras literarias. Sin embargo, las figuras literarias siguen siendo uno de los aspectos más difíciles del aprendizaje de cualquier idioma.

los juegos de palabras, una categoría que guarda cierta similitud con las figuras literarias pero que es, no obstante, suficientemente peculiar como para justificar una exposición distinta.

1. Figuras literarias que expresan analogía. Muchas figuras literarias expresan una analogía entre dos elementos distintos. Por ejemplo, cuando el estudiante de la ilustración anterior, dijo que sus padres se pondrían como una moto, estaba estableciendo una analogía entre el furioso rugir del motor de una moto y la furibunda actitud que adoptarían sus padres ante sus malas notas. No obstante, las analogías se subdividen también en varios grupos bien diferenciados. Es decir, hay muchas maneras de establecer analogías figurativas. El Antiguo Testamento utiliza una amplia gama de estas analogías como figuras literarias. Las más comunes son el símil, la metáfora, la analogía indirecta, la hipérbole, y la personificación/antropomorfismo/zoomorfismo.

a. El Símil. En esta figura retórica se establece una comparación explícita mediante la utilización de los términos «como» o similares para expresar abiertamente que una cosa se parece a otra. La afirmación del estudiante en el sentido de que sus padres se pondrían «como una moto» es un símil. Se trata de una figura retórica muy común, tanto en castellano como en la poesía del Antiguo Testamento.

Como anillo de oro en el hocico de un cerdo es la mujer hermosa que carece de discreción (Prov 11:22, las cursivas son del autor en todos los ejemplos).
Aunque vuestros pecados sean *como* la grana, como la nieve serán emblanquecidos (Is 1:18).
Como el ciervo anhela las corrientes de agua, así suspira por ti, oh Dios, el alma mía (Sal 42:1).

b. Metáfora. En las metáforas, la analogía entre los elementos se establece directamente sin el uso de términos comparativos explícitos.

El SEÑOR es mi pastor (Sal 23:1).
Padre de los huérfanos y defensor de las viudas es Dios en su santa morada (Sal 68:5).
El corazón alegre es buena medicina (Prov 17:22).

c. Analogía Indirecta. Este es un recurso literario que utiliza el elemento análogo sin pronunciar directamente la comparación. Se da por sentado que el lector es capaz de ver la comparación por sí mismo, sin que esta se exprese explícitamente. Supongamos, por ejemplo, que el autor bíblico desea establecer una analogía entre la ira del Señor y una tormenta. Utilizando un símil diría, «la ira del Señor es como una tormenta». Con una metáfora esta analogía se expresaría diciendo que, «la ira del Señor es una tormenta». Sin embargo, sirviéndose de una analogía indirecta evitaría la identificación de la analogía y afirmaría, «He aquí, la tempestad del Señor con furor ha salido; una tempestad devastadora descargará sobre la cabeza de los malvados» (Jer 30:23). Otros ejemplos serían:

Leones rapaces y rugientes, ávidos abren su boca contra mí (Sal 22:13).[13]
Me sacó de las muchas aguas (Sal 18:16).[14]
Escudo y baluarte es su fidelidad (Sal 91:4).

En cada uno de estos ejemplos, observemos la diferencia entre la analogía indirecta y los símiles o las metáforas. En el Salmo 22:13, por ejemplo, el salmista no dice que sus enemigos sean como leones, ni siquiera que sean leones. Lo que dice es que ciertos leones rapaces y rugientes, ávidos abren su boca contra él. Lo que está haciendo es establecer la analogía entre sus enemigos y los leones por implicación. El significado es muy parecido al que hubiera transmitido con la utilización de una metáfora o un símil, no obstante la sencilla utilización de una analogía indirecta intensifica la imagen. David pasa directamente a la imagen que quiere que sus lectores tengan en mente, y la describe.

d. Hipérbole. Leland Ryken define la hipérbole como una «exageración consciente para conseguir un efecto determinado». En la hipérbole el autor exagera deliberadamente puesto que su intención es expresar un sentimiento intenso: «la hipérbole publicita su falta de verdad literal». De hecho, como observa Ryken, no tiene ninguna pretensión de ser factual.[15] El estudiante de química del monólogo anterior hace un uso constante de hipérboles: «Sus preguntas son las más absurdas y ridículas que se han puesto en negro sobre blanco... Me he pasado una eternidad preparando este examen... Estoy seguro de que algunas de aquellas pregun-

---

[13] Se trata de una referencia a los enemigos del salmista.
[14] Es una referencia a la liberación de los enemigos.
[15] Leland Ryken, How to Read the Bible as Literature (Grand Rapids: Zondervan, 1984), 99–100.

tas son un enigma total para el resto de la humanidad». Ninguna de estas afirmaciones es literalmente cierta pero, evidentemente, tampoco el amigo que las escuchaba las habría entendido en este sentido literal. A fin de despertar las emociones de su oyente, el estudiante de química exagera poéticamente sus expresiones y recarga los detalles. En las figuras literarias esto es una licencia permisible, que no pone en tela de juicio la honestidad del que habla. Cuando el estudiante dice, por ejemplo, que ha estado estudiando una eternidad, lo que quiere decir es solo que ha estudiado mucho, tanto que le ha parecido una eternidad.

Los poetas del Antiguo Testamento también se sirven frecuentemente de la hipérbole. Exageran conscientemente para expresar una profunda emoción. Consideremos los siguientes ejemplos:

Mis lágrimas han sido mi alimento de día y de noche (Sal 42:3).
Entonces los desmenucé como polvo delante del viento; los arrojé como lodo de las calles (Sal 18:42).
Porque me rodean males sin número (Sal 40:12).

En cada uno de estos ejemplos el salmista exagera conscientemente su argumento para poner de relieve la profunda emoción que le embarga. Interpretar el pasaje de Salmos 40:12 con el sentido de que los problemas de David son, tantos que realmente no pueden contarse (¡es posible llegar muy lejos contando!) es malinterpretar a David. Está acuciado por sus problemas, y quiere acentuar su magnitud, no cuantificarlos exactamente.

e. Personificación, antropomorfismo y zoomorfismo. Estas tres figuras literarias son similares puesto que consisten en atribuir a una entidad las características de otra entidad completamente distinta. La personificación implica la atribución de rasgos o características humanas a entidades no humanas.

Alzad, oh puertas, vuestras cabezas. (Sal 24:7)
Prorrumpid, montes, en gritos de júbilo, y el bosque, y todo árbol que en él hay (Is 44:23).
Oíd, cielos, y escucha, tierra, porque el Señor habla (Is 1:2).
La sabiduría clama en la calle, en las plazas alza su voz (Prov 1:20).

El antropomorfismo (o personificación) es la representación de Dios con rasgos o características humanas. Se describe a la deidad según un patrón físico, con manos, brazos, pies, nariz, aliento, voz, y oídos. Anda, se sienta, oye, mira, piensa, habla, recuerda, se enfurece, grita, vive en un palacio, prepara mesas, unge cabezas, construye casas, y pone tiendas. Tiene una vara, un báculo, un cetro, un estandarte, un vestido, una tienda, un trono, un escabel, una viña, un campo, un carro, un escudo, y una espada. Se le llama padre, marido, rey y pastor. Todas estas acciones o rasgos humanos se usan en sentido figurado para referirse a Dios y a su actividad. A continuación se enumeran algunos ejemplos:

Tu rostro, Señor, buscaré (Sal 27:8).
Dios ha mirado desde los cielos sobre los hijos de los hombres (Sal 53:2).
La voz del Señor es poderosa, la voz del Señor es majestuosa (Sal 29:4).
En ellos [los confines de la tierra] puso una tienda para el sol (Sal 19:4).

Llegados aquí, cabe la pregunta, ¿acaso todas las representaciones de Dios en términos humanos son figuras literarias? ¿O cabe quizá la posibilidad de que algo de ello sea literal? Esta es una cuestión interpretativa que nos lleva a esferas más amplias de la teología. ¿Cómo es realmente Dios? Si consideramos que hemos sido creados a imagen de Dios (Gen 1:27), ¿en qué sentidos y hasta qué punto somos similares a Él? No cabe duda de que, si Dios es espíritu, la descripción de Dios «mirando en la tierra» o la mención de sus manos sería una figura retórica (antropomorfismo). Sin embargo, ¿qué podemos decir de la ira de Dios, o de su amor, paciencia, misericordia, dolor, y compasión? Probablemente se trata de realidades literales y no de figuras literarias. Entendemos estas emociones en términos humanos porque también nosotros las experimentamos, pero este hecho no hace que sean necesariamente figuras literarias. Por otra parte, ¿tiene acaso Dios oídos? Probablemente no. Por nuestra parte nos inclinamos a pensar que todas las referencias físicas a Dios son figurativas.

Zoomorfismo. Los autores bíblicos utilizan también otras imágenes de Dios no humanas. Cuando se utiliza imaginería animal, la figura en cuestión se llama zoomorfismo (o animalización). Sin embargo, se utilizan también objetos inanimados como figuras literarias para referirse a Dios. Consideremos los siguientes textos poéticos:

Con sus plumas te cubre, y bajo sus alas hallas refugio (Sal 91:4).
El Señor es mi roca, mi fortaleza y mi libertador; mi Dios es mi
roca, en quien me refugio, mi escudo y el cuerno de mi salvación,
mi altura inexpugnable. (Sal 18:2)

Sin duda el pasaje de Salmos 91:4 no implica que Dios sea un pájaro, o
que lo parezca en ningún sentido físico. Pero sí se plantea una determinada analogía entre Dios y las aves: se trata de la imagen de una gallina
(u otro pájaro) que rodea a sus polluelos con sus alas para protegerles
y darles un sentir de seguridad. Dios reconforta y protege a su pueblo
del mismo modo.

Hemos de tener en cuenta que un antropomorfismo o zoomorfismo
puede ser también al tiempo un símil, una metáfora, o una analogía indirecta. Por ejemplo, en Salmos 23:1, David afirma, «El SEÑOR es mi
pastor». Esto es tanto una metáfora (una comparación directa utilizando es) como un antropomorfismo (atribuir a Dios características humanas). De igual modo, el versículo de Isaías 44:23 que acabamos de
mencionar, «Prorrumpid, montes, en gritos de júbilo», es tanto una personificación como una hipérbole.

2. Figuras literarias que expresan sustitución

a. Efectos y causas (conocida también como metonimia). Imagínate
que te encuentras en el *Turner Field* de Atlanta (el estadio del equipo
principal de béisbol de la ciudad de Atlanta), sentado en la cuarta hi-
lera, inmediatamente sobre la salida de los vestuarios de los *Braves* de
Atlanta que se enfrentan a los *Dodgers* de Los Angeles. Atlanta lleva
una desventaja de tres carreras al final de la novena. Con dos hombres
fuera y las bases cargadas, los *Braves* envían a su mejor bateador al
pentágono. Se está agotando el tiempo, y mientras el lanzador se prepara para su último lanzamiento, el furibundo fan de los *Braves* que se
sienta delante de ti se pone en pie de un salto dirigiéndose al bateador
vocifera, «¡Por favor hazme feliz! ¡Hazme feliz! ¡Hazme feliz!».

Quizá este fan no se da cuenta, pero está utilizando una figura retórica (la sustitución) que consiste en reemplazar la causa por el efecto. Lo que quiere es que el bateador anote un punto más, sin embargo lo que dice es «hazme feliz!» Si el jugador gana otra carrera, el fan
será feliz porque su equipo habrá vencido. Podría decir sencillamente,
«¡anota un punto más!» Sin embargo, en un intento de expresarse de
un modo original, sustituye el efecto (su felicidad) por la causa (ganar
otra carrera).

Los poetas del Antiguo Testamento son sin duda tan originales y emotivos como este fan de los *Braves*, y utilizan con frecuencia el mismo recurso literario. Por ejemplo, en Salmos 51:8 David afirma, «Hazme oír gozo y alegría». Este es el efecto. La causa, lo que David está pidiendo realmente, es el perdón por el pecado que ha cometido con Betsabé. No obstante lo que solicita de Dios es el resultado de este perdón, a saber, gozo y alegría. De modo que David ha utilizado una figura literaria, que sustituye el efecto por la causa.

Lo mismo sucede en Proverbios 19:13, «El hijo necio es ruina de su padre». La expresión «ruina de su padre» es un efecto, que sustituye a la causa (las cosas que lleva a cabo el hijo necio y producen la ruina del padre). Jeremías 14:17 sigue el mismo patrón. «Viertan lágrimas mis ojos noche y día». Las lágrimas del profeta son el efecto. Está hablando realmente de la inminente invasión babilónica (la causa). Sin embargo, en lugar de decir, «Los babilonios se acercan y será algo terrible», Jeremías declara el efecto emocional que tendrá la invasión sobre él: «Viertan lágrimas mis ojos noche y día».

Esta figura puede utilizarse también de manera inversa —puede mencionarse la causa cuando lo que se tiene en vista es el efecto— sin embargo este uso no es muy común.

b. Representación (conocida también como sinécdoque). Los poetas sustituyen a menudo una parte representativa de una entidad para referirse a su totalidad. En castellano hacemos esto mismo cuando aludimos a Madrid para referirnos a la totalidad del estado español. Por ejemplo, un locutor podría decir algo como, «Si Madrid y Paris no son capaces de resolver este conflicto de competencias puede que vengan tiempos difíciles para las relaciones franco españolas». Los términos Madrid y Paris se usan en sentido figurado para representar a las naciones de que son capitales. De un modo similar los poetas del Antiguo Testamento utilizan ciudades y tribus individuales (o alguna de ambas) para referirse en sentido figurado a naciones completas. De este modo «Efraín» (la tribu más grande del norte) y «Samaria» (la capital) se usan frecuentemente para aludir a Israel, el reino del norte mientras que «Judá» (la principal tribu del sur) y «Jerusalén» (la capital) pueden aludir al reino sureño de Judá.

En los escritos poéticos veterotestamentarios aparecen otras muchas figuras literarias. En Salmos 44:6 se utilizan las palabras «arco» y «espada» para referirse a las armas de guerra en general: «Porque yo no confiaré en mi arco, ni me salvará mi espada». En este mismo libro

(20:7) el autor utiliza los términos «carros» y «caballos» para referirse al poder militar: «Algunos confían en carros, y otros en caballos; mas nosotros en el nombre del Señor nuestro Dios confiaremos». Los arcos, las espadas, los carros, y los caballos forman parte de un grupo más extenso de armamento militar. Citar solo uno o dos de estos elementos como figuras representativas trae a la mente la totalidad del armamento o al poder militar en general.

El término «pies» puede utilizarse para aludir a toda la persona (Sal 40:2; 44:18; 122:2), en especial en contextos en que se habla de movimiento o de mantenerse firme en una posición. La palabra «huesos» representa también a toda la persona, por regla general en los contextos de sufrimiento o dolor (Sal 6:2; 31:10; 32:3; 42:10). De igual modo, los poetas utilizan el término «labios» como frecuente sustituto figurativo de las palabras o forma de hablar (Sal 12:2; 17:1; 31:18; 63:3).

3. Figuras literarias misceláneas. Puesto que la naturaleza de las figuras literarias es artística y un tanto imprecisa, es difícil categorizarlas en grupos exactos y bien definidos. Aunque la mayoría de las figuras se sitúan dentro de las extensas categorías de la analogía o la sustitución, algunas quedan fuera de ellas. Dos de estas figuras de difícil clasificación, bastante comunes por otra parte, son el apóstrofe y la ironía.

a. El apóstrofe. Los autores utilizan el apóstrofe cuando se dirigen como si estuviera presente a una persona o entidad que, de hecho, no lo está. El objetivo de este recurso es expresar un intenso sentimiento o acentuar un punto en particular.[16] Los apóstrofes aparecen sin previo aviso, como si de repente el autor visualizase al destinatario ausente y se dirigiese a él de inmediato. El apóstrofe se combina también a menudo con la personificación, ya que los poetas interpelan frecuentemente a objetos inanimados (cielos, tierra, puertas etc.). Observemos los siguientes ejemplos de apóstrofe. ¿A quién se alude en cada ejemplo?

Ahora pues, oh reyes, mostrad discernimiento; recibid amonestación, oh jueces de la tierra (Sal 2:10).
Apartaos de mí, todos los que hacéis iniquidad. (Sal 6:8)
Alzad, oh puertas, vuestras cabezas, alzaos vosotras, puertas eternas, para que entre el Rey de la gloria (Sal 24:7).
¿Qué te pasa, oh mar, que huyes, y a ti, Jordán, que te vuelves atrás...? (Sal 114:5).

[16] *Ibíd*, 98–99.

En ocasiones, alguno de los poetas se dirige a sí mismo (o a su alma) como si estuviera también presente como un ente distinto. Esto es también un tipo de apóstrofe. Consideremos los siguientes ejemplos:

Bendice, alma mía, al Señor, y bendiga todo mi ser su santo nombre. (Sal 103:1)
¿Por qué te abates, alma mía, y por qué te turbas dentro de mí? (Sal 42:5)

b. Ironía. Cuando utiliza la ironía, el autor dice exactamente lo contrario de lo que quiere decir. Supongamos, por ejemplo, que un estudiante detiene a su amigo Alex en el vestíbulo de la facultad para decirle que un camión de la basura acaba de abollar su nuevo Golf metalizado. En su desesperación Alex replica, «¡Oh, esto es fantástico!» Es evidente que la situación no tiene nada de fantástica, sino todo lo contrario. Alex afirma enfáticamente lo contrario de lo que realmente ha sucedido para poner de relieve lo mal que se siente. En ocasiones la ironía se utiliza también junto con el sarcasmo, como si en este mismo caso Alex le dijera al conductor del camión, «¡Ha sido muy agudo por su parte darle este golpecito de nada a mi coche! Es usted el mejor conductor que he conocido». En la poesía del Antiguo Testamento se combina también a menudo la ironía con el sarcasmo. Observemos la sarcástica utilización de la ironía por parte de Dios en su censura a Job por su desafío de la sabiduría de Dios:

¿Has comprendido la extensión de la tierra? Dímelo, si tú sabes todo esto. ¿Dónde está el camino a la morada de la luz? Y la oscuridad, ¿dónde está su lugar, para que la lleves a su territorio, y para que disciernas los senderos de su casa? ¡Tú lo sabes, porque entonces ya habías nacido, y grande es el número de tus días! (Job 38:18–2).

Notemos también la presencia de sarcasmo en la ironía de Amós 4:4, donde, en esencia, Dios dice a Israel que vaya a Betel y se explaye pecando. Captemos asimismo el sarcasmo de Isaías 41:22–23, donde Dios habla con ironía de los ídolos que Israel adora:

Que expongan y nos declaren lo que ha de suceder. En cuanto a los hechos anteriores, declarad lo que fueron, para que los consideremos y sepamos su resultado, o bien, anunciadnos lo que ha de venir. Declarad lo que ha de venir después, para que sepamos que vosotros sois dioses. Sí, haced algo bueno o malo, para que nos desalentemos y temamos a una (Is 41:22–23).

4. Juegos de palabras. Los juegos de palabras son bastante comunes en todos los idiomas, y muchos de ellos bastante inteligentes. Por ejemplo, mientras firmaba la Declaración de la Independencia, se dice que Benjamín Franklin dijo con retranca, «O presentamos un frente común y *dependemos* unos de otros, o sin duda *penderemos* por separado de los patíbulos de nuestros enemigos.» En esta frase (lit. «*Let us all hang together or else we may all hang separately*») Franklin jugaba con dos significados distintos de la palabra «hang» (hang together = permanecer unidos, y hang separately = colgar por separado [de una horca]).

En la poesía del Antiguo Testamento, muchos juegos de palabras siguen los patrones de este ejemplo. Suelen jugar con los posibles significados de las palabras, o con las semejanzas de sonido. Lamentablemente, es muy difícil traducir los juegos de palabras y rara vez pueden trasladarse a nuestro idioma. Queremos resaltar algunos de estos juegos de palabras a fin de que podamos apreciar la enorme riqueza literaria y maestría de los poetas del Antiguo Testamento.

El profeta Jeremías se sirve de un extenso juego de palabras a lo largo de su libro con la utilización de la palabra hebrea *shub*. Esta palabra significa básicamente «volverse». Puede significar «volverse hacia algo» o «apartarse (volverse) de algo». Por tanto, puede utilizarse con los sentidos opuestos de volverse a Dios (arrepentimiento) o apartarse de Él (alejamiento). Jeremías no pudo resistirse a utilizar el término en ambos sentidos. Supera con mucho el uso que hizo Franklin de «hang» al utilizar la palabra *shub* once veces solo en el pasaje que va de Jeremías 3:1 a 4:1, utilizándola tres veces en un solo versículo (Jer 3:22)! En castellano este versículo dice:

Volved, hijos infieles, yo sanaré vuestra infidelidad. Aquí estamos, venimos a ti, porque tú, el Señor, eres nuestro Dios.

Una rápida consulta en la concordancia nos muestra que tanto «volved», como «infieles,» e «infidelidad» son traducciones del término hebreo *shub*. Una traducción literal diría algo así:

Volveos [arrepentíos], hijos de vuelta [alejamiento] y yo sanaré vuestra vuelta [rebeldía].

Interpretar la poesía del Antiguo Testamento

Como con cualquier texto del Antiguo Testamento, la interpretación de la poesía requiere la aplicación del recorrido interpretativo del Antiguo Testamento. ¡Seguro que comienzan a sernos familiares los pasos de este recorrido! Vamos pues a aplicarlos al Salmo 116:1-4, un representativo texto poético del Antiguo Testamento.

Paso 1: Entender el texto en su contexto original. ¿Qué significó el pasaje para los receptores bíblicos?

Hemos de comenzar preguntándonos qué significó el texto para los receptores bíblicos. Comencemos con una minuciosa lectura del pasaje. ¡Recordemos lo que aprendimos en los capítulos 2–4! ¡Leamos el texto con detenimiento y hagamos observaciones! Como parte de nuestro análisis del Salmo 116:1–4, identifiquemos los distintos paralelismos del pasaje según los criterios que hemos explicado en este capítulo (sinónimo, de desarrollo, ilustrativo, contrastivo, formal). Agrupemos los pasajes paralelos en pensamientos o imágenes y estudiemos después el pasaje pensamiento por pensamiento. Como hemos dicho al comienzo de este capítulo, con frecuencia las unidades de pensamiento se expresan, no en cada línea u oración gramatical, sino cada dos líneas (cuando estas constituyen un paralelismo).

En función de los paralelismos, los primeros versículos del Salmo 116 pueden dividirse en los siguientes pensamientos básicos:

Pensamiento 1	Amo al Señor, porque oye mi voz y mis súplicas.
Pensamiento 2	Porque a mí ha inclinado su oído; por tanto le invocaré mientras yo viva.
Pensamiento 3	Los lazos de la muerte me rodearon, y los terrores del Seol vinieron sobre mí; angustia y tristeza encontré.
Pensamiento 4	Invoqué entonces el nombre del Señor, diciendo: Te ruego, oh Señor: salva mi vida.

A continuación, se trata de localizar y visualizar cada una de las figuras literarias. En primer lugar, intentemos visualizar la imagen. Exploremos, por ejemplo, la imagen del segundo pensamiento del Salmo 116 según la tabla que acabamos de presentar («porque a mí ha inclinado su oído»). A menudo inclinamos o volvemos la cabeza hacia el lugar de procedencia de un sonido para poder oír bien. ¿Te imaginas al salmista clamando a Dios, y a éste volviendo la cabeza para escuchar con mayor atención?[17] ¿Y qué del tercer pensamiento? Vemos unos lazos que salen de un sepulcro abierto y que se entrelazan alrededor de las piernas del salmista arrastrándole al sepulcro.

Es importante que hagamos un esfuerzo especial para entrar en el mundo emocional de la imagen. Sintamos la satisfacción que experimenta el salmista cuando ve a Dios volviendo la cabeza para escucharle. ¡Imaginémonos la pesadilla que supone la imagen de los lazos de la muerte! Unas cuerdas se van enrollando a tu alrededor y te arrastran hacia una tenebrosa y repulsiva tumba abierta, a la que finalmente caes, y desde la que acabas pidiendo ayuda con desesperación. La muerte te tiene sujeto, pero Dios oye tu clamor y desciende para sacarte de este lugar. ¡Bien podría ser la escena de una película de Stephen King!

Cuando se calme el latir de tu corazón, intenta identificar todas las figuras literarias en función de las categorías que antes hemos enumerado (símil, metáfora, analogía indirecta, hipérbole, personificación, antropomorfismo, sustitución, representación, apóstrofe e ironía). Recuerda que muchas de estas figuras encajan en más de una categoría. Hablar del oído de Dios es un antropomorfismo. Sin embargo, la figura de un Dios que inclina su oído es también una sustitución. El inclinar el oído por parte de Dios (causa) lleva a su intervención liberadora (efecto), y es esta acción de Dios la que realmente señala el salmista.

Ahora estamos en condiciones de resumir lo que el texto significó para los receptores bíblicos. Tengamos en cuenta que estas figuras literarias lo eran para los lectores de la antigüedad. No pretendamos entender las imágenes de un modo que sea literal para ellos pero figurativo para nosotros. El autor del Salmo 116 no estaba siendo literalmente arrastrado al interior de una tumba con unas cuerdas. Podríamos explicar el texto del Salmo 116:1–4 en su contexto original mediante el siguiente resumen:

---

[17] Recordemos el contexto idolátrico del antiguo Oriente Medio. Los ídolos de piedra, no inclinaban su cabeza para escuchar. Éstos son impersonales y distantes. El Señor, por el contrario, se preocupa. Él es personal e inclina su oído para oír.

El autor está haciendo frente a una situación inquietante y difícil. Es posible incluso que se encontrara próximo a la muerte.[18] El salmista clama a Dios, quien le escucha y le rescata de aquella situación; por ello, le expresa su amor.

Paso 2: Medir la anchura del río a cruzar. ¿Cuáles son las diferencias entre los receptores bíblicos y nosotros?

Por supuesto, una de las diferencias más importantes que hemos de recordar siempre al cruzar el río desde el Antiguo Testamento es que por nuestra condición de creyentes del Nuevo Testamento estamos bajo un pacto distinto. Si bien es cierto que en el caso del Salmo 116 no se trata de una diferencia crucial, es siempre un factor a tener en cuenta. ¿Qué otras diferencias hay? Puede que no estemos en una situación tan aterradora o difícil como la del salmista. (Aunque puede que alguno sí lo esté.) Es posible que no estemos haciendo frente a una muerte inminente.

Otra importante diferencia es que el Antiguo Testamento presenta un punto de vista de la muerte un tanto distinto que el Nuevo. Hay poca información en el Antiguo Testamento acerca de la otra vida (la resurrección y el Cielo). La doctrina del Antiguo Testamento acerca de la muerte es un tanto imprecisa y sombría. La certeza de la vida eterna es una doctrina que surgió en toda su belleza después de la vida, muerte, y resurrección de Jesús.

Paso 3: Cruzar el puente de los principios. ¿Cuál es el principio teológico que subyace en este texto?

Recordemos los criterios para el desarrollo de principios teológicos:

Han de estar reflejados en el texto.
Han de ser intemporales y no vinculados a una situación específica.
Su aplicación no ha de estar vinculada a una cultura determinada.
Han de armonizar con la enseñanza del resto de la Escritura.
Han de ser pertinentes tanto para los receptores bíblicos como para los contemporáneos.

---

[18] Es difícil determinar si el salmista estaba realmente enfrentándose a la muerte y por ello se refiere a sus lazos como una figura para aludir a los intentos de ésta para arrastrarle al sepulcro, o si está utilizando la imagen de la muerte para representar en sentido figurado todas las demás situaciones difíciles, aterradoras y desesperadas. Esto es poesía, y en este género un tanto impreciso no puede hacerse un análisis exacto de las figuras literarias

Uno de los principios teológicos que puede observarse en el Salmo 116:1–4 es que los creyentes han de expresar su amor a Dios cuando éste les oye y les libera de situaciones difíciles y aterradoras como la muerte. **Paso 4: Cruzar al Nuevo Testamento. ¿Modifica o matiza este principio la enseñanza del Nuevo Testamento? y en caso afirmativo ¿cómo?**

El Nuevo Testamento reafirma el principio de que hemos de expresar nuestro amor a Dios por haber sido liberados de situaciones difíciles. Además, el Nuevo Testamento tiene mucho que decir acerca de nuestra liberación de la muerte (y del pecado). En 1 Corintios 15 el apóstol desarrolla detenidamente este tema, explicando que por medio de Jesús Dios nos ha dado victoria sobre la muerte. Se nos ha prometido resurrección e impartido vida eterna. Aquellos que no tienen a Cristo han de enfrentarse a la muerte en otros términos y ciertamente sus «lazos» les arrastran al sepulcro. También nosotros teníamos que hacer frente a este dilema antes de ir a Cristo, pero Dios oyó nuestro clamor y nos liberó.

Observemos, no obstante, que ni en el Nuevo Testamento ni en el Antiguo se enseña que Dios interviene siempre para salvarnos físicamente de todas las situaciones difíciles. A lo largo de toda la Biblia los creyentes sufren y mueren físicamente. Los cristianos también enferman de cáncer y mueren. No están exentos de accidentes de tráfico. Sin embargo, para los cristianos la muerte nunca se alza realmente en victoria. En este sentido, las cuerdas nunca nos atan al sepulcro. Cristo ha derrotado el poder de la muerte, y nos da victoria sobre ella. **Paso 5: Entender el texto en nuestro contexto. ¿Cómo deberían aplicar los cristianos de hoy este principio teológico en sus vidas?**

Las aplicaciones varían, dependiendo de nuestra situación. Los cristianos que han de hacer frente a la muerte, encontrarán en este texto la certeza de que Dios nos librará de su poder por medio de la resurrección y la vida eterna. Los cristianos que se encuentren en estas circunstancias han de expresar su amor a Dios por su liberación. Los demás también hemos de expresarle nuestro amor por salvarnos de la muerte eterna. Hemos de recordar igualmente aquellas ocasiones en que Dios nos respondió y nos liberó de otras situaciones difíciles expresándole nuestro amor por escucharnos y librarnos de tales situaciones.

Aspectos únicos de los Salmos

En las literaturas profética y sapiencial, y en los Salmos se utiliza muchas veces la poesía. En los dos próximos capítulos nos ocuparemos de los dos primeros géneros, que requieren acercamientos interpretativos específicos. Tales acercamientos se basan en la exposición de la poesía que aquí se ha presentado. Asimismo, también los Salmos son únicos, y la interpretación de estos textos requiere tener en cuenta algunos aspectos especiales que comentaremos aquí.

En primer lugar, estamos de acuerdo con Fee y Stuart cuando dicen que la función de los Salmos «no es principalmente la enseñanza de doctrina o de ética».[19] Queremos resaltar el peligro de interpretar los Salmos con los mismos criterios que utilizaríamos para entender el libro de Romanos, que sí pretende enseñar cuestiones doctrinales y éticas. Es evidente que los Salmos contienen elementos doctrinales y éticos (Sal 1), sin embargo tales elementos representan corolarios o puntos secundarios y generalmente no constituyen el verdadero objetivo del autor. Fee y Stuart dicen:

> Las dificultades para interpretar los salmos surgen principalmente de su naturaleza (lo que son en esencia). Puesto que la Biblia es la Palabra de Dios, muchos cristianos asumen automáticamente que todo lo que contiene son palabras de Dios para el ser humano. Esta concepción les impide reconocer que la Biblia contiene también palabras dirigidas a Dios, o acerca de Él —que es exactamente lo que sucede en los salmos— y que estas palabras, son también Palabra de Dios.[20]

La función de los Salmos es, por tanto, «darnos modelos inspirados acerca del modo en que hemos de cantar a Dios y hablar con Él».[21] Los Salmos nos ofrecen asimismo modelos inspirados respecto al modo en que hemos de meditar acerca de Dios (es decir, cómo reflexionar sabiamente sobre Dios y lo que Él ha hecho por nosotros). Esta comunicación interactiva que se produce en los Salmos entre las personas y Dios puede darse en numerosos contextos, reflejando la amplia variedad de experiencias de vida en las que los seres humanos encuentran a Dios. Brueggemann ha sugerido que, a grandes rasgos, los Salmos pueden catego-

---

[19] Fee y Stuart, *How to Read the Bible*, 205.
[20] *Ibíd.*
[21] Robert B. Chisholm, *From Exegesis to Exposition* (Grand Rapids: Baker, 1998), 225.

rizarse según tres contextos de la vida humana: (1) «épocas de bienestar que evocan agradecimiento por la constancia de la bendición» (2), «épocas angustiosas de dolor, alienación, sufrimiento y muerte» y (3), épocas de «sorpresa en las que nos sentimos abrumados con nuevos dones de parte de Dios, en las que el gozo surge de la desesperación».[22]

Vemos pues que aunque el libro de los Salmos es la Palabra de Dios para nosotros, no nos presenta directrices doctrinales específicas, sino más bien ejemplos acerca de cómo comunicarle a Dios nuestras más profundas emociones y necesidades. Por ejemplo, cuando un salmista clama angustiado y desesperado, la lección que hemos de aprender no es que también nosotros hayamos de suplicar desesperados. Lo que aprendemos es más bien, que cuando nos sintamos desesperados o angustiados, es lícito y propio que, como el salmista, también nosotros supliquemos a Dios. Al hacerlo comenzaremos a experimentar su consolación y saldremos sin duda «del hoyo de la destrucción, del lodo cenagoso» (Sal 40:2).

La honestidad con Dios es una importante lección que podemos aprender en los Salmos. Los autores de estos textos le dicen a Dios exactamente cómo se sienten, y muchas veces las cosas que expresan no suenan muy espirituales ni maduras. Los cristianos de hoy tienden a suprimir cualquier efusión emocional acerca de Dios. Para muchos el modelo cristiano es el de un duro estoico, como el *Spock* de *Star Trek*. Los Salmos hacen añicos esta falsa imagen del talante cristiano, ofreciéndonos un maravilloso modelo de comunicación con Dios desde la franqueza y la honestidad, una comunicación llena de emoción, que brota por igual de situaciones agradables y difíciles.

Resumiendo, los Salmos nos ayudan en varias esferas de nuestra vida cristiana Primeramente, nos ofrecen una guía para la verdadera adoración. En segundo lugar, nos ayudan a relacionarnos honestamente con Dios. Por último, nos llevan a reflexionar y meditar acerca de lo que Dios ha hecho por nosotros.[23]

Conclusión

Dios no es aburrido, de esto podemos estar seguros. Él ha decidido comunicarnos su Palabra mediante interesantes y fascinantes formas

---

[22] Walter Brueggemann, *The Message of the Psalms* (Minneapolis: Augsburg, 1984), 19.

[23] Fee y Stuart, *How to Read the Bible*, 222–23.

literarias. Ciertamente, la poesía es uno de los géneros literarios más dinámicos e impactantes. Dios quiere establecer contacto con nuestra mente, pero también con nuestro corazón («todo mi ser», Sal 103:1). Hemos visto pues que la poesía del Antiguo Testamento difiere de las cartas del Nuevo Testamento. En los textos poéticos veterotestamentarios tratamos con pinturas, no con material científico. El objetivo de los poetas del antiguo Testamento es el impacto emocional que produce la poesía en la vida del lector. La poesía se caracteriza por su concisión, un elevado grado de estructura (paralelismo), y por el uso de imaginería figurativa.

Reconocer estos elementos nos ayudará en gran manera a apreciar e interpretar los impactantes mensajes que nos transmiten los poetas del Antiguo Testamento. Por otra parte, para entender bien estas palabras, no podemos dejar de aplicar el recorrido interpretativo, partiendo del contexto de los primeros receptores y cruzando el río de las diferencias por el puente de los principios. Por último, hemos de abrir nuestros corazones al mensaje y permitir que éste nos vaya transformando más y más en la imagen de Cristo.

Deberes

Deber 20-1: Paralelismo (Salmo 20)

En función de la exposición de los paralelismos que se ha llevado a cabo en este capítulo, clasifica todos los pares de líneas (versículos) del Salmo 20. Es decir, señala si cada paralelismo es sinónimo, de desarrollo, ilustrativo, contrastivo, o formal. Observa que los versículos 5 y 6 tienen tres líneas en lugar de dos. Puedes, o bien clasificar las tres líneas juntas como una sola categoría, o catalogar las dos primeras y relacionar después la última línea con la primera como una sola categoría. Hemos aplicado el ejercicio al versículo 1 como ejemplo:

¹ Que el Señor te responda en el día de la angustia. Que el nombre del Dios de Jacob te ponga en alto.	De desarrollo
² Que desde el santuario te envíe ayuda, y desde Sion te sostenga.	
³ Que se acuerde de todas tus ofrendas, y halle aceptable tu holocausto. (Selah).	
⁴ Que te conceda el deseo de tu corazón, y cumpla todos tus anhelos.	
⁵ Nosotros cantaremos con gozo por tu victoria, y en el nombre de nuestro Dios alzaremos bandera.	
Que el Señor cumpla todas tus peticiones.	
⁶ Ahora sé que el Señor salva a su ungido; le responderá desde su santo Cielo con la potencia salvadora de su diestra.	
⁷ Algunos confían en carros, y otros en caballos; mas nosotros en el nombre del Señor nuestro Dios confiaremos.	
⁸ Ellos se doblegaron y cayeron; pero nosotros nos hemos levantado y nos mantenemos en pie.	
⁹ ¡Salva, oh Señor! Que el Rey nos responda el día que clamemos.	

Deber 20-2: Figuras Literarias (Salmo 102:1–14)
(1) Clasifica cada una de las figuras literarias que se enumeran a continuación, según las categorías que se han propuesto en este capítulo, y (2) explica lo que significa la figura o imagen en cuestión.

102:1b: clamor	
102:2a: rostro	
102:2b: oído	
102:3a: días/humo	
102:3b: huesos/brasero	
102:4a: corazón/hierba	
102:5b: piel y huesos	
102:6: búho	
102:7: pájaro	
102:9a: cenizas/pan	
102:9b: bebida/lágrimas	
102:11a: días/sombra	
102:11b: hierba	
102:13a: levantarse	
102:14a: piedras	
102:14b: polvo	

Deber 20-3: Aplica el recorrido interpretativo al Salmo 1
Sigue las siguientes instrucciones y lleva a cabo las tres partes de la tarea:

1. Lee el Salmo 1 varias veces. Haz el mayor número posible de observaciones en una fotocopia del texto que consignamos a continuación.

¡Cuán bienaventurado es el hombre que no anda en el consejo de los impíos, ni se detiene en el camino de los pecadores, ni se sienta en la silla de los escarnecedores, sino que en la ley del Señor está su deleite, y en su ley medita de día y de noche! Será como árbol firmemente plantado junto a corrientes de agua, que da su fruto a su tiempo, y su hoja no se marchita; en todo lo que hace, prospera. No así los impíos, que son como paja que se lleva el viento. Por tanto, no se sostendrán los impíos en el juicio, ni los pecadores en la congregación de los justos. Porque el Señor conoce el camino de los justos, mas el camino de los impíos perecerá.

2. Describe y define las figuras literarias de cada versículo.
3. Aplica el recorrido interpretativo llevando a cabo los pasos siguientes:

Paso 1: Entender el texto en su contexto original. ¿Qué significó el pasaje para los receptores bíblicos? Haz un resumen de una o dos frases acerca del sentido que tuvo el texto para los receptores bíblicos.

Paso 2: Medir la anchura del río a cruzar. ¿Cuáles son las diferencias entre los receptores bíblicos y nosotros? Identifica las principales diferencias entre la situación del salmista y la nuestra.

Paso 3: Cruzar el puente de los principios. ¿Cuál es el principio teológico que subyace en este texto? Sintetiza el pasaje en un principio esencial.

Paso 4: Cruzar al Nuevo Testamento. ¿Modifica o matiza este principio la enseñanza del Nuevo Testamento, y en caso afirmativo, cómo? Explica cualquier aspecto que el Nuevo Testamento añada, reafirme, o modifique el tema que se trata en este salmo.

Paso 5: Entender el texto en nuestro contexto. ¿Cómo deberían aplicar los cristianos de hoy este principio teológico modificado a sus vidas? Explica una manera específica de aplicar este salmo a tu propia vida.

21
Antiguo Testamento: Profetas

Introducción
La naturaleza de la literatura profética del Antiguo Testamento
El contexto histórico-cultural y teológico
El mensaje profético esencial
Interpretación y aplicación
Problemas especiales: los pasajes predictivos
Conclusión
Deberes

Introducción

¡Los profetas! ¡Qué colección de libros tan increíble! Los libros proféticos del Antiguo Testamento contienen algunos de los pasajes más inspiradores de la Biblia. Isaías es uno de los libros preferidos de muchos cristianos. Recordemos las estimulantes palabras de 40:31:

Pero los que esperan en el Señor renovarán sus fuerzas; se remontarán con alas como las águilas, correrán y no se cansarán, caminarán y no se fatigarán.

A los cristianos les encanta este versículo. ¿No eleva tu corazón? O consideremos la profunda verdad que se expresa en Isaías 53:6 con respecto a Jesucristo y a nosotros:

Todos nosotros nos descarriamos como ovejas, nos apartamos cada cual por su camino; pero el Señor hizo que cayera sobre El la iniquidad de todos nosotros.

Podríamos seguir citando muchos otros textos proféticos, maravillosos y entrañables. Sin embargo, en los profetas, encontramos también algunos de los versículos más insólitos y difíciles de entender. Tenemos por ejemplo textos espeluznantes como Amós 3:12:

Así dice el Señor: Como el pastor rescata de la boca del león dos patas o un pedazo de oreja, así serán rescatados los hijos de Israel que moran en Samaria.

Algunos pasajes resultaron sin duda extraordinariamente insultantes para sus primeros receptores, como por ejemplo Jeremías 2:23b–24:

Mira tu proceder en el valle, reconoce lo que has hecho. Eres una camella joven y liviana que enreda sus pasos, asna montés acostumbrada al desierto, que en su ardor olfatea el viento. En la época de su celo ¿quién la puede refrenar? Todos los que la busquen, no se tienen que fatigar, en su mes la hallarán.

En las páginas de los libros proféticos encontramos también pasajes de juicio, como los que se reflejan en Jeremías 15:1–2:

Entonces el Señor me dijo: Aunque Moisés y Samuel se presentaran ante mí, mi corazón no estaría con este pueblo; échalos de mi presencia, y que se vayan. Y será que cuando te digan: «¿Adónde iremos?», les responderás: «Así dice el Señor: 'Los destinados para la muerte, a la muerte; los destinados para la espada, a la espada; los destinados para el hambre, al hambre, y los destinados para el cautiverio, al cautiverio'».

Algunos de los pasajes proféticos del Antiguo Testamento son agradables y fáciles de entender, otros, sin embargo resultan desconcertantes y perturbadores. En este capítulo aprenderemos a abordar el estudio e interpretación de esta fascinante sección de la Escritura. En primer lugar hablaremos de la naturaleza de la literatura profética del Antiguo Testamento. A continuación exploraremos los importantes contextos teológicos e históricos desde los que escribieron los profetas. Tras adquirir una idea general de estos contextos, pasaremos entonces al mensaje general de los profetas e intentaremos determinar exactamente lo que éstos querían transmitir a sus receptores inmediatos. Una vez que hayamos entendido lo que el texto significó para los receptores bíblicos, estaremos en condiciones de aplicar el recorrido interpretativo y de comenzar a interpretar y aplicar algunos pasajes proféticos específicos. Concluiremos el capítulo con un resumen y algunos deberes.

La naturaleza de la literatura profética del Antiguo Testamento

Los libros proféticos comprenden los cuatro profetas mayores (Isaías, Jeremías, Ezequiel, y Daniel), y los doce menores (Oseas, Joel, Amós, Abdías, Jonás, Miqueas, Nahúm, Habacuc, Sofonías, Hageo, Zacarías, y Malaquías).[24] La denominación «mayores» y «menores» no tienen nada que ver con la importancia de estos profetas sino con la extensión de sus obras. Los primeros cuatro libros proféticos son mucho más largos que los doce siguientes.

Un gran porcentaje de la última mitad del Antiguo Testamento es literatura profética. ¡De hecho, los profetas ocupan el mismo espacio en la Biblia que todo el Nuevo Testamento! No cabe, pues, duda de que este material es una parte importante del mensaje de Dios para nosotros.

No obstante, de todos los géneros literarios de la Biblia, la literatura profética es quizá la que nos es más difícil de entender. ¿Por qué? Probablemente, la razón principal sea que en la literatura castellana no tenemos nada parecido a este género. Pensemos por un momento. Estamos familiarizados con la narración porque leemos muchos relatos. De igual modo, nos sentimos cómodos con los Salmos puesto que los himnos y cánticos espirituales nos son también familiares. Las cartas del Nuevo Testamento presentan ciertas similitudes con las cartas modernas, de modo que no nos sentimos del todo perdidos cuando abordamos el género epistolar.

Hay, sin embargo, muy poco en la literatura de nuestro idioma y nuestra cultura que guarde alguna semejanza con la literatura profética del Antiguo Testamento. El mundo de los profetas puede parecer extraño y desconcertante. No obstante, aunque no estemos excesivamente familiarizados con este tipo de literatura, podemos aprender a recono-

---

[24] En la Biblia hebrea, el libro de Daniel forma parte de los Escritos (junto con los Salmos, Job, Eclesiastés, Rut, etc.) en lugar de agruparse con los profetas. Algunos eruditos no situarían a Daniel con los profetas puesto que tanto su estilo literario como su mensaje son distintos de los textos de este género.

cer los elementos característicos del género profético y sus principios interpretativos. Por otra parte, como explicaremos más adelante, existen algunos puntos de coincidencia entre la profecía del Antiguo Testamento y el mensaje de ciertos géneros musicales del mundo occidental. De modo que, ¡comencemos!

Los libros proféticos contienen principalmente mensajes cortos que el profeta dirige por regla general a la nación de Israel o de Judá. Contienen también visiones de Dios, narraciones cortas y acciones simbólicas. Solo un pequeño porcentaje de la profecía del Antiguo Testamento tiene que ver con acontecimientos futuros para nosotros. Puede que esto te sorprenda. Muchos dan por sentado que el término profecía alude solo a acontecimientos del tiempo del fin, y que los profetas del Antiguo Testamento se ocupan principalmente de predecir los detalles de este periodo escatológico. Prestemos atención a estas palabras de Fee y Stuart: «Menos del 2 por ciento de la profecía del Antiguo Testamento es mesiánica. Menos del 5 por ciento describe específicamente la época del nuevo pacto. Menos del 1 por ciento alude a acontecimientos que hoy siguen siendo futuros».[25] La inmensa mayoría del material de los libros proféticos se dirige a la desobediencia de Israel y/o Judá y al consecuente juicio entonces inminente. El papel del profeta consistía tanto en proclamar esta desobediencia y el juicio que se cernía sobre la nación, como en predecir acontecimientos que iban a tener lugar en el futuro más distante.

Los profetas utilizan la poesía para transmitirnos una buena parte de su mensaje, y este aspecto poético de los textos es el que nos resulta más extraño. En el capítulo 20 hemos explorado el fascinante tema de la poesía hebrea. Hemos de poner especial atención en aplicar las lecciones de este capítulo también a las secciones poéticas de los profetas. Recordemos que uno de los principales rasgos de la poesía hebrea, es la extensiva utilización de figuras literarias. Estas mismas figuras son algunas de las principales armas del arsenal literario de los profetas. Este lenguaje es el que hace que los libros proféticos sean tan fascinantes y llamativos.

• Para decir que «Dios está airado», Amós proclama, «Ha rugido un león».

• Isaías no se esfuerza en contrastar analíticamente lo atroz del pecado y lo asombroso del perdón; para establecer este contraste y

---

[25] Fee y Stuart, *How to Read the Bible*, 182.

transmitir estos conceptos se sirve del lenguaje figurativo, y anuncia, «aunque vuestros pecados sean como la grana, como la nieve serán emblanquecidos; aunque sean rojos como el carmesí, como blanca lana quedarán».

* Jeremías está indignado con la infiel actitud de Judá hacia Dios y quiere transmitirle el dolor que siente el Señor porque Judá le ha abandonado para ir en pos de los ídolos. Por ello, a lo largo de su libro, el profeta compara a Judá con una esposa infiel que se ha convertido en una prostituta: «tú eres una ramera con muchos amantes», proclama Jeremías, haciendo referencia en sentido figurado a la idolatría de Judá.

Recuerda que el poder de la poesía consiste en su capacidad de afectar las emociones del lector o del oyente. No hay duda de que, la literatura profética es la más emocional de la Biblia. Los profetas expresan el profundo e insondable amor del Señor hacia su pueblo y el intenso dolor que siente por su rechazo. Sin embargo, los profetas son también muy explícitos en su descripción del horrible juicio que se cierne sobre la nación (la invasión por parte de los asirios o los babilonios). Son mordaces en su evaluación y crítica de la sociedad, en especial del rey y del corrupto sacerdocio.

Hay pocos textos en nuestra literatura o cultura que se parezcan a las mordaces y poéticas invectivas que los profetas pronuncian contra las naciones de Israel y Judá. En el contexto anglosajón, el género más cercano que podríamos mencionar es la canción de protesta de los sesenta, y en especial los temas de Bob Dylan (el «profeta de los sesenta»). Por supuesto, no estamos sugiriendo que, desde un punto de vista teológico, Dylan sea semejante a los profetas, no obstante la forma de algunas de sus canciones presenta una gran similitud: la crítica mordaz y poética del status quo, el feroz ataque contra las estructuras de autoridad de la sociedad, y la predicción de un juicio o destrucción inminente si el mensaje cae en oídos sordos. Consideremos, por ejemplo, algunas líneas de la canción de Dylan «The Times Are a Changin'» (Los Tiempos Están Cambiando):

Venga la gente de alrededor, reúnanse, dondequiera que estén, y admitan que las aguas han crecido a su alrededor y acepten que pronto estarán calados hasta los huesos, si creen que su tiempo es digno de salvarse, será mejor que comiencen a nadar o se hundirán como piedras porque los tiempos están cambiando.

Obsérvese la imaginería poética que Dylan utiliza de la inundación inminente. Se parece bastante a la utilización de la imaginería del juicio que se hace en los libros proféticos. Los profetas criticaban al rey, a los falsos profetas, y a los sacerdotes corruptos. En la segunda estrofa, Dylan se dirige a los senadores y congresistas. La tercera se dirige a los escritores y la cuarta contiene una fuerte advertencia para los padres. Por favor, recordemos que no pretendemos elevar a Dylan a la categoría de profeta, sin embargo creemos que es útil conectar el género bíblico que estamos estudiando con algo parecido en su forma y que proceda de nuestra cultura e idioma, si es posible.

Otro importante rasgo que hemos de notar acerca de los profetas es que sus libros son principalmente antologías. Con esto queremos decir que los libros proféticos son colecciones de unidades más cortas, normalmente mensajes orales que los profetas han proclamado públicamente al pueblo de Israel o Judá. En estos libros encontramos textos literarios de otro tipo, como por ejemplo narraciones, oráculos, y visiones. En ocasiones el mensaje oral que se pronuncia es la propia visión u oráculo.

Es importante notar la naturaleza de colección que tienen estos libros. Como sucede con nuestras colecciones contemporáneas de poesía, los libros proféticos contienen unidades relativamente independientes unas de otras. Por regla general, estas unidades no están dispuestas cronológicamente, y a menudo no parecen seguir tampoco un orden temático (ver especialmente el libro de Jeremías). Ocasionalmente encontramos un tema amplio y general (juicio, liberación etc.) que agrupa una gran sección de texto, no obstante en su mayor parte, hay una ausencia de estricta unidad temática.

Esta naturaleza antológica de los libros proféticos hace que sea casi imposible hacer un bosquejo satisfactorio de la mayoría de ellos. Es relativamente fácil bosquejar las cartas del Nuevo Testamento, y por regla general nuestra comprensión de un texto mejora con el bosquejo; esto sucede incluso con las narraciones bíblicas. No obstante, cuando se trata de los libros proféticos los esquemas son normalmente inútiles. Por su condición de antologías se centran en algunos temas fundamentales que se repiten una y otra vez, de modo que, hay también mucha repetición.

Pero no desesperemos. El hecho de que sea difícil hacer un bosquejo del mensaje de los profetas no significa que no podamos entender su contenido. Las antologías pueden ser muy claras por lo que se refiere a la comunicación de su mensaje. Por ejemplo, si bien es imposible bosquejar en detalle la profecía de Jeremías, su mensaje, no obstante, nos llega alto y claro. Aunque el género o forma literaria de los profetas no nos sea familiar, esto no significa que no podamos experimentar la emoción del texto y entender lo que Dios está diciéndonos a través de los profetas. Simplemente no podemos acercarnos a la literatura profética del Antiguo Testamento del mismo modo que lo haríamos si se tratara de un ensayo moderno.

El contexto histórico-cultural y teológico

En los capítulos 6 y 7 hemos aprendido lo importantes que son los contextos histórico-cultural y literario para una adecuada interpretación del texto. Puesto que la literatura profética del Antiguo Testamento es única, intentar interpretarla fuera de su contexto es invitar a la confusión y el error. En primer lugar, hemos de identificar el contexto histórico y cultural en el que predicaron los profetas. Recapitulemos, pues, la historia de Israel y situemos a los profetas en su tiempo dentro del relato bíblico.

Desde Génesis 12 a 2 Reyes 25 se desarrolla un relato ininterrumpido. En Génesis Dios llama a Abraham y le promete descendientes, un territorio, y bendiciones. Esta misma promesa se le repite a Isaac, el hijo de Abraham y a Jacob, el hijo de Isaac quien, a su vez, tiene doce hijos. Uno de estos hijos es José, a quien sus hermanos venden como esclavo. Es llevado a Egipto, y más adelante le sigue toda la familia, estableciéndose en Egipto. De este modo Génesis termina con esta familia especial en Egipto.

En algún momento durante los cuatrocientos años siguientes, los egipcios someten a los hebreos a una dura esclavitud. Dios viene a ellos y levanta a Moisés para librarles milagrosamente de Egipto (el libro de Éxodo). Dios establece entonces una relación contractual con ellos diciéndoles, «Yo seré vuestro Dios; vosotros seréis mi pueblo. Yo habitaré entre vosotros». Dios les da las diferentes leyes de Éxodo, Levítico, y Números, que definen los términos por los que han de vivir en la tierra prometida con Dios entre ellos si quieren experimentar su bendición.

No obstante, aquella primera generación se niega a entrar en la tierra prometida, y Dios permite que mueran en el desierto. Él lleva entonces a la siguiente generación a la frontera de la tierra prometida y les compromete de nuevo para que acepten una relación contractual. Como en la ocasión anterior, los términos del pacto definen su conducta en la tierra prometida con Dios entre ellos. Esta relación queda específicamente definida por las leyes de Deuteronomio. En este libro se muestra con toda claridad que si el pueblo obedece a Dios y sigue la ley, experimentará una inmensa bendición. No obstante, se subraya también que si desobedece la ley y se aparta de Dios, será castigado; y si Israel no se arrepiente, acabará finalmente perdiendo la tierra prometida.

El resto de la narración hasta el final de 2 Reyes va desarrollando la cuestión de si los israelitas guardarán o no los términos del Pacto. En Josué, el libro que sigue a Deuteronomio, los israelitas permanecen fieles al Señor. Sin embargo, en Jueces, se apartan de Él y se deslizan hacia la idolatría. Rut introduce a David, que domina el relato de 1 y 2 Samuel. David es fiel a Dios, y conduce de nuevo a la nación a la obediencia al pacto. No obstante, ni siquiera David permanece completamente fiel, como demuestra su pecado con Betsabé. Salomón, el hijo de David, consigue vivir durante cierto tiempo de los réditos de la relación de su padre con Dios, pero pronto se vuelve a los ídolos, y con ello establece el patrón que seguirán por igual los reyes y el pueblo del futuro.

Los libros de 1 y 2 Reyes son un relato del constante alejamiento de Dios por parte de Israel y Judá (las dos naciones de los hebreos), que se vuelven a los ídolos de sus vecinos. Al final el Señor les castiga, y pierden el derecho a vivir en la tierra prometida. El reino del norte, Israel, cae en la idolatría muy temprano y es destruido por los asirios (722 aC). Más tarde, también Judá, el reino del sur, se aleja y es destruido por los babilonios (586 aC). El libro de 2 Reyes termina con la destrucción de Jerusalén y el exilio a Babilonia de los habitantes del reino del sur.

Los profetas predican principalmente dentro del contexto de la última parte de este periodo. A medida que la nación se aleja del Señor, olvidando así el pacto que hicieron con Dios en Éxodo y Deuteronomio, los profetas surgen como portavoces divinos que llaman de nuevo al pueblo a la obediencia. De este modo, por lo que respecta al contexto histórico de su ministerio, la mayor parte de los profetas predican básicamente en dos situaciones: inmediatamente antes de la invasión asiria, que destruyó Israel, el reino del norte; o inmediatamente antes de la invasión babilónica, que destruyó Judá, el reino del sur.

Es muy importante situarnos en estos contextos para entender el mensaje de los profetas. Hemos de tenerlos constantemente en mente a medida que leemos e interpretamos la literatura profética del Antiguo Testamento. Desde un punto de vista teológico, los profetas proclaman su mensaje en el contexto del pacto mosaico, tal como se define en Deuteronomio. Éstos llaman al pueblo al arrepentimiento, a volverse de los ídolos y a regresar al pacto que se comprometieron a guardar en Deuteronomio. Advierten a los israelitas acerca de los terribles castigos que Dios pronosticó en Deuteronomio en caso de desobediencia. El castigo final que anuncian con gran tristeza es la pérdida de la presencia de Dios y su expulsión de la tierra prometida.

El mensaje profético esencial

Hemos visto que los profetas escriben en el contexto teológico de Deuteronomio y en el contexto histórico de una invasión inminente por parte de los asirios (contra Israel) o de los babilonios (contra Judá). ¿Cuál es su mensaje en esta situación?

Los profetas actúan como fiscales del Señor que, en su representación, acusan y advierten al pueblo de las consecuencias de la violación del pacto. Aunque su proclamación presenta un buen número de matices y puntos secundarios, su mensaje general puede reducirse sin embargo a tres cuestiones esenciales, cada uno de los cuales es importante para el mensaje de los profetas:

1. Habéis quebrantado el pacto; ¡más vale que os arrepintáis!
2. ¿No queréis arrepentiros? ¡Entonces solo queda el juicio!
3. No obstante, más allá del juicio está la esperanza de una gloriosa restauración futura.

1. Bajo el punto 1, los profetas subrayan la flagrante y completa violación del pacto por parte de la nación. Los profetas presentan una gran cantidad de pruebas que dan validez a esta acusación. Las pruebas de esta trasgresión caen dentro de tres categorías, todas las cuales se enumeran explícitamente en Deuteronomio. Estas categorías reflejan tres tipos fundamentales de cargos contra Israel, o esferas principales de violación del pacto: idolatría, injusticia social, y ritualismo religioso.

a. La idolatría es quizá la más flagrante violación del pacto, y los profetas predican constantemente contra ella. La atracción y participación de Israel en la idolatría se remonta a sus inicios políticos, con los becerros de oro en Betel y Dan. Pero, incluso Judá cae gravemente en la adoración idolátrica. El sincretismo (la fusión de las religiones) estaba muy en boga entre sus vecinos, y Judá no pone reparos a la creación de un panteón en el que se adora a Baal, Asera y a otros dioses junto con el Señor Dios de Israel. Éstos intentan mantener la adoración del Señor en el templo como un mero ritual al tiempo que también sacrifican a los otros dioses regionales y participan en sus festivales. Esta idolatría sincretista llega a su clímax en Ezequiel 8. El Espíritu lleva a Ezequiel a los recintos del templo de Jerusalén. Allí el profeta ve un ídolo en la entrada de la puerta del norte, pinturas y tallas de ídolos y animales inmundos en los muros, mujeres que ofrecían incienso a Tamuz, el dios babilónico de la vegetación, y a los ancianos del pueblo dando la espalda a la presencia del Señor, mirando hacia el Oriente y postrándose ante el sol. «Las grandes abominaciones que comete aquí la casa de Israel», declara el Señor, hacen que «que me aleje de mi santuario». De hecho, en Ezequiel 10 la gloria de Dios se aleja de Israel. El antiguo pacto mosaico, tal y como se define en Deuteronomio, toca a su fin con el alejamiento de la presencia del Señor en Ezequiel 10.

La idolatría no es una mera violación de la ley. Representa un choque frontal con la relación entre el Señor y su pueblo. En el Antiguo Testamento la fórmula central del pacto es la afirmación por parte del Señor: «Yo seré vuestro Dios; vosotros seréis mi pueblo, y habitaré entre vosotros». La idolatría rechaza esta relación. Varios de los profetas ponen de relieve el tremendo dolor que Dios siente con este rechazo. Para Él no se trata solo de una cuestión legal, sino también emocional.

Para ilustrar apropiadamente esta situación, varios de los profetas utilizan la imagen de la relación entre un marido fiel y una esposa infiel. Esta es quizá la imaginería más importante que presenta la seriedad de la acusación de idolatría. La imagen de una esposa infiel que incluso se prostituye aparece constantemente a lo largo de la profecía de Jeremías como una de las figuras más importantes que utiliza el profeta. Ezequiel también utiliza esta imagen relacional en el capítulo 16. Y al pobre Oseas le toca vivir en sus carnes esta experiencia desgarradora con su esposa Gomer.

Los profetas no se limitan a proclamar que la idolatría viola los aspectos relacional y legal del pacto, sino que pronuncian también mordaces diatribas contra los ídolos, demostrando lo irracional y absurdo que es adorarles. «Traed a vuestros ídolos —se burla Isaías—, que expongan y nos declaren lo que ha de suceder. En cuanto a los hechos anteriores, declarad lo que fueron [...] Declarad lo que ha de venir después, para que sepamos que vosotros sois dioses. Sí, haced algo bueno o malo, para que nos desalentemos y temamos a una» (Is 41:22–24). También Jeremías se mofa de los ídolos y de su impotencia con su imaginería: «Como los espantapájaros de un pepinar, sus ídolos no hablan; tienen que ser transportados, porque no andan. No les tengáis miedo, porque no pueden hacer ningún mal, ni tampoco hacer bien alguno» (Jer 10:5).

b. No obstante, el pacto de Deuteronomio no solo obligaba al pueblo a la adoración del Señor. Una correcta relación con Dios requería una adecuada relación con el prójimo. El Señor estaba, por tanto, interesado en la justicia social para todos, y en especial en el modo en que se trataba a los más débiles de la sociedad. En Deuteronomio se demandaba el trato imparcial de los obreros (24:14 y ss.), la justicia en el sistema judicial (19:15–21), y el cuidado especial de las viudas, los huérfanos y los extranjeros (24:17–22). A medida que Israel y Judá se apartan del Señor, se alejan también de sus demandas de justicia social. Los profetas condenan esto de manera consistente y lo citan como una parte esencial de la violación del pacto. Aluden frecuentemente al trato de los huérfanos y las viudas como ejemplos del fracaso social del pueblo. Declaran también que esta falta de justicia social invalida los sacrificios.

Por ejemplo, en su primera andanada del capítulo 1, Isaías proclama que el Señor apartará su mirada de sus sacrificios y no escuchará sus oraciones por su injusticia social. De igual modo, Jeremías proclama, «no defienden la causa, la causa del huérfano, para que prospere, ni defienden los derechos del pobre. «¿No he de castigar por esto? —declara el Señor» (Jer 5:28–29). De manera similar, Miqueas pone de relieve que la justicia es más importante para Dios que el ritual de los sacrificios. En 6:7–8, Miqueas afirma:

¿Se agrada el Señor de millares de carneros, de miríadas de ríos de aceite? ¿Ofreceré mi primogénito por mi rebeldía, el fruto de mis entrañas por el pecado de mi alma? El te ha declarado, oh hombre, lo que es bueno. ¿Y qué es lo que demanda el Señor de ti, sino sólo practicar la justicia, amar la misericordia, y andar humildemente con tu Dios?

c. La nación se apoya en el ritualismo religioso en lugar de cultivar una relación personal con Dios. El pueblo ha olvidado que los ritos son solo los medios para tal relación, no sus sustitutos. A medida que Israel se enamora más de los ritos formales, va también abandonando el concepto de relación con el Señor, y trivializa el sentido de su presencia entre ellos. Piensan que lo único que se les demanda es la práctica de ritos. Sacan la ilógica conclusión de que la práctica de los rituales servirá para cubrir otras violaciones del pacto como la injusticia social y la idolatría. La nación racionaliza su sincretismo e injusticias con la praxis de los rituales cúlticos. Esto es una actitud hipócrita, declaran los profetas, y ni por asomo complace a Dios. Miqueas afirma claramente esto en 6:7–8 (citado anteriormente). Asimismo, en Isaías 1:11–13a el Señor pregunta, «¿qué es para mí la abundancia de vuestros sacrificios? [...] ¿Quién demanda esto de vosotros, de que pisoteéis mis atrios? No traigáis más vuestras vanas ofrendas».

Los sacrificios no eran los únicos ritos que critican los profetas. En el capítulo 58 de su libro, Isaías censura también el ayuno que practicaba Israel. El profeta cita a Dios diciendo: «no ayunéis como hoy, para que se oiga en lo alto vuestra voz», y sigue diciendo a continuación:

¿No es éste el ayuno que yo escogí: desatar las ligaduras de impiedad, soltar las coyundas del yugo, dejar ir libres a los oprimidos, y romper todo yugo? Isa 58:7 ¿No es para que partas tu pan con el hambriento, y recibas en casa a los pobres sin hogar; para que cuando veas al desnudo lo cubras, y no te escondas de tu semejante? (Is 58:6–7).

La idolatría, la injusticia social, y el ritualismo religioso son las tres acusaciones interrelacionadas que forman el primer aspecto del mensaje profético: Habéis quebrantado el pacto; más vale que os arrepintáis. La llamada al arrepentimiento es el otro aspecto del Punto 1. Los profetas suplican al pueblo que se arrepienta y restablezca su relación con el Señor. Aun después de proclamar que el juicio es inminente, los profetas continúan rogando a la nación que se arrepienta. Jeremías es el ejemplo clásico, por un lado proclama lo inevitable de la victoriosa conquista babilónica, sin embargo al mismo tiempo dice también que puede evitarse si el pueblo se arrepiente.

2. El segundo punto del mensaje profético es, *¿No queréis arrepentiros? ¡Entonces solo queda el juicio!* Los profetas ruegan al pueblo que se arrepienta y vuelva a la obediencia del pacto. No obstante, ni Israel ni Judá responden a este llamamiento, y los profetas ponen de relieve esta obstinación proclamando las severas consecuencias que se derivarán de ella. Una buena parte del material de los libros proféticos traza el inminente y terrible juicio que va a a caer sobre Israel o Judá.

Los principales juicios que predicen los profetas son las horribles invasiones, primero por parte de los asirios y, más adelante, de los babilonios. El aspecto más serio de todo esto es la pérdida de la tierra prometida. El Señor va a expulsarles de la tierra prometida, como les advirtió en Deuteronomio. 3. El último punto del mensaje profético es: *no obstante, más allá del juicio está la esperanza de una gloriosa restauración futura*. Las promesas mesiánicas y las predicciones futuras de los profetas comprenden una gran parte del Punto 3. Los oráculos proféticos no proclaman una restauración después de la destrucción que llevará a la nación a una mera repetición de la misma situación de aquel tiempo. La imagen teológica y relacional del pueblo de Dios en el futuro es muy distinta... y mejor. En el futuro, proclaman los profetas, habrá un nuevo éxodo (Isaías), un nuevo pacto (Jeremías), y una nueva presencia del Espíritu del Señor (Ezequiel y Joel). Este nuevo sistema se caracterizará por el perdón y la paz. La relación personal sustituirá a los ritos.

Todas las maravillosas profecías de Cristo se enmarcan en esta categoría. Los profetas anuncian que el pueblo ha fracasado: no han guardado la ley ni el pacto mosaico. Por está razón el juicio se acerca. No obstante, después de la destrucción habrá una gloriosa restauración que incluirá a los pueblos no judíos (gentiles). El Mesías vendrá para inaugurar un pacto nuevo y mejor. Por otra parte, los profetas ponen de relieve que estos acontecimientos no se producen por azar ni por la determinación de las naciones del mundo. Muy al contrario, proclaman éstos con audacia, todos estos acontecimientos, tanto el juicio como la restauración, forman parte del plan de Dios y la revelación de estos eventos constituye una clara evidencia de que Dios es el Señor de la historia.

La mayor parte del mensaje de los profetas puede resumirse mediante los tres puntos que hemos presentado. Por ejemplo, en Isaías, Jeremías, Ezequiel, Oseas, Miqueas, y Sofonías están presentes estos tres puntos. Amós, no obstante, se centra principalmente en los Puntos 1 y 2 (el quebrantamiento del pacto y el juicio inminente). No se menciona ninguna esperanza y restauración futura hasta bien entrado el capítulo 8. Por el contrario, Joel, se salta prácticamente el Punto 1, dando por sentado al parecer que el pueblo entiende haber quebrantado el pacto. Este profeta va directamente al juicio (Punto 2) y después a la restauración futura (Punto 3). Abdías y Nahúm no siguen en absoluto el patrón típico. La principal razón de su carácter distinto es que éstos dirigen su mensaje a naciones extranjeras (Edom y Nínive, respectivamente) y no a Israel o

Judá. Éstos desempeñan un papel menor dentro del cuadro profético general. Los profetas postexílicos (Zacarías, Hageo, Malaquías) presentan también un mensaje distinto puesto que escriben después del exilio. Jonás, no obstante, es mucho más importante con respeto al mensaje profético esencial, aunque también su mensaje se dirige a una ciudad extranjera (Nínive) y no a Israel o Judá. Nuestra forma de entender Jonás es que aunque el mensaje real e histórico se predicó a los ninivitas, el mensaje literario es una acusación contra Israel y Judá. Jonás, uno de los profetas más antiguos, establece el complemento ideal para todos los que siguen. El arrepentimiento de los ninivitas se sitúa en absoluto contraste con la obstinación de los israelitas. Lo que sucede en Nínive es lo que debería haber sucedido en Jerusalén y Samaria, pero no se ha producido. Por ejemplo, Jeremías predica en Jerusalén durante varias décadas, y la única respuesta que recibe es la hostilidad de esta ciudad. Todos hacen oídos sordos. Por el contrario, Jonás, predica en Nínive un sermón corto y con poco entusiasmo, y toda la ciudad se arrepiente, desde el mayor al menor. El libro de Jonás pone de relieve el carácter inexcusable de la respuesta de Israel y Judá a la advertencia profética.

Interpretación y aplicación

Como antes hemos dicho, es importante tener una buena comprensión del mensaje central de los profetas porque la mayor parte de los textos proféticos que nos encontraremos presentan uno de los tres puntos fundamentales o expone alguna de las tres principales acusaciones. Estar familiarizados con este énfasis general nos ayuda a determinar el Paso 1 del recorrido interpretativo: *Entender el texto en su contexto original. ¿Qué significó el pasaje para los receptores bíblicos?* Acordémonos del contexto histórico y teológico. ¡Leamos atentamente! y observemos, observemos, observemos!

A continuación, hemos de identificar las diferencias entre los receptores bíblicos y nosotros (Paso 2 del recorrido). Nosotros no estamos bajo el antiguo pacto, ni hemos de hacer frente a las maldiciones del pacto de Deuteronomio. Tampoco hemos de hacer frente a las invasiones de los asirios o los babilonios, ni somos una teocracia. España, Bolivia o los Estados Unidos no equivalen al Israel de la antigüedad.

En el Paso 3 cruzaremos el puente de los principios y desarrollaremos al menos uno de los principios teológicos. Supongamos por un momento que estamos estudiando un pasaje en el que uno de los profetas está proclamando el primer punto del mensaje profético: *Habéis quebrantado el pacto; ¡más vale que os arrepintáis!* La verdad teológica obvia y más común que podemos extraer de aquí es que la desobediencia a Dios es pecado, y que el pecado conlleva castigo si no tratamos con él de un modo correcto. No obstante, es imperativo que, a medida que pasamos esta verdad teológica por el filtro de la enseñanza del Nuevo Testamento en el Paso 4, entendamos esta verdad nuevamente en vista de la Cruz.

Al enseñar acerca del pecado y de la violación del pacto hemos de tener cuidado de no olvidar las enseñanzas de Pablo acerca de la gracia y convertirnos así en judaizantes. Recordemos nuestra exposición del capítulo 19 acerca de la ley. Ya no estamos bajo el pacto de la ley, de modo que hemos de tener cuidado cuando trasladamos este principio a los receptores de hoy. Para la aplicación de este principio en nuestros días consideramos dos situaciones distintas, una que tiene que ver con personas creyentes y otra que se aplica a no creyentes. El pecado contra Dios por parte del no creyente provoca un terrible juicio. No obstante, cuando un creyente peca, tal persona sigue estando bajo la protección de la obra expiatoria de Cristo.

Cuando intentamos entender el significado de los textos que tratan de la violación del pacto, creemos que es más útil centrar nuestra atención en los aspectos relacionales que afectan a nuestro pecado, o la violación del pacto. En los libros proféticos, Dios utiliza la analogía del matrimonio y la imagen del cónyuge infiel para transmitir el dolor emocional que sentía cuando Israel y Judá le eran infieles. Sin embargo, la mayor parte de los norteamericanos, incluso muchos cristianos, en su contexto cultural de los Estados Unidos tienden a ver el pecado contra Dios del mismo modo que ven la ruptura de las leyes seculares (los límites de velocidad, por ejemplo). Si se vulnera una ley, se paga un precio, pero nadie sufre emocionalmente. Sin duda, al tío Sam no le importan en absoluto nuestras multas de tráfico.

Esta actitud en particular refleja una teología popular, que surge de nuestra cultura y no de la Biblia. Se trata de una teología que presenta a un Dios distante, emocionalmente neutro e impasible; es una teología que se propaga a través de la cultura tanto dentro como fuera de la iglesia. En contraste con esta perspectiva, una de las verdades teológicas más importantes que aprendemos del mensaje profético, es que cuando somos infieles a Dios, menoscabamos nuestra relación con Él, y le hacemos sufrir emocionalmente. Cuando alguien ama profundamente a otra persona, se abre y se hace vulnerable. Dios se ha hecho vulnerable a nuestra infidelidad, y por ello nos encontramos en la increíble situación de poder herir a Dios cuando somos infieles a nuestra relación con él. Para el creyente del Nuevo Testamento, la consecuencia del pecado no confesado no es una invasión babilónica y el exilio, sino más bien que su relación con Dios sufre y se deteriora, puesto que le hemos herido con nuestra infidelidad.

Para completar el recorrido interpretativo hemos de pasar al nivel de la aplicación (Paso 5). Esta verdad debe traducirse en situaciones específicas de la vida real. Por ejemplo, un cristiano de nuestros días que asiste a la iglesia y profesa a Jesús, pero que a menudo se deja llevar por la promiscuidad sexual no está lejos del hebreo del siglo VIII aC., que ofrecía asiduamente sacrificios al Señor pero participaba también en la adoración de Baal. Ambas acciones hieren a Dios y deterioran nuestra relación con Él. Ambas situaciones requieren un verdadero arrepentimiento y un cambio de corazón.

En nuestra lectura y estudio de los profetas, también encontraremos frecuentemente pasajes con alguna de las tres acusaciones que hemos mencionado (idolatría, injusticia social o ritualismo religioso). Cada una de ellas puede llevarse con relativa facilidad a través del recorrido interpretativo, cruzando el río de las diferencias y aplicarse a un contexto contemporáneo.

La acusación de idolatría, por ejemplo, se traduce para nosotros en cualquier cosa que atraiga nuestra adoración y nos aparte de nuestra relación con Dios. Para muchos occidentales adultos esto es lo que sucede muchas veces con el trabajo, el éxito, o el deseo de ganar más dinero. Para los jóvenes, los ídolos más comunes son la popularidad, la ropa, las películas, la TV, los coches, los deportes, y hasta las notas.

La cuestión de la injusticia social, no obstante, es más difícil de trasladar al contexto de nuestro tiempo. O, puede que la expresión de este concepto sea más difícil de aceptar una vez que ha sido trasladada a nuestra situación. Los profetas predicaron a menudo contra la injusticia social, y consideraron los atropellos contra los más desvalidos al mismo nivel que la idolatría. Denunciaron numerosas injusticias, como los sobornos de los jueces, la falta de honestidad en el comercio, o la negativa a pagar salarios justos por parte de los patrones. No obstante, una de las cuestiones sociales fundamentales que aparecen constantemente a lo largo de los profetas, es el abuso, la opresión, o incluso el descuido de los marginados, que los profetas identifican como las viudas, los huérfanos, y los extranjeros. En Deuteronomio se menciona ocho veces a estos tres grupos, ordenándole al pueblo de Dios que respete sus derechos legales y les provea de alimentos (10:18; 24:17, 19, 20, 21; 26:12, 13; 27:19). Al parecer, estos colectivos no tenían suficiente peso político y económico en la sociedad para valerse por sí mismos, de modo que el Señor ordena a su pueblo que tenga una preocupación especial por ellos. Ni Israel ni Judá se esforzaron en guardar este mandamiento, y los profetas hicieron de ésta una de sus acusaciones esenciales contra ellos.

El principio teológico que subyace tras esta acusación está vinculado al hecho de que Dios se preocupa por aquellos que son débiles, desde el punto de vista físico o socio-económico. Por otra parte, puesto que Dios vive entre su pueblo, espera que éste esté activamente ayudando y defendiendo a tales personas. Ciertamente, hacer pasar esta verdad a través del filtro del Nuevo Testamento no altera mucho la demanda de justicia social. La aplicación que hace Jesús del mandamiento levítico, «ama a tu prójimo como a ti mismo», en el relato del buen samaritano indica que Jesús nos sigue exhortando a cuidar a los necesitados, aun (o quizá deberíamos decir, especialmente) si aquel que está en necesidad es de una raza o cultura distinta de la nuestra.

La aplicación de esta verdad es a menudo difícil en nuestros días puesto que, frecuentemente, para formarse un punto de vista acerca de la justicia social, los cristianos norteamericanos o europeos tienen más en cuenta las afiliaciones políticas y perspectivas regionales y culturales que la teología bíblica. Por ejemplo, cuando se trata de entrevistar a los estadounidenses al azar, descubrir su afiliación política tiende a ser un criterio más exacto para predecir sus puntos de vista en materia social, que saber si son o no creyentes evangélicos. Esto es un tanto perturbador, y está en la raíz del problema que enfrentamos al intentar aplicar la exhortación profética acerca de la justicia social. Cuando la teología bíblica entra en conflicto con perspectivas culturales muy arraigadas, la tendencia general es modificar la teología o adaptarla a la cultura. Esto es, por supuesto, algo regresivo, sin embargo es exactamente lo mismo que la cultura de Jerusalén le hizo a Jeremías, y recordemos que aquella cultura acabó en el exilio.

Es importante observar que los profetas colisionaron a menudo con ciertas actitudes de su cultura comúnmente aceptadas. Una parte importante de su mensaje fue que, el pueblo de Dios ha de extraer de la Palabra de Dios sus ideas acerca de cuestiones de índole social, no de los criterios culturales de su tiempo. Como hemos dicho en el capítulo 5, uno de nuestros desafíos es ser conscientes de que, en estas cuestiones, todos llevamos un gran bagaje cultural y político. Nuestro reto interpretativo consiste en que nuestras ideas sobre estos temas no sean demócratas, republicanas, socialistas o populares, sino genuinamente cristianas: basadas en una teología bíblica, no en los criterios de una cultura secular.

Por tanto, para aplicar estos temas hemos de hacernos varias preguntas. ¿Quiénes son en nuestros días los que no tienen suficiente peso político y económico para conseguir que se respeten sus derechos o que se satisfagan sus necesidades básicas? ¿Las minorías? ¿Los inmigrantes ilegales? ¿Los pobres? ¿Los ancianos? ¿Los niños? ¿Las mujeres en situaciones de abuso? ¿Los no nacidos? El proceso de aplicación no se completará hasta que captemos la seriedad del asunto y nos demos cuenta de que Dios nos hace responsables (a su pueblo) de cuidar de aquellos que no tienen el poder político o económico para conseguir que se respeten sus derechos y se cubran sus necesidades.

Por último, encontraremos también muchos pasajes que tratan del tercer reproche de los profetas, a saber, la acusación de ritualismo religioso. Especialmente en el reino de Judá, el pueblo creía que mantener los ritos de adoración era lo único que Dios demandaba. Creían que con la práctica de ritos como los sacrificios cumplían con su obligación ante Dios y, por tanto, no tenían que hacer nada más para cumplir con su parte del pacto. Los profetas condenan esta actitud inequívocamente. Hemos de recordar que, por supuesto, los rituales no eran malos en sí. Fue Dios mismo quien había ordenado muchas de las ceremonias que los profetas criticaban. El mensaje profético no representa pues un rechazo indiscriminado de los ritos. El problema de Judá era que los habían convertido en un *sustituto de la relación personal* con Dios en lugar de darles su lugar como *medios para mejorarla*.

El principio teológico que surge de esta acusación es que Dios no desea los ritos como un fin en sí mismos; su deseo es una relación personal con su pueblo. Los rituales solo tienen validez en la medida en que ayudan a desarrollar esta relación personal. Cuando cruzamos al Nuevo Testamento, descubrimos que este principio queda reafirmado por sus enseñanzas. A los fariseos del tiempo de Jesús les preocupaba más la observancia del sábado que las necesidades y sufrimientos de las personas. Jesús les reprende con dureza por esto. La mayor parte de los ritos del Antiguo Testamento fueron abandonados en el Nuevo, pero la iglesia comenzó rápidamente a desarrollar sus propios ceremoniales. Sin embargo, tanto entonces como ahora, la meta de la fe es el avance de una relación personal entre Dios y su pueblo. Y tanto entonces como ahora, los ritos pueden ayudar al cumplimiento de este objetivo. No obstante, sin esta relación personal el ritual carece de sentido. Cuando los ritos dejan de ser un medio y se convierten en un fin, pierden todo su significado (o devienen algo peor). Si llegan a ser la tapadera de una vida carente de justicia social y de una verdadera relación con Dios, los rituales se sitúan entonces al mismo nivel que la idolatría. La expresión de este principio en nuestros días es que nuestros ritos cristianos (el modo en que hacemos iglesia) son solo válidos en la medida en que coadyuvan al desarrollo de nuestra relación con Dios. Los rituales son medios para un fin (la relación personal), no el fin en sí. Por otra parte, la observancia de los ritos, sin el apoyo de una relación personal con Dios, será un pobre sustituto de una vida caracterizada por la justicia social y una auténtica adoración.

Evaluemos por un momento los rituales que practicamos: ¿Funcionan como herramientas que nos ayudan al desarrollo de nuestra relación con Dios? ¿Nos han ayudado a heredar la misma fe y relación personal con Dios que tuvo la generación anterior? ¿Serán un buen vehículo para ayudarnos a transmitir estas mismas cosas a los que nos siguen? ¿O acaso los ritos que practicamos han degenerado y se han convertido en sustitutos de una relación personal con Dios? ¿Cuál es nuestra meta los domingos? ¿Relacionarnos con Dios o simplemente asistir a la iglesia?

Consideremos ahora brevemente el segundo aspecto del mensaje profético: *¿No queréis arrepentiros? ¡Entonces solo queda el juicio!* En la exposición anterior hemos dicho que, para los receptores bíblicos, este juicio tomó la forma de una invasión por parte de un ejército extranjero, la destrucción de la nación, la pérdida de la presencia de Dios y del derecho a vivir en la tierra prometida. El principio teológico que subyace bajo este aspecto del mensaje profético es que el pecado representa una ofensa contra la santidad de Dios. Además, el pecado demanda un juicio apropiado. Por otra parte, la santidad de Dios hace que la persistencia en el pecado levante una barrera relacional entre Dios y su pueblo.

Cuando trasladamos este principio al Nuevo Testamento, descubrimos que el pecado no ha cambiado, y tampoco sus consecuencias. Lo que sí ha cambiado es que Dios ha transferido ahora sobre Cristo el juicio de muerte que merece el pecado del cristiano. No obstante, en la vida del creyente del Nuevo Testamento el pecado sigue siendo una afrenta a la santidad de Dios. Dios habita en el creyente, y el pecado le ofende puesto que Él es santo. Si no nos arrepentimos y nos apartamos de nuestros pecados, nuestra relación con Dios sufrirá un deterioro. Perderemos el derecho de tener una comunión íntima con Él, y esto irá acompañado de numerosas consecuencias negativas.

Por último, veamos cómo podemos interpretar y aplicar el Punto 3: *no obstante, más allá del juicio está la esperanza de una gloriosa restauración futura*. Muchos pasajes del Antiguo Testamento proclaman este punto. Es imperativo, por supuesto, que veamos el cumplimiento final de estas promesas en la persona de Cristo; sin embargo, el espectacular mensaje profético de perdón y restauración también puede trasladarse desde el plano nacional del antiguo Israel y convertirlo en un principio teológico que podremos entonces aplicar a la iglesia de nuestros días. Este principio teológico expresa la realidad de que Dios se complace en perdonar y restaurar a las personas. Cuando pasamos al Nuevo Testamento, descubrimos que el perdón y la restauración encuentran su expresión final en Jesucristo. No hay pecado o situación de nuestras vidas que Dios no pueda perdonar y restaurar si, por medio de Cristo, nos volvemos humildemente a Él.

Existen muchas aplicaciones específicas de este principio. Muchos cristianos luchan con la depresión. Muchos proceden de horribles situaciones familiares. Muchos han quedado profundamente marcados por los acontecimientos de su pasado. Estos pasajes se aplican a ellos demostrando que Dios puede restaurar totalmente aquello que se ha estropeado o destruido. Dios puede renovar a cualquier persona y darle esperanza. Dios se complace en perdonar y restaurar a una vida nueva.

Por ejemplo, si queremos aplicar Ezequiel 37, hemos de situarnos junto al profeta y contemplar aquel tétrico valle lleno de huesos descoloridos y diseminados para ver a Dios insuflándoles nueva vida y devolviéndoles el vigor y la plenitud. ¿Cuán desesperada era aquella situación? ¿Hasta qué punto estaban muertas aquellas personas? ¿Cuán desesperada es tu situación? ¿Acaso no puede el Dios de quien habla Ezequiel, insuflar nueva vida también en ti? Si abandonamos el estudio de los profetas con una perspectiva desalentadora y pesimista de la vida, es que no hemos entendido uno de los elementos más importantes del mensaje profético.

Problemas especiales: los pasajes predictivos

Aunque la mayor parte de las palabras de los profetas describen acontecimientos de su tiempo, una pequeña porción de su mensaje se dirige a acontecimientos futuros. Por supuesto, todos estamos muy interesados en aquellas profecías que aguardan su cumplimiento. No obstante, tales pasajes nos plantean una serie de desafíos interpretativos únicos, en especial cuando intentamos interpretar los detalles de estos eventos futuros. De hecho, en nuestros días hay un desacuerdo sustancial respecto a cuál es el acercamiento interpretativo correcto a estos textos.

Uno de los problemas fundamentales que aflora cuando intentamos interpretar las profecías predictivas es el que nos plantean la perspectiva inmediata y la lejana. En sus visiones del futuro, los profetas vieron claramente la destrucción de Israel o de Judá por parte de los asirios o los babilonios. Sin embargo, vieron también ciertas escenas de la destrucción de otras naciones; de hecho, vieron el juicio que ha de venir sobre todo el mundo (el Día del Señor). Para nosotros es relativamente fácil identificar históricamente el juicio inmediato (asirio o babilónico), sin embargo, el lejano es mucho más impreciso.

De igual modo, cuando los profetas presentan las imágenes de los acontecimientos vinculados a la esperanza y restauración futuras, pueden estar haciendo referencia a una de tres cosas: (1) el regreso de los exiliados judíos a Israel bajo Esdras y Nehemías, (2) la primera venida de Cristo, o (3) la segunda venida de Cristo. El problema interpretativo surge porque no siempre es fácil determinar cuándo los profetas hacen referencia a acontecimientos inmediatos, y cuándo tienen en mente eventos situados en el futuro lejano. En sus descripciones proféticas, los autores pasan de relatar sucesos que han de suceder durante el transcurso de su propia generación (la perspectiva inmediata), a hablar de acontecimientos que tendrán lugar durante la primera venida de Cristo (la perspectiva lejana) e incluso de otros que siguen siendo aun futuros para nosotros (la perspectiva aun más lejana). A menudo estos acontecimientos aparecen mezclados y un tanto borrosos en las mismas imágenes.

Esta perspectiva inmediata/lejana se parece a la imagen visual de una cadena montañosa a distancia. Supongamos, por ejemplo, que nos encontramos en una llanura de prados, contemplando a distancia una cadena montañosa. Lo que vemos es un paisaje parecido a este dibujo:

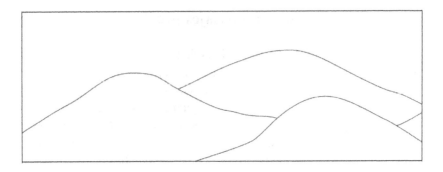

Cuando observamos el paisaje desde la distancia, los montes parecen tener dos dimensiones; es decir, todos ellos parecen estar a la misma distancia de nosotros. Las montañas de enfrente no parecen estar más cerca que las de atrás. Sin embargo, de hecho, los montes están separados entre sí por grandes valles. Los que están en la parte de atrás del paisaje que vemos pueden estar a muchos kilómetros de distancia de los que vemos en primer plano. No obstante, desde nuestra posición, todos ellos parecen estar a la misma distancia.

Los profetas nos presentan sus imágenes de los acontecimientos futuros de un modo parecido. La imagen que nos presentan del regreso de los exiliados bajo Esdras y Nehemías es como la montaña de enfrente; los montes de atrás son acontecimientos vinculados a la primera y segunda venida de Cristo. Para los profetas estos acontecimientos son todos futuros y distantes, y por ello no siempre indican cuál es el suceso que están describiendo. De hecho, muchas veces parecen pasar de un acontecimiento futuro a otro incluso dentro del mismo pasaje, y en ocasiones dentro del mismo versículo.

Este fenómeno nos lleva a ser muy prudentes para no ser excesivamente dogmáticos en la interpretación de los detalles específicos de los acontecimientos futuros. Hemos de ser conscientes de que estos textos presentan esta característica inmediata y lejana en las perspectivas que nos ofrecen. No obstante, esta manera de describir los acontecimientos futuros no ha de impedirnos aplicar el recorrido interpretativo y extraer principios teológicos de un modo normal. Los temas amplios y generales de que hemos hablado antes siguen estando claros. Por otra parte, es posible que los profetas hayan mezclado y difuminado deliberadamente estos acontecimientos para que sus lectores centren más su atención en los principios generales que en los detalles (p. ej., intentando determinar exactamente cuando regresará el Mesías).

Otro problema interpretativo que saldrá esporádicamente a nuestro encuentro es que algunas profecías bíblicas parecen tener aspectos condicionales vinculados a su cumplimiento. Dios mismo afirma esto claramente en Jeremías 18:7-10:

En un momento yo puedo hablar contra una nación o contra un reino, de arrancar, de derribar y de destruir; pero si esa nación contra la que he hablado se vuelve de su maldad, me arrepentiré del mal que pensaba traer sobre ella. Y de pronto puedo hablar acerca de una nación o de un reino, de edificar y de plantar; pero si hace lo malo ante mis ojos, no obedeciendo mi voz, entonces me arrepentiré del bien con que había prometido bendecirlo.

Dios parece estar diciendo que, en muchos casos, el resultado final de una profecía está condicionado por la respuesta de sus receptores a la palabra profética. Esto no indica que haya ningún fallo por parte de la Palabra de Dios; de hecho, lo que muestra es que este carácter condicional es parte de su soberana voluntad y se relaciona con su derecho soberano de decidir estas cosas (Jer 18:6).

En el libro de Jonás encontramos una buena ilustración de una profecía bíblica condicional. En Jonás 3:4 el profeta afirma, «dentro de cuarenta días Nínive será arrasada». No obstante, las personas de Nínive responden a Jonás creyendo en su mensaje, y arrepintiéndose de sus obras, con cilicio y ayuno. Entonces Dios reacciona con compasión, cancelando la inminente destrucción de los habitantes de esta ciudad (Jonás 3:10). Por tanto, como dice en Jeremías 18:7-10, Dios es libre de ejercer su soberana elección y modificar el cumplimiento de una palabra profética como consecuencia de su gran compasión y del arrepentimiento y oración del pueblo bajo juicio.

Una característica literaria de los libros proféticos que nos plantea desafíos interpretativos es la utilización que hacen los profetas de imaginería y figuras literarias para describir los acontecimientos futuros. Recordemos que los profetas se sirven constantemente del lenguaje poético. Trazan cuadros verbales con su imaginería y utilizan maravillosas y coloridas figuras literarias para transmitirnos sus predicciones del futuro. A menudo es difícil determinar si el cuadro que nos presentan es una predicción literal del futuro, o si, por el contrario, es figurativa o simbólica. Sin duda, su imaginería predictiva sirve para expresar firmes realidades futuras, sin embargo puede ser muy difícil determinar con certeza si se trata de imágenes literales o simbólicas.

Consideremos por ejemplo Isaías 11:6:

El lobo morará con el cordero, y el leopardo se echará con el cabrito; el becerro, el leoncillo y el animal doméstico andarán juntos, y un niño los conducirá.

No cabe duda de que este texto habla de paz, pero ¿hasta qué punto es literal? ¿Son acaso el «lobo» y el «cordero» figuras literarias que representan a los enemigos tradicionales? Es decir, ¿habla principalmente este pasaje de un tiempo en el que las naciones ya no lucharán entre sí? ¿O se trata acaso de una descripción totalmente literal? En la próxima edad del reino, ¿vivirán los lobos y los corderos literalmente juntos y en paz? ¿Cuál es el propósito del autor en este texto?

O consideremos Isaías 65:17–20. El Señor afirma en 65:17 que «creará nuevos cielos y una nueva tierra». En 65:20 añade:

«No habrá más allí niño que viva pocos días, ni anciano que no complete sus días; porque el joven morirá a los cien años, y el que no alcance los cien años será considerado maldito».

¿Cómo hemos de entender todo esto? ¿De un modo literal o en sentido figurado? Está enseñando este pasaje que Dios creará una nueva Tierra física y literal? ¿Será acaso una Tierra donde las personas vivirán literalmente muchos años, pero seguirán muriendo? ¿O es todo simbólico?

Los cristianos siguen estando divididos respecto al mejor modo de interpretar este tipo de texto. Incluso entre aquellos creyentes que se acercan a la Biblia coincidiendo en las mismas presuposiciones «evangélicas», hay desacuerdo con respecto a la interpretación de muchos de estos textos predictivos de los profetas. El desacuerdo gira en torno a dos cuestiones centrales. La primera pregunta es la más amplia: ¿Cuán literales son las imágenes que utilizan los profetas para predecir el futuro? Es decir, ¿hemos de interpretar las figuras literarias en un sentido literal o simbólico? La segunda pregunta, que surge de los detalles de la primera, está también relacionada con esta cuestión: ¿Se cumplen en la iglesia del Nuevo Testamento las profecías del Antiguo que se refieren a Israel?

Los asuntos implicados en este debate son amplios y complejos, y trascienden el ámbito de este libro. Nuestra intención es presentar un método interpretativo, no propugnar ninguna posición teológica en particular. No obstante, en esta cuestión, nuestra posición teológica esencial acerca de los acontecimientos futuros y de la relación existente entre la iglesia e Israel determina, por regla general, nuestra respuesta metodológica a las dos preguntas interpretativas anteriores. Esto no es algo necesariamente malo; recordemos que cuando interpretamos un pasaje, hemos de movernos constantemente entre las partes y el todo. Hemos de interpretar los textos concretos dentro del contexto de toda la Biblia.

No obstante, también hemos advertido contra el peligro de permitir que sean nuestras concepciones teológicas previas las que dicten el modo en que interpretamos un determinado pasaje, antes incluso de comenzar la tarea exegética. Para mantener el correcto equilibrio hemos de permitir que las partes y el todo dialoguen constantemente entre sí. Es decir, sin duda hemos de llevar con nosotros a estos textos predictivos nuestros criterios teológicos generales, no obstante, también hemos de intentar actualizar y madurar constantemente tales criterios teológicos (el todo) por medio de nuestro estudio de textos concretos (las partes).

En el recorrido interpretativo, esta cuestión surge tanto en el Paso 3 (el principio teológico) como en el Paso 4 (la expresión del significado para la iglesia del Nuevo Testamento). Recordemos que el principio teológico que desarrollamos en el Paso 3 debe ser fiel al texto, pero también que ha de armonizar con la enseñanza del resto de la Escritura. Recordemos asimismo que, a continuación hemos de tamizar este principio a través del filtro de la enseñanza neotestamentaria. El Nuevo Testamento tiene también mucho que decir acerca de los acontecimientos futuros, y nos ofrece numerosos pasajes que tratan de la naturaleza del reino de Dios, la relación entre Israel y la Iglesia, la segunda venida de Cristo, y los acontecimientos de los días del fin. Nuestra comprensión de estas enseñanzas del Nuevo Testamento influirá, pues, forzosamente en el modo como traducimos el significado que tuvo para los receptores del Antiguo Testamento a una expresión de significado para la iglesia de nuestros días.

Sugerimos algunas directrices que pueden ser útiles. En primer lugar, no pasemos por alto el aspecto poético de la profecía. Es decir, no permitamos que nuestra comprensión teológica previa se lleve por delante nuestro reconocimiento y comprensión de la imaginería y las figuras literarias. Hemos de invertir más tiempo esforzándonos en entender las imágenes que nos presentan los profetas, que procurando situar los acontecimientos que estos nos describen en algún calendario general de acontecimientos futuros. Tengamos, no obstante, en cuenta que el hecho de tratar con imaginería y figuras literarias no indica una negación de la realidad literal que hay tras la imagen. Jesucristo cumplió física y literalmente la imaginería profética del Antiguo Testamento. La forma en que dio cumplimiento a las profecías en su primera venida a la Tierra es quizá indicativa de cómo lo hará en la próxima.

Es mejor que nos centremos en traducir y aplicar los principios teológicos generales que en intentar situar todos los detalles del texto dentro de un sistema cronológico. Los profetas remontan el vuelo como las águilas, pintándonos a grandes rasgos sus imágenes del futuro. No parecen tener gran interés en presentar una descripción organizada, estructurada y detallada de los días del fin.

Por último, no olvidemos el uso que hacen los autores proféticos de la perspectiva inmediata y la perspectiva lejana. A menudo, los acontecimientos futuros se mezclan de tal modo que se confunden entre sí.

Conclusión

Hay un montón de material extraordinario en los profetas. No hay duda de que estos portavoces del Señor nos ofrecen ricas y profundas enseñanzas acerca del carácter de Dios. Nos hablan también poderosamente respecto a nuestro carácter y conducta, utilizando un lenguaje increíblemente colorido, apasionado y poético que nos llega muy dentro y nos eleva. A pesar de toda esta complejidad, el mensaje esencial de los profetas puede resumirse en tres sencillos puntos:

• Habéis quebrantado el pacto; ¡más vale que os arrepintáis!
• ¿No queréis arrepentiros? ¡Entonces solo queda el juicio!
• No obstante, más allá del juicio está la esperanza de una gloriosa restauración futura.

En el centro mismo de su mensaje, entretejido en los distintos aspectos de la palabra profética, encontramos el tema constante de la relación de Dios con su pueblo. El estudio de los profetas puede ayudarnos a entender mejor el carácter de Dios y a captar de un modo personal lo que Dios espera de nosotros en nuestra relación con él y con nuestro prójimo.

Deberes

Aplica el recorrido interpretativo a cada uno de los pasajes que consignamos a continuación. Responde las preguntas específicas que se enumeran en el Paso 1 y escribe después un párrafo contestando cada uno de los pasos siguientes.

Paso 1: Entender el texto en su contexto original. ¿Qué significó el pasaje para los receptores bíblicos?

Estudia el texto y haz el mayor número posible de observaciones. Anótalas en una fotocopia del texto. Asegúrate de que entiendes los significados de todas las palabras. Realiza estudios de trasfondo y de palabras cuando sean necesarios para entender cada término. Pon especial atención en identificar todas las figuras literarias.

Identifica el contexto literario y el contexto histórico y cultural. ¿Cuándo y dónde aparece esta profecía? (Si es necesario utiliza un diccionario o comentario bíblico para responder estas preguntas.) ¿De qué tratan los pasajes que rodean al texto? ¿Podemos situar este pasaje dentro de alguno de los tres puntos principales del mensaje profético, o de alguna de las acusaciones de que hemos hablado antes? En caso afirmativo, ¿cuál de ellos/as? Repasa la exposición anterior respecto al punto del mensaje profético que tenga relación con tu pasaje.

Paso 2: Medir la anchura del río a cruzar. ¿Cuáles son las diferencias entre los receptores bíblicos y nosotros?

Paso 3: Cruzar el puente de los principios. ¿Cuál es el principio teológico que subyace en este texto?

Paso 4: Cruzar al Nuevo Testamento. ¿Modifica o matiza este principio la enseñanza del Nuevo Testamento, y en caso afirmativo, cómo?

Paso 5: Entender el texto en nuestro contexto. ¿Cómo deberían aplicar los cristianos de hoy el principio teológico a sus vidas?

Deber 21-1: Miqueas 6:6-8
¿Con qué me presentaré al Señor y me postraré ante el Dios de lo alto? ¿Me presentaré delante de El con holocaustos, con becerros de un año? ¿Se agrada el Señor de millares de carneros, de miríadas de ríos de aceite? ¿Ofreceré mi primogénito por mi rebeldía, el fruto de mis entrañas por el pecado de mi alma? El te ha declarado, oh hombre, lo que es bueno. ¿Y qué es lo que demanda el Señor de ti, sino sólo practicar la justicia, amar la misericordia, y andar humildemente con tu Dios?

Deber 21-2: Jeremías 7:1-7
Palabra que vino a Jeremías de parte del Señor, diciendo: Párate a la puerta de la casa del Señor y proclama allí esta palabra, y di: «Oíd la palabra del Señor, todos los de Judá, los que entráis por estas puertas para adorar al Señor.» Así dice el Señor de los ejércitos, el Dios de Israel: Enmendad vuestros caminos y vuestras obras, y os haré morar en este lugar. No confiéis en palabras engañosas, diciendo: «Este es el templo del Señor, el templo del Señor, el templo del Señor.» Porque si en verdad enmendáis vuestros caminos y vuestras obras, si en verdad hacéis justicia entre el hombre y su prójimo, y no oprimís al extranjero, al huérfano y a la viuda, ni derramáis sangre inocente en este lugar, ni andáis en pos de otros dioses para vuestra propia ruina, entonces os haré morar en este lugar, en la tierra que di a vuestros padres para siempre.

Deber 21-3: Jeremías 31:10-14
Oíd, naciones, la palabra del Señor, anunciad en las costas lejanas, y decid: El que dispersó a Israel lo reunirá, y lo guardará como un pastor a su rebaño. Porque el Señor ha rescatado a Jacob, y lo ha redimido de manos más fuertes que él. Vendrán y gritarán de júbilo en lo alto de Sion, y radiarán de gozo por la bondad del Señor: por el grano, por el vino y por el aceite, y por las crías de las ovejas y de las vacas. Su alma será como huerto regado, y nunca más languidecerán. Entonces la virgen se alegrará en la danza, y los jóvenes y los ancianos a una; cambiaré su duelo en gozo, los consolaré y los alegraré de su tristeza. Y llenaré con abundancia el alma de los sacerdotes, y mi pueblo se saciará de mi bondad--declara el Señor.

22
Antiguo Testamento: Libros sapienciales

Introducción

Muy bien, ¡veo que has perseverado hasta el fin del libro! Éste es el último capítulo. El autor de Eclesiastés, uno de los libros sapienciales, tiene una palabra que sea quizá aplicable a lectores y autores por igual: «el hacer muchos libros no tiene fin, y demasiada dedicación a ellos es fatiga del cuerpo» (Ecl. 12:12b).

Concluimos nuestro estudio de los distintos géneros bíblicos con una incursión en los libros sapienciales del Antiguo Testamento (Proverbios, Job, Eclesiastés, y Cantar de los Cantares[26]). Sin duda, estos libros contienen una parte del material más interesante de la Biblia. Por un lado, los libros sapienciales contienen pasajes que son muy fáciles de entender e interpretar (versículos en los que el río interpretativo es somero y fácil cruzar). Proverbios como, «el que anda en chismes revela secretos, pero

---

[26] En muchas exposiciones del mundo académico, el Cantar de los Cantares no se considera como parte de la literatura sapiencial. No obstante, estamos de acuerdo con Fee y Stuart, *How to Read the Bible*, 225, 245, que este libro debería formar parte de la Literatura Sapiencial, y que esta desempeña un papel importante cuando se trata de equilibrar el cuadro de la sabiduría que se presenta en los demás libros.

el de espíritu leal oculta las cosas» (Prov 11:13), o «el odio suscita rencillas, pero el amor cubre todas las transgresiones» (10:12), parecen sencillos y fáciles de entender y aplicar a nuestra situación. Por otra parte, hay un buen número de pasajes en la literatura sapiencial que suscitan preguntas. Por ejemplo, Proverbios 22:4 parece prometer riquezas a aquellos que temen a Dios y son humildes: «la recompensa de la humildad y el temor del Señor son la riqueza, el honor y la vida». ¿Pretende este texto enseñar que si un cristiano es pobre, o bien no es humilde o no teme a Dios? ¿O acaso que los cristianos ricos son más humildes y temerosos de Dios que los pobres?

También el libro de Job tiene algunos textos desconcertantes. Observemos Job 3:1, «Después abrió Job su boca y maldijo el día de su nacimiento». ¿Cómo interpretamos y aplicamos este versículo? ¿Lo hemos de considerar un modelo de conducta para utilizar ante la adversidad?

Por su parte, el libro de Eclesiastés presenta toda una serie de versículos insólitos que hacen de él un texto realmente extraño. Consideremos los siguientes ejemplos: «Para el placer se prepara la comida, y el vino alegra la vida, y el dinero es la respuesta para todo» (Ecl 10:19). ¿Está acaso el autor recomendando la juerga, el consumo de alcohol, y el de dinero?

Por otra parte, el Cantar de los Cantares parece un poema de amor que consigna palabras íntimas y románticas entre dos jóvenes amantes: «Cuán hermosa eres, amada mía. Cuán hermosa eres... Tus dientes son como rebaño de ovejas trasquiladas que suben del lavadero, todas tienen mellizas, y ninguna de ellas ha perdido su cría» (Cantar de los Cantares 4:1–2). Parece que la amada de este joven tiene los dientes muy blancos e intactos, pero, ¿qué tiene esto que ver con nosotros? ¿Acaso la Biblia está resaltando la importancia de la higiene dental?

Es evidente que se hace necesario abordar algunos asuntos interpretativos en relación con los libros sapienciales. Seguro que a estas alturas somos bastante conscientes de lo importante que es el contexto para la correcta interpretación de cualquier pasaje. Es probable que en los ridículos ejemplos anteriores estuvieras pensando, «¡Contexto! ¡Contexto!», como solución a la confusión suscitada. Por supuesto que es así: situar la literatura sapiencial en su contexto adecuado será un paso vital en el proceso de entender lo que Dios tiene para nosotros en estos libros.

En este capítulo, por tanto, hablaremos en primer lugar del propósito de los libros sapienciales, puesto que esta cuestión es crucial para comprender este género y su contexto literario. A continuación daremos un vistazo general a estos (las líneas esenciales de cada libro y cómo se relacionan entre sí). Después de esto, trataremos los aspectos poéticos de este tipo de literatura. En cuarto lugar aplicaremos el recorrido interpretativo a cada uno de los libros sapienciales, señalando las distintas anchuras del río y sugiriendo los principios que permiten cruzarlo y hacer que el texto sea aplicable a nosotros. Por último, concluiremos el capítulo con un resumen final y los inevitables deberes.

El propósito de los libros sapienciales

Aunque los libros sapienciales son, sin duda, distintos del resto del Antiguo Testamento, parecen desempeñar un papel especial dentro de la revelación de Dios. Al comparar los libros sapienciales con el resto del Antiguo Testamento, Kidner hace este agudo comentario:

> En otras palabras, en los libros sapienciales el tono de voz y hasta los interlocutores han cambiado. A los rotundos mandamientos y prohibiciones de la ley y los urgentes «así dice el Señor» de los profetas, se unen ahora los comentarios más fríos del maestro y las preguntas del alumno muchas veces angustiosas). Si bien la mayor parte del Antiguo Testamento nos llama simplemente a obedecer y creer, esta sección (principalmente los libros que hemos mencionado, aunque la sabiduría está presente por todo el AT) nos emplaza a reflexionar seria y humildemente; a tener los ojos bien abiertos, a respetar los dictados de la conciencia, a utilizar el sentido común y a no eludir las preguntas más perturbadoras.[27]

Es importante que no malinterpretemos estas palabras que no pretenden negar el componente intelectual del resto del Antiguo Testamento, ni la dimensión espiritual de la literatura sapiencial. Kidner se limita a observar que mientras la ley, los relatos, y los profetas subrayan los imperativos «¡creed!» y «¡obedeced!» los libros sapienciales ordenan «¡pensad!». Sin embargo, igual que creer y obedecer conducen a la acción, también el desafío a pensar se traduce en obras.

Si bien es cierto que la literatura sapiencial no enfatiza los típicos elementos de la historia de la salvación (el pacto, la promesa, la reden-

---

[27] Derek Kidner, *The Wisdom of Proverbs, Job, and Ecclesiastes: An Introduction to Wisdom Literature* (Downers Grove, Ill.: InterVarsity Press, 1985), 11.

ción, el perdón), no obstante, sí da por sentados los pilares teológicos del resto del Antiguo Testamento. Proverbios 1:7 afirma, «el temor del Señor es el principio de la sabiduría». Los libros sapienciales parten de esta base teológica y utilizan a continuación el relato de la salvación como fundamento para construir una teología práctica para vivir una vida piadosa en un mundo complicado.

Los imperativos de la literatura sapiencial —escucha, mira, piensa, reflexiona— se combinan para enfocar el propósito general de estos libros: desarrollar el carácter del lector. Los libros sapienciales no son una colección de promesas universales, sino más bien, un compendio de valiosas reflexiones acerca de la vida piadosa, que, si se toma en serio, ayudará al lector a desarrollar un carácter piadoso. El lector atento y receptivo aprenderá a tomar sabias decisiones en el turbulento mercado de la vida.[28] La literatura sapiencial sugiere que la vida piadosa conlleva la toma de decisiones con sentido común. De este modo, vivir de un modo necio, ingenuo, o cínico es reflejo de una forma de vida impía.

La sabiduría adquiere pues tonalidades intensamente prácticas. Se trata de desarrollar, no un carácter hipotético o ideal, sino una forma de vida verdaderamente práctica llena de sentido común. R. B. Y. Scott lo resume diciendo que la sabiduría «tiene que ver con el modo en que los hombres [y las mujeres] han de conducirse en la vida de cada día, con un carácter y una forma de vida que puede llamarse bueno puesto que tiene coherencia, valor y significado».[29] De modo que, la sabiduría puede definirse como aquella combinación de conocimiento y carácter que nos permite vivir en el mundo real de un modo correcto y piadoso.

La idea general

Cada uno de los cuatro libros sapienciales (Proverbios, Job, Eclesiastés, y el Cantar de los Cantares) aporta algo distinto a nuestra educación en una vida sabia. Es importante que veamos el rol característico que desempeña cada uno de ellos, sin embargo, es igualmente vital que veamos que todos forman el amplio contexto literario de la literatura bíblica sapiencial. Los cuatro libros se equilibran teológicamente el uno al otro, y cualquiera de ellos, leído fuera del contexto de los demás, puede ser fácilmente mal in-

---

[28] William P. Brown, *Character in Crisis: A Fresh Approach to the Wisdom Literature of the Old Testament* (Grand Rapids: Eerdmans, 1996).

[29] R. B. Y. Scott, *The Way of Wisdom in the Old Testament* (New York: Macmillan, 1971), 5.

terpretado. Básicamente, Proverbios presenta las normas de la vida de un modo racional y ordenado, mientras que los otros tres libros tratan de las excepciones y limitaciones de este acercamiento racional y ordenado. A continuación se clarifica un poco este resumen esencial.

El acercamiento esencial a la vida (Proverbios)

El libro de Proverbios nos presenta las normas de la vida de un modo racional y ordenado. Los muchos proverbios que se consignan en el libro no son universales (i.e., leyes inmutables, cosas que son invariablemente de este modo), sino más bien normas de vida (i.e., cosas que son generalmente verdaderas). Dios ha establecido un mundo racional y ordenado en el que las cosas tienen una lógica. Quienes se esfuerzan en su trabajo, prosperarán; quienes no lo hacen se empobrecerán. Cabe esperar que las personas sabias, justas y laboriosas tengan una vida próspera y feliz, mientras que para los necios, perversos y perezosos ésta sea difícil.

Excepción 1: El sufrimiento de los justos (Job)

El libro de Job demuestra que, en la vida, suceden a menudo cosas que los humanos no podemos entender por medio del acercamiento que se perfila en Proverbios. En ocasiones la tragedia golpea a personas sabias, justas, y laboriosas, y Dios no nos revela las razones subyacentes tras la desgracia en cuestión. En Proverbios se nos enseña que la vida es racional y que la persona sabia puede entenderla. Job matiza esto con alguna experiencia de la vida real. Si consideramos ambos libros juntos, concluimos que la mayor parte de la vida es racional y puede entenderse. Sin embargo, en nuestra condición de simples humanos, algunos acontecimientos de la vida nos son inexplicables. En estos casos, el acercamiento de Proverbios no nos sirve, y nos vemos forzados a depender de la fe en el Creador. Esto es lo que aprendemos de Job.

Excepción 2: El fracaso del acercamiento ordenado y racional para dar un sentido último a la vida humana (Eclesiastés)

En el libro de Eclesiastés se consigna una búsqueda intelectual del sentido de la vida. Aunque el autor reconoce que es mejor ser sabio que insensato, concluye que la sabiduría no ofrece, por sí misma, el significado de la vida. Por otra parte, mientras que Job relata una excepción a las normas de Proverbios, el cínico análisis que encontramos en Eclesiastés registra numerosas excepciones a la tesis de un universo ordenado y racional. La conclusión final de Eclesiastés, que no se hace pública hasta los últimos versículos, es que la única forma de encontrar el sentido de la vida es el desarrollo de una relación con Dios. El pensamiento lógico y racional (sabiduría) puede ayudarnos en las cosas del día a día, sin embargo el sentido final de la vida requiere una relación con Dios.

Excepción 3: la irracionalidad del amor romántico entre marido y mujer (Cantar de los Cantares)

En Proverbios encontramos sabios y prácticos consejos acerca del matrimonio. Se propone a los hombres la conveniencia de no casarse con mujeres pendencieras o iracundas (21:9, 19), y para las mujeres hay una descripción del destino de los perezosos, necios y borrachos, con la advertencia implícita de que no se casen con este tipo de hombres. A lo largo de todo el libro de Proverbios se desarrolla el cuadro de un hombre, bueno y sabio, y en la última sección (31:10–31) se describe a una esposa buena, sabia y noble. Todo este consejo es bueno y racional.

No obstante, es difícil construir una gran relación de amor en el matrimonio valiéndonos solo del pensamiento lógico y racional. El Cantar de los Cantares celebra los aspectos irracionales, apasionados, románticos y tiernos del verdadero amor. Este libro nos sugiere que, en la vida pública, marido y mujer han de ser las personas sosegadas, discretas y laboriosas de Proverbios, pero que una vez se apagan las luces, en la privacidad de su hogar, han de ser la pareja apasionada, enamorada y ligeramente irracional que encontramos en el Cantar de los Cantares.

La sabiduría como poesía

La mayor parte de la literatura sapiencial es poesía. En el libro de Job encontramos algunas cortas secuencias narrativas y en Eclesiastés una moderada cantidad de prosa, no obstante, el resto del material se nos presenta en poesía. Es importante, por tanto, recordar los principios para interpretar la poesía que aprendimos en el capítulo 20.

Si hacemos un poco de memoria, recordaremos que los libros sapienciales utilizan el paralelismo como su característica estructural esencial. Esto se hace evidente en Proverbios, donde cada versículo consta de dos líneas que se combinan claramente para formar un solo pensamiento. No obstante, es importante observar que, en este género, el resto del material también sigue este esquema. Así, la queja de Job en 6:2 nos llega en un paralelismo sinónimo:

Oh, si pudiera pesarse mi sufrimiento, y ponerse en la balanza junto con mi calamidad!

Incluso la respuesta de Dios a Job, al final del libro es poética, siguiendo el formato literario normal de los paralelismos (en este ejemplo se trata de un paralelismo sinónimo):

¿Has entrado hasta las fuentes del mar, o andado en las profundidades del abismo? (Job 38:16)

Asimismo, muchos de los versículos de Eclesiastés y la mayor parte del texto del Cantar de los Cantares se expresan mediante paralelismos.

Porque en la mucha sabiduría hay mucha angustia, y quien aumenta el conocimiento, aumenta el dolor (Ecl 1:18, paralelismo sinónimo). Hermosas son tus mejillas entre los adornos, tu cuello entre los collares (Cantar de los Cantares 1:10, paralelismo sinónimo).

Otro rasgo característico de la poesía hebrea es la frecuente utilización de imaginería figurativa. En el capítulo 20 observamos que la imaginería figurativa es especialmente efectiva cuando el autor desea conectar emocionalmente con el lector. No obstante, el acento de la literatura sapiencial, en especial del libro de Proverbios, recae en la razón, no en los sentimientos. Por ello, el uso de poesía y de imaginería figurativa sería un poco extraño. De hecho, en el libro de Proverbios rara vez se utiliza imaginería figurativa. Aunque a lo largo del libro aparecen algunas figuras literarias, no lo hacen con la misma frecuencia que en otros libros poéticos. La forma literaria que encontramos a lo largo del libro y que se define como «proverbio» es un tipo de poesía, pero muy específica que difiere en algunos puntos de la poesía hebrea tradicional, como por ejemplo en su limitada utilización de lenguaje figurativo. Esto va unido al bajo nivel de apelación emocional que encontramos en el libro.

El Cantar de los Cantares, no obstante, es totalmente distinto. Es altamente emocional y se esfuerza por conectar con sus receptores en un plano afectivo. No es de extrañar, por tanto, que este libro esté repleto de imaginería figurativa. Job, que es también un libro con una intensa carga emocional, se caracteriza asimismo por sus figuras literarias, mientras que Eclesiastés (situado en algún lugar del espectro entre Proverbios y Job por lo que a su orientación emocional se refiere), utiliza también más figuras literarias que Proverbios, pero menos que Job. Por tanto, si ordenamos estos libros según un criterio ascendente de orientación emocional (Proverbios, Eclesiastés, Job, y Cantar de los Cantares), veremos que este mismo orden sirve también para reflejar una creciente utilización de la imaginería figurativa.

Comprender los libros sapienciales

En esta sección consideraremos cada uno de los libros sapienciales, observando las características únicas de cada uno de ellos y el impacto que tienen estos rasgos con respecto a la interpretación. Relacionaremos estos rasgos con el recorrido interpretativo, presentando amplios principios para estudiar y aplicar los libros sapienciales. Los libros sapienciales son fascinantes y divertidos. Creemos que disfrutarás de su estudio.

Proverbios

El libro de Proverbios es quizá el más fácil de entender de los libros sapienciales porque trata de los aspectos comunes y corrientes de la vida cotidiana: el trabajo, la amistad, el matrimonio, el modo de hablar, el dinero, y la integridad. Otra razón por la que este libro nos es relativamente comprensible es que estamos familiarizados con su forma literaria. En nuestra cultura tenemos una buena cantidad de proverbios antiguos, y los utilizamos de un modo muy parecido a cómo utilizaban su colección los antiguos hebreos. Seguro que algunos de estos «proverbios» te son familiares:

Caballo grande, ande o no ande.
Va la moza al río, calla lo suyo y cuenta lo de su vecino.
Vale más cabeza de ratón que cola de león.
Vaca de muchos, bien ordeñada y mal alimentada.
Vale más lo malo conocido que lo bueno por conocer.
Vale más pájaro en mano, que ciento volando.
Caballo sin espuela, barco sin remos ni vela.

¿Recuerdas algún otro proverbio o refrán? Hay montones de ellos. Cada cultura tiene los suyos. Por regla general son afirmaciones cortas y sucintas que nos enseñan cuestiones prácticas acerca de la vida. Lo mismo sucede con los Proverbios de la Biblia. Normalmente están formados por dos líneas de paralelismo poético (como antes hemos dicho). Son breves y están fraseados para que sean «pegadizos» y fáciles de memorizar. La naturaleza práctica de estos proverbios los hace aplicables a casi cualquier persona. De hecho, los antiguos hebreos tomaron prestados muchos de sus proverbios de la literatura sapiencial de sus vecinos. Sin embargo, el libro de los Proverbios subordina toda su sabiduría prestada a la fe en Dios. Ross afirma:

> En el último análisis, muchos de los acentos específicos de Proverbios encuentran paralelos en la literatura sapiencial del Antiguo Oriente. Pero aunque las colecciones comparten algunos de los mismos intereses, el prerrequisito de una fe personal en un Dios personal hace que el material bíblico adquiera un carácter único. Para los hebreos, el éxito de la sabiduría requería, no el mero cumplimiento de unas instrucciones sabias, sino una actitud confiada, reverente y sumisa para con el Señor (Prov 1:7; 3:5–6; 9:10), creador y sustentador, tanto del mundo de la naturaleza como de la historia humana (3:19–20; 16:24; 21:1). Cualquier sabiduría antigua susceptible de éxito entre los hebreos tenía que armonizar con esta cosmovisión religiosa y, al ser integrada en esta colección y subordinada a la verdadera fe, adquiría una mayor relevancia.[30]

Quizá lo más importante que hemos de recordar en nuestra interpretación y aplicación del libro de Proverbios es que en éstos se consignan unidades generales de sabiduría pero no verdades universales. Interpretar los proverbios como promesas absolutas de parte de Dios es entender erróneamente la intención del autor. En Proverbios se dan instrucciones para la vida y se tratan situaciones que son *normalmente* verdaderas.

Consideremos por ejemplo Proverbios 10:4:

> Pobre es el que trabaja con mano negligente,
> mas la mano de los diligentes enriquece.

---

[30] Allen P. Ross, «Proverbs» *Expositor's Bible Commentary*, ed. Frank Gaebelein (Grand Rapids: Zondervan, 1991), 5:885.

En general este proverbio es verdadero. Si alguien trabaja con diligencia, lo más probable es que prospere; sin embargo los perezosos, no suelen prosperar. Esta lección era especialmente cierta en el Israel de la antigüedad, donde la mayoría de las personas vivían de la agricultura y la ganadería. Tener éxito en los trabajos agropecuarios exige una enorme cantidad de diligencia y, en este contexto, la pereza era un desastre. Esto es también un buen consejo para cualquier persona de nuestro tiempo: ¡No seas perezoso! ¡Esfuérzate en tu trabajo! No obstante, en nuestra economía no es tan claro que exista una correlación directa entre la dureza del trabajo y la diligencia a él aplicada, y el dinero que se gana. Los ganaderos, operarios de fábricas, obreros de la construcción, y leñadores trabajan mucho más que los abogados, médicos, y agentes de bolsa, no obstante sus ingresos son solo una fracción de los que disfrutan éstos últimos. En nuestro mundo actual de comercio electrónico y de intercambios en los mercados de valores, la gente puede ganar mucho dinero de la noche a la mañana, y aunque el trabajo diligente es muchas veces una de sus razones, no siempre es el componente fundamental. Es peligroso interpretar Proverbios 10:4 como una promesa universal que se aplica en todo momento, a toda situación laboral.

Pensemos asimismo acerca de la sabiduría de que se habla en Proverbios 3:9–10:

Honra al Señor con tus bienes y con las primicias de todos tus frutos; entonces tus graneros se llenarán con abundancia y tus lagares rebosarán de mosto.

Este proverbio asegura (en concreto a los agricultores) que aquellos que honren a Dios y entreguen el diezmo de su producción prosperarán y tendrán siempre una buena cosecha. Sin duda, este proverbio es una expresión de excelente sabiduría práctica. Nos enseña que la práctica del diezmo es parte de un estilo de vida basado en la sabiduría. No obstante, ¿se trata de una promesa en el sentido estricto de la palabra? ¿Es éste acaso un principio universal de causa y efecto que se cumple automáticamente? Daniel estaba trabajando como misionero en Etiopía a mediados de la década de 1980-90, cuando el país fue sacudido por una terrible sequía y hambruna. En la región de Wolayta había más de novecientas iglesias con millares de creyentes fuertes y fieles que habían honrado a Dios con sus cosechas año tras año. No obstante durante un periodo de varios años no llovió lo suficiente, y en lugar de «graneros llenos con abundancia» estos cristianos sufrieron las consecuencias de una tremenda escasez de alimentos. Encontraron que la sabiduría de Job se aplicaba más directamente a su situación que estos versículos de Proverbios.

Paso 1: Entender el texto en su contexto original. ¿Qué significó el pasaje para los receptores bíblicos?

De este modo, cuando iniciamos la aplicación del primer paso del recorrido interpretativo, es importante recordar que estos proverbios no son nunca promesas universales. Eran (y siguen siendo en nuestros días) sabias directrices y buenos consejos para la formación del carácter y la toma de decisiones. En el libro de Proverbios se desarrollan las normas de la vida, no las excepciones.

Como parte del Paso 1 hemos de explorar el contexto literario. En primer lugar, como ya hemos dicho, hemos de observar la conexión general de Proverbios con el resto de la literatura sapiencial y tener en cuenta que muchos de los proverbios específicos tienen sus excepciones. Por otra parte, es también útil observar la estructura del libro. En Proverbios 1–9 se introduce el libro con paternales exhortaciones a los jóvenes. Es importante observar que los receptores principales de esta sección introductoria de Proverbios son precisamente los jóvenes. De hecho, Daniel Estes sugiere que es probable que el principal propósito de todo el libro de Proverbios sea el de educar a la juventud.[31]

Esta orientación afectará nuestra manera de ver también otros proverbios fuera de esta sección. Por ejemplo, en 25:24 el autor afirma:

Mejor es vivir en un rincón del terrado que en una casa con mujer rencillosa.[32]

Lo que pretende este proverbio no es aleccionar a los maridos de mujeres rencillosas para que se construyan una pequeña buhardilla en el tejado donde mantenerse a salvo de sus combativas esposas. Estas palabras se dirigen más bien a jóvenes que todavía no se han casado para asesorarles acerca de la clase de mujer que han de evitar en el matrimonio.[33]

---

[31] Daniel J. Estes, *Hear, My Son: Teaching and Learning in Proverbs 1–9* (New Studies in Biblical Theology; Grand Rapids: Eerdmans, 1997), 18.

[32] En Proverbios 21:19 se afirma lo mismo de un modo más intenso: «Mejor es habitar en tierra desierta que con mujer rencillosa y molesta».

[33] Fee y Stuart, *How to Read the Bible*, 240.

Proverbios 1–9 consta de unidades poéticas más extensas que los paralelismos de dos líneas de los proverbios normales. De modo que, aunque esta sección forma parte del libro de Proverbios, no contiene ninguna de las pequeñas unidades de dos líneas que llamamos proverbios, sino reflexiones acerca de la vida que van seguidas, por regla general, de ejemplos y amonestaciones. Por ejemplo, todo el capítulo cinco de Proverbios constituye una sección completa (en la que se advierte a los lectores de las peligrosas consecuencias de la inmoralidad sexual), y así ha de considerarse. Por ello, cuando leemos algún texto dentro de esta sección, hemos de tener en cuenta la unidad literaria más extensa (normalmente un capítulo más o menos) como parte del contexto.

En Proverbios 10–29 encontramos la forma literaria que tradicionalmente llamamos proverbio (por regla general dos cortas líneas de poesía que expresan una verdad general). Observemos que la mayor parte de estos proverbios están situados según un criterio en cierto modo aleatorio. En la mayor parte de esta sección no hay un orden evidente. Por tanto, la unidad más extensa (capítulo, párrafo, etc.) no desempeña un papel relevante por lo que al contexto literario se refiere. Cada uno de estos proverbios se sitúa por sí mismo dentro del contexto del libro y del resto de los libros sapienciales; no tienen una relación especial con los versículos precedentes o siguientes. Puesto que en estos versículos el contexto literario es tan limitado, el histórico y cultural adquiere un papel extraordinariamente importante.

La siguiente sección, Proverbios 30:1–31:9 (los dichos de Agur y de la madre del rey Lemuel), consta de unidades de texto ligeramente más extensas que se extienden a varios versículos. El texto consigna, por último, la singular conclusión del libro (31:10–31). Esta última sección es un acróstico en el que cada versículo comienza con una de las letras del alfabeto hebreo (recordemos la exposición de los acrósticos en capítulo 20). Estos versículos, que describen el verdadero carácter de la mujer sabia, ha de considerarse también como una unidad.

Paso 2: Medir la anchura del río a cruzar.

Pasamos ahora al Paso 2 del recorrido interpretativo. Como acabamos de decir, normalmente, cada proverbio comienza presentando un principio de carácter general. Trata aspectos prácticos de la vida cotidiana. Por tanto, en Proverbios, el río a cruzar es por regla general bastante estrecho y poco profundo. Hemos de notar el contexto agrario de aquellos proverbios que desarrollan temas laborales y la presencia de referencias circunstanciales al rey, sin embargo la mayoría de los proverbios tratan situaciones que no han sufrido grandes cambios a lo largo de la historia humana.

Paso 3: Cruzar el puente de los principios. ¿Cuál es el principio teológico que subyace en este texto?
Puesto que el río es estrecho, no es difícil avanzar al Paso 3. Normalmente los proverbios están ya redactados como un principio bastante general. Recordemos, sin embargo, el peligro de interpretar erróneamente los proverbios como promesas constantes y universales. Hemos de tener en cuenta las excepciones que nos presentan los otros textos sapienciales, y recordar que los principios que encontramos en Proverbios son directrices para desarrollar el carácter y ayudarnos con las decisiones de la vida. Los principios son normalmente verdaderos, pero no de un modo universal.

Paso 4: Cruzar al Nuevo Testamento. ¿Modifica o matiza este principio la enseñanza del Nuevo Testamento? y en caso afirmativo ¿cómo?
Muchos de los temas que aparecen en Proverbios los encontramos también en el Nuevo Testamento (la humildad, la preocupación por los pobres, advertencias acerca de los chismorreos y palabras necias, la verdad, la laboriosidad, las actitudes desinteresadas y la preocupación por los demás, vivir una vida recta en lugar de perversa, etc.), y los principios que surgen de Proverbios en relación con estos temas generalmente pasan a la enseñanza del Nuevo Testamento sin experimentar prácticamente ningún cambio.

Observemos, no obstante, que el tema de las riquezas como bendición de Dios sí sufre ciertos cambios en el Nuevo Testamento. Proverbios exhorta al rico a ayudar a los pobres, y el Nuevo se hace eco de esta misma actitud. No obstante, el Antiguo Testamento en general, y Proverbios en particular, presenta la riqueza material como bendición de Dios y recompensa de una vida justa. Es una bendición que se produce ahora en este mundo. Sin embargo, en el Nuevo Testamento, la bendición de la riqueza se convierte en algo escatológico que disfrutaremos en el mundo futuro. «Haceos tesoros en el Cielo», exhorta Jesús en Mateo 6:20.

Blomberg observa que «el modelo de pacto [del Antiguo Testamento] que da por sentada una recompensa material de la piedad nunca reaparece en la enseñanza de Jesús, quien más bien contradice esta concepción de manera explícita y constante».[34] De igual modo, si bien en sus cartas, Pablo promete una multitud de bendiciones para aquellos que sirven fielmente al Señor, nunca presenta la riqueza material como una de tales bendiciones. De hecho, el Nuevo Testamento nos advierte en el sentido de que seguir a Jesús puede muy bien provocar una pérdida de riqueza material. Por tanto, es erróneo, a partir del texto de Proverbios, extraer la idea de que el resultado de la fidelidad a Dios será invariablemente la riqueza material, y aplicar directamente este principio a los creyentes del Nuevo Testamento como una especie de teología de la «prosperidad material y la salud».

Paso 5: Entender el texto en nuestro contexto. ¿Cómo deberían aplicar los cristianos de hoy este principio teológico en sus vidas? Recordemos que una de las metas de la sabiduría es la de desarrollar nuestro carácter. De modo que, aunque hemos de esforzarnos en hacer lo que nos aconseja el libro de Proverbios, es importante que captemos también la idea general de ser la clase de persona que nos dice el texto. A medida que nuestro carácter vaya cambiando, lo hará también nuestra conducta.

Por ejemplo, en Proverbios encontramos numerosos versículos que nos instan a expresarnos con amabilidad, utilizando nuestras palabras para reparar las relaciones personales, no para herir a las personas (Prov 12:18, 25; 15:4). Por ejemplo, en Proverbios 15:1 leemos: «La suave respuesta aparta el furor, mas la palabra hiriente hace subir la ira».

En este punto el río es muy estrecho, y el principio para nosotros es el mismo que para los antiguos lectores. Hemos de hablar con amabilidad, y no de un modo desagradable especialmente en situaciones de tensión. El Nuevo Testamento confirma de nuevo la importancia de la amabilidad y de controlar nuestras palabras (Ef. 4:2; Stg 1:19–26). A efectos de aplicación, hemos de examinar nuestros hábitos verbales y nuestra reacción ante situaciones de tensión. ¿Es la amabilidad algo característico de tu vida? ¿Qué dirían tus amigos al respecto? ¿Y tus padres? ¿Y tu marido o esposa o tus hijos? Hacer nuestro el texto significa realizar un esfuerzo consciente para cambiar nuestro carácter en este sentido.

---

[34] Craig L. Blomberg, *Neither Poverty Nor Riches: A Biblical Theology of Material Possessions* (New Studies in Biblical Theology; Grand Rapids: Eerdmans, 1999), 145. [*Ni Pobreza, Ni Riquezas* (Terrassa: Ed. Clie, 2004)].

Es sin duda necesario orar y buscar la fuerza del Espíritu que nos capacita para progresar en las áreas difíciles de nuestras vidas, pero es también crucial que utilicemos los principios de versículos como Proverbios 15:1 para formular en nuestra mente la imagen de aquello que queremos llegar a ser. Para desarrollar una forma de hablar amable hemos de plantearnos esto como una meta, y a continuación movernos hacia ella, entendiendo que no estaremos realmente viviendo de un modo sabio hasta que este versículo defina nuestro carácter.

Job

La narración de Job es una de las mejor conocidas de la Biblia. A lo largo de los siglos muchas personas han podido encontrar consuelo y sabiduría de este libro puesto que trata la realidad del sufrimiento de un modo honesto. Prácticamente todo el mundo (y ello incluye a los hijos de Dios) ha de hacer frente en algún momento de la vida a alguna tragedia inexplicable. De hecho, durante el periodo de redacción de este libro, los estudiantes y miembros de la facultad de la universidad en la que desarrollamos nuestro ministerio han sido sacudidos por dos terribles accidentes de navegación y uno aéreo. Hemos visto morir a varios maravillosos y dinámicos jóvenes cristianos que amaban fervientemente al Señor y le servían de todo corazón. La inquietante pregunta que sigue latente en nuestras mentes tras la dolorosa experiencia de tan severa realidad es, «¿Cómo podemos entender lo que ha sucedido?». Estas son las situaciones que trata el libro de Job.

Como acabamos de mencionar, el libro de Job es un fuerte contrapeso a los Proverbios. En éste último se presenta un mundo racional y ordenado. Si servimos fielmente a Dios, trabajamos con diligencia, y tratamos correctamente a los demás, tendremos una vida feliz y próspera. No obstante, la experiencia de Job, contrasta agudamente con este cuadro de Proverbios. Job practica todas las cosas buenas que ordena Proverbios, sin embargo en lugar de recibir bendición, ve como su mundo se convierte en una increíble pesadilla en la que sus hijos mueren, su riqueza material se convierte en ruina, su salud en incesante sufrimiento físico, y sus amigos íntimos lejos de consolarle le critican duramente. La mayor parte del tiempo lo vivimos en el mundo que describe Proverbios; pero inevitablemente también pasamos una parte de nuestras vidas sufriendo y haciéndonos preguntas en el mundo de Job.

Aunque el relato de Job es, en líneas generales, bien conocido, la verdadera comprensión del libro no es, ni mucho menos, tan fácil. Los principios que subyacen en este libro no saltan a la vista como sucede en Proverbios. Job es mucho más sutil. Tengamos también en cuenta que el libro tiene cuarenta y dos capítulos, de modo que hay mucho material que considerar. Para la interpretación y aplicación de Job es de suma importancia tener en cuenta el contexto literario. El libro de Proverbios esta formado en gran medida por declaraciones cortas e inconexas de carácter proverbial. Por el contrario, el libro de Job es un relato con movimiento, secuencia temporal y argumento. Cuando queremos entender algún pasaje en particular, es crucial que lo situemos dentro del contexto general del relato. Si tomamos versículos de Job fuera de su contexto, e intentamos interpretarlos según las pautas que aplicamos a los textos independientes de Proverbios cometeremos sin duda importantes errores de comprensión. Aunque el libro es bastante extenso, la narración no es excesivamente complicada y puede bosquejarse como sigue:

1:1–2:10: Job es afligido. Los dos primeros capítulos están en prosa (narración). Satanás plantea un reto a Dios (que Job desconoce), y éste permite que el primero despoje a Job de todas sus bendiciones. Éste pierde a sus hijos y toda su riqueza material. Además, Job experimenta dolorosos sufrimientos físicos. Su esposa le critica, sin embargo él mantiene su fe y declara, «¿Aceptaremos el bien de Dios y no aceptaremos el mal».

2:11–37:24: Job y sus amigos buscan sin éxito una respuesta racional. Estos capítulos forman el grueso del libro, sin embargo son los menos conocidos. Obsérvese también que en esta sección el autor pasa a utilizar poesía en lugar de narración. En estos capítulos Job y sus amigos buscan a tientas una explicación de su terrible tragedia. Partiendo de la teología que se refleja en Proverbios, intentan explicar la situación de Job. En 2:11–31:40 Job mantiene una conversación con tres amigos (Elifaz, Bildad, y Zofar), todos los cuales son «sabios» que pretenden aplicar la sabiduría a los sucesos de la vida. Éstos observan que las aflicciones de Job parecen de origen divino. Puesto que Dios es un ser moral y justo, es evidente que Job está siendo castigado por Él por algún gran pecado. Acusan a su amigo de ello, y le dicen que ha de arrepentirse.

Sin embargo, Job sabe que no ha cometido ningún gran pecado. Está desconcertado por el proceder de Dios e irritado por las acusaciones de sus amigos. Se angustia y acusa a Dios de proceder injustamente en su administración del universo. Pide hora para presentarse ante el divino tribunal y defender su inocencia. En 32:1–37:24 otro conocido más joven (Eliú) proclama también su sabiduría, indignado de que Job cuestione la justicia de Dios. Eliú argumenta que Dios «paga al hombre conforme a su trabajo, y retribuye a cada cual conforme a su conducta» (34:11).

38:1–42:6: Dios responde a las acusaciones de Job. En los capítulos anteriores Job había solicitado una audiencia con Dios a fin de interpelarle sobre lo que le había sucedido y cuestionar el modo en que gestiona el universo. En esta sección Dios entra en escena y Job tiene por fin su audiencia, sin embargo pronto descubre que no es él quien hace las preguntas: «¿Qué sabes tú del gobierno del universo, Job?» le interpela Dios con cierto sarcasmo. Dios no responde a las anteriores acusaciones de Job, más bien subraya su ilimitado conocimiento y poder, en contraste con las limitaciones humanas de Job. Este entiende que ha hablado a la ligera y se arrepiente. Esta sección también es poética.

42:7–17: Los amigos de Job son reprendidos y Job restaurado. El texto regresa a la narración, con lo que se crea un cierto efecto de simetría con la primera sección. Dios reprende a los tres amigos de Job de modo que este es vindicado ante ellos. Obsérvese, sin embargo, que Dios pasa completamente por alto al joven Eliú (32:1–37:24), dejando su intervención sin comentarios. Job es entonces restaurado, sin embargo Dios nunca le explica la razón de la prueba.

Ahora que hemos introducido el libro y presentado una perspectiva general del contexto literario, consideremos el texto de Job en vista del recorrido interpretativo.

Paso 1: Entender el texto en su contexto original. ¿qué significó el pasaje para los receptores bíblicos?

Hemos de poner especial atención en situar el pasaje que estamos estudiando en su correcto contexto literario, observando cuál es su papel dentro del relato general. Es muy importante recordar que las lecciones centrales del libro de Job no se hacen claras hasta los dos últimos apartados (38:1–42:17), en los que Dios mismo las expone. Tales lecciones están en total contraste con las divagaciones de Job y sus amigos en la parte central. A partir de la mitad del libro, la mayor parte del texto pone de relieve la descaminada búsqueda de Job y sus amigos. ¡Tengamos cuidado de no interpretar estas desatinadas indagaciones como directrices válidas para nosotros! Tengamos también en cuenta que la teología preponderante en aquel momento era similar a la de Proverbios, así que este libro habría resultado bastante sorprendente para sus receptores iniciales. No obstante, de la narración surgen numerosas lecciones.

En primer lugar, el desacertado proceder de los amigos de Job nos enseña varias cosas. Bildad y sus compañeros intentan explicar la tragedia a través de una aplicación errónea de la sabiduría tradicional. Éstos plantean dos suposiciones esenciales. La primera es que, a través de la sabiduría ellos tienen acceso a toda la información que necesitan para analizar el problema. La segunda, asume que, igualmente por medio de la sabiduría, y basándose en esta información, pueden entender correctamente la situación. ¡Ambas suposiciones son erróneas! Por tanto, se ponen de relieve las limitaciones de la sabiduría. Partiendo de estas suposiciones erróneas, los amigos de Job cometen numerosos errores. Hablando de esto, Kidner afirma que, «sobreestiman su comprensión de la verdad, aplican erróneamente la verdad que conocen, y se cierran en banda a cualquier hecho que contradiga lo que dan por sentado».[35]

Después de una cierta compasión inicial, los amigos de Job se ponen por encima de él y de sus sufrimientos. Su propósito no es consolar; sino más bien explicar. Consolar y explicar son cosas bastante distintas. La teología esencial de los amigos no es mala, pero sí lo es la aplicación que hacen de ella. Como observa Kidner, no es que la reprensión de los amigos por parte de Dios desestime la teología esencial de Proverbios sino que «ataca la arrogancia que supone dogmatizar respecto a la aplicación de estas verdades, tergiversando con ello a Dios y juzgando erróneamente al prójimo».[36] Los amigos son pues personajes negativos y no modelos a seguir. Una buena parte de lo que dicen es cierto, sin embargo lo dicen en el momento erróneo y lo aplican a una situación equivocada.

Hay también lecciones que el Israel de la antigüedad habría aprendido del propio Job, especialmente mediante su última conversación con Dios. No solo las respuestas de Job y sus amigos eran erróneas, sino que lo eran también las preguntas que plantearon. Dios le indica a Job que sus problemas no son el centro del universo. Él es solo parte de una magnificente creación (una creación que, como hombre, Job no puede en modo alguno comprender del mismo modo que lo hace Dios).[37] Por ello, a partir de Job los antiguos receptores aprendieron

---

[35] Kidner, *Wisdom*, 61.
[36] *Ibíd.*
[37] *Ibíd.*, 71

que no podemos usurpar el papel de Dios en el mundo. Varios principios surgen con claridad meridiana: (1) Dios es soberano y nosotros no; (2) Dios lo sabe todo y nosotros sabemos bien poco; (3) Dios es siempre justo, pero no siempre nos revela sus razones; y (4) Dios espera que confiemos en la integridad de su carácter y su soberanía cuando somos golpeados por una tragedia inexplicable.

También es importante observar que, en 38-41, Dios censura cariñosamente a Job. Luego en 42:7, Dios declara acerca de los tres amigos que éstos no han «hablado de mí lo que es recto, como mi siervo Job». Por otra parte, Dios no parece estar excesivamente irritado con las especulaciones, preguntas y desafíos de Job. No obstante, sí parece molesto con los tres amigos por interpretar erróneamente el sufrimiento de Job como un castigo por el pecado, y por sus intentos de encontrar explicaciones en lugar de consolarle.

Paso 2: Medir la anchura del río a cruzar.

En este paso, nos damos cuenta de que las diferencias entre nosotros y los primeros receptores no son significativas. Es cierto que, estamos bajo pactos distintos, pero en Job los pactos desempeñan un papel insignificante. Seguimos teniendo el mismo deseo de encontrar una explicación sencilla y racional a todas las cosas terribles que suceden, y tendemos también a aplicar erróneamente la teología de Proverbios de un modo muy parecido a los amigos de Job. No podemos dar por sentado que toda tragedia se debe a la intervención satánica, y en esto diferimos de Job. No obstante, Job tampoco conocía el origen de sus problemas, y en esta ignorancia compartida de las causas y efectos cósmicos nos parecemos a Job.

Paso 3: Cruzar el puente de los principios. ¿Cuál es el principio teológico que subyace en este texto?

Puesto que el río es estrecho y poco profundo, podemos cruzarlo con facilidad con los mismos principios que antes hemos enumerado en el Paso 1. Estos principios son:

1. Dios es Soberano y nosotros no;
2. Dios lo sabe todo y nosotros sabemos muy poco;
3. Dios es siempre Justo, pero no siempre nos revela sus razones;
4. Dios espera que confiemos en la integridad de su carácter y su soberanía cuando somos golpeados por una tragedia inexplicable.

Paso 4: Cruzar al Nuevo Testamento. ¿Modifica o matiza este principio la enseñanza del Nuevo Testamento? y en caso afirmativo ¿cómo?

Como hemos dicho antes, en la exposición de Proverbios, el Nuevo Testamento no sanciona la idea del Antiguo en el sentido de que la paz y la prosperidad sean siempre la forzosa consecuencia de una vida justa. De hecho, el Nuevo Testamento predice en muchos pasajes que quienes viven en obediencia a Cristo sufrirán persecución. Jesús advierte a sus discípulos, «Y seréis odiados de todos por causa de mi nombre [...] Pero cuando os persigan en esta ciudad [...] Y no temáis a los que matan el cuerpo, pero no pueden matar el alma» (Mt 10:22, 23, 28).

Consideremos asimismo la «recompensa» que recibió Pablo en este mundo por su fiel servicio: «Cinco veces he recibido de los judíos treinta y nueve azotes. Tres veces he sido golpeado con varas, una vez fui apedreado, tres veces naufragué, y he pasado una noche y un día en lo profundo» (2 Cor 11:24–25). Pablo también pasó varios años en la cárcel, y la tradición nos dice que fue finalmente ejecutado por los romanos. Así, a diferencia del Antiguo Testamento, los libros del Nuevo presentan el sufrimiento como una característica normal de la vida piadosa, y no como algo anómalo. Santiago cita a Job (junto con los profetas) como un ejemplo de paciente sufrimiento (Stg 5:11).

Es más, el Nuevo Testamento sugiere que el creyente piadoso glorifica a Dios cuando soporta dificultades injustas. Pablo nos recuerda que conquistamos el sufrimiento y las dificultades por medio de nuestra experiencia del amor de Cristo (Rom 8:35–39). Recordemos también las palabras de Pedro a los esclavos en 1 Pedro 2:19–21:

> Porque esto halla gracia, si por causa de la conciencia ante Dios, alguno sobrelleva penalidades sufriendo injustamente. Pues ¿qué mérito hay, si cuando pecáis y sois tratados con severidad lo soportáis con paciencia? Pero si cuando hacéis lo bueno sufrís por ello y lo soportáis con paciencia, esto halla gracia con Dios. Porque para este propósito habéis sido llamados, pues también Cristo sufrió por vosotros, dejándoos ejemplo para que sigáis sus pisadas.

No obstante, hemos de tener cuidado de no repetir el mismo error que los amigos de Job, haciendo un mal uso de la verdad bíblica y añadiendo más dolor a la persona que sufre en lugar de reconfortarle. Recordemos Romanos 8:28, «Y sabemos que para los que aman a Dios, todas las cosas cooperan para bien, esto es, para los que son llamados conforme a su propósito». Decirle a una pareja que acaba de perder a su hijito de cuatro años bajo las ruedas de un conductor borracho, que todas las cosas ayudan a bien a quienes aman a Dios y citar este versículo sería una terrible muestra de insensibilidad. Es cierto que una buena parte de Romanos 8:28 recuerda a la teología de Job (el universo es más grande que nuestros problemas, y se mueve hacia propósitos inimaginables). Con el tiempo, las personas que sufren tragedias sin sentido pueden llegar a entender este aspecto de la soberanía de Dios. Sin embargo, espetar estas palabras a alguien en medio de su dolor como si esta fuera, de algún modo, la respuesta a sus preguntas y el modo de acallar su dolor refleja el mismo dogmatismo cruel y farisaico de los amigos de Job. Consolar es distinto que explicar. Cuando nuestros amigos han sufrido una tragedia inexplicable, nuestro papel es el de sufrir y llorar con ellos. Nuestra responsabilidad de consolar a quienes sufren se reafirma categóricamente en el Nuevo Testamento, especialmente en versículos como 2 Corintios 1:3–8.

Paso 5: Entender el texto en nuestro contexto. ¿Cómo deberían los cristianos de hoy aplicar este principio teológico en sus vidas?

Cuando nuestras vidas parecen desmoronarse bajo el peso de tragedias desgarradoras y sin sentido, el libro de Job nos ofrece un lugar de refugio y una palabra de consuelo. Nos dice que no es erróneo clamar y suplicar a Dios expresando nuestra irritación y frustración (recordemos que en el libro de los Salmos también aprendimos esta misma lección). De igual forma, nos dice que en la esfera humana probablemente no hay respuesta a nuestros «porqués». Cuando sufrimos, no hemos de centrarnos en el «porqué» sino en Dios y su carácter. Tras el franco reconocimiento de nuestras limitaciones para entender las razones que subyacen tras las tragedias, hemos de esforzarnos en confiar en la capacidad de Dios para administrar el universo, descansando en el hecho de que, en el mundo venidero no existirán tales sufrimientos.

Como ya hemos dicho, otra esfera de aplicación es consolar a quienes sufren por causa de la tragedia. Hemos de llorar y sufrir con ellos, reconociendo con Job que nuestra comprensión del universo es muy limitada. Hemos, pues, de evitar cualquier explicación simplista que pretenda racionalizar o justificar las tragedias. Como amigos de alguien que sufre, nuestro papel no es explicar los acontecimientos o intentar encontrarles lógica, sino participar del dolor que experimentan y recordarles por medio de nuestras acciones que, igual que su Salvador, les amamos profundamente y sentimos su dolor.

Eclesiastés

«De todos los libros de la Biblia —afirma con perspicacia William Brown—, Eclesiastés es quizá el menos fácil de entender (aunque puede que Job ocupe un cercano segundo lugar)».[38] Eclesiastés se parece a Job en la importancia de considerar el contexto literario de todo el libro para analizar cualquier pasaje. Eclesiastés ha de interpretarse como un todo. No es una colección de directrices para la vida, como Proverbios, sino más bien una búsqueda intelectual del sentido de la existencia humana, inútil en su mayor parte; el verdadero significado no se descubre hasta el fin del libro. Por tanto, para interpretar cualquiera de las partes intermedias del libro ha de tenerse en cuenta las conclusiones de toda la búsqueda y la consiguiente respuesta que aparece al final del texto.

Al protagonista de la búsqueda que escribe en tono autobiográfico se le llama «Maestro» (NVI) o «Predicador» (LBLA).[39] Utilizando las herramientas de la sabiduría (una reflexión seria, racional y lógica), el Predicador intenta analizar la vida y entender el significado de su existencia. El libro presenta observaciones respecto a la vida, seguidas de comentarios y conclusiones. Eclesiastés está lleno de sátira y de sarcasmo. Todo el texto tiene este tono un tanto cínico, bordeando en ocasiones lo amargo.

Una de las palabras clave del libro es «vanidad» (LBLA). El término hebreo es *hebel* y aparece treinta y ocho veces en el texto (¡cinco de ellas en 1:2!). Esta palabra se utiliza normalmente para referirse al aliento, la niebla, o el vapor: cosas que parecen tener sustancia pero que, de hecho, no la tienen. Eclesiastés 1:2 establece el tono cínico del libro. El Predicador descubre que si intentamos entender el significado de la vida desde un enfoque estrictamente racional, este se vuelve como niebla, la ilusión de una realidad que no existe.

---

[38] William P. Brown, *Ecclesiastes* (Interpretation; Louisville: Westminster John Knox, 2000), 17.

[39] La palabra hebrea que traduce el término «predicador» o «maestro» es qohelet, y significa literalmente, «aquel que une». Este nombre se refería probablemente al orador de una comunidad. Podría tratarse de un seudónimo del autor. Cuando este libro fue traducido al griego (la Septuaginta), los traductores utilizaron la palabra griega eclesiastés, en referencia a «uno que habla en la asamblea [*ecclesia*]». El título que se le da al libro en nuestra Biblia procede de esta traducción griega.

Tras el breve resumen introductorio acerca de la futilidad de la existencia, el Predicador comienza su búsqueda de significado. Wright resume los primeros seis capítulos con estas palabras:

¿Puede encontrarse el propósito de la vida en la naturaleza, el dinero, la indulgencia, las posesiones, la posición social, la inteligencia, la filosofía o las observancias religiosas? Es evidente que, algunos de estos objetivos son mejores que otros, sin embargo todos ellos comparten las mismas limitaciones que los invalidan por igual como soluciones al problema de la existencia humana. En el mundo no se puede hallar la clave de su propio carácter problemático.[40]

El Predicador explora a continuación la naturaleza y limitaciones de la sabiduría (capítulos 7–11). Para concluir en 8:17, «y vi toda la obra de Dios, decidí que el hombre no puede descubrir la obra que se ha hecho bajo el sol. Aunque el hombre busque con afán, no la descubrirá; y aunque el sabio diga que la conoce, no puede descubrirla». No obstante el Predicador sugiere que la vida ha de disfrutarse, aun si no puede entenderse por completo. A continuación el Predicador lamenta el hecho de que la muerte llegue a justos e impíos por igual. No descarta la sabiduría como algo carente de valor (sigue siendo mejor ser sabio que necio), pero ésta es limitada e inútil como medio de adquirir una comprensión exhaustiva de la vida. Por último, en el capítulo 12, el Predicador expone su conclusión: «teme a Dios y guarda sus mandamientos», y con ello, da a entender que la obediencia a Dios es mejor que vivir en una constante búsqueda de sabiduría y conocimiento.

Paso 1: Entender el texto en su contexto original.
¿Qué significó este libro tan extraño para la audiencia original? Del análisis del Predicador surgen básicamente tres conclusiones:

1. Aparte de Dios, la vida carece de sentido. La sabiduría no es perniciosa, pero no aporta sentido a la vida.
2. La sabiduría no explica las contradicciones de la vida; solo las señala. Por tanto las personas han de descansar confiadamente en Dios (el mismo significado que encontramos en el libro de Job).

---

[40] J. Stafford Wright, «Ecclesiastes», *Expositor's Bible Commentary*, ed. F. Gaebelein (Grand Rapids: Zondervan, 1991), 5:1145.

3. La vida no es, por tanto, un rompecabezas que ha de entenderse totalmente, sino un regalo que ha de disfrutarse (como en el Cantar de los Cantares).

La mayor parte de los proverbios que cita el Predicador, las reflexiones que comparte, las observaciones que hace, o las experiencias de las que habla apuntan a alguna de estas tres conclusiones.

Paso 2: Medir la anchura del río a cruzar. ¿Cuáles son las diferencias entre los receptores bíblicos y nosotros?

La tendencia a buscar el sentido mediante un acercamiento puramente intelectual es también común en nuestros días, de modo que el río no es muy ancho por lo que respecta a esta cuestión. La necesidad humana de encontrar el sentido de la vida y nuestros inútiles intentos de hacerlo por medio de las cosas materiales, los placeres, el trabajo, la filosofía, etcétera, es también bastante universal, así que, también en este punto, el río es poco profundo.

Sin embargo, sí existe una importante diferencia. El Predicador parece tener un limitado entendimiento de la muerte, con un concepto muy difuso de la otra vida. Por el contrario, los cristianos, vivimos con una confiada certeza de la resurrección. Por otra parte, el Predicador se ocupa del significado solamente en relación con esta vida. Como creyentes del Nuevo Testamento sabemos que el significado de nuestras vidas está vinculado al reino de Cristo, y que una importante dimensión de esto es espiritual, no física. Hemos también de tener en cuenta que estamos bajo un pacto distinto. La conclusión del Predicador «teme a Dios y guarda sus mandamientos» tiene matices ligeramente distintos para nosotros que conocemos a Jesucristo y estamos, por tanto, bajo el nuevo pacto.

Paso 3: Cruzar el puente de los principios. ¿Cuál es el principio teológico que subyace en este texto?

Puesto que el río es estrecho, la mayoría de los principios teológicos que podamos extraer de los textos de Eclesiastés serán parecidos a los que se enumeran en el Paso 1.

Paso 4: Cruzar al Nuevo Testamento. ¿Modifica o matiza este principio la enseñanza del Nuevo Testamento? y en caso afirmativo ¿cómo?

El Nuevo Testamento subraya que, bajo el nuevo pacto, la relación con Dios ha de centrarse en la vida, muerte y resurrección de su Hijo Jesucristo. Por tanto, toda vida fuera de Jesucristo es inútil y sin sentido. Así pues, la primera conclusión que consignamos en el Paso 1 debería modificarse de este modo, «Aparte de una relación con Jesucristo, la vida carece de sentido. El pensamiento racional y lógico no es malo, pero no es el camino para encontrar el sentido de la vida».

Asimismo, como hemos expuesto en el Paso 2, a diferencia del neblinoso entendimiento del Predicador que se refleja en su búsqueda, el Nuevo Testamento presenta la clara imagen de una gloriosa y victoriosa vida después de la muerte, en la que todos los errores serán corregidos y todo sufrimiento desaparecerá. Por tanto, es imperativo que veamos el cinicismo y la amargura del Predicador como una consecuencia de lo estéril de algunos aspectos de su búsqueda, y no como una parte de los principios que hemos de aplicar a nuestra situación. ¡En el Evangelio no hay nada de amargo o cínico!

Puede que nos hayamos percatado de que, el libro de Santiago trata muchos de los mismos asuntos que se desarrollan en la literatura sapiencial del Antiguo Testamento. Sin duda, Santiago extrae una buena parte de su pensamiento de los libros sapienciales veterotestamentarios, incluido Eclesiastés. El tono de Santiago se parece mucho al del Predicador de Eclesiastés cuando le oímos arremeter contra los insensatos que acumulan riquezas como una forma de garantizarse el futuro (Stg 5:1–6). Brown afirma que, «tanto el autor sapiencial como el de la epístola relacionan la búsqueda de las riquezas con el intento deplorable e insensato de extraer certeza de la incertidumbre, beber agua de un espejismo o de crear algo de la nada».[41] Sin duda Santiago tiene en mente el concepto de *hebel* («niebla, aliento, vapor») cuando escribe, «Sólo sois un vapor que aparece por un poco de tiempo y luego se desvanece» (Stg 4:14).

Paso 5: Entender el texto en nuestro contexto. ¿Cómo deberían aplicar los cristianos de hoy este principio teológico modificado a sus vidas?

Como hemos repetido frecuentemente, la aplicación variará un poco dependiendo de la situación de cada creyente que desea aplicar el pasaje a su vida. No obstante, la mayoría de nosotros necesitamos que se nos recuerde constantemente que «aparte de una relación con Jesucris-

---

[41] Brown, *Ecclesiastes*, 123.

to, la vida carece de sentido». El mundo que nos rodea (las películas, la televisión, la literatura, etc.) nos ofrece la ilusión (*hebel*) de que el significado puede encontrarse en la educación, el trabajo, la riqueza o el placer. El Predicador señala, no obstante, que un examen racional de la situación pone de relieve que tal búsqueda carece de sentido, es como querer dar caza al viento. Solo una relación con nuestro Creador puede dar significado a nuestra existencia. En nuestra búsqueda de sentido, como creyentes, haríamos bien en orientar nuestras vidas hacia este aspecto de la vida.

El Cantar de los Cantares

El Cantar de los Cantares[42] es quizá uno de los libros más sorprendentes de la Biblia puesto que habla abierta y gozosamente de la sexualidad humana. Podría calificarse como un libro para «mayores» por sus pasajes explícitamente sexuales. Es, en esencia, una colección de poemas de amor entre dos jóvenes (a ella se le llama la Sulamita).

A diferencia de Proverbios, el Cantar de los Cantares se organiza en tres unidades secuenciales y lógicas: el noviazgo (1:2–3:5), la boda (3:6–5:1), y la vida de amor que sigue (5:2–8:14).[43] En algunas secciones el hombre y la mujer describen el amor que sienten el uno hacia el otro; en otros pasajes describen la belleza y el encanto de su compañera/o. La mujer, que es quien más habla, describe también los sueños que tiene de su marido mientras él se ausenta, y expresa lo mucho que le echa de menos. Es un libro muy emotivo, y el texto está lleno de imaginería figurativa puesto que los amantes utilizan una amplia gama de analogías para referirse a sus maravillosos compañeros y al apasionado y romántico amor que sienten el uno por el otro.

A lo largo de los años la iglesia se ha esforzado en encontrar las claves para interpretar y aplicar este libro tan insólito. Desde el siglo tercero dC. y durante la mayor parte de la historia de la iglesia, el enfoque preponderante para entender el Cantar de los Cantares ha sido el de explicarlo como una alegoría (hemos hablado de la alegoría en el Capítulo 11, «Niveles de Significado»). Hay que tener en cuenta que después del periodo apostólico y antes de la Reforma (siglo dieciséis), la inter-

---

[42] A este libro se le llama también *Cantar de Salomón* (KJV) o *Cánticos* (Vulgata latina).

[43] Los rasgos esenciales de este bosquejo proceden de la obra de Dennis F. Kinlaw, «Song of Songs», *Expositor's Bible Commentary*, ed. F. Gaebelein (Grand Rapids: Zondervan, 1991), 5:1214.

pretación bíblica estaba casi exclusivamente en manos de sacerdotes y monjes célibes. Sospechamos que tuvieron dificultades para digerir los aspectos literales de este libro. Por otra parte, la iglesia primitiva utilizó con frecuencia el método alegórico para interpretar otros textos del Antiguo Testamento. Puesto que los intérpretes de este periodo tenían el deseo de encontrar a Cristo en cada texto, abandonaron los significados literales y el contexto literario, y espiritualizaron prácticamente todos los pasajes del Antiguo Testamento.

Por ello, el hombre y la mujer del Cantar de los Cantares se convirtieron en símbolos de Cristo y la iglesia (cf. Ef 5:23–33), y el libro dejó de ser un libro sapiencial acerca del amor y el matrimonio, para convertirse en un tratado teológico acerca del amor de Cristo por su desposada, la iglesia. Esto hizo, sin duda, que fuera más fácil predicar sobre el Cantar de los Cantares el domingo por la mañana. Los ecos de esta interpretación alegórica siguen oyéndose,[44] especialmente en nuestras canciones e himnos. Muchos cristianos de nuestros días cantan las conocidas palabras, «El me ha traído a la sala del banquete, y su estandarte sobre mí es el amor» (Cantares 2:4), e interpretan alegóricamente los términos «él» y «su» como aludiendo a Cristo. No obstante, este sentido difiere sustancialmente del contexto de Cantares 2.

Sin embargo, la interpretación alegórica del Cantar de los Cantares se viene abajo cuando leemos el texto con detenimiento y prestamos atención al contexto. Los eruditos de nuestros días son prácticamente unánimes en su rechazo de la interpretación alegórica de este libro. Por otra parte, los cristianos de hoy reconocen también que la sexualidad dentro del matrimonio es una parte importante de la vida, y si la literatura sapiencial ha de tratar los asuntos fundamentales de la vida, no deberíamos sorprendernos (u horrorizarnos) de encontrar entre sus textos una franca exposición de los goces relativos a la intimidad matrimonial. Indudablemente la sexualidad dentro del matrimonio era también una cuestión importante cuando se redactó este libro.

Paso 1: ¿Qué significó el pasaje para los receptores bíblicos?

Por ello, al acercarnos al Paso 1, recordamos la conclusión de Roland Murphy en el sentido que «el Israel de la antigüedad entendía que la maravilla de la sexualidad humana, dentro del amor matrimo-

---

[44] Antes de 1950 muchos comentarios y Biblias de estudio seguían un método alegórico para interpretar el Cantar de los Cantares.

nial, era una bendición de Dios».[45] Kinlaw coincide con este punto de vista:

La Biblia no concibe el matrimonio como un estado inferior, una concesión a la debilidad humana. Ni tampoco ve el amor físico, normal dentro de esta relación, como necesariamente impuro. Fue Dios quien instituyó el matrimonio antes de la caída con el mandamiento de que el primer hombre y la primera mujer se hicieran una sola carne. Por tanto el amor físico dentro de esa unión conyugal es bueno, es la voluntad de Dios, y debería ser una delicia para ambos cónyuges.

La perspectiva de los hijos no es necesaria para justificar el amor sexual en el matrimonio. Es significativo que en el Cantar de los Cantares no se haga referencia a la procreación. Hemos de recordar que este libro se escribió en un mundo que concedía un enorme valor a la descendencia, y donde el valor de las mujeres se medía con frecuencia en términos de la cantidad de hijos que engendraba. El sexo se veía a menudo en relación con la procreación; sin embargo, aquí no encontramos ningún rastro de esta concepción. El Cantar de los Cantares es un canto de alabanza al amor, por el amor, y solo por el amor. Las relaciones sexuales dentro del matrimonio no requieren ninguna otra justificación.[46]

No conocemos con seguridad el marco en que se utilizaba el libro en el antiguo Israel, pero sospechamos que se leía (o cantaba) en las bodas. De igual modo que el salmista alababa a Dios por los prodigios de la naturaleza, así también, en el Cantar de los Cantares se alaba a Dios por lo maravilloso de la intimidad matrimonial.

Por supuesto, es también importante observar que la letra del Cantar de los Cantares se dirige al hombre o a la mujer del relato y no a Dios. Si asumimos que este libro es parte de la sabiduría y parte de las enseñanzas acerca del carácter piadoso y de una vida justa, concluimos que ofrece también un modelo de cómo el marido y la mujer tenían que sentirse el uno hacia el otro, y cómo tenían que expresarse estos sentimientos. Como ya hemos dicho, la sabiduría de Proverbios presenta un modelo para el antiguo Israel de una persona sabia, sosegada, juiciosa y en cierto modo reservada, que se movía con gran dignidad en la escena pública. Esta imagen cambia en el Cantar de los Cantares. Ahora, a la persona sabia y justa se la ve perdidamente enamorada de su cónyuge, desgranando línea tras línea de románticos cumplidos y alabanzas respecto a la hermosura de sus relaciones sexuales con su compañero/a.

---

[45] Roland E. Murphy, *A Commentary on the Book of Canticles or Song of Songs* (Hermeneia; Minneapolis: Fortress, 1990), 99.

[46] Kinlaw, «Song of Songs», 5:1207.

Paso 2: Medir la anchura del río a cruzar. ¿Cuáles son las diferencias entre los receptores bíblicos y nosotros?

Aunque la paternidad literaria del libro se atribuye a Salomón, el texto en sí no parece referirse a ninguna relación específica conocida. Sospechamos que fue concebida como una relación idealizada con la que cualquier joven pareja de Israel podría identificarse. Con la excepción de la mención de la carroza nupcial de Salomón en 3:7-10, hay muy poco en el libro que refleje la posición única de Salomón, que de lo contrario crearía un caudaloso río interpretativo que cruzar. Realmente, el gozo y la irracionalidad que caracteriza la relación de una pareja locamente enamorada no ha cambiado mucho.

Sí encontramos, sin embargo, algunos problemas para entender la imaginería que se utiliza. ¡Tenemos la ligera sospecha de que nuestras esposas no se sentirían demasiado halagadas si les dijéramos que su cabello era como un rebaño de cabras descendiendo del Monte Gilead (4:1), o que su nariz se parecía a la torre del Líbano que mira hacia Damasco (7:4)! Los cumplidos románticos son extraordinariamente específicos en cada cultura. Podemos sonreír ante las expresiones y figuras literarias que se utilizan en el Cantar de los Cantares, sin embargo, hemos de tener en cuenta que los lectores de la antigüedad también se reirían bastante con las traducciones de nuestros cumplidos. De modo que, el lenguaje figurativo sí crea una zona amplia en el río de las diferencias que hemos de cruzar. No te recomendaríamos que traslades literalmente los cumplidos del Cantar de los Cantares a los momentos íntimos de tu matrimonio. ¡Sin duda, es necesario actualizar un poco el lenguaje!

Por otra parte, la mayoría de los lectores se sorprenderán de lo cursi o romántico que puede llegar a ser el lenguaje de este libro. Sin embargo, no creemos que esta sea una gran diferencia si los pasajes se sitúan en el contexto adecuado. Una pareja cristiana de nuestros días, si está tan loca y románticamente enamorada como la del Cantar de los Cantares, se dirán también cosas un tanto sensibleras y románticas el uno al otro cuando estén a solas. La mayoría de parejas enamoradas que conocemos se fundirían de vergüenza si las palabras que se dicen el uno al otro en privado se publicaran para que las leyera toda la iglesia. Las expresiones románticas y apasionadas que susurramos en privado y a oscuras a nuestro cónyuge son inherentemente cursis para cualquier otra persona y, sin embargo, para nuestro cónyuge resultan deliciosas y maravillosas. La persona sabia y decorosa que se describe en Proverbios no dice cosas íntimas y románticas acerca de su cónyuge en público.

No obstante, el Cantar de los Cantares nos dice que la persona sabia haría bien en cambiar su registro cuando llega a casa, poner a un lado la mojigata sabiduría de Proverbios[47], y convertirse en un incorregible romántico.

Paso 3: Cruzar el puente de los principios. ¿Cuál es el principio teológico que subyace en este texto?

Como ya hemos dicho, cualquier principio teológico debe construirse sobre las similitudes existentes entre su situación y la nuestra. Uno de los principales principios teológicos que emerge de muchos pasajes del Cantar de los Cantares es que la persona que desea vivir una vida sabia y piadosa debería estar locamente enamorada de su marido o esposa y debería expresar ese amor en términos intensos y emocionales (¿sentimentales y románticos?).

Paso 4: Cruzar al Nuevo Testamento. ¿Modifica o matiza este principio la enseñanza del Nuevo Testamento? y en caso afirmativo ¿cómo?

El Nuevo Testamento no modifica el principio del Paso 3. En Efesios 5:21–33 el consejo de Pablo para maridos y mujeres (sumisión y amor) concuerda bien con el principal principio del Paso 3.

Paso 5: Entender el texto en nuestro contexto. ¿Cómo deberían aplicar los cristianos de hoy este principio teológico en sus vidas?

Como se ha mencionado antes en el libro, las aplicaciones variarán con la situación de cada creyente. No obstante, hemos de tomar nota de que, la celebración de la sexualidad que encontramos en el Cantar de los Cantares se dirige a las parejas casadas o a aquellos que se están orientando hacia el matrimonio. Es especialmente apropiada para los recién casados. Proponemos que durante el viaje de novios, las parejas se lean el Cantar de los Cantares el uno al otro. Sí, es cursi, pero también divertido y apropiado.

No creemos que este libro tenga mucha aplicación para quienes no están casados. Sin embargo, las parejas casadas pueden aplicar la enseñanza de este libro expresando verbalmente su amor a su cónyuge con cumplidos románticos y sentimentales, aunque en otro contexto puedan sonar ridículos. Hacemos nuestro el texto en la medida en que este

---

[47] El libro de Proverbios insinúa las alegrías del Cantar de los Cantares en 5:15–19, pero solo en el contexto de la advertencia contra el adulterio.

libro conforma nuestro carácter, es decir, cuando en nuestra relación con nuestro cónyuge nos volvemos un poco apasionados y locos. Tanto la enseñanza de Proverbios como la del Cantar de los Cantares son necesarias para que nuestra forma de vida sea equilibrada. En público seguimos el patrón de la persona sabia, sosegada, juiciosa, frugal y laboriosa. Sin embargo, cuando estamos solos con nuestras esposas o maridos, seguimos la pauta apasionada y romántica de los amantes del Cantar de los Cantares. También esto es sabiduría.

Conclusión

Una cosa que esperamos haya quedado muy clara es que los libros sapienciales son extraordinariamente aplicables para los cristianos de hoy. Muchos de los principios que fluyen de estos libros tienen que ver con las cuestiones de cada día con las que luchan los creyentes de nuestro tiempo. ¡No ignoremos estos libros! Los sapienciales son libros ricos y profundos con ayudas prácticas para la vida cotidiana. Nos ayudarán a ser sabios y a desarrollar un carácter piadoso y capaz de tomar decisiones adecuadas.

Deberes

Deber 22-1

Aplica el recorrido interpretativo a cada uno de los proverbios que se enumeran a continuación. Es decir, escribe un párrafo por cada uno de los proverbios siguientes, y cada paso del recorrido interpretativo. Esfuérzate especialmente en hacer que la aplicación del Paso 5 sea realista.

El odio suscita rencillas, pero el amor cubre todas las transgresiones (Prov 10:12).

La balanza falsa es abominación al Señor, pero el peso cabal es su deleite (Prov 11:1).

El hombre de muchos amigos se arruina, pero hay amigo más unido que un hermano (Prov 18:24).

Deber 22-2

Aplica el recorrido interpretativo al siguiente pasaje del libro de Job (38:18–21). Es decir, escribe un párrafo corto respondiendo a cada uno de los cinco pasos del recorrido interpretativo. Acuérdate de incluir una exposición del contexto literario como parte de Paso 1, es decir, identifica el momento dentro del relato general de Job en que aparece este pasaje. Identifica quién habla a quién en este texto, y lo que ocurre en los capítulos que lo rodean. A continuación completa el resto del recorrido.

¿Has comprendido la extensión de la tierra? Dímelo, si tú sabes todo esto. ¿Dónde está el camino a la morada de la luz? Y la oscuridad, ¿dónde está su lugar, para que la lleves a su territorio, y para que disciernas los senderos de su casa? ¡Tú lo sabes, porque entonces ya habías nacido, y grande es el número de tus días! (Job 38:18–21).

Apéndice 1
Inspiración y Canon

Introducción

A lo largo de *Entendiendo la Palabra de Dios* hemos trabajado con la presuposición de que la Biblia es la inspirada Palabra de Dios. Por otra parte, con el término «Biblia» nos referimos a los sesenta y seis libros del canon protestante. En este apéndice queremos exponer la base de tal presuposición. Normalmente, éste no es un tema que se incluya en los libros de texto de hermenéutica bíblica (el arte de estudiar e interpretar la Biblia). No obstante, en los últimos años ha habido tal proliferación de literatura popular que cuestiona la idea tradicional de la naturaleza de la Biblia que hemos creído importante tratar esta cuestión, aunque sea brevemente, en este libro.

Inspiración

La principal razón por la que estudiamos la Biblia es el deseo de escuchar la Palabra de Dios para nosotros. La Biblia fue escrita por numerosos autores humanos, sin embargo su aspecto divino está inseparable y misteriosamente entretejido en cada versículo. El término que utilizamos para describir esta relación entre el papel divino y el humano es «inspiración». La inspiración puede definirse como el proceso por el que Dios dirigió a ciertas personas, incorporando sus capacidades y estilos, a fin de revelar su mensaje a la Humanidad.

Pablo explica el concepto de inspiración en 2 Timoteo 3:16–17:

> Toda Escritura es inspirada por Dios y útil para enseñar, para reprender, para corregir, para instruir en justicia, a fin de que el

hombre de Dios sea perfecto, equipado para toda buena obra (LBLA).

Toda la Escritura es inspirada por Dios y útil para enseñar, para reprender, para corregir y para instruir en la justicia, a fin de que el siervo de Dios esté enteramente capacitado para toda buena obra (NVI).

La palabra griega clave que Pablo utiliza en el versículo 16 es *theopneustos*. Como vemos, los traductores de las principales versiones en español han traducido esta palabra como «inspirada», (LBLA, NVI). El término *theopneustos* significa literalmente «exhalada por Dios», que es la traducción que ha escogido la NIV (New International Version). Este versículo nos dice mucho acerca del modo en que se elaboraron las Escrituras. El origen de la acción es Dios, y el método se describe con la expresión, «exhalada por Dios». El ámbito de la inspiración se extiende a *toda la Escritura*. Cuando Pablo habla de «toda la Escritura» tiene sin duda en mente todos los libros canónicos del Antiguo Testamento, y su concepto se extiende también a todos los versículos de esos libros. Además, en el tiempo en que Pablo escribió 2 Timoteo, probablemente la Iglesia había ya comenzado a aplicar la palabra «Escritura» también a aquellos escritos del Nuevo Testamento que se habían terminado y circulaban por las iglesias.

Obsérvese también que son las Escrituras las que se califican de inspiradas, no los autores. Esta es una distinción importante. En ocasiones, el término inspiración se utiliza para referirse a algo que le sucedió al autor de un texto. En este versículo Pablo declara que, lo que ha sido inspirado por Dios y tiene, por tanto, un valor infinito para quienes deseamos seguir a Cristo, es el producto escrito final.

Otro versículo fundamental es 2 Pedro 1:20–21:

Ante todo, tened muy presente que ninguna profecía de la Escritura surge de la interpretación particular de nadie. Porque la profecía no ha tenido su origen en la voluntad humana, sino que los profetas hablaron de parte de Dios, impulsados por el Espíritu Santo.

Este versículo subraya también el origen divino de las Escrituras. ¿De qué manera participaron en el proceso los autores humanos? Fueron «impulsados» por el Espíritu Santo. La palabra griega que se utiliza aquí denota a menudo el impulso que un velero recibe por parte del viento.

Por tanto, en el texto bíblico se describe la inspiración como un proceso en el que los autores humanos son «impulsados» por el Espíritu Santo para producir un documento «exhalado por Dios». De modo que, en dicho proceso participan unos autores humanos, el Espíritu Santo, y el producto final (la Biblia) es inspirado por Dios. Las implicaciones de una Biblia inspirada son inmensas. Probablemente, tú mismo no estarías leyendo este libro si no creyeras en la inspiración de la Biblia y, ciertamente, nosotros no nos habríamos tomado la molestia de escribirlo. Lo que hace de la inspiración algo tan especial es que le da al texto bíblico la misma autoridad sobre nuestra vida que tendrían las palabras habladas directamente por Dios. Nuestra meta en la vida debería ser entenderle correctamente, buscando en el texto bíblico el significado que Él ha dado a sus palabras (no el que nosotros nos imaginamos o el que nos gustaría que tuviesen).

¿El huevo o la gallina?

Algunos han planteado la pregunta, ¿qué viene primero, la fe en Cristo o la creencia en la inspiración de la Biblia? ¿Creen los cristianos en Jesús por su convicción de que la Biblia es inspirada, o acaso confían que la Biblia es inspirada porque creen en Jesús? En nuestro caso, tanto Scott como yo, creímos en Jesucristo cuando éramos todavía muy jóvenes, mucho antes de considerar en serio la cuestión de si la Biblia era o no la revelación de Dios. Más adelante, a medida que fuimos creciendo y comenzamos a leer la Biblia de un modo más serio, experimentamos que ésta incidía en nuestra fe, reafirmándola y fortaleciéndola. Desde nuestra perspectiva existencial, la Biblia nos parecía una obra evidentemente digna de confianza y verdadera, y todavía nos lo sigue pareciendo después de nuestros años de formación académica. De modo que, ¿se inició este proceso con nuestra fe en Cristo? Por otra parte, cuando éramos niños, todo lo que aceptábamos por la fe acerca de Jesús procedía de la Biblia; creyendo pues en Él, estábamos de hecho creyendo en el relato bíblico. Así que, ¿se inició este proceso con nuestra fe en la Biblia? ¿El huevo o la gallina?

En realidad, tenemos la impresión de que ambas cosas van juntas y son inseparables. Creemos en la inspiración y veracidad de la Biblia porque conocemos a Jesucristo, y conocemos a Jesucristo mediante el testimonio de la Biblia. En este apéndice presentamos una breve defensa de las Escrituras como texto digno de confianza y verdadero. Sin embargo, nuestra convicción en la veracidad de la Biblia no puede nunca reducirse a un argumento intelectual que demuestra racionalmente que la Biblia es absolutamente cierta y que, por tanto nos fuerza, si queremos ser coherentes con los hechos, a creer en Jesús como el Hijo de Dios. Es bueno que seamos capaces de presentar una defensa clara y lógica de la inspiración y veracidad de la Biblia, no obstante nuestra relación con Jesucristo no depende de nuestra capacidad para desarrollar una defensa racional de la inspiración bíblica.

Inerrancia

¿Hasta qué punto es exacta la Biblia? ¿Cuán extensiva es la verdad de la Biblia? ¿Está por completo libre de error? Aun dentro de los ambientes evangélicos, entre aquellos que afirman la inspiración, existe un cierto desacuerdo en cuanto a cuestiones relacionadas con la inerrancia. Creemos que es útil analizar algunos pasajes del Nuevo Testamento donde Jesús utiliza las Escrituras (i.e., el Antiguo Testamento). ¿Cuál es su punto de vista acerca de la Biblia?

En Mateo 5:17–18 el Señor afirma: «No penséis que he venido para abolir la ley o los profetas; no he venido para abolir, sino para cumplir. Porque en verdad os digo que hasta que pasen el cielo y la tierra, no se perderá ni la letra más pequeña ni una tilde de la ley hasta que toda se cumpla». Jesús vino a cumplir la ley hasta el detalle más mínimo (habla no solo de la letra más pequeña, sino de los minúsculos trazos que distinguen a una letra de otra). Aunque en este texto Jesús habla en sentido figurado, lo que quiere decir es que su propósito era cumplir el Antiguo Testamento en sus detalles más insignificantes. Esto implica que las Escrituras son dignas de confianza incluso en sus pormenores más insignificantes.

De igual modo, Jesús dice en Mateo 22:31-32: «Y en cuanto a la resurrección de los muertos, ¿no habéis leído lo que os fue dicho por Dios, cuando dijo: 'Yo soy el Dios de Abraham, y el Dios de Isaac, y el Dios de Jacob'? Él no es Dios de muertos, sino de vivos». En estos versículos Jesús basa su argumento en el tiempo verbal. En su refutación de aquellos que negaban la resurrección, Jesús señala la afirmación en tiempo presente que Dios hace en el Antiguo Testamento cuando dice: «Yo soy el Dios de...».

Observemos, por último, que en Mateo 22:41–46 Jesús desarrolla un argumento a partir del uso del pronombre «mi». El texto dice:

Estando reunidos los fariseos, Jesús les hizo una pregunta, diciendo: ¿Cuál es vuestra opinión sobre el Cristo? ¿De quién es hijo? Ellos le dijeron: De David. Él les dijo: Entonces, ¿cómo es que David en el Espíritu le llama «Señor», diciendo: «Dijo el Señor a mi Señor: 'sientate a mi diestra, hasta que ponga a tus enemigos debajo de tus pies'»? Pues si David le llama «Señor», ¿cómo es Él su hijo? Y nadie pudo contestarle ni una palabra, ni ninguno desde ese día se atrevió a hacerle más preguntas.

Parece, pues, que Jesús trataba el Antiguo Testamento como un registro riguroso y libre de errores hasta en los tiempos verbales y pronombres utilizados en su redacción. Esto nos parece un buen modelo a seguir. No obstante, tengamos en cuenta que este nivel de exactitud solo se encuentra en los manuscritos autógrafos. Los errores de los copistas o de los traductores quedan fuera del parámetro de la expresión «exhalada por Dios».

De hecho, no creemos que el término «inerrancia» sea el mejor que podamos utilizar en esta exposición puesto que no todo el mundo define el concepto de «error» de la misma manera. Por tanto, para poder hablar con propiedad acerca de errores o ausencia de ellos, es muy importante que definamos exactamente lo que entendemos por «error». En materia de inerrancia, los argumentos se hacen con frecuencia un tanto confusos por la imprecisa definición de este término. Si Mateo relata un episodio de la vida de Jesús de manera distinta que Lucas, ¿es esto un error? Nosotros no creemos que lo sea (ver el Capítulo 15, acerca de los Evangelios). En ocasiones, no obstante, la Biblia puede ser compleja y contener lo que nosotros llamamos «tensiones». Por nuestra parte nos inclinamos a sostener que estas «tensiones» son intencionadas, y que no están en el texto por error sino porque así fueron diseñadas; difícilmente pueden considerarse como «errores». Por esta razón preferimos hablar de veracidad, fiabilidad e inspiración de la Biblia más que utilizar el término un tanto impreciso de «inerrancia».

No obstante, esta palabra ha llegado a ser muy común entre los eruditos evangélicos para aludir a la precisión y exactitud de la Escritura. Ciertamente, en esta exposición afirmamos sin paliativos la inerrancia. Pero creemos que es importante definir cuidadosamente este término, y proponemos una sencilla definición del término para poder trabajar con este concepto: en sus autógrafos originales, la Biblia dice exactamente lo que Dios quiere que diga y no ha sido corrompida por errores humanos. En 1978 un amplio grupo de eruditos evangélicos desarrolló una definición mucho más exhaustiva en el marco del Concilio Internacional para la Inerrancia Bíblica (*International Council on Biblical Inerrancy*). En las sesiones del Concilio se debatieron asuntos de gran complejidad relacionados con la definición y las implicaciones del término inerrancia, y plasmaron sus resultados en un documento titulado «Declaración de Chicago sobre la Inerrancia Bíblica». Este documento sigue siendo una de las mejores exposiciones y definiciones de la Inerrancia Bíblica. Puedes leer este documento en Internet, en cualquiera de las muchas páginas web que lo consignan. Solo tienes que buscar «The Chicago Statement on Biblical Inerrancy».

El canon del Antiguo Testamento

El término castellano «canon» es la transliteración de la palabra griega κανών que denotaba en su origen una «vara recta» o «vara de medir». Se utilizaba literalmente para medir la «rectitud» lineal de objetos físicos sin embargo también se le dio al término un sentido figurado para denotar las reglas o normas de la fe cristiana. Alrededor del siglo IV dC., se utilizaba regularmente para aludir a la colección de libros considerados autoritativos o inspirados. En nuestros días seguimos utilizando los términos «canon» y «canónico» para hacer referencia a la recopilación de libros que la Iglesia acepta como inspirados y autoritativos.

Antes de la venida de Cristo, los treinta y nueve libros del Antiguo Testamento estaban ya bien establecidos como las Escrituras autoritativas de los judíos. El orden de los libros era distinto, y esto se refleja en el título que los judíos utilizan en nuestros días para referirse a su «Biblia». Las Escrituras del judaísmo (nuestro Antiguo Testamento) reciben el nombre de «Tanak», que son las siglas de su triple división de la Biblia: la «T» de *Toráh* (la Ley), la «N» de *Nebihím* (los Profetas), y la «K» de *Ketubim* (los Escritos). Así, la distribución de los libros de la Tanak judía difiere de la del Antiguo Testamento protestante, aunque los libros son los mismos.

La Iglesia primitiva aceptó los libros del canon judío. De hecho, es evidente que los autores del Nuevo Testamento consideran que los libros del Antiguo Testamento son Palabra de Dios y autoritativos para los cristianos, como se ve en la anterior exposición de 2 Timoteo 3:16–17. Marción, un escritor del siglo segundo dC., puso en entredicho el estatus canónico del Antiguo Testamento e intentó convencer a la Iglesia de que lo abandonara. No obstante, los autores del Nuevo Testamento habían abrazado los libros del Antiguo Testamento, y la tradición transmitida a la Iglesia por parte de los apóstoles había ratificado claramente el texto veterotestamentario como Palabra de Dios. De modo que Marción no consiguió disuadir a la Iglesia de su convicción en el sentido de que los libros del Antiguo Testamento eran inspirados, autoritativos, y canónicos.

Pero ¿qué son los libros apócrifos? Aunque el canon judío se fijó probablemente hacia el año 200 aC., otras obras teológicas judías se escribieron durante el periodo que va desde el 200 aC. al 100 dC. Muchos de estos «libros» circularon ampliamente por las sinagogas judías donde se leían y se tenían en gran estima, pero nunca fueron aceptados por los judíos como libros autoritativos al mismo nivel que los que estaban en el canon.

Durante este mismo periodo, las Escrituras judías se tradujeron del hebreo al griego (la Septuaginta), y esta versión griega del Antiguo Testamento se hizo muy popular entre la recién nacida Iglesia. También se tradujeron al griego varias de las obras teológicas no canónicas judías (es posible que algunas de ellas hubieran sido ya redactadas originalmente en griego) y se integraron en la colección conocida como Septuaginta. Si bien en las sinagogas los rabinos judíos dejaban claro que estos libros añadidos podían ser útiles, pero no eran de ningún modo autoritativos o canónicos —puede que algo parecido a lo que sucede hoy con las notas de estudio— algunos miembros de la joven Iglesia comenzaron a dar por sentado que si estas obras estaban integradas en el volumen bíblico, habían de ser parte de la Escritura inspirada.

La mayor parte de los eruditos cristianos de aquel periodo intentaron ayudar a la Iglesia a mantener esta importante distinción, a saber, que estos libros apócrifos eran *provechosos,* pero no *inspirados* o canónicos. En el siglo cuarto Jerónimo llevó a cabo una traducción al latín conocida como la Vulgata. En ella incluyó los libros apócrifos aunque observando claramente que no había que dárseles el mismo estatus que a los libros canónicos. Sin embargo, con el paso de los años, las notas de Jerónimo se pusieron a un lado, y los lectores de esta Biblia latina comenzaron a aceptar los libros apócrifos como parte de la

Biblia. Cuando el latín se convirtió en el principal idioma teológico de la Iglesia de Occidente, los libros apócrifos de la Vulgata se aceptaron como canónicos.

Un aspecto importante de la Reforma Protestante (siglo XVI dC.) fue la traducción de la Biblia a las lenguas vernáculas de Europa (inglés, alemán, francés, etc.). Con un gran respeto por los idiomas originales, hebreo y griego, estos traductores dejaron a un lado la Vulgata Latina y regresaron a los manuscritos hebreos y griegos. Observando que la Biblia hebrea no incluía los apócrifos y recordando el anterior rechazo de estos libros en el periodo de la Iglesia primitiva, los reformadores los pusieron como un anexo del texto bíblico o, sencillamente, no los incluyeron. En respuesta a la decisión de los reformadores protestantes, en el concilio de Trento (1545–1564) la iglesia católico-romana afirmaba que la Vulgata latina era la Biblia oficial de la Iglesia verdadera y que los libros apócrifos eran, por tanto, canónicos y autoritativos.

Desde entonces, por regla general, las Biblias protestantes han omitido los apócrifos mientras que las católicas los incluyen. Entre estos libros están Tobías, Judit, 1 Macabeos, 2 Macabeos, Sabiduría de Salomón, Eclesiástico (conocido también como Ben Sira), Baruc, y varios añadidos a los libros de Daniel (p. ej., Susana, Bel y el Dragón) y Ester.

No hay nada realmente insólito en estos libros si se consideran como escritos religiosos judíos. Es cierto que la iglesia católico romana apela a algunos textos de ellos para apoyar la doctrina del purgatorio y la práctica de la oración por los muertos, sin embargo, en realidad los textos en cuestión son bastante imprecisos como apoyo de estas doctrinas. Por otra parte, los libros apócrifos (junto con otros escritos judíos de este periodo) representan una enorme riqueza de información acerca de las concepciones y creencias judías en boga durante los doscientos años antes de Cristo y el primer siglo de la Iglesia. Los dos libros de Macabeos son nuestra principal fuente histórica del periodo intertestamentario. Junto con otros importantes escritos judíos de este periodo (como por ejemplo el *Libro de los Jubileos*, los *Oráculos Sibilinos*, la *Asunción de Moisés*, y *1 Enoc*) estos libros nos ayudan a entender la teología judía con la que chocaron Jesús y Pablo. Se trata de escritos antiguos e interesantes, y nos ofrecen muchos datos del trasfondo histórico que pueden ayudarnos a entender mejor el Nuevo Testamento. Sin embargo, no son inspirados y no tienen, por tanto, autoridad ni son parte del canon cristiano.

El canon del Nuevo Testamento

Los primeros cristianos heredaron el canon del Antiguo Testamento de los judíos y abrazaron desde el comienzo los libros canónicos veterotestamnetarios. Sin embargo, en este mismo periodo en que la Iglesia estaba siendo establecida y formada, los libros del Nuevo Testamento se estaban escribiendo, copiando, y extendiendo. El grupo de libros que conocemos como el Nuevo Testamento no se redactó todo a la vez, sino aproximadamente en el periodo que comprende los años 49-95 dC., exactamente al mismo tiempo en que el mensaje del Evangelio se extendía rápidamente por el mundo Mediterráneo. Es un hecho que a lo largo de la última mitad del siglo primero la propagación del cristianismo fue probablemente más rápida que la copia y diseminación de los libros del Nuevo Testamento. Al finalizar el siglo I, estas primeras iglesias estaban leyendo y recopilando los diferentes libros del Nuevo Testamento (en especial los cuatro Evangelios y las cartas de Pablo), sin embargo muy pocas de ellas contaban con todos los libros del Nuevo Testamento.

Según parece, al término del siglo I (hacia el año 100 dC.) las iglesias aceptaban ampliamente los cuatro Evangelios (Mateo, Marcos, Lucas, y Juan), el libro de Hechos y las cartas de Pablo como literatura autoritativa y «canónica» (aunque todavía no se utilizaba el término «canon» con este sentido). Por lo que respecta a los demás libros, teniendo en cuenta que habían sido escritos hacia finales del primer siglo (Apocalipsis), eran muy breves y su circulación no era muy amplia (2 Juan, 3 Juan), o había incertidumbres respecto a su autoría (Hebreos), se aceptaban en ciertas regiones, pero no en otras. Es decir, en algunas regiones se reconocían como documentos autoritativos y se leían en las iglesias, mientras que en otras zonas las congregaciones no los conocían o tenían dudas acerca de su autoridad.

De este modo, al comenzar el siglo segundo, la teología de la Iglesia (i.e., el mensaje del «Evangelio») estaba principalmente definido por los cuatro Evangelios canónicos y las cartas de Pablo, puesto que estos eran los libros que habían sido aceptados universalmente. Las iglesias seguían diseminando los demás libros y evaluándolos. Con el paso del tiempo, un creciente número de iglesias comenzaron a aceptar el resto del Nuevo Testamento. De modo que, aparte de los Evangelios y los escritos de Pablo, la decisión respecto a los libros que eran o no canónicos fue un proceso bastante lento. Los criterios esenciales que utilizaban las iglesias eran el de la paternidad literaria, a saber, el vínculo del escrito en cuestión con un apóstol, el de la amplitud de su aceptación y utilización, y el de su conformidad con la tradición del «Evangelio» según el testimonio oral del siglo primero y de acuerdo con el contenido de los cuatro Evangelios escritos y las cartas de Pablo.

Además, a medida que avanzaba el siglo II (y también a comienzos del III), fueron apareciendo un buen número de otras obras de literatura «cristiana» que se leían en algunas iglesias. Entre las más populares estaban el *Pastor de Hermas*, *Sabiduría de Salomón*, el *Apocalipsis de Pedro*, la *Epístola de Bernabé*, y la *Didajé*. Hubo diversas opiniones respecto a la validez de estos libros, y la Iglesia comenzó también a debatir y evaluar su contenido.

No obstante, durante el siglo segundo y a comienzos del tercero, varios grupos heréticos (marcionitas, montanistas, gnósticos) comenzaron por su parte a generar su propia literatura. Eran obras que pretendían adaptar la teología cristiana tradicional del siglo primero (tal como se define en los cuatro Evangelios y las cartas de Pablo) a las tendencias filosóficas del siglo segundo. Este tipo de obras (como el *Evangelio de Tomás*, escrito alrededor del año 150 dC.) cuestionaba la teología del cristianismo primitivo, y sus proponentes parecían querer llevar a la Iglesia por un camino muy distinto del que proclamaba Pablo en sus cartas y el Señor Jesucristo en los cuatro Evangelios. Los dirigentes de la Iglesia se pronunciaron con energía en contra de estas obras, observando la teología herética que propugnaban y señalando claramente el peligroso desafío que suponían para el verdadero Evangelio.

Por esta razón, si bien la Iglesia tardó un cierto tiempo en decidir universalmente la aceptación o rechazo de obras como 2 Juan y el *Pastor de Hermas*, se pronunció, no obstante, con relativa rapidez y contundencia acerca de obras heréticas como los «Evangelios» gnósticos (el *Evangelio de Tomás*, por ejemplo). Asimismo, la autoridad o canonicidad de otros escritos gnósticos como el *Evangelio de la Verdad*, el *Evangelio de Felipe*, el *Evangelio de los Hebreos*, y el *Evangelio de María Magdalena* (obras del segundo y tercer siglo), tampoco fue nunca seriamente considerada por un número importante de iglesias. Tales obras se calificaron de heréticas y no fueron objeto de mayor atención.

Hacia finales del siglo segundo dC. y en el siglo tercero empiezan a aparecer listados de libros «canónicos». A comienzos del siglo tercero, Orígenes proponía tres categorías de clasificación: libros aceptados, libros cuestionados, y libros rechazados. Según este erudito, la Iglesia aceptaba sin reservas los cuatro Evangelios (Mateo, Marcos, Lucas, y

Juan), el Libro de los Hechos, las trece cartas de Pablo, Hebreos, 1 Pedro, 1 Juan, y el libro de Apocalipsis; cuestionaba 2 y 3 Juan, 2 Pedro, Santiago, y Judas; y rechazaba firmemente los «Evangelios» gnósticos incluido el *Evangelio de Tomás*.

Eusebio, un historiador de la Iglesia que escribe a comienzos del siglo cuarto, sigue también un patrón triple de clasificación similar al de Orígenes y propone esta ordenación: (a) acepta los cuatro Evangelios, las cartas de Pablo, 1 Pedro, 1 Juan, y el libro de Apocalipsis, (b) cuestiona Santiago, Judas, 2 Pedro, y 2 y 3 Juan, y (c) rechaza como heréticos los «Evangelios» gnósticos incluido el *Evangelio de Tomás*.

Por último, en el año 367 dC., Atanasio, obispo de Alejandría, nos proporciona una lista de los libros canónicos que se corresponde exactamente con los veintisiete libros de nuestro Nuevo Testamento. Al final del siglo cuarto, Jerónimo escribió la Vulgata Latina, con un Nuevo Testamento que contenía los mismos veintisiete libros. Durante este mismo periodo, Agustín afirma con toda claridad que estos veintisiete libros, y solo ellos, son canónicos y útiles para el uso de la Iglesia. Si bien es cierto que para las iglesias de Siria el canon siguió abierto respecto a algunos libros durante algunos siglos más, para la Iglesia de Occidente este asunto había sido zanjado y el canon se cerró hacia finales del siglo cuarto.

No obstante, hay que tener en cuenta que los cuatro Evangelios y las cartas de Pablo no fueron nunca cuestionados; se aceptaron como autoritativos y «canónicos» al poco de ser escritos y copiados. Sin duda, hacia finales del siglo primero ya se había producido una extensa aceptación de este núcleo de libros del Nuevo Testamento. Lo que se estuvo debatiendo durante los dos o trescientos años siguientes fue la canonicidad de los demás libros del Nuevo Testamento y otros documentos religiosos, como el *Pastor de Hermas*. Las iglesias antiguas rechazaron rápida y firmemente los escritos heréticos, como los evangelios gnósticos (el *Evangelio de Tomás*, el *Evangelio de María*, etc.).

Desafíos actuales al canon cristiano del Nuevo Testamento

Muchos de los escritos no canónicos que antes hemos mencionado se han publicado y han estado durante siglos a disposición de los eruditos (y estudiantes). No hay en ellos nada misterioso u «oculto», y son útiles para la comprensión de la historia de la Iglesia Primitiva. A medida que la Iglesia crecía y se extendía, se veía en la necesidad de contender constantemente con todo tipo de ideas religiosas y filosóficas no cristianas presentes en las distintas sociedades y culturas en las que estaba inmersa. Muchas de estas obras reflejan estas controversias.

El *Evangelio de Tomás*, aunque citado muchas veces por antiguos autores cristianos como herético, no estuvo al alcance de los historiadores, sino en fragmentos hasta mediados del siglo XX. En 1945, cerca de la aldea egipcia de Nag Hammadi, algunos beduinos de la zona descubrieron un recipiente de barro que contenía antiguos libros de papiro encuadernados con piel. Se trataba de una recopilación de escritos gnósticos que databan de la segunda mitad del siglo cuarto dC. Esta recopilación de literatura gnóstica se conoce como los textos de Nag Hammadi. En la colección aparece una copia completa del *Evangelio de Tomás*.

Durante los últimos años, en Norteamérica se ha despertado un enorme interés popular en los textos de Nag Hammadi, en especial, por el *Evangelio de Tomás*. De hecho, varios libros basados en éste y otros escritos gnósticos se han situado en los primeros lugares de la lista de libros más vendidos del *New York Times*. En los últimos diez años, se han escrito docenas de libros acerca de «los evangelios» gnósticos. Siguen siendo aún populares la novela de el *Código Da Vinci* de Dan Brown, *Cristianismos Perdidos* de Bart Ehrman, y *Más allá de la fe: el Evangelio secreto de Tomás*, de Elaine Pagels.

Aunque estos libros difieren en un buen número de detalles, uno de los temas que plantean unánimemente es que los «Evangelios» gnósticos (en especial el *Evangelio de Tomás*, pero también el *Evangelio de María Magdalena* y el *Evangelio de Felipe*) deberían verse como antiguas expresiones alternativas válidas del cristianismo. Sostienen que en los siglos II y III el cristianismo era muy heterogéneo y que la literatura gnóstica era una expresión de sus legítimas ramas. A menudo, se propone que los escritos gnósticos pueden ser incluso más auténticos que, al menos, uno de los cuatro Evangelios del Nuevo Testamento. Estos «Evangelios», sostienen, dejaron de ser populares porque ciertos líderes cristianos con mucha influencia política y los concilios eclesiásticos del siglo IV se opusieron a ellos y mandaron destruir todas las copias de estos documentos.

Elaine Pagels, por ejemplo, en su best seller *Más allá de la fe: el Evangelio Secreto de Tomás*, defiende que la antigüedad de este «Evangelio» se remonta, sin duda, al siglo primero, al mismísimo apóstol Tomás y contiene una recopilación especial de frases dichas por Jesús que

Él mismo le confió a este apóstol. El Evangelio canónico de Juan —arguye esta escritora—, se escribió más adelante a fin de refutar el más auténtico *Evangelio de Tomás*. De este modo, lo que propone Pagels es que los cristianos de hoy han de adoptar el *Evangelio de Tomás* en lugar del Evangelio de Juan. Lo que está en juego es la divinidad de Jesucristo. Pagels (y otros defensores más del gnosticismo) sostienen que Jesús es solo un ser humano, no divino. De hecho —afirma—, esta es precisamente la cristología que surgiría si la gente de hoy sustituyera el *Evangelio de Tomás* por el Evangelio de Juan. Pagels arguye que los evangelios gnósticos demuestran que este punto de vista refleja una auténtica expresión alternativa del cristianismo histórico, válida para los creyentes de hoy.

Dan Brown plantea un argumento parecido en su obra de *El Código Da Vinci*. Aunque se trata de una novela, en distintas entrevistas televisadas, Brown ha expresado con toda claridad su convicción de que el libro es históricamente riguroso y que sus comentarios acerca de la antigua literatura e historia cristianas, se basan en la opinión de los mejores eruditos de nuestro tiempo. Sus personajes de ficción dicen a sus lectores que el canon actual, que subraya la divinidad de Cristo, quedó establecido en un concilio de la Iglesia del siglo IV por un solo voto, un voto que supuso la destrucción y supresión de los entonces populares evangelios gnósticos, que subrayaban únicamente la humanidad de Cristo. Los personajes de Brown, y también otros autores que especulan acerca del *Evangelio de María Magdalena*, declaran además que Jesús estaba casado con María Magdalena y tuvo hijos con ella. Por otra parte —afirma Brown—, Jesús hizo a María revelaciones más profundas y más maduras que a los apóstoles.

Brown y Pagels convergen de nuevo al insistir en que, como enseñan los «Evangelios» gnósticos, la revelación de Dios no nos llega a través del texto bíblico, sino por medio del individuo. Pagels deja muy clara esta cuestión, con su interés en apartar la atención de la Biblia como instrumento de la revelación divina y situarlo en el individuo, en consonancia con el *Evangelio de Tomás*.

¿Cuál ha de ser nuestra actitud ante estas nuevas afirmaciones? En primer lugar, aunque no podemos tratar todos los detalles en un breve capítulo como este, es importante poner de relieve que tanto Pagels como Brown han distorsionado seriamente los datos históricos. Es cierto que la Historia revela que la etapa final del canon fue un proceso lento y laborioso, no obstante, muestra también que un gran número de iglesias nunca consideró que los «evangelios» gnósticos fueran canónicos. No es que fueran «borrados» del canon, como sostienen Pagels y Brown, sino que nunca formaron parte de las obras autoritativas de las iglesias antiguas.

Es también importante subrayar la total ausencia de cualquiera de los libros canónicos del Nuevo Testamento de la colección de textos gnósticos encontrados en Nag Hammadi. Este hecho tiene fuertes implicaciones respecto a la naturaleza de los valores religiosos que sostenían los autores del material de Nag Hammadi. Es posible que la religión que se refleja en estos documentos aluda a Jesucristo, sin embargo, no es cristianismo. Sin conexiones más fuertes y, autenticadas con Jesús y con los apóstoles del primer siglo, esta literatura no puede pretender representar al cristianismo.

Los cuatro Evangelios canónicos (Mateo, Marcos, Lucas, y Juan) y las cartas de Pablo fueron ampliamente aceptadas por la Iglesia hacia finales del siglo primero y comienzos del segundo. La divinidad de Cristo, así como la importancia de su vida, muerte y resurrección están firmemente establecidos por estos documentos. Pagels y quienes la apoyan no tienen textos o pruebas de que el *Evangelio de Tomás* se hubiera escrito antes de mediados del siglo segundo (hacia el año 150 dC.). Por el contrario, sí tenemos un auténtico fragmento de manuscrito griego de una copia del Evangelio de Juan que permite fechar claramente este documento, como mínimo, en el año 120 dC., lo cual implica que el original fue escrito mucho antes, probablemente hacia finales del siglo primero (la mayoría de los eruditos evangélicos especializados en los documentos joaninos fechan el Evangelio de Juan entre los años 80 y 85 dC., y la mayor parte del resto se inclinan por un periodo entre el 90 y el 100 dC.). Todas las pruebas apuntan a la conclusión de que el Evangelio de Juan es anterior al *Evangelio de Tomás,* probablemente en más de cincuenta años. Por tanto, el argumento de Pagels en el sentido de que el Evangelio de Juan es una refutación del *Evangelio de Tomás* es difícil de mantener.

A lo largo de la historia del cristianismo han aparecido un buen número de distorsiones y herejías. De hecho, los cristianos siempre han tenido que estudiar la Biblia para discernir entre la verdad de Jesucristo y las falsas doctrinas sugeridas por aquellos que no se atienen a las Escrituras reveladas. A lo largo de la Historia, la Iglesia ha tenido a menudo que identificar diferentes documentos y enseñanzas heréticas y separarlos de los fidedignos e inspirados libros de la Biblia en los que los cristianos han basado su vida durante casi dos mil años. Las herejías del siglo segundo, como el gnosticismo, son antiguas e interesantes. En último término, sin embargo, siguen siendo herejías que niegan la divinidad de Cristo.

Otros libros

Las cuestiones relativas a la inspiración, inerrancia y desarrollo del canon son complejas, y la obligada brevedad de este capítulo nos ha forzado a sintetizar y simplificar algunos asuntos complicados. De hecho, esta exposición no es sino una breve perspectiva general. Te animamos a leer más acerca de estos temas.

Acerca de la Inspiración y la Inerrancia

Dockery, David S. *Christian Scripture: An Evangelical Perspective on Inspiration, Authority and Interpretation.* Nashville: Broadman and Holman, 1995, pp. 37–60.

Grudem, Wayne. *Systematic Theology: An Introduction to Biblical Doctrine.* Grand Rapids: Zondervan, 1994, pp. 73–104.

Marshall, I. H. *Biblical Inspiration.* Grand Rapids: Eerdmans, 1982.

Respecto al canon del Antiguo Testamento

Harrison, R. K. *Introduction to the Old Testament.* Grand Rapids: Eerdmans, 1969, pp. 260–88.

Hill, Andrew E., and John H. Walton. *A Survey of the Old Testament.* Grand Rapids: Zondervan, 1991, pp. 12–25.

Respecto al desarrollo del canon del Nuevo Testamento

Achtemeier, Paul J., Joel Green, and Marianne Meye Thompson. *Introducing the New Testament.* Grand Rapids: Eerdmans, 2001, pp. 589–608.

Bruce, F. F. *The Canon of Scripture.* Downers Grove, Ill.: InterVarsity Press, 1988.

Carson, D. A., Douglas J. Moo, y Leon Morris. *An Introduction to the New Testament.* Grand Rapids: Zondervan, 1992, pp. 487–500 [*Una introducción al Nuevo Testamento*. Colección Teológica Contemporánea].

Metzger, Bruce M. *The Canon of the New Testament: Its Origin, Development, and Significance.* Oxford: Oxford Univ. Press, 1987.

Evangelios gnósticos

Para leer las principales fuentes (traducidas al inglés) de la antigua literatura cristiana no canónica y de la literatura gnóstica:

Schneemelcher, Wilhelm, ed. *New Testament Apocrypha.* 2 volumes. Rev. ed. Cambridge y Louisville: James Clark y Westminster John Knox, 1991.

Críticas a los defensores de los evangelios gnósticos y *el Código Da Vinci*

Bock, Darrell L. *Breaking the DaVinci Code.* Nashville: Thomas Nelson, 2004.

Pate, C. Marvin, y Sheryl Pate. *Crucified in the Media: Finding the Real Jesus Amongst the Headlines.* Grand Rapids: Baker, 2005.

Witherington, Ben III. *The Gospel Code: Novel Claims about Jesus, Mary Magdalene, and DaVinci.* Downers Grove, Ill.: InterVarsity Press, 2004.

Apéndice 2
Redacción de un trabajo exegético

Las directrices siguientes dan por sentado que estás utilizando *Entendiendo la Palabra de Dios* para aprender a leer, interpretar y aplicar la Biblia. Por ello, a continuación, veremos los criterios de presentación de tus trabajos de interpretación. Cada profesor tiene sus preferencias personales cuando se trata de redactar trabajos exegéticos (p. ej., ¿notas a pie de página o al final?). Las siguientes directrices presentan lo esencial respecto a la forma y el contenido para que esta tarea pueda ser útil y provechosa.

Forma

El trabajo ha de escribirse a doble espacio, con una fuente de tamaño de 12 caracteres por pulgada (2,54 cm), y márgenes de 2,54 cm. La extensión mínima es de nueve páginas, y la máxima de trece (sin contar la portada y la bibliografía).

Las citas has de consignarlas según las directrices del manual de estilo que prefiera tu profesor. Entre los manuales de estilo comúnmente utilizados para redactar trabajos exegéticos están los siguientes:

Hudson, Bob, y Shelley Townsend. *A Christian Writer's Manual of Style.* 2ª ed. Grand Rapids: Zondervan, 2003.

Turabian, Kate. *A Manual for Writers of Term Papers, Theses, and Dissertations.* 6th ed. Chicago: University of Chicago Press, 1996.

Vyhmeister, Nancy J. *Quality Research Papers.* Grand Rapids: Zondervan, 2001.

Contenido

1. Portada (1 página)
La portada ha de expresar claramente cuál es el pasaje objeto de exégesis, el título del curso, el nombre del profesor, la fecha de presentación, y tu nombre.

2. Idea Principal y Bosquejo (1 página)
Identifica el pasaje y resume su idea principal en una oración gramatical. Presenta, a continuación, un bosquejo completo del pasaje, mostrando cómo se desarrolla la idea principal. Pon entre paréntesis los versículos que corresponden a cada idea principal del bosquejo. Todos los versículos del pasaje deberían estar incluidos en los puntos más importantes del bosquejo.

3. Introducción (½–1 página)
Este párrafo debería captar la atención del lector e introducir la idea principal del pasaje.

4. Contexto (1–2 páginas)
Esta parte consta de dos secciones: en la primera se trata de redactar una breve exposición del contexto histórico y cultural del libro. ¿Qué datos han de conocer los lectores respecto al autor bíblico, los primeros receptores, y el mundo en que vivían para entender el significado del pasaje?

En la segunda sección, la meta es exponer el contexto literario del pasaje, describiendo el desarrollo del pensamiento del autor en el libro y analizando el modo en que el pasaje encaja en él y contribuye a la fluidez del pensamiento. Debes prestar especial atención al modo en que el pasaje en cuestión se relaciona con lo anterior y lo siguiente.

5. Contenido (5–8 páginas)
Esta parte representa el cuerpo del trabajo y la esencia de la tarea exegética. Los puntos principales del bosquejo han de funcionar como una especie de subtítulos. Consigna bajo cada subtítulo una detallada explicación del pasaje.

Explica lo que dice el texto y lo que ello significa en su contexto. Has de poner especial atención en mencionar los elementos importantes que has descubierto al observar el texto y estudiar el contexto histórico y cultural del pasaje. Por otra parte, has de explicar el significado de las palabras y conceptos importantes. Redacta una síntesis de tus observaciones junto con las que te ofrecen los comentarios. Y hablando de comentarios, has de consultar y citar, al menos, cuatro fuentes. Es importante que estos comentarios te ayuden, pero que no dicten tus conclusiones acerca del pasaje. Sé crítico con las fuentes que utilizas, y no tengas temor de disentir de los comentaristas. Ten en cuenta que la meta de esta sección es explicar el significado del texto en su contexto. Analiza los detalles del texto, pero pon especial atención para no quedarte en una mera descripción de los detalles, sino en mostrar cómo éstos se combinan para transmitir un significado.

6. Aplicación (1 página)
Plantea varias aplicaciones de este pasaje a situaciones contemporáneas. Desarróllalas del modo más práctico y realista posible.

7. Bibliografía (1 página)
Presenta una bibliografía formal de las fuentes que citas en tu trabajo de acuerdo con el manual de estilo preferido por tu maestro.

Lista de Control

❑ He configurado el formato de párrafo a doble espacio, y el de fuente a 12 caracteres por pulgada de tamaño, y márgenes de 2,54 cms.
❑ He hecho la portada.
❑ El trabajo tiene entre nueve y trece páginas de extensión.
❑ He citado las fuentes de acuerdo con el manual de estilo acordado.
❑ La idea principal del trabajo resume todo el pasaje en una oración gramatical.
❑ Todos los versículos del texto están comprendidos en el bosquejo.
❑ La introducción capta la atención del lector e introduce la idea principal.
❑ En el trabajo analizo tanto el contexto histórico y cultural como el literario.
❑ Los puntos principales del bosquejo sirven de subtítulos en el cuerpo del trabajo.
❑ Explico el significado de las palabras importantes del pasaje.

❑ He consultado al menos cuatro fuentes acreditadas.
❑ Planteo varias aplicaciones de este pasaje para situaciones actuales.
❑ Presento una bibliografía de las fuentes citadas en el trabajo.
❑ He corregido el trabajo.

Puntuación

Los criterios de puntuación serán los siguientes:

• Forma y estilo (mecanografía, ortografía, gramática, etc.)...____%
• Investigación (utilización de las fuentes).........................____%
• Idea principal y bosquejo...____%
• Contexto (histórico-cultural y literario)..........................____%
• Contenido...____%
• Aplicación..____%

Bibliografía en español

Aranda, G. y otros, *Literatura judía intertestamentaria*, Verbo Divino, Navarra, 1996.

Archer, Gleason L., *Reseña crítica de una introducción al Antiguo Testamento*, Publicaciones Portavoz Evangélico, Michigan, 1991

Barclay, William, *Introducción a la Biblia*, CUPSA, México, 1987.

Berkhof, Luis B. D. *Principios de interpretación bíblica*. Editorial Clie, Barcelona, 1989.

Beuchot M. *Perfiles esenciales de la Hermenéutica*, México, UNAM, 2002.

Bright, John A. *La historia de Israel*, Desclée de Brouwer, Bilbao, 1970.

Briseobios, M. *Métodos para leer mejor la Biblia*. Paulinas, Madrid, 1977.

Bruce, F. F. *Israel y las naciones*. Ed. Literatura Bíblica, Madrid, 1979.

Bruce, F. F., I. H. Marshall y otros, *Nuevo Diccionario Bíblico Certeza*, Certeza Unida, B. Aires, 2003.

Carson, D. A. y D. Moo, *Una introducción al Nuevo Testamento*, Colección Teológica Contemporánea, Clie, Barcelona, 2007

Charpentier, E. *Para leer el Nuevo Testamento*, Editorial Verbo Divino, Navarra, 1990.

Coreth E. *Cuestiones fundamentales de Hermenéutica*, Herder, Barcelona, 1972.

Croatto, S. *Hermenéutica bíblica*. Lumen, Buenos Aires / México, 2000.

De la Fuente, Tomás. *Claves de interpretación bíblica*, Casa Bautista de Publicaciones, El Paso, TX, 1994.

Edersheim, Alfred, *Usos y costumbres de los judíos en los tiempos de Cristo*, Barcelona, Clie, 2003.

Eerdmans, William B. ed., *Nuevo Comentario Internacional del Antiguo Testamento*, 1998.

Eerdmans, William B. ed., *Nuevo Comentario Internacional del Nuevo Testamento*, 1999.

Elwell, W. y R. Yarbrough, *Al encuentro del Nuevo Testamento*, Inglaterra, ed. Caribe.

Estrada, David, *Transmisión de los documentos del Antiguo Testamento*, n°4, Unión Bíblica.

—— *Transmisión de los documentos del Nuevo Testamento*, n° 2, Unión Bíblica.

Fabris, R. *Jesús de Nazaret. Historia e interpretación*, Sígueme, Salamanca, 1985.

Fee, Gordon y Douglas Stuart, *La lectura eficaz de la Biblia*, Editorial Vida, Miami, 1994.

Fountain, Thomas E. *Claves de interpretación bíblica*. Publicaciones de la Fuente, México D.F, 1957.

González, J. et al, *La Biblia en su entorno* (IEB-1), Verbo Divino, Navarra, 1990.

Gower, Ralph, *Nuevo manual de usos y costumbres de los tiempos bíblicos*, Ed. Portavoz, Michigan, 1990.

Grellot, Pierre, *El sentido cristiano del Antiguo Testamento*, Desclée De Brouwer, Bilbao, 1967.

Guthrie, D. y J. A. Motyer, *Nuevo Comentario Bíblico*, Casa Bautista de Publicaciones, 1981.

Harrison, Everett F. *Introducción al Nuevo Testamento*, Libros Desafío, California 2002.

Hartill, J. Edwin, *Manual de interpretación bíblica*. Ediciones Las Américas, Puebla, México, 1968.

Henry, Matthew, *Comentario de la Biblia*, ed. Mundo Hispano, 1999.

Hugo M., Peter,*Nueva Concordancia Greco-Española del Nuevo Testamento*., Ed mundo Hispano, 1976.

Jamieson, Fausset y Brown, *Comentario exegético y explicativo de la Biblia*, Casa Bautista de Publicaciones.

Jeremías, Joachim, *Jerusalén en tiempos de Jesús*, ed. Cristiandad, Madrid, 1977.

Ladd, G. E., *Teología del Nuevo Testamento*, Colección Teológica Contemporánea, Barcelona, Clie, 2002.

Lasor, William Sanford, y otros, *Panorama del Antiguo Testamento*, Nueva Creación, Buenos Aires, 1995.

Le More Pablo E., *Traducciones de la Biblia, Reseña Teológica*, n° 3, Unión Bíblica

Lohfink, G. *Ahora entiendo la Biblia*. Madrid, Paulinas, 1979

Lokward, Alfonso, *Nuevo Diccionario de la Biblia*, ed. Unilit, 1999

Lozano Medina, David, *Rabinismo y exégesis judía*, Ed. Clie, Barcelona, 1999.

Lund, E. *Hermenéutica*. Editorial Vida, Miami, 1968.

Maier, J. *Entre los dos Testamentos. Historia y religión en la época del segundo templo*, Sígueme, Salamanca, 1996.

Malina, Bruce, *El mundo del Nuevo Testamento*, Verbo Divino, Navarra, 1995.

Malina, Bruce, *El Nuevo Testamento. Perspectivas desde la antropología cultural*, Verbo Divino, Navarra, 1995.

Mannucci, V. *La Biblia como Palabra de Dios. Introducción general a la Sagrada Escritura*, Desclée de Brouwer, Bilbao 1985.

Martin, George, *Para leer la Biblia como Palabra de Dios*, Verbo Divino, Navarra, 1983.

Martínez, José María, *Hermenéutica bíblica*, Ed. Clie, Barcelona, 1985.

McKibben, Stockwell y Rivas, *Nuevo Léxico Griego Español del Nuevo Testamento*, Casa Bautista de Publicaciones, 1978.

Ortiz-Oses & Lanceros, *Diccionario de Hermenéutica*, Bilbao, U. De Deusto, 1998.

Park, Stuart, *¿Cómo Interpretar la Biblia?* Andamio, Barcelona, 1995.

Pinkston, Otis J. *Principios de interpretación bíblica*. Editorial Bautista Independiente, Sebring, Florida, 1982

Preuss, Horst D. *Teología del Antiguo Testamento*, Desclée de Brouwer, Bilbao, 1999.

Ricoeur P. *Del texto a la acción*, Buenos Aires, FCE, 2000.

Robertson, A.W. *El Antiguo Testamento en el Nuevo*, Nueva Creación, Buenos Aires, 1996.

Schökel L. *Apuntes de Hermenéutica*, Trotta, Madrid, 1997.

Schultz, Samuel J. *Habla el Antiguo Testamento*, Outreach Publications, Michigan, 1982.

Sloan W. H., *Concordancia Completa de la Santa Biblia*, Ed Clie, Bacelona, 1982

Sproul, R. C. *Cómo estudiar e interpretar la Biblia*. Editorial Unilit, Miami, Florida, 1996.

Stenger, W. *Los métodos de la exégesis bíblica*. Biblioteca de Teología 14. Herder, Barcelona, 1990.

Strong, James, *Nueva Concordancia Exhaustiva de la Biblia*, Caribe, 2003

Trenchard, Ernesto. *Normas de interpretación bíblica.* Editorial Literatura Bíblica, Madrid, 1973.

Turnbull, Rodolfo G. *Hermenéutica.* TELL, Grand Rapids, 1976.

Unger, Merrill F. *Manual bíblico de Unger,* Editorial Portavoz, Michigan, 1985.

Vila y Escuain, *Nuevo Diccionario Bíblico Ilustrado,* Ed Clie, Barcelona, 1987

Von Rad, Gerhard, *Teología del Antiguo Testamento,* 2 vols. Sígueme, Salamanca, 1972.

Wilton M., Nelson, ed. *Diccionario Ilustrado de la Biblia,* Caribe, 1981.

Young, Edward J. *Una introducción al Antiguo Testamento,* T.E.L.L., Michigan, 1977

Zimmerli, Walter, *Manual de Teología del Antiguo Testamento,* Ediciones Cristiandad, Madrid, 1980.